U0606517

2014年度山西经济社会发展重大课题

2016年度山西省哲学社会科学规划课题

顾　　问：申纪兰

编委会主任：李中元

编委会成员：（以姓氏笔画为序）

马志超　王根考　孙丽萍　刘晓丽　杨茂林

宋建平　张章存　赵双胜　高春平　郭雪岗

主　　编：李中元　杨茂林

执行主编：刘晓丽

副 主 编：马志超

课题组成员：（以姓氏笔画为序）

王勇红　刘晓丽　张文广　张侃侃　李　冰　陕劲松

柏　婷　赵俊明　郭永琴　秦　艳　董永刚

西沟口述史及档案史料

（1938—2014）

李中元　杨茂林　主编
刘晓丽　执行主编

社会人口卷

本卷编者　董永刚　秦　艳

人民出版社

出版说明

《西沟口述史及档案史料（1938—2014）》是2014年度山西经济社会发展重大课题，2016年度山西省哲学社会科学规划课题，是山西省社会科学院“西沟系列研究”课题组历时3年的研究成果，从2013年3月至2014年6月，课题组核心团队经过了艰苦的田野调查、深度访谈与原始档案的拍摄及扫描，拿到了大量的极其宝贵的第一手资料，这些资料全面深刻地反映了山西省平顺县西沟村，怎样从太行山深处的一个偏僻小山村，凤凰涅槃般地成为互助合作化时期的中国名村、成为全国农业金星奖章获得者所在地、第一届至第十二届全国人大代表诞生地的历史图景；到2015年3月，经过课题组全体成员艰苦紧张的专业性努力，这些原始资料成为在乡村社会史、当代中国史、口述史学、妇女史学等研究领域具有很大价值的学术成果。再经过一年多的修改打磨，2016年7月，全套书籍正式交由人民出版社，又经过一年多的出版方与作者双方的多次沟通、协商、精细化打磨，现在，这项研究成果终于要与读者见面了！其间艰辛自不必说！

《西沟口述史及档案史料》涵盖两大内容：一是西沟村民群体性口述史成果，二是从1938年至2014年间西沟村完整原始档案的整理与发掘，它们与本课题另一重要成果——反映西沟专题人物的口述史著作《口述申纪兰》相互印证，在西沟这个小小山村范围内，集专题人物、村民群体、原始档案整理于一体，在相关学术领域内的意义是有目共睹的。

“西沟系列研究”课题是立体性学术研究成果，首先，它突破了书斋式研究范式，课题组成员走向田野，走进被研究者生活之中，走进鲜活的社会现实，将平生所学运用于广泛深刻的中国农村变迁。这种科研体验是全新的，有生命力的，课题组的每一位成员，都在这种科研体验中得到了成长；其次，“西沟系列研究”课题从开题到正式出版，得到了方方面面人士的关注，除课题组成员付出大量的艰辛的劳动之外，从申纪兰以下，本套书中出现的每一位工作人员，都从不同方面为它的成功出版作出了努力。

整套书除已经明确署名部分外，其他分工如下：西沟口述史部分，第一章、第五章、第七章由赵俊明编撰，第二章由刘晓丽编撰，第三章、第四章、第六章由郭永琴编撰，第八章、第九章、第十章由张文广编撰。整套书由刘晓丽最后统稿。

本套书不足之处：口述访谈部分过于碎片化、一些提问缺乏深度，显示访谈者前期功课不足；档案史料部分，注重了史料的内容，忽视了拍摄清晰度，由于重新拍摄难度太大，只能对清晰度加以调整。这两个不足，既有主观原因，也有客观原因，不能不说是一大遗憾。

编　者

2017年7月29日

凡例二

一、本档案史料为《西沟口述史及档案史料（1938—2014）》的子课题，内容涵盖西沟村经济、土地林权、农林牧业、政治活动、人口、养老、青年工作、科教文卫、民事调解、人物手稿、照片、锦旗等。

二、本档案史料涵盖1938年到2014年的历史阶段。

三、本档案史料按不同专题分卷出版，有一个专题一卷，也有多个专题一卷，共分八卷。

四、所选档案史料一般以同一内容为一类别，或彼此有直接联系的组成一类别，同一类别内按照年代先后排序。

五、档案史料中涉及个人隐私部分，如姓名、证件号码等，一律作屏蔽处理。

六、所选档案史料如需注释，则在页下作注。

七、文中数字用法：

使用阿拉伯数字的情况：说明中的公历年月日、年龄等，一般用阿拉伯数字；一般有精确统计概念的十位以上数字用阿拉伯数字；一组具有统计意义的数字中，为照顾段落格式统一，个位数有时也使用阿拉伯数字 。

使用汉字的情况：一个数值的书写形式照顾到上下文，不是出现在一组表示有统计意义数字中的一位数字，使用汉字，如一个人、三本书等；数字作为词素构成定型的词、词组或具有修辞色彩的语句用汉字。如： 十来岁、二三十斤、几十万等；星期几一律使用汉字，如星期六等。

八、正文之后附录两篇：

附录一：西沟大事记述。简略记述从1938年至2014年间西沟重要历史事件及人物活动轨迹。

附录二：课题组采访编撰纪事。时间为2013年3月16日至2016年7月，即课题组的工作日志，从中可以了解本课题研究的基本脉络，成为重要的补充资料。

总　序

一

人类文明的演进经历了原始文明、农业文明和工业文明三个阶段。在历时上百万年原始文明阶段，人们聚族而居，食物完全依靠大自然赐予，必须依赖集体的力量才能生存，采集和渔猎是主要的生产活动。大约距今一万年前，人类由原始文明进入到农业文明，通过创造适当的条件，使自己所需要的物种得到生长和繁衍，不再依赖自然界提供的现成食物，农耕和畜牧成为主要的生产活动。在这一阶段，以畜牧为生的草原游牧民族逐水草而居，经常性地迁徙流动，居无定所；以农耕为生的农耕民族通过开荒种地，居住地逐步固定下来，在此基础上形成了农耕文明的重要载体——村庄。纵观历史，不论是社会生产关系的变革还是国家方针政策的调整，作为地缘和血缘关系组成的共同体，村庄始终能够保持一种较为稳定的结构。

放眼中华文明发展的历史长河，农业文明时代经历的时间漫长，在中华民族的形成和发展过程中具有不可替代的作用。中华民族创造了灿烂辉煌的农耕文明。历经几千年的发展，农耕文明成为中华民族的珍贵文化遗产之一，是中华文明的直接源泉和重要组成部分。农耕时代，特别是原始农耕时代，由于生产工具简陋，单个的人难以耕种土地，需要多人合作，甚至是整个部落一起耕种，由此产生了人与人之间的合作共存。可以说农耕时代是人和人关系最为密切的时代，也是人和自然关系最为密切的时代。

随着社会生产力的发展，人类征服和改造自然的能力日趋提高，随着铁器、牛耕的运用，单个的农户逐渐成为农业生产的核心，村庄成为组织农业生产最基本单元，在农业生产和农耕文明发展过程中起了重要作用。作为族群集聚地的村庄同时也是中华传统文化形成和发生的主要载体。村庄的历史，可以看成是一个民族一个时代的历史缩影。与时代发展有着特殊紧密联系的村庄，它的历史可以说代表着那个时代的历史，蕴含着那个时代的缩影。

西沟，一个深藏于太行山深处的小山村，是数十万中国村庄中的一个典型代表。她是中国第一个互助组的诞生地，她曾被毛泽东称赞为边区农民的方向，她是全国第一批爱国丰产金星奖章获得者。在相当长的一段时间里，她是共和国版图上唯一被标出名字的行政村。

清代理学家李渔在《闲情偶寄》中说过“辟草昧而致文明”，意即“文明”与“野蛮”是相对的，越是文明的社会，社会的进步程度就越高。马克思认为：“文明是改造世界实践活动的成果，他包括物质和精神两个方面”。西沟人用自己的实践，不仅创造出了丰富的物质财富，创造出了更为丰富的精神财富。由于西沟的典型性和特殊性，村庄中留存有丰富的历史文化信息，保存下了大量的珍贵的档案史料。这些都极具价值，因而引起了我们的关注。

二

西沟是一个什么样的村庄呢?

明代以前的西沟，人烟稀少，还没有形成真正意义上的村落。明代洪武至永乐年间的大移民后，当地人口逐渐增多，村落渐趋形成。清代咸同年间以后，河南省林县（今林州市）的大量移民迁居当地，李顺达便是其中之一，今日西沟的村庄基本形成。在这几百年的历史进程中，西沟和当地的众多村庄一样，始终默默无闻。

历史更迭白云苍狗、风云际会，从上世纪三十年代末开始，西沟这个小山村与中国960万平方公里国土上发生的许多重大事件开始产生千丝万缕的联系。伴随着中国革命、建设和改革的历程，这里出了两位在共和国历史上有着相当影响的人物李顺达和申纪兰，西沟的历史也由于这两位人物的出现而发生了翻天覆地的变化。

山连山，沟套沟，山是光头山，沟是乱石沟，冬季雪花卷风沙，夏天洪水如猛兽。这就是民谣中所唱的过去的西沟。这样一个自然条件非常恶劣的穷地方，由于一个人物的出现而发生了根本改变。李顺达朴实、憨厚、善良，是中国农民的典型代表，在他的带领下，西沟的历史掀开了崭新的一页。在抗日战争最艰苦的岁月里，李顺达响应太行区边区政府“组织起来，自救生产”的号召，组织贫苦农民成立了全国第一个互助生产组织——李顺达互助组，组织群众开荒种地，度过饥荒。互助组通过组织起来发展生产，通过合作生产度过困难，在发展生产、支援前线的斗争中做出了突出的成绩，李顺达因此被评为民兵战斗英雄、生产劳动模范，西沟被评为劳武结合模范村。1944年，李顺达出席太行区召开的群英会，被评为一等劳动模范，晋冀鲁豫边区政府授予李顺达“边区农民的方向”的光荣称号，西沟成为中国农民发展的方向。

新中国成立后社会主义建设初期，西沟李顺达互助组向全国农民发出了爱国增产竞赛倡议，得到全国农民的热烈响应，极大地带动了全国农业生产的发展。1952年，中央人民政府农业部给李顺达颁发了爱国丰产金星奖状，他的模范事迹开始在国内外广为传播。1951年到1955年4年间，西沟农业生产合作社农林牧生产和山区建设都取得了显著成就。合作社的公共积累由120元增加到11000多元。1955年，社员每人平均收入粮食884斤，比抗日以前增加77%，比建社之前增加25.1%。这一成就得到了毛泽东主席的充分肯定。合作社副社长申纪兰动员妇女下田参加集体生产劳动，并带领西沟妇女争得了男女同工同酬。《劳动就是解放，斗争才有地位——李顺达农林牧生产合作社妇女争取男女同工同酬的经过》通讯1953年1月25日在《人民日报》发表后，在全国引起轰动，申纪兰由此名扬天下。1950年和1953年，李顺达和申纪兰先后成为全国劳动模范；1954年，李顺达、申纪兰当选第一届全国人民代表大会代表，两人双双出席了第一届一直到第四届全国人代会；李顺达于1969年和1973年分别当选为中共九届、十届中央委员。在20世纪50年代至60年代，西沟村成为共和国版图上唯一被标名的行政村。这期间，西沟的社会经济有了长足的发展。1971年，全村总收入达到33.64万元，粮食亩产533公斤，总产量达73.9万公斤，交售国家公粮15万公斤。为了改变恶劣的生态环境，在李顺达和申纪兰的带领下，西沟人开始大面积植树造林，70年代末，有林面积达10000余亩，零星植树100多万株，恶劣的生态环境逐步趋好。西沟成为那个时期太行山区农村建设中的一刻璀璨明珠。

党的十一届三中全会以来，农村发生了举世瞩目的变化，在这场伟大变革中，农村始终处于最活跃的状态。改革开放使得村庄这个社会经济细胞更具活力，成为家庭经营为基础、统分结合为特征的双层经营体制的主要载体，在农村经济中发挥着日益显著的作用。西沟在全国人大代表申纪兰为核心的领导班子带领下，把工作重点转移到调整产业结构、发展市场经济上来。村集体先后兴办了铁合金厂、饮料公司、“西沟人家”及房地产开发公司等企业，西沟初步形成了建筑建材、冶炼化工、农副产品加工等外向型企业为主的新格局。2008年，西沟经济总收入达到1.5亿元，实现利税1000万元，农民人均纯收入达到4000余元，是平顺县农民人均纯收入最高的村庄。此后，为了开展爱国主义教育和生态环境旅游，建设了金星森林公园，修复扩建了西沟展览馆，修建了金星纪念碑和互助组纪念雕塑。在改善生态方面，继续不断地植树造林，现今已有成林15000多亩，幼林10000多亩。光头山都变得郁郁葱葱，乱石沟到处都生机勃勃。

如今的西沟，已经由过去的农业典型变为绿色园林生态村、老有所养的保障村、西沟精神的红色村、平安敦厚的和谐村。西沟是一个缩影，它浓缩了新中国成立以来中国农村的发展和变迁，承载了中国几亿农民几代人追求富裕生活的梦想。今天，在西沟这种梦想正在一步步变为现实。

随着人类社会的发展，一个个自然村落的消失，从某种意义上讲，可以说是时代的必然，但从另一个方面而言，消失的又是一种传统和记忆。我们就是要传递和记载西沟这样一个村庄的变迁，把这种消失变为历史的存照，把传统和记忆原原本本地留给后人，原汁原味地展示在世人面前。代代相传的不仅是生活，更重要的是精神。建设一个新西沟，让村民一起过上幸福舒心的生活，是西沟人世世代代追求的梦想。望得见山水，记得住乡愁；梦想不能断，精神不能忘。

三

为了能够将西沟这样一个记录中国乡村几十年变迁的村庄的历史真实而详尽地展示给读者，研究选择通过口述史的方式来进行。以山西省社科院历史所研究人员为主体的研究团队，先后编撰出版了《山西抗战口述史》和《口述大寨史——150位大寨人说大寨》两部口述史著作，得到了学术界乃至全社会的认可，在口述史研究方面有着丰富的经验。让西沟人说话，让老百姓讲述，他们是西沟历史的创造者和见证人。通过他们的集体记忆，以老百姓原汁原味的口述来最大限度地还原真实的历史。课题组进行口述访谈的过程中，发现了西沟建国后至今的各种档案资料保存极为完整，为了弥补口述历史的不足，课题组从西沟现存的档案资料中选取价值较高的部分将其整理出版。经过课题组成员三年多的辛勤工作，《西沟口述史及档案史料（1938–2014）》（十卷本）终于完成了。

希望这套书能够真实、立体、全面地展现西沟的历史，并且希望通过课题组成员的辛勤工作，通过书中的访谈对话，通过对过去时代的人物、事件的生动、详细的描述，并且对照留存下来的档案资料，展现出西沟这个中国村庄几十年的历史变迁。同时力求能够为学界提供一批新的研究资料，为合作化时代的农村研究贡献一份力量，也为今天的新农村建设提供更多有益的借鉴。

由于课题参与者专业与学识积累的不同，编撰过程中遗漏、讹传甚至谬误之处，肯定难免，虽然竭尽全力去查实考证，去粗取精、去伪存真的任务很难全部完成。衷心希望社会各界众多有识之士提出宝贵的批评意见。

本套书出版之际，特别感谢西沟村民委员会、西沟展览馆，是他们为访谈活动、收集资料提供了诸多便利条件；感谢所有接受过课题组访谈的人们，正是他们的积极配合和热情支持，才使课题研究能够顺利完成；同时，也要特别感谢接受过课题组访谈的专家学者、作家记者以及曾经担任过领导职务的老同志们的热情支持。可以说，这套书是他们与课题组集体合作的结晶。

是为序。

山西省社会科学院院长、党组书记、研究员

李中元

2017年7月11日

序二

众所周知，乡村文化是中国文化的依托和根基，乡村又是连接过去和未来的纽带。在中国这样的农业大国，研究乡村就是寻找我们的根脉和未来发展的方向。

关于乡村的研究早在20世纪20年代就已开展，当时学者们已经将社会学和人类学的研究方法应用到村落研究当中，对中国乡村社会的政治、经济、文化、习俗和社会结构，以及其中的权力关系进行分析和综合。比较有代表性的论著有李景汉的《定县社会概况调查》、费孝通的《江村经济》和《乡土中国》、林耀华的《义序的宗教研究》和《金翼》、李珩的《中国农村政治结构的研究》等。在实证性资料收集方面，为了侵略中国，日本在我国东北设置了“南满洲铁道株式会社”，其庶务部的研究人员于1908年至1945年间在我国的东北、华北和华东进行了大规模的乡村习俗和经济状况调查，记录了大量的一手资料。

与学院式研究的旨趣完全不同，中国共产党人的乡村研究，是在大规模开展农民运动的同时展开的。他们更关注对乡村社会政治权力关系的改造，并写出了大量的社会调查报告。其中，毛泽东的《中国农民中各阶级分析及其对于土地革命的态度》《湖南农民运动考察报告》和彭湃的《海丰农民运动报告》最为著名。

学术界大范围多角度地对中国乡村社会进行深入细致的研究是从20世纪80年代才开始的。这一时期学者们收集资料的方式开始多元化，研究的角度也越来越丰富，从而诞生了一大批有影响的村落研究著作。如马德生等人通过对广东陈村26位移民的多次访谈而写成的《陈村：毛泽东时代一个农村社区的现代史》和《一个中国村落的道德与权力》等著作，侧重探讨了社会变革与中国传统权力结构的关联性，以及“道德”和“威严”等传统权力结构与全国性政治权力模型的联系。美国学者杜赞奇运用华北社会调查资料写成的《文化、权力和国家》，提出了“权力的文化网络”概念，用以解释国家政权与乡村社会之间的互动关系。萧凤霞在《华南的代理人和受害者》一书中通过对华南乡村社区与国家关系的变化过程的考察提出，本世纪初以来，国家的行政权力不断地向下延伸，社区的权力体系已完成了从相对独立向行政“细胞化”的社会控制单位的转变。90年代以后，张厚安等人系统地论述了研究中国农村政治问题的重要性，并出版了《中国农村基层政权》这部当代较早系统研究农村基层政权的专著。王沪宁主持的《当代中国村落家族文化》的课题研究，揭示了中国乡村社会的本土特征及其对中国现代化的影响。王铭铭和王斯福主编的《乡土社会的秩序、公正与权威》等著作，通过对基层社会的深入考察，关注了中国乡土社会的文化与权力问题。徐勇在《非均衡的中国政治：城市与乡村比较》这部专著中，从城乡差别的历史演进出发，运用政治社会学和历史比较分析等方法，对古代、近现代和当代城市与乡村政治社会状况、特点、变迁及历史影响进行了系统的比较分析。黄宗智的《华北的小农经济与社会变迁》及《长江三角洲小农家庭与乡村发展》从社会学和历史学的视野，分析了近一个世纪以来村庄与国家之间的相互关系。中国社会科学院农村发展研究所主持编写的《当代中国的村庄经济与村落文化丛书》对乡村社会结构及权力配置问题也给予了一定的关注。其中，胡必亮在《中国村落的制度变迁与权力分配》一书中对制度创新与乡村权力的关系进行了实证分析。

毫无疑问，这些研究成果对我们认识中国村落经济社会政治关系和权力结构提供了许多相关性结论和方法论启示。但是，这些从不同的理论视野及不同的理性关怀所得出的研究成果，或是纯理论的推论而缺乏实证考察，或者是在实证研究中简单地论及乡村问题，而没有将村落问题作为一个专门的领域来进行全面而系统的实证研究，缺乏在观念、制度和政策层次上进行深入、精致、系统的分析，尤其是对村落社会整体走向城市变迁过程中村落经济、社会、政治、文化结构的连续转换缺乏细致的研究。之所以出现这些不足，除了我们需要新的理论概括和更高层次的综合外，还在于我们对于基本资料的掌握不够完善，无论是在区域的广度上，还是个案资料的精度上，都有继续探寻和整理的必要。

如前所述，早在20世纪上半叶，在乡村研究进入学者视野之时，资料搜集工作便已开始。到了20世纪80年代以后，随着学术视野的开阔和多学科研究方法的引入，学者们资料搜集的方式也日趋多元化，口述访谈、田野调查、文本收集等方法都被普遍采用。这一时期，乡村档案资料受到了学者更多的关注。

相比口述史料，档案资料有其先天的优势。所谓档案：“是指过去和现在的国家机关、社会组织以及个人从事政治、军事、经济、科学、技术、文化、宗教等活动直接形成的对国家和社会有保存价值的各种文字、图表、声像等不同形式的历史纪录。”①也有学者指出：“档案是组织或个人在以往的社会实践活动中直接形成的清晰的、确定的、具有完整记录作用的固化信息。”②简言之，档案是直接形成的历史纪

① 《中华人民共和国档案法》（1988年1月1日执行）。

② 冯惠玲、张辑哲：《档案学概论》，中国人民大学出版社2006年第二版。

录。它继承了文件的原始性和记录性，是再现历史真实面貌的原始文献。原始性、真实性和价值性是档案的基本属性。而这些属性也恰恰反映出了档案资料对于历史研究的重要意义。可见，乡村社会研究若要更加深入决然离不开这些宝贵的乡村档案资料。

西沟村位于山西省平顺县的太行山区，与现在的生态环境相比，曾经是山连山，沟套沟，山是石头山，沟是石头沟，冬季雪花卷风沙，夏季洪水如猛兽，真可谓是穷山恶水，不毛之地。西沟土地贫瘠，最适合种植的经济作物是当地人称之为地蔓的土豆，土地利用率也很低，一般只有三年时间，即第一年种土豆，第二年种谷子，第三年种些杂粮，到第四年地力基本就耗尽了。历史上这里的常住人口除少量为本地居民外，大多为河南迁移来的难民。而今的西沟甫入眼中的却是一片郁郁葱葱，天然氧吧远近闻名。而西沟人也住进了将军楼，吃上了大米白面，过上了衣食无忧的生活。可以说，西沟人的生存环境和生活状态都有了天翻地覆的变化。纵观西沟村的形成和发展史，无不与中国共产党的领导紧密相连。西沟村发迹于中国共产党领导下的农业生产互助合作组，成长于农业合作化和新农村建设时代。在新中国建立的最初十几年中西沟代表了中国农村发展的方向，在中国农村发展史上具有里程碑式的地位。

西沟是典型的金木水火土五行俱缺的穷山沟，西沟人在中国共产党人的带领下用艰苦奋斗、自力更生、顽强拼搏的精神，以无比坚强的意志坚持互助合作、科学建设，用自己的劳动改变了穷山恶水的生态环境。改变自己的境遇虽是人性最深处对生存的渴望和作为社会的人的一种追求的体现，但是必须肯定的是中国共产党的领导是这种境遇得以改变的关键。从西沟的发展过程来看，党的领导在西沟发展的各个时期都发挥着主导的作用，西沟党支部在任何时候都是人们的主心骨，党的领导催发了西沟人锐意进取、奋发向上的精神。现在的西沟是平顺县最富裕的村庄，在许多老人眼里，村里提供的福利待遇在整个平顺县都是“头等”水平，村集体的实力也是最强的。然而我们还必须正视西沟在历史上和当下遇到的问题。它既是中国共产党领导下的代表了中国农村方向十余年时间的一面旗帜，同时也是改革开放后中国农村中发展缓慢的村庄之一。如此大的差距，应当如何理解？从更广的层面来看，当下中国农村社会发展同样出现了不平衡问题，而且差距越来越大，这一难题又应当如何破解？可以说小到一个个体村落，大到全中国的所有农村，都面临着严峻的发展问题。这是我们国家发展的全局性、根本性问题和难题。我们认为要破解这一难题需要回到历史中去寻找它的根源。

我们无法还原历史的真实，只能无限地接近历史的真实，那么原始资料可谓是实现这一愿望的最好选择。西沟村在这一方面便有着得天独厚的优势。从李顺达执掌西沟村开始，西沟村的档案管理工作就开始有条不紊地展开。直到20世纪80年代，随着社会形势的改变，长期积累的档案资料面临散失的危险。这时西沟村党总支副书记张章存在村两委的支持下，组织人手对20世纪30年代到80年代的档案资料进行归类整理，完整地保留了西沟村在集体化时代的档案资料。此后，村两委又建立了规范的档案存放体制，延续至今。可以说，西沟档案资料无论在保存的完整性，数量的众多性和内容的丰富性上，都是其他地方保存的同时期档案资料无法比拟的。现在呈现在大家面前的《西沟档案史料》，正是从山西省社会科学院“西沟系列研究”课题组于2014年4月16日到5月29日期间，历时一个半月在西沟村搜集的原始资料中抽取的精华部分汇编而成。这批内容丰富且极具研究价值的档案资料，不仅是典型村庄生产生活全景的详细记录，也是研究山西乃至中国农村历史珍贵的原始文献资料，对于重新认识当时的历史具有重要的价值与意义，也可为新农村建设和破解当前中国农村遇到的发展难题提供有益的借鉴。

《西沟档案史料》共分为八卷，即《西沟口述史及档案史料（1938—2014）》的第三卷至第十卷，包括村政、村务经济、社会人口、土地林权、单据、历史影像等六个专题。

《西沟档案史料》基本上每个专题单独成卷。由于村政类和单据类档案资料内容最为丰富，因此选择的资料较多，将其各分为两卷。

村政类档案资料收录在第三卷和第四卷。此类资料时间跨度很长，从1938年至2014年，历时70余年。其内容非常丰富，涉及政治、经济、科教文卫、社会救助、村民矛盾调解、精神文明建设等各个方面，几乎覆盖了西沟村发展的方方面面。村政卷虽名为村政，但由于西沟村的特殊性，其内涵实则极为丰富，不仅是西沟社会管理工作的汇编，其实更是西沟村级事务的综合。通过村政卷的资料，人们不仅能够了解西沟的社会管理和村级事务变迁，也能了解中国近现代基层农村的发展历程。

单据类档案资料是西沟村档案资料中保存最多的一类。此次呈现给大家的主要是1970年和1975年部分月份的会计凭证，分别收录在第八卷和第九卷。为保证单据的原始性，我们保留了单据保存时期的初始状态，按原档案保存形式，整体收录。这就造成了一个年份分布在两卷资料中，而且月份也未能按照顺序排列的缺憾。但是这些单据之间有着天然的相关性，不仅可以进行统计分析，而且也能够给我们提供20世纪70年代有关西沟村产业结构、生产经营、收入水平、商业贸易等集体经济活动方面的诸多信息。其中有关收入和支出的财务单据客观反映出了西沟村集体经济生产、经营、流通、销售的情况，西沟村商业贸易活动所覆盖的地区以及西沟村民当时的生存状态。

第五卷为村务经济卷。该卷成分单一，主要反映的是20世纪50年代到70年代西沟村经济活动的详细情况，包括财务状况和经营成果。包括分配表、工票领条表、记工表、粮食结算表、粮食分配表、金额分配决算表、参加分配劳动日数统计表、预分表、包产表、任务到队（初步计划）表、固定资产表、账目、小队欠大队粮登记表、历年各项统计表等十四类。这些财会信息保存完整，内容丰富，是研究中国农村生产生活难得的资料。

第六卷为社会人口卷。该卷分为人口和社会保障两大部分。人口部分以西沟村二十世纪七、八十年代的常住人口和劳动力及青壮年人口统计表为主，能够反映不同阶段男女劳动力比例和工分分配情况。社保服务的内容主要为2011–2013年的村民医疗和参保的部分数据，反映出西沟近年来在社保服务这一方面所做的工作和取得的成绩。

第七卷为土地林权卷。该卷涵盖了20世纪50年代到21世纪初期西沟村重要的林木入股、林权证、土地入股、土地所有证和宅基地申请、审批等资料。该卷是对我国农村土地、山林等生产资料进行四次确权过程的鲜活例证，反映了我国农村土地制度由农民私有制发展到土地合作社、人民公社，再到农村村民自治的村民委员会所有的集体所有制的演变过程。

第十卷为历史影像卷。该卷收录的资料从图像和文本的角度反映了西沟七十余年的发展历程，不仅生动体现了西沟人改天换地的战斗精神，再现了西沟进行社会主义农村建设的生动画面，而且也显示出了西沟对于中国农村发展的影响，是深入研究中国农村历史的重要依据。本卷根据资料的相关性将其分为书信手稿、领导题词、照片资料、锦旗、会议记录以及工作笔记等六大类。这些资料真实的体现了西沟村为探索中国农村的发展道路做出的卓越贡献。

保持西沟档案资料的原始性是我们进行此次资料汇编坚持的重要原则。此次收入的资料全部原图拍摄，不进行任何加工，档案排序也遵照原有序列不做任何调整。同时由于篇幅有限，我们还会对收录的资料进行一些选择，力争收录内容有代表性且相对完整的材料，这样就可能将一些零散的资料剔除，因此会出现一本档案不能全部收录的情况。由此给大家带来的不便，我们深表歉意。尽管我们在资料的选择和编辑上进行了多次的讨论和修改，但是由于学识有限，其中一定还存在不少问题，衷心希望资料使用者能提出宝贵的批评意见。

在本书出版之际，我们特别感谢西沟村两委，尤其是西沟村党总支书记王根考、原党总支副书记张章存、村委办公室主任周德松、村支委委员郭广玲的大力支持。在他们的积极配合和热情支持下，我们才得以将这些尘封的档案资料搜集、整理、选择，并汇编成册，奉献在大家的面前。

杨茂林

2017年4月

目　录

本卷序

《社会人口卷》为西沟村社会人口、社保等资料的汇编。人口与社会保障事业的发展是新农村建设成就的一个重要窗口。其中人口是社会物质生活的必要条件，是全部社会生产行为的基础和主体。人口的增长率、年龄结构、男女比例又是衡量一个地区社会发展的重要指标。由于社会条件不同，经济发展水平不同，人口发展过程不同，人们对人口现象的认识和反映也不同，所以在每个区域都有与其相应的人口构成特征。在人口结构各因素中，年龄和性别是最基本、最核心和最重要的因素，人口结构中影响最大的就是年龄结构和性别结构。理想的年龄结构应符合“人口低增长和长寿命”二大特征；人口低增长是指年出生人口的低增长（人口出生率在1.4%-1.6%），高增长和负增长均会使人口结构恶化。理想的性别结构应符合“同年龄的男女性别人数相等或相近”。以2010年人口普查为据，2010年全国生育率为1.18110，其中乡村为1.43755。从西沟村来看，1953年第一次全国人口普查时，西沟总人数为1235人，1964年第二次全国人口普查时，其人口为1409人，1982年第三次全国人口普查时，总人口为1877人，十八年间增加468人，平均年增长率为1.85%。到1990年第四次全国人口普查时，总人口为1956人，较1982年增加77人，年增长率为0.53%。2000年第五次全国人口普查时为2331人，比1990年增长356人，年增长率为1.84%。而到2013年，全村总人口降为2140人。从1953年到2013年的六十多年里，虽然期间略有起伏，但总体上平稳。从性别结构上看，从1964年到2013年，男女性别比平均为101（以女性为100），与理想的性别结构相符合，这一数据，肯定了西沟在计生工作上的成绩和努力。

社保属于民政范畴。在全国社保制度推出以前，农村的社会保障主要体现在优抚、救济和社会福利上。西沟村的民政工作最早可上溯到上世纪50年代，如抗战时期李顺达推行的互助制度，通过组织代耕队、变工队，以拨工、代耕、义务劳动等形式为军烈属提供优抚和帮助。建国后，西沟的优抚工作进一步完善，优抚对象范围进一步扩大，优抚办法也趋于多样，如军烈属及村中困难户的土地耕种、生老病死等均由村民政解决。十一届三中全会后，村中优抚对象除了没有责任田外，还可享受多渠道、多形式的社会福利，保证了其生活水平不低于全村农户的平均水准。

就救济和社会福利事业看，西沟村救济的制度化始于1953年，其救济形式有：缺粮补粮、送衣济物和减免赋税。基本的原则是确保困难户具备最基本的生活条件。中共十一届三中全会后，村里又在生产经营项目上，将困难户列为重点帮扶对象，实行承包项目向困难户倾斜，帮助提高困难户的经济收益，从而带动全村共同富裕。

建国前，西沟的福利事业可以说有名无实。建国后，随着集体经济的快速积累，社会福利事业的发展在物质条件上得到了保障，制度建设进一步完善，覆盖面不断扩大，涵盖到生产、生活的各个方面。以医疗保健为例，上世纪50年代，西沟村办起了村保健站，此时的村民可以享受50%的医药费减免待遇。到1986年实行农村合作医疗制度时，村民实行了免费就医。而到1986年后，全村的婴幼儿可定期、定时免费接种疫苗，初级卫生保健已覆盖全村村民。其后，随着西沟村经济的不断发展，医疗卫生事业也得到了进一步的完善，一直到我国社保制度的推出。

社保也称社会保险或社会保障，是帮助公民对冲诸如失业、疾病、事故、衰老、死亡等某些社会风险，是国家通过立法强制建立的社会保险基金，它在一定范围内对社会保险基金实行统筹调剂，在劳动者遭遇劳动风险时给予必要的帮助。它是一种不以盈利为目的的政府行为，是社会保障制度中的核心内容。社保的特点主要包括保障性、普遍性、互助性、强制性和福利性。社保包括养老保险、医疗保险、工伤保险、失业保险和生育保险等。我国的社会养老保险制度从1997年开始建立，并采取随收即付、完全积累制和部分积累制的混合财务制度，是一种社会统筹与个人账户制度相结合的社会养老保险制度。2002年10月，我国在原社保服务的基础上又明确提出，各级政府要积极引导农民建立以大病统筹为主的新型农村合作医疗制度。2009年，国家作出深化医药卫生体制改革的重要战略部署，确立新农合作为农村基本医疗保障制度的地位。“新农合”即新型农村合作医疗的简称，是指由政府组织、引导、支持，农民自愿参加，个人、集体和政府多方筹资，以大病统筹为主的农民医疗互助共济制度。资金上采取个人缴费、集体扶持和政府资助的方式筹集。合作医疗是由我国农民自己创造的互助共济的医疗保障制度，在保障农民获得基本卫生服务、缓解农民因病致贫和因病返贫方面发挥了重要的作用，受到农民群众的欢迎。对于社保这一新兴事物，西沟村紧跟社会发展的步伐，积极宣传国家的医疗和社会保障制度，走在了发展的前列，在新农村建设的进程中再一次高举“模范”的旗帜。

该卷从内容上可本部分为人口和社会保障两大部分，所含内容相对简单，所列之项互不交叉，易于梳理，但其所包含的信息却是了解和解读西沟所不可替代的。如1977年的劳动力统计，就反映出了当时男女劳动力比例和工分分配情况，具有很好的参考价值。

本卷内容简介

本卷作为西沟村近年来在社会人口变迁上的资料汇编，其内容可分为人口和社会保障两大部分，共430余条档案资料。其中的人口部分又包括南赛村常住人口统计表和劳动力及青壮年人口统计表两个部分。而劳动力及青壮年人口统计表这一部分涉及到西沟村1977年劳动力人口统计和1986年青壮年统计两个内容。其中1977年的劳动力统计没有过多涉及具体姓名等细节内容，而是在劳动分工上，按农、林、牧、副、建筑等几大方面，对当时男女劳动力进行了统计，反映出了当时男女劳动力比例和公分分配情况，具有一定的参考价值；1986年的青壮年统计则较为复杂，涉及到南赛、老西沟、沙地山(栈)、辉沟、古罗、刘家底、池底、东峪和东峪沟等9个自然庄的12到40周岁男女劳动力统计，统计数字详实、准确。

该卷中所涉社保服务的内容主要为2011-2013年的村民医疗和参保的部分数据。这一部分又可细化为新农社保服务和新型合作医疗两大快，四项内容，包括统计表、缴费收据等，虽然数据量有限，但着实反映出西沟近年来在社保服务这一方面所做的工作和取得的成绩。

本卷编者简介

董永刚，男，1975年生，历史学硕士，现任山西省社会科学院历史所研究室主任，副研究员，主要从事区域历史文化研究。

秦艳，女，1981年6月生，山西省潞城市人。1999—2003年就读于山西大学历史系，获得历史学学士学位。2003—2006年就读于武汉大学历史学院，获历史学硕士学位。现为山西省社会科学院历史研究所助理研究员。主要研究方向为宋元史及山西地方史。

社会人口卷

一、平顺县西沟村人口统计

（一）南赛村常住人口统计表

图1-1-1　平顺县西沟村常住人口登记表封皮(南赛)

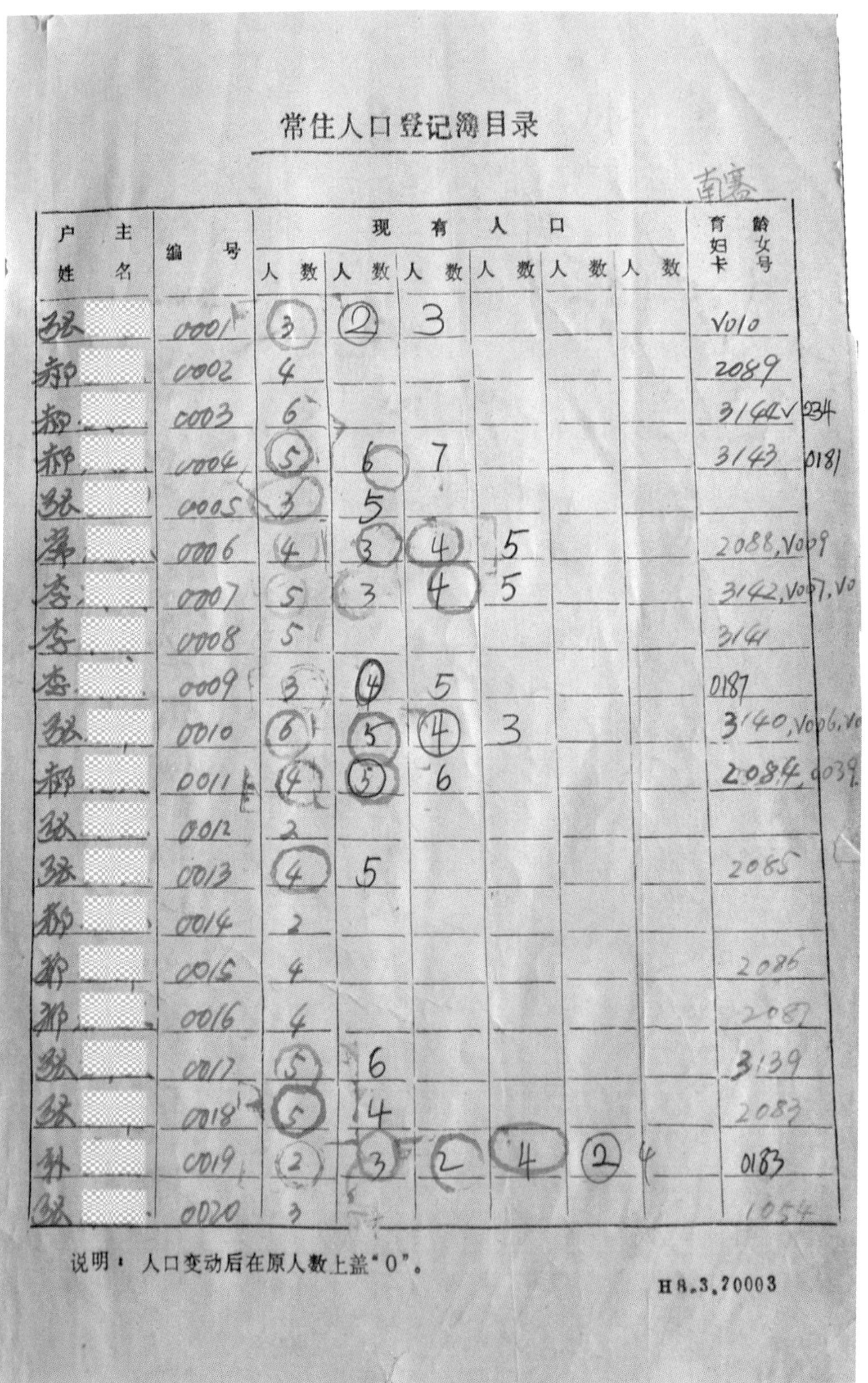

常住人口登记簿目录

南寨

户主姓名	编号	现有人口 人数	人数	人数	人数	人数	人数	育龄妇女卡号
张	0001	3	2	3				V010
郝	0002	4						2089
郝	0003	6						3144V 234
郝	0004	5	6	7				3143 0181
张	0005	3	5					
郝	0006	4	3	4	5			2088,V009
李	0007	5	3	4	5			3142,V007,V0
李	0008	5						3141
李	0009	3	4	5				0187
张	0010	6	5	4	3			3140,V006,V0
郝	0011	4	5	6				2084,0039
张	0012	2						
张	0013	4	5					2085
郝	0014	2						
郝	0015	4						2086
郝	0016	4						2087
张	0017	5	6					3139
张	0018	5	4					2082
孙	0019	2	3	2	4	2	4	0183
张	0020	3						1054

说明：人口变动后在原人数上盖"O"。

H8.3.20003

图1-1-2　平顺县西沟村常住人口登记表(南赛)1

常住人口登记簿目录

户主姓名	编号	现有人口						育龄妇女卡号
		人数	人数	人数	人数	人数	人数	
孙	0021	4	5	6				3138
孙	0022	4	3	1				
李	0023	3	4	5	3	4		0191
赵	0024	3						
孙	0025	5	7	4	6			3145
张	0026	3	4					1053
郭	0027	4						2079
郭	0028	4	6	7				V002
孙	0029	4						2080
吴	0030	2	4	2				2081
孙	0031	2	3	2	3			2082 0180
孙	0032	4	5	4				0032
孙	0033	3	4					1052
孙	0034	5						2078
孙	0035	2	4					1051
孙	0036	5						3135
孙	0037	6	6	4	5			3136
孙	0038	6	7	8	7	6		3137, V005
李	0039	4	3	4	3	4		V004
孙	0040	2						2077

说明：人口变动后在原人数上盖"0"。

H8.3.20003

图1-1-3　平顺县西沟村常住人口登记表(南赛)2

常住人口登记簿目录

户主姓名	编号	现有人口						育龄妇女卡号
		人数	人数	人数	人数	人数	人数	
孙	0041	3	4	5	3	5	4	0184
郭	0042	4	5	6				0037
郭	0043	5	4					1049
孙	0044	4						2130
马	0045	5	6	7				3134
孙	0046	2	4	3	3	4		
郭	0047	2	1	3	1			
孙	0048	6						2128
孙	0049	5						3133
孙	0050	3	2	3				
孙	0051	2	1	0				
郭	0052	6	7	6	5	6	5	0038
孙	0053	4	3					
孙	0054	4						2129
孙	0055	3	4					2131
李	0056	5						3132
孙	0057	3						1044
孙	0058	3	2					2076
李	0059	2	1					1045
郭	0060	4	3					2090

说明：人口变动后在原人数上盖"0"。

H8.3.20003

图1-1-4　平顺县西沟村常住人口登记表(南赛)3

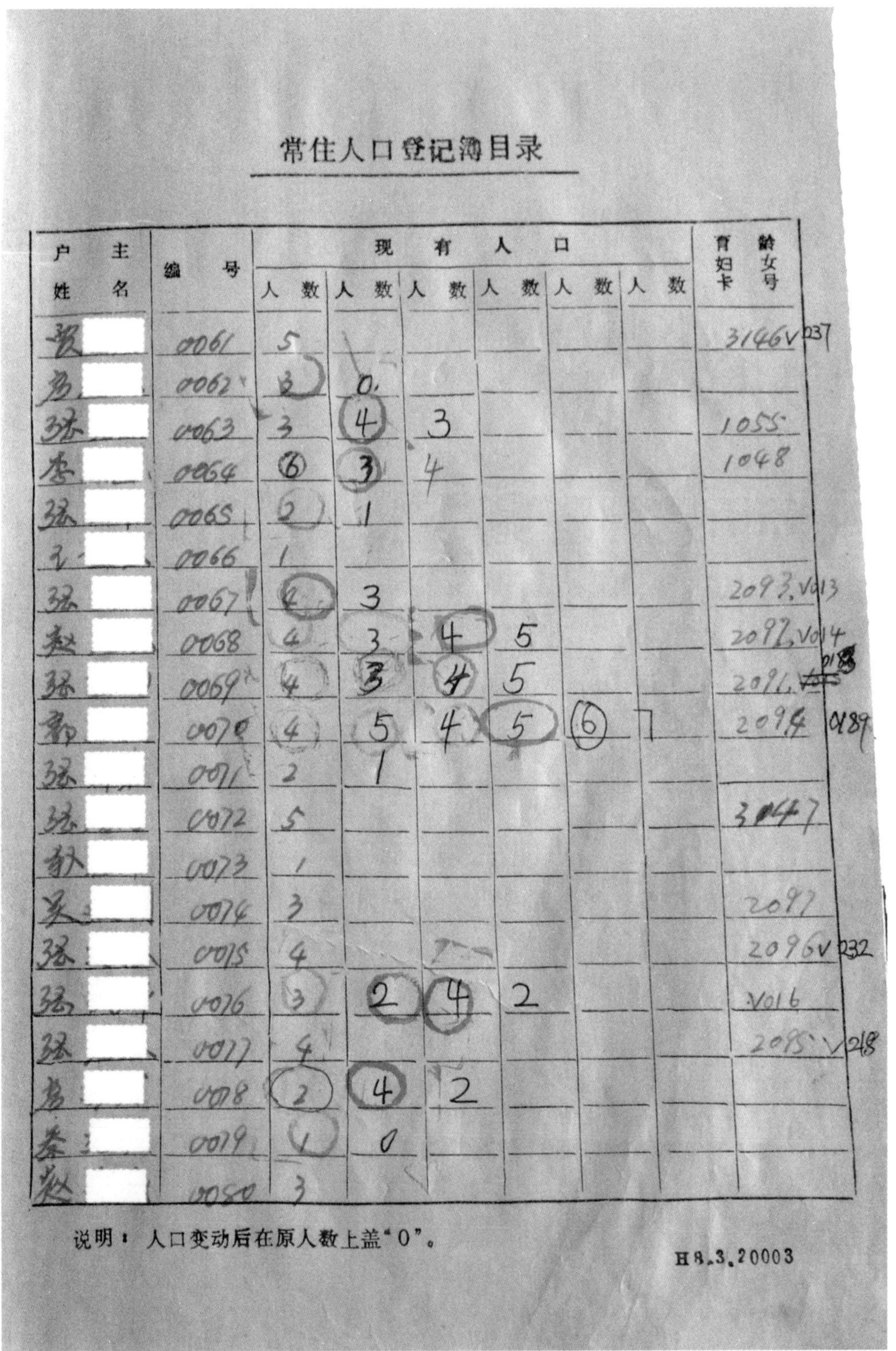

常住人口登记簿目录

户主姓名	编号	现有人口 人数	人数	人数	人数	人数	人数	育龄妇女卡号
贺	0061	5						3146V 037
马	0062	3	0					
孙	0063	3	4	3				1055
李	0064	6	3	4				1048
孙	0065	2	1					
王	0066	1						
孙	0067	2	3					2093.V013
赵	0068	4	3	4	5			2092.V014
孙	0069	4	3	4	5			2091. V018
郭	0070	4	5	4	5	6	7	2094 189
孙	0071	2	1					
孙	0072	5						3047
秋	0073	1						
吴	0074	3						2097
孙	0075	4						2096V 232
孙	0076	3	2	4	2			V016
孙	0077	4						2095 V218
马	0078	2	4	2				
秦	0079	1	0					
赵	0080	3						

说明：人口变动后在原人数上盖"0"。

H8.3.20003

图1-1-5　平顺县西沟村常住人口登记表(南赛)4

常住人口登记簿目录

户主姓名	编号	现有人口						育龄妇女卡号
		人数	人数	人数	人数	人数	人数	
郭	0081	1						
孙	0082	4						3148
李	0083	2						
李	0084	③	4					1056
吴	0085	①	0					
吴	0086	③	④	3				2098
孙	0087	③	4					1046
赵	0088	3						
赵	0089	③	4					1058
李	0090	③	④	5				1057
孙	0091	①	0					
孙	0092	2						2101
孙	0093	4						2100
孙	0094	4						2099
孙	0095	④	3					
吴	0096	③	4					1059
孙	0097	⑤	7	[illegible]				3149, V017
郭	0098	4	③	⑤	3			V018
房	0099	[illegible]	③	1				2102, V019
郭	0100	3	2					

说明：人口变动后在原人数上盖"0"。

H8.3.20003

图1-1-6　平顺县西沟村常住人口登记表(南赛)5

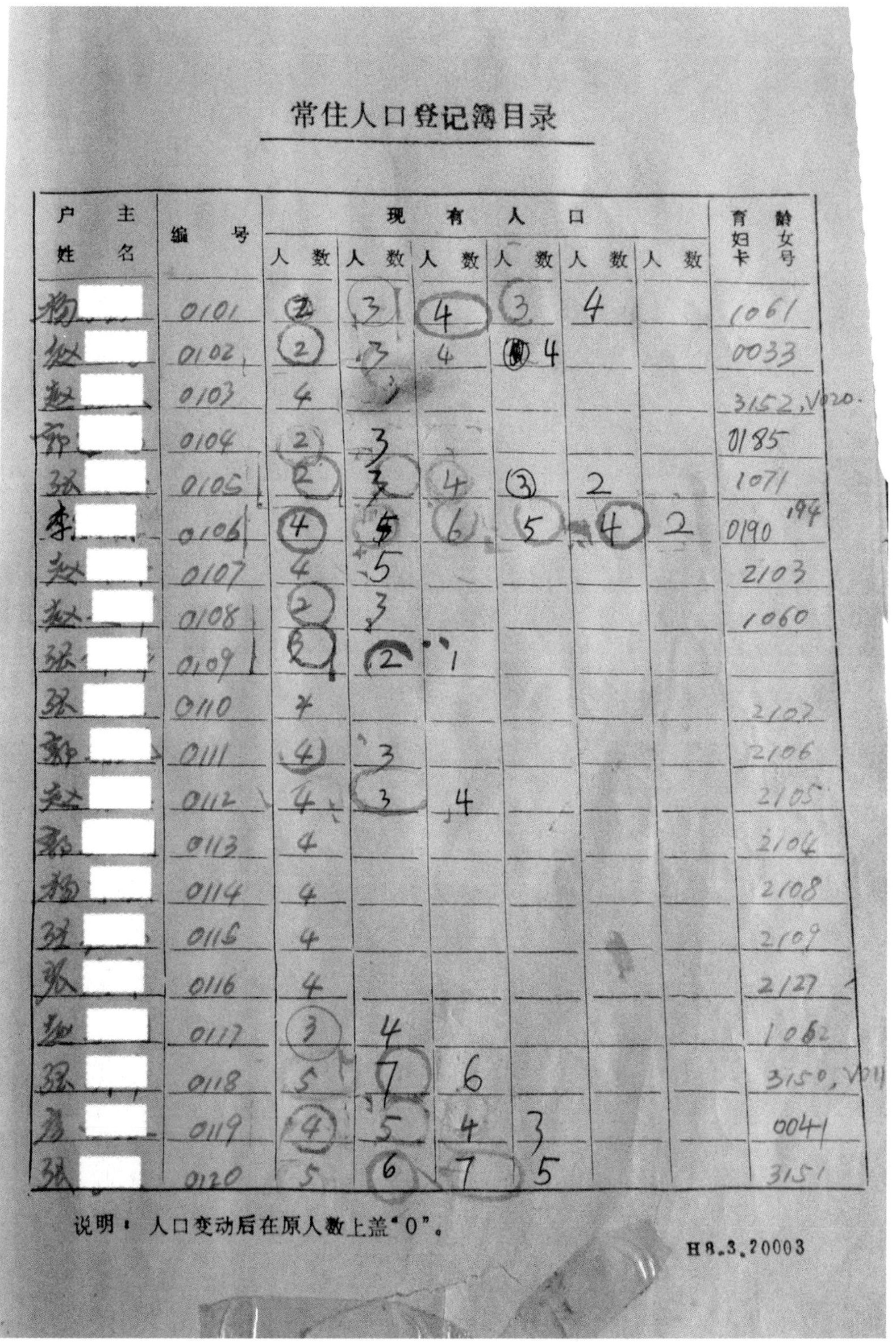

常住人口登记簿目录

户主姓名	编号	现有人口 人数	人数	人数	人数	人数	人数	育龄妇女卡号
杨	0101	2	3	4	3	4		1061
赵	0102	2	3	4	4			0033
赵	0103	4						3152, V020.
郭	0104	2	3					0185
张	0105	2	3	4	3	2		1071
李	0106	4	5	6	5	4	2	0190 194
赵	0107	4	5					2103
赵	0108	2	3					1060
张	0109	2	2	1				
张	0110	4						2107
郭	0111	4	3					2106
赵	0112	4	3	4				2105
郭	0113	4						2104
杨	0114	4						2108
张	0116	4						2109
张	0116	4						2127
赵	0117	3	4					1062
张	0118	5	7	6				3150, V011
房	0119	4	5	4	3			0041
张	0120	5	6	7	5			3151

说明：人口变动后在原人数上盖“0”。

H8.3.20003

图1–1–7　平顺县西沟村常住人口登记表(南赛)6

常住人口登记簿目录

户主姓名	编号	现有人口						育龄妇女卡号
		人数	人数	人数	人数	人数	人数	
孙	0121	①	0					
赵	0122	2						
赵	0123	①	0					
宋	0124	1						
郭	0125	2						
张	0126	④	3					
张	0127	4						2123
张	0128	4						2124
张	0129	5						3155
张	0130	5						3156
张	0131	③	2					2113
吴	0132	2						2125
郭	0133	⑤	4					
张	0134	3						1063
申	0135	④	⑤	6				3158/0179
张	0136	③	④	5				1050
郭	0137	③	4					1068 v244
张	0138	4						2112
张	0139	2						
张	0140	⑤	④	5				1072

说明：人口变动后在原人数上盖“0”。

H8.3.20003

图1–1–8　平顺县西沟村常住人口登记表(南赛)7

常住人口登记簿目录

户主姓名	编号	现有人口						育龄妇女卡号
		人数	人数	人数	人数	人数	人数	
张	0141	5						3155
张	0142	5	4	3				3163
张	0143	4						2115
张	0144	3						2119, V023
张	0145	5	6	5				0043, V027
许	0146	2	1	2				1069
郝	0147	2	1					
郝	0148	3						1070
高	0149	2						
张	0150	3						1067
王	0151	2						
张	0152	4	3					
张	0153	3	2					
张	0154	3	4					1065
郭	0155	5						3159
张	0156	4	3	2				2100
张	0157	4	3					1074
张	0158	4						2117 V038
高	0159	3	0	0				3157, V024
庞	0160	2	3	4	2			0035

说明：人口变动后在原人数上盖"0"。

H8.3.20003

图1-1-9　平顺县西沟村常住人口登记表(南赛)8

常住人口登记簿目录

户主姓名	编号	现有人口 人数	人数	人数	人数	人数	人数	育龄妇女卡号
张	0161	2	1	2	3			V028.
张	0162	2						
赵	0163	2	1	2	3			018
张	0164	5						3164
张	0165	4	3					V029.
张	0166	4	5	6				0040
张	0167	2	1	0				
张	0168	3	4					1066
张	0169	4						2122
张	0170	4						2111
张	0171	2	3	4	3			0034
李	0172	3	2	1				
张	0173	4						2118
张	0174	2						
张	0175	2	3					
张	0176	5	7	6	5	8	9 8 9	3160
张	0177	4	5	6				1047
张	0178	4	5					1073
张	0179	3	4					2075
张	0180	5						3153 V208

V243

说明：人口变动后在原人数上盖"0"。

H8.3.20003

图1-1-10　平顺县西沟村常住人口登记表(南赛)9

常住人口登记簿目录

户主姓名	编号	现有人口						育龄妇女卡号
		人数	人数	人数	人数	人数	人数	
张	0181	2	1	0				
张	0182	4	3	4	5	6		2116, ~~1022~~ 0182
张	0183	4						2121
唐	0184	4	3	4	5	3		3162, 1021
张	0185	5						2114
张	0186	4	3	4	7	6	5 6	2120
张	0187	2	1					
张	0188	1						
张	0189	1	0					
村	0190	1	0					
张	0191	1						
张	0192	3	2	1				0036
吴	0193	1	0					
张	0194	3	4					1064
薛	0195	1						3159
~~张~~	~~[illegible]~~	~~1~~	~~2~~					~~[illegible]~~
张	0196	2						0220
邵	0197	2						2110
李	0198	2						0272
张	0199	2	3	1				0275

说明：人口变动后在原人数上盖"0"。

H8.3.20003

图1–1–11　平顺县西沟村常住人口登记表(南赛)10

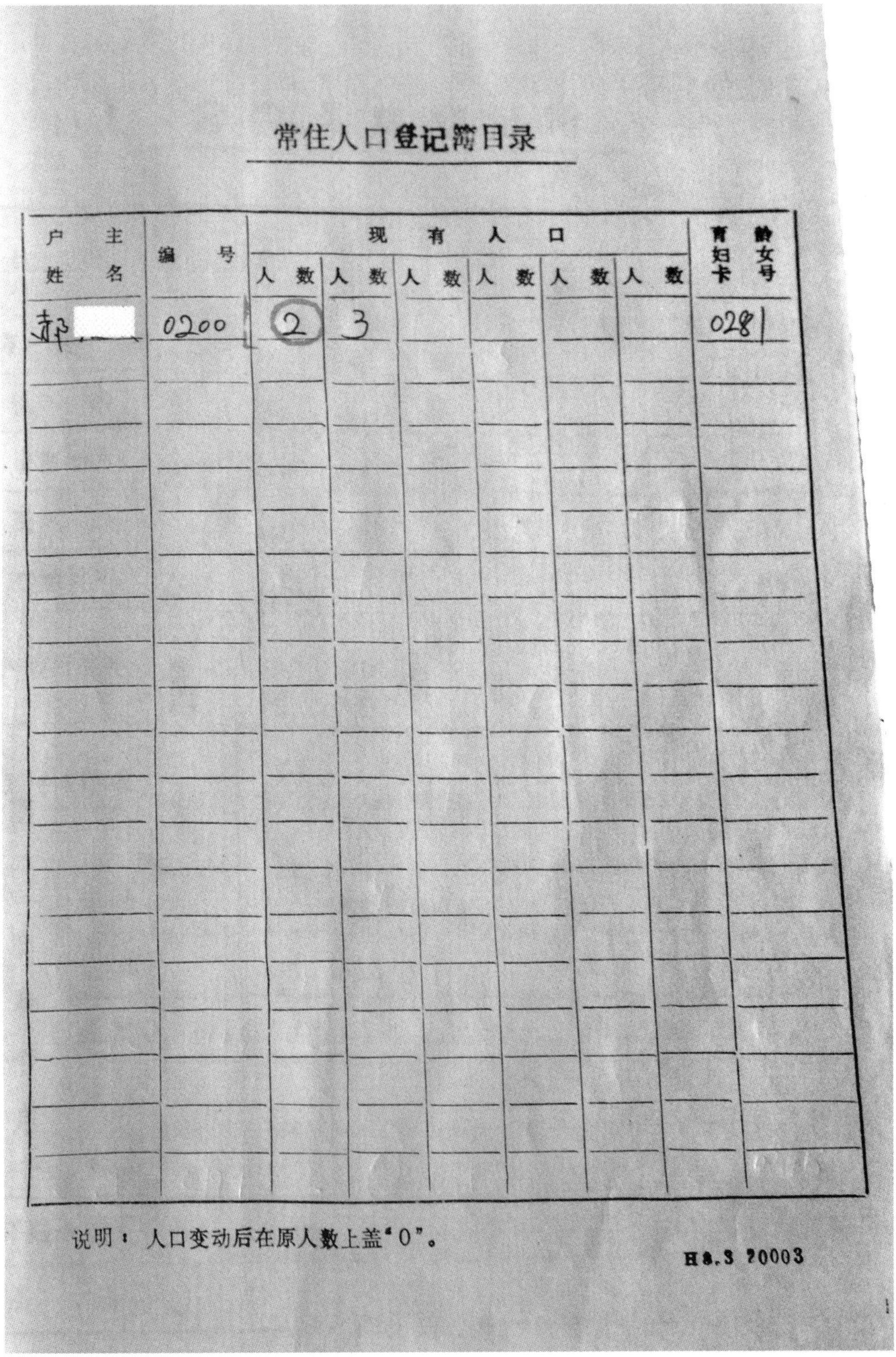

常住人口登记簿目录

户主姓名	编号	现有人口						育龄妇女卡号
		人数	人数	人数	人数	人数	人数	
郝	0200	②	3					0281

说明：人口变动后在原人数上盖"0"。

H8.3 70003

图1-1-12　平顺县西沟村常住人口登记表(南赛)11

常住人口登记簿

户编：0001

姓名	张	张	张	董				
与户主关系		妻	儿女	女婿				
性别	男	女	女	男				
出生年月	49.7	50.10	82.9	81.3				
民族	汉	汉	汉					
初婚时间	69.2	69.2						
户口所在地	西沟	西沟	西沟					
工作单位及职务	务农	务农						
变动年月 迁入			09.8.27	09.8.27				
变动年月 迁出			06.11.27					
变动年月 死亡								
变动年月 流入								
变动年月 流出								
育妇卡编号			V010					
备注	001							

H8.3.20004

图1-1-13　平顺县西沟村常住人口登记表(南赛)12

常住人口登记簿

户编：0002

姓名	郝	郝	郝	郝				
与户主关系		妻	子	女				
性别	男	女	男	女				
出生年月	68.5	67.3	89.2	93.4				
民族	汉	汉	汉	汉				
初婚时间	88.3	88.3						
户口所在地	西沟	西沟	西沟	西沟				
工作单位及职务	务农	务农						
变动年月 迁入								
变动年月 迁出								
变动年月 死亡								
变动年月 流入								
变动年月 流出								
育妇卡编号		2089		√260 ~~239~~				
备注		089						

H8,3,20004

图1-1-14　平顺县西沟村常住人口登记表(南赛)13

常住人口登记簿

户编：0003

姓名	郝[redacted]	尾[redacted]	郝[redacted]	郝[redacted]	郝[redacted]	郝[redacted]		
与户主关系		妻	长子	次子	长女	次女		
性别	男	女	男	男	女	女		
出生年月	63.1	64.10	86.9	89.9	91.8	92.11		
民族	汉	汉	汉	汉	汉	汉		
初婚时间	85.7	85.7						
户口所在地	西沟	西沟	西沟	西沟	西沟	西沟		
工作单位及职务	务农	务农						
变动年月 迁入								
变动年月 迁出								
变动年月 死亡								
变动年月 流入								
变动年月 流出								
育妇卡编号		3144			√234	√259		
备注		0144						

H8，3，20004

图1-1-15　平顺县西沟村常住人口登记表(南赛)14

常住人口登记簿

户编：0004

姓名	郝	郭	郝	郝	郝	王	郝	
与户主关系		妻	长子	次子	女	长媳	孙	
性别	男	女	男	男	女	女	女	
出生年月	56.7	60.12	81.5	82.5.	94.5	80.6	2003.11.24	
民族	汉	汉	汉	汉	汉	汉	汉	
初婚时间	80.10	80.10	2003.4			2003.4		
户口所在地	西沟	西沟	西沟	西沟	西沟	西沟	西沟	
工作单位及职务	务农	务农	务农			务农		
变动年月 迁入								
变动年月 迁出								
变动年月 死亡								
变动年月 流入								
变动年月 流出								
育妇卡编号		3143				1178		
备注		8143				2179		

H8.3.20004

图1-1-16　平顺县西沟村常住人口登记表(南赛)15

常住人口登记簿

户编：0005

姓名	张	杨	张	祁	张		
与户主关系		妻	子	儿媳	长孙		
性别	男	女	男	女	男		
出生年月	43.5	48.2	82.8	81.3	2006.7		
民族	汉	汉	汉	汉	汉		
初婚时间	65.10	65.10	05.9	05.9			
户口所在地	西沟	西沟	西沟	西沟	西沟		
工作单位及职务	务农	务农	务农				
变动年月 迁入							
变动年月 迁出							
变动年月 死亡							
变动年月 流入							
变动年月 流出							
育妇卡编号				226			
备注	002						

H8.3.20004

图1-1-17　平顺县西沟村常住人口登记表(南赛)16

常住人口登记簿

户编：0006

姓名	常	张	常	常	洪	常		
与户主关系		妻	女	子	儿媳	孙女		
性别	男	女	女	男	女	女		
出生年月	60.2	56.6	82.5	85.12	85.11	09.2.9		
民族	汉	汉	汉	汉	汉	汉		
初婚时间	81.10	81.10			2008.3.5			
户口所在地	西沟	西沟	西沟	西沟				
工作单位及职务	务农	务农						
变动年月 迁入					08.3			
变动年月 迁出			2002.5					
变动年月 死亡								
变动年月 流入								
变动年月 流出								
育妇卡编号		2058	V009		257			
备注		088						

H8.3.20004

图1-1-18　平顺县西沟村常住人口登记表(南赛)17

常住人口登记簿

户编：0007

姓名	李	张	李	李	李	张	李	
与户主关系		妻	长女	次女	子	儿媳	孙子	
性别	男	女	女	女	男	女	男	
出生年月	51.7	54.8	78.6	79.12	81.3	86.5	07.2.25	
民族	汉	汉	汉	汉	汉	汉		
初婚时间	76.2	76.2				2006-8		
户口所在地	西沟	西沟	西沟	西沟	西沟	西沟		
工作单位及职务	务农	务农	务农	务农		务农		
变动年月 迁入						2006.8		
变动年月 迁出			2003.12	2004.1				
变动年月 死亡								
变动年月 流入								
变动年月 流出								
育妇卡编号		3142	V007	V008		231		
备注		0142						

H8，3，20004

图1-1-19　平顺县西沟村常住人口登记表(南赛)18

常住人口登记簿

户编：0008

姓名	李	郭	李	李	李			
与户主关系		妻	长子	女	次子			
性别	男	女	男	女	男			
出生年月	70.1	70.6	92.4	93.10	95.4			
民族	汉	汉	汉	汉	汉			
初婚时间	90.12	90.12						
户口所在地	西沟	西沟	西沟	西沟	西沟			
工作单位及职务	务农	务农						
变动年月 迁入								
变动年月 迁出								
变动年月 死亡								
变动年月 流入								
变动年月 流出								
育妇卡编号		3141		V268				
备注		0141						

H8,3,20004

图1–1–20　平顺县西沟村常住人口登记表(南赛)19

常住人口登记簿

户编：0009

姓名	李	张	李	郭	李			
与户主关系		妻	次子	次媳	孙			
性别	男	女	男	女	女			
出生年月	47.9	51.12	74.3	76.4	08.7.27			
民族	汉	汉	汉	汉	汉			
初婚时间	69.10	69.10	2003.4	2003.4				
户口所在地	西沟	西沟	西沟	西沟	西沟			
工作单位及职务	务农	务农	务农	务农				
变动年月 迁入				2003.4				
变动年月 迁出								
变动年月 死亡								
变动年月 流入								
变动年月 流出								
育妇卡编号		3164		0184				
备注		0164		0185				

H8.3.20004

图1-1-21　平顺县西沟村常住人口登记表(南赛)20

常住人口登记簿

户编：0010

姓名	张	吴	赵	张	张	张		
与户主关系		妻	母	长女	次女	三女		
性别	男	女	女	女	女	女		
出生年月	56.10	56.11	31.3	82.11	85.1	90.9		
民族	汉	汉	汉	汉	汉	汉		
初婚时间	76.11	76.11						
户口所在地	西沟	西沟	西沟		西沟	西沟		
工作单位及职务	务农	务农	务农					
变动年月 迁入								
变动年月 迁出				2002.5	2006.12			
变动年月 死亡			2009.12.7					
变动年月 流入								
变动年月 流出								
育妇卡编号		3140		V006	V023	V213		
备注		0140						

H8.3.20004

图1-1-22　平顺县西沟村常住人口登记表(南赛)21

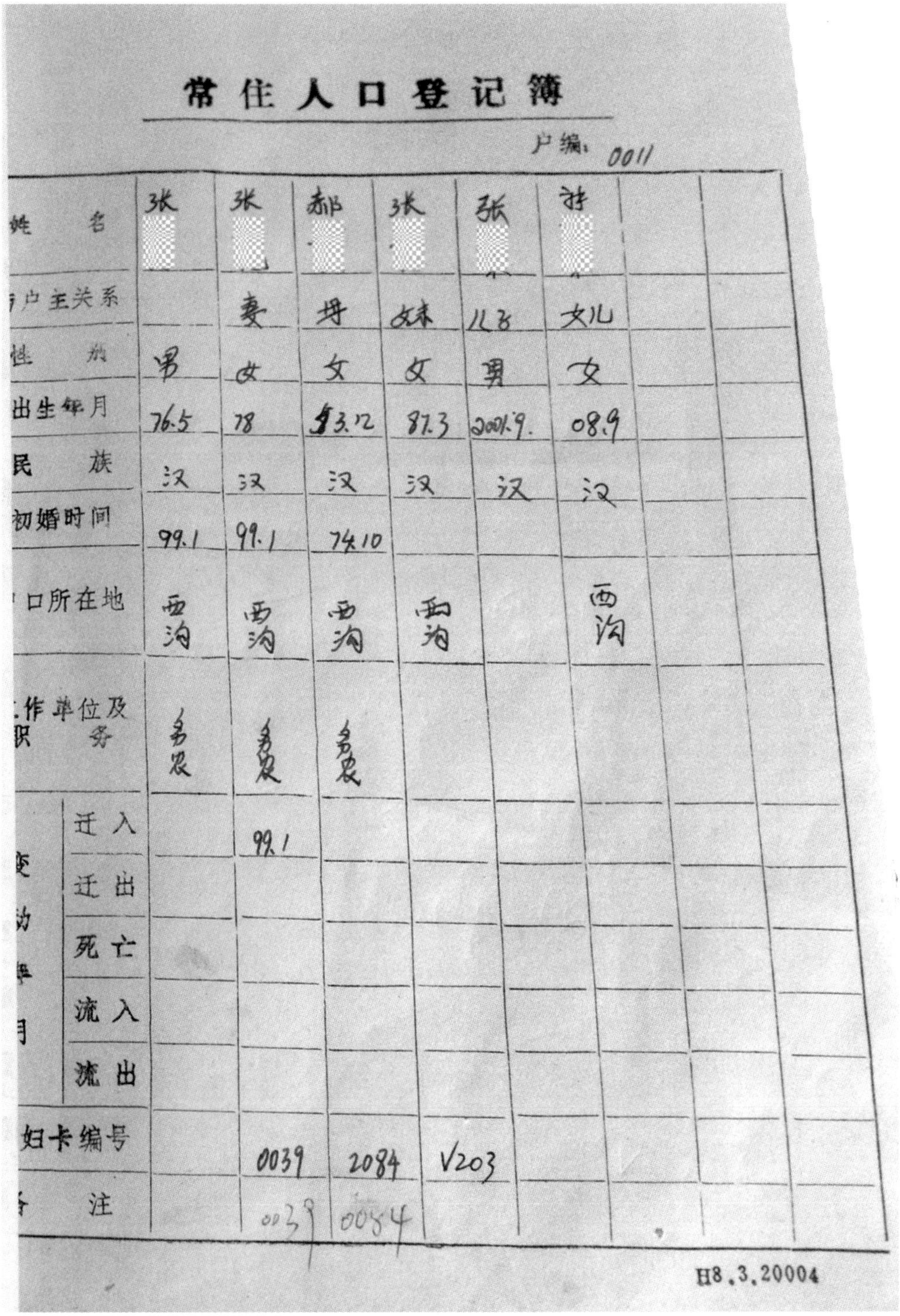

常住人口登记簿

户编：0011

姓名		张	张	郝	张	张	许		
户主关系			妻	母	女儿	儿子	女儿		
性别		男	女	女	女	男	女		
出生年月		76.5	78	53.12	87.3	2001.9.	08.9		
民族		汉	汉	汉	汉	汉	汉		
初婚时间		99.1	99.1	74.10					
口所在地		西沟	西沟	西沟	西沟		西沟		
作单位及职务		务农	务农	务农					
变动年月	迁入		99.1						
	迁出								
	死亡								
	流入								
	流出								
妇卡编号			0039	2084	V203				
注			0039	0084					

H8.3.20004

图1-1-23　平顺县西沟村常住人口登记表(南赛)22

常住人口登记簿

户编：0012

姓名		张	张						
户主关系		、	妻						
性别		男	女						
出生年月		46.6	49.6						
民族		汉	汉						
初婚时间		69.10	69.10						
口所在地		西沟	西沟						
作单位及职务		务农	务农						
变动事由	迁入								
	迁出								
	死亡								
	流入								
	流出								
妇卡编号									
注									

H8,3,20004

图1-1-24　平顺县西沟村常住人口登记表(南赛)23

常住人口登记簿

户编：0013

姓名	张[masked]	张[masked]	张[masked]	张[masked]	侯[masked]			
与户主关系		妻	长子	次子	儿媳			
性别	男	女	男	男	女			
出生年月	63.1	64.7	86.6	91.5	88.2			
民族	汉	汉	汉	汉				
初婚时间	84.11	84.11						
户口所在地	西沟	西沟	西沟	西沟				
工作单位及职务	务农	务农						
变动年月 迁入					2010.2			
变动年月 迁出								
变动年月 死亡								
变动年月 流入								
变动年月 流出								
妇卡编号		2085			285			
备注		2085						

H8，3，20004

图1-1-25　平顺县西沟村常住人口登记表(南赛)24

常住人口登记簿

户编：0014

姓名	郝	杨						
户主关系		妻						
性别	男	女						
出生年月	33.5	38.11						
民族	汉	汉						
初婚时间								
口所在地	西沟	西沟						
作单位及职务	务农	务农						
变动时间 迁入								
迁出								
死亡								
流入								
流出								
妇卡编号								
注	004							

H8.3.20004

图1–1–26　平顺县西沟村常住人口登记表(南赛)25

常住人口登记簿

户编：0015

姓名	郝	李	郝	郝				
户主关系		妻	女	子				
性别	男	女	女	男				
出生年月	70.6	64.12	93.8	96.10				
民族	汉	汉	汉	汉				
初婚时间	92.10	92.10						
口所在地	西沟	西沟	西沟	西沟				
作单位及职务	务农	务农						
迁入								
迁出								
死亡								
流入								
流出								
妇卡编号		2086						
注		186						

H8.3.20004

图1-1-27　平顺县西沟村常住人口登记表(南赛)26

常住人口登记簿

户编：0016

姓名	郝	李	郝	郝				
户主关系		妻	女	子				
性别	男	女	女	男				
出生年月	73.4	73.6	94.11	95.12				
民族	汉	汉	汉	汉				
初婚时间	93.11	93.11						
口所在地	西沟	西沟	西沟	西沟				
作单位及职务	务农	务农						
变动年月 迁入								
迁出								
死亡								
流入								
流出								
妇卡编号		2087						
注		08						

日8.3.20004

图1-1-28　平顺县西沟村常住人口登记表(南赛)27

常住人口登记簿

户编：0017

姓名	张	朴	张	张	张	侯		
户主关系		妻	长子	次子	女	儿媳		
性别	男	女	男	男	女	女		
出生年月	57.8	60.10	82.1	83.9	94.11	1979.2		
民族	汉	汉	汉	汉	汉			
初婚时间	80.11	80.11				09.5.1		
口所在地	西沟	西沟	西沟	西沟	西沟			
作单位及职务	务农	务农						
迁入						09.6		
迁出								
死亡								
流入								
流出								
妇卡编号		3139				277		
注		0139						

H8.3.20004

图1–1–29　平顺县西沟村常住人口登记表(南赛)28

常住人口登记簿

户编：0018

[姓]名	张	赵	张	张	张			
[与]户主关系		妻	女	子	女			
[性]别	男	女	女	男	男			
[出]生年月	68.8	69.10	90.7	94.8	31.10			
[民]族	汉	汉	汉	汉	汉			
[初]婚时间	89.10	89.10						
[户]口所在地	西沟	西沟	西沟	西沟	西沟			
[工]作单位及[职]务	务农	务农						
迁入								
迁出								
死亡					08.4			
流入								
流出								
[户]卡编号		2083	1214					
[备]注		083						

H8.3.20004

图1-1-30　平顺县西沟村常住人口登记表(南赛)29

常住人口登记簿

户编：0019

名	韩	张	王	姚	姚			
户主关系	户主	三子	媳妇	媳妇	孙、			
别	女	男	女	女	男			
生年月	51.2	77.10	80.3	80.6	06.12			
族	汉	汉	汉					
婚时间	68.10	2003.4	2003.4					
口所在地	西沟	西沟	西沟					
作单位及务	务农	务农	务农					
迁入			2003.4	09.7.3 06.12	09.7.3 06.12			
迁出			06.1	08.9	08.9			
死亡								
流入								
流出								
卡编号			0180	280 ~~239~~				
注			0181					

H8.3.20004

图1–1–31　平顺县西沟村常住人口登记表(南赛)30

常住人口登记簿

户编：0020

名	张	房	张	[illegible]				
户主关系		妻	子	[illegible]				
别	男	女	男	[illegible]				
生年月	70.1	70.11	95.4	[illegible]				
族	汉	汉	汉	汉				
婚时间	94.1	94.1						
口所在地	西沟	西沟	西沟					
作单位及务	务农	务农						
迁入								
迁出								
死亡								
流入								
流出								
卡编号		1054						
注		0854						

H8.3.20004

图1-1-32　平顺县西沟村常住人口登记表(南赛)31

常住人口登记簿

户编：0021

名	张	张	张	张	张	张			
户主关系		子	长女	次女	儿媳	孙子			
别	女	男	女	女	女	男			
出生年月	62.12	86.1	88.5	90.5	87.6.15	2010.4.16			
族	汉	汉	汉	汉	汉				
初婚时间	84.12				09.1.2				
口所在地	西沟	西沟	西沟	西沟					
作单位及职务	农								
迁入					09.2.27				
迁出									
死亡									
流入									
流出									
卡编号	3138		V189	V225	270				
注	0138								

H8.3.20004

图1-1-33　平顺县西沟村常住人口登记表(南赛)32

常住人口登记簿

户编：0022

姓名	张	张	张	张				
户主关系		妻	长女	次女				
性别	男	女	女	女				
出生年月	42.2	47.4	87.6	87.6				
民族	汉	汉	汉	汉				
初婚时间	67.3	67.3						
口所在地	西沟	西沟	西沟	西沟				
作单位及职务	务农	务农						
变动年月 迁入								
迁出			08.9	08.9				
死亡		2001.12						
流入								
流出								
妇卡编号			V173	V174				
注	005							

H8.3.20004

图1-1-34　平顺县西沟村常住人口登记表(南赛)33

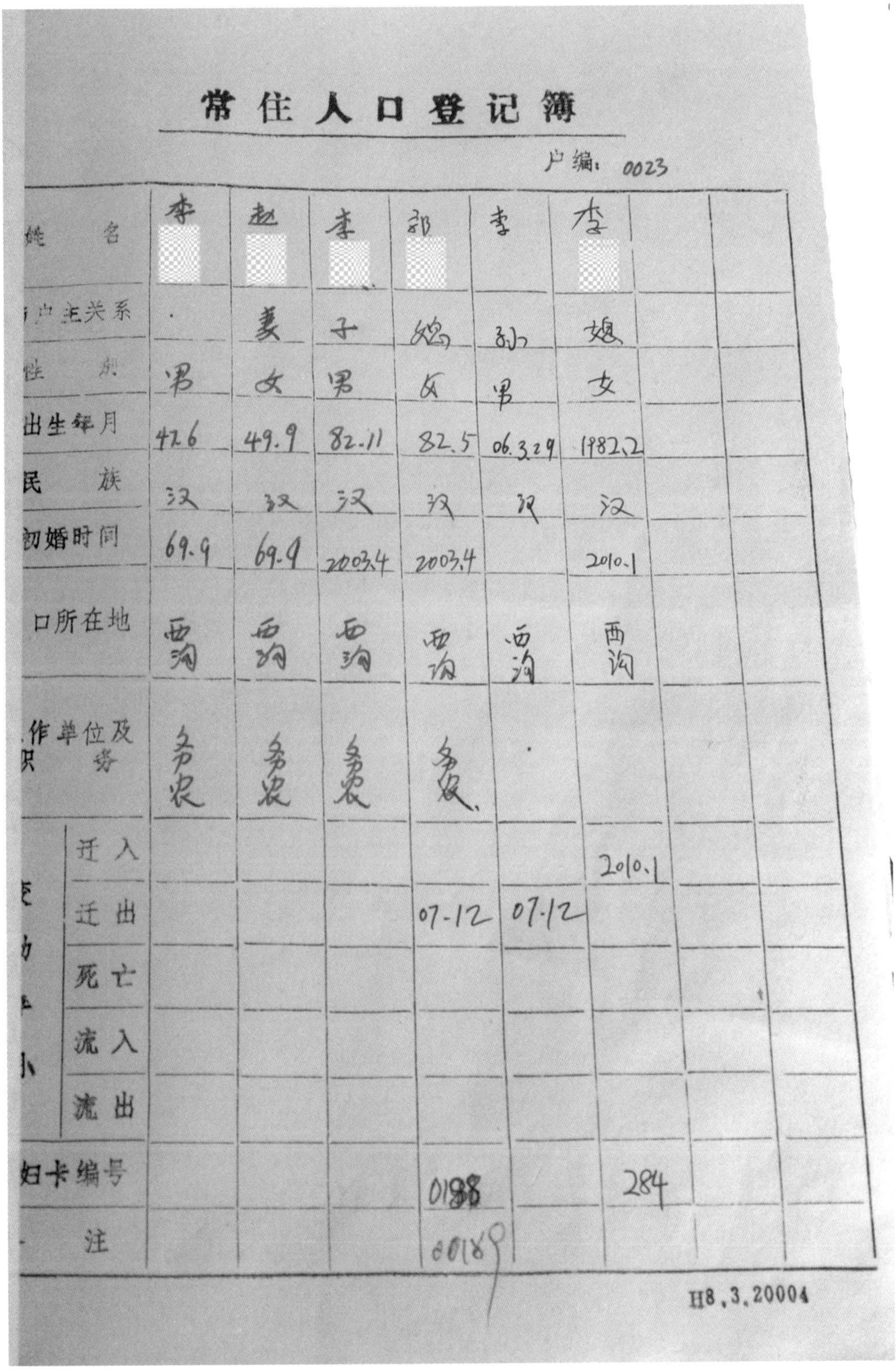

常住人口登记簿

户编：0023

姓名	李	赵	李	郭	李	李		
与户主关系	·	妻	子	媳	孙	媳		
性别	男	女	男	女	男	女		
出生年月	42.6	49.9	82.11	82.5	06.3.29	1982.2		
民族	汉	汉	汉	汉	汉	汉		
初婚时间	69.9	69.9	2003.4	2003.4		2010.1		
户口所在地	西沟	西沟	西沟	西沟	西沟	西沟		
工作单位及职务	务农	务农	务农	务农	·			
变动情况 迁入						2010.1		
迁出				07-12	07-12			
死亡								
流入								
流出								
妇卡编号				0188		284		
备注				00189				

H8.3.20004

图1-1-35　平顺县西沟村常住人口登记表(南赛)34

常住人口登记簿

户编：0024

姓名	赵[illegible]	张[illegible]	张[illegible]					
与户主关系		三子	孙女					
性别	女	男	女					
出生年月	31.12	74.8	89.5					
民族	汉	汉	汉					
初婚时间	50.2							
户口所在地	西沟	西沟	西沟					
工作单位及职务	务农	务农						
迁入								
迁出								
死亡								
流入								
流出								
户口卡编号			V206					
注	006							

H8.3.20004

图1-1-36　平顺县西沟村常住人口登记表(南赛)35

常住人口登记簿

户编：0025

姓名	张[illegible]	赵[illegible]	张[illegible]	张[illegible]	张[illegible]	孙[illegible]	张	
与户主关系		妻	长子	次子	母	次媳	孙女	
性别	男	女	男	男	女	女	女	
出生年月	53.11	53.4	77.7	79.10	35.5	80.1	2004.10.7	
民族	汉	汉	汉	汉	汉	汉	汉	
初婚时间	73.11	73.11		2004.		2004.		
户口所在地	西沟	西沟	西沟	西沟	西沟	西沟	西沟	
工作单位及职务	务农	务农	务农	务农	务农			
迁入				07.6.27			07.6.27	
迁出		05.6				05.6	05.6	
死亡								
流入								
流出								
IC卡编号		3145.				0205		
备注		0145						

H8.3.20004

图1–1–37　平顺县西沟村常住人口登记表(南赛)36

常住人口登记簿

户编：0026

姓名		郭█	杨█	郭█	张█				
与户主关系			妻	子	姑				
性别		男	女	男	女				
出生年月		66.10	69.3	94.10	05-9.16				
民族		汉	汉	汉	汉				
初婚时间		92.11	92.11						
户口所在地		西沟	西沟	西沟	西沟				
工作单位及职务		务农	务农		务				
变动年月	迁入								
	迁出								
	死亡								
	流入								
	流出								
妇卡编号			1053						
备注			053						

H8.3.20004

图1–1–38　平顺县西沟村常住人口登记表(南赛)37

常住人口登记簿

户编：0027

姓名	郭	张	郭	郭				
户主关系		妻	长子	次子				
性别	男	女	男	男				
出生年月	72.11	73.8	95.7	97.3				
民族	汉	汉	汉	汉				
初婚时间	94.10	94.10						
户口所在地	西沟	西沟	西沟	西沟				
工作单位及职务	务农	务农						
变动登记 迁入								
迁出								
死亡								
流入								
流出								
妇卡编号		2079						
备注		079						

H8.3.20004

图1–1–39　平顺县西沟村常住人口登记表(南赛)38

常住人口登记簿

户编：0028

名	郭	张	郭	郭	李	郭	郭	
户主关系		妻	子	女	男	女	男	
别	男	女	男	女	婿	孙	孙	
生年月	46.7	47.10	7[illegible].1	80.12	[illegible].1	2002.5	2009.10.11	
族	汉	汉	汉	汉	汉	汉		
婚时间	67.3	67.3		2001	2001			
口所在地	西沟	西沟	西沟	西沟	西沟	西沟		
作单位及职务	务农	务农	务农	务农	务农	务农		
迁入								
迁出								
死亡								
流入								
流出								
妇卡编号				1002				
注				002				

HS.3.20004

图1–1–40 平顺县西沟村常住人口登记表(南赛)39

常住人口登记簿

户编：0029

姓　名	张[redacted]	张[redacted]	张[redacted]	张[redacted]					
与户主关系		妻	子	女					
性　别	男	女	男	女					
出生年月	59.2	61.3	87.11	93.10					
民　族	汉	汉	汉	汉					
初婚时间	86.12	86.12							
户口所在地	西沟	西沟	西沟	西沟					
工作单位及职务	务农	务农							
变动年月 迁入									
变动年月 迁出									
变动年月 死亡									
变动年月 流入									
变动年月 流出									
妇卡编号		2080		V267					
备　注		080							

H8.3.20004

图1-1-41　平顺县西沟村常住人口登记表(南赛)40

常住人口登记簿

户编：0030

姓　名	吴	张	张	李	张			
户主关系		子	女	媳	孙			
性　别	女	男	女	女	男			
出生年月	60.3	81.6	86.12	83.9	2005.9			
民　族	汉	汉	汉	汉	汉			
初婚时间	80.10	2003.9		2003.9				
口所在地	西沟	西沟	西沟	西沟				
作单位及职务	务农	务农						
迁入								
迁出		99		06.1	06.1			
死亡								
流入								
流出								
妇卡编号	2081		V169	216				
注	081							

H8.3.20004

图1–1–42　平顺县西沟村常住人口登记表(南赛)41

常住人口登记簿

户编：0031

姓名	张	张	方	张				
与户主关系		次子	长媳	孙				
性别	女	男	女	女				
出生年月	58.7	85.7	82.7	08.8.27				
民族	汉	汉	汉					
初婚时间	78.10		2003.4					
户口所在地	袁							
工作单位及职务								
迁入			2003.4					
迁出		03.12						
死亡								
流入								
流出								
户口卡编号	2082		0177					
备注	0082		0178					

,3,20004

图1-1-43　平顺县西沟村常住人口登记表(南赛)42

常住人口登记簿

户编：0032

名	张	张	张	张	张			
口主关系		次子	儿媳	三子	孙子			
别	女	男	女	男	男			
出生年月	40.12	74.6	77.5	77.4	2003.4.3			
族	汉	汉	汉	汉	汉			
初婚时间		97.11	97.11					
口所在地	西沟	西沟	西沟	西沟				
作单位及务	务农	务农	务农	务农				
迁入								
迁出								
死亡	09.10.9							
流入								
流出								
卡编号			0016					
注			031					

H8.3.20004

图1-1-44　平顺县西沟村常住人口登记表(南赛)43

常住人口登记簿

户编：0033

名	张	张	张	张				
户主关系		妻	子	次子				
别	男	女	男	男				
出生年月	73.2	73.7	96.4	2002.6.20				
族	汉	汉	汉	汉				
初婚时间	94.11	94.11						
口所在地	西沟	西沟	西沟	西沟				
作单位及务	务农	务农						
迁入								
迁出								
死亡								
流入								
流出								
口卡编号		2052	[illegible]					
注		092						

H8.3.20004

图1-1-45　平顺县西沟村常住人口登记表(南赛)44

常住人口登记簿

户编：0034

名	张	张	张	张	孙			
主关系		妻	子	女	母			
别	男	女	男	女	女			
生年月	[illegible].7	[illegible].7	[illegible].7	9[illegible]9	35[illegible]			
族	汉	汉	汉	汉	汉			
婚时间	92.2	92.2						
口所在地	西沟	西沟	西沟	西沟	西沟			
单位及务	务农	务农			务农			
迁入								
迁出								
死亡								
流入								
流出								
卡编号		2078						
注		078						

H8.3.20004

图1-1-46　平顺县西沟村常住人口登记表(南赛)45

常住人口登记簿

户编：0035

姓名	张	张	杨	张				
与户主关系		女	丈夫	儿				
性别	女	女	男	男				
出生年月	74.1	97.9		2000.11				
民族	汉	汉	汉	汉				
初婚时间	96.4		99.10					
户口所在地	西沟	西沟	西沟	西沟.				
工作单位及职务								
迁入			99.10.					
迁出								
死亡								
流入								
流出								
户卡编号	1051							
备注	05							

H8,3,20004

图1-1-47　平顺县西沟村常住人口登记表(南赛)46

常住人口登记簿

户编：0036

名	张	张	张	张	张			
主关系		妻	长女	次女	长子			
别	男	女	女	女	男			
生年月	68.2	[illegible].8	92.7	94.4	96.12			
族	汉	汉	汉	汉	汉			
婚时间	91.1	91.1						
口所在地	西沟	西沟	西沟	西沟	西沟			
作单位及职务	务农	务农						
迁入								
迁出								
死亡								
流入								
流出								
卡编号		3135	V247	V274				
注		0135						

H8.3.20004

图1-1-48　平顺县西沟村常住人口登记表(南赛)47

常住人口登记簿

户编：0037

名	张[masked]	张[masked]	张[masked]	张[masked]	张[masked]	张[masked]	郭[masked]	
户主关系		妻	长子	次子	女	父亲	媳	
别	男	女	男	男	女	男	女	
出生年月	59.10	61.3	83.8	85.7	93.7	22.12	1982	
族	汉	汉	汉	汉	汉	汉		
初婚时间	82.1	82.1					06.12	
口所在地	西沟	西沟	西沟	西沟	西沟	西沟		
作单位及务	务农	务农				务农		
迁入							06.12	
迁出				2003.11				
死亡						2004.5		
流入								
流出								
卡编号		3136				V269		240
注		0136						

H8,3,20004

图1-1-49　平顺县西沟村常住人口登记表(南赛)48

常住人口登记簿

户编：0038

名	张	张	张	张	张	韩	张	张
户主关系		妻	长子	次子	女	长媳	孙女	孙子
别	男	女	男	男	女	女	女	男
生年月	55.5	55.1	76.2	79.10	82.9	77.8	2001.2	2003.3
族	汉	汉	汉	汉	汉	汉	汉	汉
婚时间	75.1	75.1	99.9			99.9		
口所在地	西沟	西沟	西沟	西沟	西沟	西沟		
作单位及务				第五1师 节196号				
迁入								
迁出					2006.11			
死亡								
流入								
流出								
卡编号		3137			V005	0042		
注		0137				042		

H8.3.20004

图1-1-50 平顺县西沟村常住人口登记表(南赛)49

常住人口登记簿

户编：0039

		李	路	李	李	马	李		
名									
户主关系			妻	三子	女	二媳	孙		
别		男	女	男	女	女	女		
出生年月		44.6	49.5	75.4	82.10	97.11.4	2008.5		
族		汉	汉	汉	汉	汉			
初婚时间		67.12	67.12	07.10		07.10			
口所在地		西沟	西沟	西沟	西沟	西沟			
作单位及务		农	农	农	农				
	迁入	:				07.2			
	迁出				2002				
	死亡	07.4							
	流入								
	流出								
妇卡编号					V004	242			
注		80							

H8.3.20004

图1-1-51　平顺县西沟村常住人口登记表(南赛)50

常住人口登记簿

户编：0040

名		张	郭						
户主关系			妻						
别		男	女						
出生年月		50.3	53.3						
民族		汉	汉						
初婚时间		74.12	74.12						
口所在地		西沟	西沟						
作单位及职务		务农	务农						
变动年月	迁入								
	迁出								
	死亡								
	流入								
	流出								
妇卡编号			2077						
备注			077						

H8.3.20004

图1–1–52　平顺县西沟村常住人口登记表(南赛)51

常住人口登记簿

户编：0041

名	张	张	张	申	[illegible]	侯	[illegible]	
户主关系		长子	次子	次媳	孙	长媳	孙	
别	女	男	男	女	女	女	女	
出生年月	50.11	75.10	78.6	80.5	07.7	70.4	09.6.26	
族	汉	汉	汉	汉		汉		
初婚时间	69.10		2003.4	2003.4		09.5.29		
口所在地	西沟	西沟	西沟	西沟	西沟			
作单位及务	务农	务农	务农	务农				
迁入				2003.4		2009.6.26		
迁出				2007.10.27	2007.10.27			
死亡		2010.5						
流入								
流出								
归卡编号				0181		278		
注				0182				

H8.3.20004

图1-1-53　平顺县西沟村常住人口登记表(南赛)52

常住人口登记簿

户编：0042

名	郭	裴	郭	裴	郭	郭		
户主关系		妻	次子	次媳	孙子	孙子		
别	男	女	男	女	男	男		
生年月	51.10	51.9	76.2	77.1	2000.6.2	05.2-1		
族	汉	汉	汉	汉	汉	汉		
婚时间	71.1	71.1	98.12	98.12				
口所在地	西沟	西沟	西沟	西沟				
作单位及务	务农	务农	务农	务农				
迁入								
迁出								
死亡								
流入								
流出								
妇卡编号				1037				
注				036				

H8.3.20004

图1-1-54　平顺县西沟村常住人口登记表(南赛)53

常住人口登记簿

户编：0043

名	郭	张	郭	郭				
户主关系		妻	女	儿				
别	男	女	女	男				
生年月	72.10	70.1	94.12	2001.10.				
族	汉	汉	汉	汉				
婚时间	93.10	93.10						
口所在地	西沟	西沟	西沟					
作单位及务	务农	务农						
迁入								
迁出								
死亡								
流入								
流出								
妇卡编号		1049						
注		049						

H8.3.20004

图1-1-55　平顺县西沟村常住人口登记表(南赛)54

常住人口登记簿

户编：0044

名	张	补	张	张				
主关系		妻	长子	次子				
别	男	女	男	男				
生年月	70.6	74.9	96.11	99.8.29				
族	汉	汉	汉	汉				
婚时间	95.7	95.7						
口所在地	西沟	西沟	西沟	西沟				
作单位及务	务农	务农						
迁入								
迁出								
死亡								
流入								
流出								
妇卡编号		2130						
注		0130						

H8.3.20004

图1-1-56　平顺县西沟村常住人口登记表(南赛)55

常住人口登记簿

户编：0045

名	马	张	马	马	马	王	马	
主关系		妻	长子	次子	女	儿媳	孙子	
别	男	女	男	男	女	女	男	
生年月	63.2	64.11	87.1	90.11	94.10	1987.1	2009.12.1	
族	汉	汉	汉	汉	汉	汉		
婚时间	85.7	85.7				09.4		
口所在地	西沟	西沟	西沟	西沟	西沟	西沟		
作单位及职务	务农	务农						
迁入						09.4.27		
迁出								
死亡								
流入								
流出								
妇卡编号		3134				0273		
注		0134						

H8.3.20004

图1-1-57　平顺县西沟村常住人口登记表(南赛)56

常住人口登记簿

户编：0046

名	张	张	申	张	[illegible]				
户主关系		次子	次媳	孙子	孙女				
别	女	男	女	男	男				
生年月	38.11	72.3	72.6	2001.5	0.7.9				
族	汉	汉	汉	汉	汉				
婚时间		2000.12	2002.12						
口所在地	西沟	西沟	西沟	西沟					
作单位及务	务农	务农							
迁入			06.4						
迁出		[illegible]	.03.7						
死亡									
流入									
流出									
日卡编号			1177						
注	008								

H8.3.20004

图1-1-58　平顺县西沟村常住人口登记表(南赛)57

常住人口登记簿

户编：0047

名	张	郭	许	郭				
□主关系	[illegible]	三子	儿媳	孙				
别	女	男	女	男				
生年月	45.6	75.12	73.4	08.9				
族	汉	汉	汉					
婚时间								
□所在地	西沟	西沟	西沟					
作单位及务	务农	务农						
迁入			08.9					
迁出			09.3	09.3				
死亡	06.9							
流入								
流出								
□卡编号			266					
注	009							

H8.3.20004

图1-1-59　平顺县西沟村常住人口登记表(南赛)58

常住人口登记簿

户编：0048

名	张	张	张	张	张	申		
主关系		妻	子	女	父	母		
别	男	女	男	女	男	女		
生年月	71.3	73.2	96.4	99.4.30	40.11	45.9		
族	汉	汉	汉	汉	汉	汉		
婚时间	94.10	94.10						
所在地	西沟	西沟	西沟	西沟	西沟	西沟		
单位及务	务农	务农			务农	务农		
迁入								
迁出								
死亡								
流入								
流出								
卡编号		2128						
注		0128						

H8.3.20004

图1-1-60　平顺县西沟村常住人口登记表(南赛)59

常住人口登记簿

户编：0049

名	张	张	张	张	张			
主关系		妻	长女	次女	子			
别	男	女	女	女	男			
生年月	58.3	61.9	83.5	87.2	89.5			
族	汉	汉	汉	汉	汉			
婚时间	82.11	82.11						
所在地	西沟	西沟	西沟	西沟	西沟			
单位及务	务农	务农						
迁入								
迁出								
死亡								
流入								
流出								
卡编号		3133	V001	V172				
注		0153						

H8.3.20004

图1-1-61　平顺县西沟村常住人口登记表(南赛)60

常住人口登记簿

户编 0050

名	张■	申■	张■	張■然				
主关系		妻	子					
别	男	女	男	孙				
生年月	52.6	52.3	81.11	03.10				
族	汉	汉	汉					
婚时间	72.11	72.11						
所在地	西沟	西沟	西沟					
单位及务	务农	务农						
迁入								
迁出								
死亡			2003.8					
流入								
流出								
卡编号		3165						
注		0165						

H8,3,20004

图1-1-62　平顺县西沟村常住人口登记表(南赛)61

常住人口登记簿

户编：0051

名	张	宋							
主关系		妻							
别	男	女							
生年月	20.12	19.7							
族	汉	汉							
婚时间									
所在地	西沟	西沟							
单位及务	务农	务农							
迁入									
迁出									
死亡	07.9	05.6.1							
流入									
流出									
卡编号									
注	0/0								

H8,3,20004

图1-1-63　平顺县西沟村常住人口登记表(南赛)62

常住人口登记簿

户编：0052

名	郝	为	郝	郝	郝	张	郝	郝
主关系		妻	长子	次子	三子	次媳	孙子	孙女
别	男	女	男	男	男	女	男	女
生年月	27.6	31.3	56.10	72.8	77.1	74.1	2000.7	07.9
族	汉	汉	汉	汉	汉	汉	汉	汉
婚时间				99.1		99.1		
所在地	西沟	西沟	西沟	西沟	西沟	西沟	西沟	西沟
单位及务	务农	务农	务农	务农	[illegible] 务农 节2200	务农		
迁入						99.1		
迁出								
死亡	2001.11	05.6.3						
流入								
流出								
卡编号						2038		
注						2037		

H8.3.20004

图1-1-64　平顺县西沟村常住人口登记表(南赛)63

常住人口登记簿

户编：0053

名	张	张	张	张				
户主关系		长女	子	次女				
别	男	女	男	男				
出生年月	65.2	94.1	95.10	97.1				
族	汉	汉	汉	汉				
初婚时间	93.1							
户口所在地	西沟	西沟	西沟	西沟				
工作单位及职务	务农							
迁入								
迁出		0.78						
死亡								
流入								
流出								
妇卡编号								
注	011							

H8.3.20004

图1-1-65　平顺县西沟村常住人口登记表(南赛)64

常住人口登记簿

户编：0054

名	张	张	张	张				
主关系		妻	女	子				
别	男	女	女	男				
生年月	73.5	73.6	95.7	99.7				
族	汉	汉	汉	汉				
婚时间	94.11	94.11						
口所在地	西沟	西沟	西沟	西沟				
单位及务	务农	务农						
迁入								
迁出								
死亡								
流入								
流出								
卡编号		2129						
注		0129						

日8.3.20004

图1-1-66　平顺县西沟村常住人口登记表(南赛)65

常住人口登记簿

户编：0055

名	张	张	张	张				
主关系		妻	女	子				
别	男	女	女	男				
生年月	74.2	75.6	97.5	99.12				
族	汉	汉	汉	汉				
婚时间	96.4	96.4						
所在地	西沟	西沟	西沟	西沟				
单位及务	务农	务农						
迁入								
迁出								
死亡								
流入								
流出								
卡编号		2131						
注		6131						

H8.3.20004

图1-1-67　平顺县西沟村常住人口登记表(南赛)66

常住人口登记簿

户编：0056

名	李	张	李	李	李			
主关系		妻	长女	次女	子			
别	男	女	女	女	男			
生年月	72.1	71.10	93.7	95.4	97.5			
族	汉	汉	汉	汉	汉			
婚时间	92.10	92.10						
所在地	西沟	西沟	西沟	西沟	西沟			
单位及务	务农	务农						
迁入								
迁出								
死亡								
流入								
流出								
卡编号		3132						
注		0132						

H8.3.20004

图1-1-68　平顺县西沟村常住人口登记表(南赛)67

常住人口登记簿

户编：0057

名	张	张	张					
主关系		妻	子					
别	男	女	男					
生年月	73.2	75.4	97.5					
族	汉	汉	汉					
婚时间	95.11	95.11						
所在地	西沟	西沟	西沟					
单位及务	务农	务农						
迁入								
迁出								
死亡								
流入								
流出								
卡编号		1044						
注		044						

H8.3.20004

图1-1-69　平顺县西沟村常住人口登记表(南赛)68

常住人口登记簿

户编：0058

名	张	张	张						
主关系		次女	长女						
别	女	女	女						
生年月	66.10	92.5	97.1						
族	汉	汉	汉						
婚时间	90.12								
所在地	西沟	西沟							
单位及务	务农								
迁入									
迁出	2008.5 ~~99~~		~~2000.3~~						
死亡									
流入									
流出									
卡编号	2076		245						
注	0076								

H8,3.20004

图1–1–70　平顺县西沟村常住人口登记表(南赛)69

常住人口登记簿

户编：0059

名	李	张						
主关系		子						
别	女	男						
生年月	77.3	95.12						
族	汉	汉						
婚时间	95.3							
所在地	西沟	西沟						
单位及务	务农							
迁入								
迁出	06.9.31							
死亡								
流入								
流出								
卡编号	1045							
注	04.5							

H8.3.20004

图1–1–71　平顺县西沟村常住人口登记表(南赛)70

常住人口登记簿 南赛二队

户编：0060

名	郭	李	郭	郭				
户主关系		妻	女	子				
别	男	女	女	男				
生年月	67.4	67.6	89.8	91.10				
族	汉	汉	汉	汉				
婚时间	87.11	87.11						
口所在地	西沟	西沟	西沟	西沟				
作单位及务	务农	务农						
迁入								
迁出			08.10					
死亡								
流入								
流出								
卡编号		2090	V198					
注		0090						

H8.3.20004

图1-1-72　平顺县西沟村常住人口登记表(南赛)71

常住人口登记簿

户编：0061

名	张	贾	张	张	张			
主关系		妻	长女	次女	子			
别	男	女	女	女	男			
生年月	67.12	68.7	91.9	92.5	96.12			
族	汉	汉	汉	汉	汉			
婚时间	89.12	89.12						
口所在地	西沟	西沟	西沟	西沟	西沟			
单位及务	务农	务农						
迁入								
迁出								
死亡								
流入								
流出								
卡编号		3146	237	046				
注		0146						

H8.3.20004

图1－1－73　平顺县西沟村常住人口登记表(南赛)72

常住人口登记簿

户编：0062

名	房	房	房					
主关系		子	女					
别	男	男	女					
生年月	58.7	81.5	85.2					
族	汉	汉	汉					
婚时间	79							
所在地	西沟	山水	山水					
单位及务	务农							
迁入								
迁出	99.	99.9	99.					
死亡								
流入								
流出								
卡编号								
注								

H8.3.20004

图1-1-74　平顺县西沟村常住人口登记表(南赛)73

常住人口登记簿

户编：0063

名	李	张	李	李				
主关系		妻	女	子				
别	男	女	女	男				
生年月	77.8	74.8	98.12	03.7.22				
族	汉	汉	汉	汉				
婚时间	95.3	95.3						
所在地	西沟	西沟	西沟					
单位及务								
迁入								
迁出								
死亡		09.9.28						
流入								
流出								
卡编号								
注		055						

H8.3.20004

图1-1-75　平顺县西沟村常住人口登记表(南赛)74

常住人口登记簿

户编：0064

名		李	张	李	李				
户主关系			妻	女	子				
别		男	女	女	男				
出生年月		74.5	74.12	99.[illegible]	03.10.9				
族		汉	汉	汉	汉				
初婚时间		99.1	99.1						
口所在地		西沟	西沟	西沟	西沟				
作单位及务		务农	务农						
	迁入								
	迁出								
	死亡								
	流入								
	流出								
卡编号			1048						
注			048						

H8.3,20004

图1–1–76　平顺县西沟村常住人口登记表(南赛)75

常住人口登记簿

户编：0065

名	张[illegible]	张[illegible]							
户主关系		女							
别	男	女							
生年月	46.4	91.7							
族	汉	汉							
婚时间									
口所在地	西沟	西沟							
作单位及务	务农								
迁入									
迁出									
死亡	2000.12								
流入									
流出									
日卡编号		236							
注	0012								

H8，3，20004

图1-1-77　平顺县西沟村常住人口登记表(南赛)76

常住人口登记簿

户编：0066

名	李[illegible]							
主关系								
别	女							
生年月	51.12							
族	汉							
婚时间								
口所在地	西沟							
作单位及务	务农							
迁入								
迁出								
死亡								
流入								
流出								
日卡编号								
注	013							

H8.3.20004

图1–1–78　平顺县西沟村常住人口登记表(南赛)77

常住人口登记簿

户编：0067

名	张	张	张	张				
主关系		妻	女	子				
别	男	女	女	男				
生年月	57.5	61.5	82.8	85.7				
族	汉	汉	汉	汉				
婚时间	81.1	81.1						
口所在地	西沟	西沟	西沟	西沟				
作单位及务	务农	务农						
迁入								
迁出			08.9					
死亡								
流入								
流出								
日卡编号		2093	V013					
注		093						

H8,3,20004

图1-1-79　平顺县西沟村常住人口登记表(南赛)78

常住人口登记簿

户编：0068

名	赵■	张■	赵■	赵■	王■	赵■		
户主关系		妻	女	子	儿媳	孙女		
别	男	女	女	男	女	女		
生年月	58.9	60.12	81.11	85.8	87.4.	08.11.3		
族	汉	汉	汉	汉	汉	汉		
婚时间	80.12	80.12			08.1			
户所在地	西沟	西沟	西沟	西沟	西沟			
作单位及务	务农	务农						
迁入					08.2.27			
迁出			2002.5					
死亡								
流入								
流出								
户卡编号		2092	V014		254			
注		092						

H8，3，20004

图1–1–80　平顺县西沟村常住人口登记表(南赛)79

常住人口登记簿

户编：0069

生 名	张	周	张	张	韩	张		
户主关系		妻	子	女	儿媳	孙		
生 别	男	女	男	女	女	男		
出生年月	56.8	57.5	78.9	82.7	78.12	05.2.3		
民 族	汉	汉	汉	汉	汉	汉		
初婚时间	77.10	77.10	2003.4		2003.4			
口所在地	西沟	西沟	西沟	西沟	西沟			
作单位及务	务农	务农	务农	务农	务农			
迁 入					2003.4			
迁 出				2002.5				
死 亡				2002.5				
流 入								
流 出								
口卡编号		2091		√015	0183			
注		891			0184			

H8.3.20004

图1-1-81　平顺县西沟村常住人口登记表(南赛)80

常住人口登记簿

户编：0070

名	郭	张	郭	郭	王	赵	郭	郭
主关系		妻	长子	次子	长媳	次媳	孙女	孙女
别	男	女	男	男	女	女	女	女
生年月	58.5	60.8	80.11	83.6	80.12	84.9	09.7.10	2010.3.5
族	汉	汉	汉	汉	汉	汉		
婚时间	80.1	80.1	2003.4		2003.4	2008.3		
所在地	西沟	西沟	西沟	西沟				
单位及务	务农	务农	务农		务农			
迁入					2003.4	2008.3		
迁出								
死亡	06.1							
流入								
流出								
卡编号		2094			0186	0258		
注		0934			0187			

H8.3.20004

图1–1–82　平顺县西沟村常住人口登记表(南赛)81

常住人口登记簿

户编: 0071

名	张	杨						
户主关系		女						
别	女	女						
生年月	41.3	71.5						
族	汉	汉						
婚时间								
口所在地	西沟	西沟						
作单位及务	务农	务农						
迁入								
迁出		99						
死亡								
流入								
流出								
日卡编号								
注	014							

H8,3,20004

图1-1-83　平顺县西沟村常住人口登记表(南赛)82

常住人口登记簿

户编：0072

名	张[illegible]	崔[illegible]	张[illegible]	张[illegible]	张[illegible]			
主关系		妻	长女	次女	子			
别	男	女	女	女	男			
生年月	70.1	68.5	90.9	92.7	96.12			
族	汉	汉	汉	汉	汉			
婚时间	88.10	88.10						
所在地	西沟	西沟	西沟	西沟	西沟			
单位及务	务农	务农						
迁入								
迁出								
死亡								
流入								
流出								
卡编号		3147	V215	V248				
注		0147						

H8.3.20004

图1-1-84　平顺县西沟村常住人口登记表(南赛)83

常住人口登记簿

户编：0073

姓名	韩[illegible]							
与户主关系								
性别	女							
出生年月	45.11							
民族	汉							
结婚时间								
户口所在地	西沟							
工作单位及职务	务农							
迁入								
迁出								
死亡								
流入								
流出								
户归卡编号								
备注	015							

H8.3.20004

图1-1-85　平顺县西沟村常住人口登记表(南赛)84

常住人口登记簿

户编：0074

姓名	房	吴	吴						
与户主关系		女	子						
性别	女	女	男						
出生年月	62.12	85.1	91.8						
民族	汉	汉	汉						
初婚时间	83.12								
户口所在地	西沟	西沟	西沟						
工作单位及职务	务农								
迁入									
迁出									
死亡									
流入									
流出									
归卡编号	2097								
备注	117								

H8.3.20004

图1-1-86　平顺县西沟村常住人口登记表(南赛)85

常住人口登记簿

户编：0075

		1	2	3	4	5	6	7	8
名		张	张	张	张				
户主关系			妻	子	女				
别		男	女	男	女				
生年月		62.11	62.12	88.8	91.8				
族		汉	汉	汉	汉				
婚时间		85.11	85.11						
口所在地		西沟	西沟	西沟	西沟				
作单位及务		务农	务农						
	迁入								
	迁出								
	死亡								
	流入								
	流出								
口卡编号			2096		232				
注			096						

H8.3.20004

图1-1-87　平顺县西沟村常住人口登记表(南赛)86

常住人口登记簿

户编：0076

姓名	张[redacted]	马[redacted]	张[redacted]	张				
与户主关系		妻	女	孙				
性别	男	女	女	女				
出生年月	42.10	44.9	81.6	09.6.[illegible]				
民族	12	12	12					
初婚时间	68							
户口所在地	西沟	西沟	西沟					
工作单位及职务								
迁入			2009.6.26					
迁出			2009.10.27 2007	2009.10.27				
死亡								
流入								
流出								
育妇卡编号								
备注		016	V016 279					

H8.3.20004

图1-1-88　平顺县西沟村常住人口登记表(南赛)87

常住人口登记簿

户编：0077

姓名	张[illegible]	王[illegible]	张[illegible]	张[illegible]				
与户主关系		妻	子	女				
性别	男	女	男	女				
出生年月	66.7	67.11	91.1	93.12				
民族	汉	汉	汉	汉				
初婚时间	88.10	88.10						
户口所在地	西沟	西沟	西沟	西沟				
工作单位及职务	务农	务农						
变动日期 迁入								
变动日期 迁出								
变动日期 死亡								
变动日期 流入								
变动日期 流出								
育妇卡编号		2095	218					
备注		095						

H8.3.20004

图1-1-89　平顺县西沟村常住人口登记表(南赛)88

常住人口登记簿

户编：0078

姓名	房[illegible]	李[illegible]	孙[illegible]	房[illegible]				
与户主关系		妻	孙媳					
性别	男	女	女	男				
出生年月	26.4	26.9	81.3	08.9				
民族	汉	汉	汉	汉				
初婚时间	46		07.9.					
户口所在地	西沟	西沟	西河					
工作单位及职务	务农	务农						
变动年月 迁入			08.9					
变动年月 迁出			09.3.	09.3				
变动年月 死亡								
变动年月 流入								
变动年月 流出								
妇卡编号			265					
备注	017							

H8.3.20004

图1-1-90　平顺县西沟村常住人口登记表(南赛)89

常住人口登记簿

户编：0079

名	秦							
户主关系								
别	女							
生年月	07.11							
族	汉							
婚时间	·							
口所在地	西沟							
作单位及务								
迁入								
迁出								
死亡	05.1							
流入								
流出								
妇卡编号								
注	218							

H8.3.20004

图1-1-91　平顺县西沟村常住人口登记表(南赛)90

常住人口登记簿

户编：0080

姓名	赵[redacted]	杨[redacted]	赵[redacted]						
户主关系		妻	子						
别	男	女	男						
生年月	45.12	48.12	80.3						
族	12	12	12						
婚时间	68	68							
口所在地	西沟	西沟	西沟						
作单位及务	务农	务农	务农						
迁入									
迁出									
死亡									
流入									
流出									
妇卡编号									
注	019								

H8.3.20004

图1-1-92 平顺县西沟村常住人口登记表(南赛)91

常住人口登记簿

户编：0081

名		郭[illegible]							
户主关系									
别		女							
出生年月		65112							
族		汉							
初婚时间									
口所在地		西沟							
作单位及务									
	迁入								
	迁出								
	死亡								
	流入								
	流出								
妇卡编号									
注		020							

H8,3,20004

图1-1-93　平顺县西沟村常住人口登记表(南赛)92

常住人口登记簿

户编：0082

名	张	张	张	张				
户主关系		女	女	子				
别	女	女	女	男				
生年月	71.5	82.10	85.4	92.6				
族	汉	汉	汉	汉				
婚时间	91.10							
口所在地	西沟	西沟	西沟	西沟				
作单位及务	务农							
迁入								
迁出								
死亡								
流入								
流出								
妇卡编号	3048							
注	0145							

H8.3.20004

图1-1-94　平顺县西沟村常住人口登记表(南赛)93

常住人口登记簿

户编: 0083

名	李	李						
户主关系		子						
别	男	男						
生年月	36.10	73.8						
族	12	12						
婚时间	56							
口所在地	西沟	西沟						
作单位及务	务农	务农						
迁入								
迁出								
死亡								
流入								
流出								
归卡编号								
注	[illegible]							

H8.3 20004

图1-1-95 平顺县西沟村常住人口登记表(南赛)94

常住人口登记簿

户编：0084

名	李	张	李	李				
户主关系		妻	子	女儿				
别	男	女	男	女				
生年月	70.10	73.9	94.12	2000.8				
族	汉	汉	汉	汉				
初婚时间	93.10	93.10						
口所在地	西沟	西沟	西沟					
作单位及务								
迁入								
迁出								
死亡								
流入								
流出								
妇卡编号		2056						
注		2056						

H8.3.20004

图1-1-96　平顺县西沟村常住人口登记表(南赛)95

常住人口登记簿

户编：0085

名	吴[illegible]							
户主关系								
别	男							
生年月	90-1							
族	12							
婚时间								
口所在地								
作单位及务								
迁入								
迁出	99							
死亡								
流入								
流出								
妇卡编号								
注								

118，3，20004

图1-1-97　平顺县西沟村常住人口登记表(南赛)96

常住人口登记簿

户编：0086

名	郝	吴	吴	李				
户主关系		子	子	长媳				
别	女	男	男	女				
生年月	53.12	72.6	83.1	79.10				
族	汉	汉	汉	汉				
婚时间	78.10	04.3		04.3				
口所在地	西沟	西沟	西沟	西沟				
作单位及务	务农							
迁入				04.3				
迁出				08.6				
死亡								
流入								
流出								
卡编号	2098			0008				
注	098			022				

H8.3.20004

图1-1-98　平顺县西沟村常住人口登记表(南赛)97

常住人口登记簿

户编：0087

名	张[redacted]	张[redacted]	张[redacted]	张[redacted]				
户主关系		妻	子	子				
别	男	女	男	男				
生年月	70.6	73.8	99.9	2007.8				
族	汉	汉	汉	汉				
初婚时间	95.10							
口所在地	西沟	西沟	西沟					
作单位及务	务农	务农						
迁入								
迁出								
死亡								
流入								
流出								
妇卡编号		1046						
注		046						

H8,3,20004

图1-1-99　平顺县西沟村常住人口登记表(南赛)98

常住人口登记簿

户编：0088

名	赵	赵	赵					
户主关系		子	女					
别	男	男	女					
生年月	69.10	93.9	96.7					
族	汉	汉	汉					
婚时间	80.10							
口所在地	西沟	西沟	西沟					
作单位及务	务农							
迁入								
迁出								
死亡								
流入								
流出								
妇卡编号								
注	023							

HB.3.20004

图1-1-100　平顺县西沟村常住人口登记表(南赛)99

常住人口登记簿

户编：0089

名	赵	张	赵	赵				
户主关系		妻	子	女				
别	男	女	男	女				
生年月	69.10	71.12	95.10	2000.4				
族	汉	汉	汉	汉				
婚时间	94.10	94.10						
口所在地	西沟	西沟	西沟	西沟				
作单位及务								
迁入								
迁出								
死亡								
流入								
流出								
妇卡编号		1058						
注		058						

HB.3.20004

图1-1-101　平顺县西沟村常住人口登记表(南赛)100

常住人口登记簿

户编：0090

姓名	李[illegible]	张[illegible]	李[illegible]	李[illegible]	李[illegible]			
与户主关系		妻	女	女婿	孙女			
性别	男	女	女	男	女			
出生年月	63.8	68.10	88.12	83.2	09.2.2			
民族	汉	汉	汉	汉	汉			
初婚时间	86.9	86.9						
户口所在地	西沟	西沟	西沟	西沟				
工作单位及职务	务农	务农						
迁入				08.2.27				
迁出								
死亡								
流入								
流出								
户口卡编号		1057	255					
注		007						

H8.3.20004

图1-1-102　平顺县西沟村常住人口登记表(南赛)101

常住人口登记簿

户编：0091

名	[illegible]							
户主关系								
别	男							
生年月	41.6							
族	汉							
婚时间								
口所在地	西沟							
单位及务	务农							
迁入								
迁出								
死亡	06.9.30							
流入								
流出								
卡编号								
注	1.24							

H8,3,20004

图1-1-103　平顺县西沟村常住人口登记表(南赛)102

常住人口登记簿

户编：0092

名	张	张						
户主关系		女						
别	女	女						
生年月	62.4	95.12						
族	12	12						
婚时间	85.10							
口所在地	西沟	西沟						
单位及务								
迁入								
迁出								
死亡								
流入								
流出								
卡编号	2010							
注	[illegible]							

H8.3.20004

图1-1-104　平顺县西沟村常住人口登记表(南赛)103

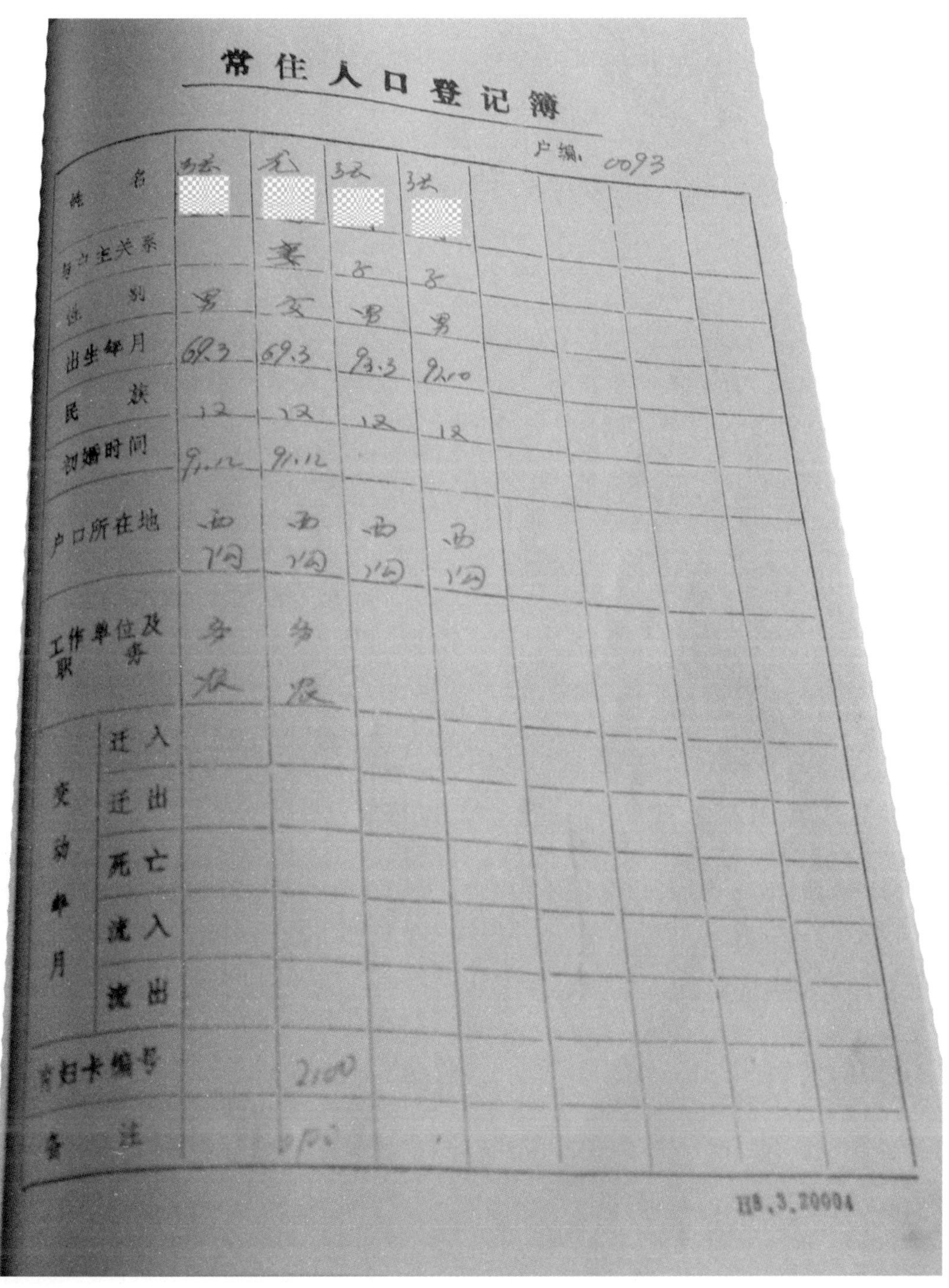

常住人口登记簿

户编：0093

姓名	张[illegible]	毛[illegible]	张[illegible]	张[illegible]				
与户主关系		妻	子	子				
性别	男	女	男	男				
出生年月	69.3	69.3	93.3	92.10				
民族	12	12	12	12				
初婚时间	91.12	91.12						
户口所在地	西沟	西沟	西沟	西沟				
工作单位及职务	务农	务农						
变动年月 迁入								
变动年月 迁出								
变动年月 死亡								
变动年月 流入								
变动年月 流出								
育妇卡编号		2100						
备注								

HB.3.20004

图1-1-105　平顺县西沟村常住人口登记表(南赛)104

常住人口登记簿

户编：0094

姓名		[illegible]	[illegible]	[illegible]	[illegible]				
与户主关系			妻	女	女				
性别		男	女	女	女				
出生年月		68.1	67.9	90.3	92.12				
民族		汉	汉	汉	汉				
初婚时间		89.8	89.8						
户口所在地		西沟	西沟	西沟	西沟				
工作单位及职务		务农	务农						
变动年月	迁入								
	迁出								
	死亡								
	流入								
	流出								
育妇卡编号			2099	V207					
备注			098						

H8.3.20004

图1-1-106　平顺县西沟村常住人口登记表(南赛)105

常住人口登记簿

户编：0095

姓名	张	张	张	张				
与户主关系		妻	女	子				
性别	男	女	女	男				
出生年月	63.7	65.11	86.11	89.3				
民族	12	12	12	12				
初婚时间	85.12	85.12						
户口所在地	西沟	西沟	西沟	西沟				
工作单位及职务	务农	务农						
变动年月 迁入								
变动年月 迁出			08.6					
变动年月 死亡								
变动年月 流入								
变动年月 流出								
育妇卡编号			V168					
备注	015							

HB.3.20004

图1-1-107　平顺县西沟村常住人口登记表(南赛)106

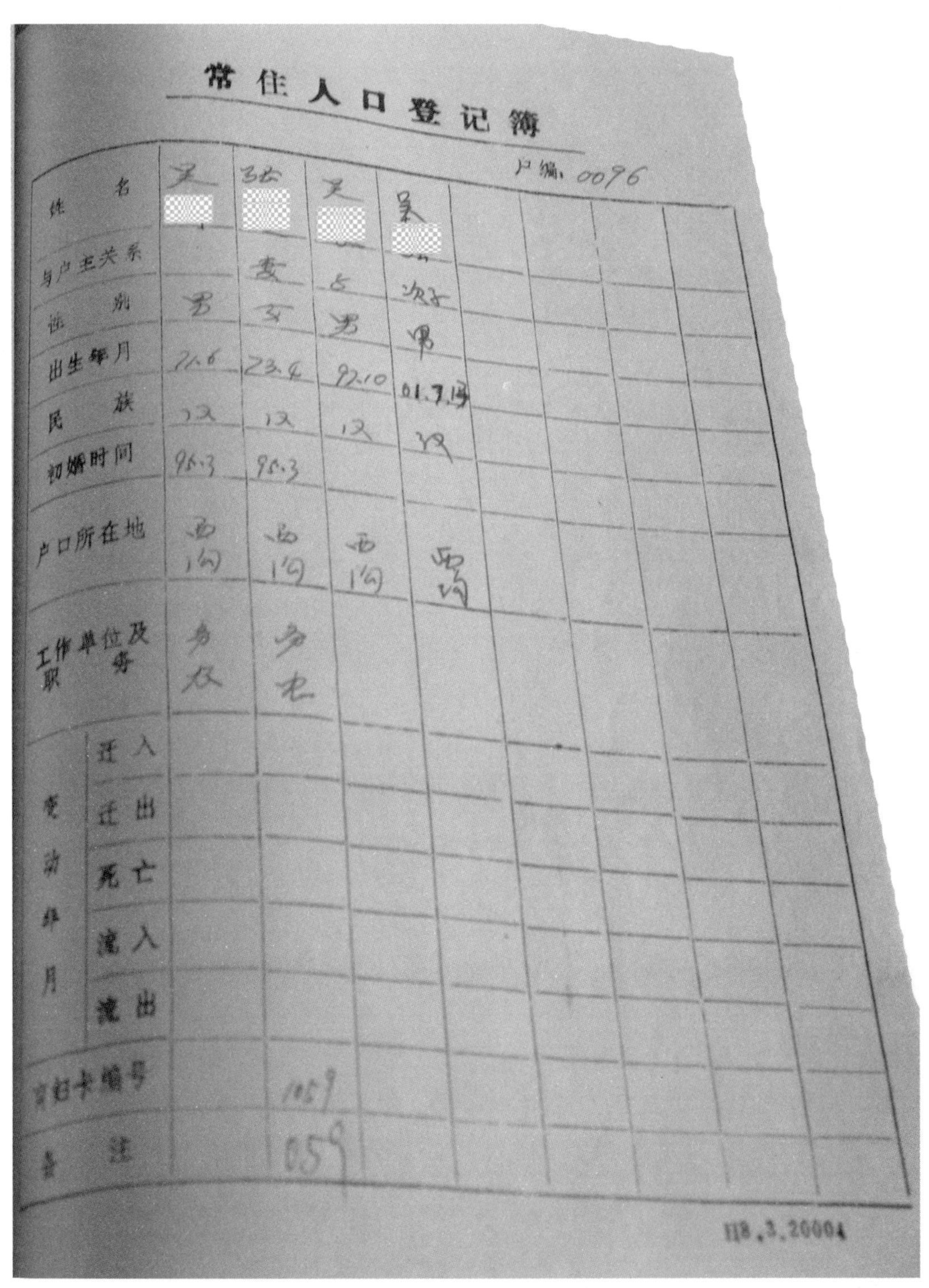

常住人口登记簿

户编：0096

姓名	吴[illegible]	张[illegible]	吴[illegible]	吴[illegible]				
与户主关系		妻	长子	次子				
性别	男	女	男	男				
出生年月	71.6	73.4	97.10	01.7.[illegible]				
民族	汉	汉	汉	汉				
初婚时间	95.3	95.3						
户口所在地	西沟	西沟	西沟	西沟				
工作单位及职务	务农	务农						
变动年月 迁入								
迁出								
死亡								
流入								
流出								
育妇卡编号		1059						
备注		1059						

H8.3.20004

图1-1-108　平顺县西沟村常住人口登记表(南赛)107

常住人口登记簿

户编：0097

姓名	张	张	张	张	张	张	张	张
与户主关系		妻	子	女	子	儿媳	孙子	孙女
性别	男	女	男	女	男	女	男	女
出生年月	51.3	53.10	74.10	76.9	81.4		2000.10.14	2000.10.14
民族	汉	汉	汉	汉		汉	汉	汉
初婚时间	73.10	73.10						
户口所在地	西沟	西沟	西沟	西沟		西沟		
工作单位及职务	务农							
变动年月 迁入								
迁出					2002.5	男转下质	2000.10	
死亡								
流入								
流出								
育妇卡编号		3109		0017			166	
备注		0149					0166	

H8.3.20004

图1-1-109　平顺县西沟村常住人口登记表(南赛)108

常住人口登记簿

户编 0098

姓名	郭	宋	郭	郭	[illegible]	郭		
与户主关系		妻	子	女	儿媳	孙		
性别	男	女	男	女	女	男		
出生年月	45.4	46.8	76.11	87.9	78.9	07.9		
民族	汉	汉	汉	汉	汉	汉		
初婚时间	68				05.11			
户口所在地	西沟	西沟	西沟	西沟	西沟			
工作单位及职务	务农	务农						
变动年月 迁入				~~04.12~~	07.9	07.9		
变动年月 迁出				04.12	07.10.27	07.10.27		
变动年月 死亡								
变动年月 流入								
变动年月 流出								
[illegible]卡编号				V018	251			
备注	0026							

H8.3.20004

图1–1–110　平顺县西沟村常住人口登记表(南赛)109

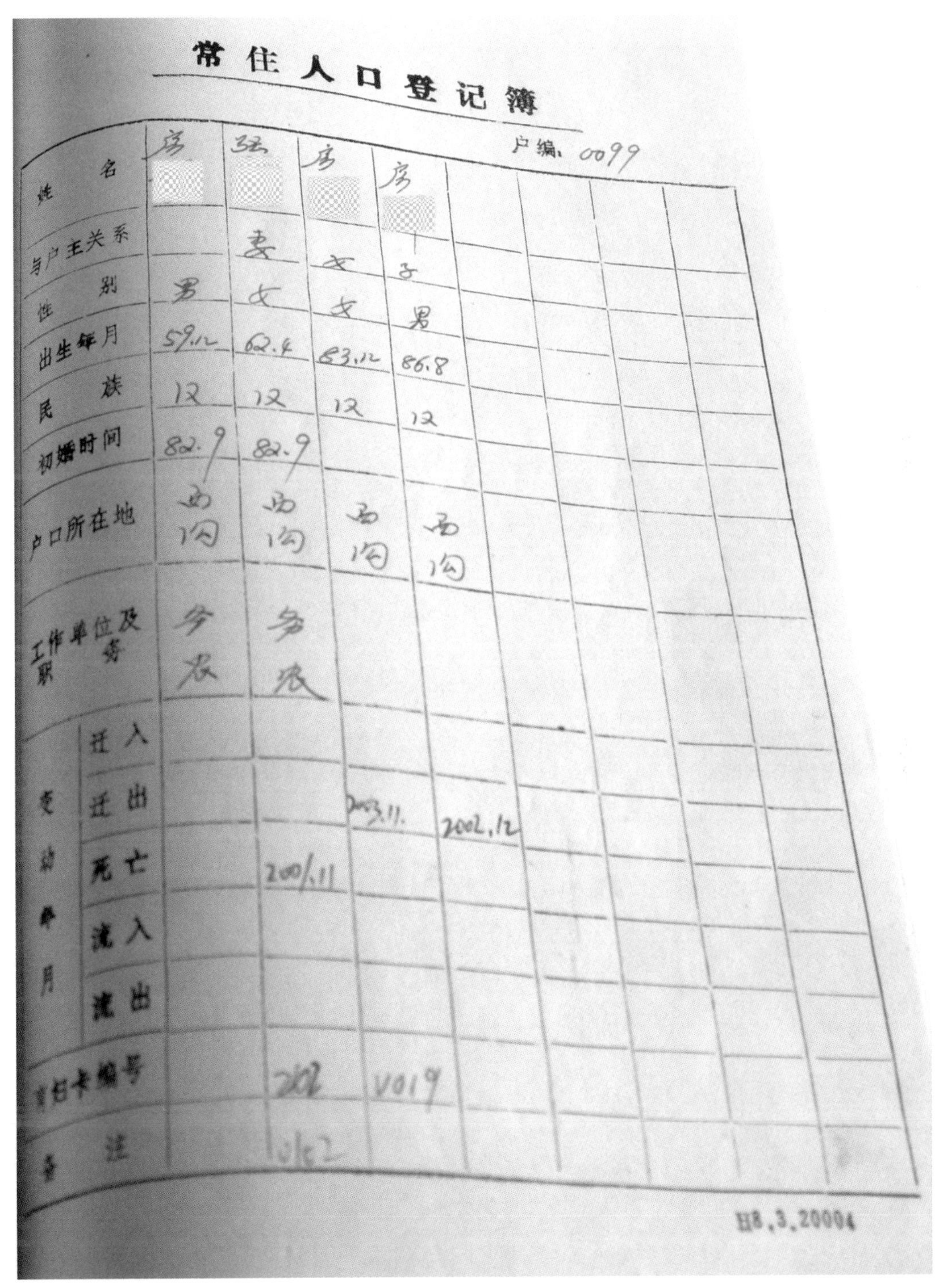

常住人口登记簿

户编：0099

姓名	房	张	房	房				
与户主关系		妻	女	子				
性别	男	女	女	男				
出生年月	59.12	62.4	83.12	86.8				
民族	12	12	12	12				
初婚时间	82.9	82.9						
户口所在地	西沟	西沟	西沟	西沟				
工作单位及职务	务农	务农						
变动年月 迁入								
变动年月 迁出			2003.11.	2002.12				
变动年月 死亡		2001.11						
变动年月 流入								
变动年月 流出								
育妇卡编号		202	V019					
备注		1162						

H8.3.20004

图1-1-111　平顺县西沟村常住人口登记表(南赛)110

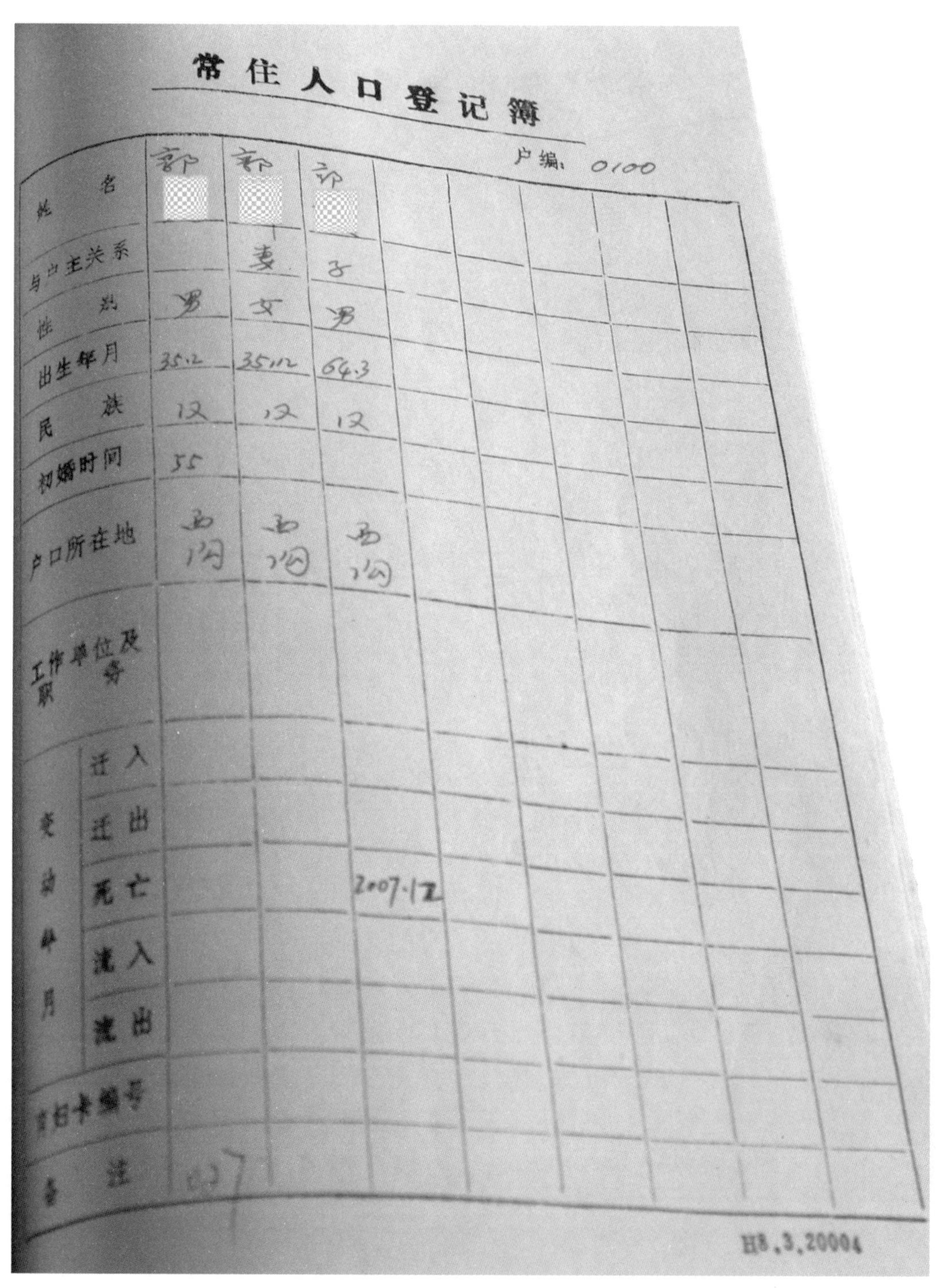

常住人口登记簿

户编：0100

姓名	郭	郭	郭					
与户主关系		妻	子					
性别	男	女	男					
出生年月	35.2	35.12	64.3					
民族	汉	汉	汉					
初婚时间	55							
户口所在地	西沟	西沟	西沟					
工作单位及职务								
变动年月 迁入								
变动年月 迁出								
变动年月 死亡			2007.12					
变动年月 流入								
变动年月 流出								
[illegible]卡编号								
备注	037							

H8.3.20004

图1–1–112　平顺县西沟村常住人口登记表(南赛)111

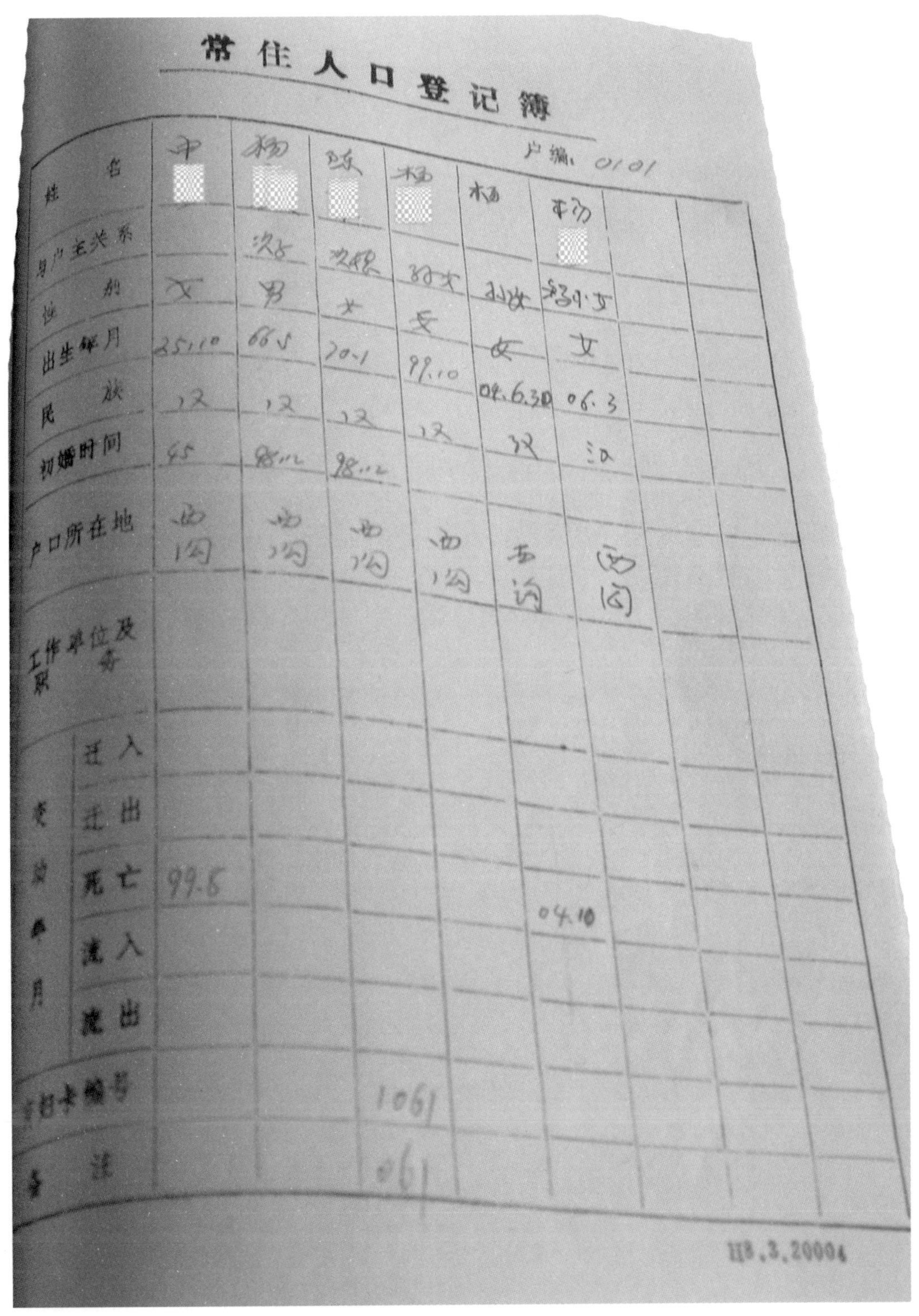

常住人口登记簿

户编：0101

姓名	申[illegible]	杨[illegible]	张[illegible]	杨[illegible]	杨	杨[illegible]
与户主关系		次子	次媳	孙女	孙女	孙小女
性别	女	男	女	女	女	女
出生年月	25.10	66.5	70.1	99.10	04.6.30	06.3
民族	汉	汉	汉	汉	汉	汉
初婚时间	45	98.12	98.12			
户口所在地	西沟	西沟	西沟	西沟	西沟	西沟
工作单位及职务						
变动年月 迁入						
变动年月 迁出						
变动年月 死亡	99.6					04.10
变动年月 流入						
变动年月 流出						
档案卡编号			1061			
备注			0(1)			

H8.3.20004

图1-1-113　平顺县西沟村常住人口登记表(南赛)112

常住人口登记簿

户编：0102

姓名	孙	赵	赵	赵				
与户主关系		夫	女儿	女儿				
性别	女	男	女	女				
出生年月	76.4	76.7	2000.10.5	2005.8.29				
民族	汉	汉	汉	汉				
初婚时间	97.12	97.12						
户口所在地	西沟	西沟		西沟				
工作单位及职务	务农	务农						
变动情况 迁入								
迁出								
死亡								
流入								
流出								
档案卡编号	033							
备注	032							

H8.3.20004

图1–1–114　平顺县西沟村常住人口登记表(南赛)113

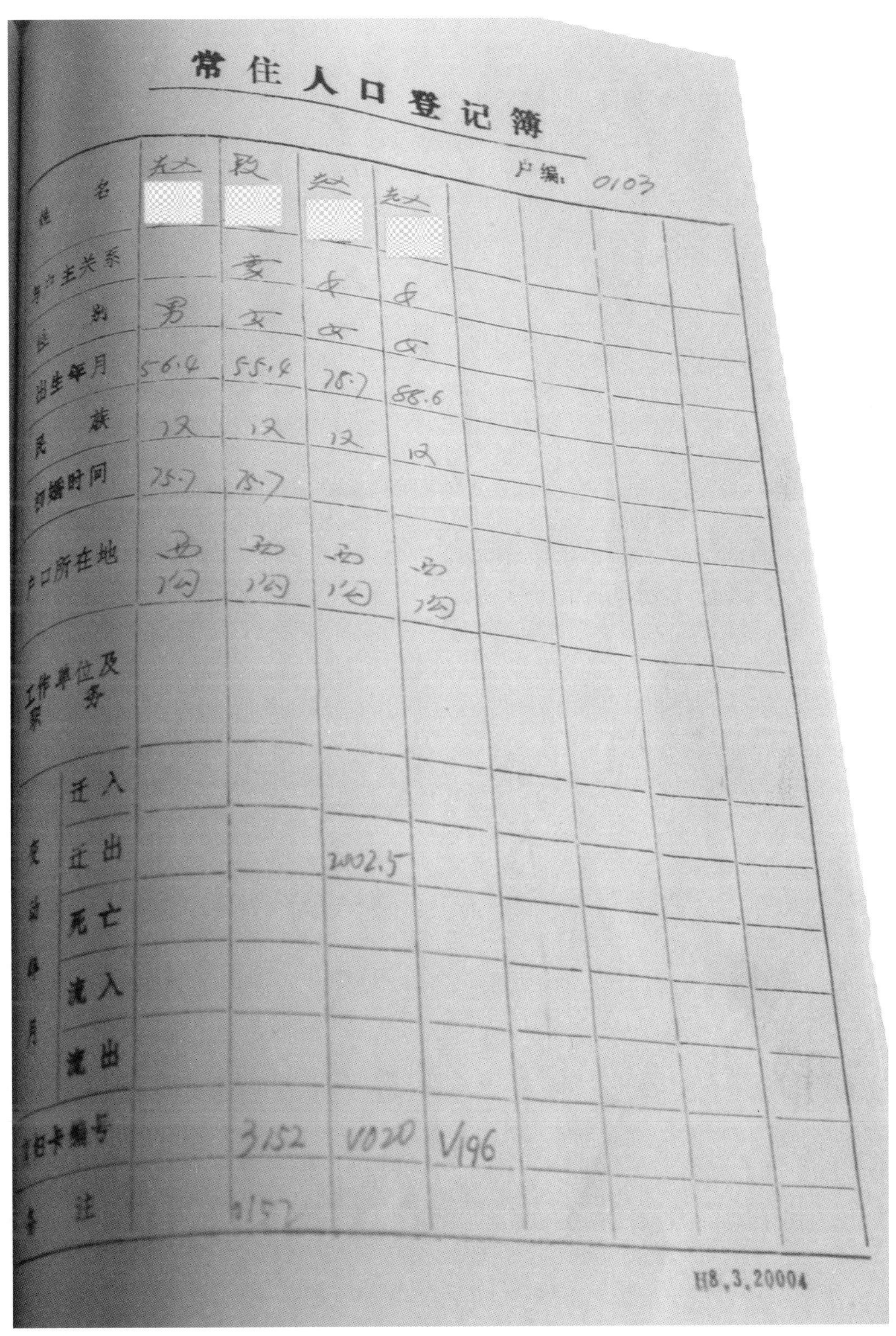

常住人口登记簿

户编：0103

姓名	赵	段	赵	赵
与户主关系		妻	女	女
性别	男	女	女	女
出生年月	56.4	55.4	78.7	88.6
民族	汉	汉	汉	汉
初婚时间	75.7	75.7		
户口所在地	西沟	西沟	西沟	西沟
工作单位及职务				
变动时间 迁入				
变动时间 迁出			2002.5	
变动时间 死亡				
变动时间 流入				
变动时间 流出				
IC卡编号		3152	V020	V196
备注		3152		

H8,3,20004

图1-1-115　平顺县西沟村常住人口登记表(南赛)114

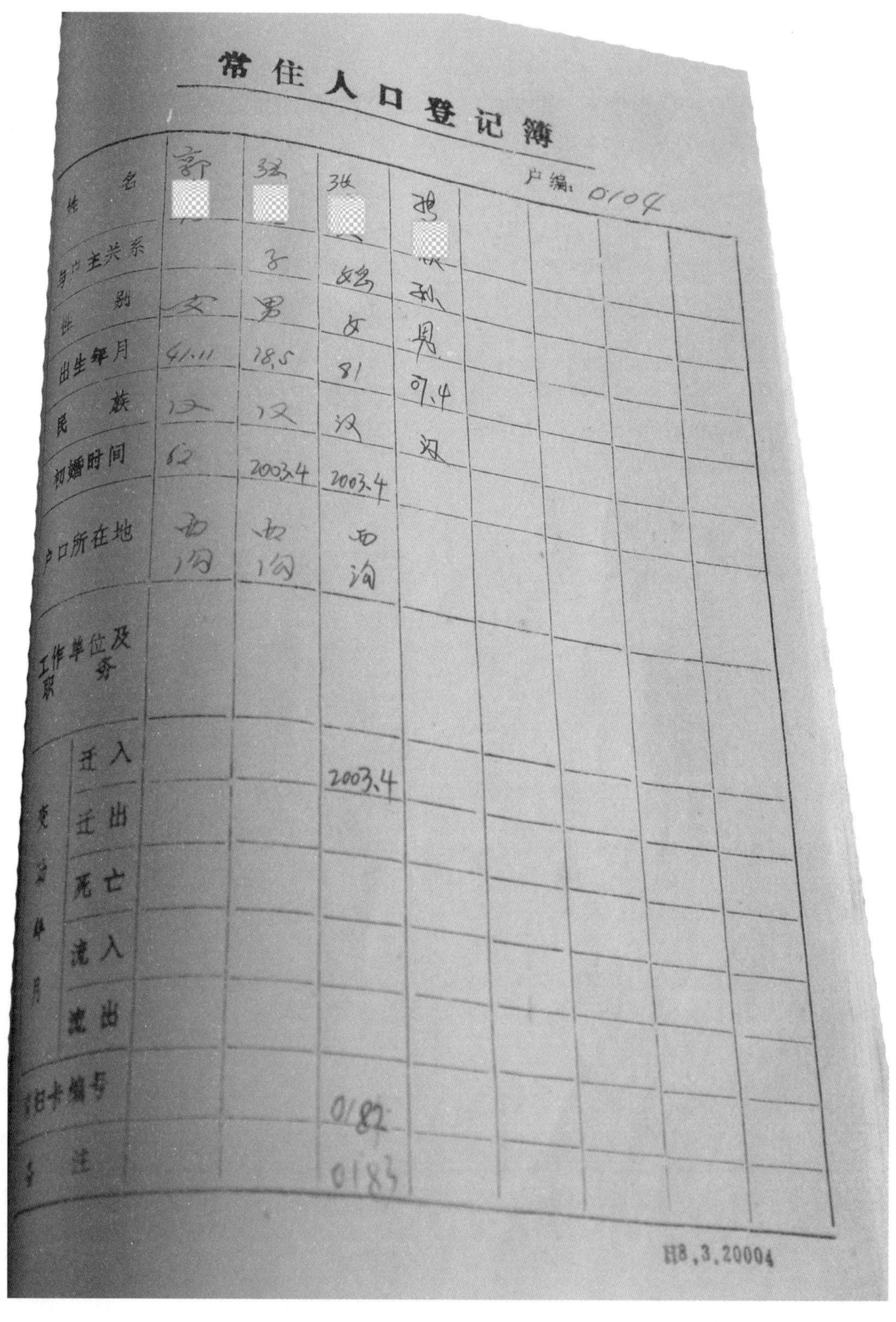

常住人口登记簿

户编：0104

姓名	郭	张	张	杨				
与户主关系		子	儿媳	孙				
性别	女	男	女	男				
出生年月	41.11	78.5	81	07.4				
民族	汉	汉	汉	汉				
初婚时间	62	2003.4	2003.4					
户口所在地	西沟	西沟	西沟					
工作单位及职务								
变动年月 迁入			2003.4					
变动年月 迁出								
变动年月 死亡								
变动年月 流入								
变动年月 流出								
户口卡编号			0182					
备注			0183					

H8.3.20004

图1-1-116　平顺县西沟村常住人口登记表(南赛)115

常住人口登记簿

户编：0105

姓名	孙	孙	申	张
与户主关系		子	儿媳	孙子
性别	男	男	女	男
出生年月	42.3	75.9	80.5	2000.12
民族	汉	汉	汉	汉
初婚时间	63	2000.4	2000.4	
户口所在地	西沟	西沟	西沟	
工作单位及职务	务农	务农	务农	
变动情况 迁入			2000.4	
变动情况 迁出			09.4.27	
变动情况 死亡	06.1			
变动情况 流入				
变动情况 流出				
身份证编号				
备注			0167	

H8.3.20004

图1-1-117　平顺县西沟村常住人口登记表(南赛)116

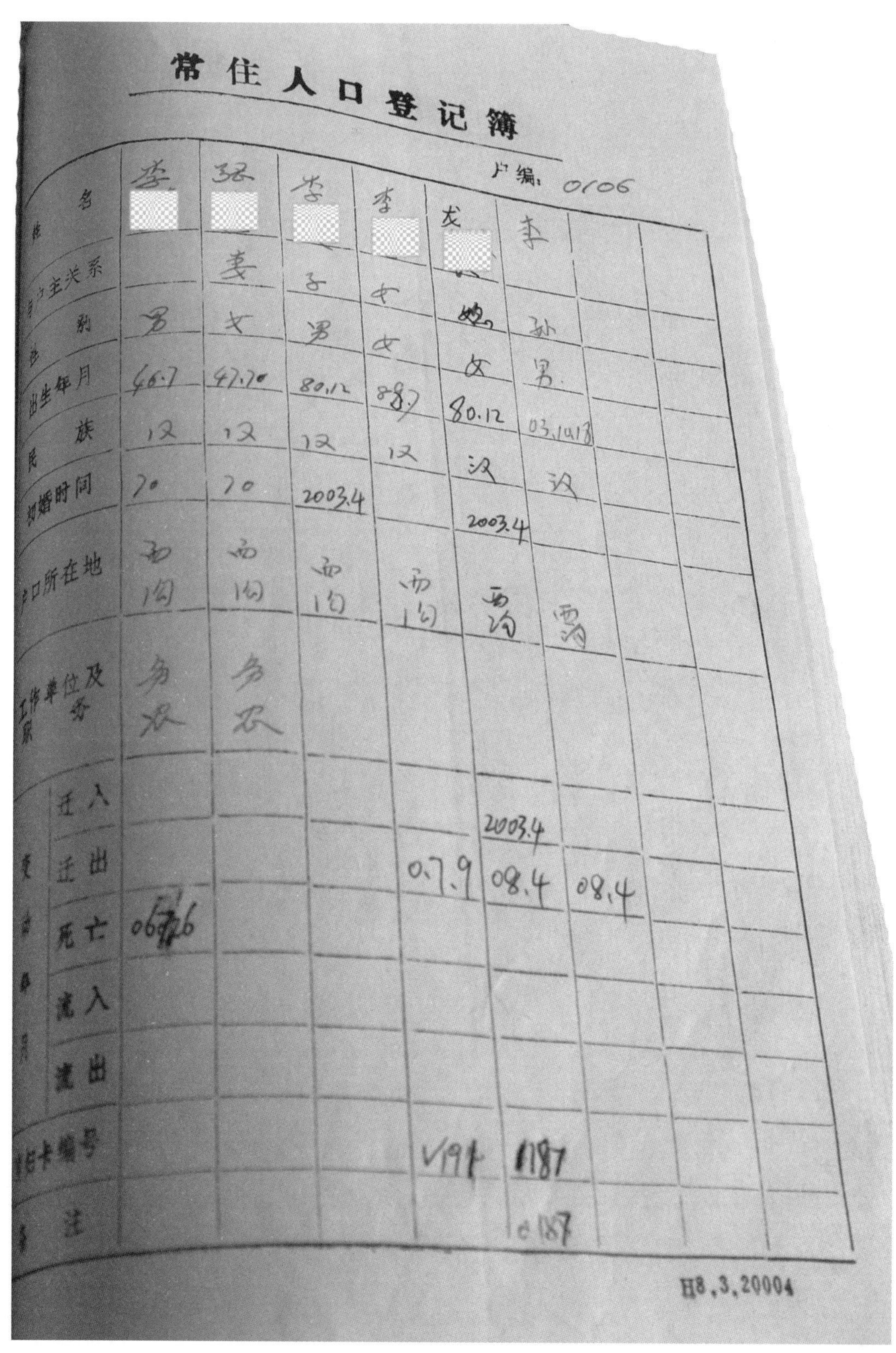

常住人口登记簿

户编：0106

姓名	李[illegible]	张[illegible]	李[illegible]	李[illegible]	戈[illegible]	李		
与户主关系		妻	子	女	媳	孙		
性别	男	女	男	女	女	男		
出生年月	46.7	47.10	80.12	88.7	80.12	03.10.18		
民族	汉	汉	汉	汉	汉	汉		
初婚时间	70	70	2003.4		2003.4			
户口所在地	西沟	西沟	西沟	西沟	西沟	[illegible]		
工作单位及职务	务农	务农						
变动情况 迁入					2003.4			
迁出				07.9	08.4	08.4		
死亡	[illegible]							
流入								
流出								
居民身份证卡编号				V191	1187			
备注					0187			

H8,3,20004

图1-1-118　平顺县西沟村常住人口登记表(南赛)117

常住人口登记簿

户编：0107

姓名	赵	张	赵	赵	张
与户主关系		妻	子	子	母
性别	男	女	男	男	女
出生年月	67.11	67.11	93.11	95.2	42.5
民族	汉	汉	汉	汉	汉
初婚时间	92.10	92.10			
户口所在地	西沟	西沟	西沟	西沟	西沟
工作单位及职务	务农	务农			
变动年月 迁入					
变动年月 迁出					
变动年月 死亡					
变动年月 流入					
变动年月 流出					
IC卡编号		2103			
备注		0103			

H8.3.20004

图1-1-119　平顺县西沟村常住人口登记表(南赛)118

常住人口登记簿

户编：0108

姓名	李	赵	赵						
与户主关系		女	女儿						
性别	女	女	女						
出生年月	71.12	94.10	2000.9.18						
民族	汉	汉	汉						
初婚时间	93.10								
户口所在地	西沟	西沟							
工作单位及职务	务农								
变动年月 迁入									
变动年月 迁出									
变动年月 死亡									
变动年月 流入									
变动年月 流出									
常住卡编号	2060								
备注	0160								

II8.3.20004

图1-1-120　平顺县西沟村常住人口登记表(南赛)119

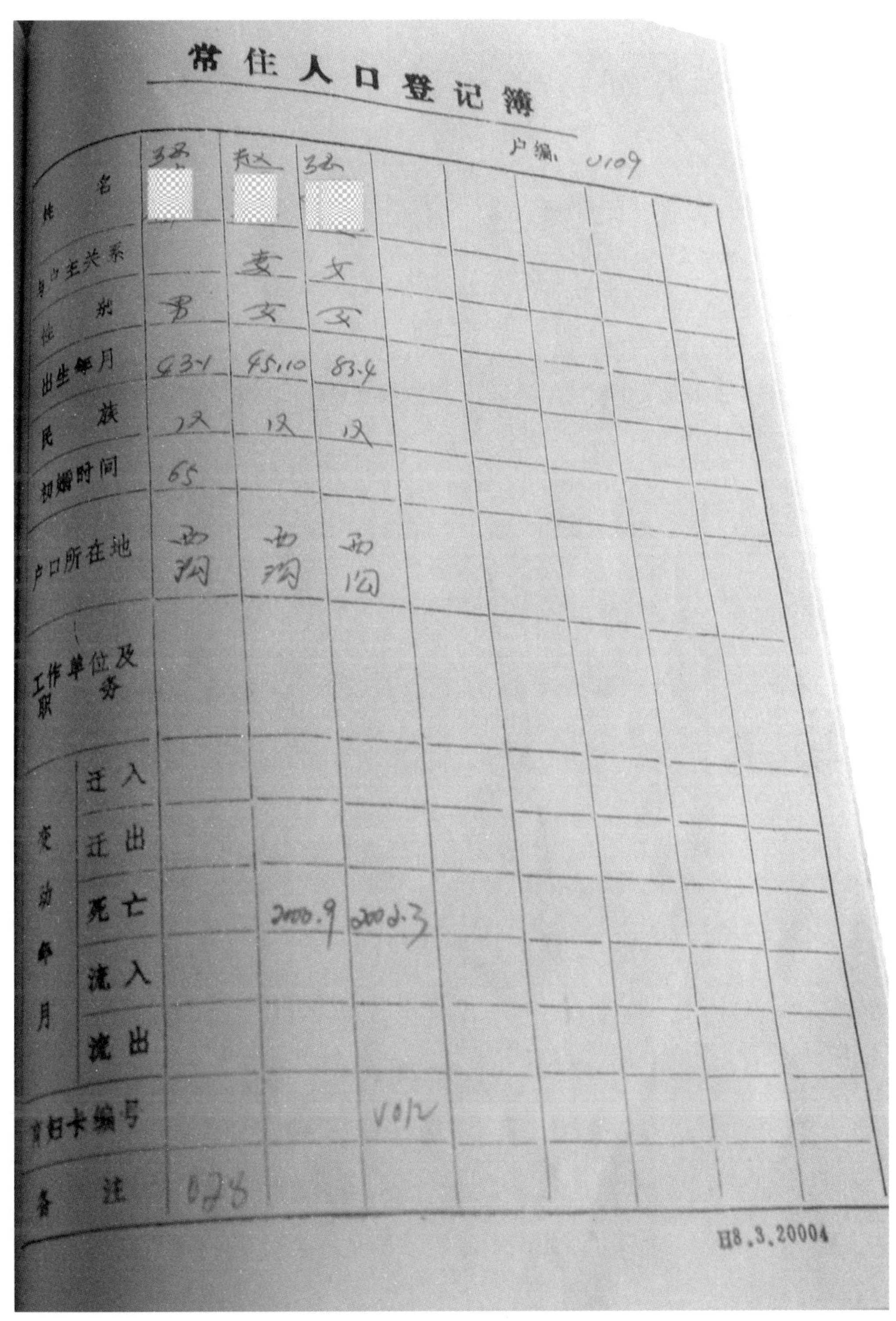

常住人口登记簿

户编：U109

姓名	张█	赵█	张█					
与户主关系		妻	女					
性别	男	女	女					
出生年月	43.4	45.10	83.4					
民族	汉	汉	汉					
初婚时间	65							
户口所在地	西沟	西沟	西沟					
工作单位及职务								
变动年月 迁入								
变动年月 迁出								
变动年月 死亡		2000.9	2002.3					
变动年月 流入								
变动年月 流出								
育妇卡编号			V012					
备注	028							

H8.3.20004

图1-1-121　平顺县西沟村常住人口登记表(南赛)120

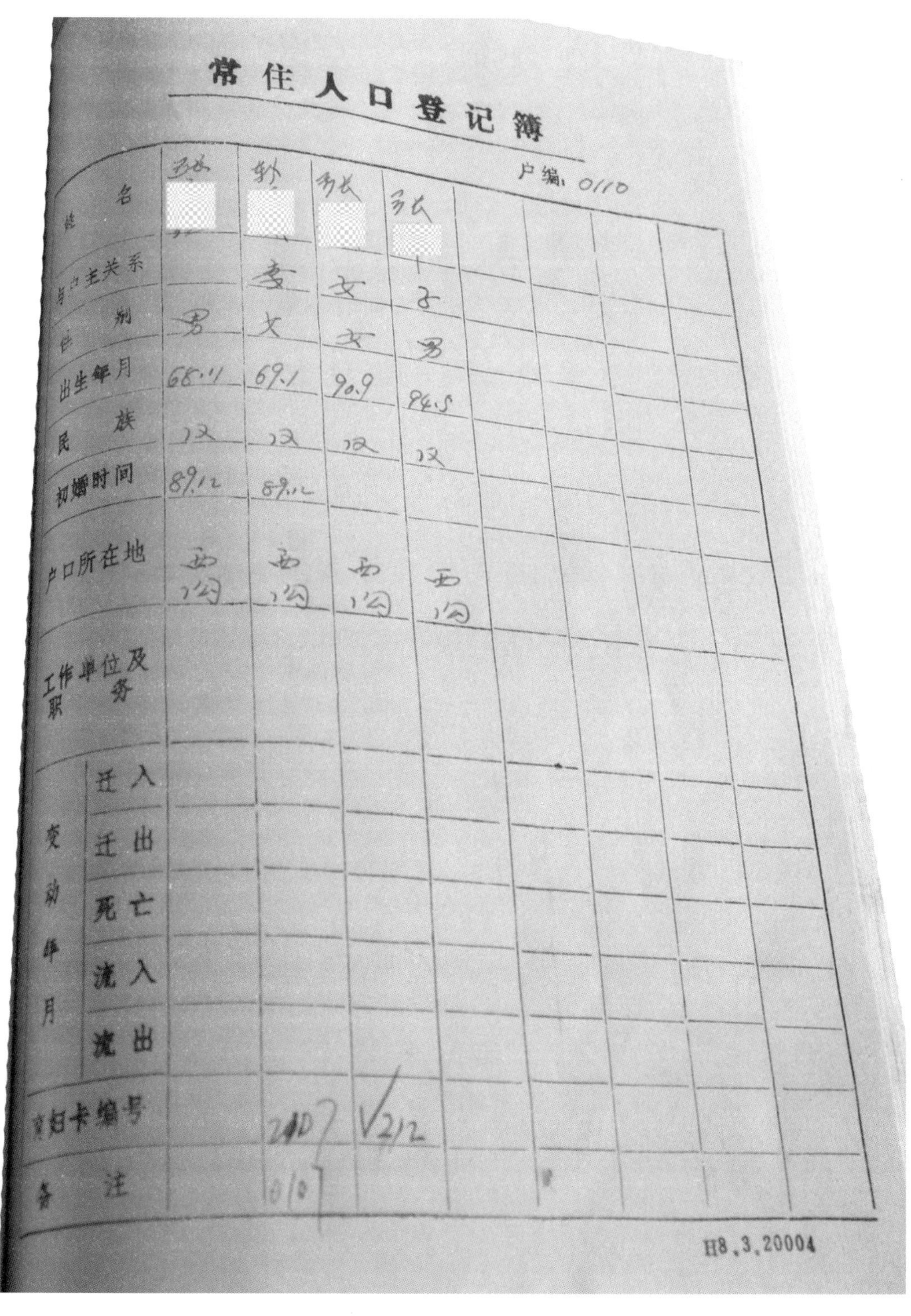

常住人口登记簿

户编：0110

姓名	张	孙	张	张
与户主关系		妻	女	子
性别	男	女	女	男
出生年月	68.11	69.1	90.9	84.5
民族	汉	汉	汉	汉
初婚时间	89.12	89.12		
户口所在地	西沟	西沟	西沟	西沟
工作单位及职务				
变动年月 迁入				
迁出				
死亡				
流入				
流出				
育妇卡编号		2107	√212	
备注		0107		

H8.3.20004

图1-1-122　平顺县西沟村常住人口登记表(南赛)121

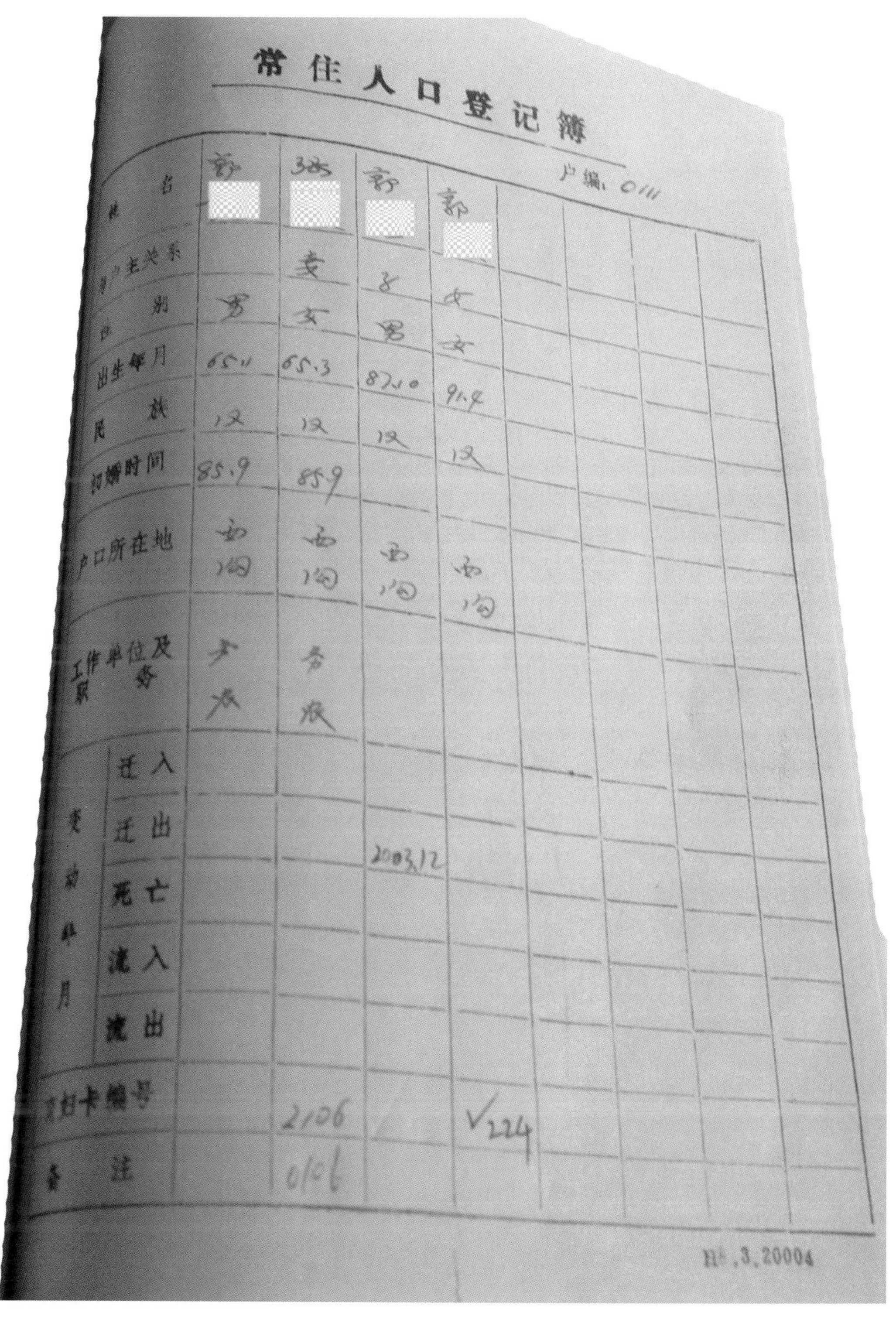

常住人口登记簿

户编：0111

姓名	郭	张	郭	郭				
与户主关系		妻	子	女				
性别	男	女	男	女				
出生年月	65.11	65.3	87.10	91.4				
民族	汉	汉	汉	汉				
初婚时间	85.9	85.9						
户口所在地	西沟	西沟	西沟	西沟				
工作单位及职务	务农	务农						
变动年月 迁入								
变动年月 迁出			2003.12					
变动年月 死亡								
变动年月 流入								
变动年月 流出								
育妇卡编号		2106	/	√224				
备注		0106						

H8.3.20004

图1–1–123　平顺县西沟村常住人口登记表(南赛)122

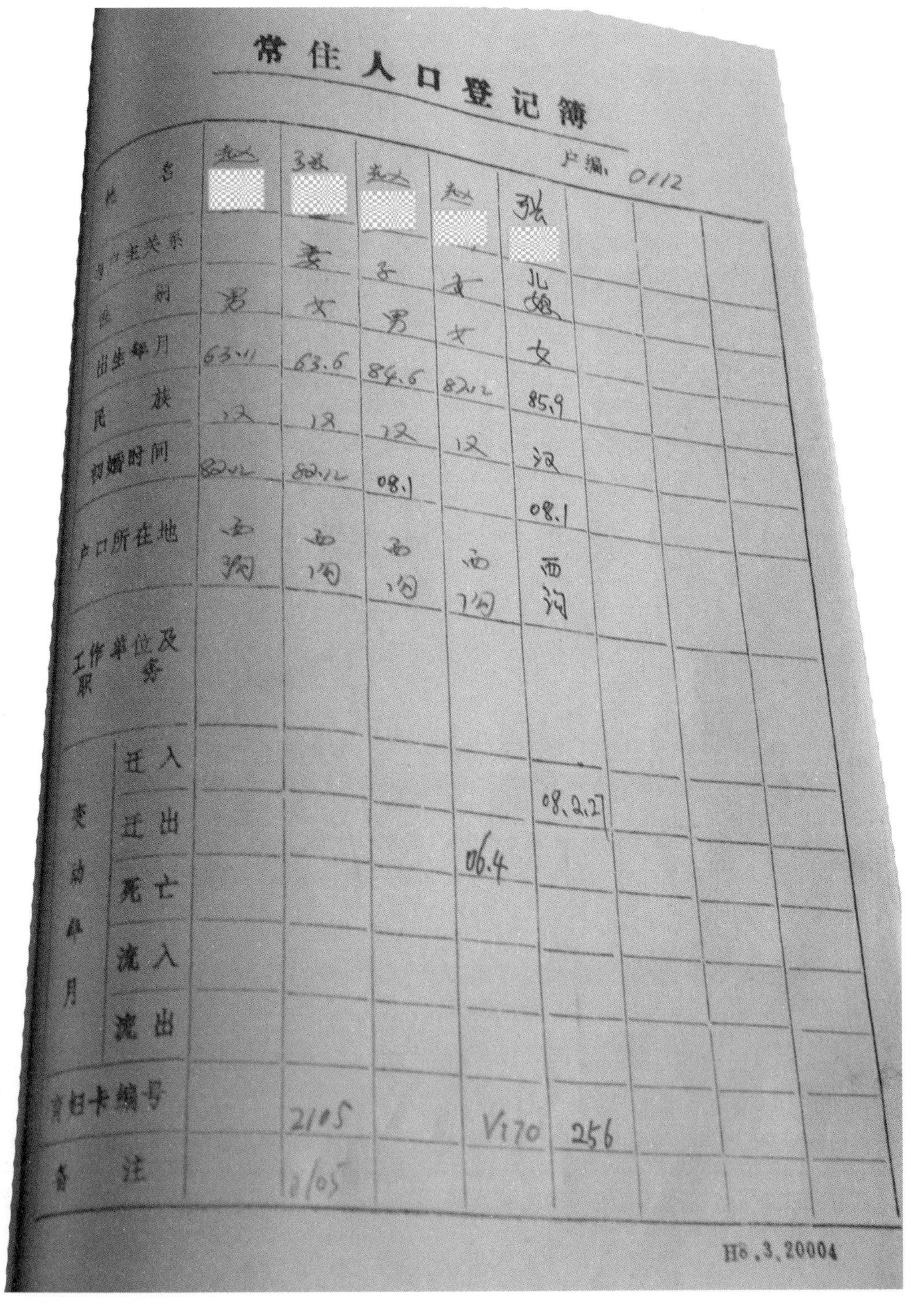

常住人口登记簿

户编：0112

姓名	赵[redacted]	张[redacted]	赵[redacted]	赵[redacted]	张[redacted]			
与户主关系		妻	子	女	儿媳			
性别	男	女	男	女	女			
出生年月	63.11	63.6	84.6	82.12	85.9			
民族	汉	汉	汉	汉	汉			
初婚时间	82.12	82.12	08.1		08.1			
户口所在地	西沟	西沟	西沟	西沟	西沟			
工作单位及职务								
变动年月 迁入					08.2.27			
变动年月 迁出				06.4				
变动年月 死亡								
变动年月 流入								
变动年月 流出								
育妇卡编号		2105		V170	256			
备注		2105						

H8.3.20004

图1-1-124　平顺县西沟村常住人口登记表(南赛)123

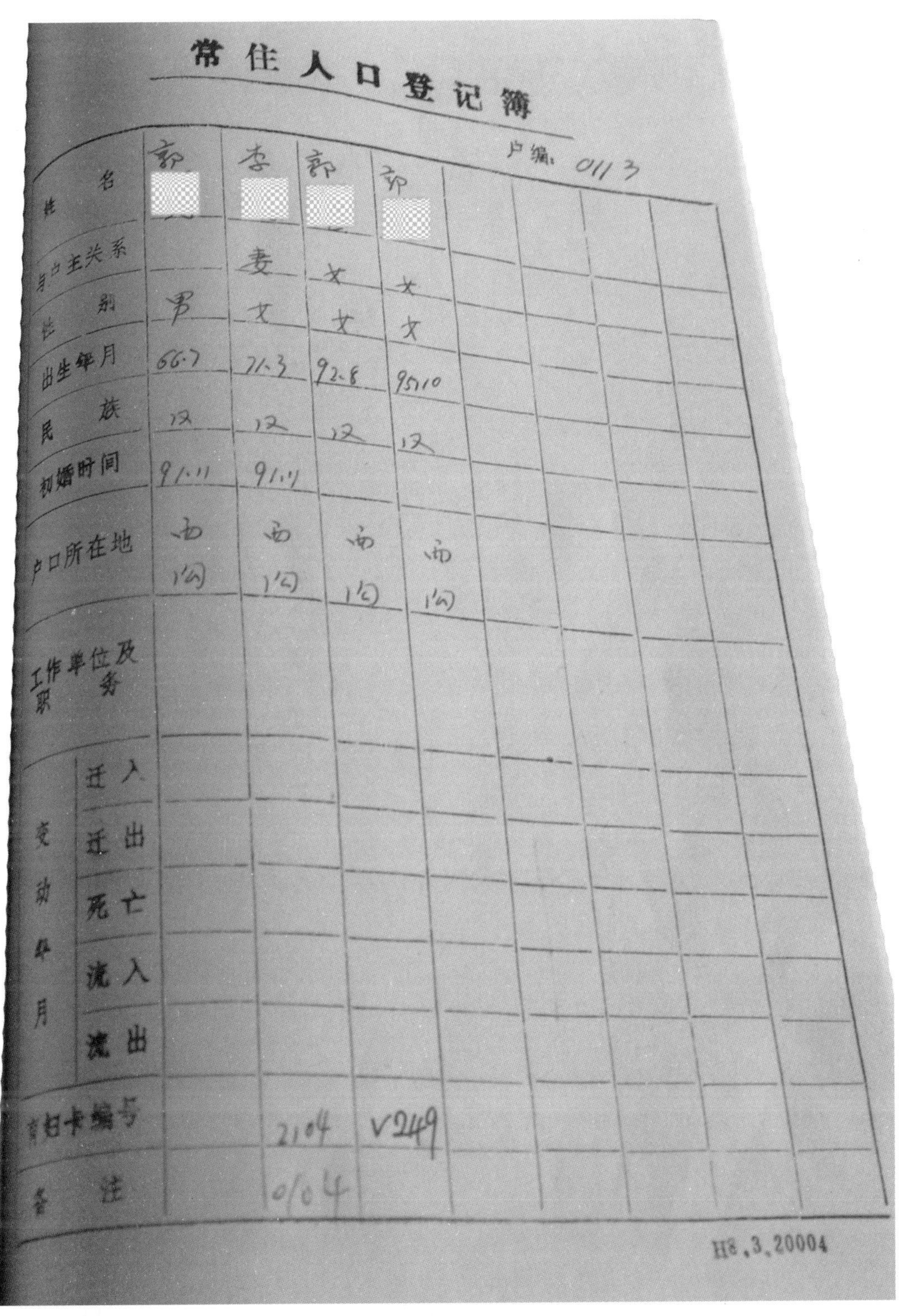

常住人口登记簿

户编：0113

姓名	郭	李	郭	郭				
与户主关系		妻	女	女				
性别	男	女	女	女				
出生年月	66.7	71.3	92.8	95.10				
民族	汉	汉	汉	汉				
初婚时间	91.11	91.11						
户口所在地	西沟	西沟	西沟	西沟				
工作单位及职务								
变动年月 迁入								
变动年月 迁出								
变动年月 死亡								
变动年月 流入								
变动年月 流出								
育妇卡编号		2104	V249					
备注		0104						

H8.3.20004

图1-1-125 平顺县西沟村常住人口登记表(南赛)124

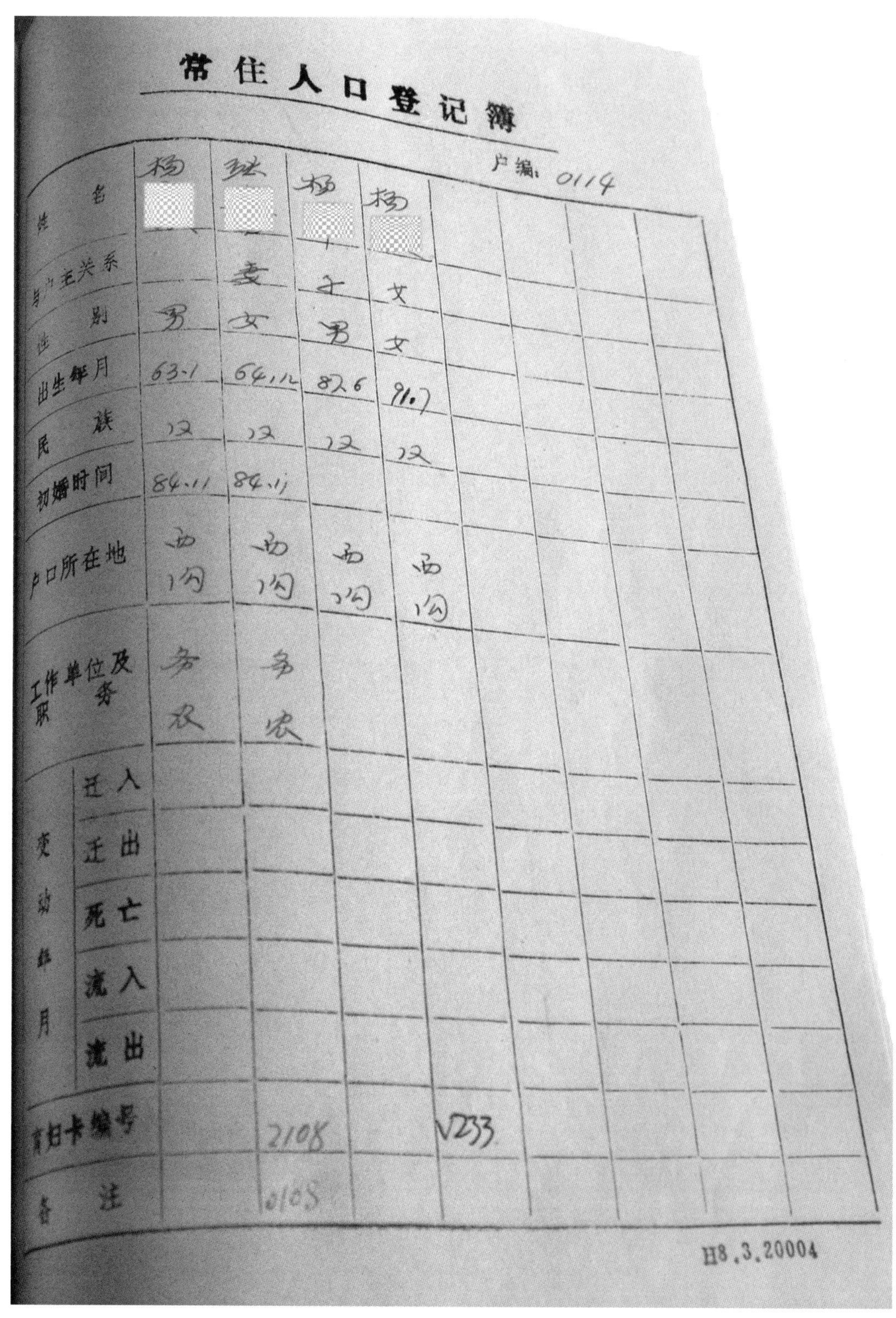

常住人口登记簿

户编：0114

姓名	杨	[illegible]	杨	杨
与户主关系		妻	子	女
性别	男	女	男	女
出生年月	63.1	64.12	82.6	91.7
民族	汉	汉	汉	汉
初婚时间	84.11	84.11		
户口所在地	西沟	西沟	西沟	西沟
工作单位及职务	务农	务农		
变动年月 迁入				
变动年月 迁出				
变动年月 死亡				
变动年月 流入				
变动年月 流出				
育妇卡编号		2108		V233
备注		0108		

H8.3.20004

图1-1-126　平顺县西沟村常住人口登记表(南赛)125

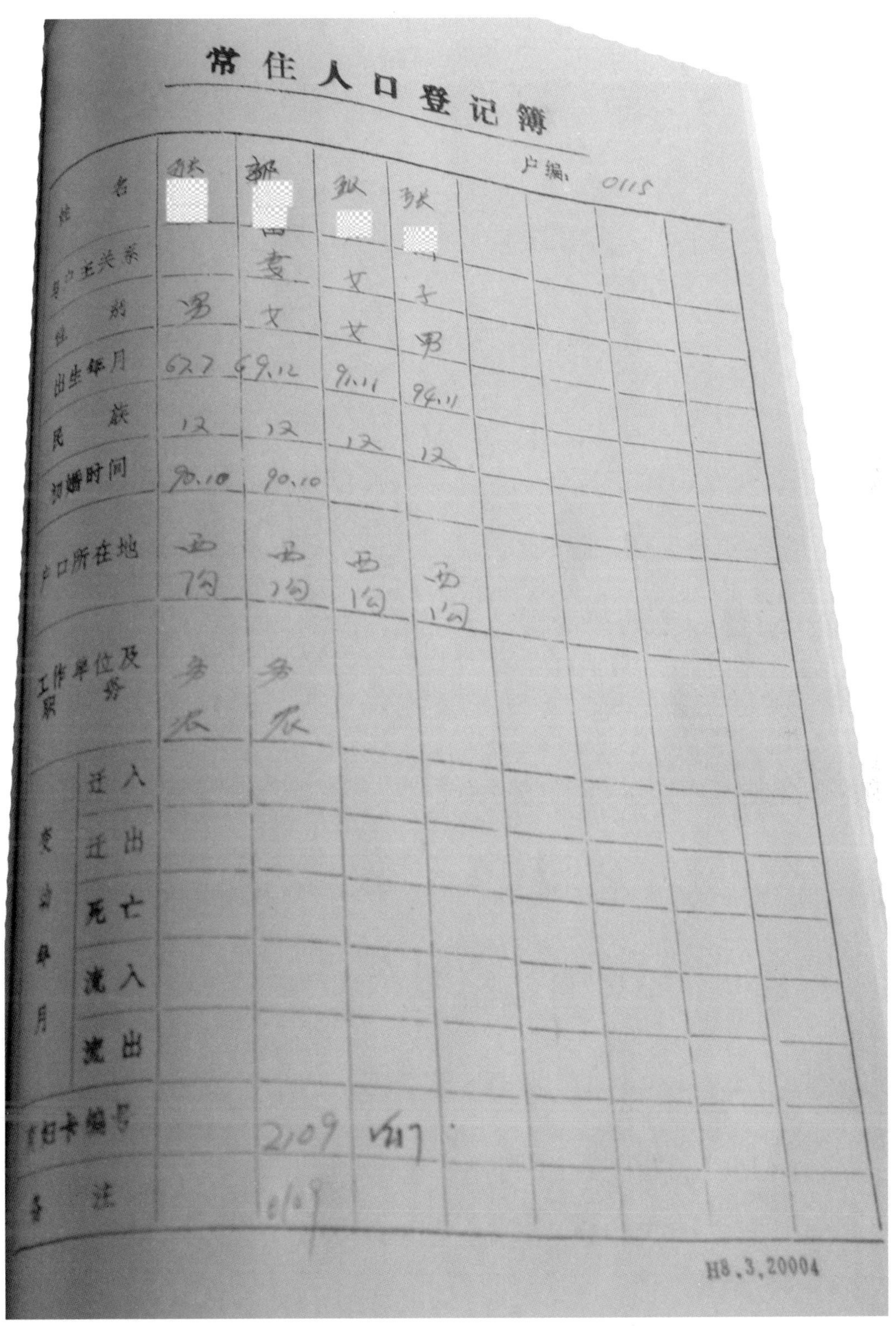

常住人口登记簿

户编：0115

姓名	张	郝	张	张					
与户主关系		妻	女	子					
性别	男	女	女	男					
出生年月	62.7	69.12	91.11	94.11					
民族	汉	汉	汉	汉					
初婚时间	90.10	90.10							
户口所在地	西沟	西沟	西沟	西沟					
工作单位及职务	务农	务农							
变动年月 迁入									
变动年月 迁出									
变动年月 死亡									
变动年月 流入									
变动年月 流出									
[illegible]旧卡编号		2109	[illegible]						
备注		[illegible]							

H8.3.20004

图1-1-127　平顺县西沟村常住人口登记表(南赛)126

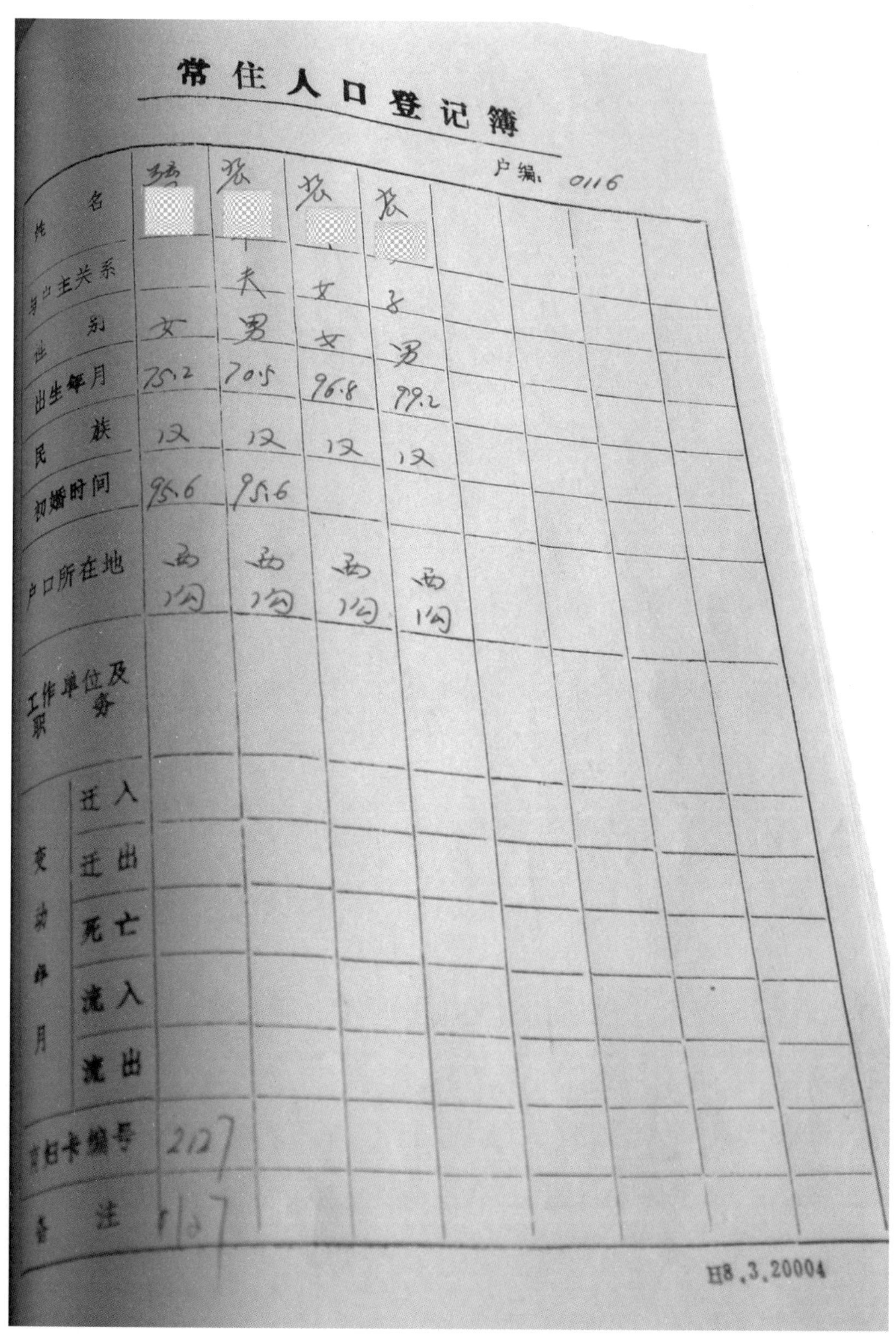

常住人口登记簿

户编：0116

姓名	[illegible]	张	张	张					
与户主关系		夫	女	子					
性别	女	男	女	男					
出生年月	75.2	70.5	96.8	99.2					
民族	汉	汉	汉	汉					
初婚时间	95.6	95.6							
户口所在地	西沟	西沟	西沟	西沟					
工作单位及职务									
变动年月 迁入									
变动年月 迁出									
变动年月 死亡									
变动年月 流入									
变动年月 流出									
户口卡编号	2127								
备注	1127								

H8.3.20004

图1-1-128　平顺县西沟村常住人口登记表(南赛)127

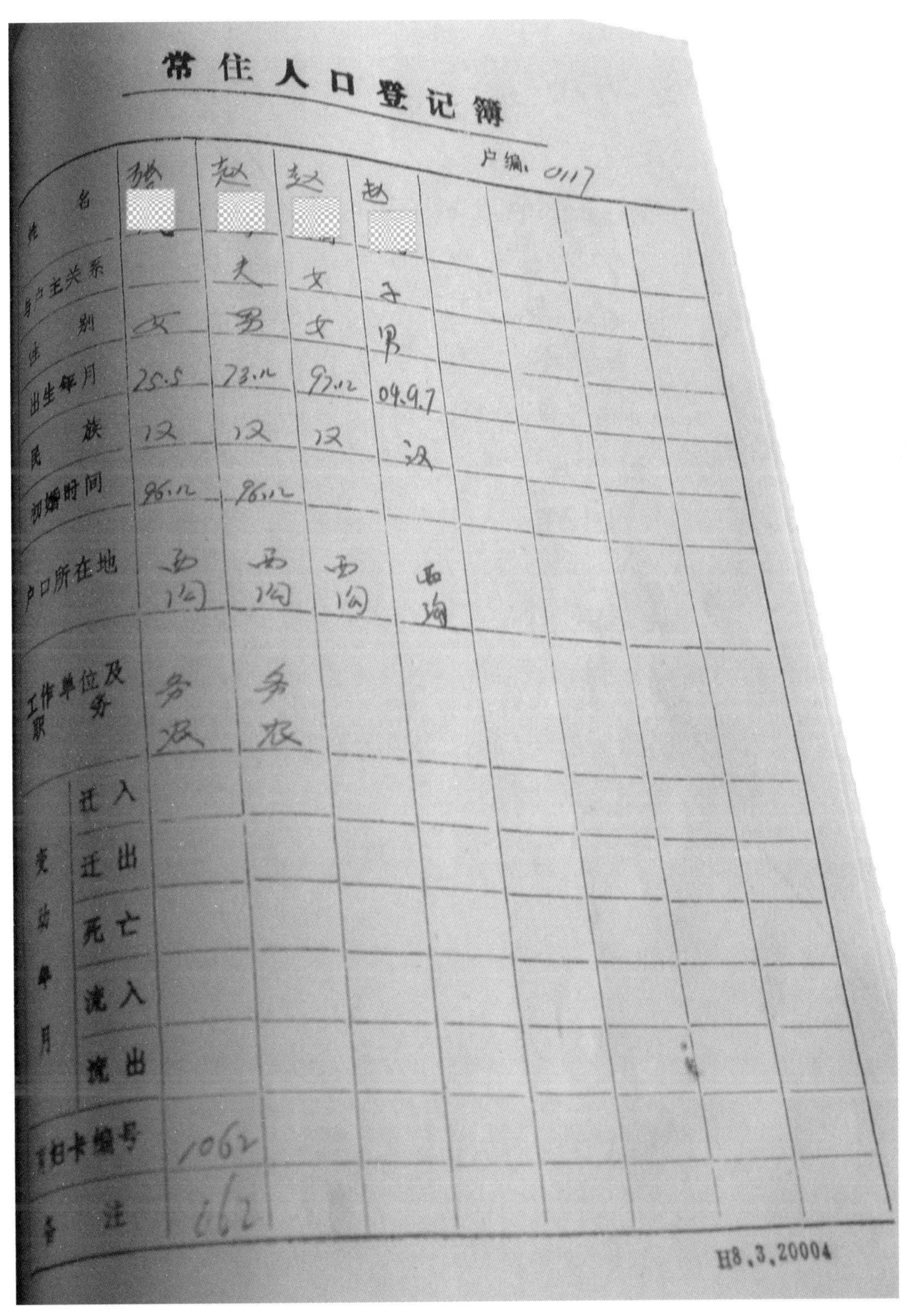

常住人口登记簿

户编：0117

姓名	张[illegible]	赵[illegible]	赵[illegible]	赵[illegible]				
与户主关系		夫	女	子				
性别	女	男	女	男				
出生年月	25.5	73.12	97.12	04.9.7				
民族	汉	汉	汉	汉				
初婚时间	96.12	96.12						
户口所在地	西沟	西沟	西沟	西沟				
工作单位及职务	务农	务农						
变动年月 迁入								
迁出								
死亡								
流入								
流出								
育妇卡编号	1062							
备注	1062							

H8.3.20004

图1-1-129　平顺县西沟村常住人口登记表(南赛)128

常住人口登记簿

户编：0118

姓名	张	申	张	张	张	宁	张
与户主关系		妻	女	子	女	媳	长孙
性别	男	女	女	男	女	女	男
出生年月	50.7	56.12	82.5	85.7	88.12	84.5	2006.7.10
民族	汉	汉	汉	汉	汉	汉	汉
初婚时间	76.12	76.12				2005.12	
户口所在地	西沟	西沟	西沟	西沟	西沟	西沟	西沟
工作单位及职务	务农	务农					
变动年月 迁入							2006.7
迁出			2006.11				
死亡							
流入							
流出							
育妇卡编号			3150	V011		V201	[illegible]
备注			0150				

H8.3.20004

图1-1-130　平顺县西沟村常住人口登记表(南赛)129

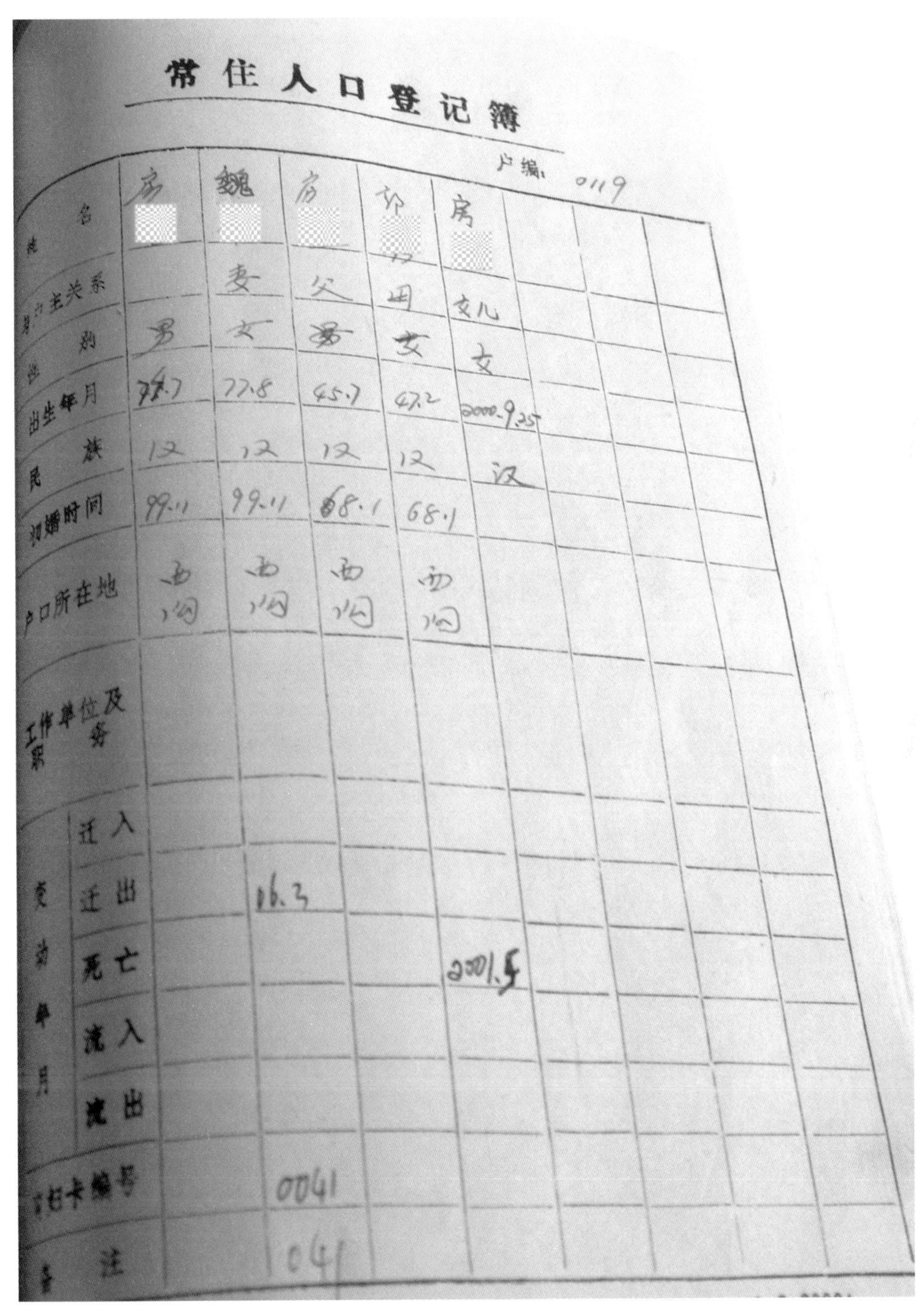

常住人口登记簿

户编：0119

姓名	房	魏	房	[illegible]	房			
与户主关系		妻	父	母	女儿			
性别	男	女	男	女	女			
出生年月	77.7	77.8	45.7	47.2	2000.9.25			
民族	汉	汉	汉	汉	汉			
初婚时间	99.1	99.1	68.1	68.1				
户口所在地	西沟	西沟	西沟	西沟				
工作单位及职务								
变动年月 迁入								
变动年月 迁出		16.3						
变动年月 死亡				2001.5				
变动年月 流入								
变动年月 流出								
常住卡编号		0041						
备注		041						

图1-1-131　平顺县西沟村常住人口登记表(南赛)130

常住人口登记簿

户编：0120

姓名	张[illegible]	夜[illegible]	张[illegible]	张[illegible]	张[illegible]	赵[illegible]	张	
与户主关系		妻	子	子	女	儿媳	孙女	
性别	男	女	男	男	女	女	女	
出生年月	62.11	61.12	83.8	85.6	93.9	85.6	2006.9.	
民族	汉	汉	汉	汉	汉	汉		
初婚时间	82.12	82.12				06.8		
户口所在地	西沟	西沟	西沟	西沟	西沟	西沟		
工作单位及职务	务农	务农						
变动年月 迁入						2006.8		
变动年月 迁出						08.2.27	08.2.27	
变动年月 死亡								
变动年月 流入								
变动年月 流出								
育妇卡编号			3151				230	
备注			0151					

图1–1–132　平顺县西沟村常住人口登记表(南赛)131

常住人口登记簿

户编 0121

姓名	孙
与户主关系	
性别	女
出生年月	26.12
民族	汉
初婚时间	
户口所在地	西沟
工作单位及职务	务农
变动年月 迁入	
变动年月 迁出	
变动年月 死亡	09.1.12
变动年月 流入	
变动年月 流出	
常住卡编号	
备注	028

H8.3.20004

图1-1-133　平顺县西沟村常住人口登记表(南赛)132

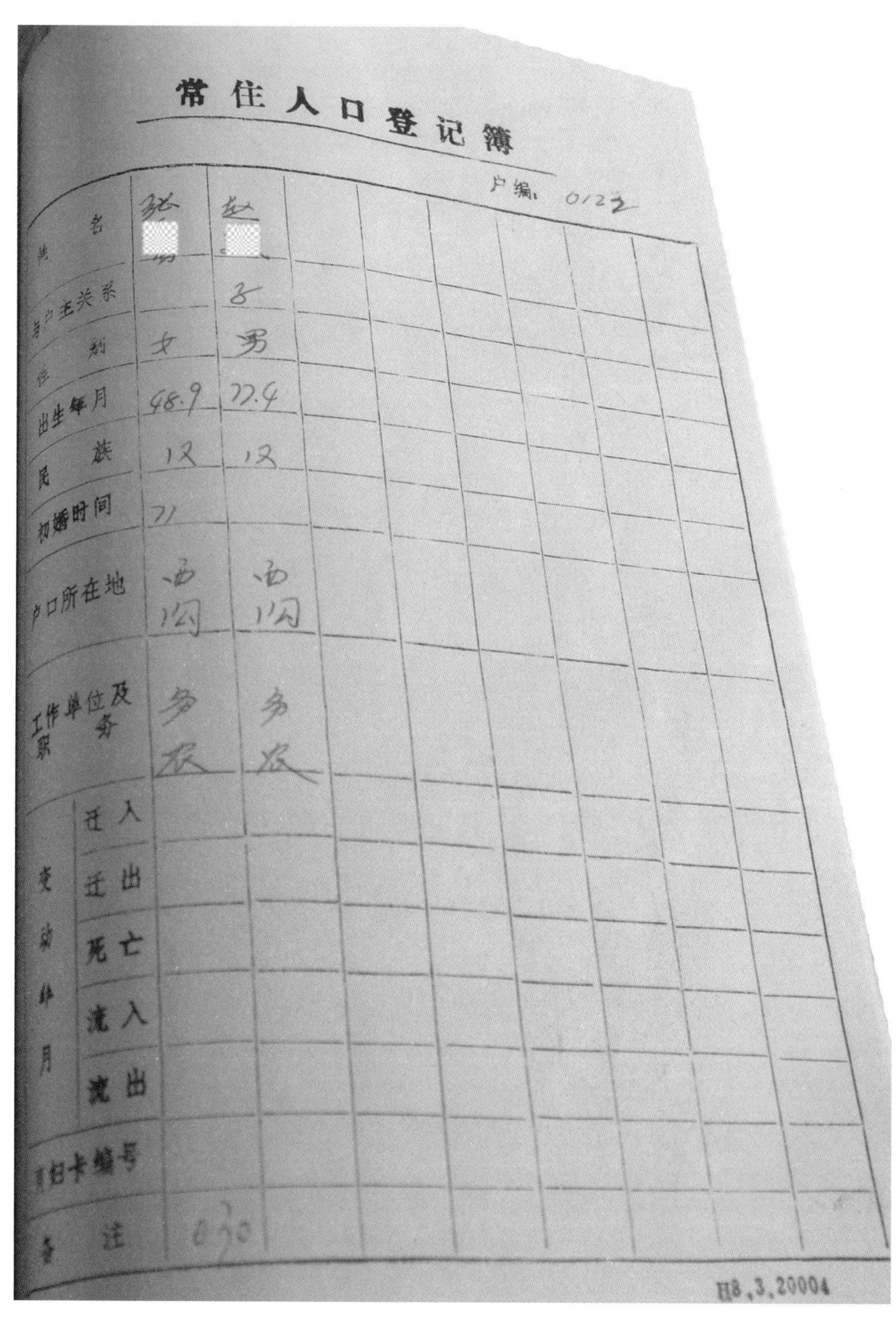

常住人口登记簿

户编：0122

姓名	张	赵
与户主关系		子
性别	女	男
出生年月	48.9	77.4
民族	汉	汉
初婚时间	71	
户口所在地	西沟	西沟
工作单位及职务	务农	务农
变动年月 迁入		
变动年月 迁出		
变动年月 死亡		
变动年月 流入		
变动年月 流出		
[illegible]卡编号		
备注	830	

H8.3.20004

图1-1-134　平顺县西沟村常住人口登记表(南赛)133

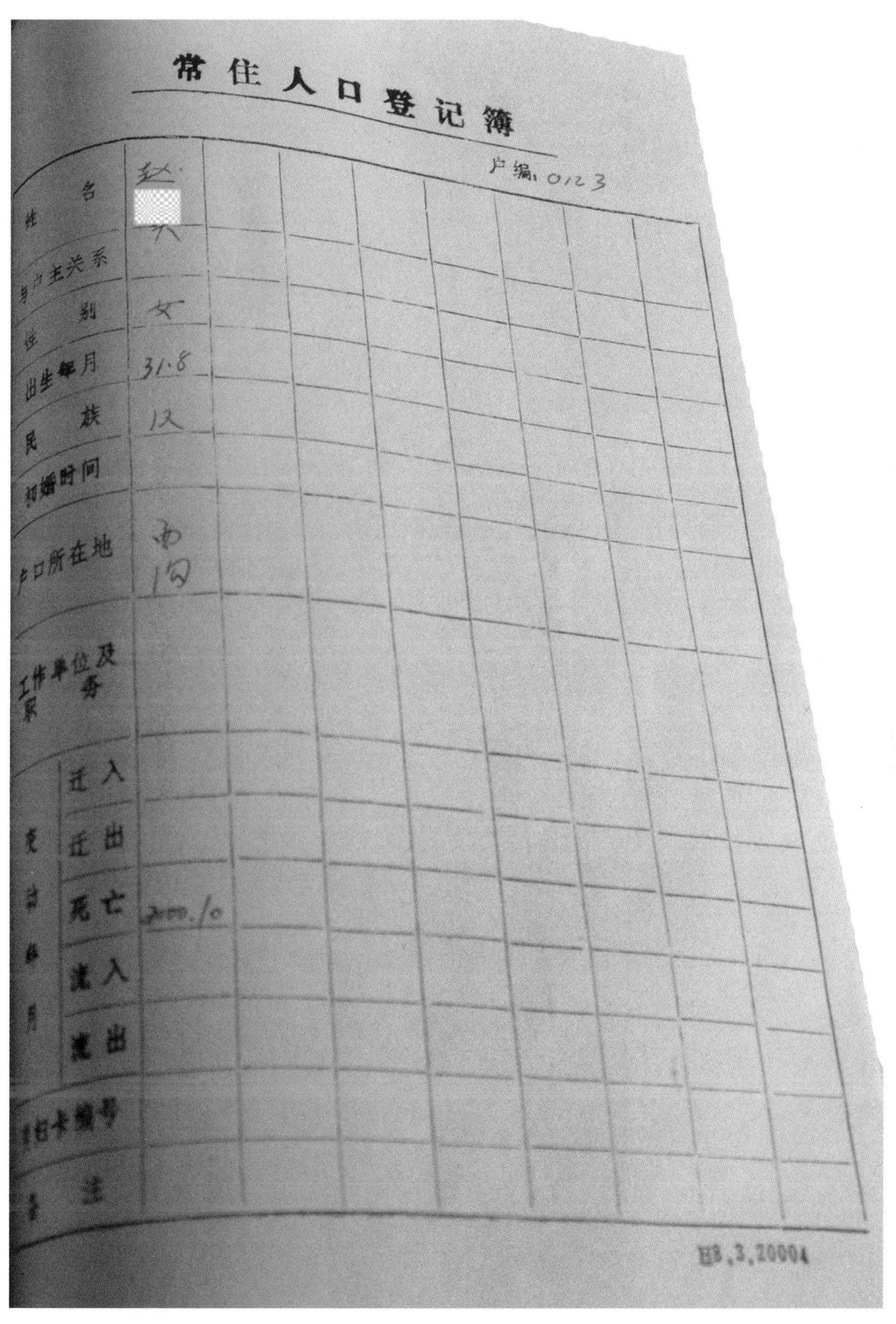

常住人口登记簿

户编：0123

项目									
姓名	赵[illegible]								
与户主关系									
性别	女								
出生年月	31.8								
民族	汉								
初婚时间									
户口所在地	西沟								
工作单位及职务									
变动情况 迁入									
变动情况 迁出									
变动情况 死亡	2000.10								
变动情况 流入									
变动情况 流出									
档案卡编号									
备注									

图1-1-135　平顺县西沟村常住人口登记表(南赛)134

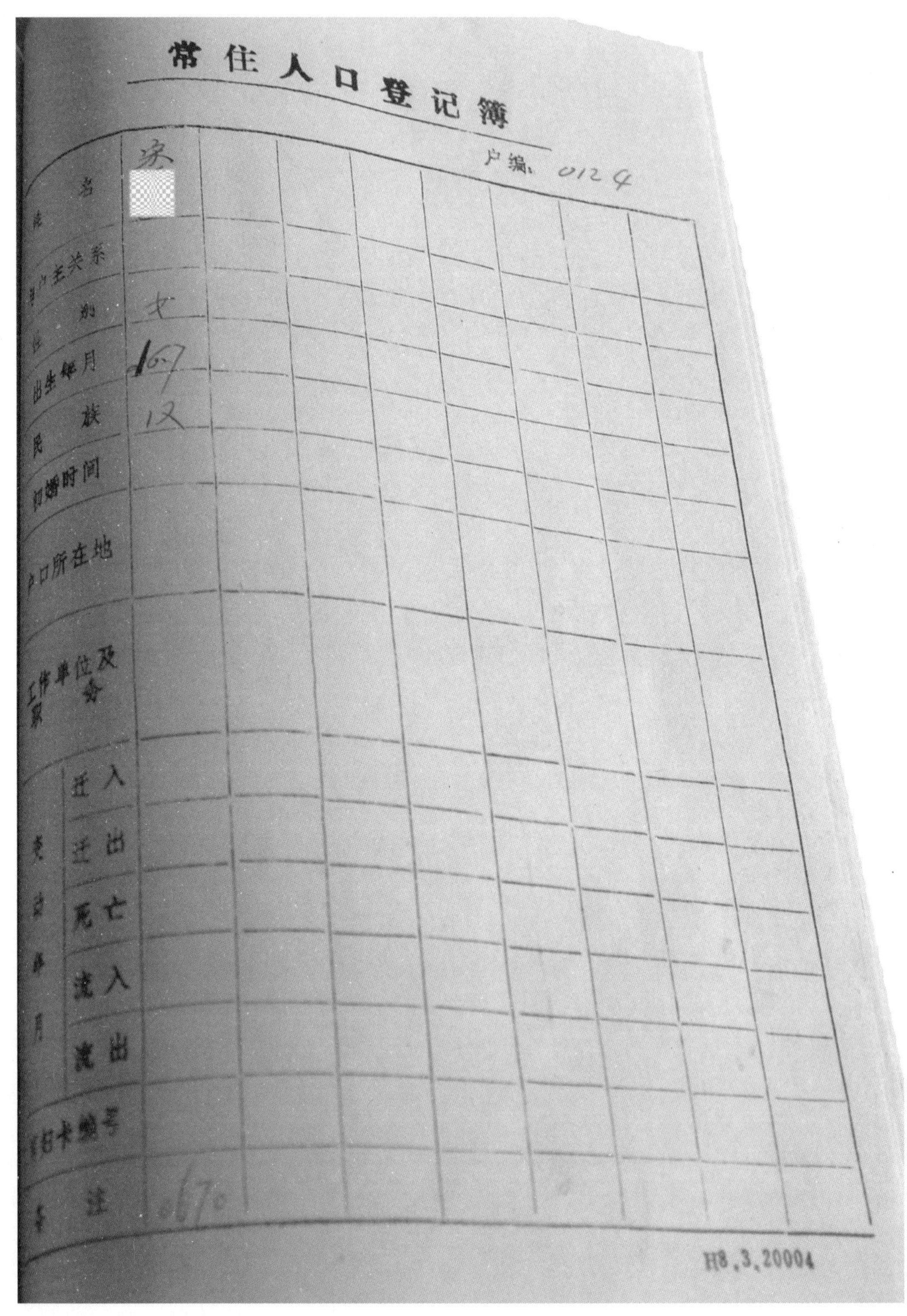
常住人口登记簿

户编：0124

姓名	宋[illegible]							
与户主关系								
性别	女							
出生年月	1607							
民族	汉							
初婚时间								
户口所在地								
工作单位及职务								
变动年月 迁入								
变动年月 迁出								
变动年月 死亡								
变动年月 流入								
变动年月 流出								
居住卡编号								
备注	0170							

H8.3.20004

图1-1-136　平顺县西沟村常住人口登记表(南赛)135

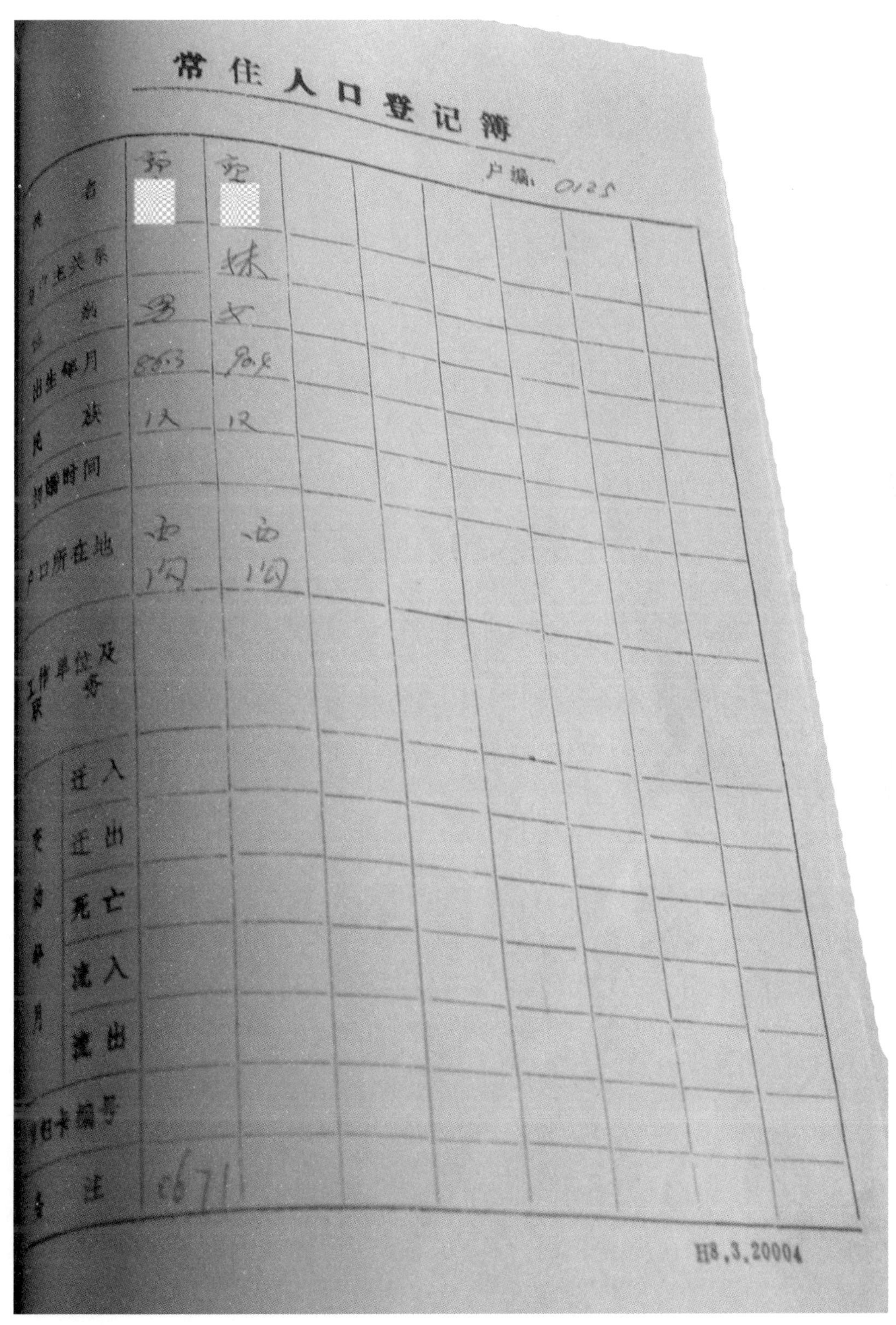

图1-1-137　平顺县西沟村常住人口登记表(南赛)136

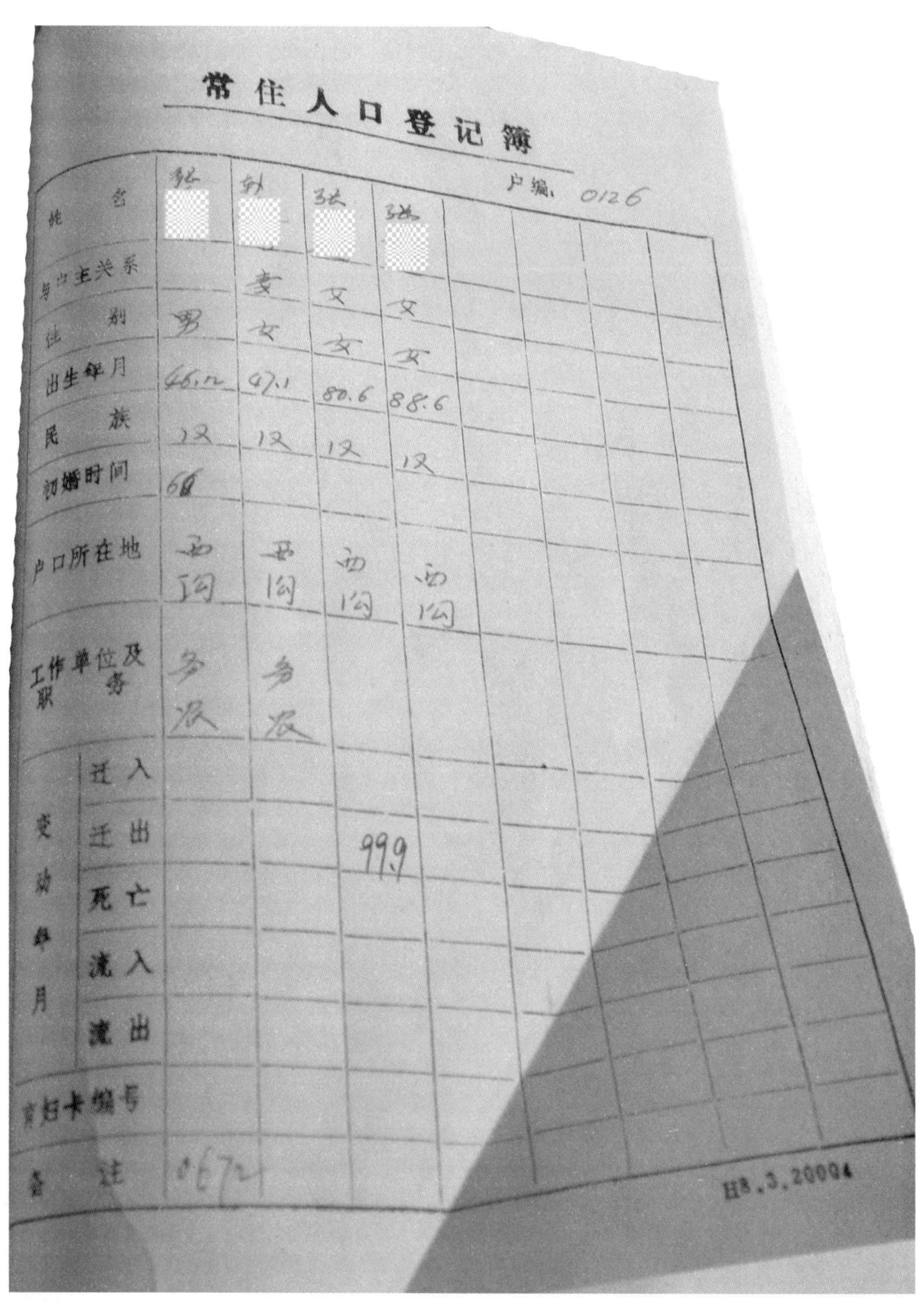

常住人口登记簿

户编 0126

姓名	张█	刘█	张█	张█				
与户主关系		妻	女	女				
性别	男	女	女	女				
出生年月	46.12	47.1	80.6	88.6				
民族	汉	汉	汉	汉				
初婚时间	66							
户口所在地	西沟	西沟	西沟	西沟				
工作单位及职务	务农	务农						
变动年月 迁入								
变动年月 迁出			99.9					
变动年月 死亡								
变动年月 流入								
变动年月 流出								
育妇卡编号								
备注	0672							

H8.3.20004

图1-1-138　平顺县西沟村常住人口登记表(南赛)137

常住人口登记簿

户编：0127

姓名	张	张	张	张				
与户主关系		妻	女	子				
性别	男	女	女	男				
出生年月	62.5	64.4	95.9	97.6				
民族	汉	汉	汉	汉				
初婚时间	91.10	91.10						
户口所在地	西沟	西沟	西沟	西沟				
工作单位及职务	务农	务农						
变动年月 迁入								
变动年月 迁出		99.12						
变动年月 死亡								
变动年月 流入								
变动年月 流出								
育妇卡编号		2123						
备注		0123						

H8.3.20004

图1-1-139　平顺县西沟村常住人口登记表(南赛)138

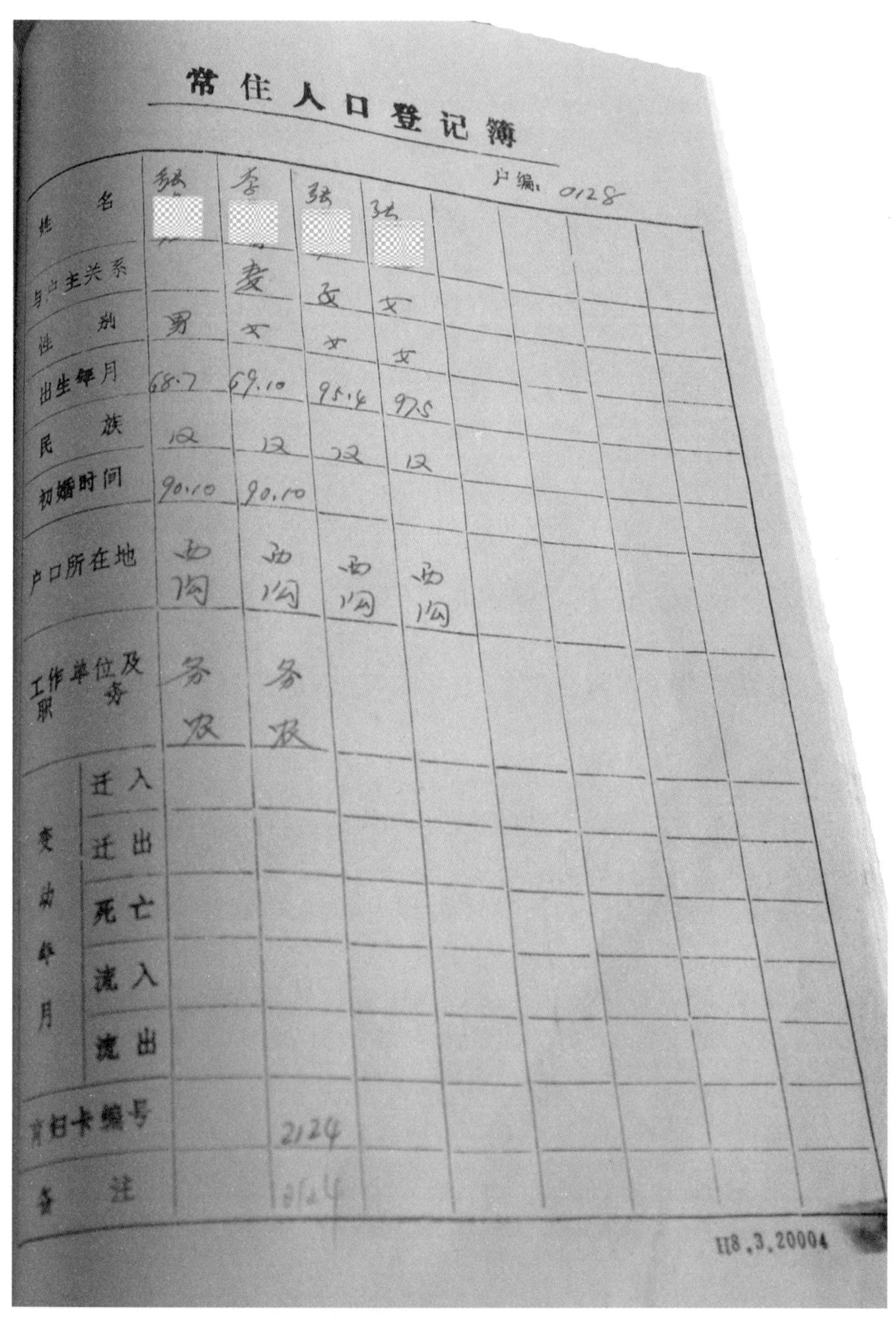

常住人口登记簿

户编：0128

姓名	张	李	张	张				
与户主关系		妻	女	女				
性别	男	女	女	女				
出生年月	68.7	69.10	95.4	97.5				
民族	汉	汉	汉	汉				
初婚时间	90.10	90.10						
户口所在地	西沟	西沟	西沟	西沟				
工作单位及职务	务农	务农						
变动年月 迁入								
变动年月 迁出								
变动年月 死亡								
变动年月 流入								
变动年月 流出								
育妇卡编号		2124						
备注		2124						

H8.3.20004

图1-1-140　平顺县西沟村常住人口登记表(南赛)139

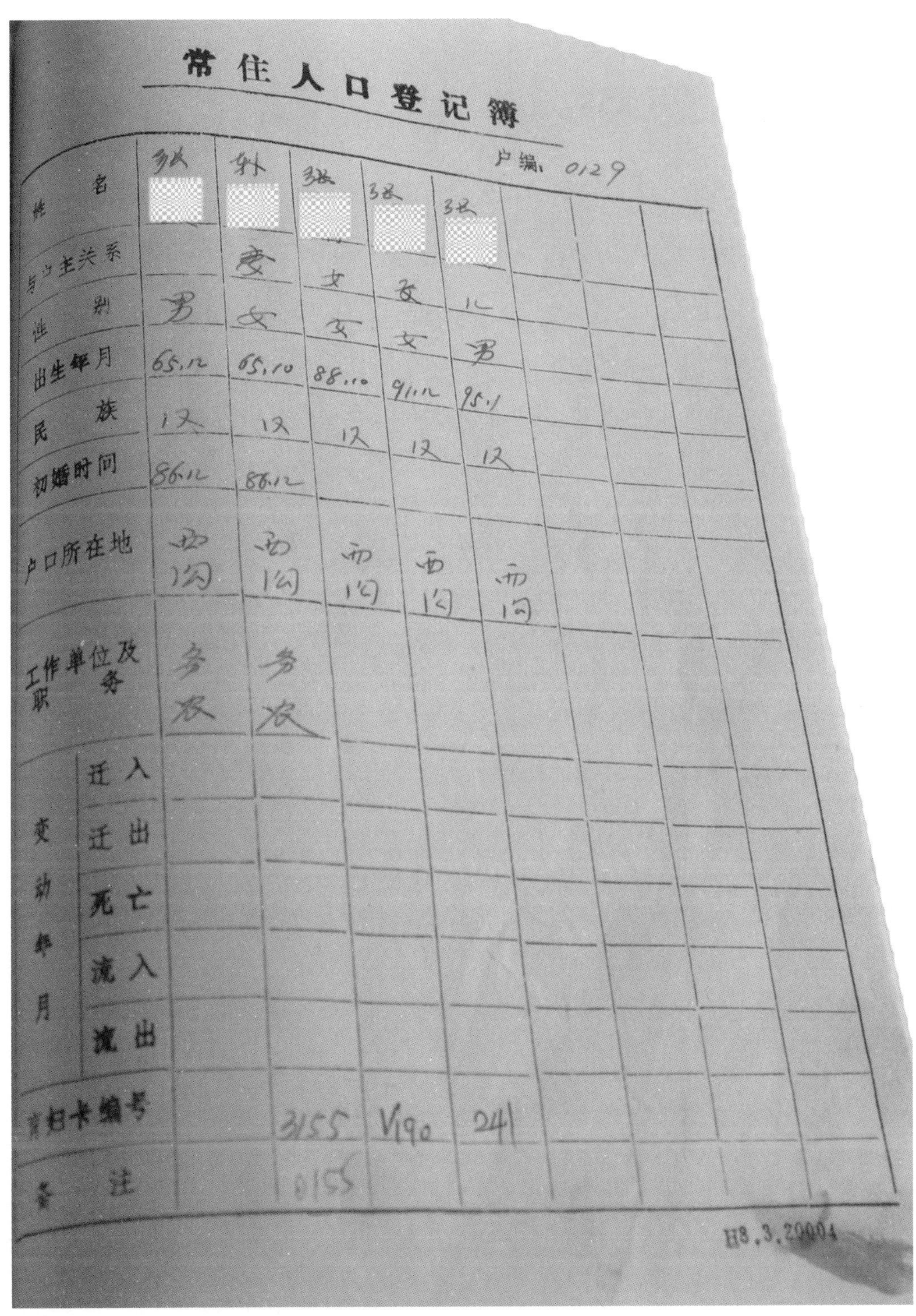

常住人口登记簿

户编：0129

姓名	张	孙	张	张	张			
与户主关系		妻	女	女	儿			
性别	男	女	女	女	男			
出生年月	65.12	65.10	88.10	91.12	95.1			
民族	汉	汉	汉	汉	汉			
初婚时间	86.12	88.12						
户口所在地	西沟	西沟	西沟	西沟	西沟			
工作单位及职务	务农	务农						
变动年月 迁入								
变动年月 迁出								
变动年月 死亡								
变动年月 流入								
变动年月 流出								
育妇卡编号			3155	V190	241			
备注			0155					

H8.3.20004

图1–1–141　平顺县西沟村常住人口登记表(南赛)140

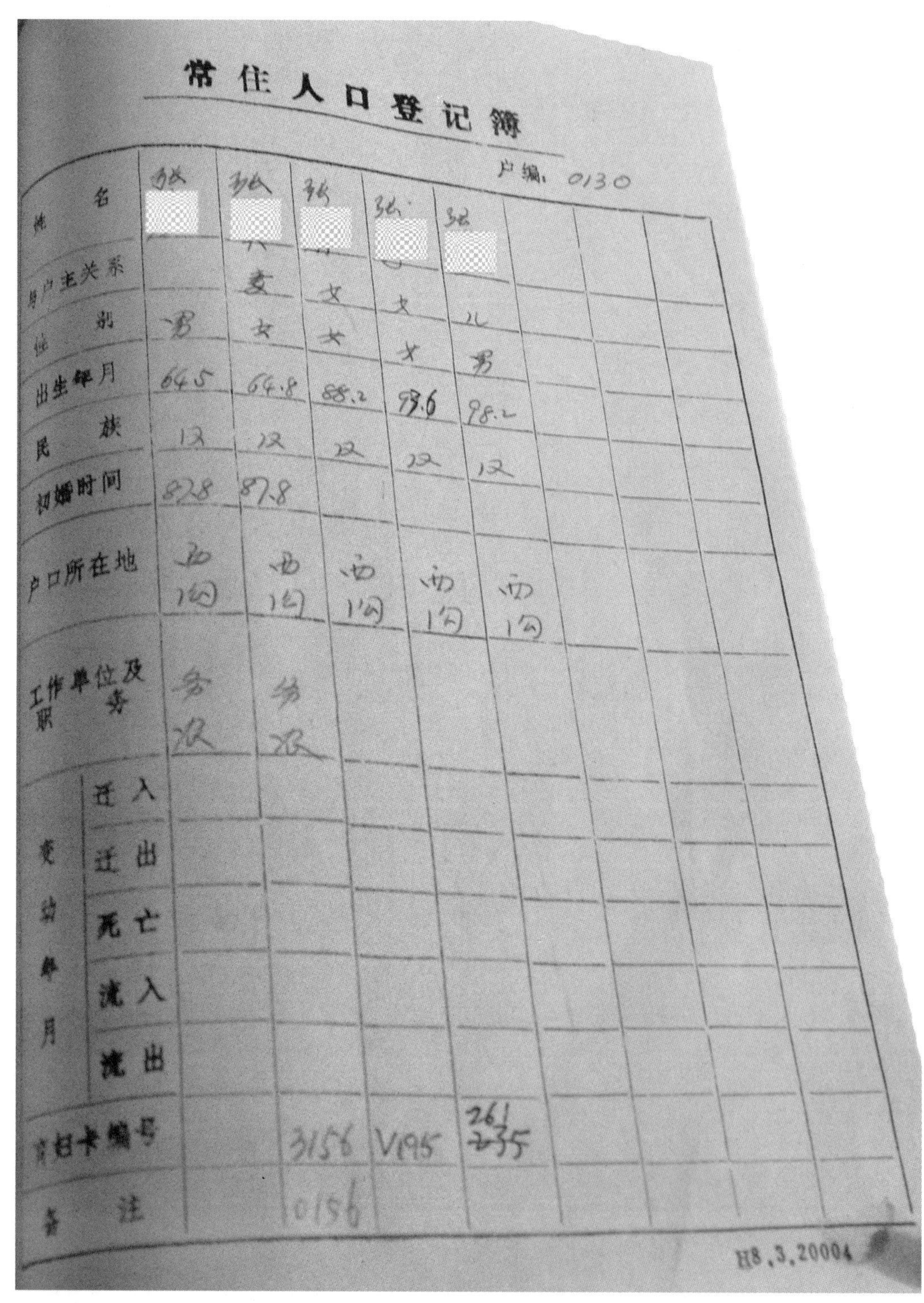

常住人口登记簿

户编：0130

姓名	张[redacted]	张[redacted]	张[redacted]	张[redacted]	张[redacted]			
与户主关系		妻	女	女	儿			
性别	男	女	女	女	男			
出生年月	64.5	64.8	88.2	93.6	98.2			
民族	汉	汉	汉	汉	汉			
初婚时间	82.8	87.8						
户口所在地	西沟	西沟	西沟	西沟	西沟			
工作单位及职务	务农	务农						
变动年月 迁入								
变动年月 迁出								
变动年月 死亡								
变动年月 流入								
变动年月 流出								
育妇卡编号			3156	V195	261 2135			
备注			0156					

H8.3.20004

图1-1-142　平顺县西沟村常住人口登记表(南赛)141

常住人口登记簿

户编：0131

姓名	张	张	张						
与户主关系		子	子						
性别	女	男	男						
出生年月	56.9	84.5	88.12						
民族	汉	汉	汉						
初婚时间	76.10								
户口所在地	西沟	西沟	西沟						
工作单位及职务	务农								
变动年月 迁入									
变动年月 迁出									
变动年月 死亡	2002.9								
变动年月 流入									
变动年月 流出									
育档卡编号	2113								
备注	2113								

H8,3,20004

图1-1-143　平顺县西沟村常住人口登记表(南赛)142

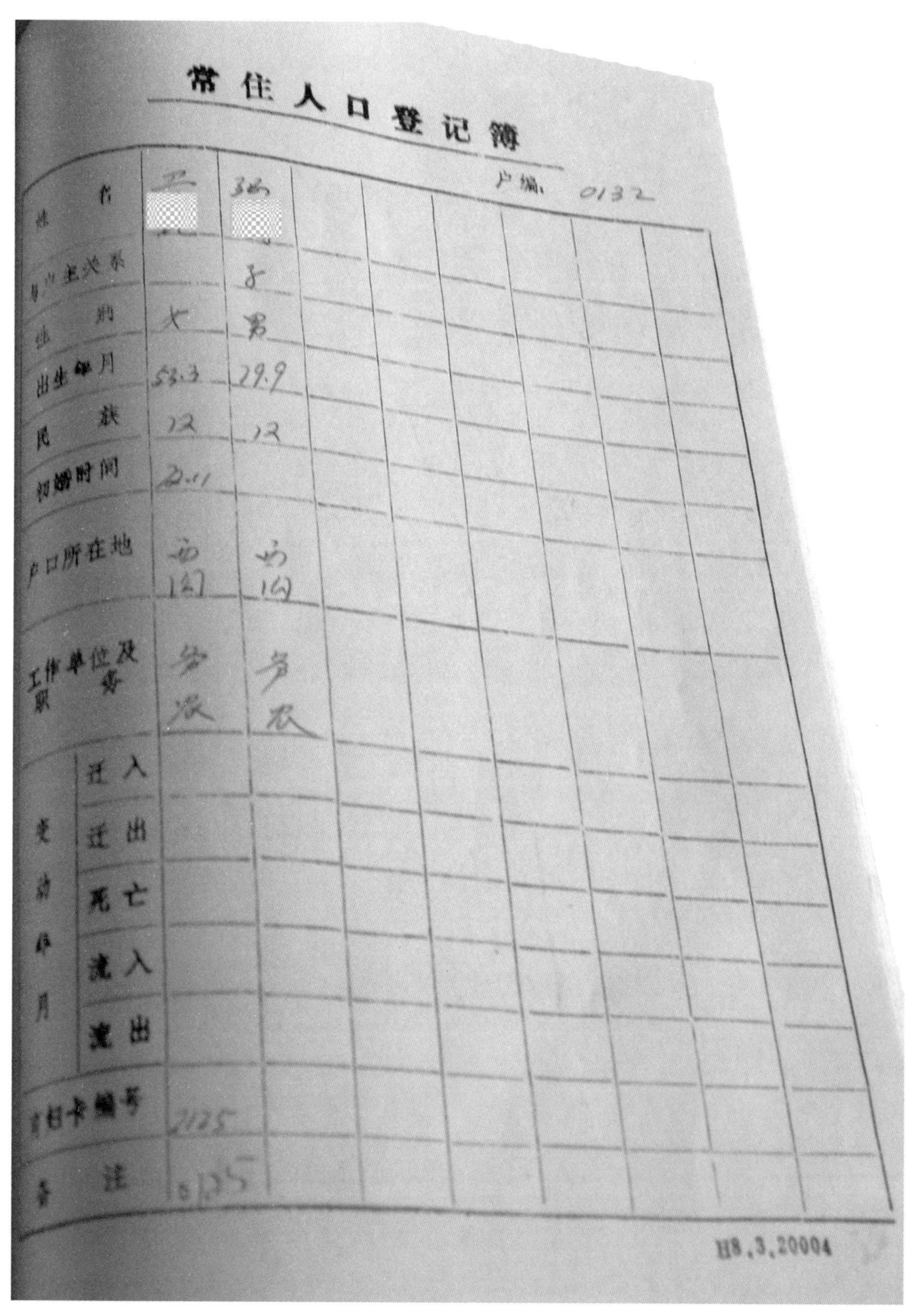

常住人口登记簿

户编：0132

姓　　名	王[illegible]	张[illegible]						
与户主关系		子						
性　　别	女	男						
出生年月	53.3	29.9						
民　　族	12	12						
初婚时间	72.11							
户口所在地	西沟	西沟						
工作单位及职务	务农	务农						
变动年月 迁入								
变动年月 迁出								
变动年月 死亡								
变动年月 流入								
变动年月 流出								
户籍卡编号	2125							
备　　注	5125							

H8.3.20004

图1-1-144　平顺县西沟村常住人口登记表(南赛)143

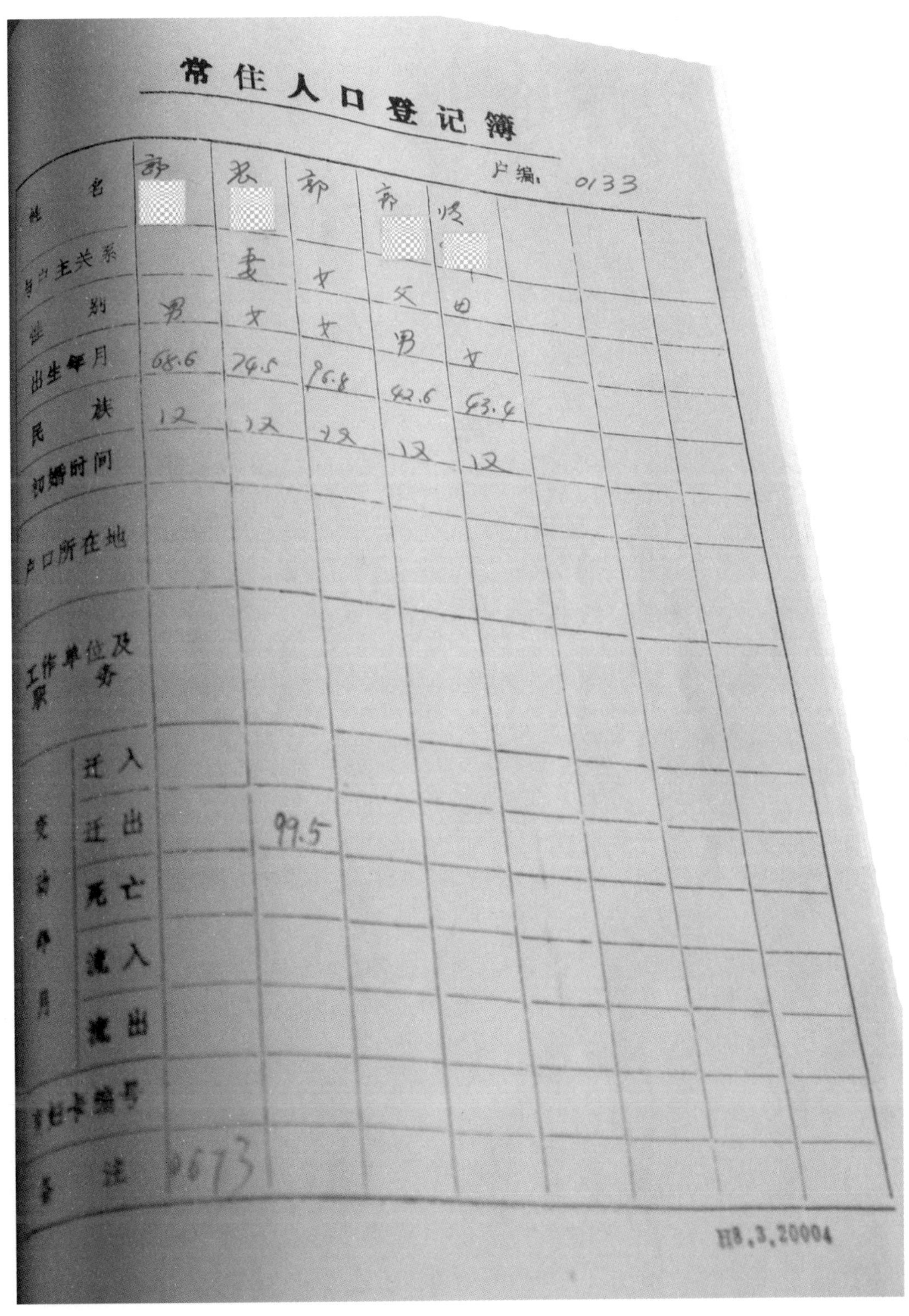

常住人口登记簿

户编：0133

姓名	郭	张	郭	郭	修			
与户主关系		妻	女	父	母			
性别	男	女	女	男	女			
出生年月	68.6	74.5	96.8	42.6	43.4			
民族	12	12	12	12	12			
初婚时间								
户口所在地								
工作单位及职务								
变动事由 迁入								
变动事由 迁出		99.5						
变动事由 死亡								
变动事由 流入								
变动事由 流出								
常住卡编号								
备注	0673							

H8,3,20004

图1-1-145　平顺县西沟村常住人口登记表(南赛)144

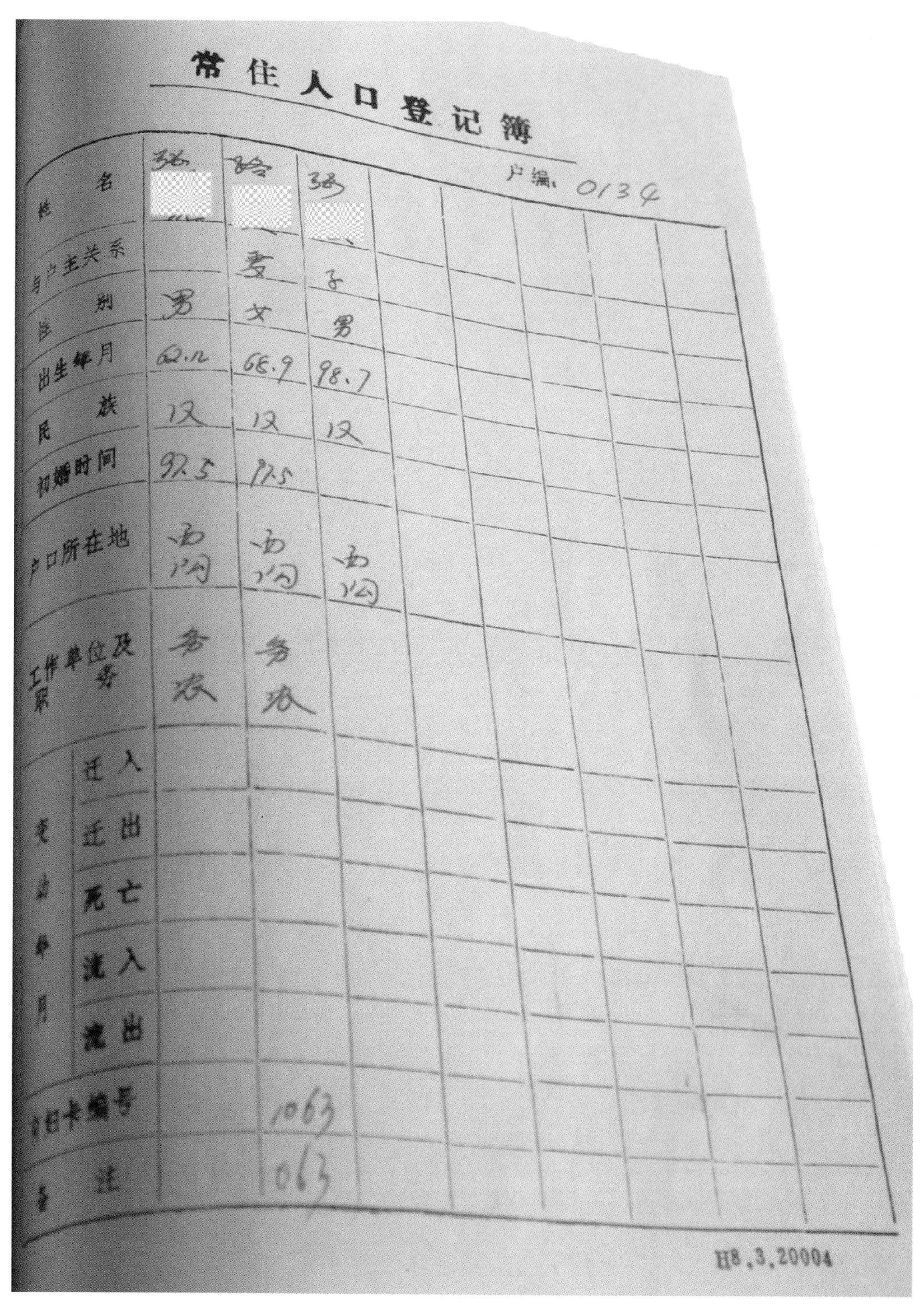

常住人口登记簿

户编：0134

姓名	[illegible]	[illegible]	[illegible]
与户主关系		妻	子
性别	男	女	男
出生年月	62.12	68.9	98.7
民族	汉	汉	汉
初婚时间	97.5	97.5	
户口所在地	西沟	西沟	西沟
工作单位及职务	务农	务农	
变动年月 迁入			
变动年月 迁出			
变动年月 死亡			
变动年月 流入			
变动年月 流出			
育妇卡编号		1063	
备注		063	

H8.3.20004

图1-1-146　平顺县西沟村常住人口登记表(南赛)145

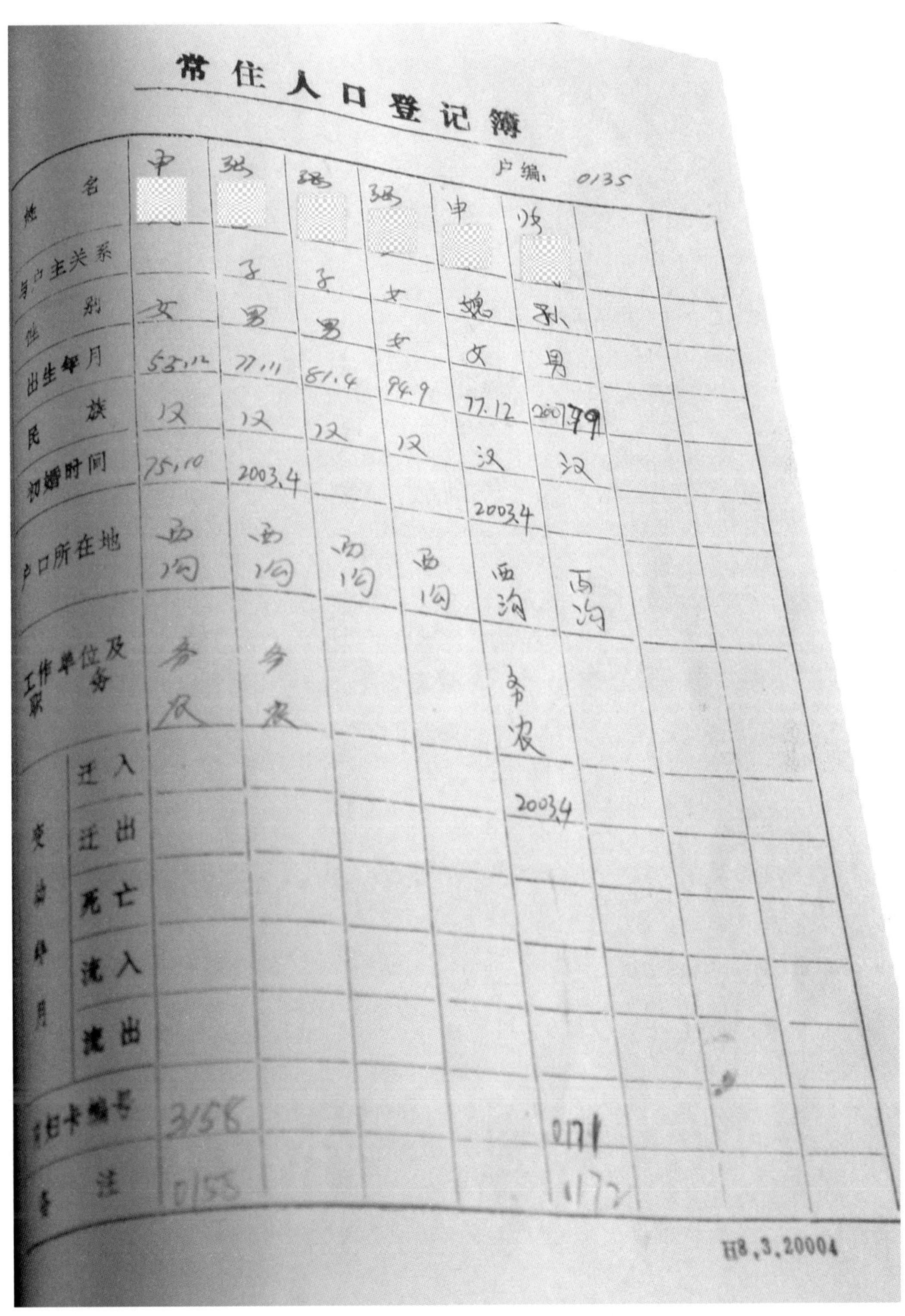

常住人口登记簿

户编：0135

姓名	申[illegible]	张[illegible]	张[illegible]	张[illegible]	申[illegible]	[illegible]		
与户主关系		子	子	女	媳	孙		
性别	女	男	男	女	女	男		
出生年月	53.12	77.11	81.4	94.9	77.12	2007.9		
民族	汉	汉	汉	汉	汉	汉		
初婚时间	75.10	2003.4			2003.4			
户口所在地	西沟	西沟	西沟	西沟	西沟	西沟		
工作单位及职务	务农	务农			务农			
变动年月 迁入					2003.4			
迁出								
死亡								
流入								
流出								
户口卡编号	3158				0171			
备注	0155				1172			

H8.3.20004

图1-1-147　平顺县西沟村常住人口登记表(南赛)146

常住人口登记簿

户编：0136

姓名	张	张	张	冯	张	张
与户主关系	/	妻	子	儿媳	孙女	孙子
性别	男	女	男	女	女	男
出生年月	48.3	48.10	76.4	76.5	99.12	04.3.20
民族	汉	汉	汉	汉	汉	汉
初婚时间	66.10	66.10	99.1	99.1		
户口所在地	西沟	西沟	西沟	西沟	西沟	西沟
工作单位及职务	务农	务农	务农	务农		
变动情况 迁入				99.1		
变动情况 迁出						
变动情况 死亡	98.8					
变动情况 流入						
变动情况 流出						
[illegible]卡编号				1050		
备注				050		

H8,3,20004

图1-1-148　平顺县西沟村常住人口登记表(南赛)147

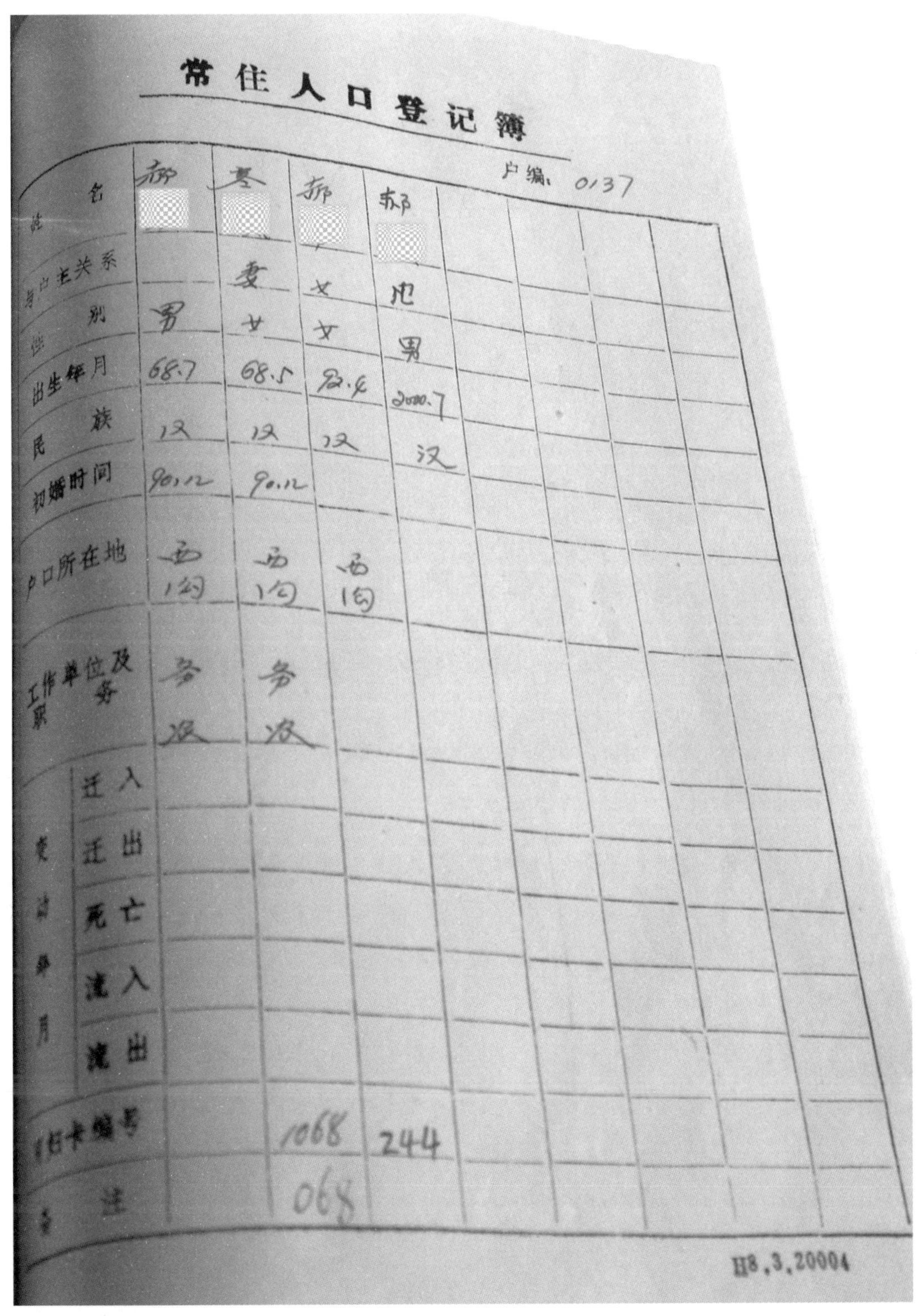

常住人口登记簿

户编：0137

姓名	郝	[illegible]	郝	郝			
与户主关系		妻	女	儿			
性别	男	女	女	男			
出生年月	68.7	68.5	92.4	2000.7			
民族	汉	汉	汉	汉			
初婚时间	90.12	90.12					
户口所在地	西沟	西沟	西沟				
工作单位及职务	务农	务农					
变动年月 迁入							
变动年月 迁出							
变动年月 死亡							
变动年月 流入							
变动年月 流出							
[illegible]卡编号		1068	244				
备注		068					

H8,3,20004

图1-1-149　平顺县西沟村常住人口登记表(南赛)148

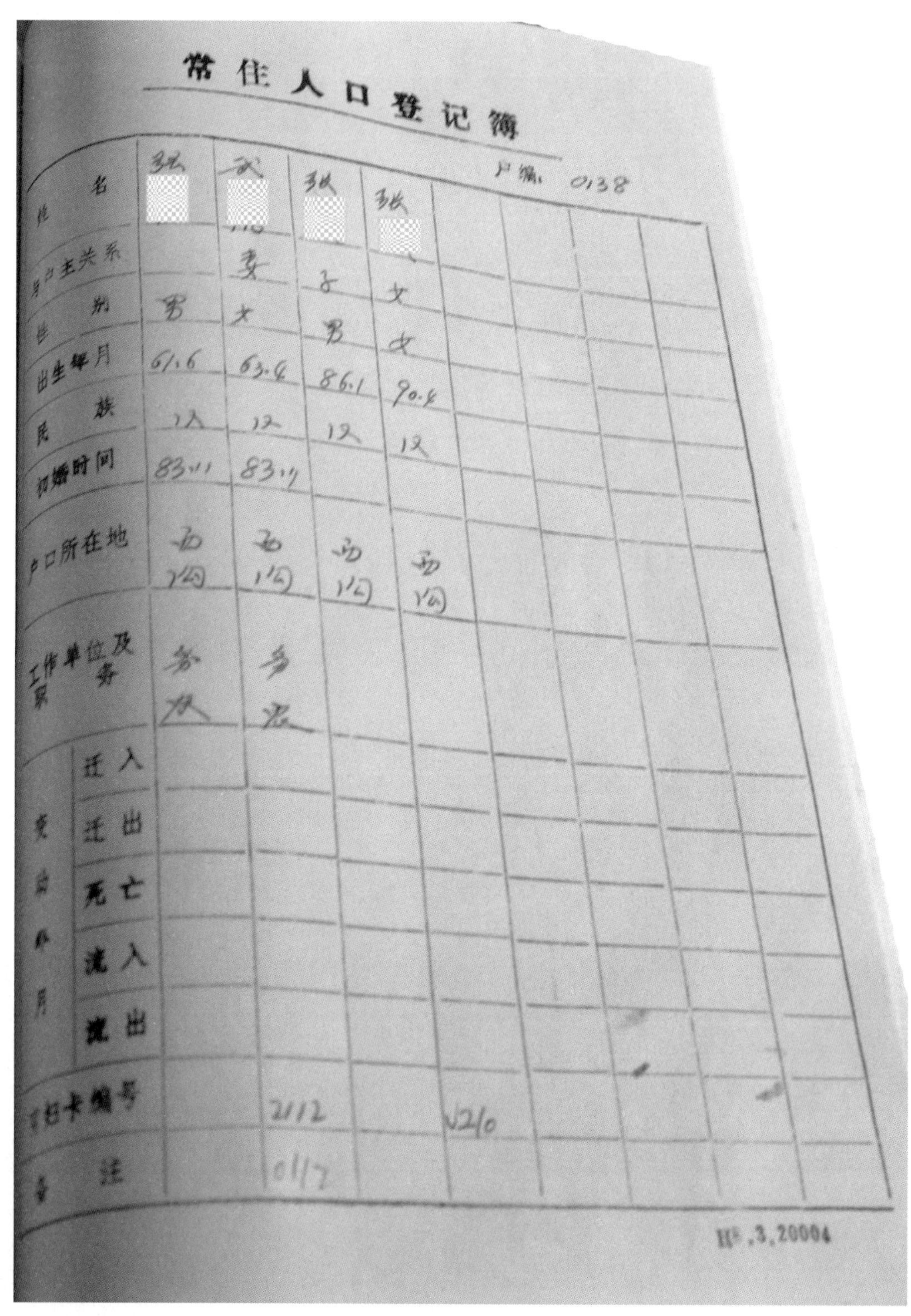

常住人口登记簿

户编：0138

姓名	张	武	张	张				
与户主关系		妻	子	女				
性别	男	女	男	女				
出生年月	61.6	63.6	86.1	90.8				
民族	汉	汉	汉	汉				
初婚时间	83.11	83.11						
户口所在地	西沟	西沟	西沟	西沟				
工作单位及职务	务农	务农						
变动事月 迁入								
迁出								
死亡								
流入								
流出								
档卡编号		2112		V210				
备注		0117						

H³.3.20004

图1-1-150 平顺县西沟村常住人口登记表(南赛)149

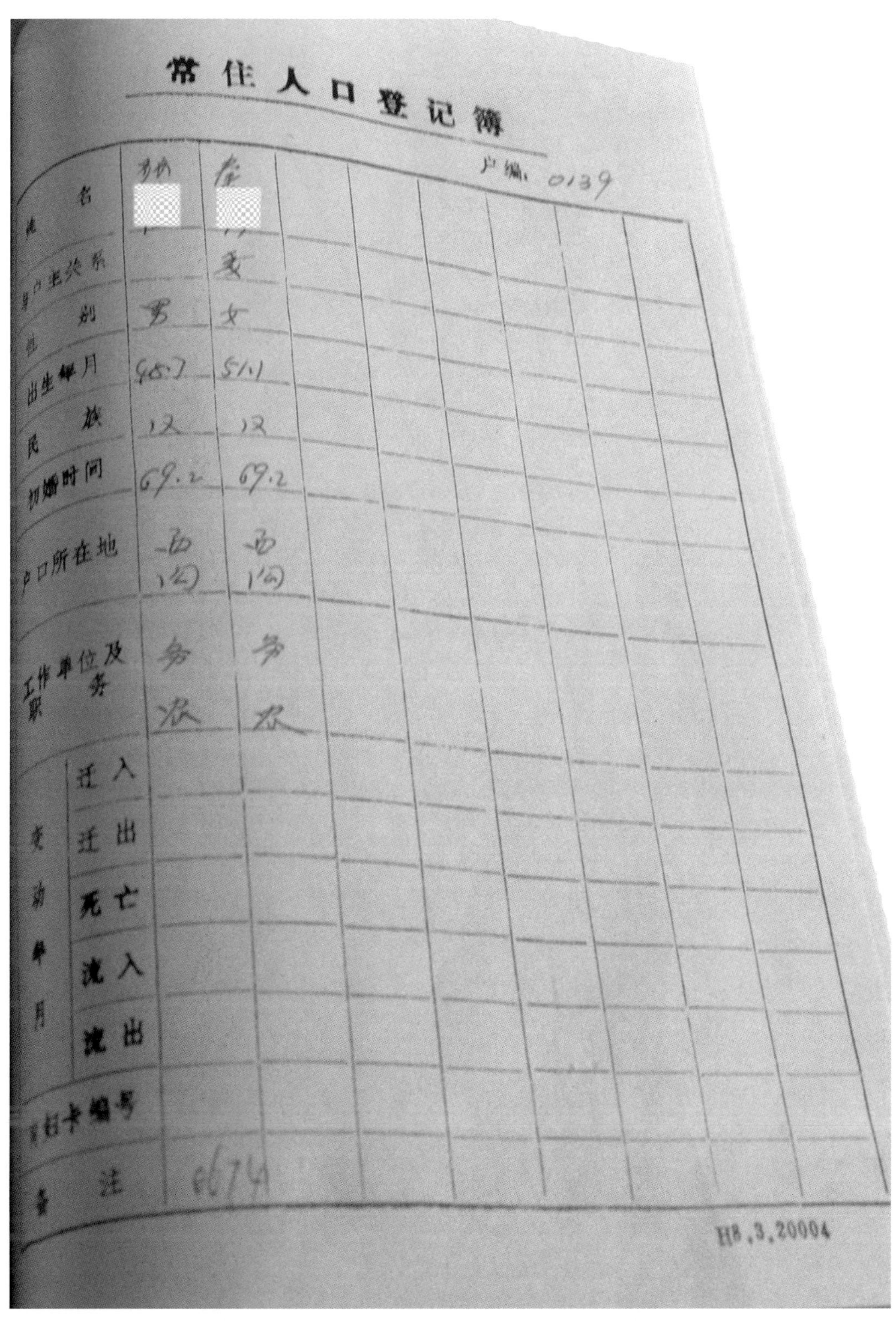

常住人口登记簿

户编：0139

姓名		
与户主关系		妻
性别	男	女
出生年月	45.7	51.1
民族	汉	汉
初婚时间	69.2	69.2
户口所在地	西沟	西沟
工作单位及职务	务农	务农
变动年月 迁入		
变动年月 迁出		
变动年月 死亡		
变动年月 流入		
变动年月 流出		
育妇卡编号		
备注	0674	

H8.3.20004

图1-1-151　平顺县西沟村常住人口登记表(南赛)150

常住人口登记簿

户编：0140

姓名	张	张	张	张	针	张		
与户主关系		妻	女	父	母	女		
性别	男	女	女	男	女	女		
出生年月	74.10	75.9	97.12	40.5	43.3	2006.9		
民族	汉	汉	汉	汉	汉			
初婚时间	96.10	96.10						
户口所在地	西沟	西沟	西沟	西沟	西沟	西沟		
工作单位及职务	务农	务农						
变动年月 迁入								
变动年月 迁出								
变动年月 死亡						03 1.27		
变动年月 流入								
变动年月 流出								
育妇卡编号			1072					
备注			807-7.					

H8.3.20004

图1-1-152　平顺县西沟村常住人口登记表(南赛)151

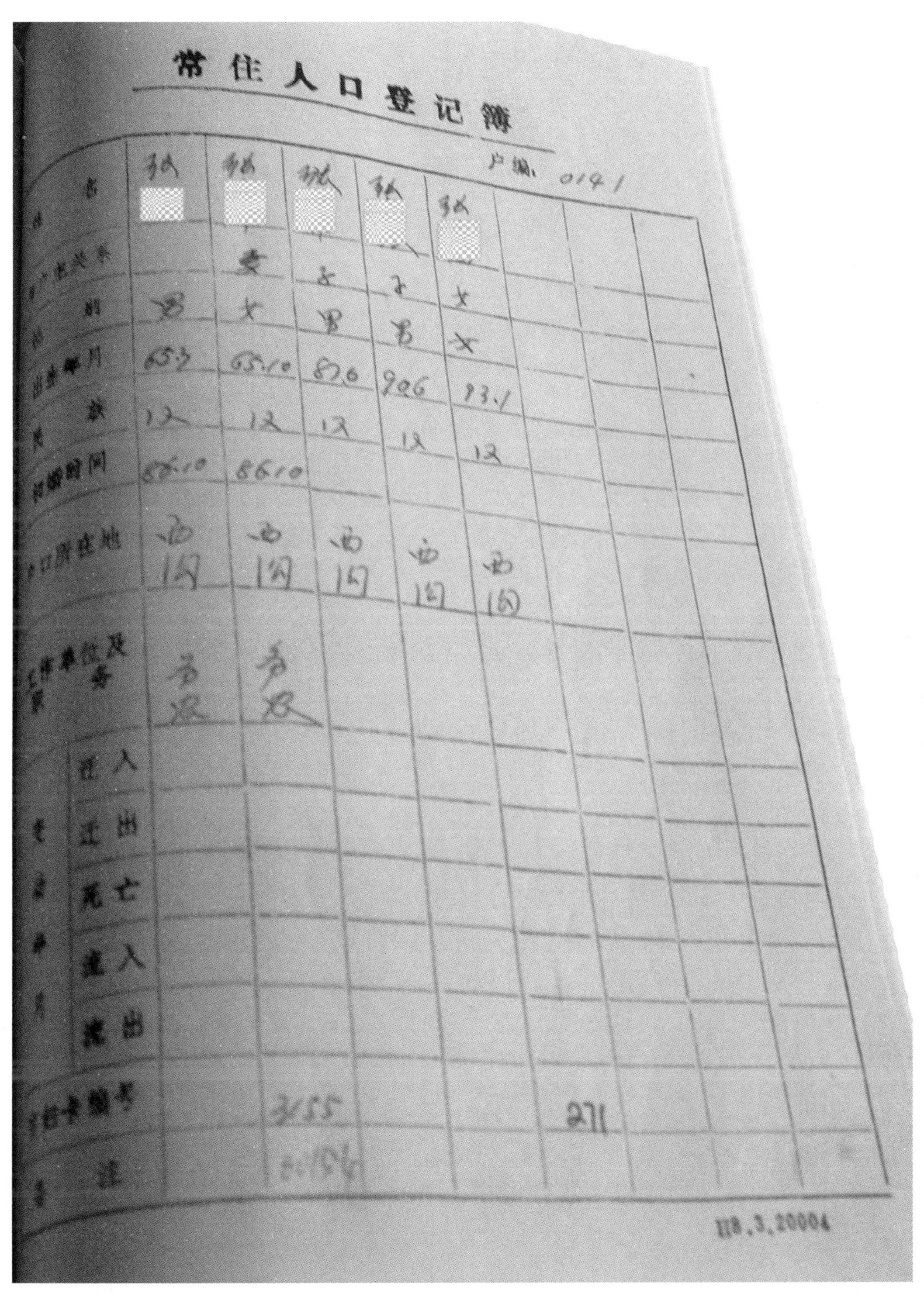

常住人口登记簿

户编：0141

姓名								
与户主关系		妻	子	子	女			
性别	男	女	男	男	女			
出生年月	65.3	65.10	87.6	90.6	93.1			
民族	汉	汉	汉	汉	汉			
初婚时间	86.10	86.10						
户口所在地	西沟	西沟	西沟	西沟	西沟			
工作单位及职务	务农	务农						
变动情况 迁入								
迁出								
死亡								
流入								
流出								
…证编号		3155			271			
备注		8.15						

III8.3.20004

图1-1-153　平顺县西沟村常住人口登记表(南赛)152

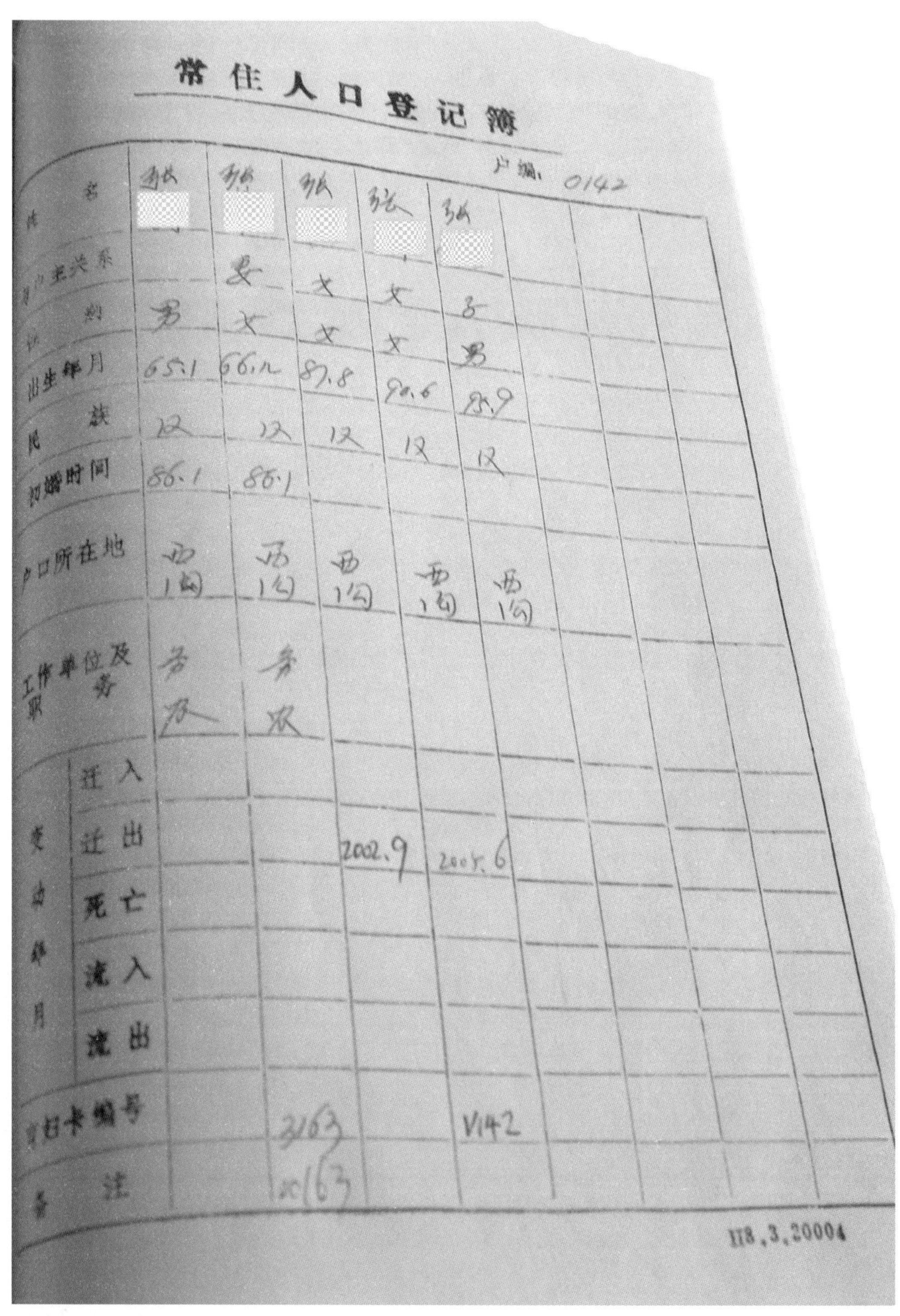

常住人口登记簿

户编：0142

姓名	张	张	张	张	张			
与户主关系		妻	女	女	子			
性别	男	女	女	女	男			
出生年月	65.1	66.12	87.8	90.6	85.9			
民族	汉	汉	汉	汉	汉			
初婚时间	86.1	86.1						
户口所在地	西沟	西沟	西沟	西沟	西沟			
工作单位及职务	务农	务农						
变动年月 迁入								
变动年月 迁出			2002.9	2005.6				
变动年月 死亡								
变动年月 流入								
变动年月 流出								
户口卡编号		3163		V142				
备注		[illegible]163						

II8，3，20004

图1-1-154　平顺县西沟村常住人口登记表(南赛)153

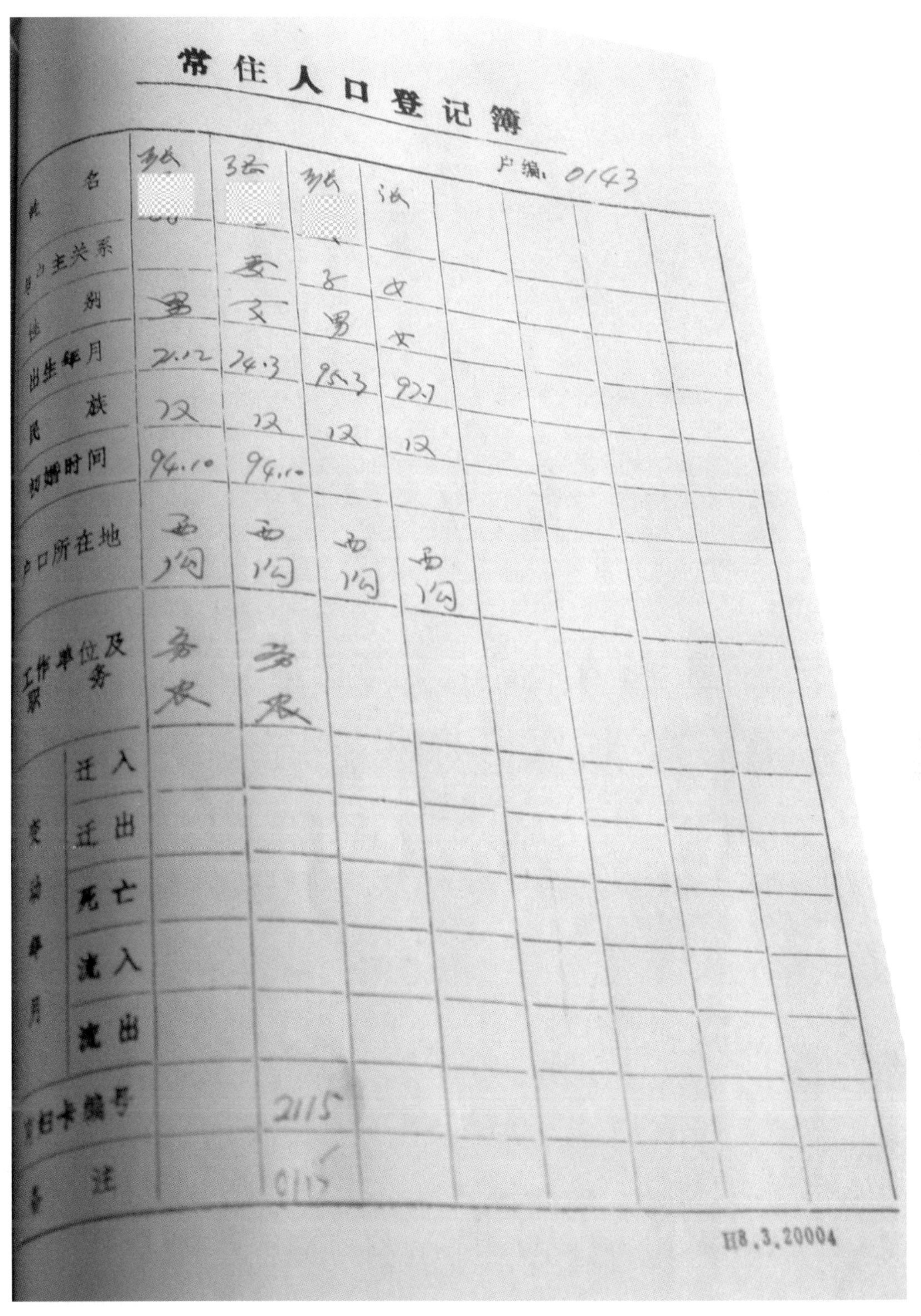

常住人口登记簿

户编：0143

姓名	张■	张■	张■	汝
与户主关系		妻	子	女
性别	男	女	男	女
出生年月	71.12	74.3	95.3	92.7
民族	汉	汉	汉	汉
初婚时间	94.10	94.10		
户口所在地	西沟	西沟	西沟	西沟
工作单位及职务	务农	务农		
变动年月 迁入				
变动年月 迁出				
变动年月 死亡				
变动年月 流入				
变动年月 流出				
育龄卡编号		2115		
备注		0115		

H8.3.20004

图1-1-155　平顺县西沟村常住人口登记表(南赛)154

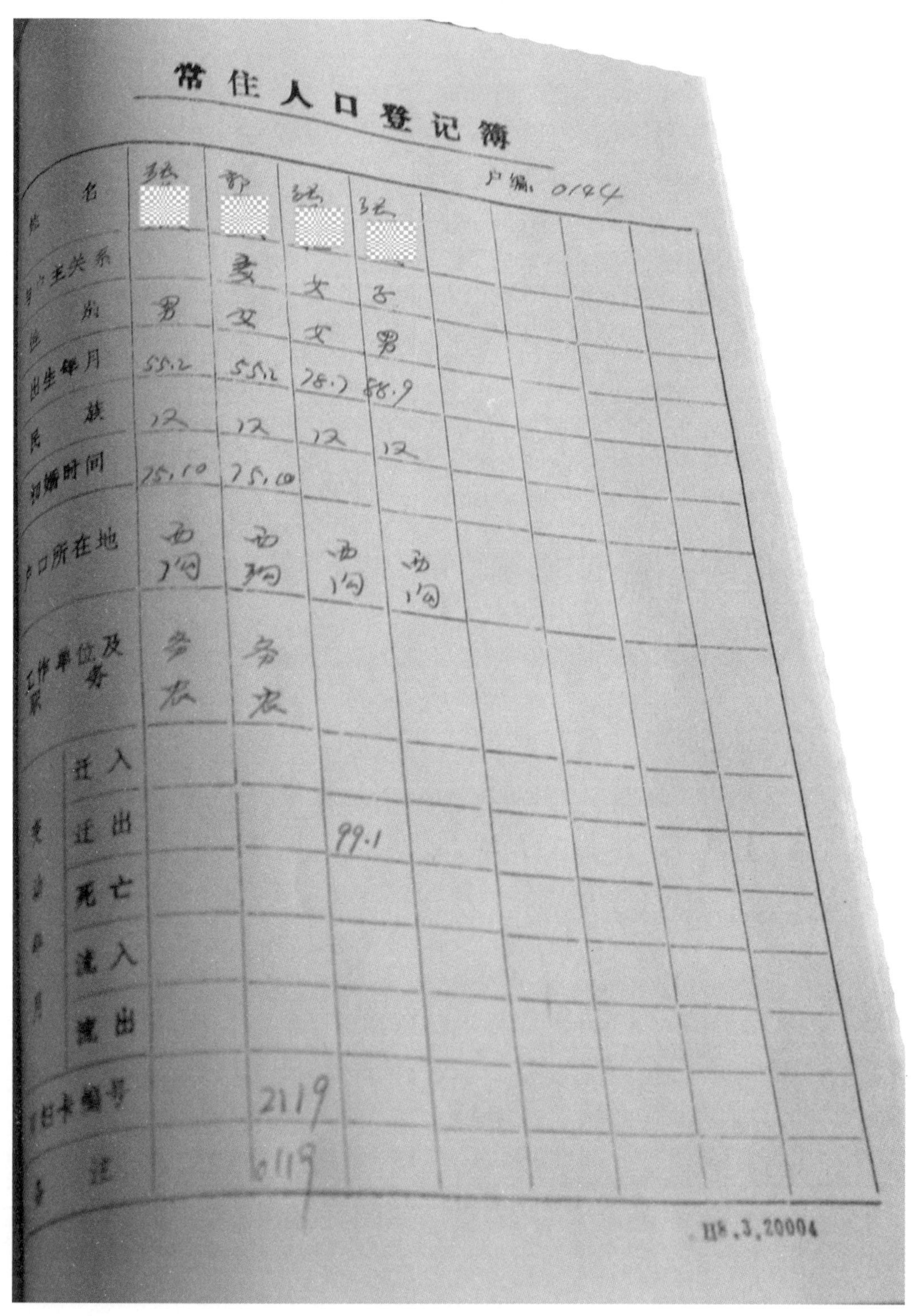

常住人口登记簿

户编：0194

姓名	张	郭	张	张				
与户主关系		妻	女	子				
性别	男	女	女	男				
出生年月	55.2	55.2	78.7	88.9				
民族	汉	汉	汉	汉				
初婚时间	75.10	75.10						
户口所在地	西沟	西沟	西沟	西沟				
工作单位及职务	务农	务农						
变动情况 迁入								
变动情况 迁出			99.1					
变动情况 死亡								
变动情况 流入								
变动情况 流出								
身份证编号		2119						
备注		6119						

.H8.3,20004

图1-1-156　平顺县西沟村常住人口登记表(南赛)155

常住人口登记簿

户编：0145

姓名	张	马	张	张	孙	张		
与户主关系		妻	子	女	儿媳	孙女		
性别	男	女	男	女	女	女		
出生年月	52.8	52.4	76.4	76.8	76.5	2001.8		
民族	汉	汉	汉	汉	汉	汉		
入籍时间	72.11	72.11	89.9		89.9			
户口所在地	西沟	西沟	西沟	西沟	西沟			
工作单位及职务	务农	务农						
迁入								
迁出				2002.5				
死亡								
流入								
流出								
证件编号		2043			V027			
备注		10126			043			

HB.3.20004

图1-1-157 平顺县西沟村常住人口登记表(南赛)156

常住人口登记簿

户编 0146

姓名	许	[illegible]	孙						
与户主关系		子	儿媳						
性别	女	男	女						
出生年月	60.2	84.4	1984						
民族	汉	汉							
初婚时间	80.12		09.10.2						
户口所在地	西沟	西沟							
工作单位及职务	务农	务农							
变动情况 迁入			09.10.27						
迁出		2003.12							
死亡									
流入									
流出									
户口卡编号	1089		283						
备注	1069								

H8,3,20004

图1-1-158　平顺县西沟村常住人口登记表(南赛)157

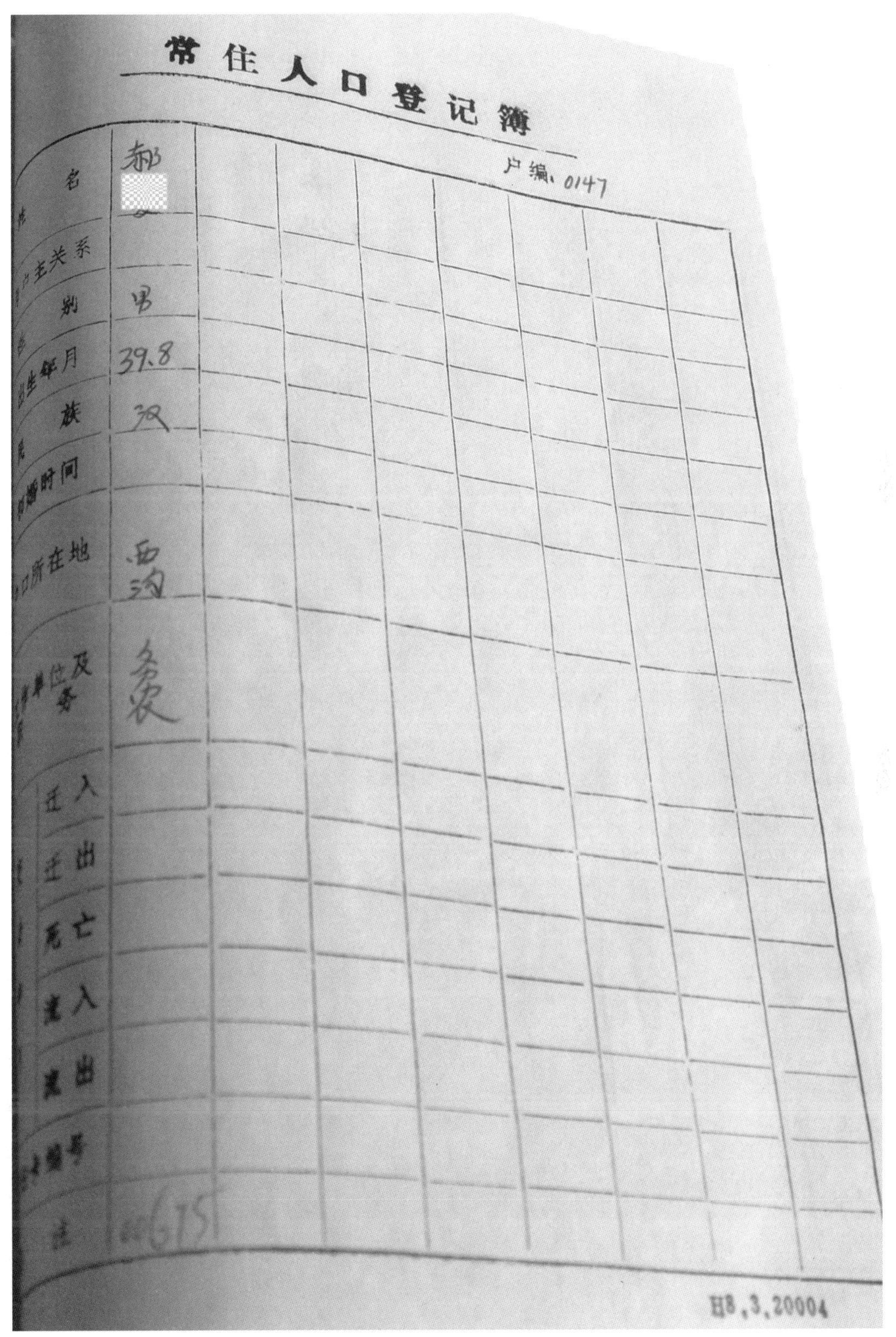

图1-1-159　平顺县西沟村常住人口登记表(南赛)158

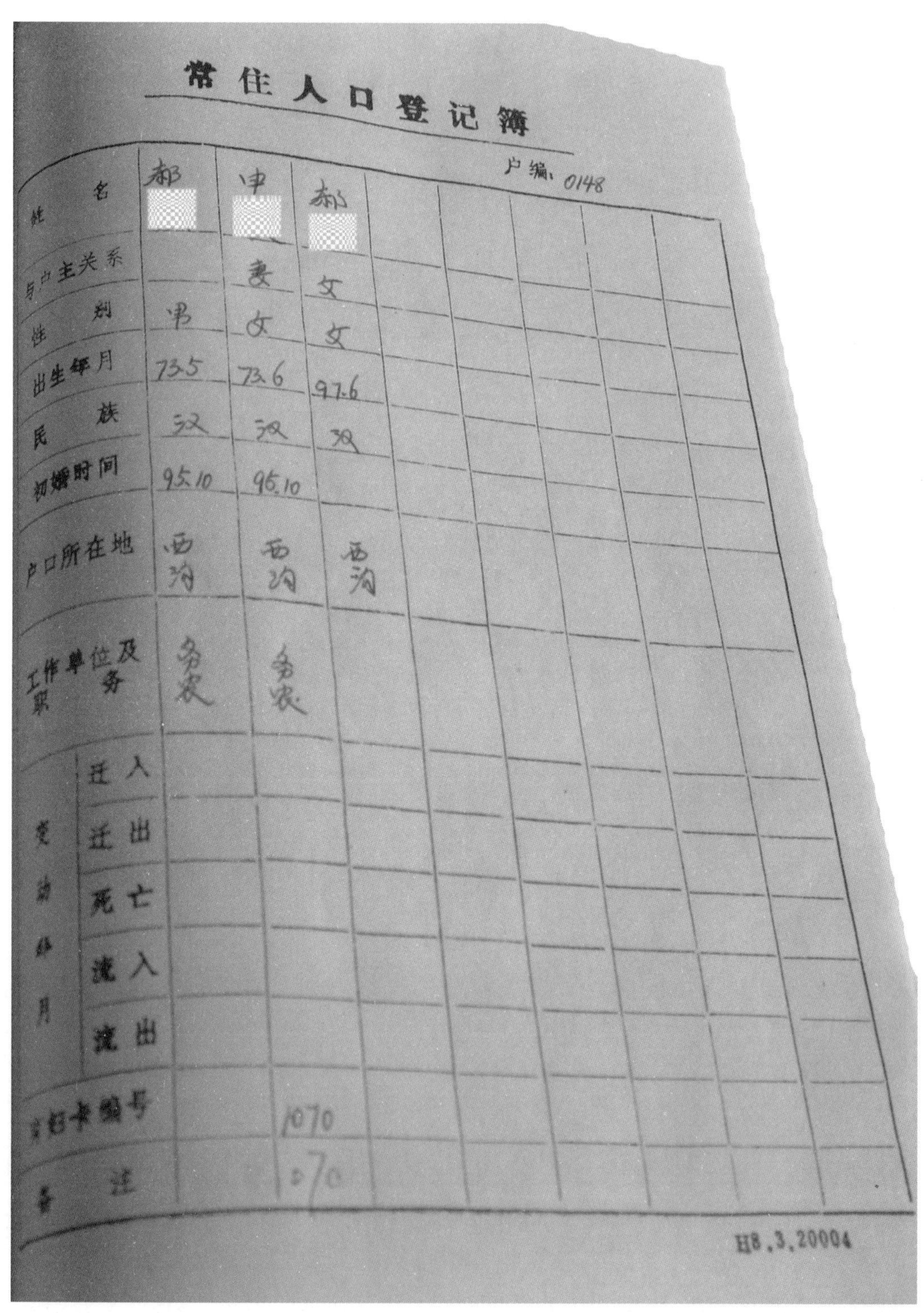

常住人口登记簿

户编：0148

姓名	郝	申	郝					
与户主关系		妻	女					
性别	男	女	女					
出生年月	73.5	73.6	97.6					
民族	汉	汉	汉					
初婚时间	95.10	95.10						
户口所在地	西沟	西沟	西沟					
工作单位及职务	务农	务农						
变动年月 迁入								
变动年月 迁出								
变动年月 死亡								
变动年月 流入								
变动年月 流出								
育龄卡编号		1070						
备注		070						

H8.3.20004

图1–1–160　平顺县西沟村常住人口登记表(南赛)159

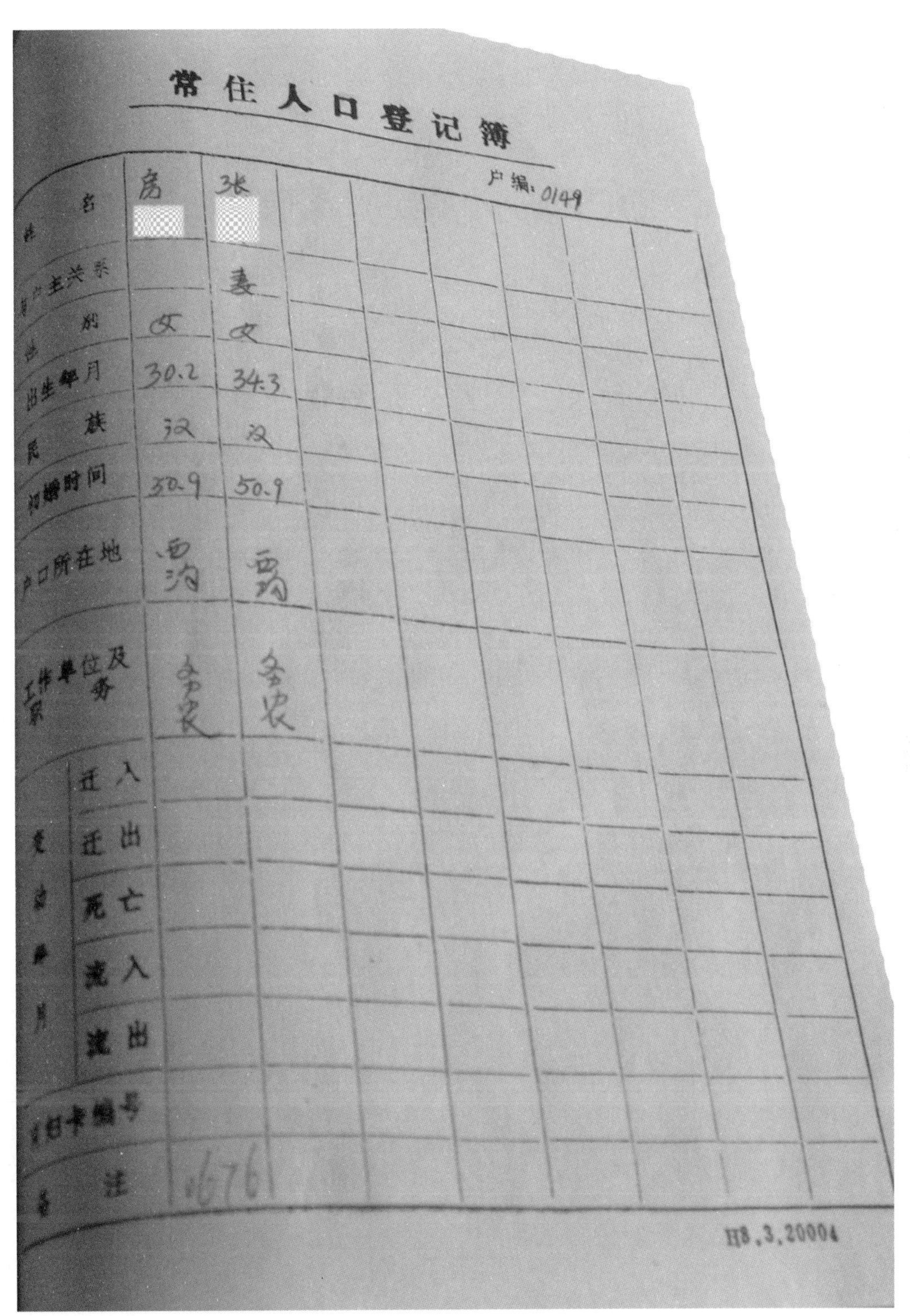

常住人口登记簿

户编：0149

姓名	房[illegible]	张[illegible]	
与户主关系		妻	
性别	女	女	
出生年月	30.2	34.3	
民族	汉	汉	
初婚时间	50.9	50.9	
户口所在地	西沟	西沟	
工作单位及职务	务农	务农	
变动情况 迁入			
变动情况 迁出			
变动情况 死亡			
变动情况 流入			
变动情况 流出			
户口卡编号			
备注	1676		

HB.3.20004

图1-1-161　平顺县西沟村常住人口登记表(南赛)160

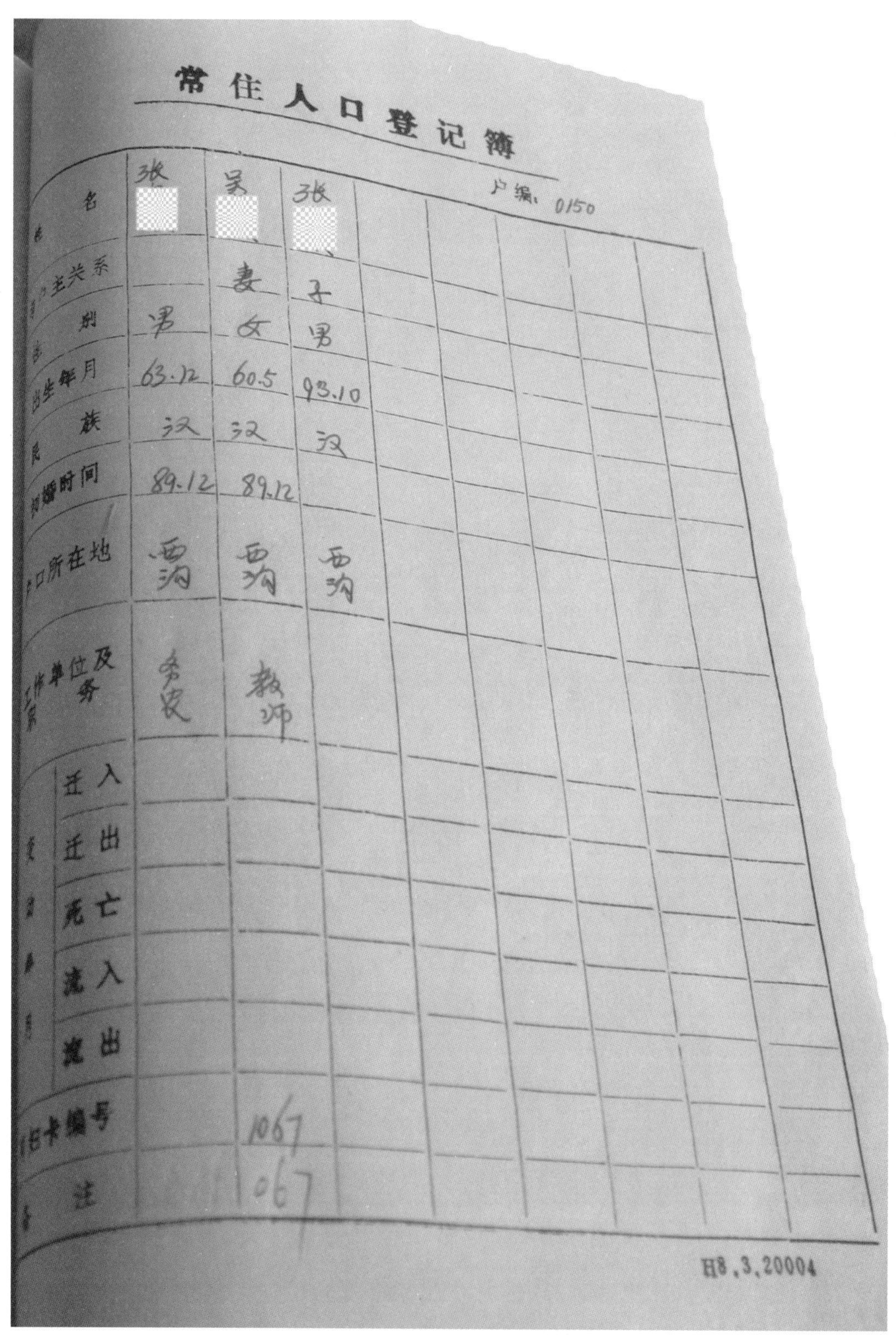

常住人口登记簿

户编：0150

姓名	张	吴	张
与户主关系		妻	子
性别	男	女	男
出生年月	63.12	60.5	93.10
民族	汉	汉	汉
初婚时间	89.12	89.12	
户口所在地	西沟	西沟	西沟
工作单位及职务	务农	教师	
变动情况 迁入			
迁出			
死亡			
流入			
流出			
户口卡编号		1067	
备注		1067	

H8.3.20004

图1-1-162　平顺县西沟村常住人口登记表(南赛)161

常住人口登记簿

户编：015)

姓名	王[illegible]	张[illegible]						
与户主关系		子						
性别	女	男						
出生年月	38.2	75.8						
民族	汉	汉						
初婚时间								
户口所在地	西沟	西沟						
工作单位及职务	务农	务农						
迁入								
迁出								
死亡								
流入								
流出								
身份证编号								
备注	167							

H8.3.20004

图1-1-163　平顺县西沟村常住人口登记表(南赛)162

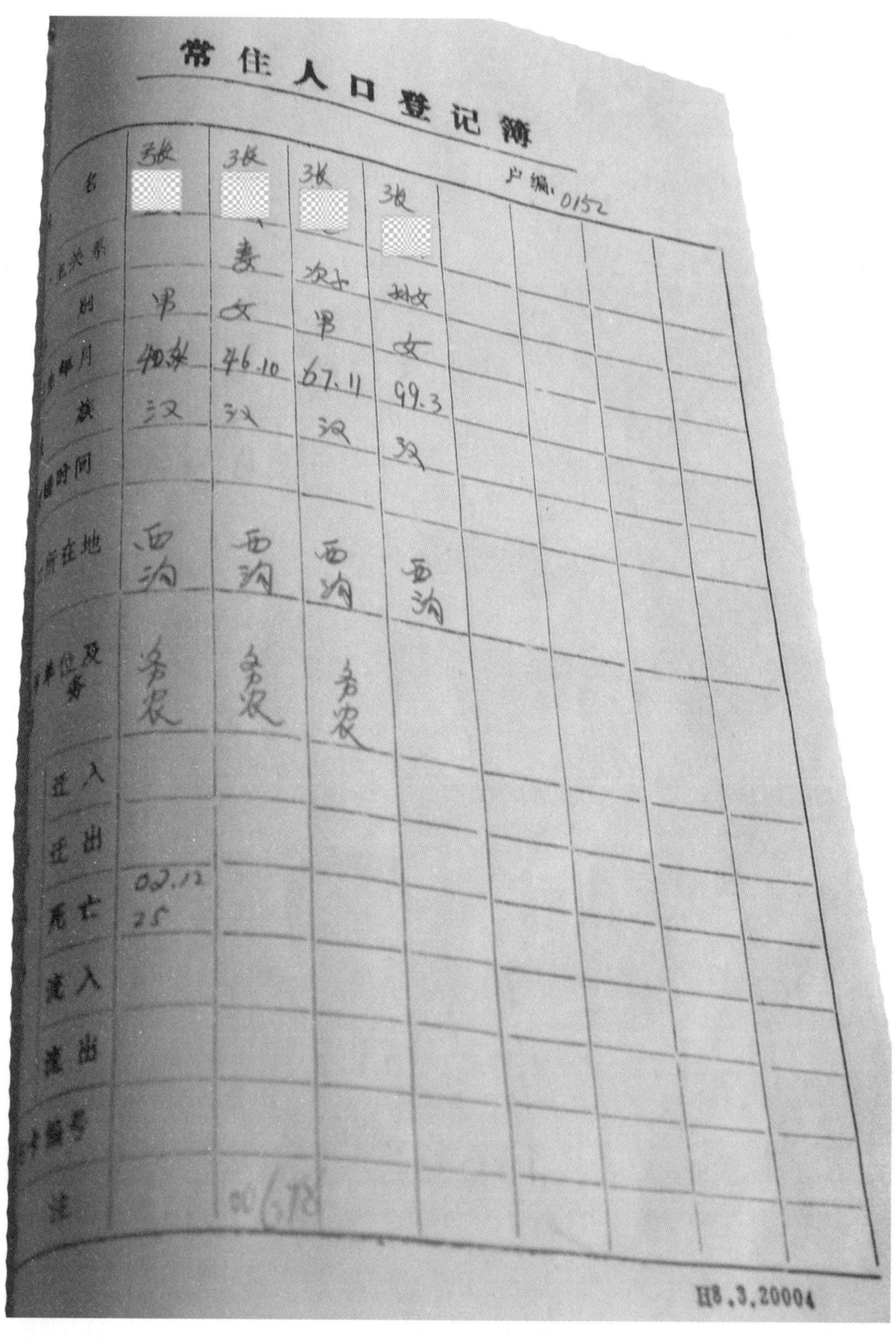

常住人口登记簿

户编：0152

名	张	张	张	张				
主关系		妻	次子	孙女				
别	男	女	男	女				
生年月	[illegible]	46.10	67.11	99.3				
族	汉	汉	汉	汉				
婚时间								
口所在地	西沟	西沟	西沟	西沟				
务单位及务	务农	务农	务农					
迁入								
迁出								
死亡	02.12 25							
流入								
流出								
证编号								
注		00678						

H8.3.20004

图1-1-164　平顺县西沟村常住人口登记表(南赛)163

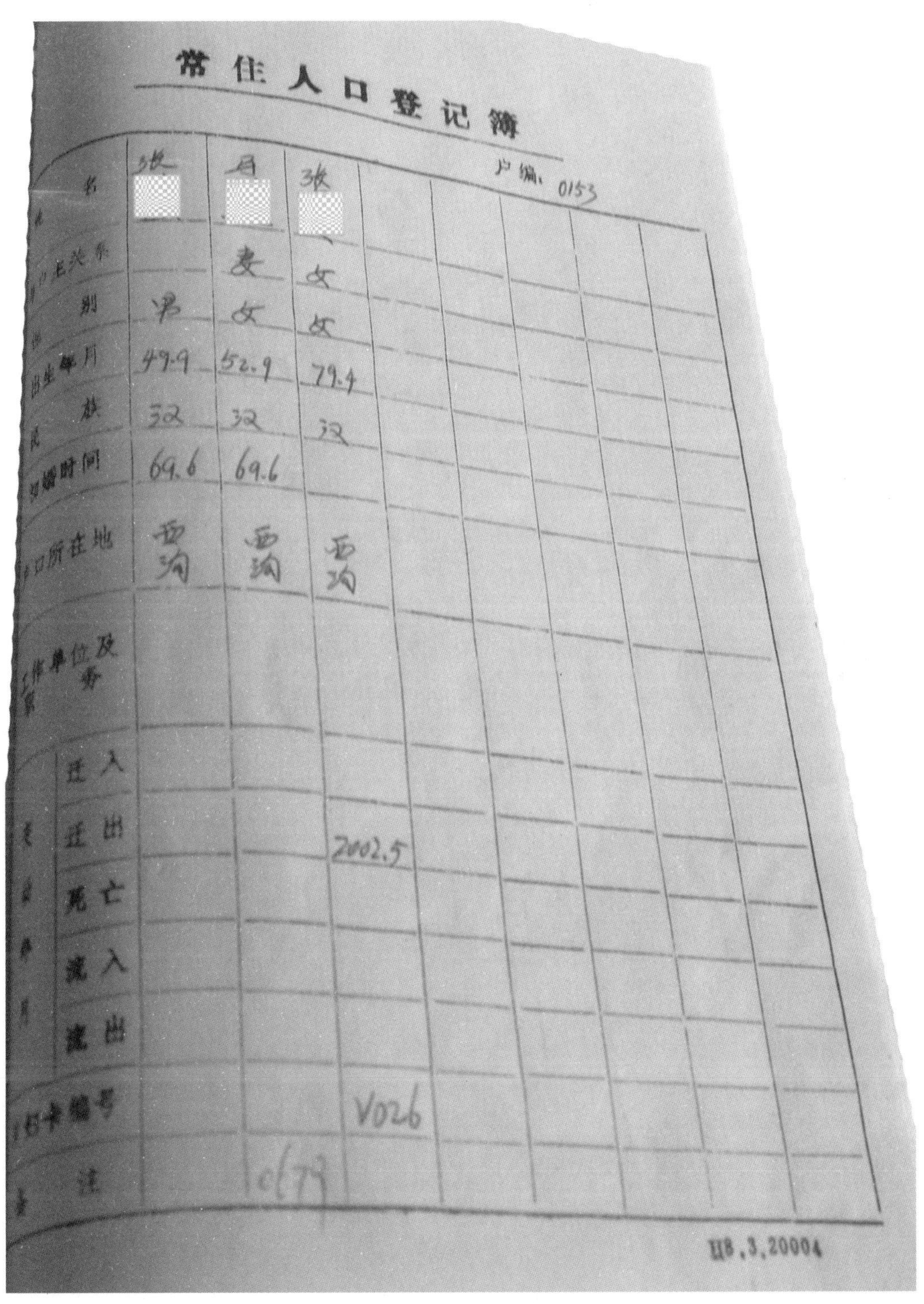

常住人口登记簿

户编：0153

姓名	张	月	张					
与户主关系		妻	女					
性别	男	女	女					
出生年月	49.9	52.9	79.4					
民族	汉	汉	汉					
初婚时间	69.6	69.6						
户口所在地	西沟	西沟	西沟					
工作单位及职务								
变动时间 迁入								
变动时间 迁出			2002.5					
变动时间 死亡								
变动时间 流入								
变动时间 流出								
IC卡编号			V026					
备注		10(7)						

Ш8.3.20004

图1-1-165　平顺县西沟村常住人口登记表(南赛)164

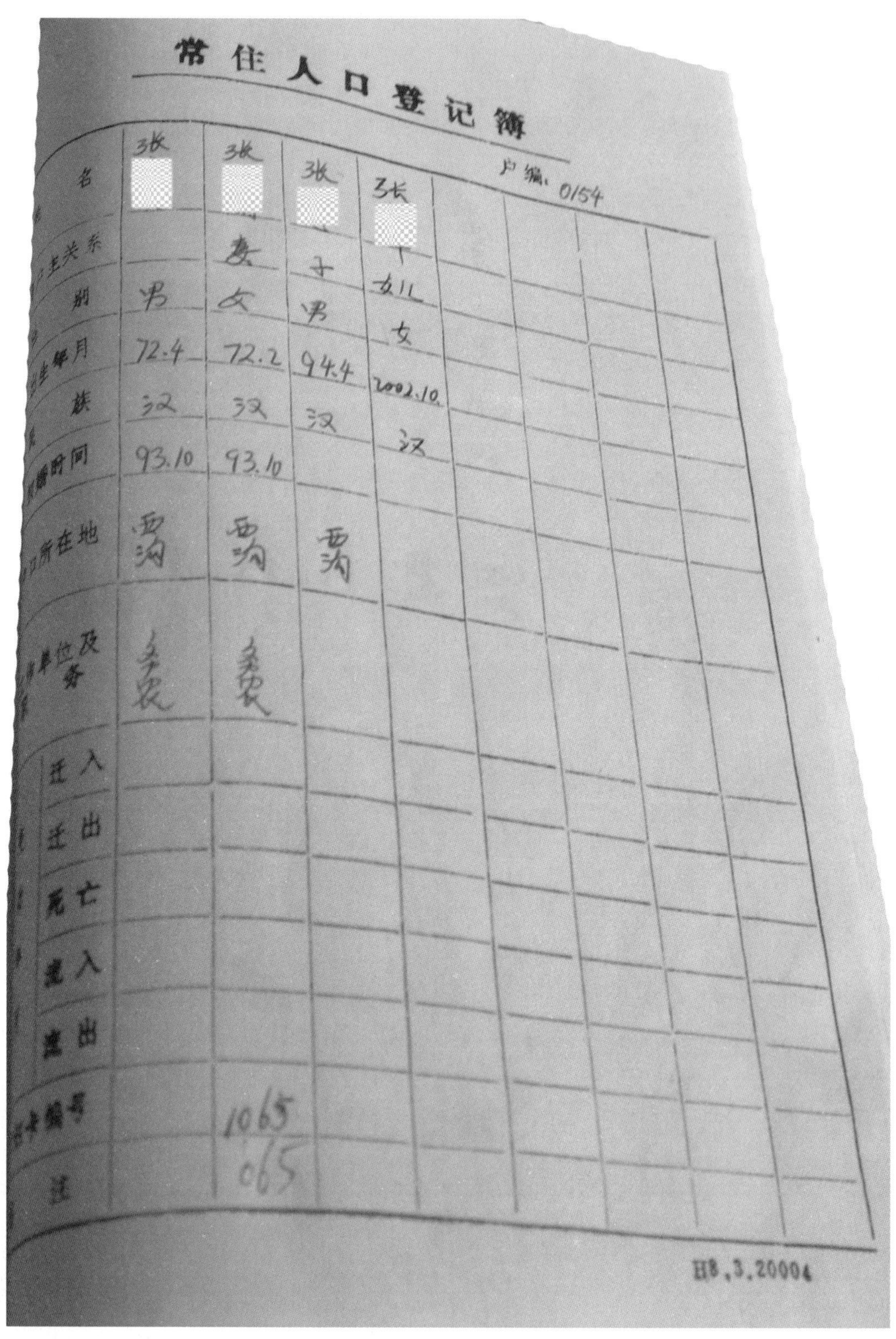

常住人口登记簿

户编：0154

名	张[illegible]	张[illegible]	张[illegible]	张[illegible]				
与户主关系		妻	子	女儿				
别	男	女	男	女				
出生年月	72.4	72.2	94.4	2002.10				
族	汉	汉	汉	汉				
结婚时间	93.10	93.10						
户口所在地	西沟	西沟	西沟					
服务单位及职务	务农	务农						
迁入								
迁出								
死亡								
流入								
流出								
身份证编号		1065						
注		065						

H8,3,20004

图1-1-166　平顺县西沟村常住人口登记表(南赛)165

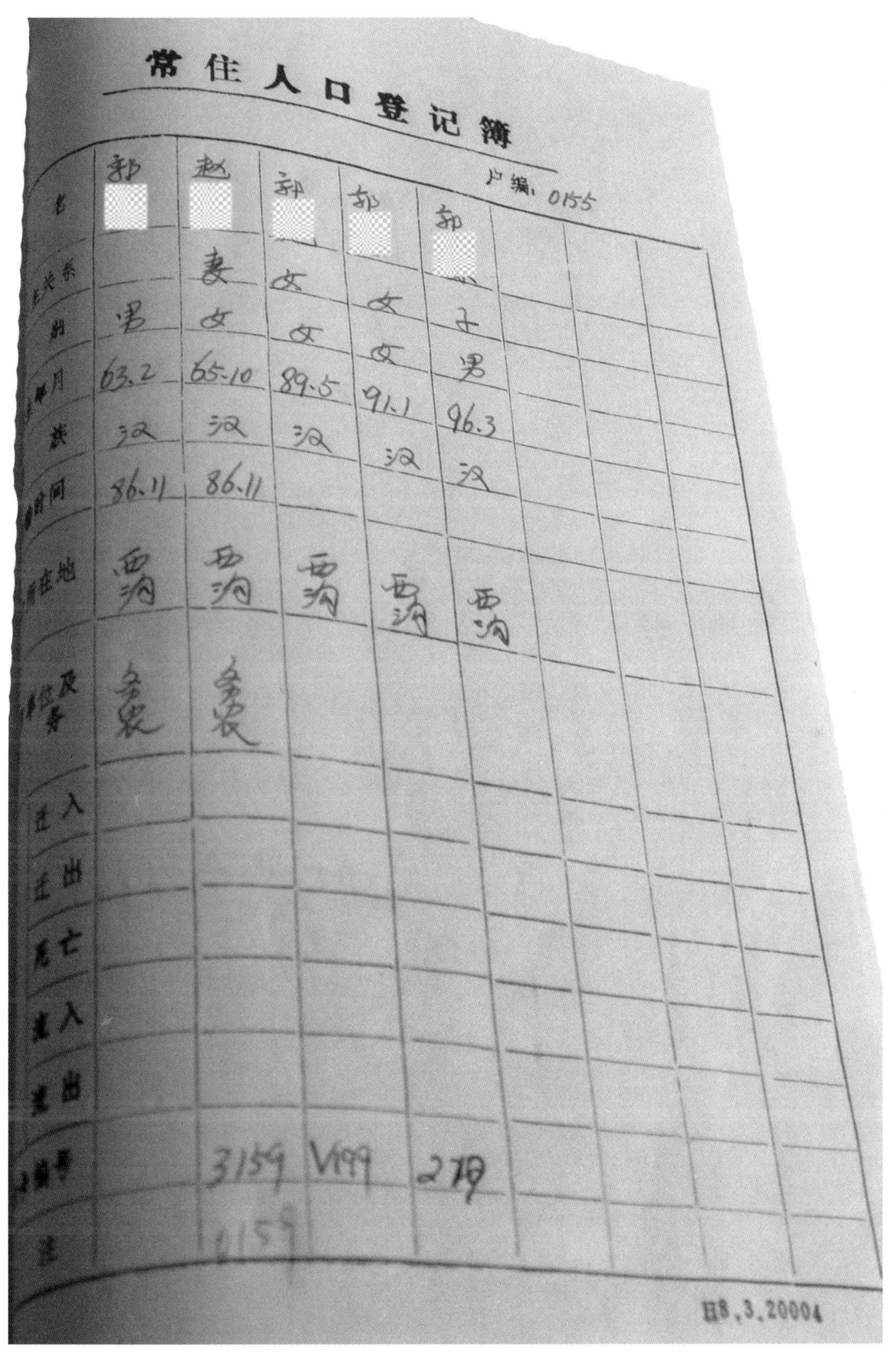

常住人口登记簿

户编：0155

名	郭■	赵■	郭■	郭■	郭■			
关系		妻	女	女	子			
别	男	女	女	女	男			
年月	63.2	65.10	89.5	91.1	96.3			
族	汉	汉	汉	汉	汉			
时间	86.11	86.11						
所在地	西沟	西沟	西沟	西沟	西沟			
单位及职务	务农	务农						
迁入								
迁出								
死亡								
流入								
流出								
编号		3159	V199	[illegible]				
注		0159						

H8.3.20004

图1–1–167　平顺县西沟村常住人口登记表(南赛)166

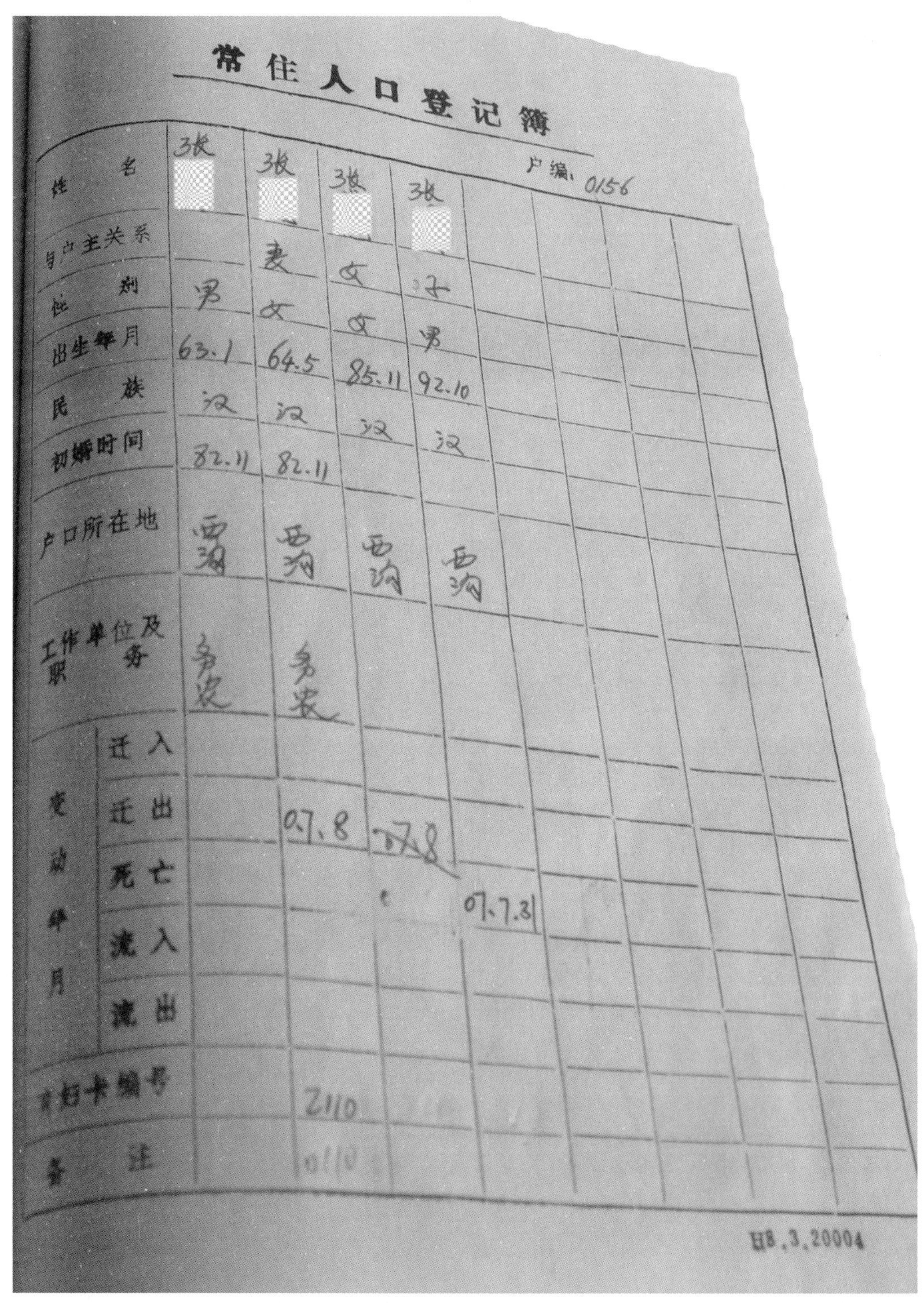

常住人口登记簿

户编：0156

姓名	张	张	张	张
与户主关系		妻	女	子
性别	男	女	女	男
出生年月	63.1	64.5	85.11	92.10
民族	汉	汉	汉	汉
初婚时间	82.11	82.11		
户口所在地	西沟	西沟	西沟	西沟
工作单位及职务	务农	务农		
变动年月 迁入				
变动年月 迁出		07.8	~~07.8~~	
变动年月 死亡				07.7.31
变动年月 流入				
变动年月 流出				
育妇卡编号		2110		
备注		0110		

HB.3.20004

图1-1-168　平顺县西沟村常住人口登记表(南赛)167

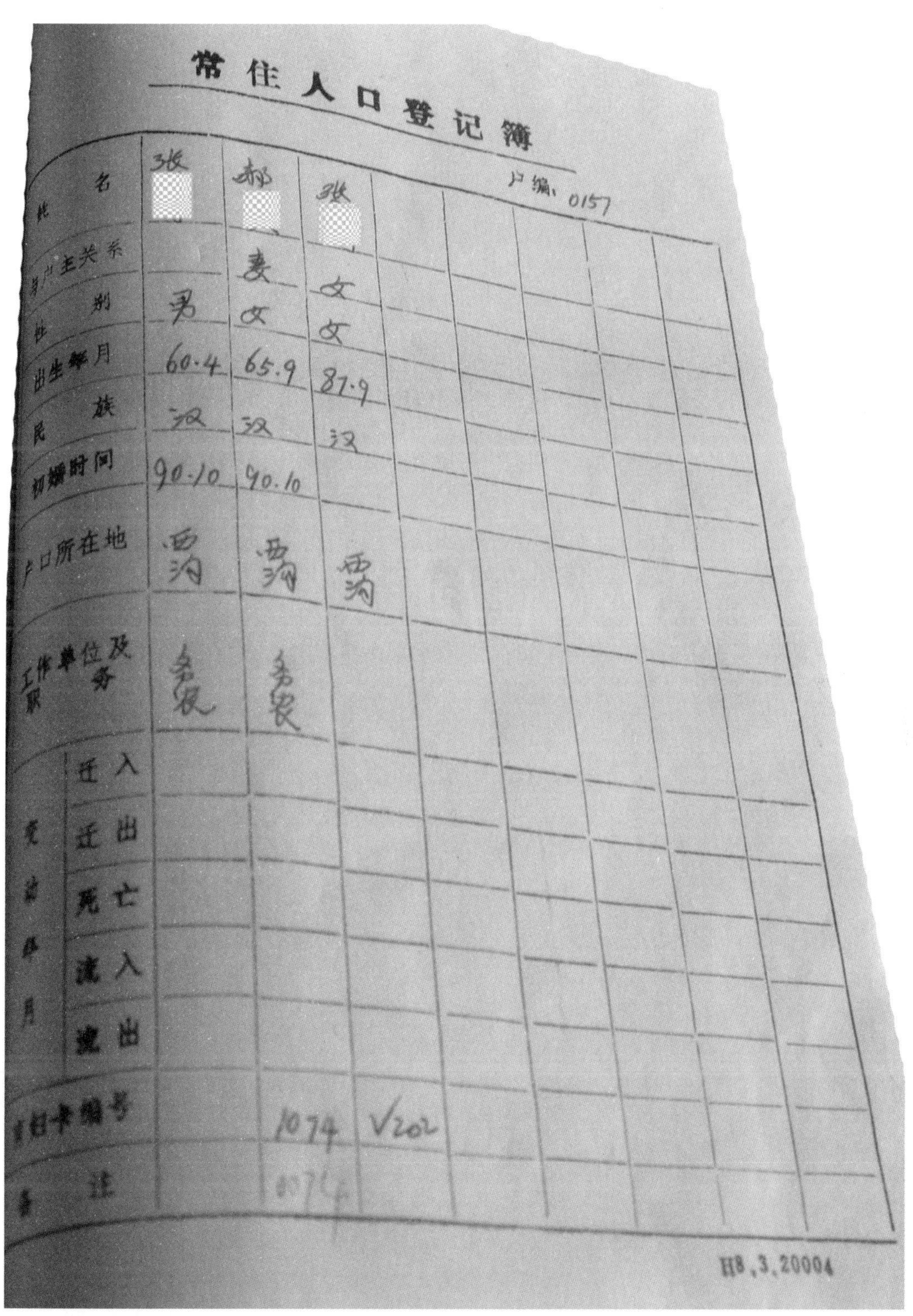

常住人口登记簿

户编：0157

姓名	张	郝	张					
与户主关系		妻	女					
性别	男	女	女					
出生年月	60.4	65.9	81.9					
民族	汉	汉	汉					
初婚时间	90.10	90.10						
户口所在地	西沟	西沟	西沟					
工作单位及职务	务农	务农						
变动情况 迁入								
变动情况 迁出								
变动情况 死亡								
变动情况 流入								
变动情况 流出								
育妇卡编号		1074	√202					
备注		1074						

H8,3,20004

图1-1-169　平顺县西沟村常住人口登记表(南赛)168

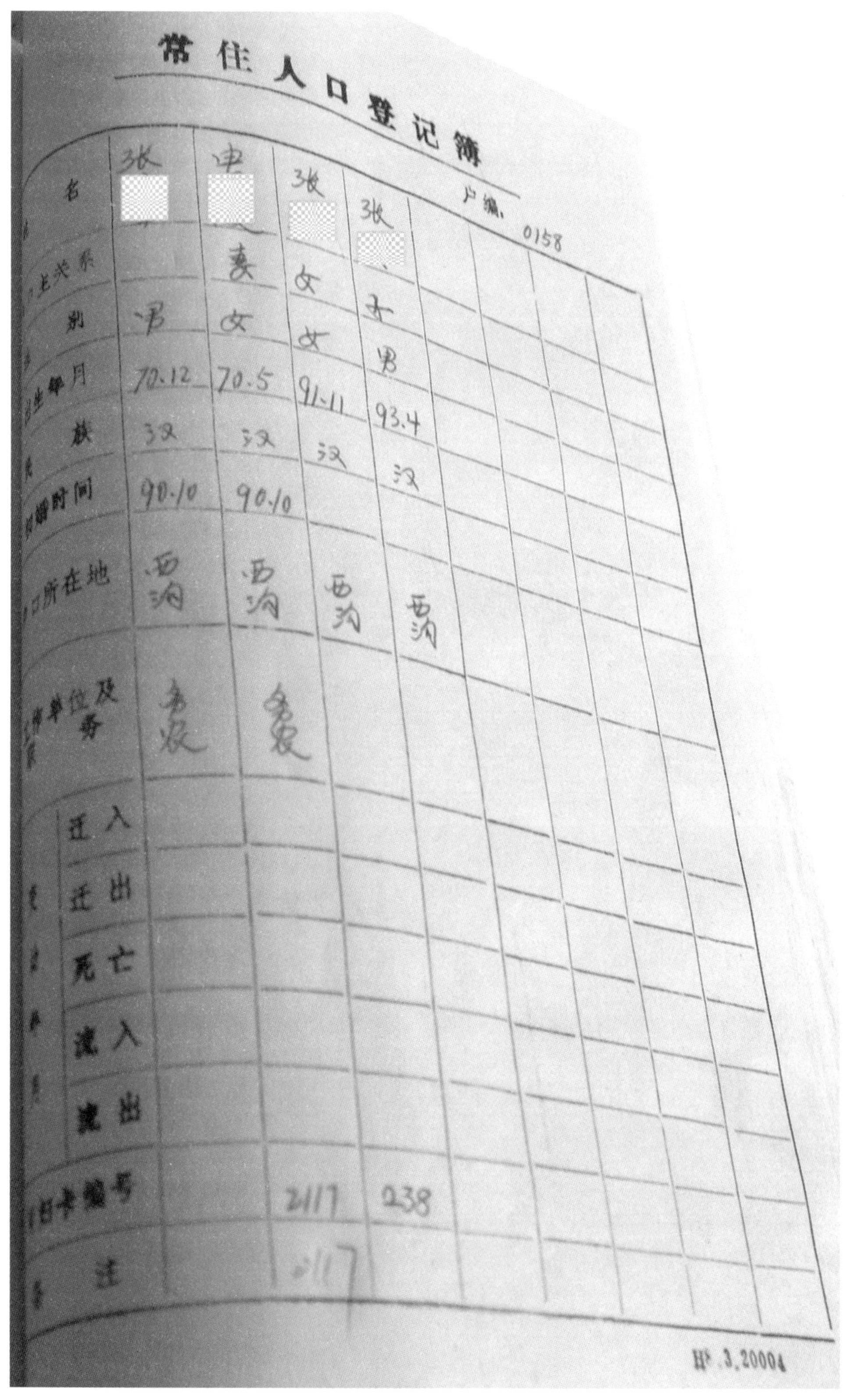

常住人口登记簿

户编：0158

名	张	申	张	张				
主关系		妻	女	子				
别	男	女	女	男				
出生年月	70.12	70.5	91.11	93.4				
族	汉	汉	汉	汉				
结婚时间	90.10	90.10						
户口所在地	西沟	西沟	西沟	西沟				
工作单位及职务	务农	务农						
迁入								
迁出								
死亡								
流入								
流出								
卡编号			2117	238				
注			2117					

HP.3.20004

图1–1–170　平顺县西沟村常住人口登记表(南赛)169

常住人口登记簿

户编：0159

姓名	房[redacted]	房[redacted]	房[redacted]					
与户主关系		长女	次女					
性别	女	女	女					
出生年月	52.9	72.2	79.11					
民族	汉	汉	汉					
初婚时间	70.9							
户口所在地	西沟	西沟	西沟					
工作单位及职务	务农	务农						
变动年月 迁入								
变动年月 迁出		2002.5	2002.5					
变动年月 死亡	09.4.27							
变动年月 流入								
变动年月 流出								
育妇卡编号	3157	V024	V025					
备注								

H8.3.20004

图1–1–171　平顺县西沟村常住人口登记表(南赛)170

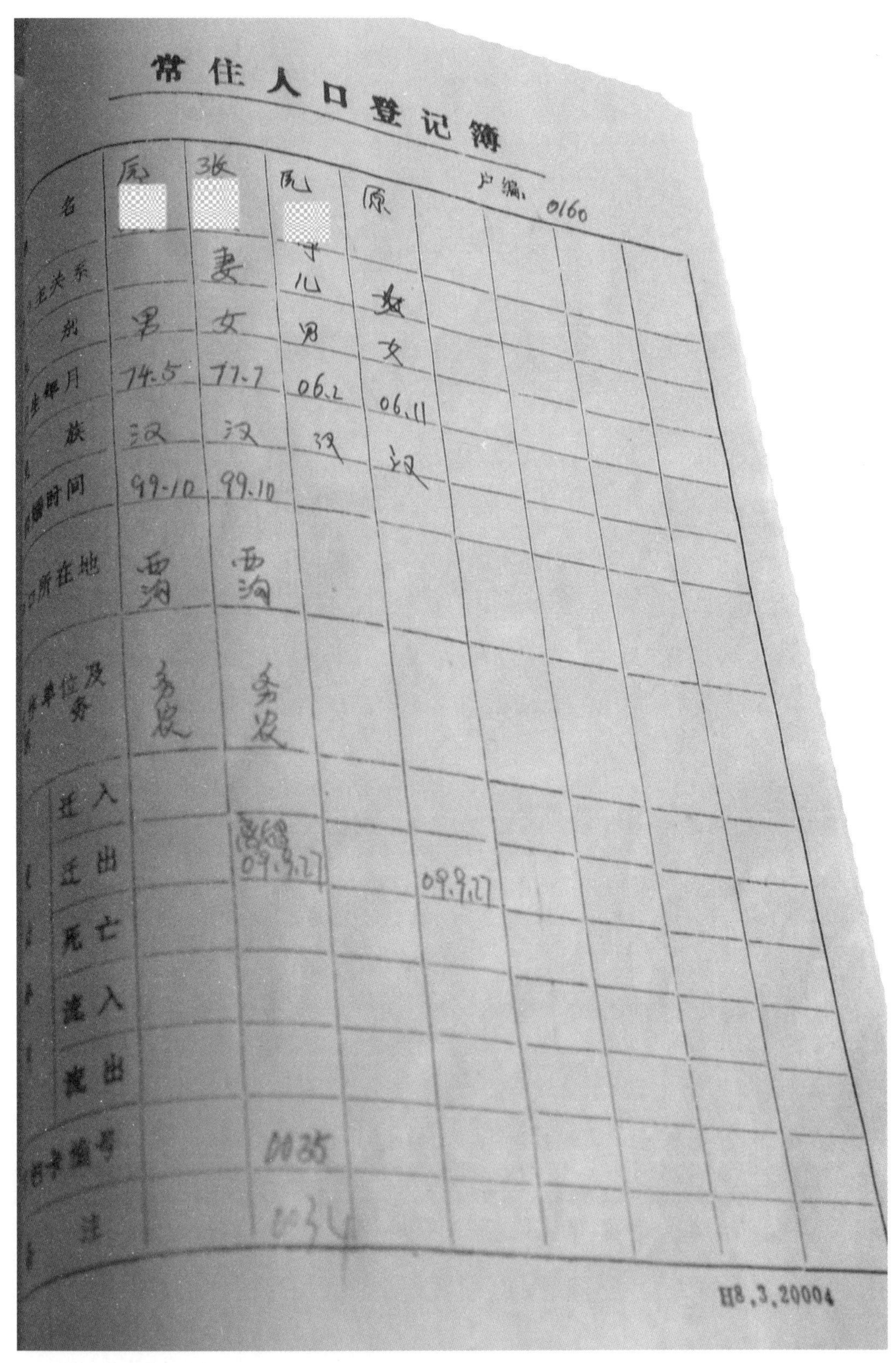

常住人口登记簿

户编：0160

名	原	张	原	原				
主关系		妻	儿	女				
别	男	女	男	女				
生年月	74.5	77.7	06.2	06.11				
族	汉	汉	汉	汉				
籍时间	99.10	99.10						
所在地	西沟	西沟						
单位及务	务农	务农						
迁入								
迁出		离婚 09.9.27		09.9.27				
死亡								
流入								
流出								
编号		0035						
注		0034						

H8,3,20004

图1-1-172　平顺县西沟村常住人口登记表(南赛)171

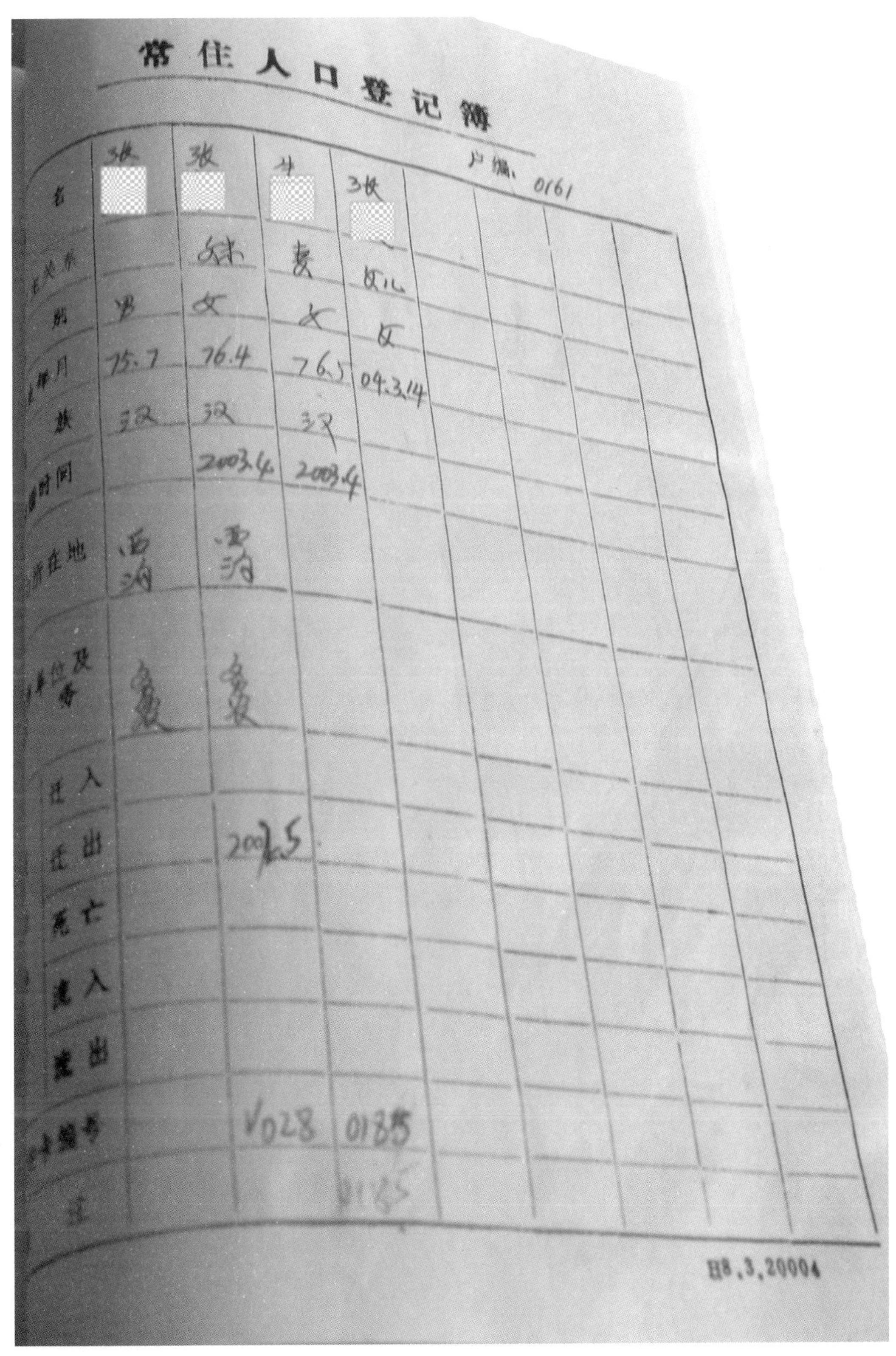

图1-1-173　平顺县西沟村常住人口登记表(南赛)172

图1-1-174　平顺县西沟村常住人口登记表(南赛)173

常住人口登记簿

户编：0163

姓名	赵	赵	郭	赵				
与户主关系		子	妻	孙子				
性别	男	男	女	男				
出生年月	48.5	81.9	81.9	05.11				
民族	汉	汉	汉	汉				
初婚时间			04.12					
户口所在地	西沟	西沟	西沟					
工作单位及职务	务农	务农	务农					
变动年月 迁入								
变动年月 迁出			04.12					
变动年月 死亡	2000.9							
变动年月 流入								
变动年月 流出								
育妇卡编号			V018					
备注			01631					

HB.3.20004

图1-1-175　平顺县西沟村常住人口登记表(南赛)174

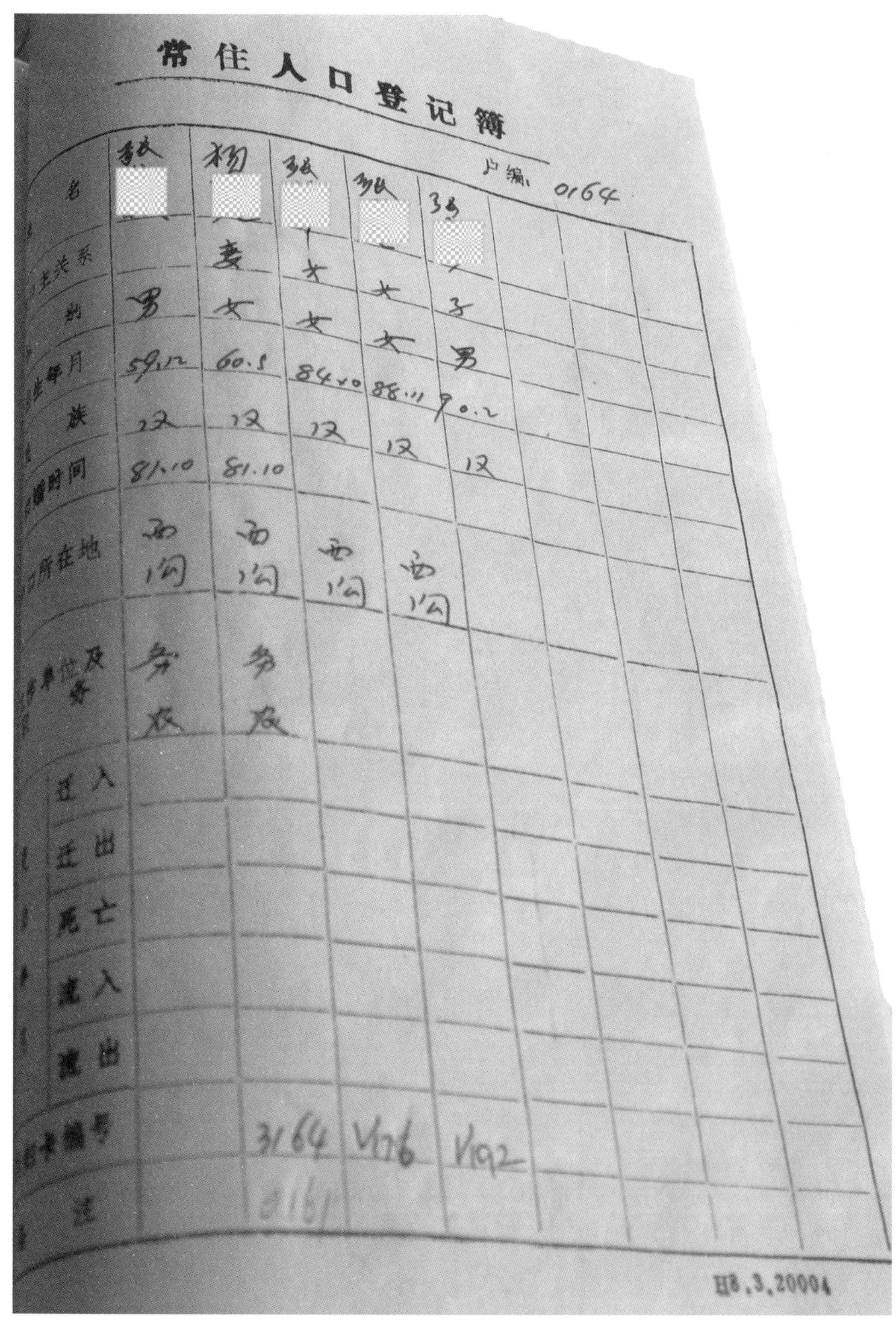

常住人口登记簿

户编：0164

名	张	杨	张	张	张
主关系		妻	女	女	子
别	男	女	女	女	男
生年月	59.12	60.5	84.10	88.11	90.2
族	汉	汉	汉	汉	汉
籍时间	81.10	81.10			
口所在地	西沟	西沟	西沟	西沟	
作单位及职务	务农	务农			
迁入					
迁出					
死亡					
流入					
流出					
卡编号		3164	V176	V192	
注		0161			

H8,3,20004

图1–1–176　平顺县西沟村常住人口登记表(南赛)175

常住人口登记簿

户编 0165

名	张[redacted]	路[redacted]	张[redacted]	张[redacted]				
主关系		妻	女	子				
别	男	女	女	男				
生年月	55.5	58.6	82.9	90.11				
族	汉	汉	汉	汉				
籍时间	80.8	80.8						
所在地	西沟	西沟	西沟	西沟				
单位及职务	务农	务农						
迁入								
迁出			0.7.8					
死亡								
流入								
流出								
编号				V024				
注								

H8.3,20004

图1-1-177　平顺县西沟村常住人口登记表(南赛)176

常住人口登记簿

户编：0166

名	张	张	张	冯	张	张		
主关系		妻	子	儿媳	孙子	孙子		
别	男	女	男	女	男	男		
生年月	49.1	49.2	76.1	76.12	2000.12	09.4.21		
族	汉	汉	汉	汉	汉			
时间	68.10	68.10	99.3	99.3				
所在地	西沟	西沟	西沟	西沟		西沟		
单位及务	务农	务农						
迁入								
迁出								
死亡								
流入								
流出								
编号					0040			
注					0040			

H8,3,20004

图1–1–178　平顺县西沟村常住人口登记表(南赛)177

图1-1-179　平顺县西沟村常住人口登记表(南赛)178

常住人口登记簿

户编：0168

姓名	张	郝	张	张				
与户主关系		妻	女	侄子				
性别	男	女	女	男				
出生年月	67.11	67.4	90.4	2001.7				
民族	汉	汉	汉	汉				
初婚时间	88.12	88.12						
户口所在地	西沟	西沟						
工作单位及职务								
变动情况 迁入								
变动情况 迁出								
变动情况 死亡								
变动情况 流入								
变动情况 流出								
常住卡编号			1066	209				
备注			166					

H8,3,20004

图1-1-180　平顺县西沟村常住人口登记表(南赛)179

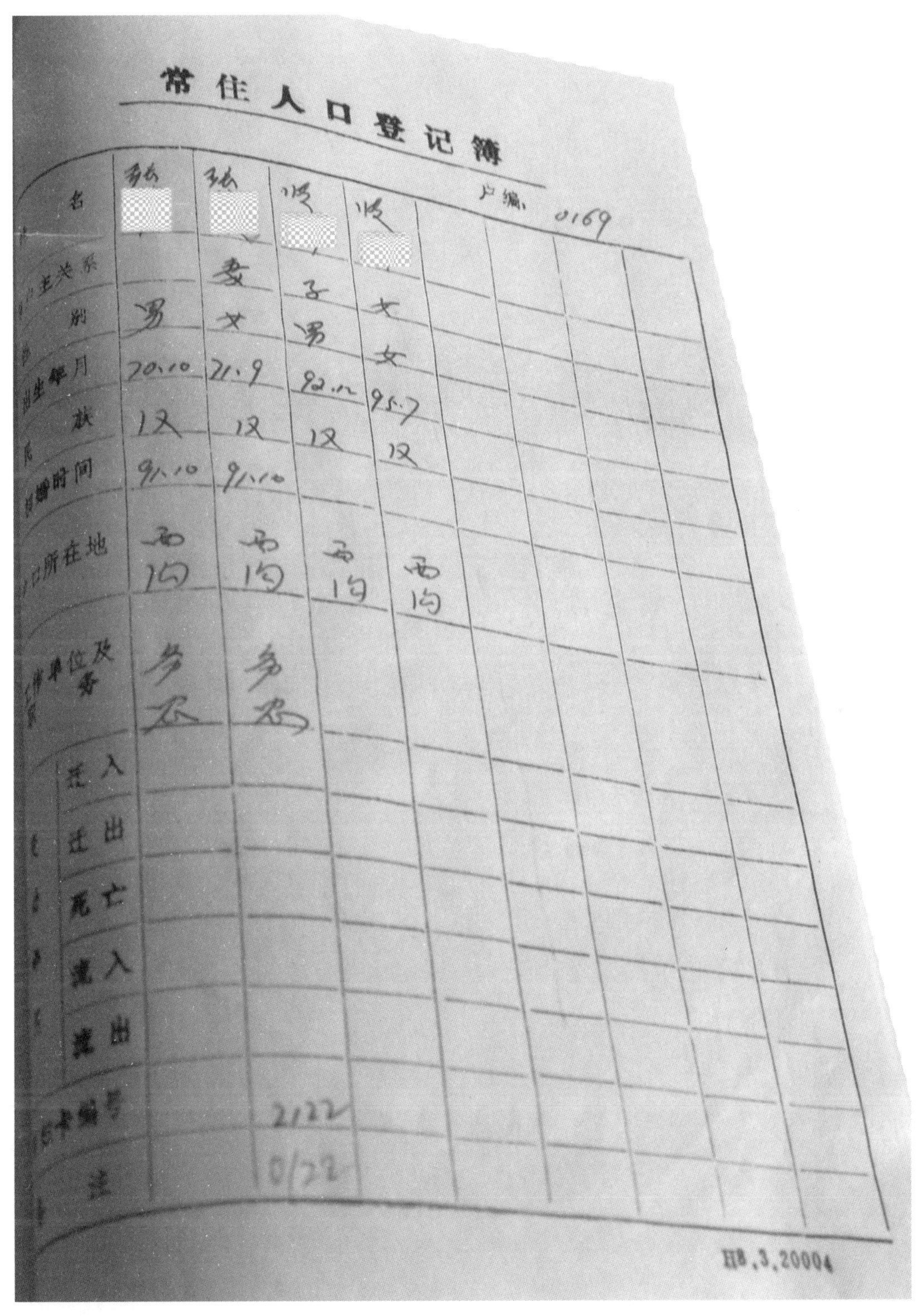

常住人口登记簿

户编 0169

姓名	张[illegible]	张[illegible]	[illegible]	[illegible]				
与户主关系		妻	子	女				
性别	男	女	男	女				
出生年月	70.10	71.9	92.12	95.7				
民族	汉	汉	汉	汉				
结婚时间	91.10	91.10						
户口所在地	西沟	西沟	西沟	西沟				
工作单位及职务	务农	务农						
迁入								
迁出								
死亡								
流入								
流出								
证书编号			2122					
备注			0122					

H8.3.20004

图1-1-181　平顺县西沟村常住人口登记表(南赛)180

常住人口登记簿

户编：0170

姓名	[illegible]	[illegible]	[illegible]	[illegible]
与户主关系		妻	子	女
性别	男	女	男	女
出生年月	68.2	68.4	89.8	91.3
民族	汉	汉	汉	汉
初婚时间	88.2	88.2		
户口所在地	西沟	西沟	西沟	西沟
工作单位及职务	务农	务农		
变动年月 迁入				
变动年月 迁出				
变动年月 死亡				
变动年月 流入				
变动年月 流出				
育妇卡编号		2111		Vm
备注		0111		

H8,3,20004

图1-1-182　平顺县西沟村常住人口登记表(南赛)181

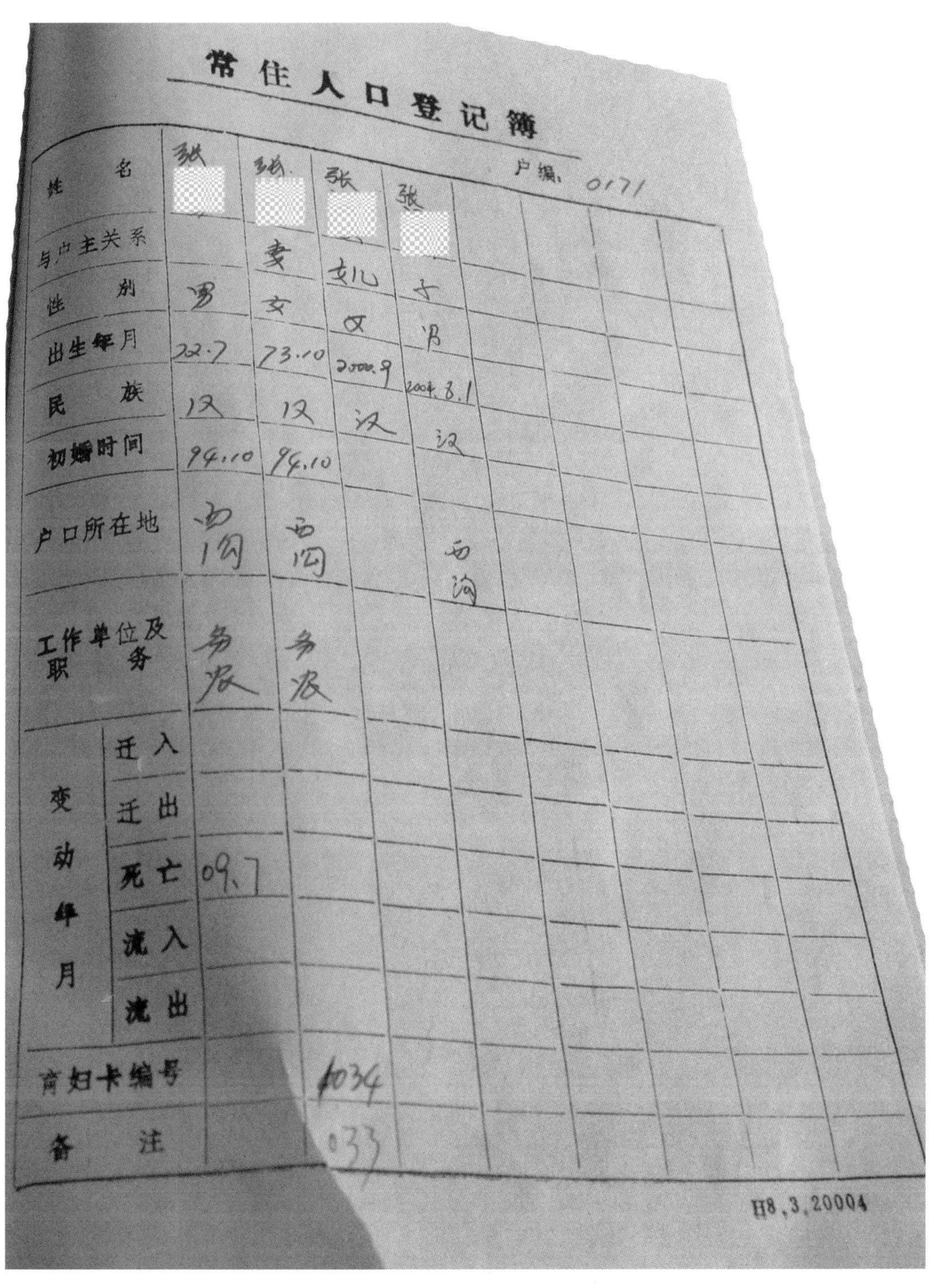

常住人口登记簿

户编 0171

姓名	张[illegible]	张[illegible]	张[illegible]	张[illegible]
与户主关系		妻	女儿	子
性别	男	女	女	男
出生年月	72.7	73.10	2000.9	2004.8.1
民族	汉	汉	汉	汉
初婚时间	94.10	94.10		
户口所在地	西沟	西沟		西沟
工作单位及职务	务农	务农		
变动年月 迁入				
变动年月 迁出				
变动年月 死亡	09.7			
变动年月 流入				
变动年月 流出				
育妇卡编号		1034		
备注		033		

H8,3,20004

图1-1-183　平顺县西沟村常住人口登记表(南赛)182

常住人口登记簿

户编 0172

姓名		李	许	李						
与户主关系			妻	子						
性别		男	女	男						
出生年月		37.5	42.10	26.5						
民族		汉	汉	汉						
初婚时间		66.11	66.11							
户口所在地		西沟	西沟	西沟						
工作单位及职务		务农	务农	务农						
变动年月	迁入									
	迁出									
	死亡	06.3	2003.6							
	流入									
	流出									
育妇卡编号										
备注		00183								

H8.3.20004

图1-1-184　平顺县西沟村常住人口登记表(南赛)183

常住人口登记簿

户编：0143

姓名	张	郭	张	张				
与户主关系		妻	女	子				
性别	男	女	女	男				
出生年月	68.3	68.2	89.8	92.1				
民族	汉	汉	汉	汉				
初婚时间	88.12	88.12						
户口所在地	西沟	西沟	西沟	西沟				
工作单位及职务								
变动年月 迁入								
变动年月 迁出								
变动年月 死亡								
变动年月 流入								
变动年月 流出								
育妇卡编号		2118 ~~1188~~	2204 ~~2118~~					
备注			1118					

H8.3.20004

图1-1-185　平顺县西沟村常住人口登记表(南赛)184

常住人口登记簿

户编：0174

姓名	张[illegible]	张[illegible]						
与户主关系		妻						
性别	男	女						
出生年月	43.9	45.10						
民族	汉	汉						
初婚时间								
户口所在地	西沟	西沟						
工作单位及职务								
变动年月 迁入								
变动年月 迁出								
变动年月 死亡								
变动年月 流入								
变动年月 流出								
育妇卡编号								
备注	00684							

H8.3.20004

图1-1-186　平顺县西沟村常住人口登记表(南赛)185

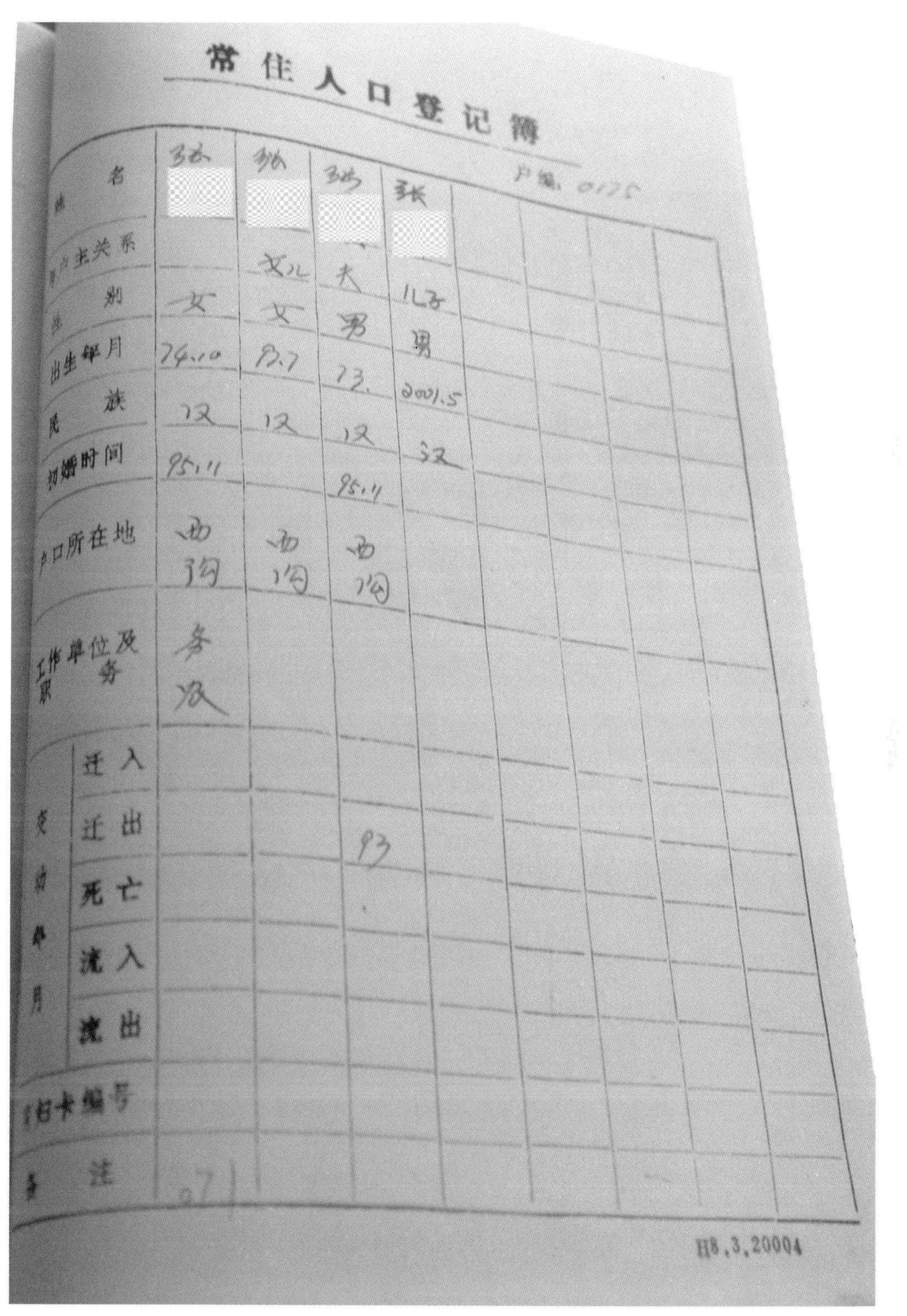

常住人口登记簿

户编 0175

姓名	张	张	张	张				
与户主关系		女儿	丈夫	儿子				
性别	女	女	男	男				
出生年月	74.10	93.7	73.	2001.5				
民族	汉	汉	汉	汉				
初婚时间	95.11		95.11					
户口所在地	西沟	西沟	西沟					
工作单位及职务	务农							
变动年月 迁入								
变动年月 迁出			93					
变动年月 死亡								
变动年月 流入								
变动年月 流出								
户口卡编号								
备注	97							

H8.3.20004

图1–1–187　平顺县西沟村常住人口登记表(南赛)186

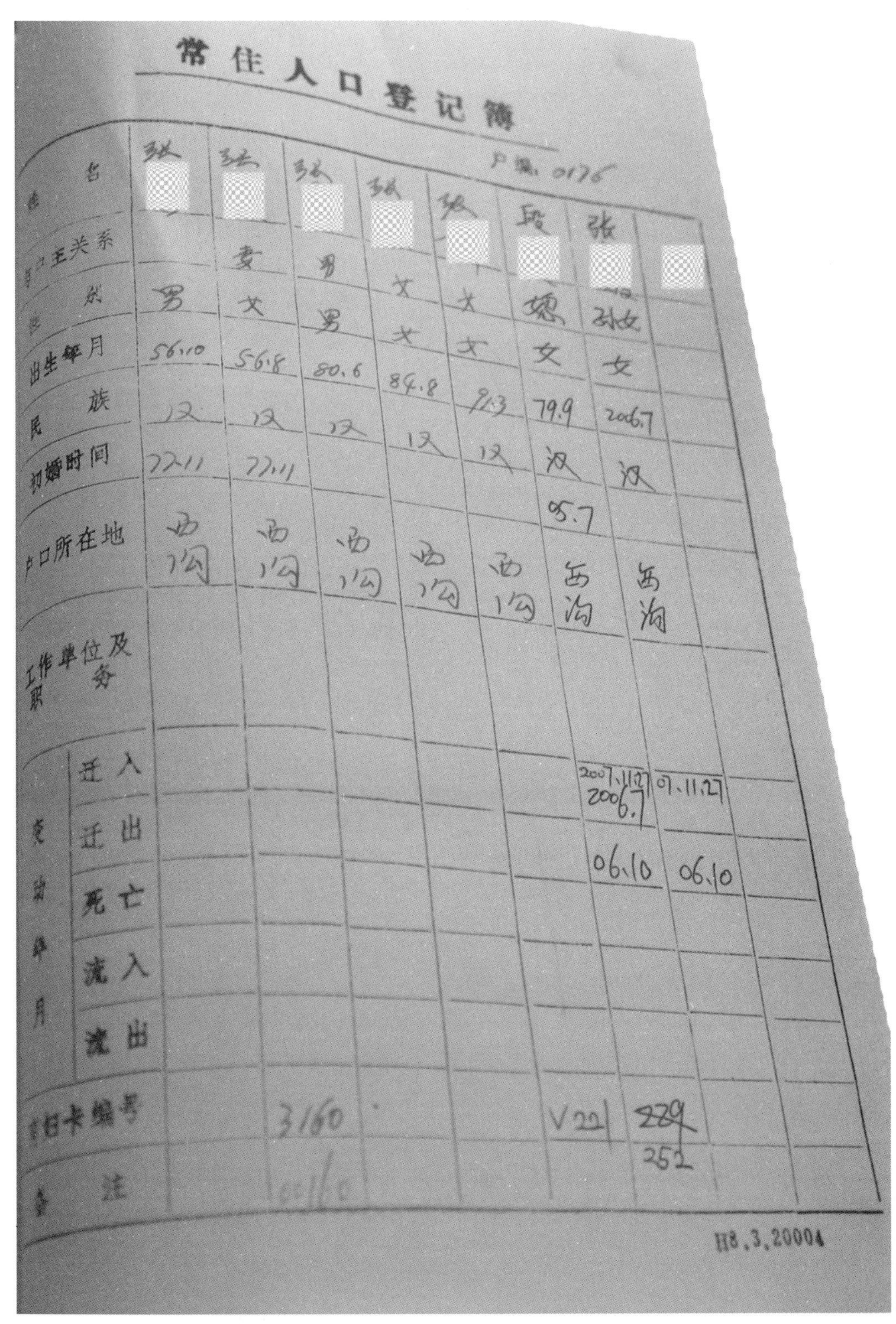

常住人口登记簿

户编 0176

姓名	张[redacted]	张[redacted]	张[redacted]	张[redacted]	张[redacted]	段[redacted]	张[redacted]	[redacted]
与户主关系		妻	男	女	女	媳	孙女	
性别	男	女	男	女	女	女	女	
出生年月	56.10	56.8	80.6	84.8	91.3	79.9	2006.7	
民族	汉	汉	汉	汉	汉	汉	汉	
初婚时间	72.11	72.11				05.7		
户口所在地	西沟	西沟	西沟	西沟	西沟	西沟	西沟	
工作单位及职务								
变动年月 迁入						2007.11.27 2006.7	07.11.27	
迁出						06.10	06.10	
死亡								
流入								
流出								
户口卡编号			3160			V221	~~229~~ 252	
备注			[illegible]					

H8.3.20004

图1-1-188　平顺县西沟村常住人口登记表(南赛)187

常住人口登记簿

户编：0176

姓名	任[illegible]	张[illegible]	张[illegible]					
与户主关系	儿媳	孙女	孙子					
性别	女	女	男					
出生年月	1987.10	09.7	2010.6.11					
民族	汉							
初婚时间	07.10							
户口所在地	西沟							
工作单位及职务								
变动年月 迁入	2007.11.27							
变动年月 迁出								
变动年月 死亡		09.10.1						
变动年月 流入								
变动年月 流出								
育妇卡编号	253							
备注								

图1-1-189　平顺县西沟村常住人口登记表(南赛)188

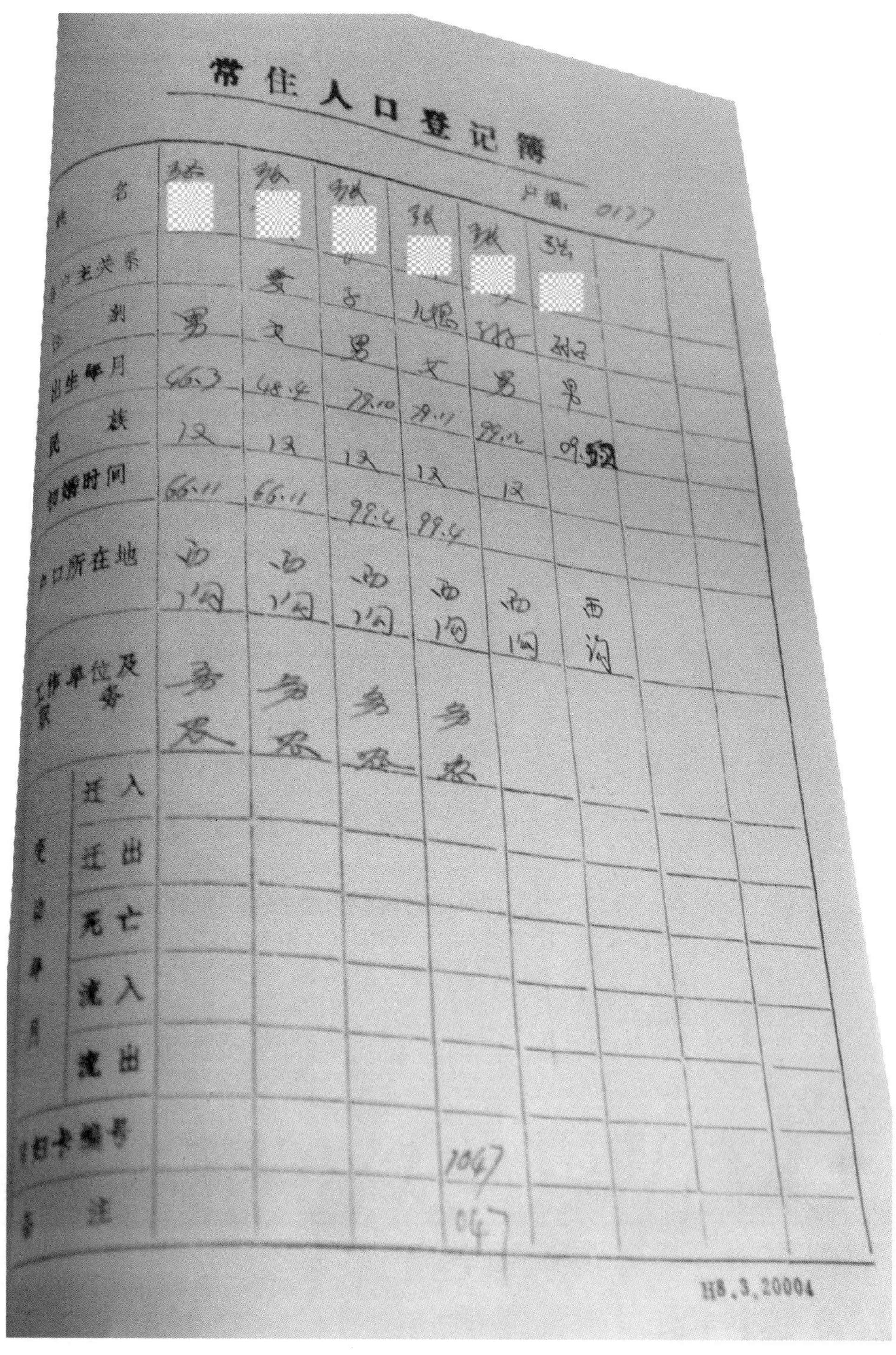

常住人口登记簿

户编：0177

姓名	张[masked]	张[masked]	张[masked]	张[masked]	张[masked]	张[masked]		
与户主关系		妻	子	儿媳	孙子	孙子		
性别	男	女	男	女	男	男		
出生年月	46.3	48.4	79.10	79.11	99.12	09.[illegible]		
民族	汉	汉	汉	汉	汉			
初婚时间	66.11	66.11	98.4	99.4				
户口所在地	西沟	西沟	西沟	西沟	西沟	西沟		
工作单位及职务	务农	务农	务农	务农				
变动年月 迁入								
迁出								
死亡								
流入								
流出								
户档卡编号				1047				
备注				047				

H8.3.20004

图1-1-190　平顺县西沟村常住人口登记表(南赛)189

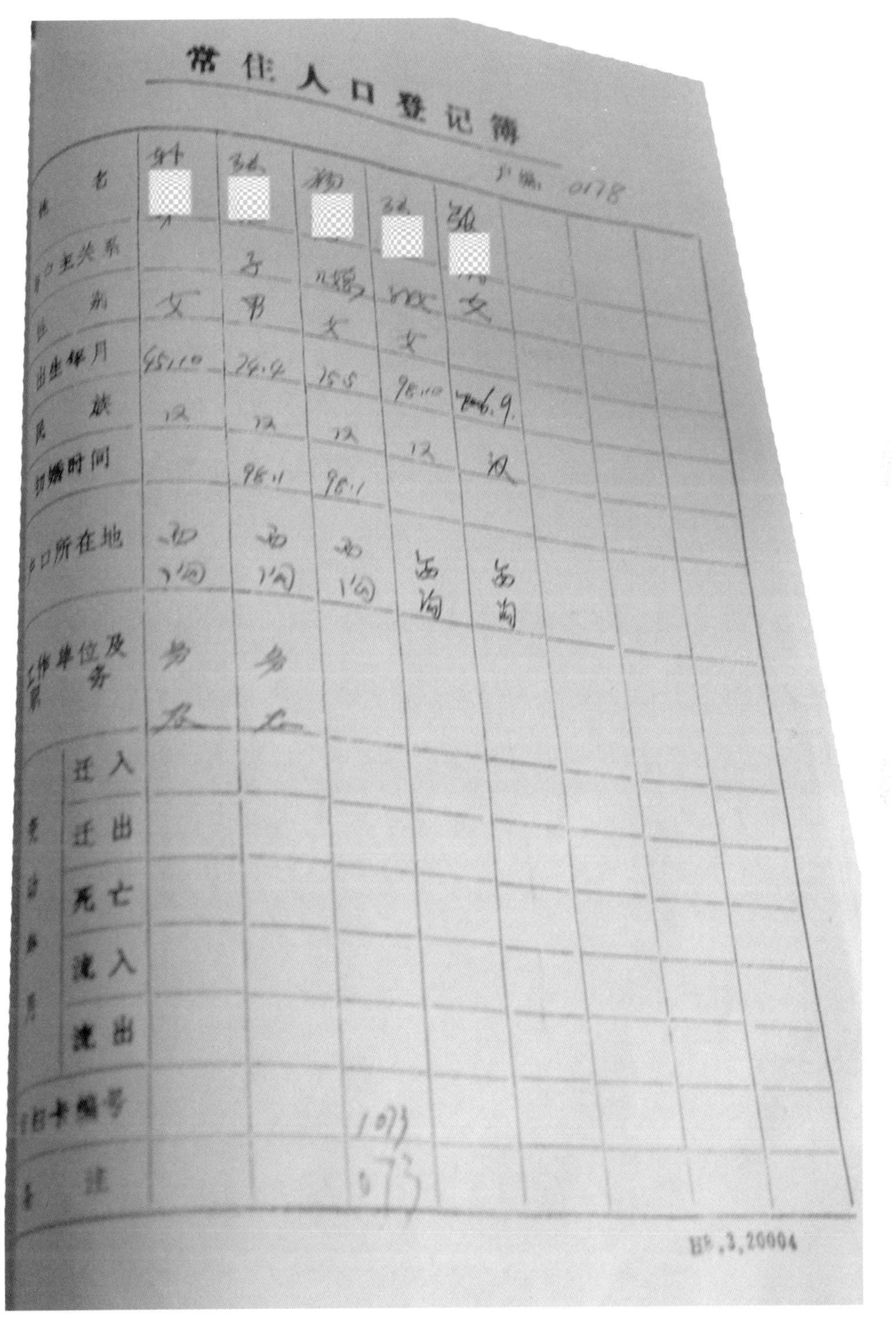

常住人口登记簿

户编 0178

姓名					
与户主关系		子	儿媳	孙女	孙女
性别	女	男	女	女	女
出生年月	45.10	74.4	75.5	98.10	2006.9
民族	汉	汉	汉	汉	汉
初婚时间		98.1	98.1		
户口所在地	西沟	西沟	西沟	西沟	西沟
工作单位及职务	务农	务农			
变动情况 迁入					
迁出					
死亡					
流入					
流出					
档案卡编号			1073		
备注			073		

HP.3,20004

图1-1-191　平顺县西沟村常住人口登记表(南赛)190

常住人口登记簿

户编：0179

姓名	张	张	张	张
与户主关系		妻	子	子
性别	男	女	男	女
出生年月	69.5	71.10	92.10	2000.1
民族	汉	汉	汉	汉
初婚时间	92.10	91.10		
户口所在地	西沟	西沟	西沟	西沟
工作单位及职务	务农	务农		
变动年月 迁入				
变动年月 迁出				
变动年月 死亡				
变动年月 流入				
变动年月 流出				
常住卡编号		2075		
备注		075		

H8.3.20004

图1-1-192　平顺县西沟村常住人口登记表(南赛)191

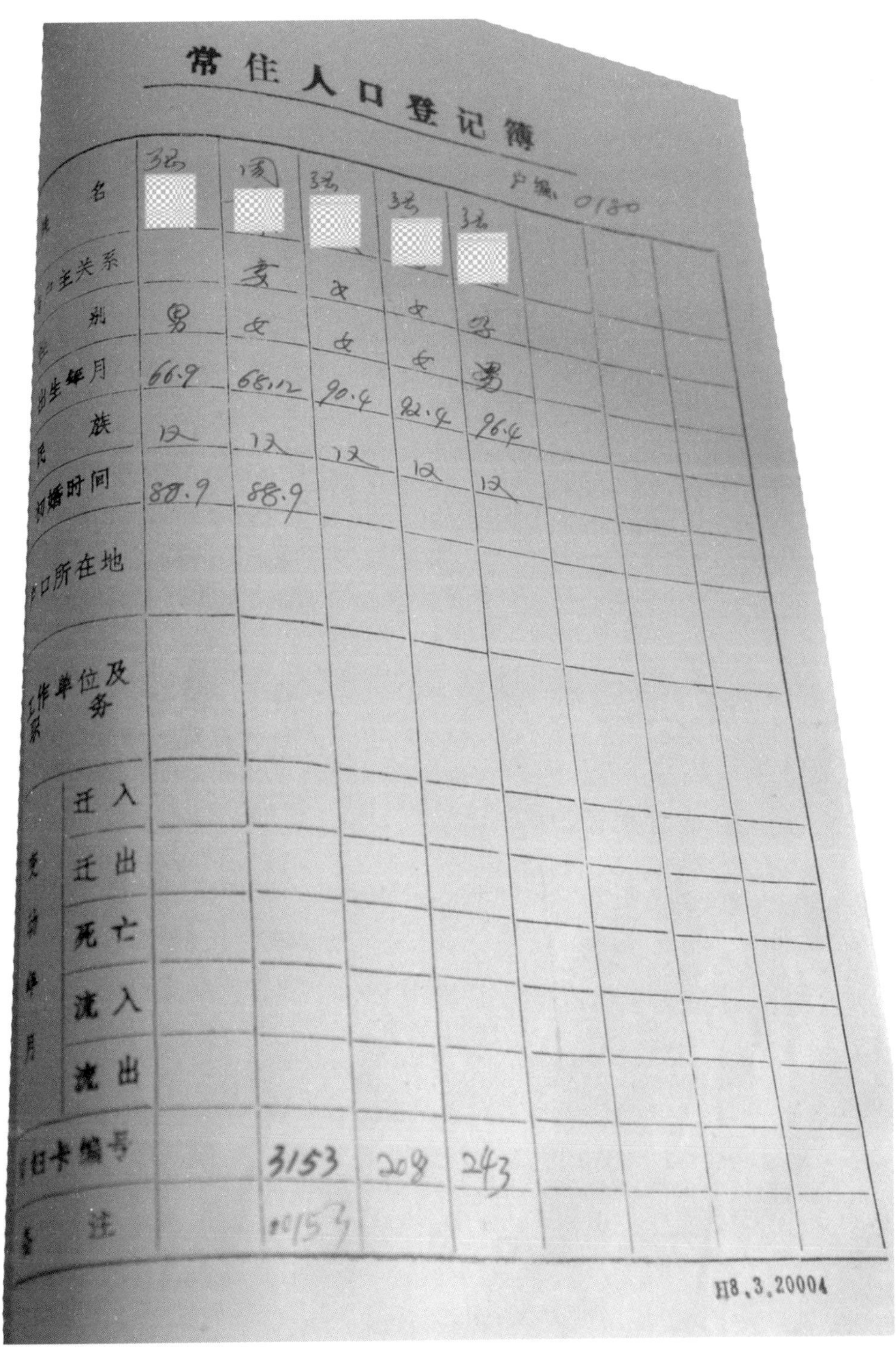

常住人口登记簿

户编 0180

姓名	张■	闫■	张■	张■	张■			
与户主关系		妻	女	女	子			
性别	男	女	女	女	男			
出生年月	66.9	68.12	90.4	82.4	96.4			
民族	汉	汉	汉	汉	汉			
初婚时间	88.9	88.9						
户口所在地								
工作单位及职务								
变动情况 迁入								
迁出								
死亡								
流入								
流出								
日卡编号		3153	208	243				
备注		0153						

H8.3.20004

图1-1-193　平顺县西沟村常住人口登记表(南赛)192

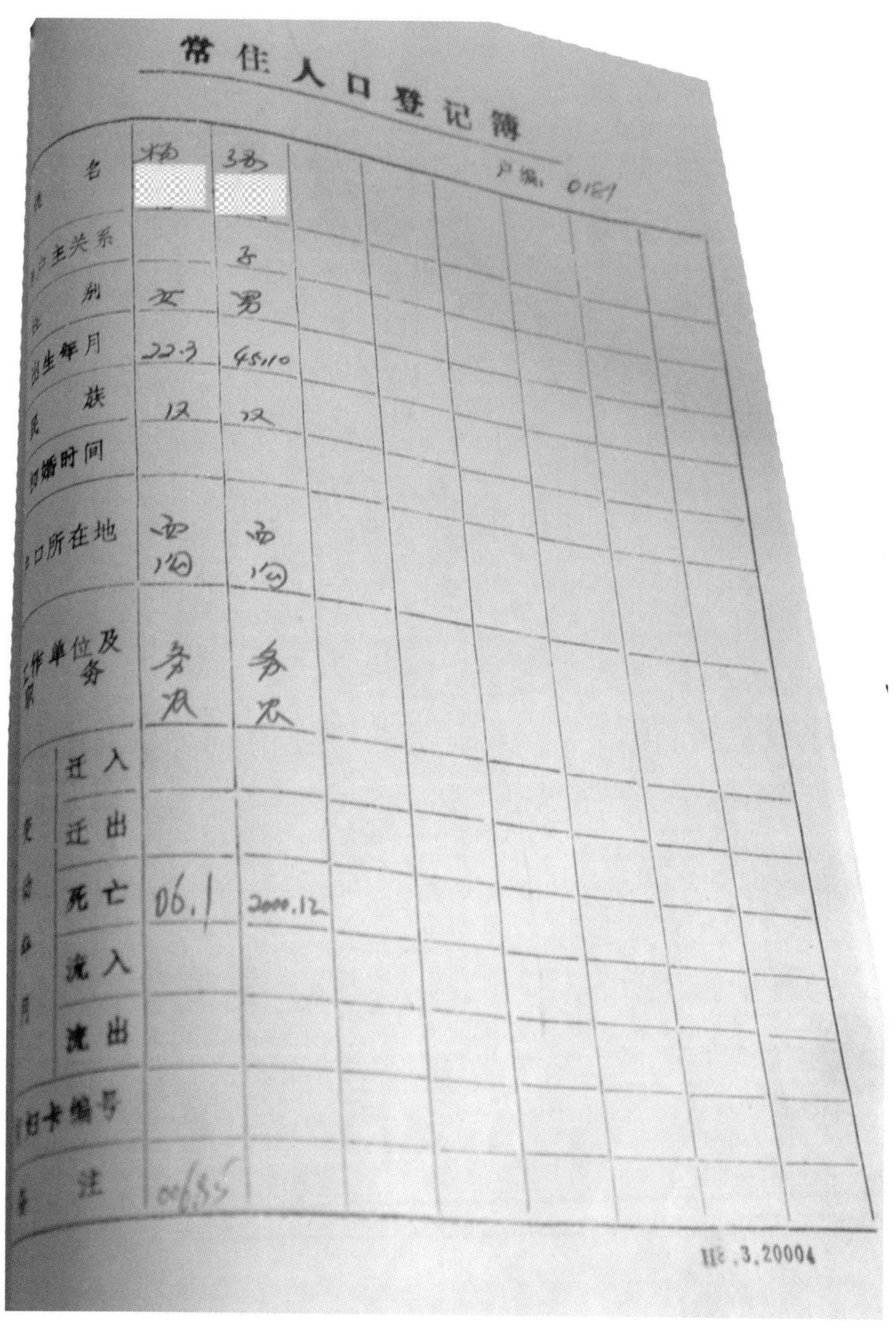

常住人口登记簿

户编：0181

项目			
姓名		杨	张
与户主关系			子
性别		女	男
出生年月		22.3	45.10
民族		汉	汉
初婚时间			
户口所在地		西沟	西沟
工作单位及职务		务农	务农
变动情况	迁入		
	迁出		
	死亡	06.1	2000.12
	流入		
	流出		
身份证卡编号			
备注		00155	

HE.3.20004

图1-1-194　平顺县西沟村常住人口登记表(南赛)193

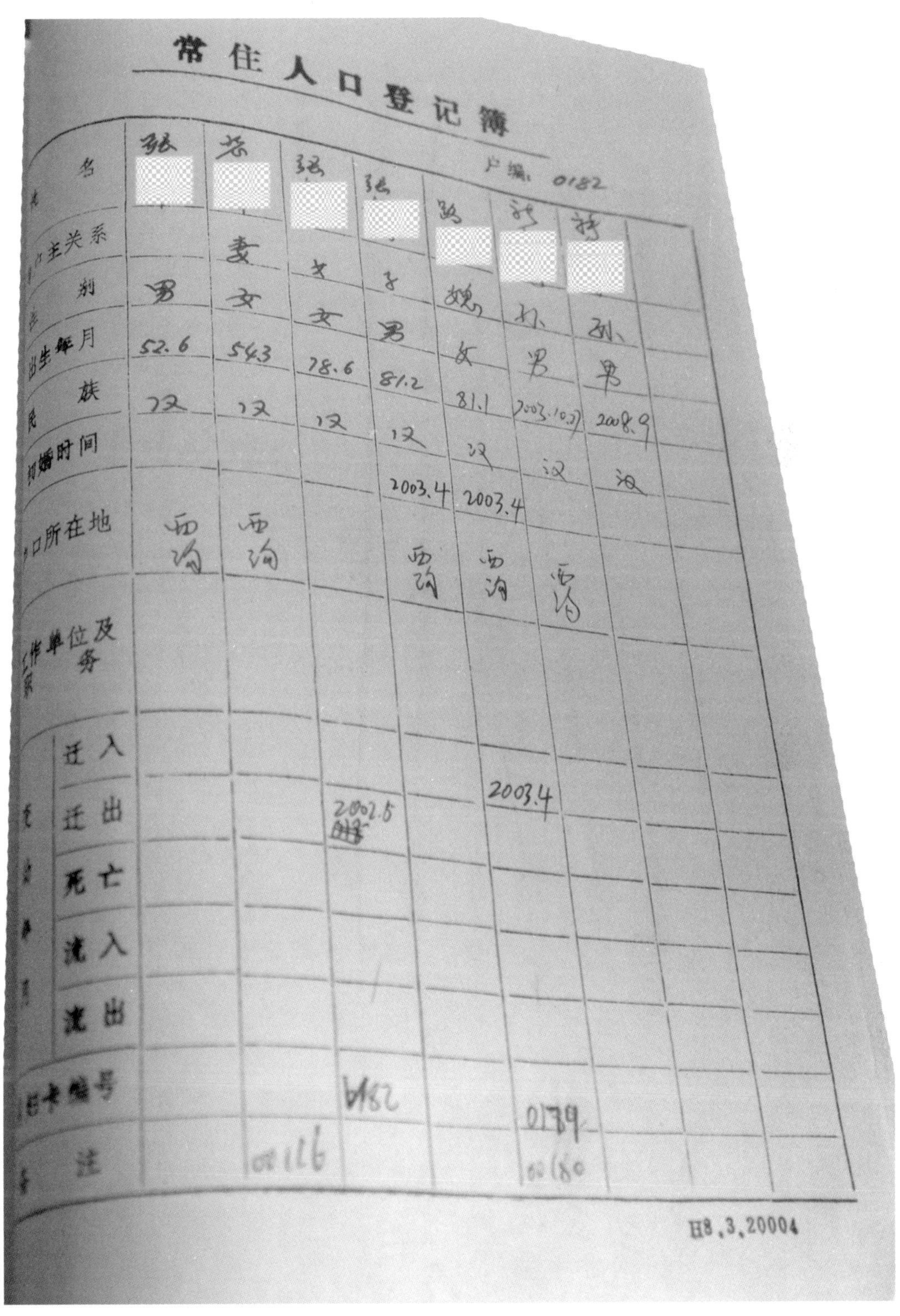

常住人口登记簿

户编：0182

姓名	张[illegible]	苏[illegible]	张[illegible]	张[illegible]	[illegible]	[illegible]	[illegible]	
与户主关系		妻	女	子	媳	孙	孙	
性别	男	女	女	男	女	男	男	
出生年月	52.6	54.3	78.6	81.2	81.1	2003.10.7	2008.9	
民族	汉	汉	汉	汉	汉	汉	汉	
初婚时间				2003.4	2003.4			
户口所在地	西沟	西沟		西沟	西沟	西沟		
工作单位及职务								
变动情况 迁入								
迁出			2002.5		2003.4			
死亡								
流入								
流出								
旧卡编号			0182			0179		
备注		00126				00180		

H8.3.20004

图1-1-195　平顺县西沟村常住人口登记表(南赛)194

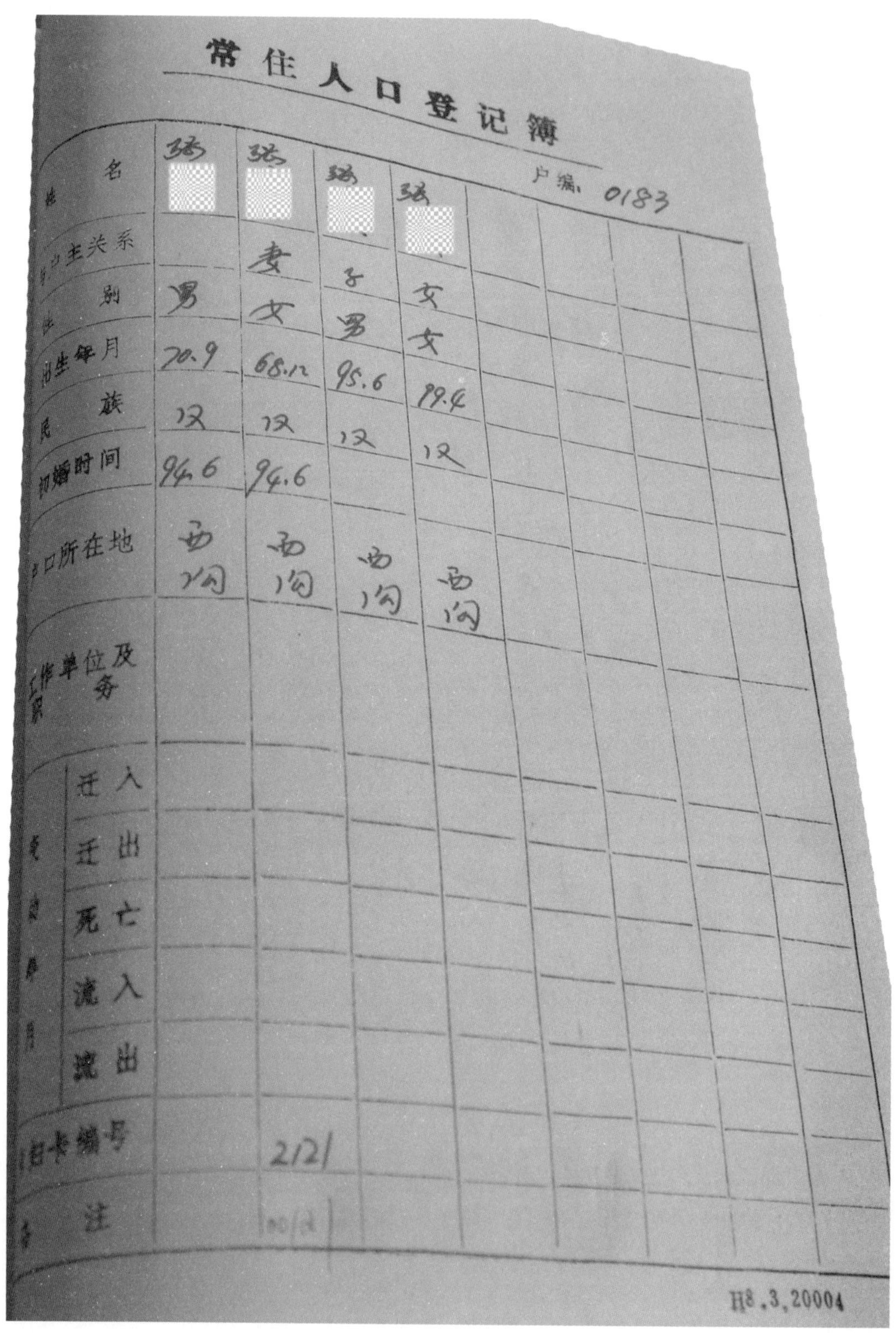

常住人口登记簿

户编 0183

姓名	张[illegible]	张[illegible]	张[illegible]	张[illegible]
与户主关系		妻	子	女
性别	男	女	男	女
出生年月	70.9	68.12	95.6	99.4
民族	汉	汉	汉	汉
初婚时间	94.6	94.6		
户口所在地	西沟	西沟	西沟	西沟
工作单位及职务				
变动事由 迁入				
变动事由 迁出				
变动事由 死亡				
变动事由 流入				
变动事由 流出				
IC卡编号		2121		
备注		[illegible]		

H8.3,20004

图1-1-196　平顺县西沟村常住人口登记表(南赛)195

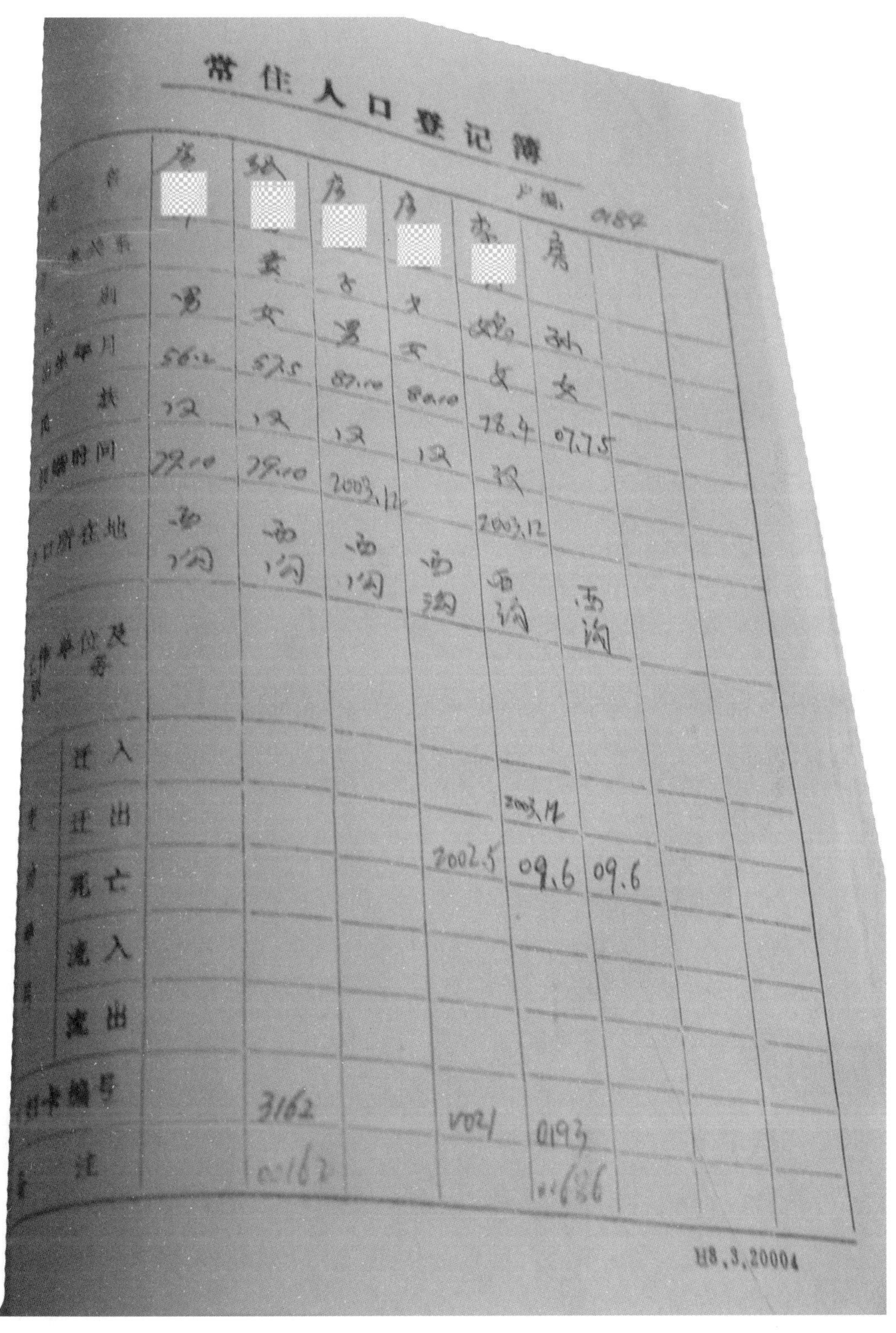

图1-1-197　平顺县西沟村常住人口登记表(南赛)196

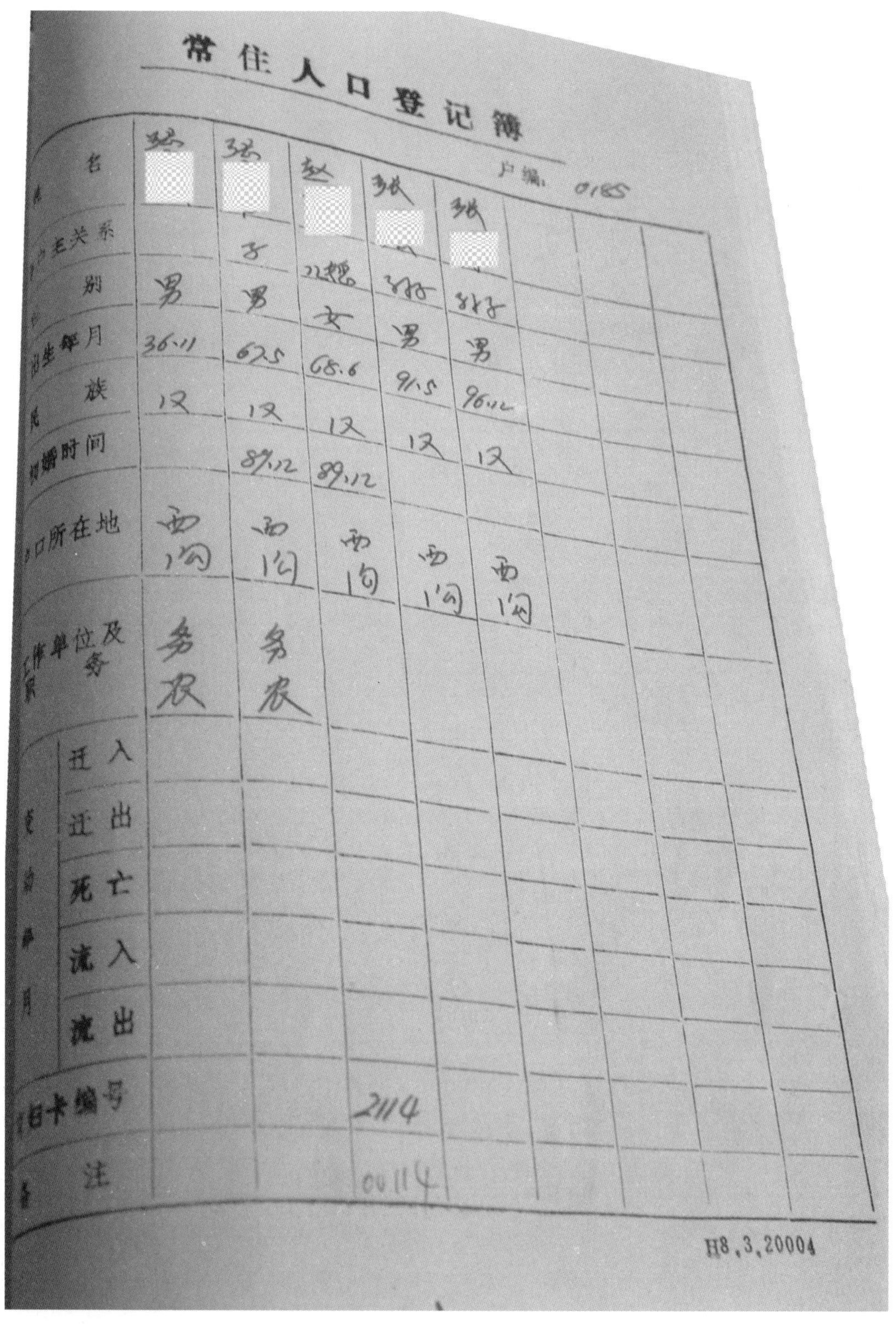

常住人口登记簿

户编：0185

姓名	张[redacted]	张[redacted]	赵[redacted]	张[redacted]	张[redacted]
与户主关系		子	儿媳	孙子	孙子
性别	男	男	女	男	男
出生年月	36.11	62.5	68.6	91.5	96.12
民族	汉	汉	汉	汉	汉
结婚时间		89.12	89.12		
户口所在地	西沟	西沟	西沟	西沟	西沟
工作单位及职务	务农	务农			
变动情况 迁入					
迁出					
死亡					
流入					
流出					
身份证卡编号			2114		
备注			00114		

H8.3.20004

图1-1-198　平顺县西沟村常住人口登记表(南赛)197

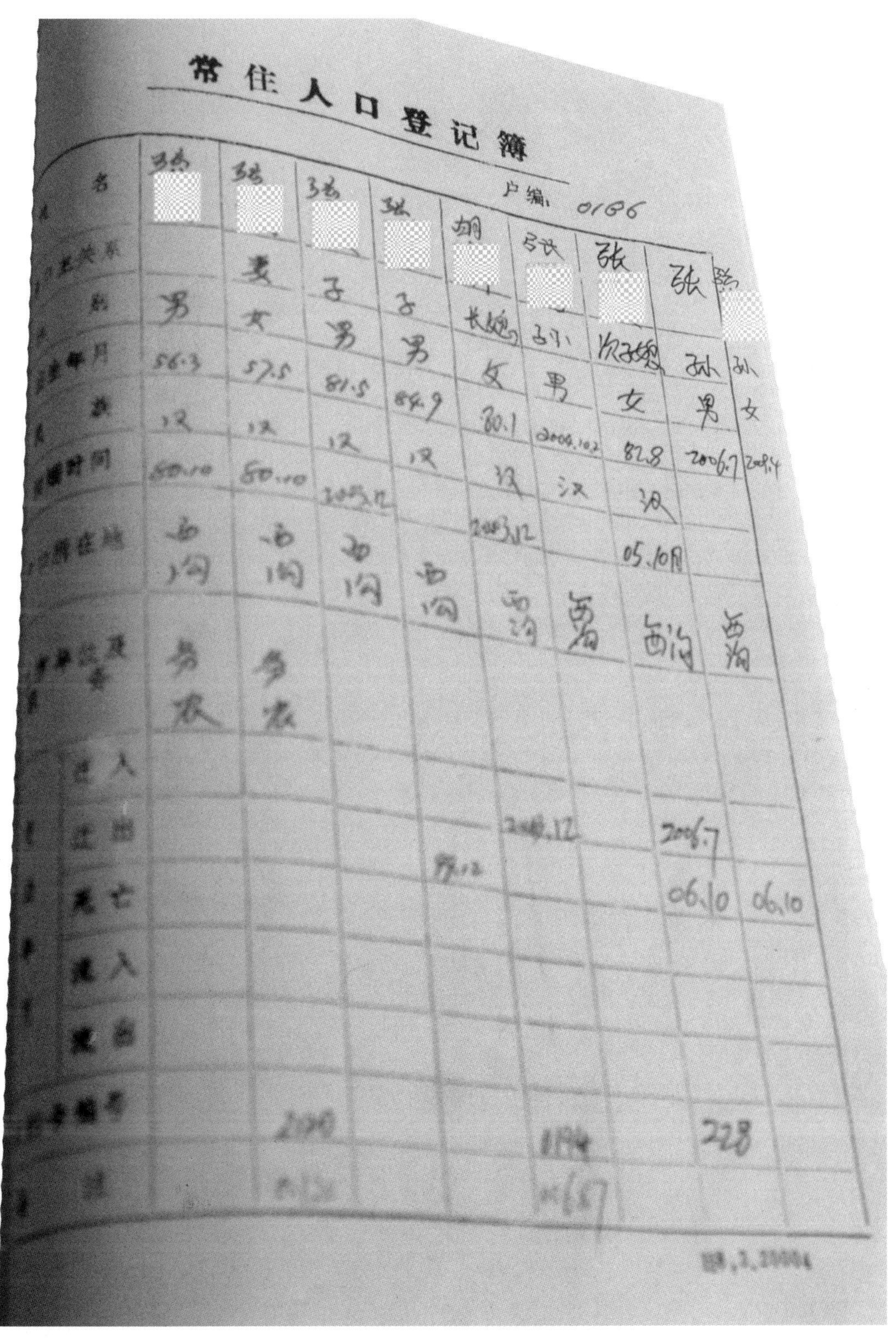

图1-1-199　平顺县西沟村常住人口登记表(南赛)198

图1-1-200　平顺县西沟村常住人口登记表(南赛)199

常住人口登记簿

户编 0188

项目	
姓名	
与户主关系	
性别	女
出生年月	2021
民族	汉
结婚时间	
户口所在地	西沟
工作单位及职务	务农
迁入	
迁出	
死亡	
流入	
流出	
编号	
注	

H8.3.20004

图1-1-201　平顺县西沟村常住人口登记表(南赛)200

常住人口登记簿

户编：0187

项目	
姓名	
与户主关系	
性别	男
出生年月	23.12
民族	汉
初婚时间	
户口所在地	西沟
工作单位及职务	务农
变动日期 迁入	
迁出	
死亡	02 12.12
流入	
流出	
档卡编号	
备注	

H8,3,20004

图1-1-202　平顺县西沟村常住人口登记表(南赛)201

常住人口登记簿

户编：0191

项目	
姓名	
与户主关系	
性别	男
出生年月	22.3
民族	汉
结婚时间	
户口所在地	西沟
工作单位及职务	务农
变动情况 迁入	
变动情况 迁出	
变动情况 死亡	
变动情况 流入	
变动情况 流出	
户籍卡编号	
备注	

Hé.3.20004

图1-1-203　平顺县西沟村常住人口登记表(南赛)202

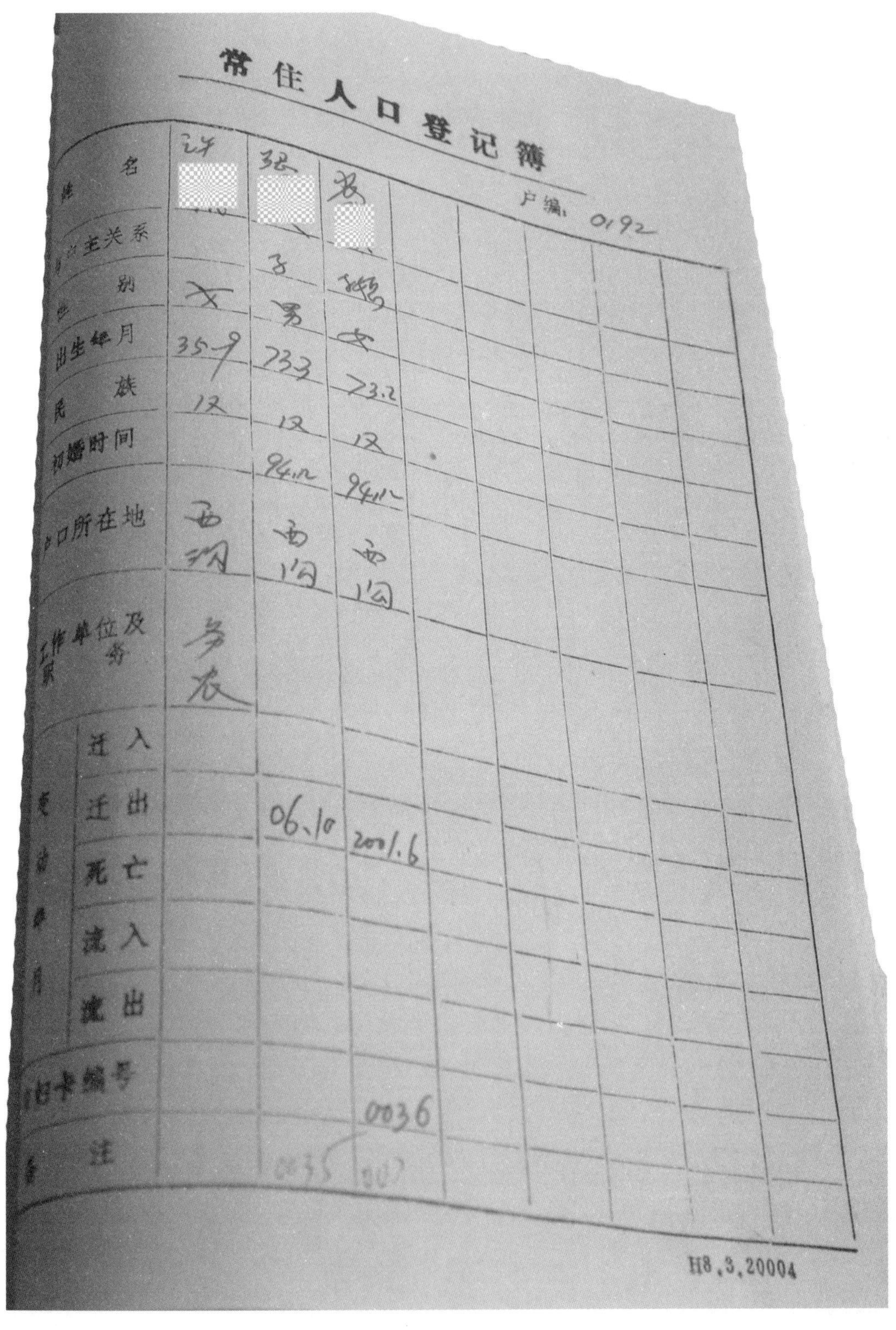

常住人口登记簿

户编：0192

姓名	许	张	[illegible]				
户主关系		子	儿媳				
性别	女	男	女				
出生年月	35.9	73.3	73.2				
民族	汉	汉	汉				
初婚时间		94.12	94.12				
户口所在地	西沟	西沟	西沟				
工作单位及职务	务农						
变动情况 迁入							
变动情况 迁出		06.10	2001.6				
变动情况 死亡							
变动情况 流入							
变动情况 流出							
IC卡编号			0036				
备注		0035	0037				

H8.3.20004

图1-1-204　平顺县西沟村常住人口登记表(南赛)203

常住人口登记簿

户编：0193

项目	
姓名	吴
与户主关系	
性别	女
出生年月	16.1
民族	汉
初婚时间	
户口所在地	西沟
工作单位及职务	务农
变动时间 迁入	
变动时间 迁出	
变动时间 死亡	06.10
变动时间 流入	
变动时间 流出	
身份证编号	
备注	0693

H8,3,20004

图1-1-205　平顺县西沟村常住人口登记表(南赛)204

常住人口登记簿

户编 0194

姓名	张[redacted]	张[redacted]	张[redacted]	张[redacted]				
与户主关系		妻	女	孙				
性别	男	女	女	男				
出生年月	68.6	2010	98.9	2003.7				
民族	汉	汉	汉	汉				
初婚时间	95.12	95.12						
户口所在地	西沟	西沟	西沟	西沟				
工作单位及职务	务农	务农						
变动情况 迁入								
迁出								
死亡								
流入								
流出								
身份证编号								
备注								

H8.3.20004

图1-1-206　平顺县西沟村常住人口登记表(南赛)205

常住人口登记簿

户编：0195

姓名	郭[illegible]
与户主关系	
性别	女
出生年月	29.2
民族	汉
初婚时间	
户口所在地	西沟
工作单位及职务	务农
变动情况 迁入	
变动情况 迁出	
变动情况 死亡	
变动情况 流入	
变动情况 流出	
户口卡编号	
备注	00692

H8.3.20004

图1-1-207　平顺县西沟村常住人口登记表(南赛)206

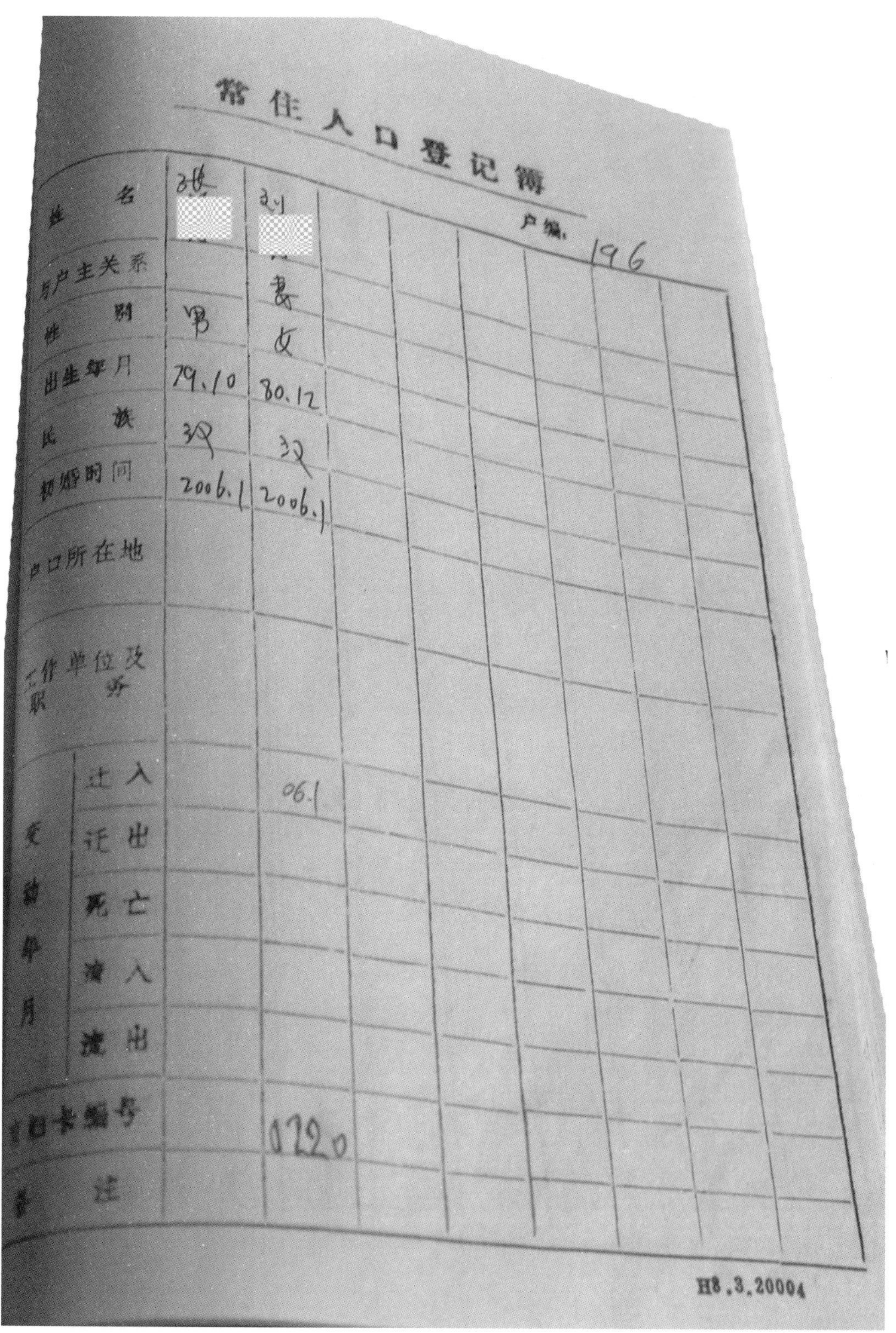

常住人口登记簿

户编：196

姓名	张	刘
与户主关系		妻
性别	男	女
出生年月	79.10	80.12
民族	汉	汉
初婚时间	2006.1	2006.1
户口所在地		
工作单位及职务		
变动年月 迁入		06.1
变动年月 迁出		
变动年月 死亡		
变动年月 流入		
变动年月 流出		
户口卡编号		0220
备注		

H8.3.20004

图1-1-208　平顺县西沟村常住人口登记表(南赛)207

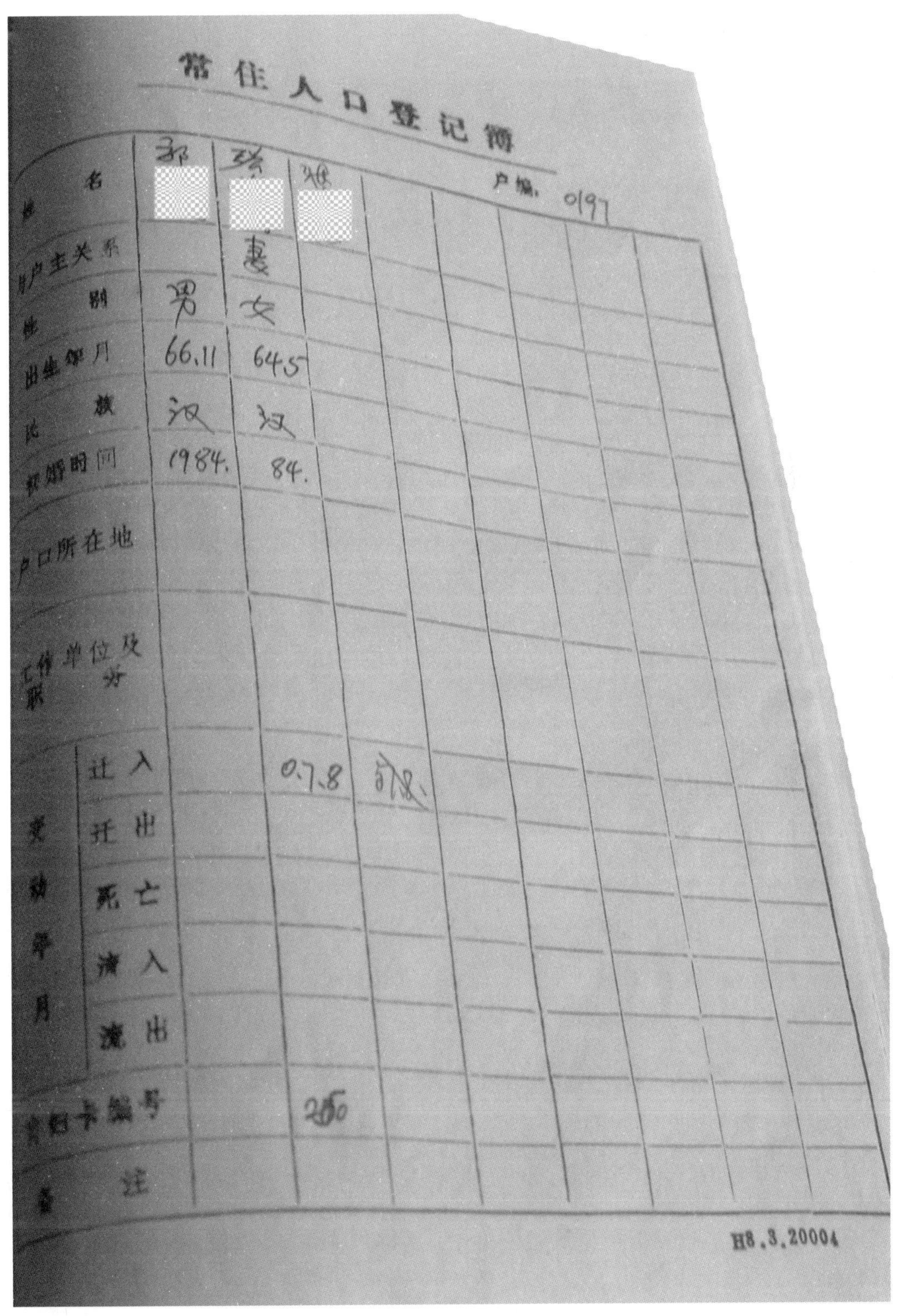

常住人口登记簿

户编：0197

姓名	郭	瑞	娜
与户主关系		妻	
性别	男	女	
出生年月	66.11	64.5	
民族	汉	汉	
结婚时间	1984.	84.	
户口所在地			
工作单位及职务			
变动年月 迁入		0.7.8	[illegible]
迁出			
死亡			
流入			
流出			
档案卡编号		250	
备注			

H8.3.20004

图1-1-209　平顺县西沟村常住人口登记表(南赛)208

常住人口登记簿

户编：0198

姓名	李	程
与户主关系		妻
性别	男	女
出生年月	80.12	1976.7.8
民族		汉
初婚时间	09.12	
户口所在地		
工作单位及职务		
变动年月 迁入		
变动年月 迁出		
变动年月 死亡		
变动年月 流入		
变动年月 流出		
户口卡编号		272
备注		

H8.3.20004

图1-1-210 平顺县西沟村常住人口登记表(南赛)209

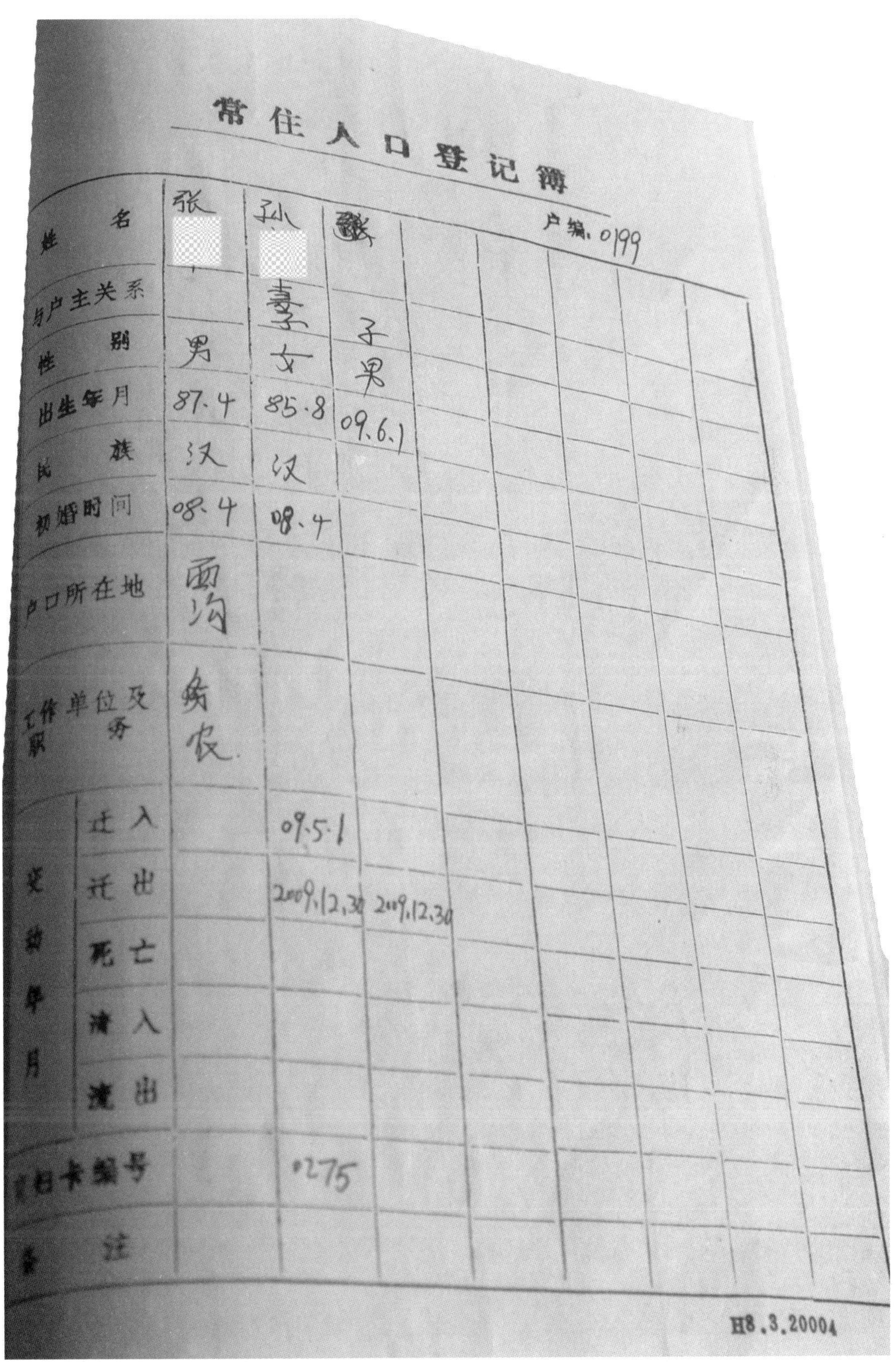

常住人口登记簿

户编.0199

姓名	张[redacted]	孙[redacted]	[illegible]					
与户主关系		妻	子					
性别	男	女	男					
出生年月	87.4	85.8	09.6.1					
民族	汉	汉						
初婚时间	08.4	08.4						
户口所在地	西沟							
工作单位及职务	务农							
变动年月 迁入		09.5.1						
变动年月 迁出		2009.12.30	2009.12.30					
变动年月 死亡								
变动年月 流入								
变动年月 流出								
档案卡编号		0275						
备注								

H8.3.20004

图1-1-211　平顺县西沟村常住人口登记表(南赛)210

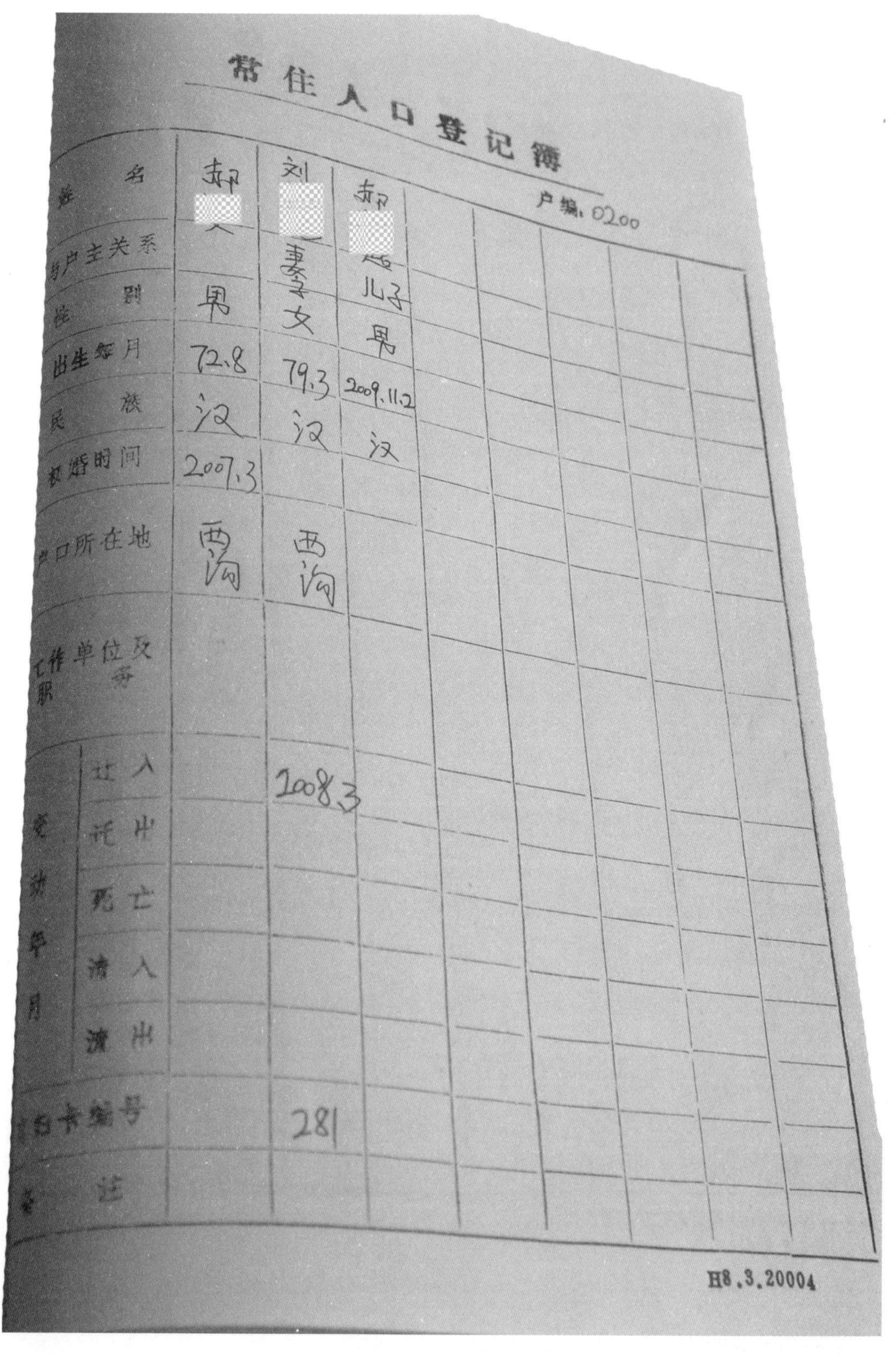

常住人口登记簿

户编：0200

姓名	郝[illegible]	刘[illegible]	郝[illegible]					
与户主关系		妻	儿子					
性别	男	女	男					
出生年月	72.8	79.3	2009.11.2					
民族	汉	汉	汉					
初婚时间	2007.3							
户口所在地	西沟	西沟						
工作单位及职务								
变动年月 迁入		2008.3						
变动年月 迁出								
变动年月 死亡								
变动年月 流入								
变动年月 流出								
身份证编号		281						
备注								

H8.3.20004

图1-1-212　平顺县西沟村常住人口登记表(南赛)211

（二）劳动力及青壮年人口统计

（1）平顺县西沟村1977年劳动力统计表

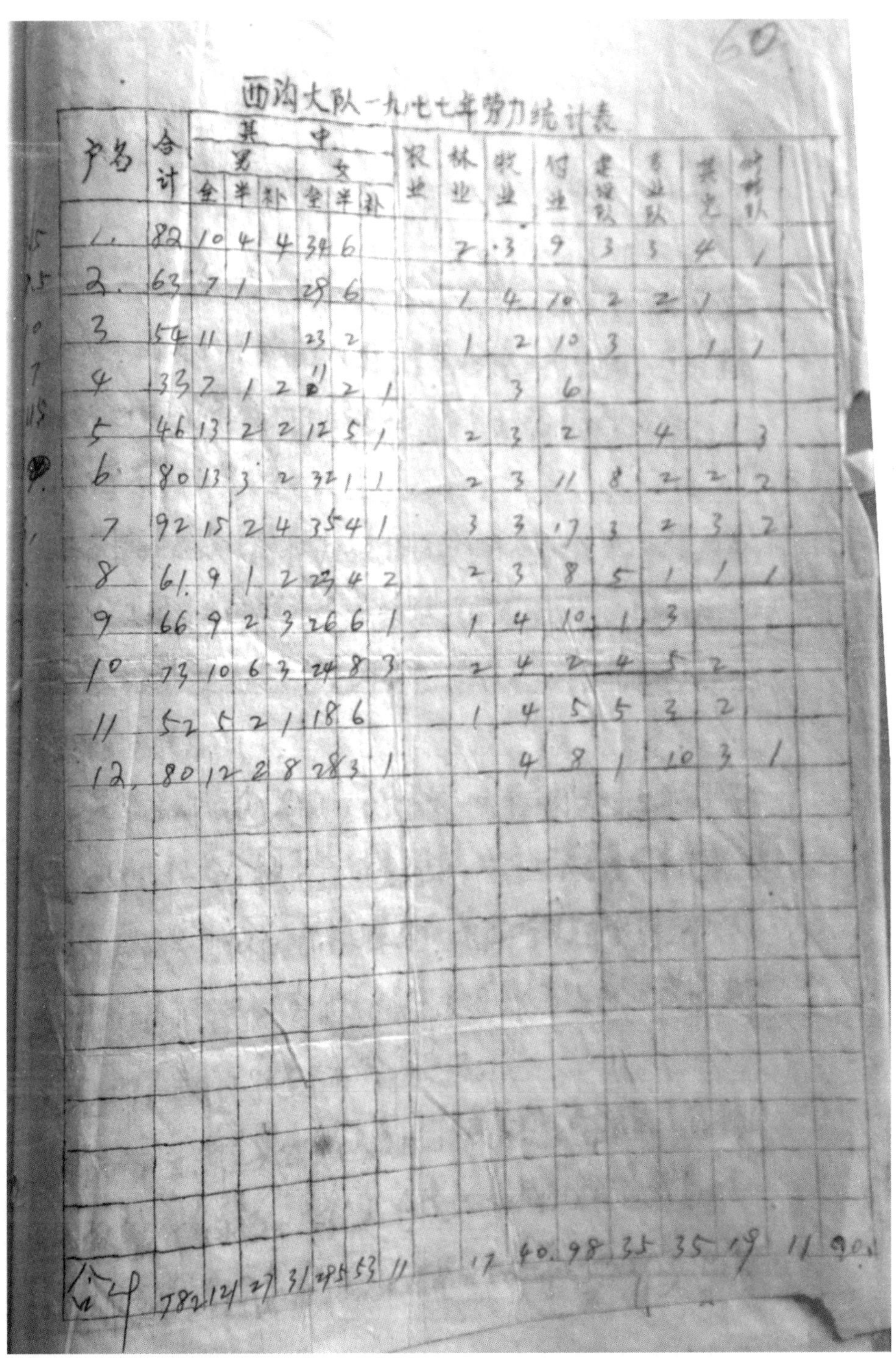

西沟大队一九七七年劳力统计表

户名	合计	其中 男 全	男 半	男 补	女 全	女 半	女 补	农业	林业	牧业	付业	基建队	专业队	其它	[illegible]队	
1	82	10	4	4	34	6			2	3	9	3	3	4	1	
2	63	7	1		28	6			1	4	10	2	2	1		
3	54	11	1		23	2			1	2	10	3		1	1	
4	33	7	1	2	11	2	1			3	6					
5	46	13	2	2	12	5	1		2	3	2		4		3	
6	80	13	3	2	32	1	1		2	3	11	8	2	2	2	
7	92	15	2	4	35	4	1		3	3	17	3	2	3	2	
8	61	9	1	2	23	4	2		2	3	8	5	1	1	1	
9	66	9	2	3	26	6	1		1	4	10	1	3			
10	73	10	6	3	24	8	3		2	4	2	4	5	2		
11	52	5	2	1	18	6			1	4	5	5	3	2		
12	80	12	2	8	28	3	1			4	8	1	10	3	1	
合计	782	121	27	31	285	53	11		17	40	98	35	35	19	11	90

图1-2-1　平顺县西沟村1977年劳动力统计表

（2）平顺县西沟村1986年青壮年统计表

1、南赛

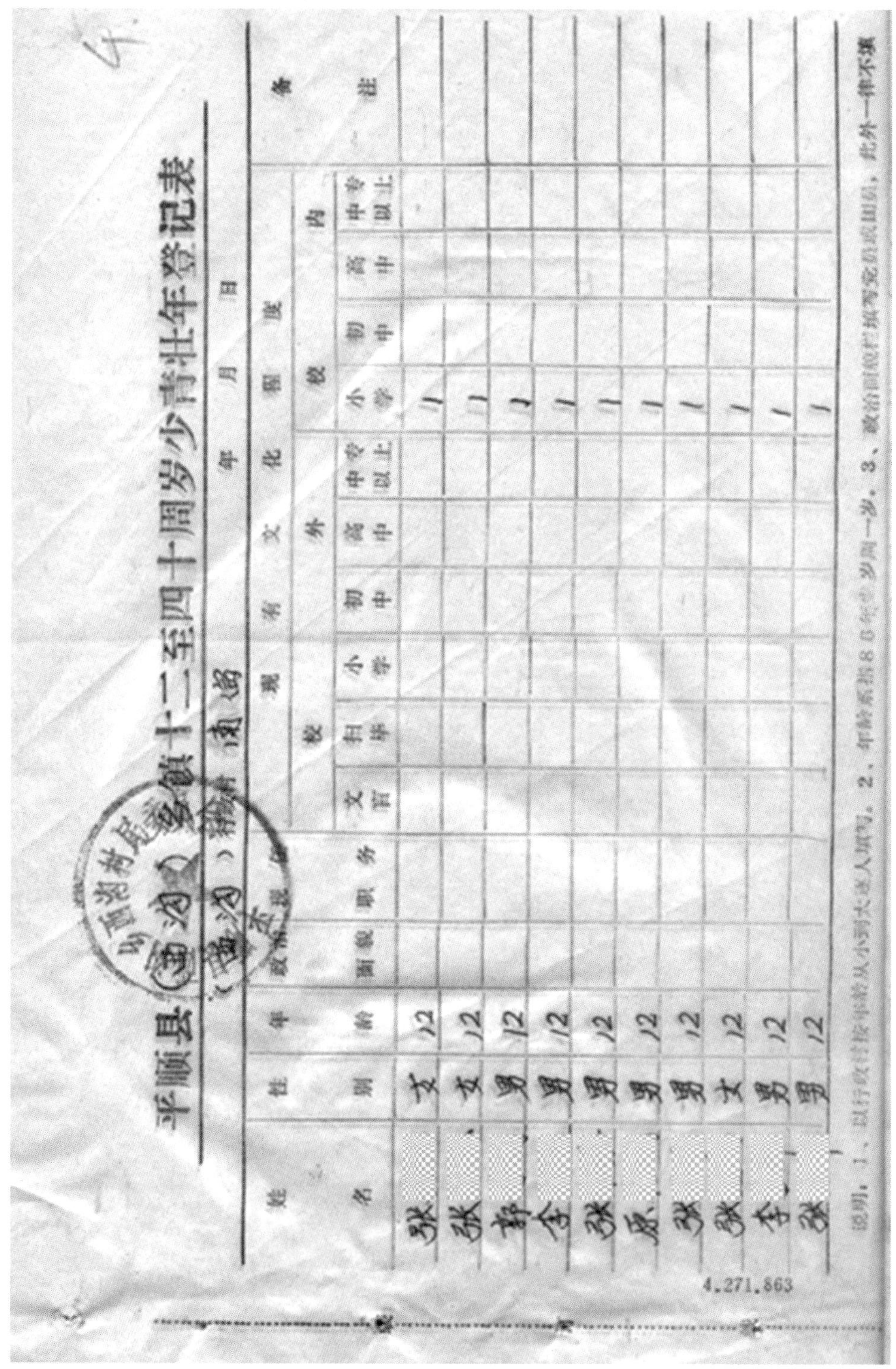

平顺县（西沟）乡镇十二至四十周岁少青壮年登记表

（西沟）村 南赛　　年　月　日

姓名	性别	年龄	政治面貌	职务	校外：文盲	校外：扫盲	校外：小学	校外：初中	校外：高中	校外：中专以上	校内：小学	校内：初中	校内：高中	校内：中专以上	备注
张	女	12									/				
张	女	12									/				
郭	男	12									/				
李	男	12									/				
张	男	12									/				
原	男	12									/				
张	男	12									/				
张	女	12									/				
李	男	12									/				
张	男	12									/				

说明：1、以行政村按年龄从小到大逐人填写。2、年龄系指86年（）岁周一岁。3、政治面貌栏填写党员或团员，此外一律不填

4.271.863

图1-2-2-1-1　平顺县西沟村(南赛)1986年青壮年统计表1

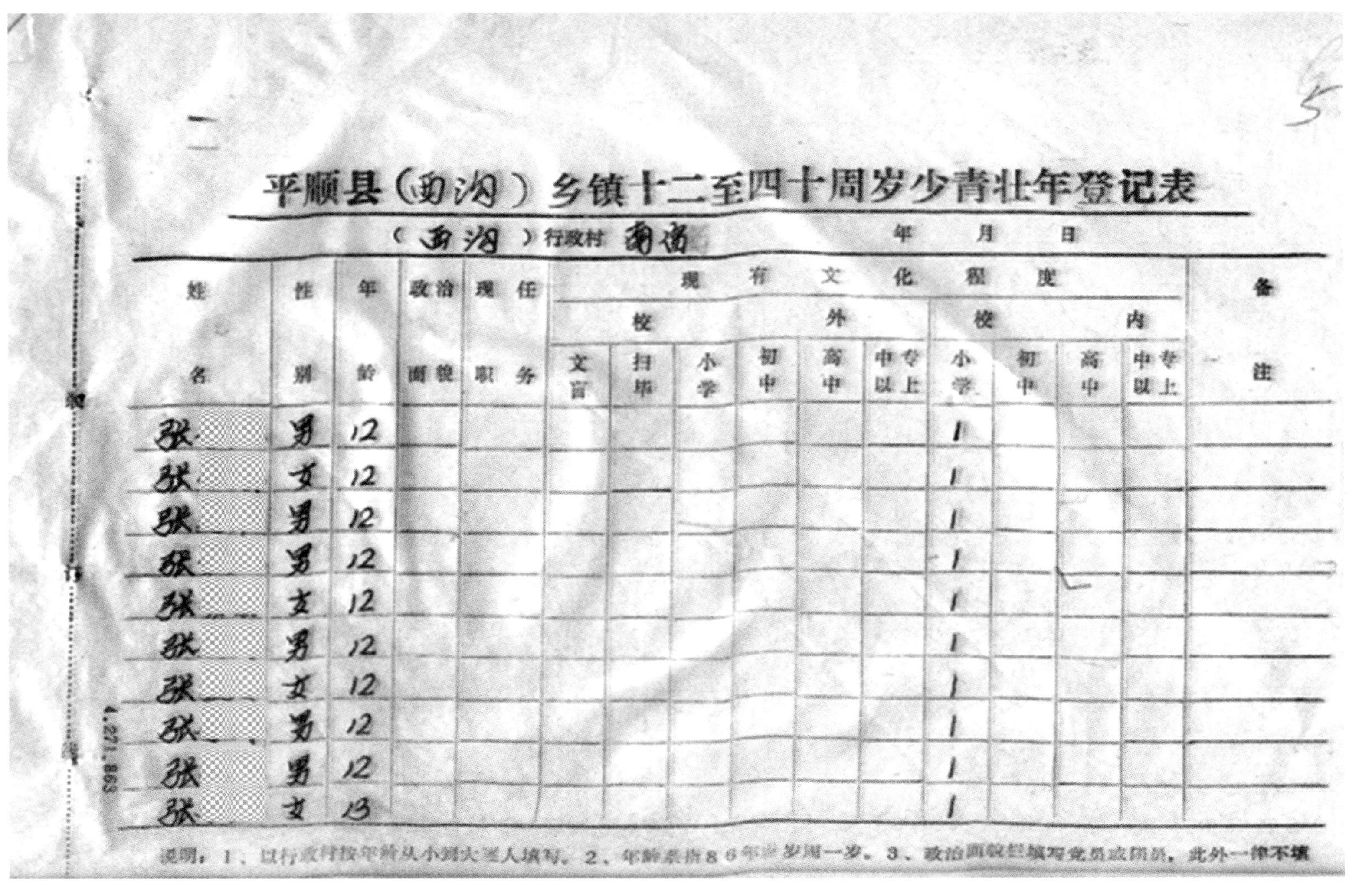

二

平顺县（西沟）乡镇十二至四十周岁少青壮年登记表

（西沟）行政村 南赛　　　年　月　日

姓名	性别	年龄	政治面貌	现任职务	现有文化程度 校外 文盲	扫盲	小学	初中	高中	中专以上	校内 小学	初中	高中	中专以上	备注
张	男	12									/				
张	女	12									/				
张	男	12									/				
张	男	12									/				
张	女	12									/				
张	男	12									/				
张	女	12									/				
张	男	12									/				
张	男	12									/				
张	女	13									/				

说明：1、以行政村按年龄从小到大逐人填写。2、年龄系指86年实岁周一岁。3、政治面貌栏填写党员或团员，此外一律不填

4.271.863

图1-2-2-1-2　平顺县西沟村(南赛)1986年青壮年统计表2

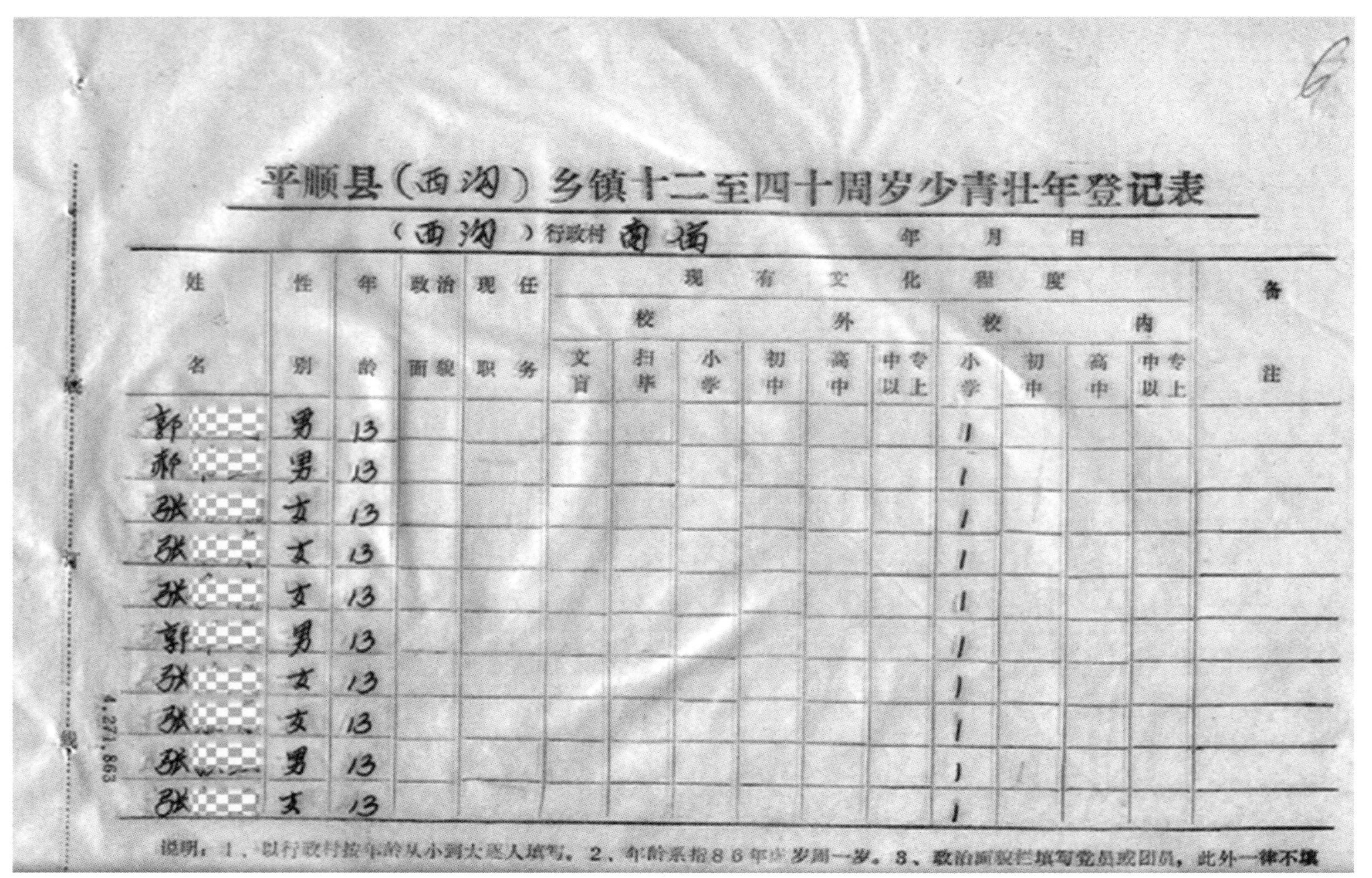

平顺县（西沟）乡镇十二至四十周岁少青壮年登记表

（西沟）行政村 南嵹　　年　月　日

姓名	性别	年龄	政治面貌	现任职务	现有文化程度 校外 文盲	校外 扫盲	校外 小学	校外 初中	校外 高中	校外 中专以上	校内 小学	校内 初中	校内 高中	校内 中专以上	备注
郭	男	13									1				
郝	男	13									1				
张	女	13									1				
张	女	13									1				
张	女	13									1				
郭	男	13									1				
张	女	13									1				
张	女	13									1				
张	男	13									1				
张	女	13									1				

4.271,863

说明：1、以行政村按年龄从小到大逐人填写。2、年龄系指86年应岁周一岁。3、政治面貌栏填写党员或团员，此外一律不填

图1-2-2-1-3　平顺县西沟村(南赛)1986年青壮年统计表3

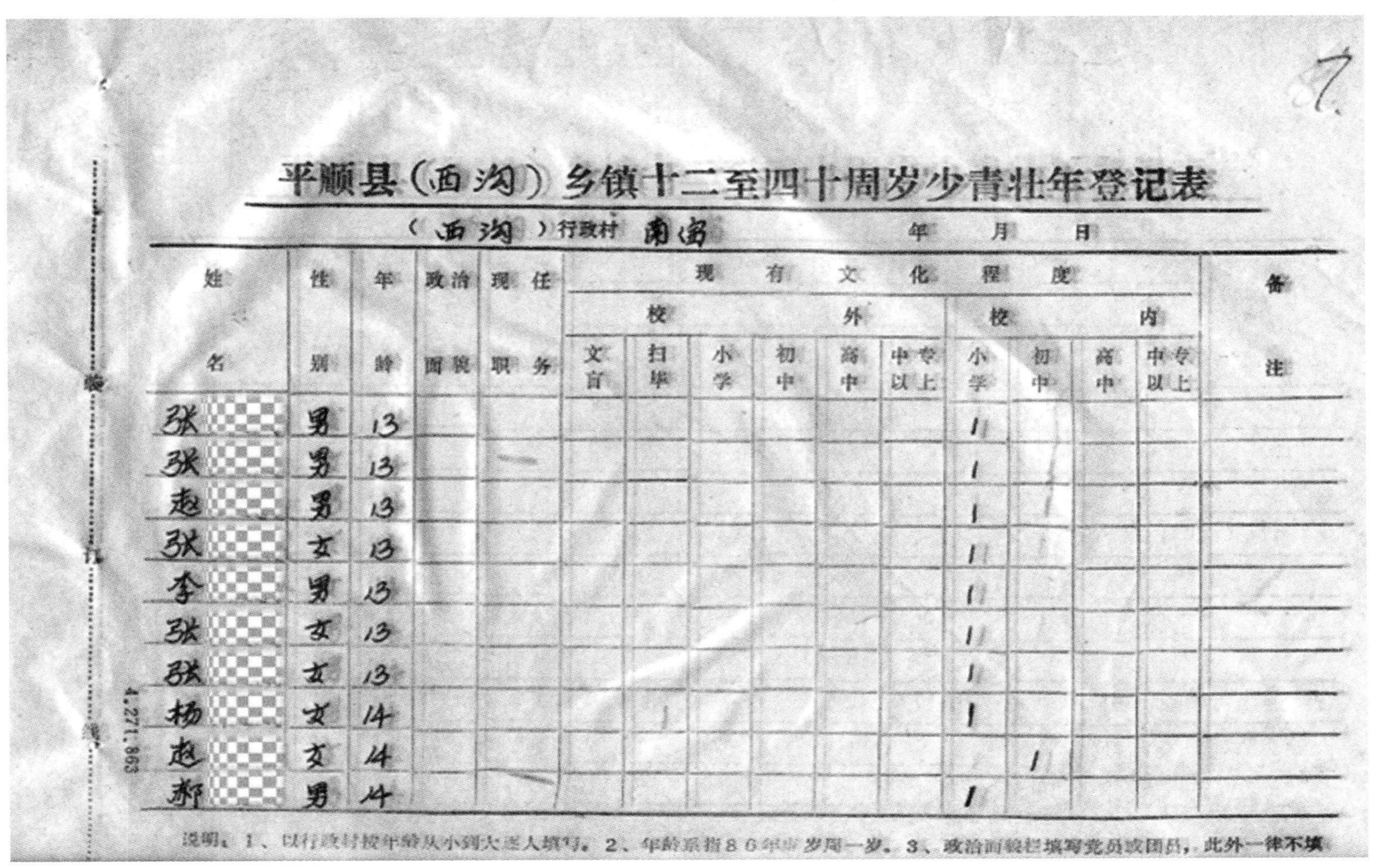

平顺县（西沟）乡镇十二至四十周岁少青壮年登记表

（西沟）行政村 南赛　　年　月　日

姓名	性别	年龄	政治面貌	现任职务	现有文化程度 校外 文盲	扫盲	小学	初中	高中	中专以上	校内 小学	初中	高中	中专以上	备注
张	男	13									/				
张	男	13									/				
赵	男	13									/				
张	女	13									/				
李	男	13									/				
张	女	13									/				
张	女	13									/				
杨	女	14									/				
赵	女	14										/			
郝	男	14									/				

说明：1、以行政村按年龄从小到大逐人填写。2、年龄系指86年☐岁周一岁。3、政治面貌栏填写党员或团员，此外一律不填

4.271.863

图1-2-2-1-4　平顺县西沟村(南赛)1986年青壮年统计表4

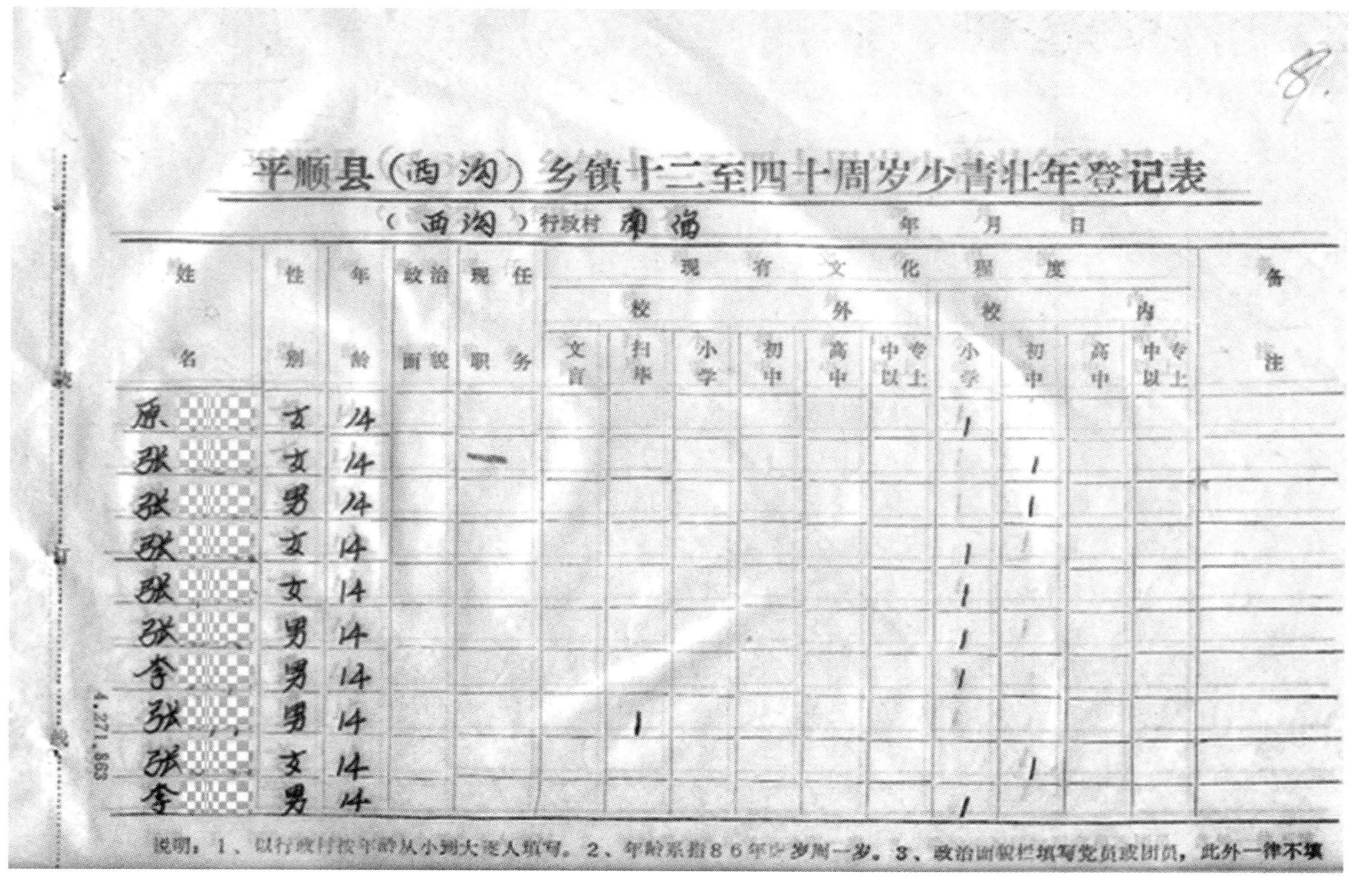

8.

平顺县（西沟）乡镇十二至四十周岁少青壮年登记表

（ 西沟 ）行政村 南赛　　　　年　　月　　日

姓名	性别	年龄	政治面貌	现任职务	现有文化程度：校外：文盲	校外：扫盲	校外：小学	校外：初中	校外：高中	校外：中专以上	校内：小学	校内：初中	校内：高中	校内：中专以上	备注
原	女	14									1				
张	女	14		—								1			
张	男	14										1			
张	女	14									1				
张	女	14									1				
张	男	14									1				
李	男	14									1				
张	男	14				1									
张	女	14										1			
李	男	14									1				

说明：1、以行政村按年龄从小到大逐人填写。2、年龄系指86年足岁周一岁。3、政治面貌栏填写党员或团员，此外一律不填

4.271.863

图1-2-2-1-5　平顺县西沟村(南赛)1986年青壮年统计表5

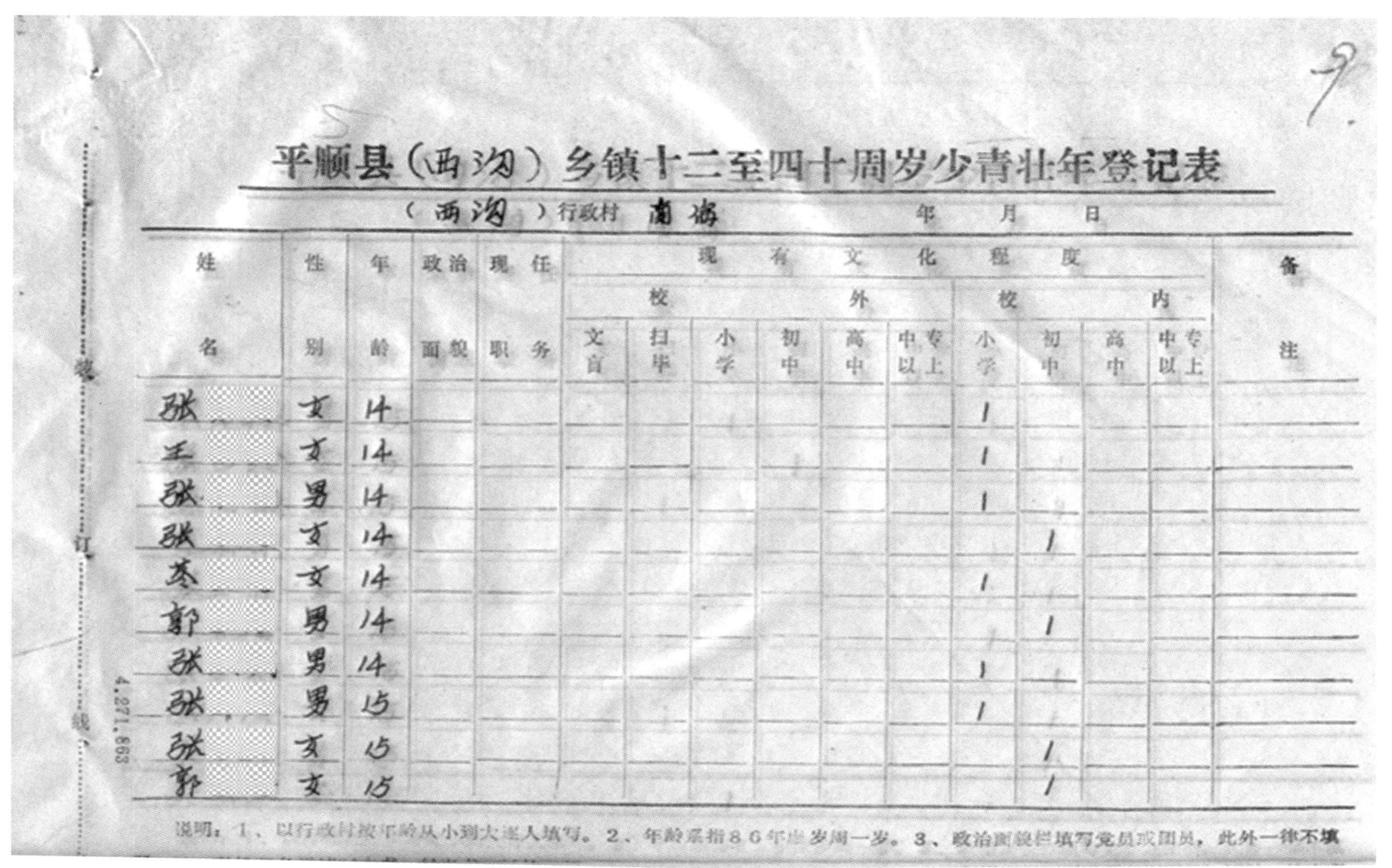

平顺县（西沟）乡镇十二至四十周岁少青壮年登记表

（西沟）行政村 南赛　　　　年　月　日

姓名	性别	年龄	政治面貌	现任职务	现有文化程度										备注
					校外						校内				
					文盲	扫盲	小学	初中	高中	中专以上	小学	初中	高中	中专以上	
张	女	14									/				
王	女	14									/				
张	男	14									/				
张	女	14										/			
李	女	14									/				
郭	男	14										/			
张	男	14									/				
张	男	15									/				
张	女	15										/			
郭	女	15										/			

说明：1、以行政村按年龄从小到大逐人填写。2、年龄系指８６年出岁周一岁。3、政治面貌栏填写党员或团员，此外一律不填

4.271.863

图1-2-2-1-6　平顺县西沟村(南赛)1986年青壮年统计表6

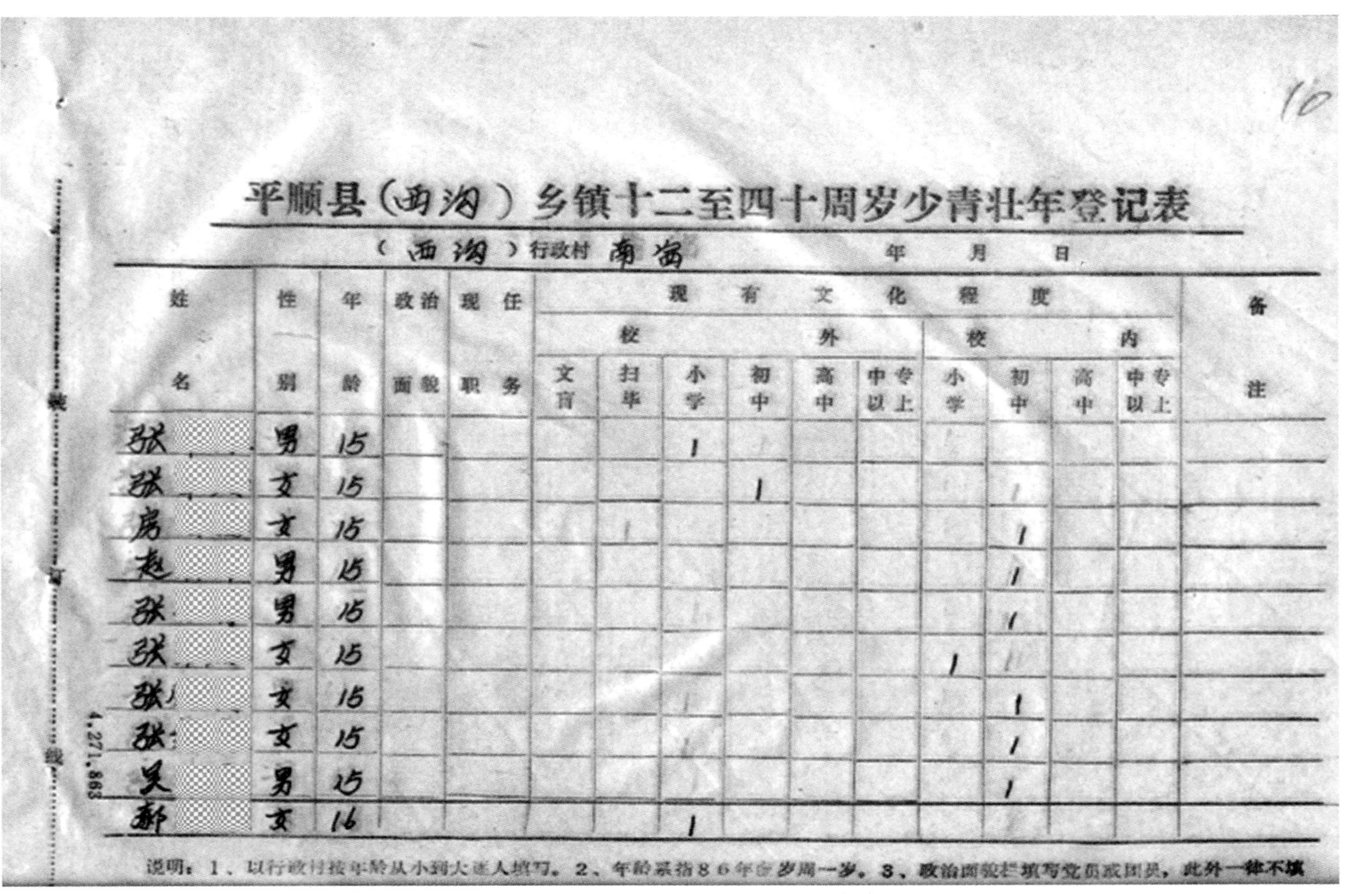

平顺县（西沟）乡镇十二至四十周岁少青壮年登记表

（西沟）行政村 南赛　　　　年　月　日

姓名	性别	年龄	政治面貌	现任职务	现有文化程度：校外：文盲	校外：扫盲	校外：小学	校外：初中	校外：高中	校外：中专以上	校内：小学	校内：初中	校内：高中	校内：中专以上	备注
张	男	15					1								
张	女	15						1							
房	女	15										1			
赵	男	15										1			
张	男	15										1			
张	女	15									1				
张	女	15										1			
张	女	15										1			
吴	男	15										1			
郝	女	16					1								

说明：1、以行政村按年龄从小到大逐人填写。2、年龄系指86年实岁周一岁。3、政治面貌栏填写党员或团员，此外一律不填

4.271.863

装　订　线

图1-2-2-1-7　平顺县西沟村(南赛)1986年青壮年统计表7

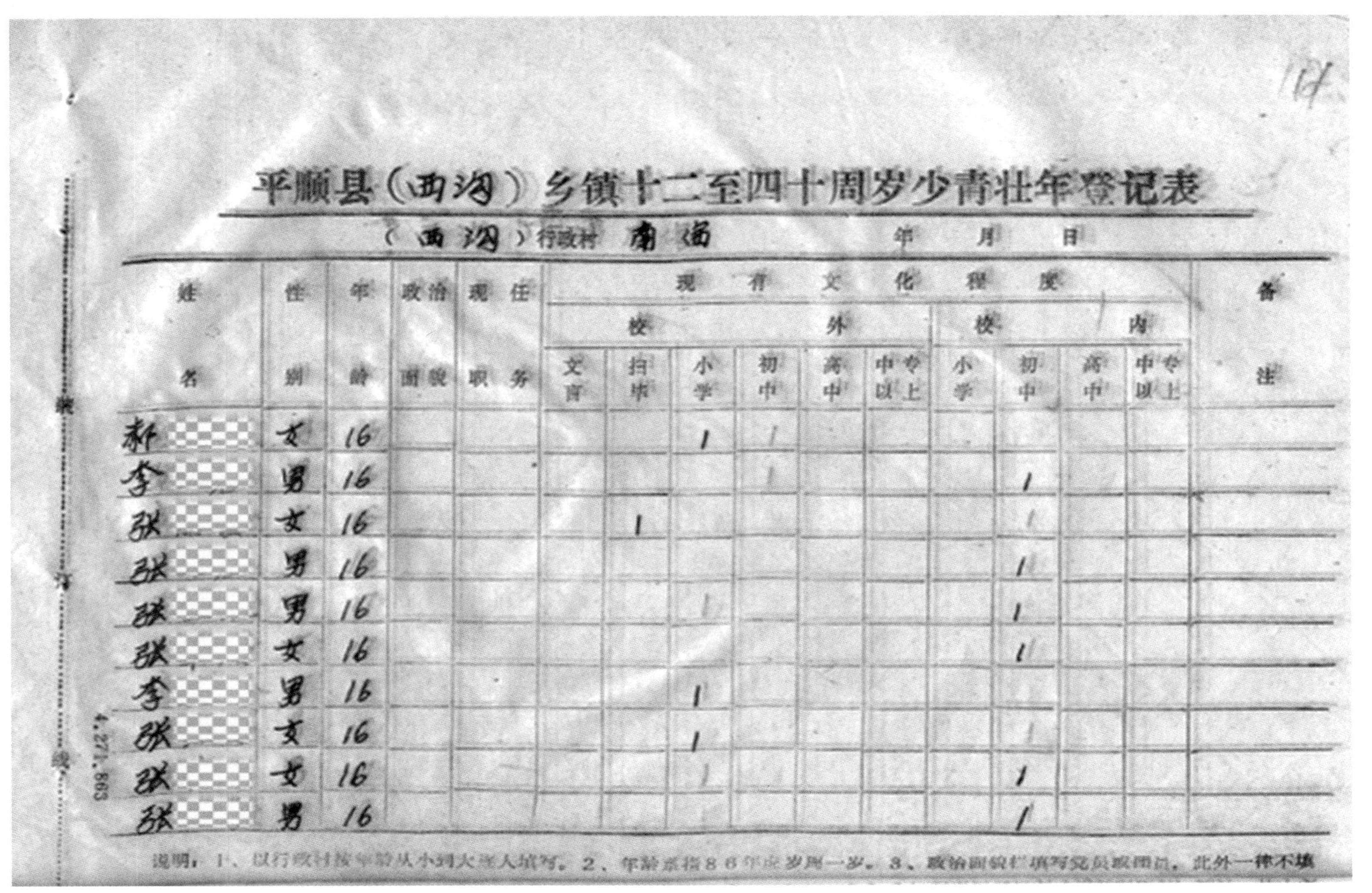

平顺县（西沟）乡镇十二至四十周岁少青壮年登记表

（西沟）行政村 南赛　　年　月　日

姓名	性别	年龄	政治面貌	现任职务	现有文化程度：校外：文盲	扫盲	小学	初中	高中	中专以上	校内：小学	初中	高中	中专以上	备注
郝	女	16					1								
李	男	16										1			
张	女	16				1									
张	男	16										1			
张	男	16										1			
张	女	16										1			
李	男	16					1								
张	女	16					1								
张	女	16										1			
张	男	16										1			

说明：1、以行政村按年龄从小到大逐人填写。2、年龄系指86年应岁周一岁。3、政治面貌栏填写党员团员，此外一律不填

4.271.863

图1-2-2-1-8　平顺县西沟村(南赛)1986年青壮年统计表8

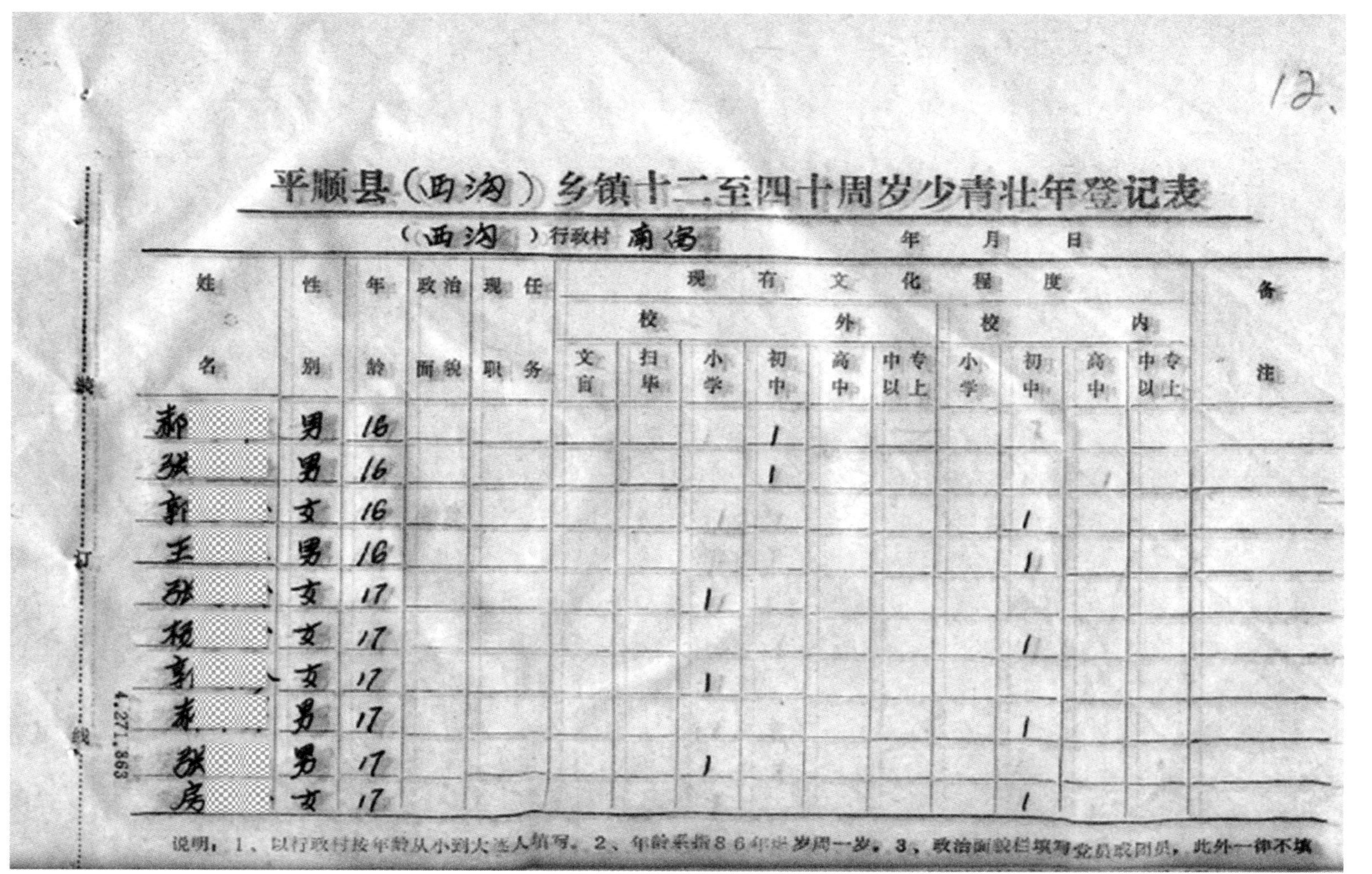

12.

平顺县（西沟）乡镇十二至四十周岁少青壮年登记表

（西沟）行政村 南赛　　年　月　日

姓名	性别	年龄	政治面貌	现任职务	现有文化程度：校外：文盲	校外：扫毕	校外：小学	校外：初中	校外：高中	校外：中专以上	校内：小学	校内：初中	校内：高中	校内：中专以上	备注
郝	男	16						1							
张	男	16						1							
郭	女	16										1			
王	男	16										1			
张	女	17					1								
杨	女	17										1			
郭	女	17					1								
秦	男	17										1			
张	男	17					1								
房	女	17										1			

说明：1、以行政村按年龄从小到大逐人填写。2、年龄系指86年实岁周一岁。3、政治面貌栏填写党员或团员，此外一律不填

4.271.863

装　订　线

图1-2-2-1-9　平顺县西沟村(南赛)1986年青壮年统计表9

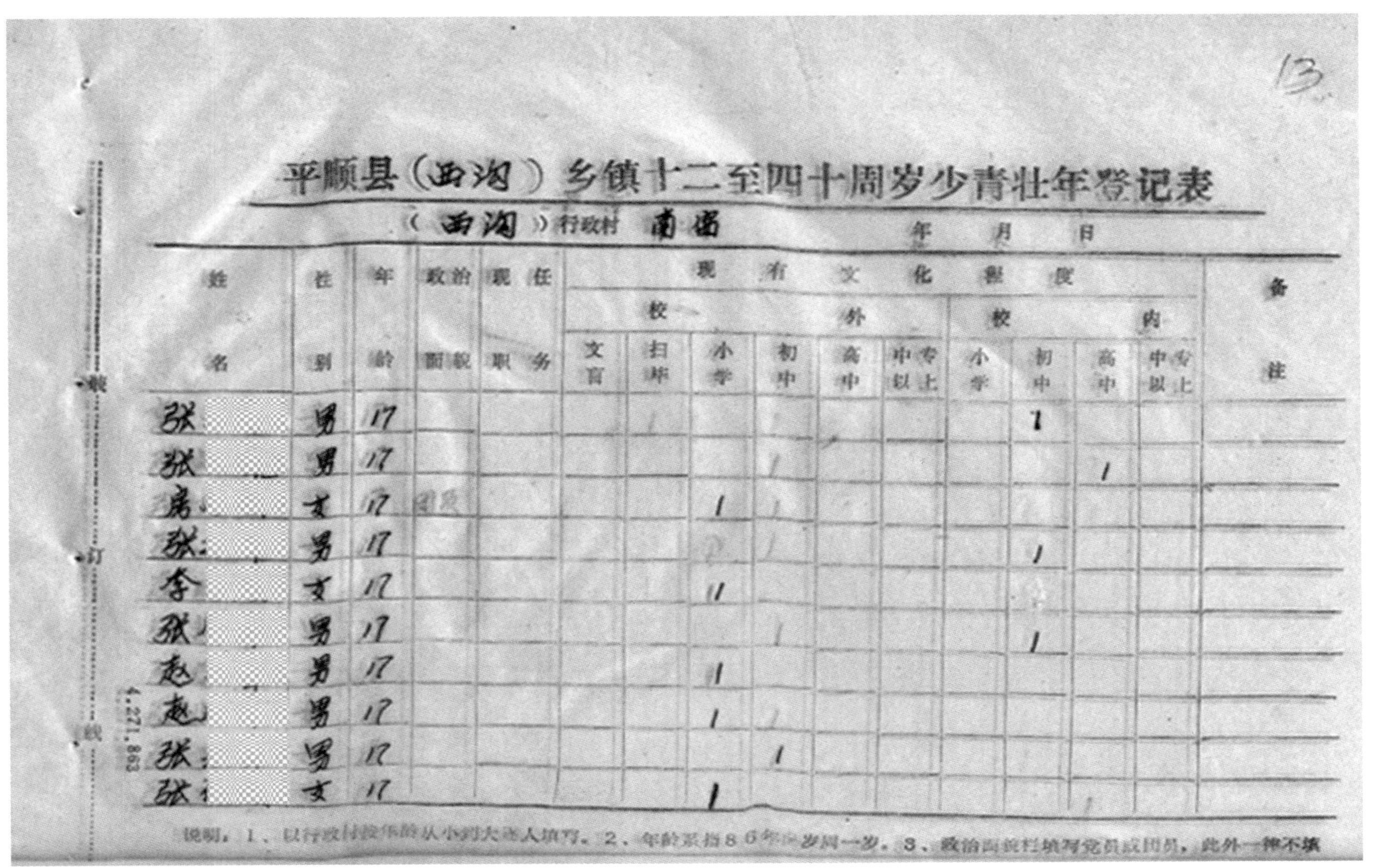

13

平顺县（西沟）乡镇十二至四十周岁少青壮年登记表

（西沟）行政村 南赛　　年　月　日

姓名	性别	年龄	政治面貌	现任职务	现有文化程度 校外 文盲	校外 扫盲	校外 小学	校外 初中	校外 高中	校外 中专以上	校内 小学	校内 初中	校内 高中	校内 中专以上	备注
张	男	17										1			
张	男	17											/		
房	女	17	团员				/								
张	男	17										/			
李	女	17					//								
张	男	17										/			
赵	男	17					/								
赵	男	17					/								
张	男	17						/							
张	女	17					/								

说明：1、以行政村按年龄从小到大逐人填写。2、年龄系指86年6月1日周岁一岁。3、政治面貌栏填写党员或团员，此外一律不填

4.271,863

装 订 线

图1-2-2-1-10　平顺县西沟村(南赛)1986年青壮年统计表10

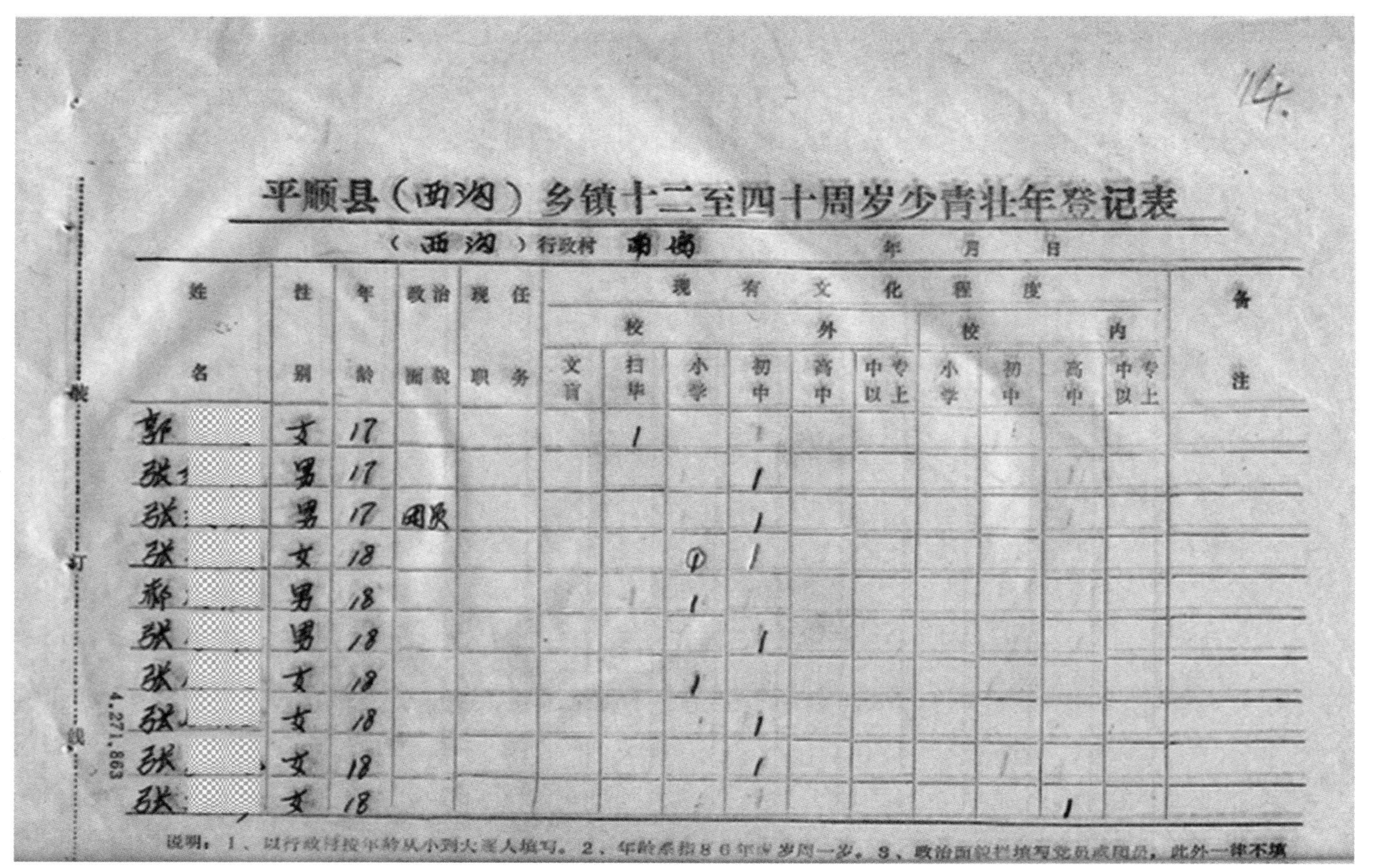

平顺县（西沟）乡镇十二至四十周岁少青壮年登记表

（西沟）行政村 南赛　　　年　月　日

姓名	性别	年龄	政治面貌	现任职务	校外 文盲	校外 扫盲	校外 小学	校外 初中	校外 高中	校外 中专以上	校内 小学	校内 初中	校内 高中	校内 中专以上	备注
郭	女	17				1									
张	男	17						1							
张	男	17	团员					1							
张	女	18					①	1							
郝	男	18					1								
张	男	18						1							
张	女	18					1								
张	女	18						1							
张	女	18						1							
张	女	18											1		

说明：1、以行政村按年龄从小到大逐人填写。2、年龄系指86年[illegible]岁周一岁。3、政治面貌栏填写党员或团员，此外一律不填

4.271.863

图1-2-2-1-11　平顺县西沟村(南赛)1986年青壮年统计表11

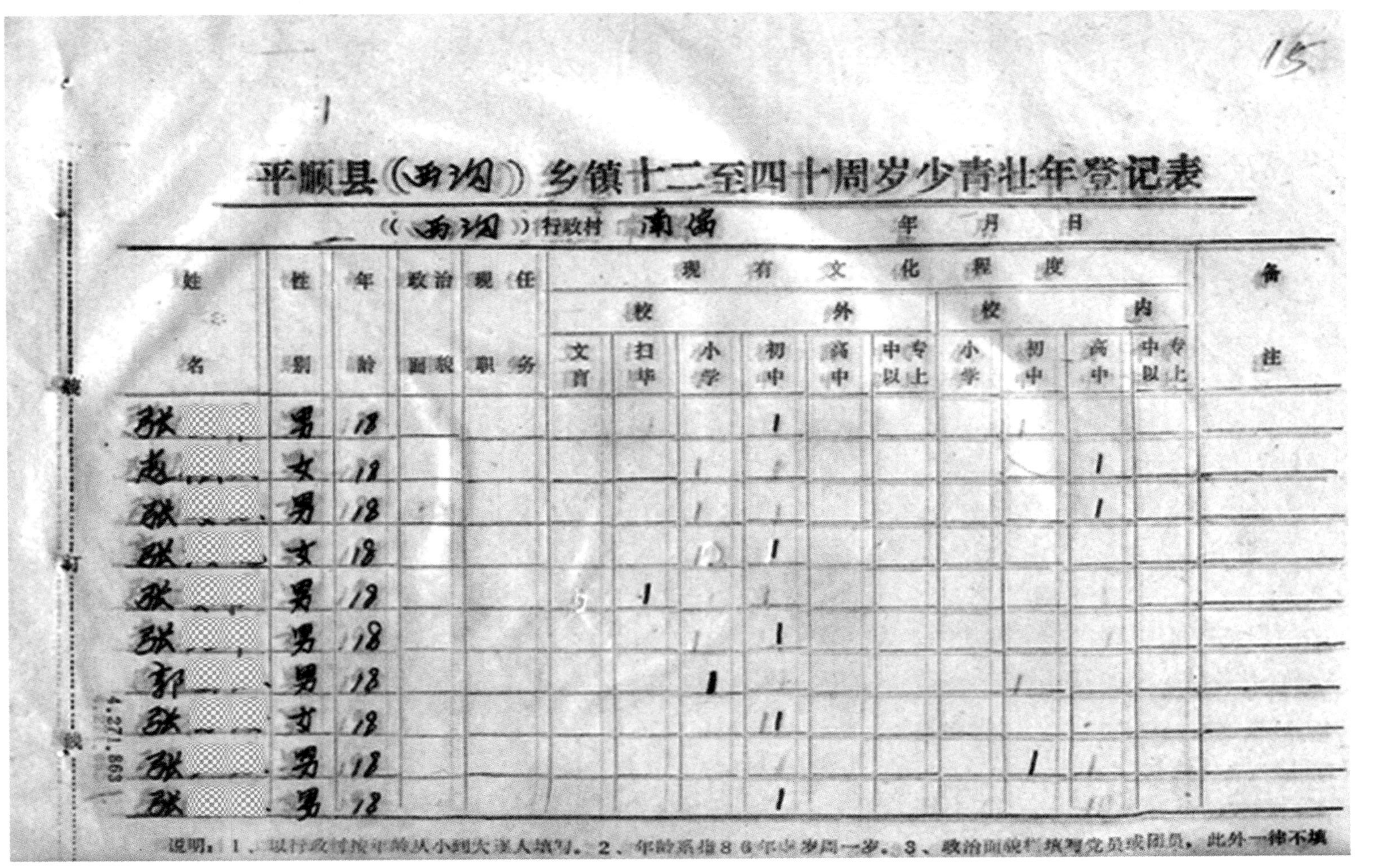

平顺县（西沟）乡镇十二至四十周岁少青壮年登记表

（西沟）行政村 南赛　　年　月　日

姓名	性别	年龄	政治面貌	现任职务	现有文化程度 校外 文盲	校外 扫盲	校外 小学	校外 初中	校外 高中	校外 中专以上	校内 小学	校内 初中	校内 高中	校内 中专以上	备注
张	男	18						1							
赵	女	18											1		
张	男	18											1		
张	女	18						1							
张	男	19				1									
张	男	18						1							
郭	男	18					1								
张	女	18						11							
张	男	18										1			
张	男	18						1							

说明：1、以行政村按年龄从小到大逐人填写。2、年龄系指86年虚岁周一岁。3、政治面貌栏填写党员或团员，此外一律不填

4.271.863

图1-2-2-1-12　平顺县西沟村(南赛)1986年青壮年统计表12

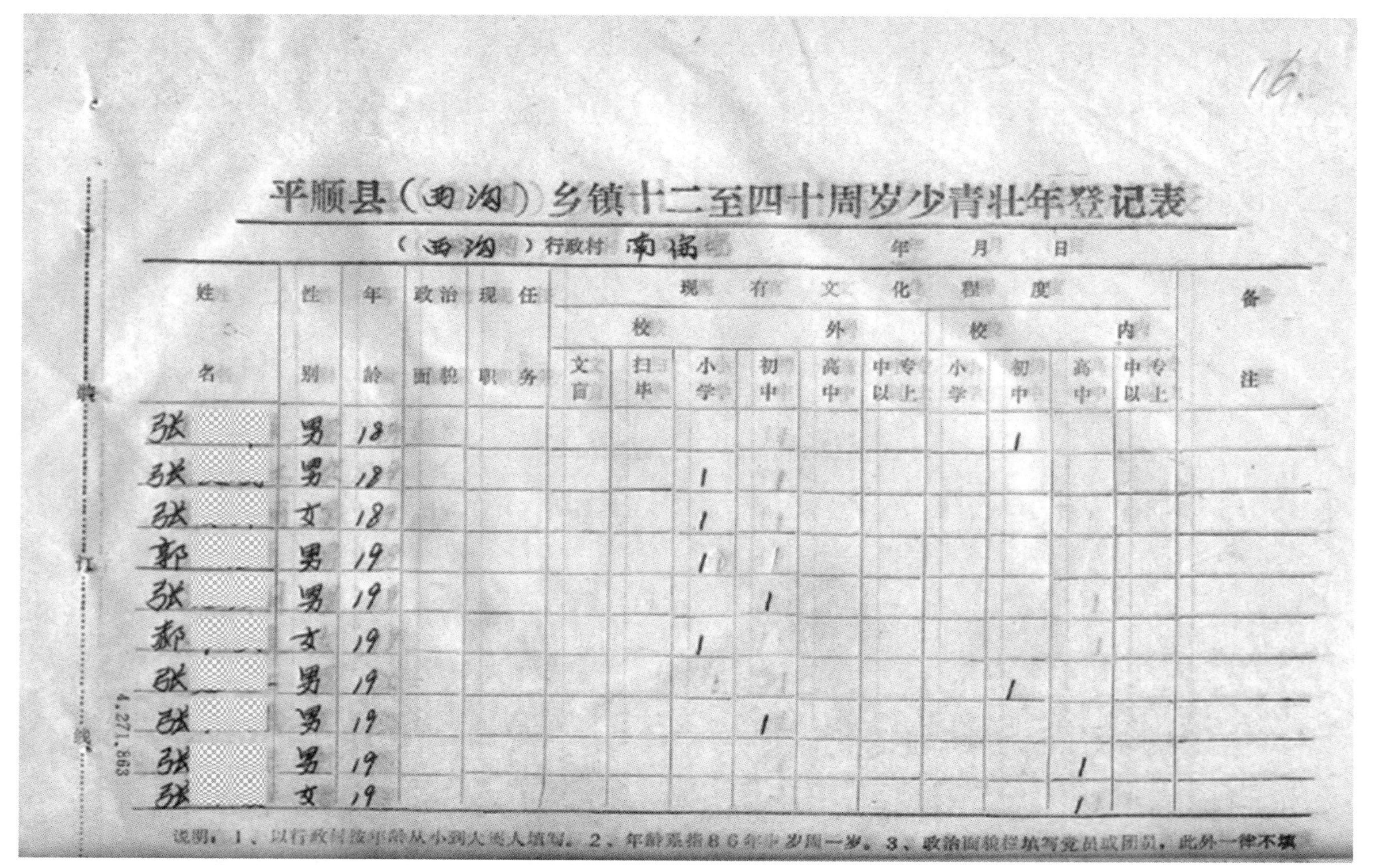

16.

平顺县（西沟）乡镇十二至四十周岁少青壮年登记表

（西沟）行政村 南赛　　　年　月　日

姓名	性别	年龄	政治面貌	现任职务	现有文化程度 校外 文盲	扫盲	小学	初中	高中	中专以上	校内 小学	初中	高中	中专以上	备注
张	男	18										1			
张	男	18					1								
张	女	18					1								
郭	男	19					1								
张	男	19						1							
郝	女	19					1								
张	男	19										1			
张	男	19						1							
张	男	19											1		
张	女	19											1		

4.271.863

说明：1、以行政村按年龄从小到大逐人填写。2、年龄系指８６年[illegible]岁周一岁。3、政治面貌栏填写党员或团员，此外一律不填

图1-2-2-1-13　平顺县西沟村(南赛)1986年青壮年统计表13

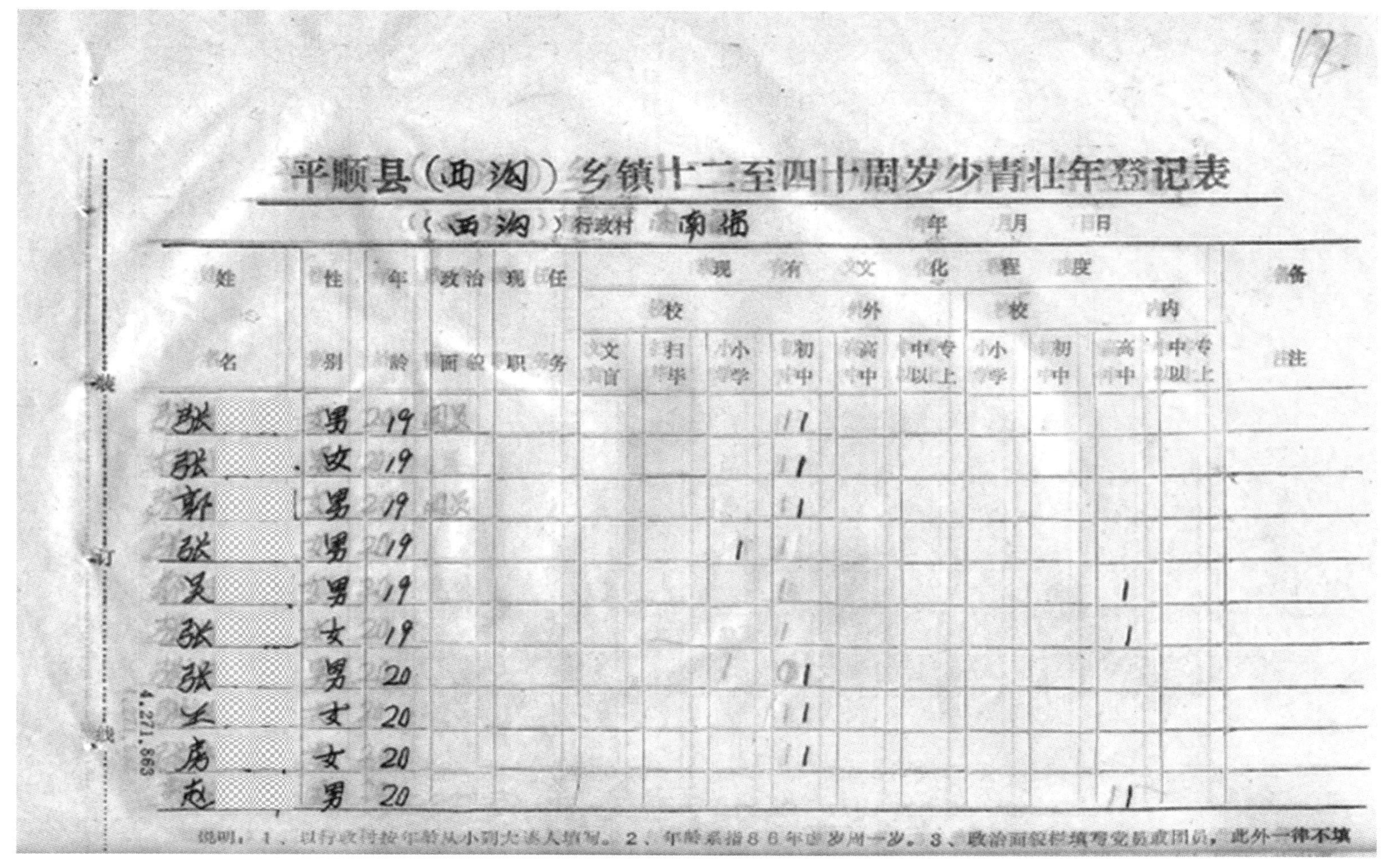

平顺县（西沟）乡镇十二至四十周岁少青壮年登记表

（西沟）行政村 南赛 年 月 日

姓名	性别	年龄	政治面貌	现任职务	现有文化程度 校外 文盲	校外 扫盲	校外 小学	校外 初中	校外 高中	校外 中专以上	校内 小学	校内 初中	校内 高中	校内 中专以上	备注
张	男	19						1							
张	女	19						1							
郭	男	19						1							
张	男	19					1								
吴	男	19											1		
张	女	19											1		
张	男	20						1							
王	女	20						1							
房	女	20						1							
[illegible]	男	20											1		

说明：1、以行政村按年龄从小到大逐人填写。2、年龄系指86年虚岁周一岁。3、政治面貌栏填写党员或团员，此外一律不填

4.271.863

图1-2-2-1-14　平顺县西沟村(南赛)1986年青壮年统计表14

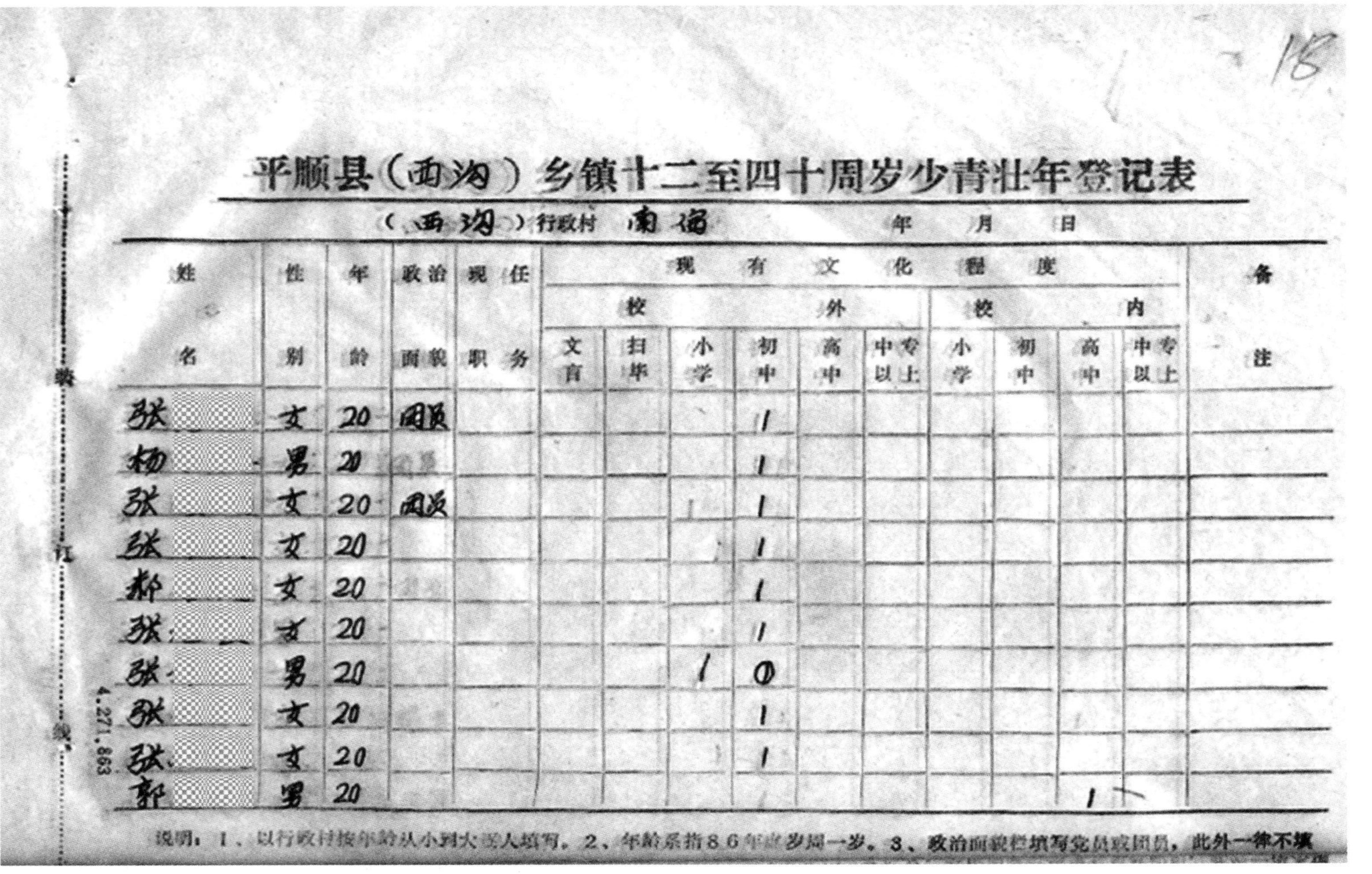

平顺县（西沟）乡镇十二至四十周岁少青壮年登记表

（西沟）行政村 南赛　　年　月　日

姓名	性别	年龄	政治面貌	现任职务	现有文化程度 校外 文盲	扫盲	小学	初中	高中	中专以上	校内 小学	初中	高中	中专以上	备注
张	女	20	团员					/							
杨	男	20						/							
张	女	20	团员					/							
张	女	20						/							
郝	女	20						/							
张	女	20						/							
张	男	20					/	0							
张	女	20						/							
张	女	20						/							
郭	男	20											1		

4.271.863

说明：1、以行政村按年龄从小到大逐人填写。2、年龄系指86年……。3、政治面貌栏填写党员或团员，此外一律不填

图1-2-2-1-15　平顺县西沟村(南赛)1986年青壮年统计表15

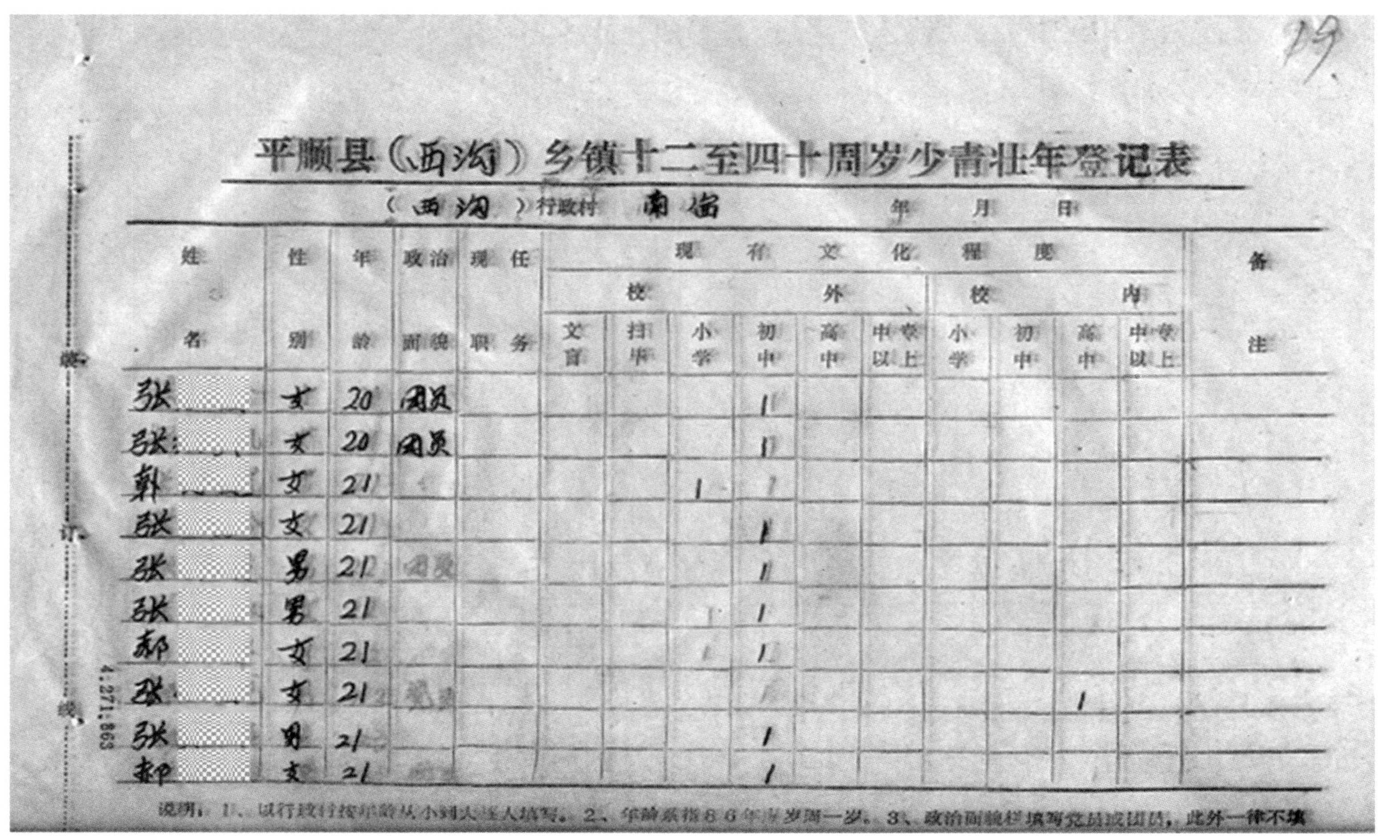

平顺县（西沟）乡镇十二至四十周岁少青壮年登记表

（西沟）行政村 南赛　　年　月　日

姓名	性别	年龄	政治面貌	现任职务	现有文化程度 校外 文盲	扫盲	小学	初中	高中	中专以上	校内 小学	初中	高中	中专以上	备注
张	女	20	团员					1							
张	女	20	团员					1							
郭	女	21					1								
张	女	21						1							
张	男	21						1							
张	男	21						1							
郝	女	21						1							
张	女	21											1		
张	男	21						1							
郝	女	21						1							

说明：1、以行政村按年龄从小到大逐人填写。2、年龄系指86年虚岁满一岁。3、政治面貌栏填写党员或团员，此外一律不填

4.271.863

图1-2-2-1-16　平顺县西沟村(南赛)1986年青壮年统计表16

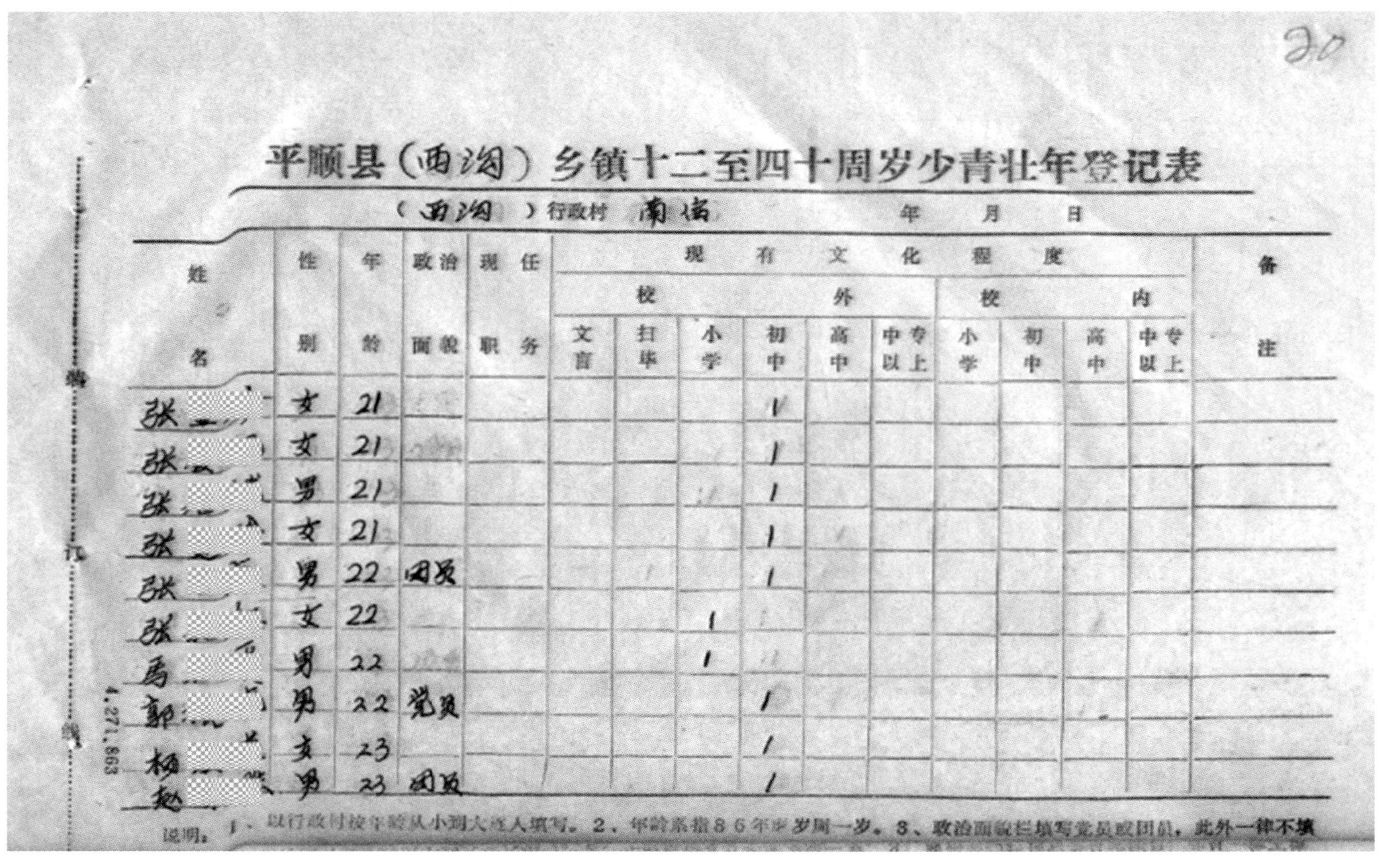

平顺县（西沟）乡镇十二至四十周岁少青壮年登记表

（西沟）行政村 南赛　　年　月　日

姓名	性别	年龄	政治面貌	现任职务	现有文化程度 校外 文盲	扫盲	小学	初中	高中	中专以上	校内 小学	初中	高中	中专以上	备注
张	女	21						1							
张	女	21						1							
张	男	21						1							
张	女	21						1							
张	男	22	团员					1							
张	女	22					1								
马	男	22					1								
郭	男	22	党员					1							
杨	女	23						1							
赵	男	23	团员					1							

说明：1、以行政村按年龄从小到大逐人填写。2、年龄系指86年岁岁周一岁。3、政治面貌栏填写党员或团员，此外一律不填

4.271.863

图1-2-2-1-17　平顺县西沟村(南赛)1986年青壮年统计表17

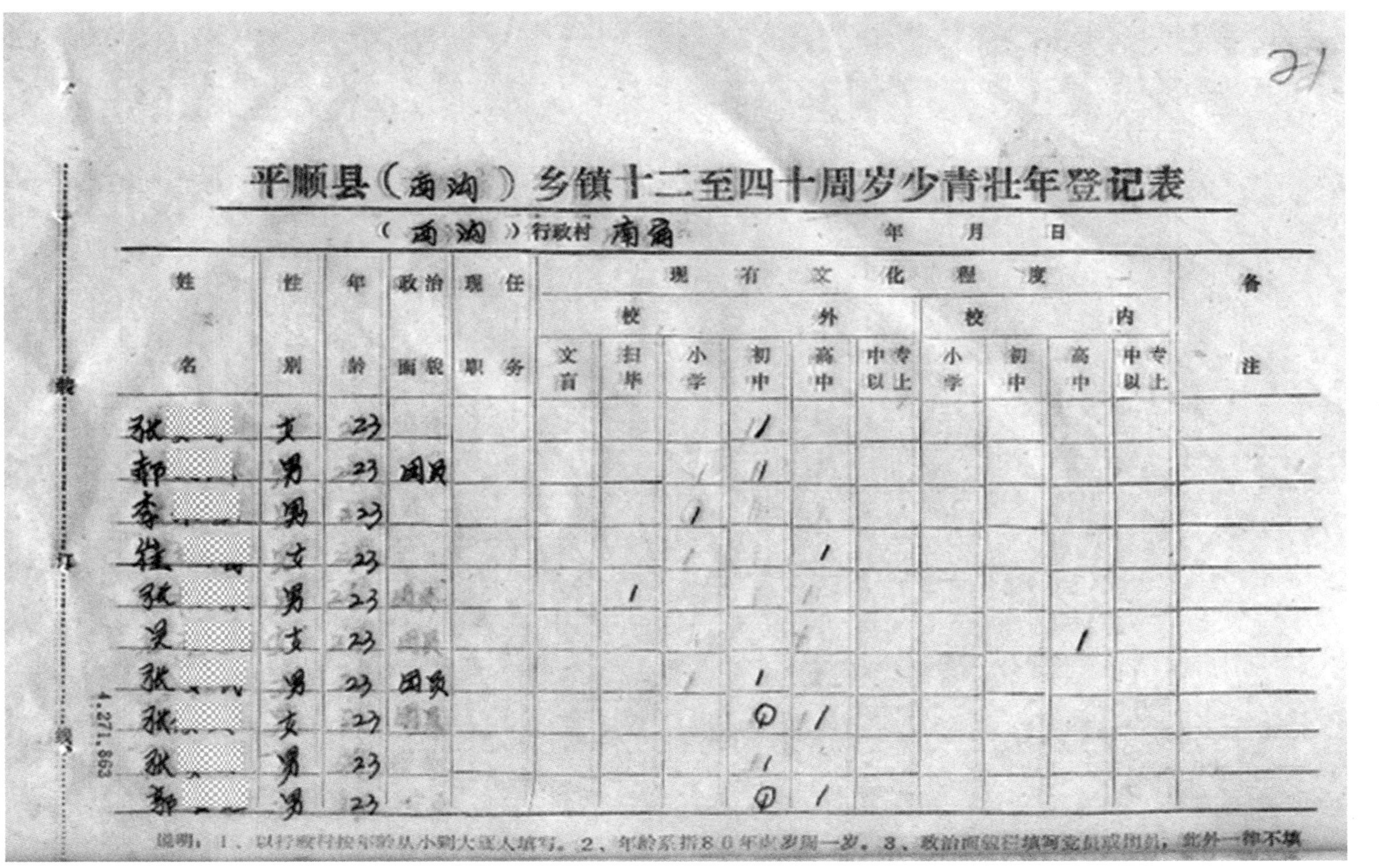

21

平顺县（西沟）乡镇十二至四十周岁少青壮年登记表

（西沟）行政村 南赛　　　　年　　月　　日

姓名	性别	年龄	政治面貌	现任职务	现有文化程度：校外：文盲	校外：扫盲	校外：小学	校外：初中	校外：高中	校外：中专以上	校内：小学	校内：初中	校内：高中	校内：中专以上	备注
张	女	23						/							
郝	男	23	团员					//							
李	男	23					/								
桂	女	23							/						
张	男	23				/									
吴	女	23											/		
张	男	23	团员					/							
张	女	23						①	/						
张	男	23						/							
郝	男	23						①	/						

4.271.863

说明：1、以行政村按年龄从小到大逐人填写。2、年龄系指86年虚岁周一岁。3、政治面貌栏填写党员或团员，此外一律不填

图1-2-2-1-18　平顺县西沟村(南赛)1986年青壮年统计表18

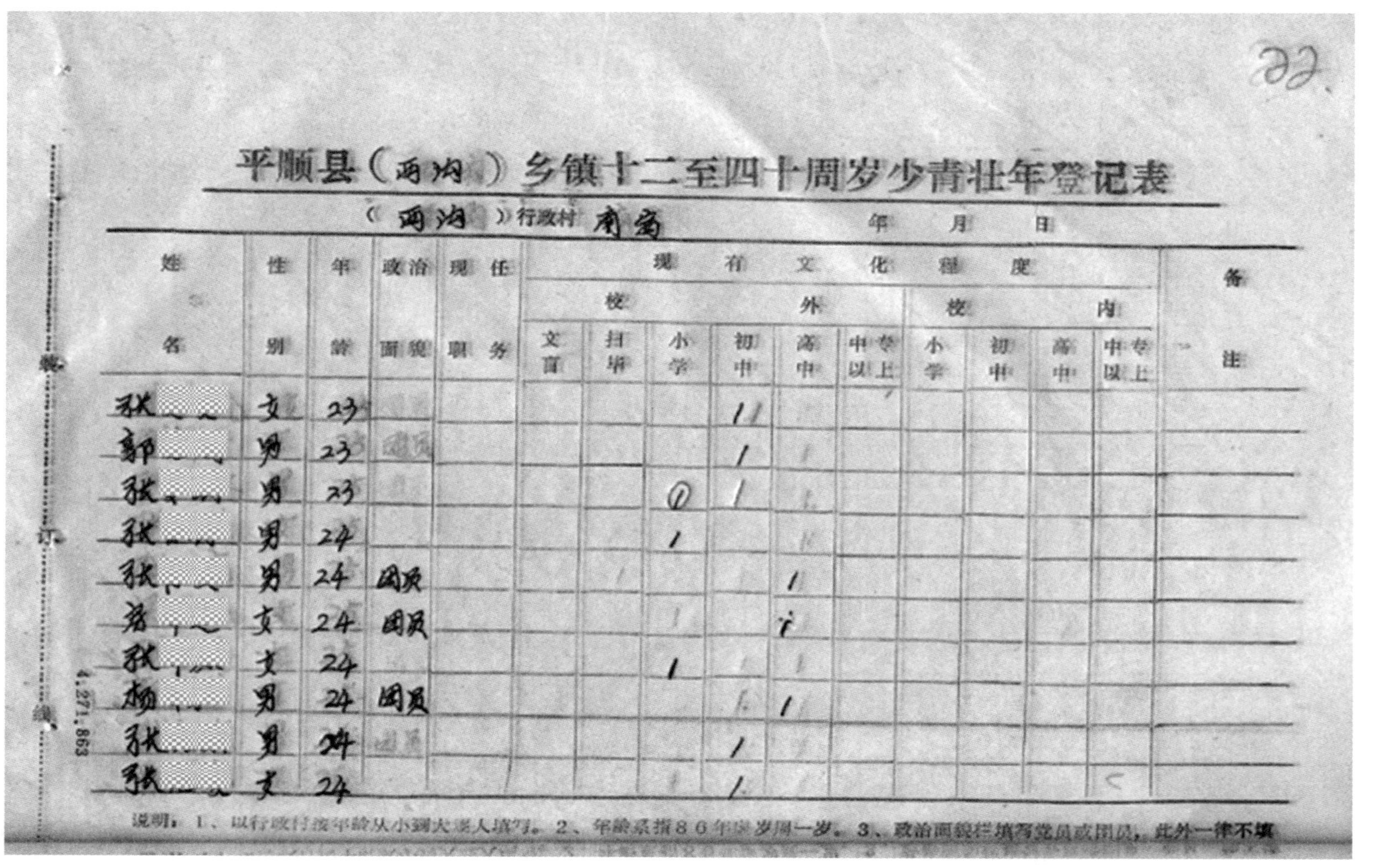

平顺县（西沟）乡镇十二至四十周岁少青壮年登记表

（西沟）行政村 南赛　　　　年　月　日

姓名	性别	年龄	政治面貌	现任职务	现有文化程度：校外：文盲	扫毕	小学	初中	高中	中专以上	校内：小学	初中	高中	中专以上	备注
张	女	23						1							
郭	男	23						1							
张	男	23					①	1							
张	男	24					1								
张	男	24	团员						1						
落	女	24	团员						1						
张	女	24					1								
杨	男	24	团员						1						
张	男	24						1							
张	女	24						1							

说明：1、以行政村按年龄从小到大逐人填写。2、年龄系指86年实岁周一岁。3、政治面貌栏填写党员或团员，此外一律不填

4.271.863

图1-2-2-1-19　平顺县西沟村(南赛)1986年青壮年统计表19

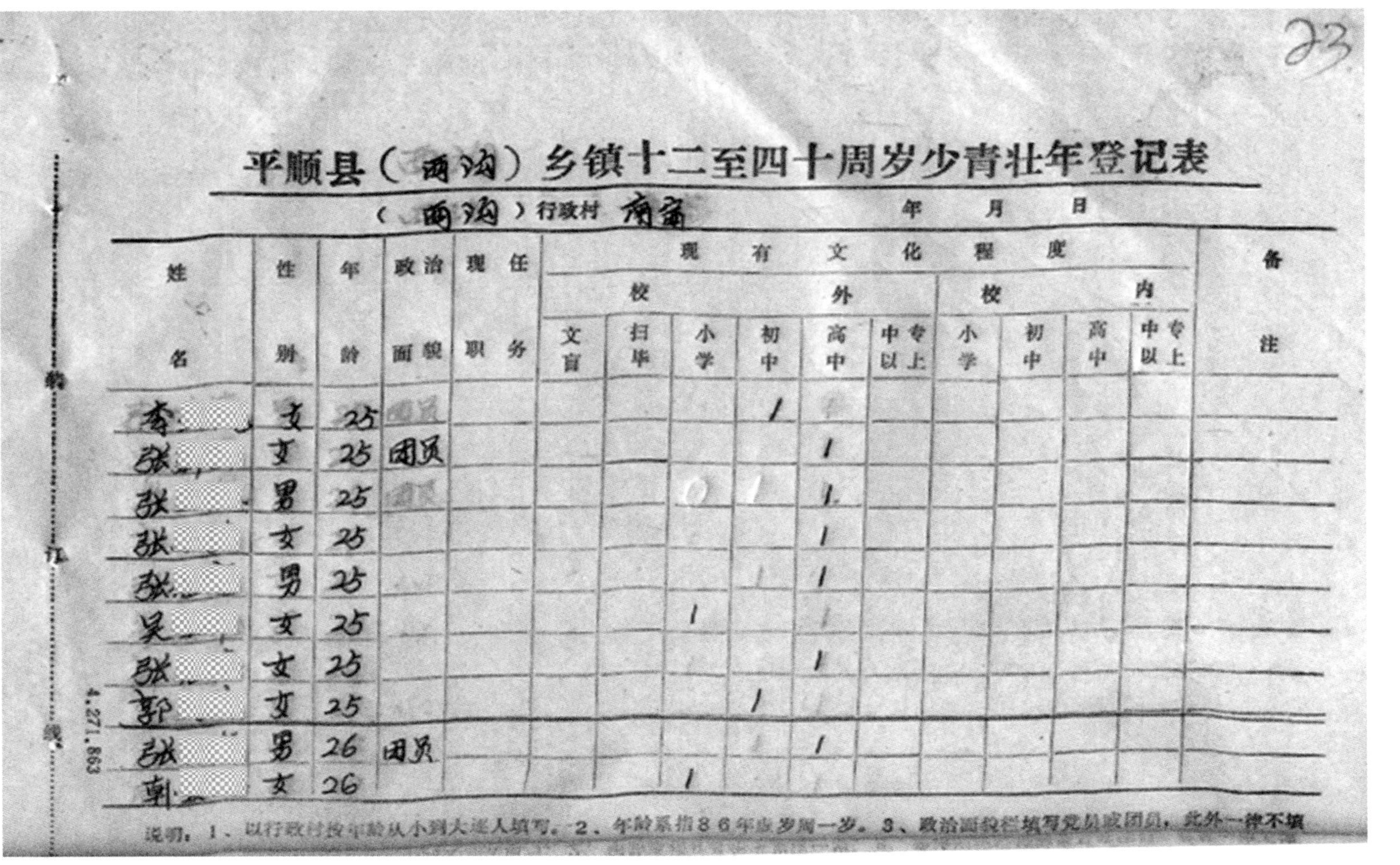

23

平顺县（西沟）乡镇十二至四十周岁少青壮年登记表

（西沟）行政村 南赛　　　年　月　日

姓名	性别	年龄	政治面貌	现任职务	现有文化程度 校外 文盲	扫盲	小学	初中	高中	中专以上	校内 小学	初中	高中	中专以上	备注
李	女	25						/							
张	女	25	团员						/						
张	男	25							/						
张	女	25							/						
张	男	25							/						
吴	女	25					/								
张	女	25							/						
郭	女	25						/							
张	男	26	团员						/						
[illegible]	女	26					/								

说明：1、以行政村按年龄从小到大逐人填写。2、年龄系指86年虚岁周一岁。3、政治面貌栏填写党员或团员，此外一律不填

4.271.863

图1-2-2-1-20　平顺县西沟村(南赛)1986年青壮年统计表20

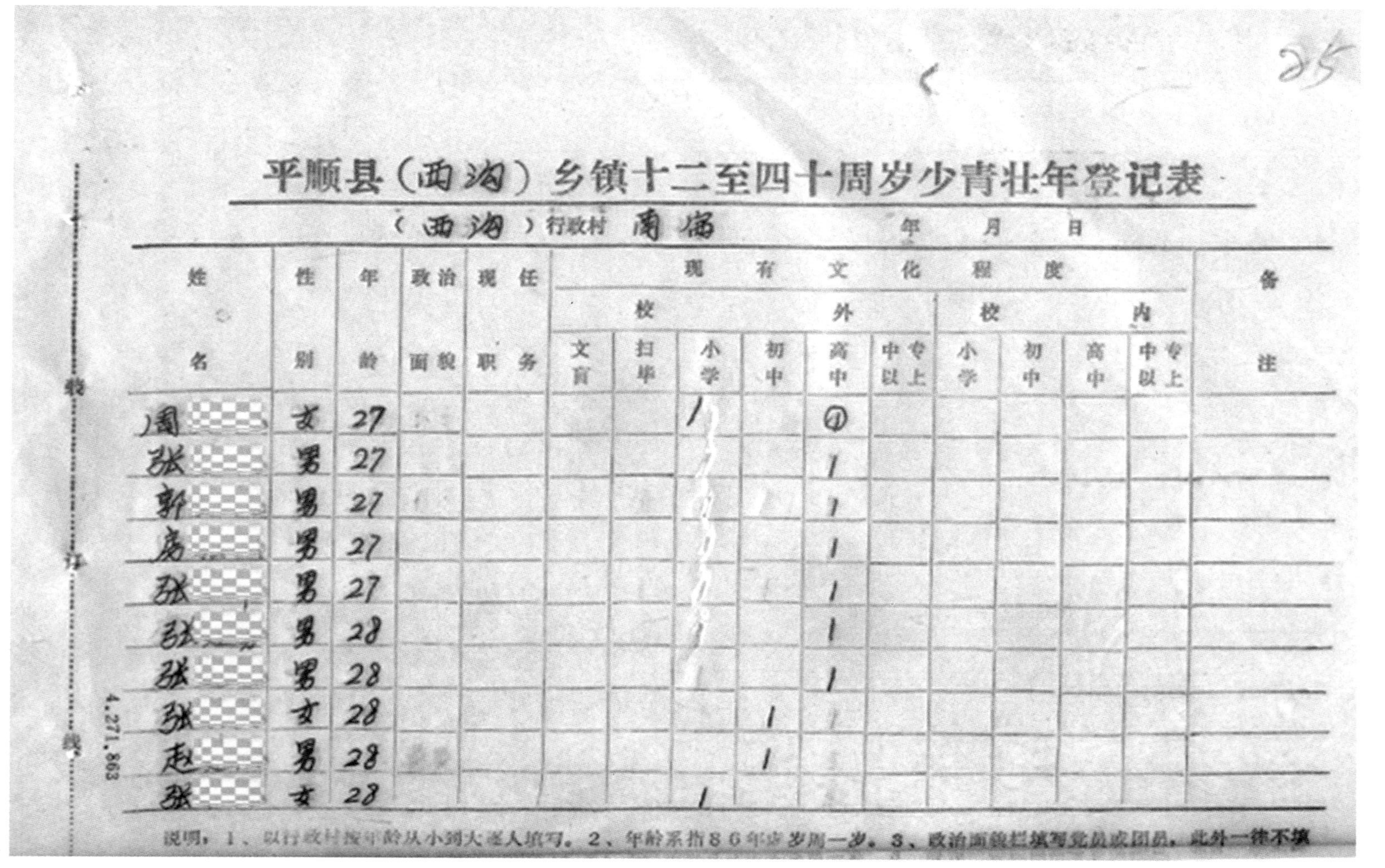

平顺县（西沟）乡镇十二至四十周岁少青壮年登记表

（西沟）行政村 南赛　　年　月　日

姓名	性别	年龄	政治面貌	现任职务	现有文化程度 校外 文盲	扫盲	小学	初中	高中	中专以上	校内 小学	初中	高中	中专以上	备注
周	女	27					/		①						
张	男	27							/						
靳	男	27							/						
高	男	27							/						
张	男	27							/						
张	男	28							/						
张	男	28							/						
张	女	28						/							
赵	男	28						/							
张	女	28					/								

说明：1、以行政村按年龄从小到大逐人填写。2、年龄系指８６年实足周岁。3、政治面貌栏填写党员或团员，此外一律不填

4.271.863

图1-2-2-1-21　平顺县西沟村(南赛)1986年青壮年统计表21

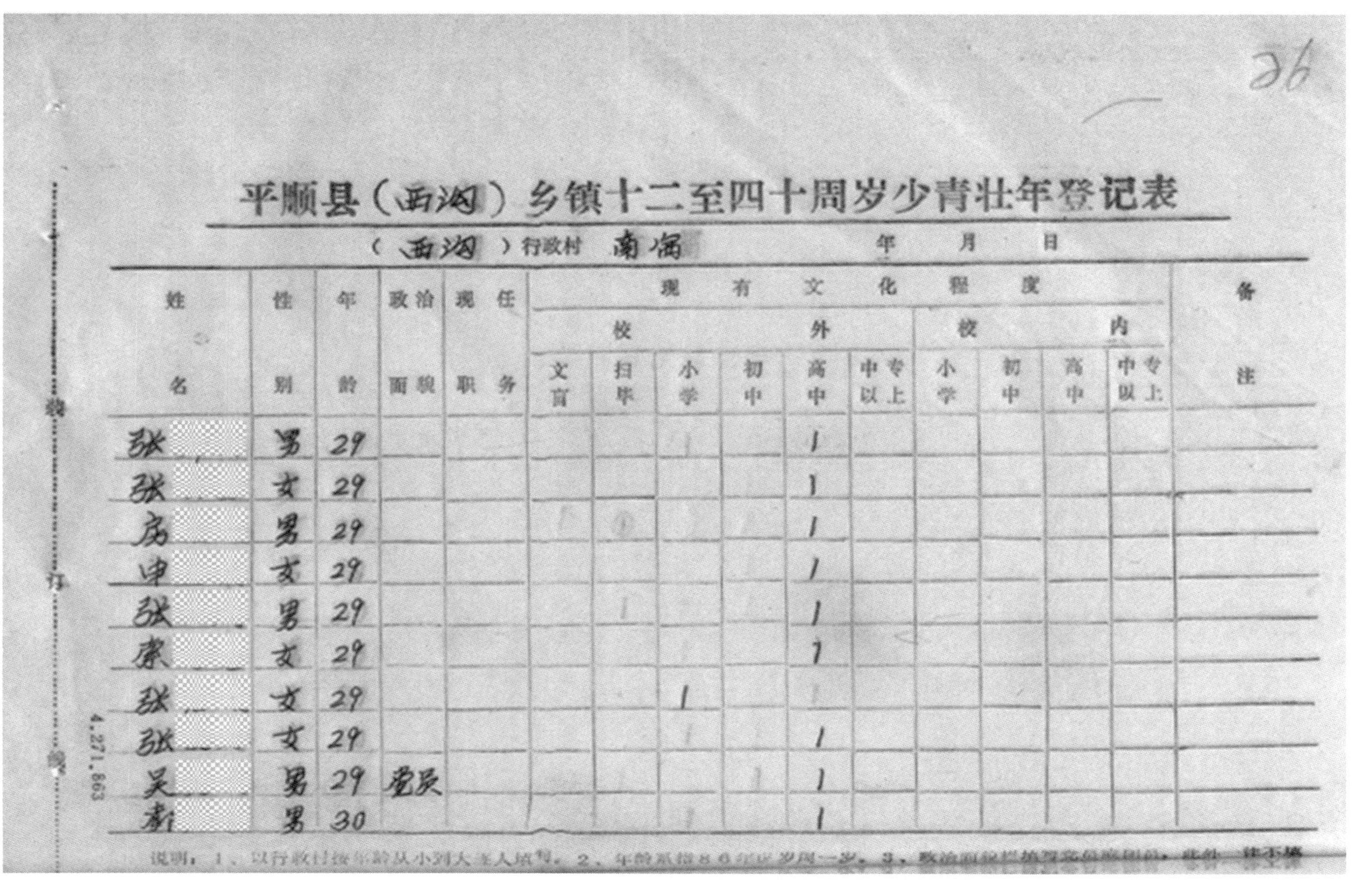

36

平顺县（西沟）乡镇十二至四十周岁少青壮年登记表

（西沟）行政村 南峪　　　　年　月　日

姓名	性别	年龄	政治面貌	现任职务	现有文化程度 校外 文盲	扫盲	小学	初中	高中	中专以上	校内 小学	初中	高中	中专以上	备注
张	男	29							1						
张	女	29							1						
房	男	29							1						
申	女	29							1						
张	男	29							1						
康	女	29							1						
张	女	29					1								
张	女	29							1						
吴	男	29	党员						1						
郝	男	30							1						

4.271.863

图1-2-2-1-22　平顺县西沟村(南赛)1986年青壮年统计表22

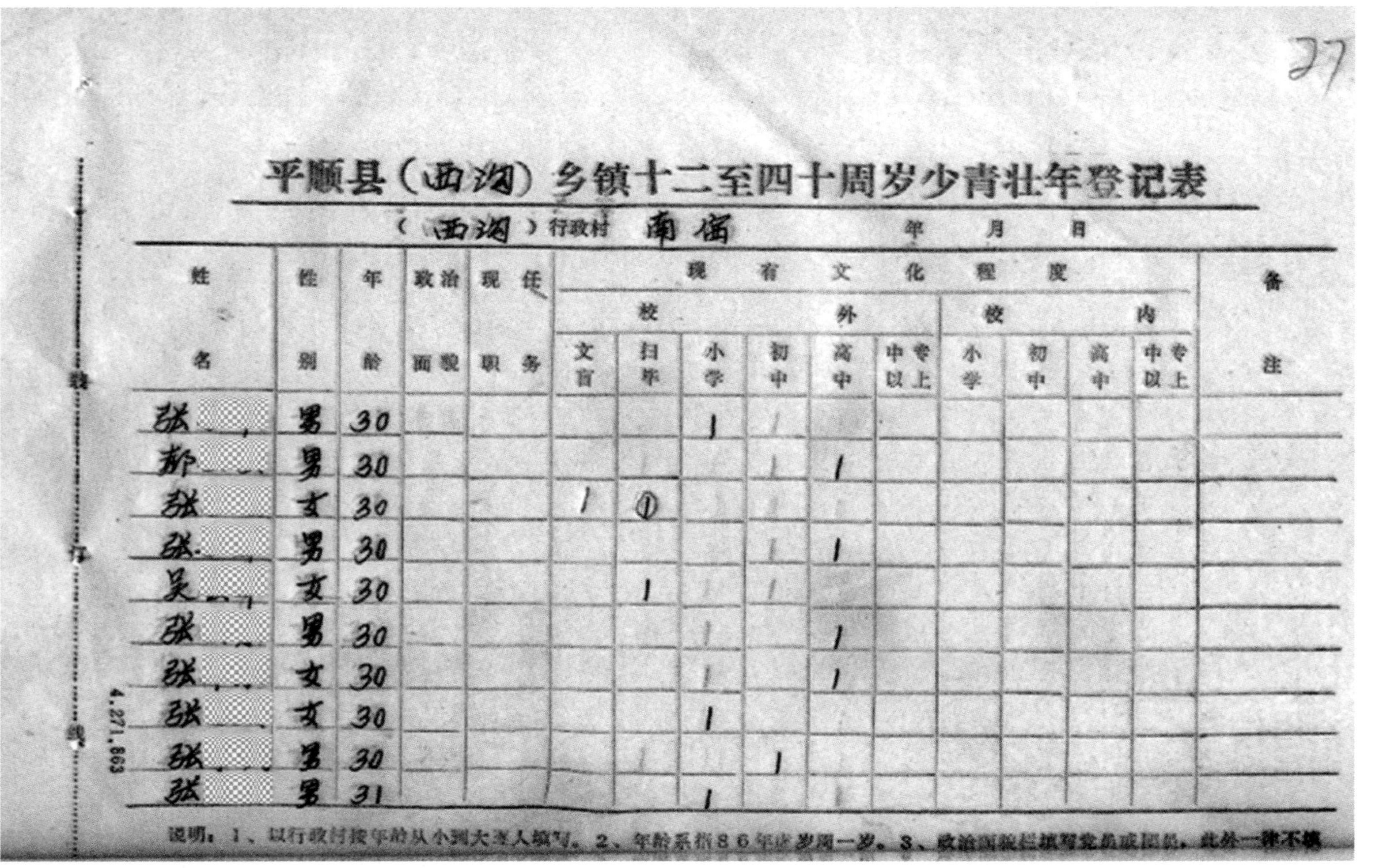

平顺县（西沟）乡镇十二至四十周岁少青壮年登记表

（西沟）行政村　南赛　　　　年　　月　　日

姓名	性别	年龄	政治面貌	现任职务	现有文化程度·校外·文盲	校外·扫毕	校外·小学	校外·初中	校外·高中	校外·中专以上	校内·小学	校内·初中	校内·高中	校内·中专以上	备注
张	男	30					1								
郝	男	30							1						
张	女	30			1	①									
张	男	30							1						
吴	女	30				1									
张	男	30							1						
张	女	30							1						
张	女	30					1								
张	男	30						1							
张	男	31					1								

说明：1、以行政村按年龄从小到大逐人填写。2、年龄系指８６年底岁周一岁。3、政治面貌栏填写党员或团员，此外一律不填

4.271.863

图1-2-2-1-23　平顺县西沟村(南赛)1986年青壮年统计表23

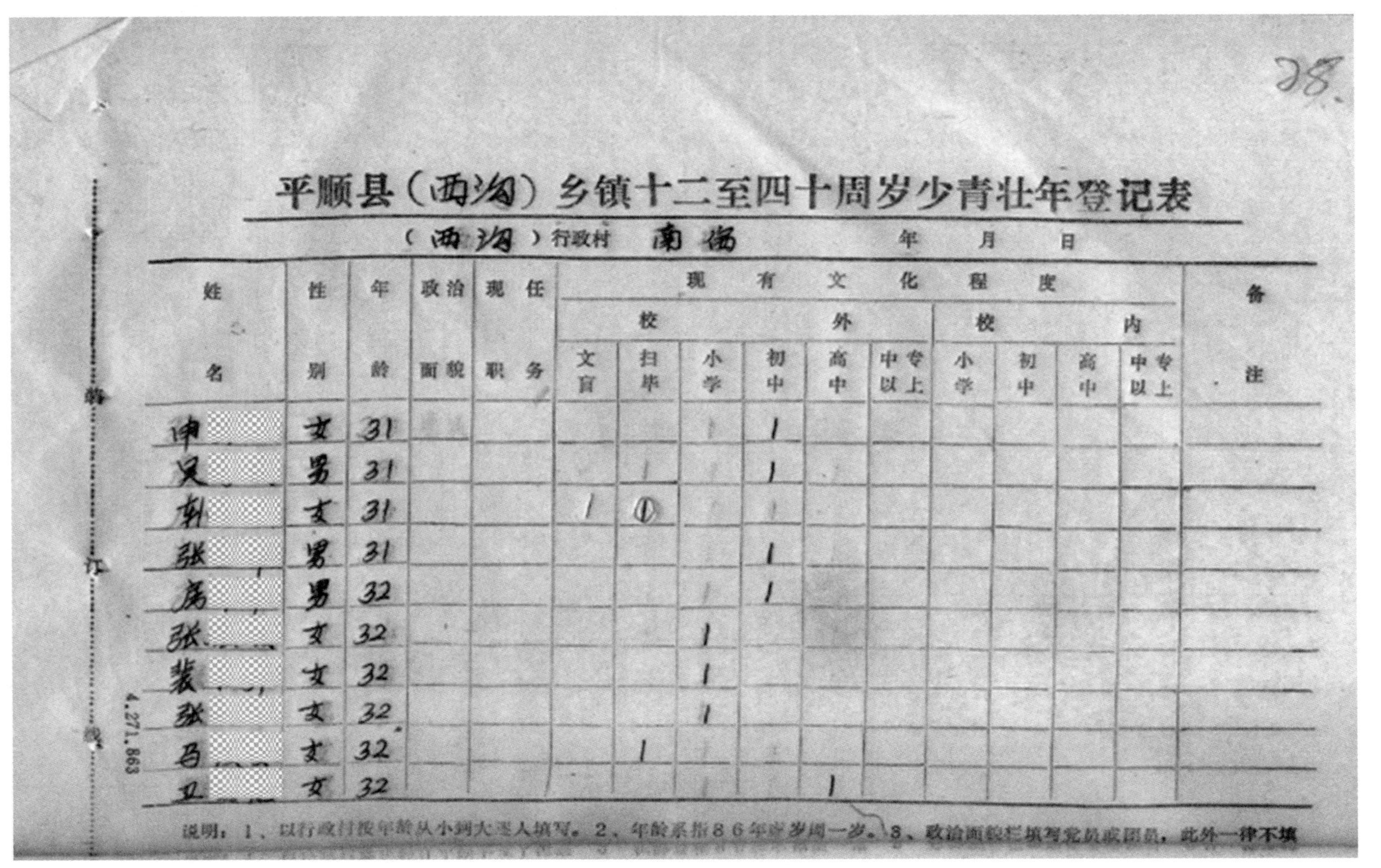

28.

平顺县（西沟）乡镇十二至四十周岁少青壮年登记表

（西沟）行政村　南赛　　　年　月　日

姓名	性别	年龄	政治面貌	现任职务	现有文化程度 校外 文盲	扫盲	小学	初中	高中	中专以上	校内 小学	初中	高中	中专以上	备注
申	女	31						1							
吴	男	31						1							
刘	女	31			1	①									
张	男	31						1							
房	男	32						1							
张	女	32					1								
裴	女	32					1								
张	女	32					1								
吕	女	32				1									
王	女	32							1						

说明：1、以行政村按年龄从小到大逐人填写。2、年龄系指86年底岁周一岁。3、政治面貌栏填写党员或团员，此外一律不填

4.271.863

图1-2-2-1-24　平顺县西沟村(南赛)1986年青壮年统计表24

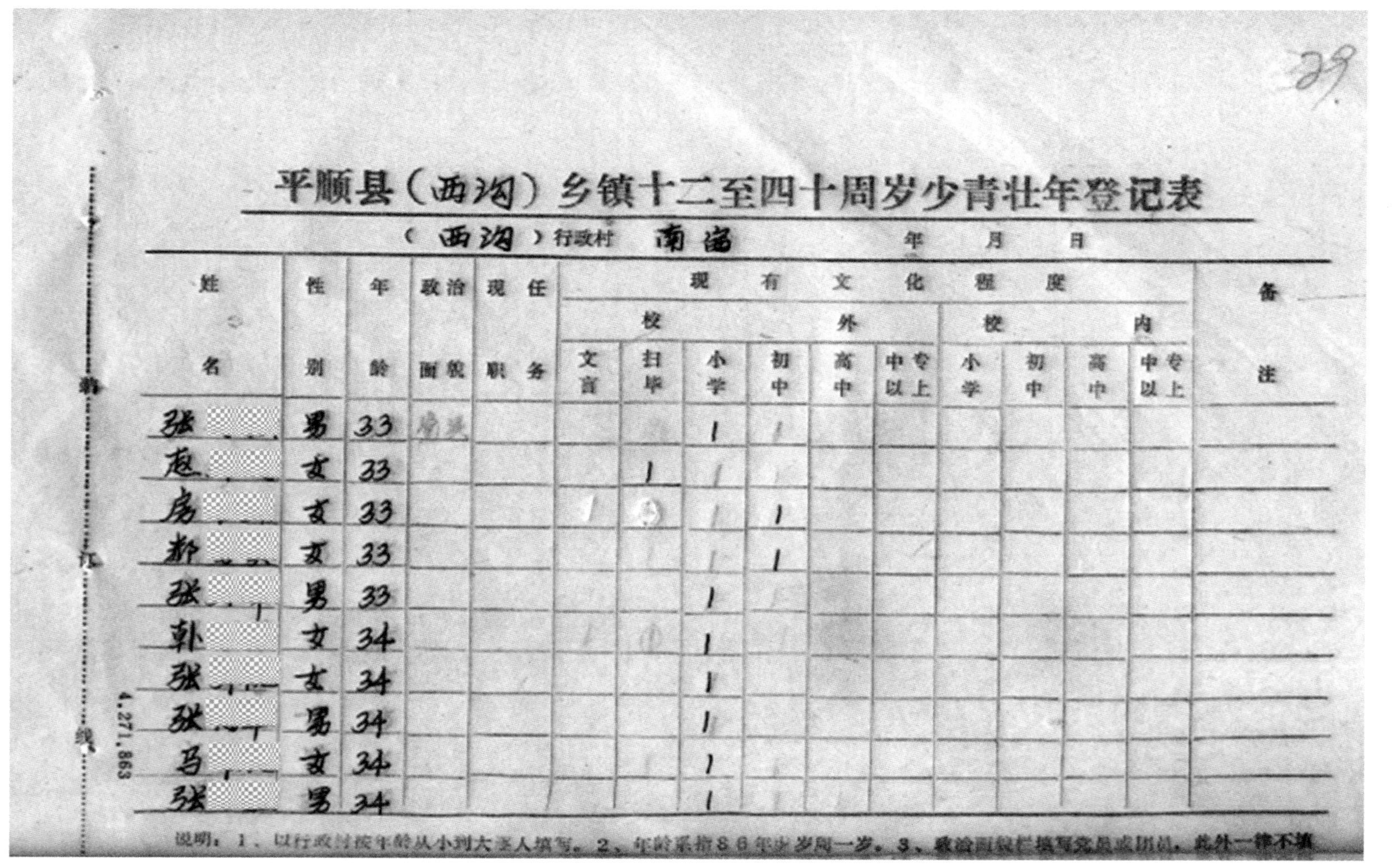

平顺县（西沟）乡镇十二至四十周岁少青壮年登记表

（西沟）行政村　南赛　　　年　月　日

姓名	性别	年龄	政治面貌	现任职务	现有文化程度 校外 文盲	校外 扫毕	校外 小学	校外 初中	校外 高中	校外 中专以上	校内 小学	校内 初中	校内 高中	校内 中专以上	备注
张	男	33					1								
赵	女	33				1									
房	女	33						1							
郝	女	33						1							
张	男	33					1								
韩	女	34					1								
张	女	34					1								
张	男	34					1								
马	女	34					1								
张	男	34					1								

说明：1、以行政村按年龄从小到大逐人填写。2、年龄系指86年止岁周一岁。3、政治面貌栏填写党员或团员，此外一律不填

4.271.863

图1-2-2-1-25　平顺县西沟村(南赛)1986年青壮年统计表25

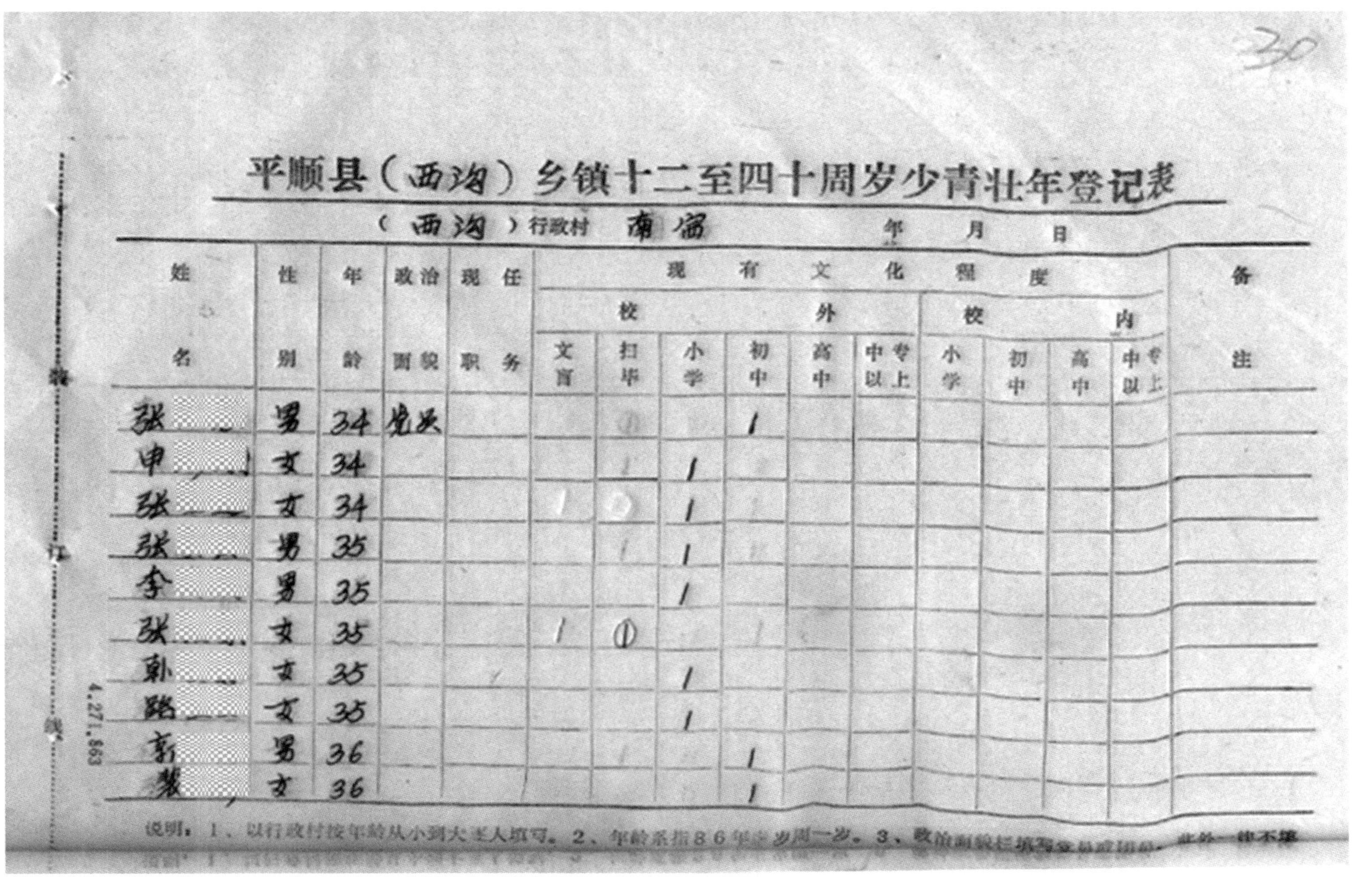

平顺县（西沟）乡镇十二至四十周岁少青壮年登记表

（西沟）行政村 南赛　　年　月　日

姓名	性别	年龄	政治面貌	现任职务	校外·文盲	校外·扫盲	校外·小学	校外·初中	校外·高中	校外·中专以上	校内·小学	校内·初中	校内·高中	校内·中专以上	备注
张	男	34	党员					/							
申	女	34					/								
张	女	34					/								
张	男	35					/								
李	男	35					/								
张	女	35			/	①									
郭	女	35					/								
路	女	35					/								
郝	男	36						/							
焦	女	36						/							

4.271.863

说明：1、以行政村按年龄从小到大逐人填写。2、年龄系指86年周岁。3、政治面貌栏填写党员或团员，此外一律不填

图1-2-2-1-26　平顺县西沟村(南赛)1986年青壮年统计表26

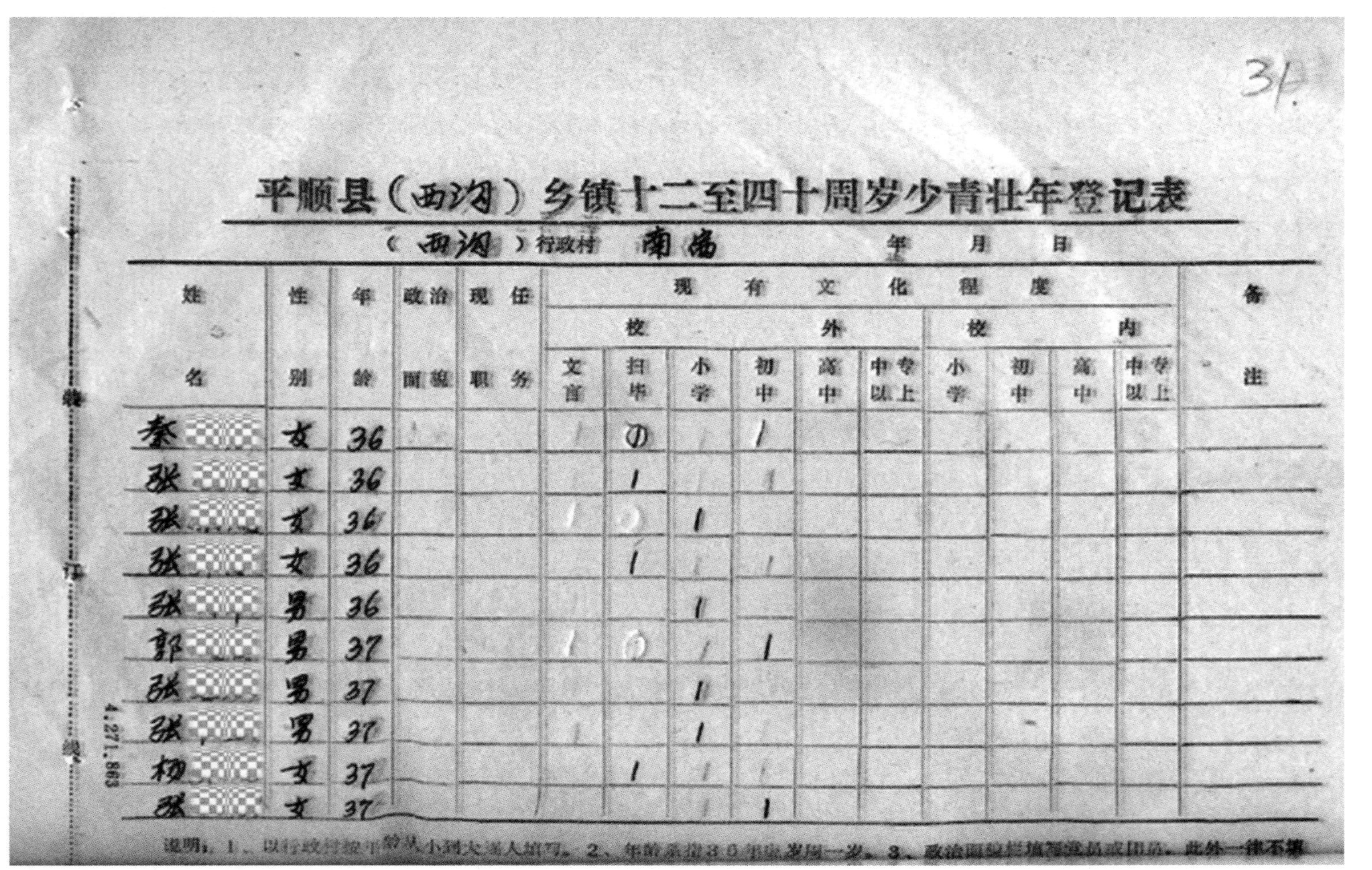

31.

平顺县（西沟）乡镇十二至四十周岁少青壮年登记表

（西沟）行政村　南赛　　　年　月　日

姓名	性别	年龄	政治面貌	现任职务	校外 文盲	校外 扫盲	校外 小学	校外 初中	校外 高中	校外 中专以上	校内 小学	校内 初中	校内 高中	校内 中专以上	备注
秦	女	36				①		1							
张	女	36				1									
张	女	36					1								
张	女	36				1									
张	男	36					1								
郭	男	37						1							
张	男	37					1								
张	男	37					1								
杨	女	37				1									
张	女	37						1							

4.271.863

说明：1、以行政村按年龄从小到大逐人填写。2、年龄系指８６年底周岁一岁。3、政治面貌栏填党员或团员，此外一律不填

图1-2-2-1-27　平顺县西沟村(南赛)1986年青壮年统计表27

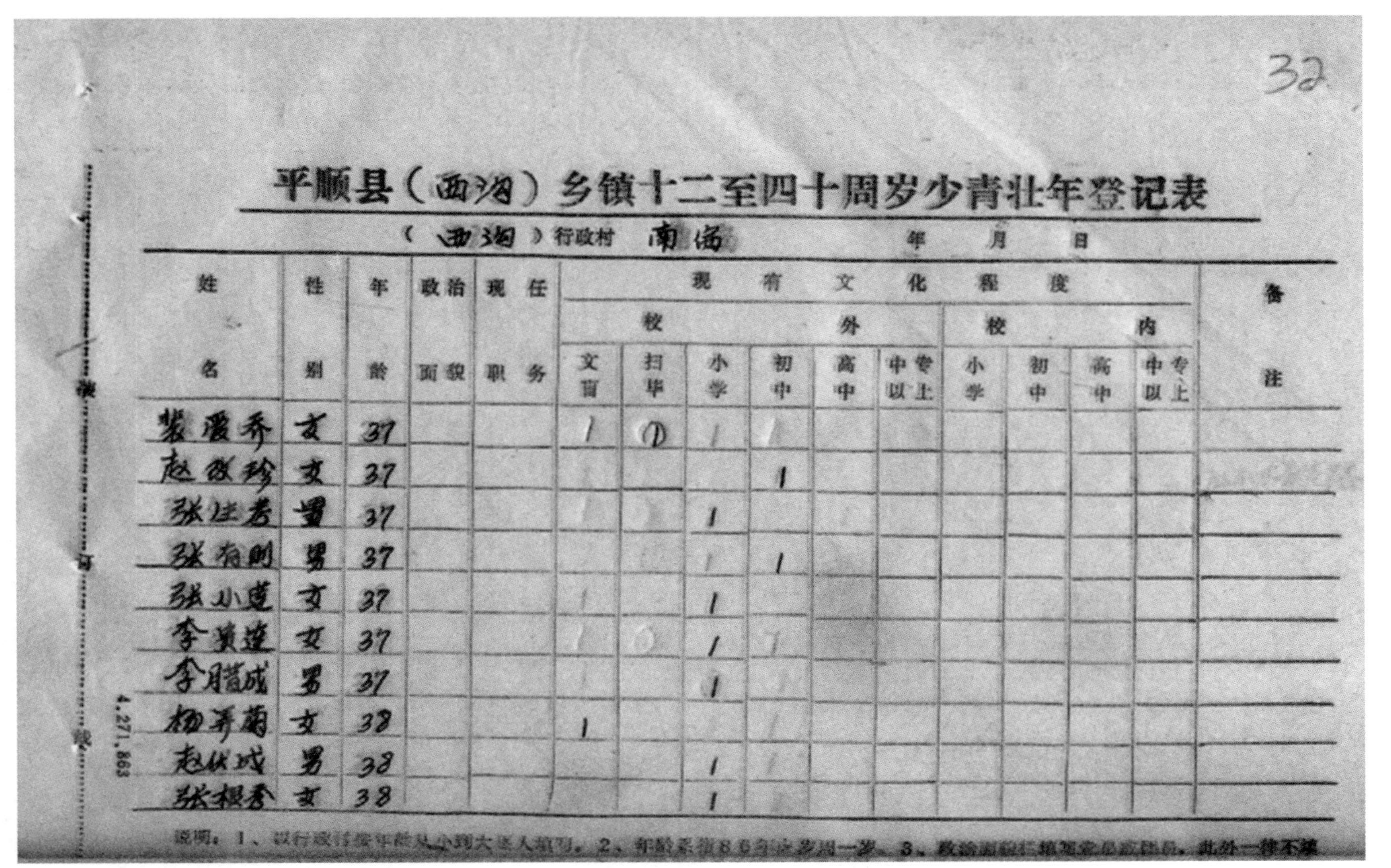

32

平顺县（西沟）乡镇十二至四十周岁少青壮年登记表

（西沟）行政村 南赛　　年　月　日

姓名	性别	年龄	政治面貌	现任职务	校外 文盲	校外 扫毕	校外 小学	校外 初中	校外 高中	校外 中专以上	校内 小学	校内 初中	校内 高中	校内 中专以上	备注
裴霞秀	女	37			1	(1)									
赵改珍	女	37						1							
张注秀	男	37					1								
张有明	男	37						1							
张小莲	女	37					1								
李贞莲	女	37					1								
李腊成	男	37					1								
杨并菊	女	38			1										
赵伏成	男	38					1								
张根秀	女	38					1								

4.271.863

说明：1、以行政村按年龄从小到大逐人填写。2、年龄系指8月[illegible]岁周一岁。3、政治面貌栏填党员团员，此外一律不填

图1-2-2-1-28　平顺县西沟村(南赛)1986年青壮年统计表28

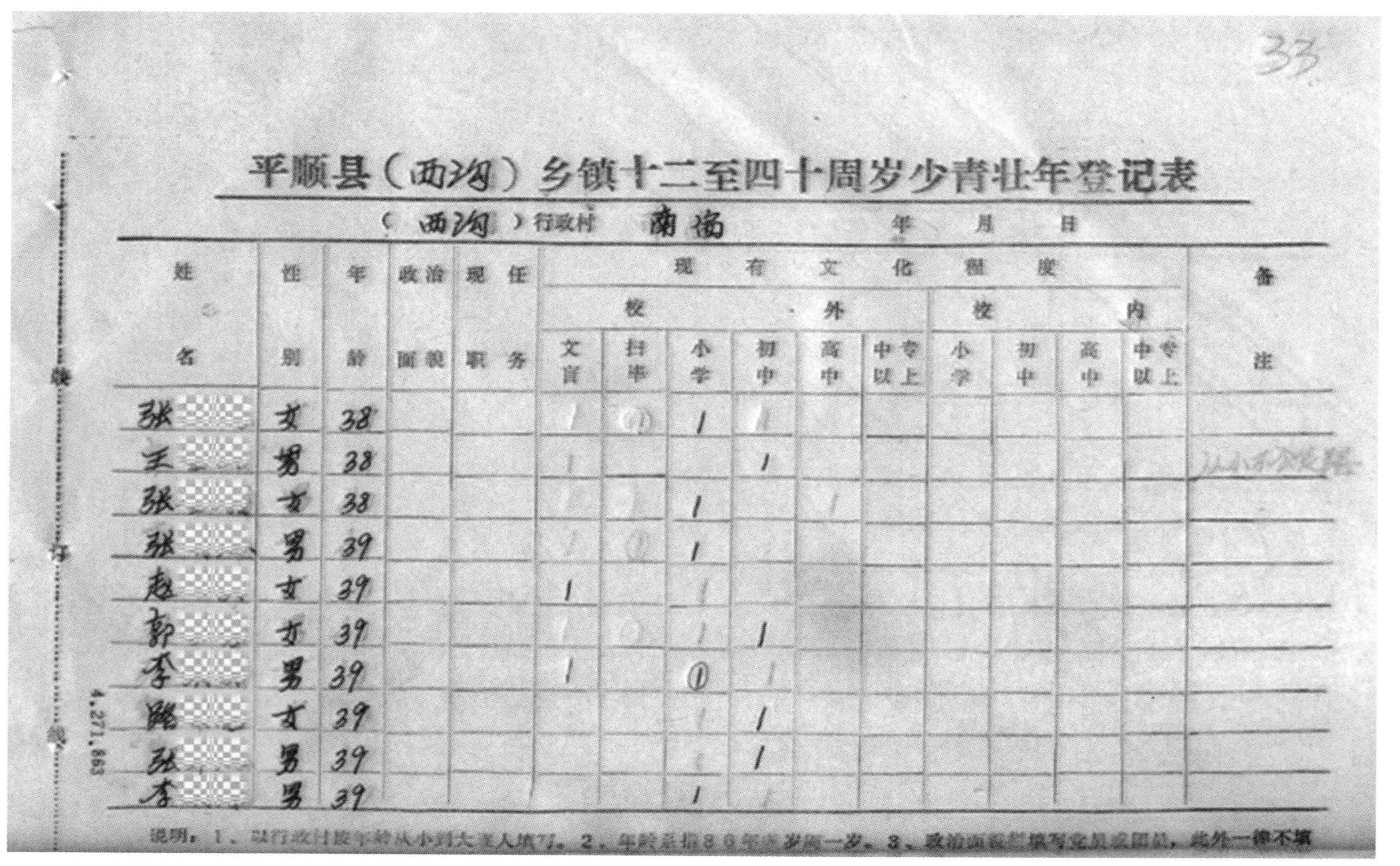

平顺县（西沟）乡镇十二至四十周岁少青壮年登记表

（西沟）行政村　南赛　　年　月　日

姓名	性别	年龄	政治面貌	现任职务	现有文化程度：校外：文盲	校外：扫盲	校外：小学	校外：初中	校外：高中	校外：中专以上	校内：小学	校内：初中	校内：高中	校内：中专以上	备注
张	女	38					/								
王	男	38						/							
张	女	38					/								
张	男	39					/								
赵	女	39			/										
郭	女	39						/							
李	男	39			/		①								
路	女	39						/							
张	男	39						/							
李	男	39					/								

说明：1、以行政村按年龄从小到大逐人填写。2、年龄系指８６年实岁周一岁。3、政治面貌栏填写党员或团员，此外一律不填

4.271.863

图1-2-2-1-29　平顺县西沟村(南赛)1986年青壮年统计表29

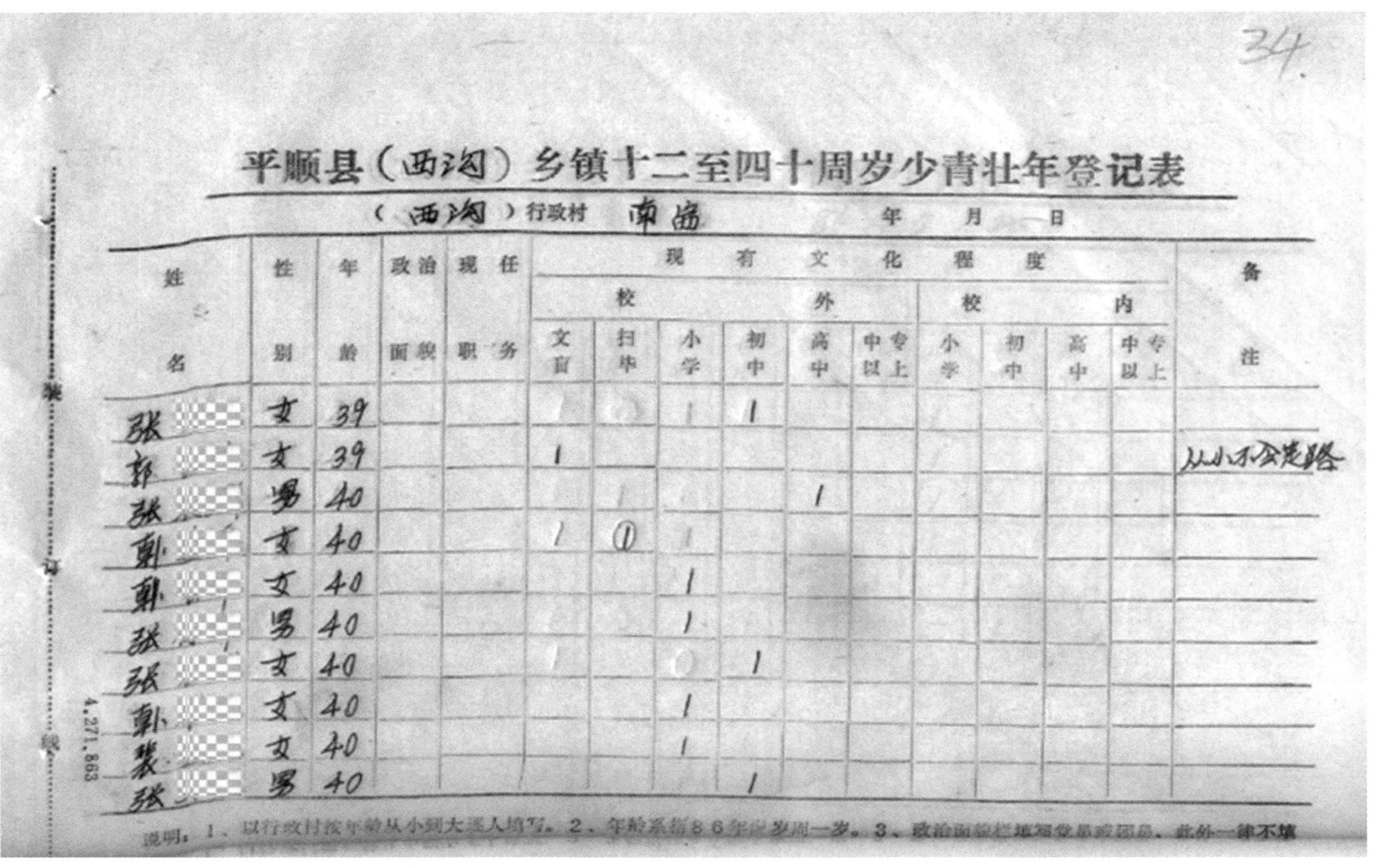

34.

平顺县（西沟）乡镇十二至四十周岁少青壮年登记表

（西沟）行政村 南赛　　年　月　日

姓名	性别	年龄	政治面貌	现任职务	现有文化程度 校外 文盲	校外 扫盲	校外 小学	校外 初中	校外 高中	校外 中专以上	校内 小学	校内 初中	校内 高中	校内 中专以上	备注
张	女	39						1							
郭	女	39			1										从小不会走路
张	男	40							1						
郭	女	40			1	①									
郭	女	40					1								
张	男	40					1								
张	女	40						1							
郭	女	40					1								
裴	女	40					1								
张	男	40						1							

说明：1、以行政村按年龄从小到大逐人填写。2、年龄系指86年实岁周一岁。3、政治面貌栏填写党员或团员，此外一律不填

4.271.863

图1-2-2-1-30　平顺县西沟村(南赛)1986年青壮年统计表30

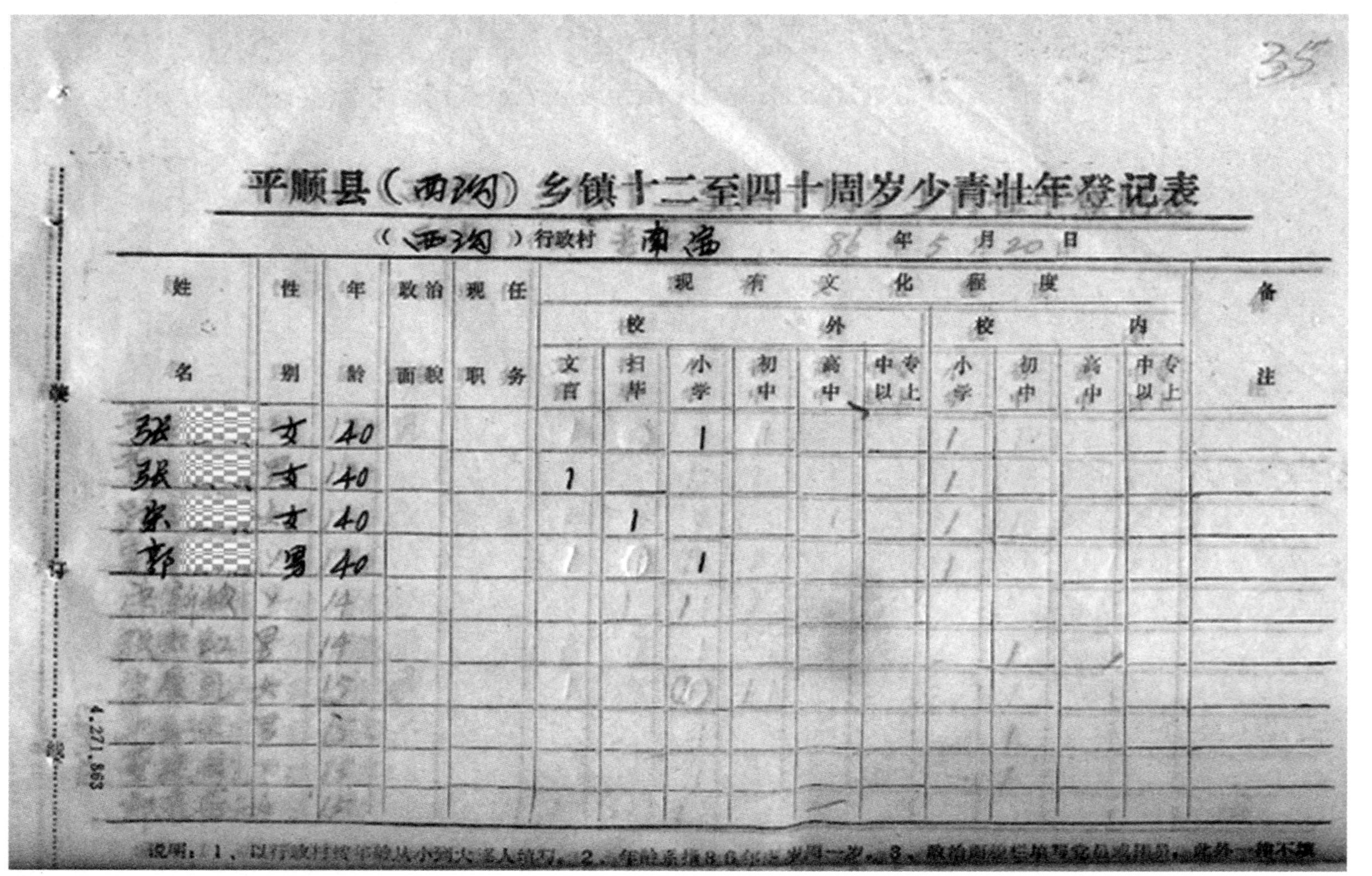

35

平顺县（西沟）乡镇十二至四十周岁少青壮年登记表

（西沟）行政村 南赛　86 年 5 月 20 日

姓名	性别	年龄	政治面貌	现任职务	现有文化程度 校外 文盲	扫盲	小学	初中	高中	中专以上	校内 小学	初中	高中	中专以上	备注
张[illegible]	女	40					1								
张[illegible]	女	40			1										
宋[illegible]	女	40				1									
郭[illegible]	男	40					1								

4.271.863

说明：1、以行政村按年龄从小到大逐人填写。2、年龄系指86年[illegible]。3、政治面貌栏填写党员或团员，此外一律不填

图1-2-2-1-31　平顺县西沟村(南赛)1986年青壮年统计表31

2、老西沟

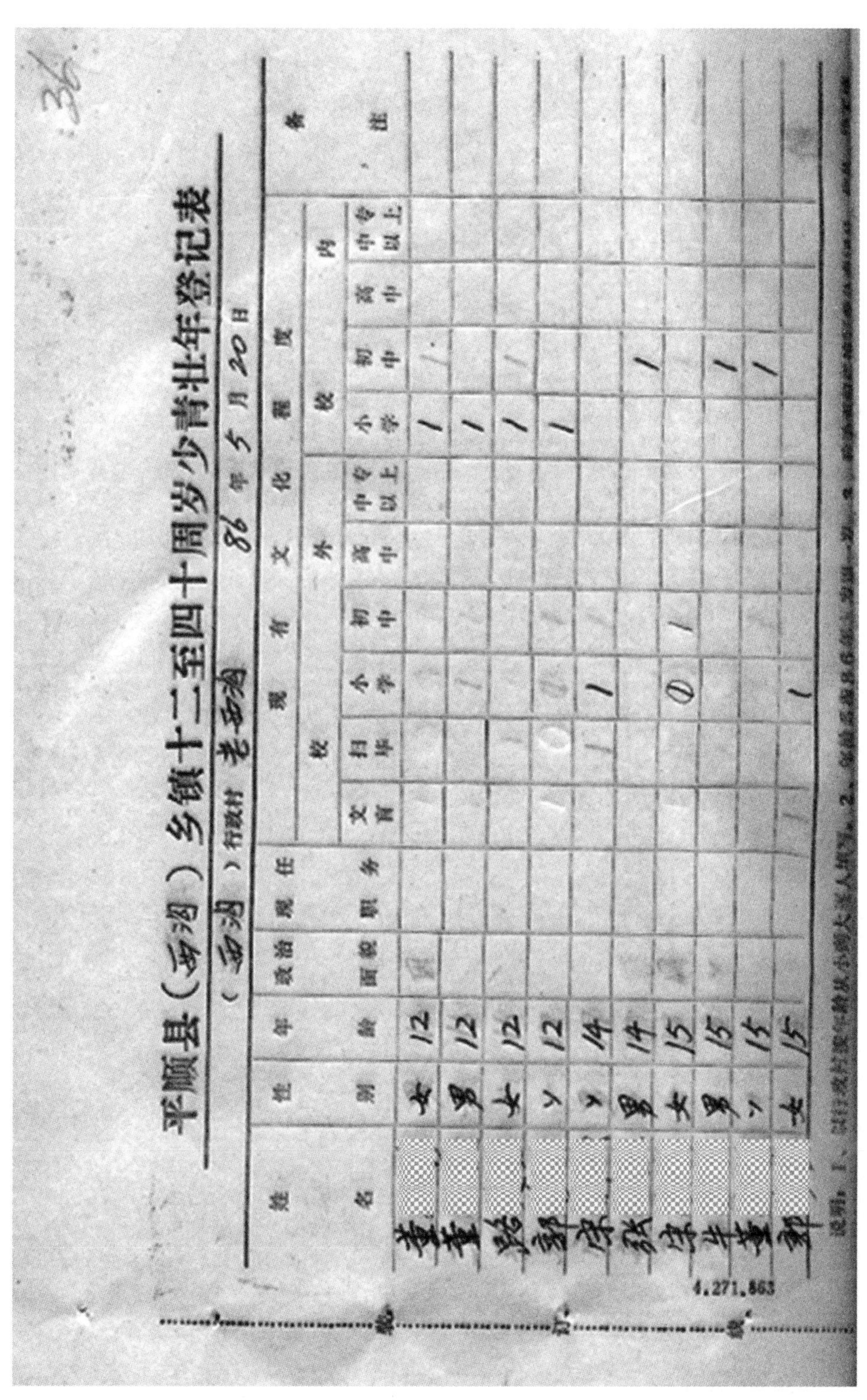

36.

平顺县（西沟）乡镇十二至四十周岁少青壮年登记表

（西沟）行政村 老西沟　　86 年 5 月 20 日

姓名	性别	年龄	政治面貌	现任职务	现有文化程度 校外 文盲	扫盲	小学	初中	高中	中专以上	校内 小学	初中	高中	中专以上	备注
董	女	12									/				
董	男	12									/				
路	女	12									/				
郭	〃	12									/				
宋	〃	14					/								
张	男	14										/			
宋	女	15					①	/							
牛	男	15										/			
董	〃	15										/			
郭	女	15					/								

说明：1、以行政村按年龄从小到大逐人填写。2、[illegible]

4.271.863

图1-2-2-2-1　平顺县西沟村(老西沟)1986年青壮年统计表1

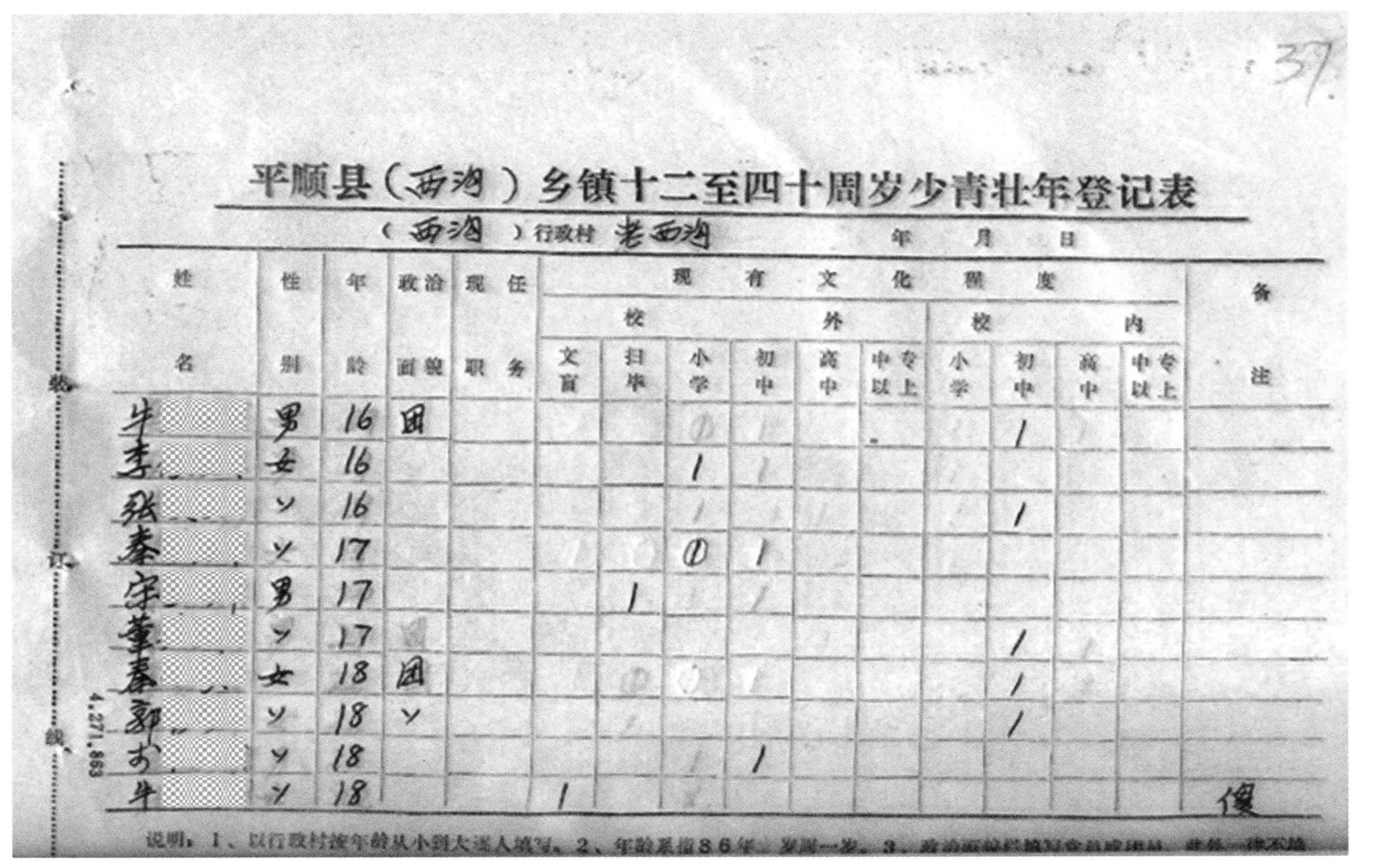

37

平顺县（西沟）乡镇十二至四十周岁少青壮年登记表

（西沟）行政村 老西沟　　年　月　日

姓名	性别	年龄	政治面貌	现任职务	校外：文盲	校外：扫盲	校外：小学	校外：初中	校外：高中	校外：中专以上	校内：小学	校内：初中	校内：高中	校内：中专以上	备注
牛	男	16	团									/			
李	女	16					/								
张	〃	16										/			
秦	〃	17					0	/							
宋	男	17				/									
董	〃	17										/			
秦	女	18	团									/			
郭	〃	18	〃									/			
苏	〃	18						/							
牛	〃	18			/										傻

4.271.863

说明：1、以行政村按年龄从小到大逐人填写。2、年龄系指86年，岁同一岁。3、[illegible]

图1-2-2-2-2　平顺县西沟村(老西沟)1986年青壮年统计表2

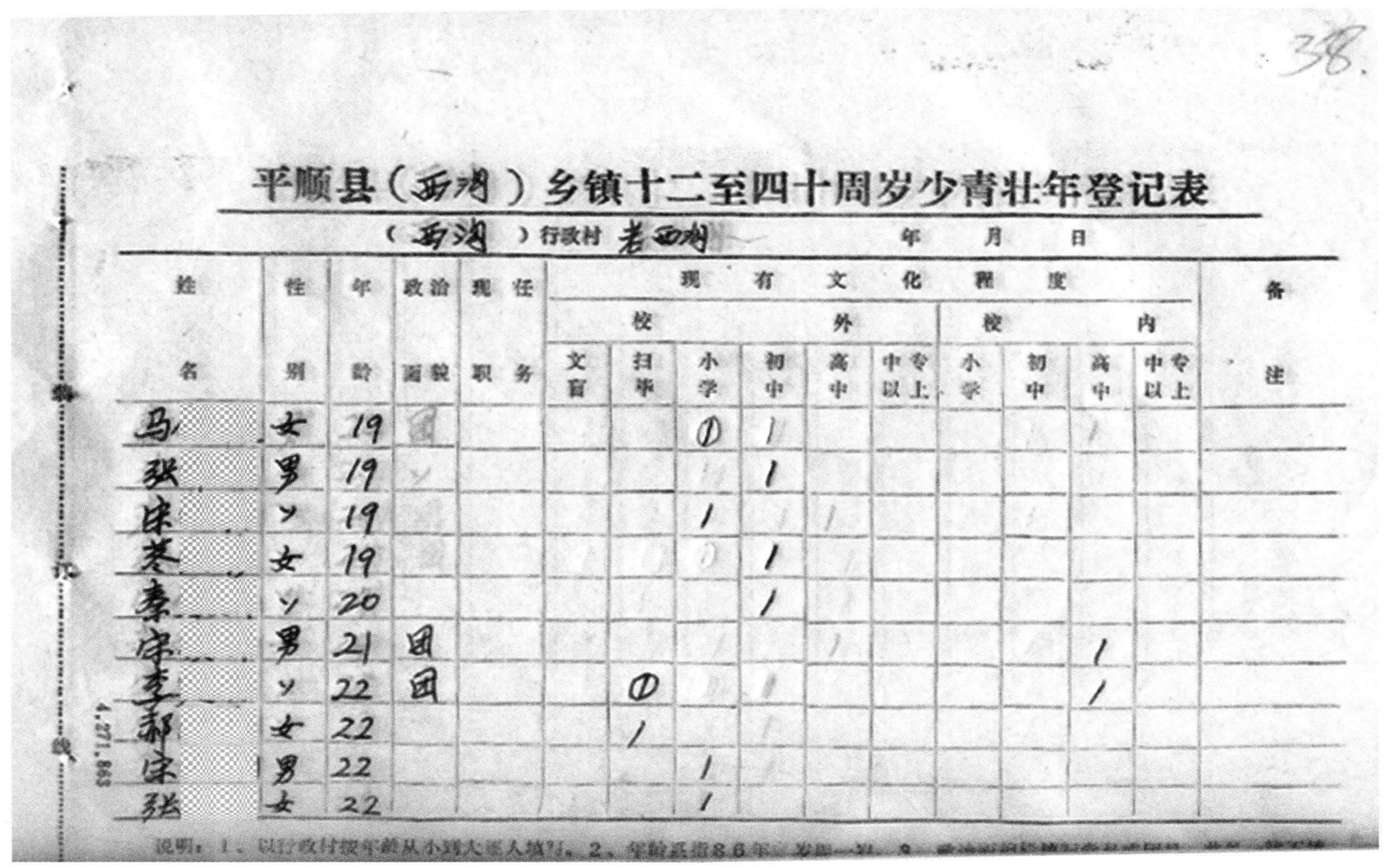

38

平顺县（西沟）乡镇十二至四十周岁少青壮年登记表

（西沟）行政村 老西沟　　年　月　日

姓名	性别	年龄	政治面貌	现任职务	现有文化程度 校外 文盲	扫盲	小学	初中	高中	中专以上	校内 小学	初中	高中	中专以上	备注
马	女	19					Ø	/							
张	男	19						/							
宋	〃	19					/								
綦	女	19						/							
秦	〃	20						/							
宋	男	21	团										/		
李	〃	22	团			Ø							/		
郝	女	22				/									
宋	男	22					/								
张	女	22					/								

说明：1、以行政村按年龄从小到大逐人填写。2、年龄系指86年……

4.271.863

图1-2-2-2-3　平顺县西沟村(老西沟)1986年青壮年统计表3

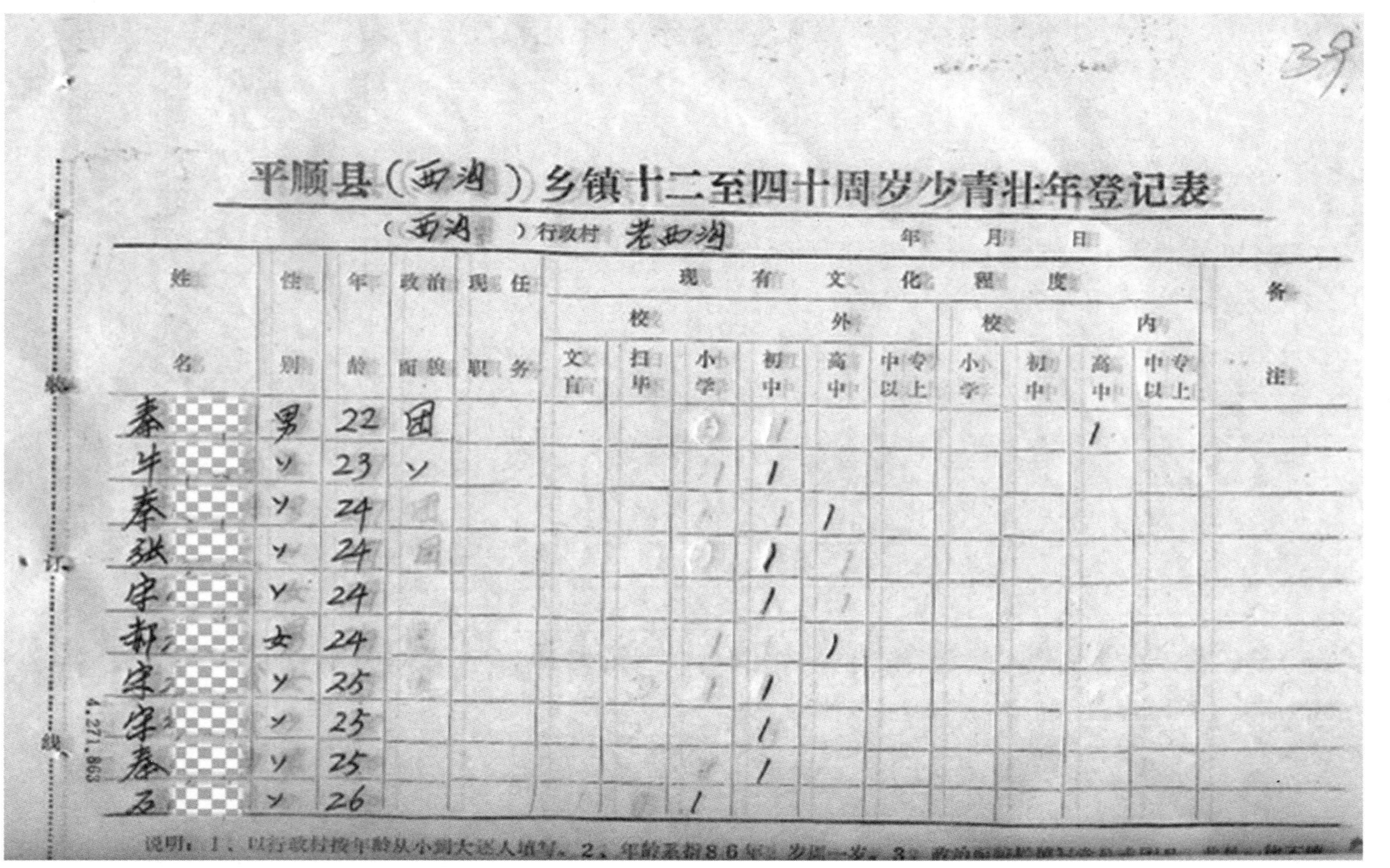

39

平顺县（西沟）乡镇十二至四十周岁少青壮年登记表

（西沟）行政村 老西沟　　年　月　日

姓名	性别	年龄	政治面貌	现任职务	现有文化程度 校外 文盲	扫盲	小学	初中	高中	中专以上	校内 小学	初中	高中	中专以上	备注
秦	男	22	团										1		
牛	〃	23	〃					1							
秦	〃	24							1						
张	〃	24						1							
宋	〃	24						1							
郝	女	24							1						
宋	〃	25						1							
宋	〃	25						1							
秦	〃	25						1							
石	〃	26					1								

4.271.863

装　订　线

说明：1、以行政村按年龄从小到大逐人填写。2、年龄系指86年……

图1-2-2-2-4　平顺县西沟村(老西沟)1986年青壮年统计表4

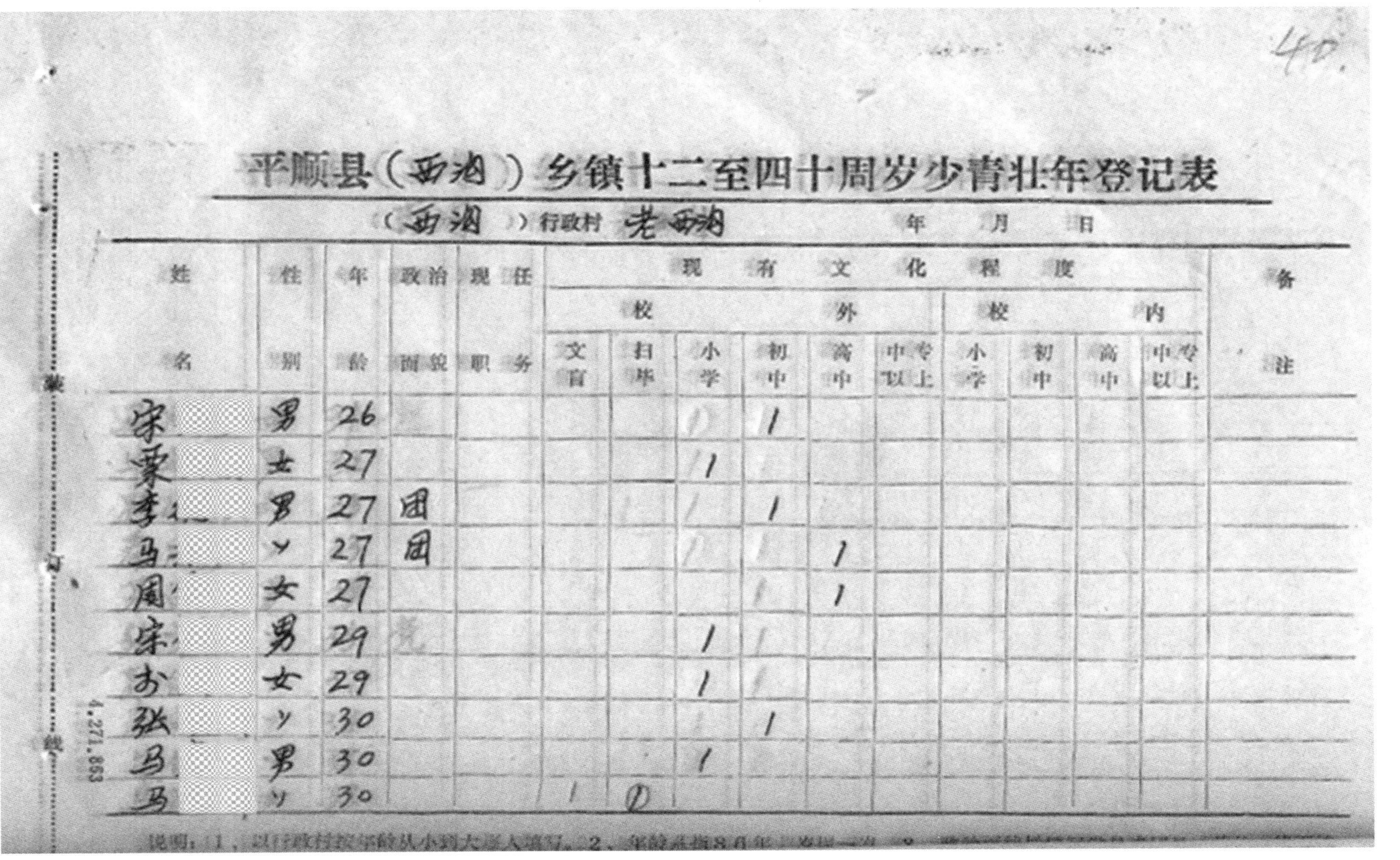

40.

平顺县（西沟）乡镇十二至四十周岁少青壮年登记表

（西沟）行政村 老西沟 年 月 日

姓名	性别	年龄	政治面貌	现任职务	现有文化程度 校外 文盲	扫盲	小学	初中	高中	中专以上	校内 小学	初中	高中	中专以上	备注
宋	男	26						1							
栗	女	27					1								
李	男	27	团					1							
马	〃	27	团						1						
周	女	27							1						
宋	男	29					1								
苏	女	29					1								
张	〃	30						1							
马	男	30					1								
马	〃	30			1	①									

4.271.863

说明：1、以行政村按年龄从小到大逐人填写。2、年龄系指86年……

图1-2-2-2-5 平顺县西沟村(老西沟)1986年青壮年统计表5

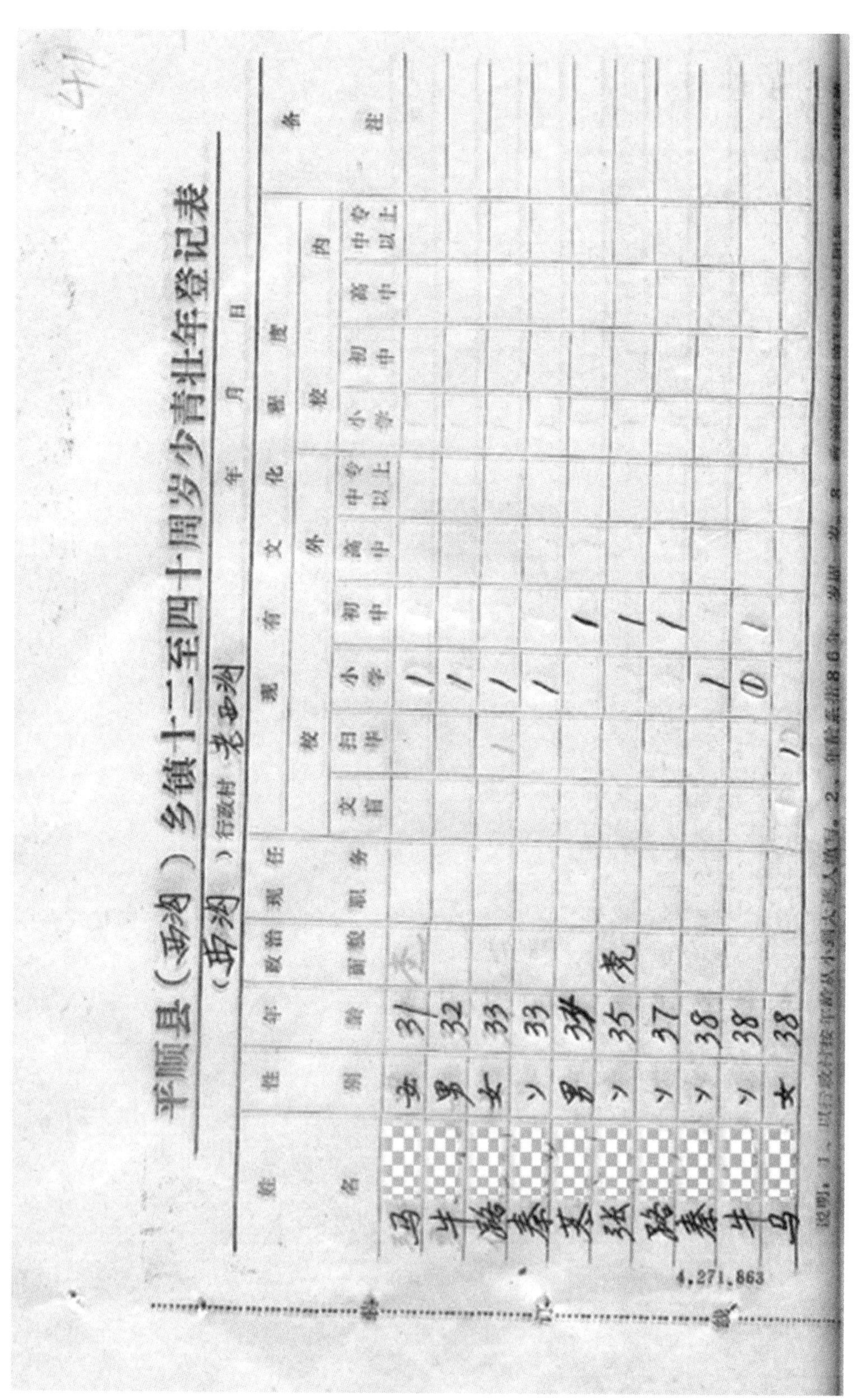

平顺县（西沟）乡镇十二至四十周岁少青壮年登记表

（西沟）行政村 老西沟　　年　月　日

姓名	性别	年龄	政治面貌	现任职务	文盲	扫盲	小学	初中	高中	中专以上	小学	初中	高中	中专以上	备注
					现有文化程度（校外）						现有文化程度（校内）				
马[illegible]	女	31	[illegible]				/								
牛[illegible]	男	32					/								
路[illegible]	女	33				/	/								
秦[illegible]	〃	33					/								
秦[illegible]	男	34						/							
张[illegible]	〃	35	党					/							
路[illegible]	〃	37						/							
秦[illegible]	〃	38					/								
牛[illegible]	〃	38					D	/							
马[illegible]	女	38				/									

4.271.863

说明：1、以行政村按年龄从小到大逐人填写。2、年龄系指86年……

图1-2-2-2-6　平顺县西沟村(老西沟)1986年青壮年统计表6

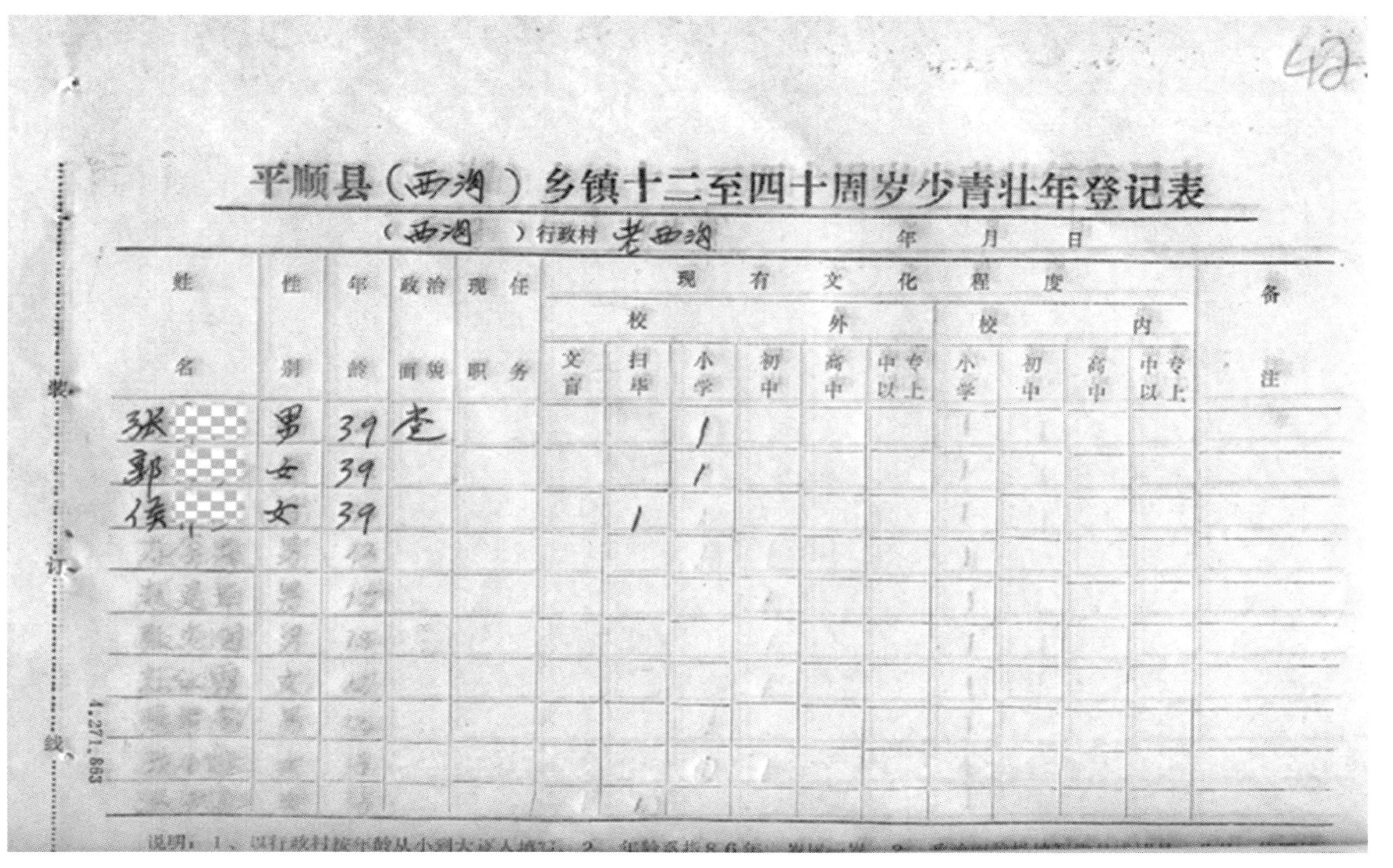

平顺县（西沟）乡镇十二至四十周岁少青壮年登记表

（西沟　）行政村 老西沟　　　　年　月　日

姓名	性别	年龄	政治面貌	现任职务	现有文化程度 校外 文盲	扫盲	小学	初中	高中	中专以上	校内 小学	初中	高中	中专以上	备注
张	男	39	党				1								
郭	女	39					1								
侯	女	39				1									

4.271.883

图1-2-2-2-7　平顺县西沟村(老西沟)1986年青壮年统计表7

3、沙地栈

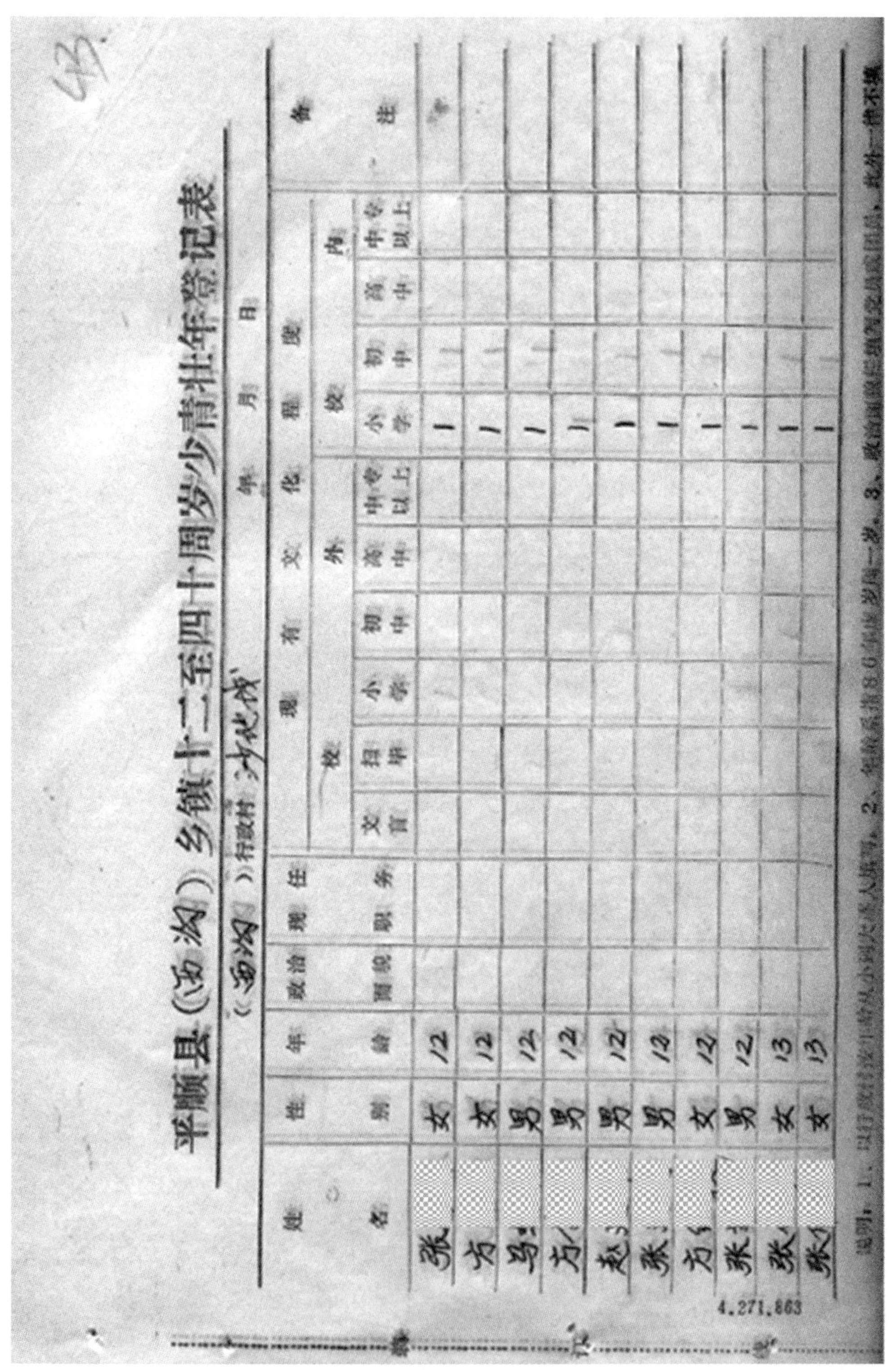

平顺县（西沟）乡镇十二至四十周岁少青壮年登记表

（西沟）行政村 沙地栈　　　　年　月　日

姓名	性别	年龄	政治面貌	现任职务	校外 文盲	校外 扫盲	校外 小学	校外 初中	校外 高中	校外 中专以上	校内 小学	校内 初中	校内 高中	校内 中专以上	备注
张	女	12									|				
方	女	12									/				
马	男	12									/				
方	男	12									/				
赵	男	12									|				
张	男	13									|				
方	女	12									|				
张	男	12									|				
张	女	13									|				
张	女	13									|				

说明：1、以行政村按门牌从小到大逐人填写。2、年龄系指86年的虚岁一岁。3、政治面貌指党员或团员，此外一律不填

4.271.863

图1-2-2-3-1　平顺县西沟村(沙地栈)1986年青壮年统计表
1

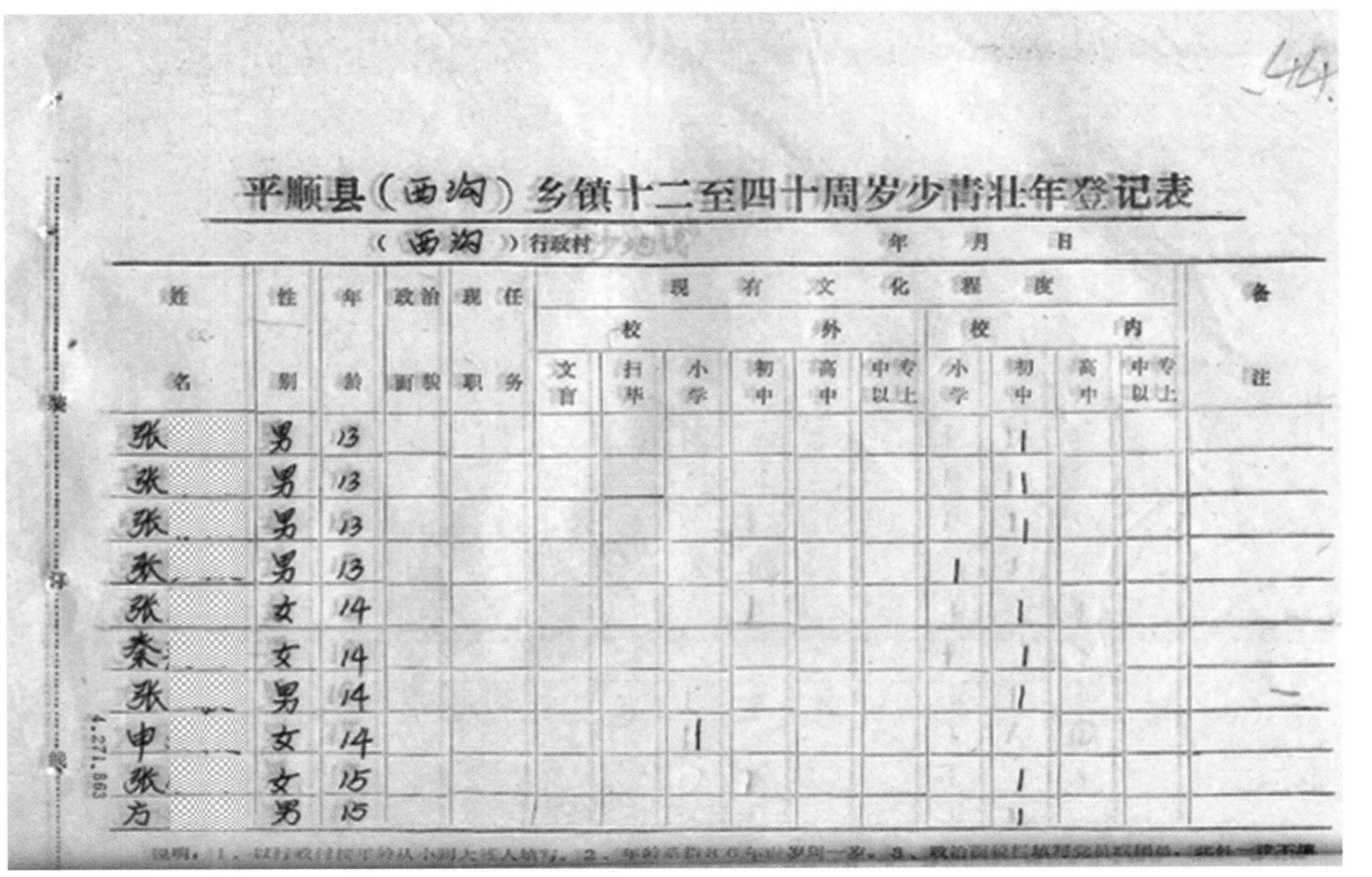

平顺县（西沟）乡镇十二至四十周岁少青壮年登记表

（西沟）行政村　　　　年　月　日

姓名	性别	年龄	政治面貌	现任职务	现有文化程度 校外 文盲	扫盲	小学	初中	高中	中专以上	校内 小学	初中	高中	中专以上	备注
张	男	13										1			
张	男	13										1			
张	男	13										1			
张	男	13									1				
张	女	14										1			
秦	女	14										1			
张	男	14										1			
申	女	14					1								
张	女	15										1			
方	男	15										1			

4.271.863

图1-2-2-3-2　平顺县西沟村(沙地栈)1986年青壮年统计表2

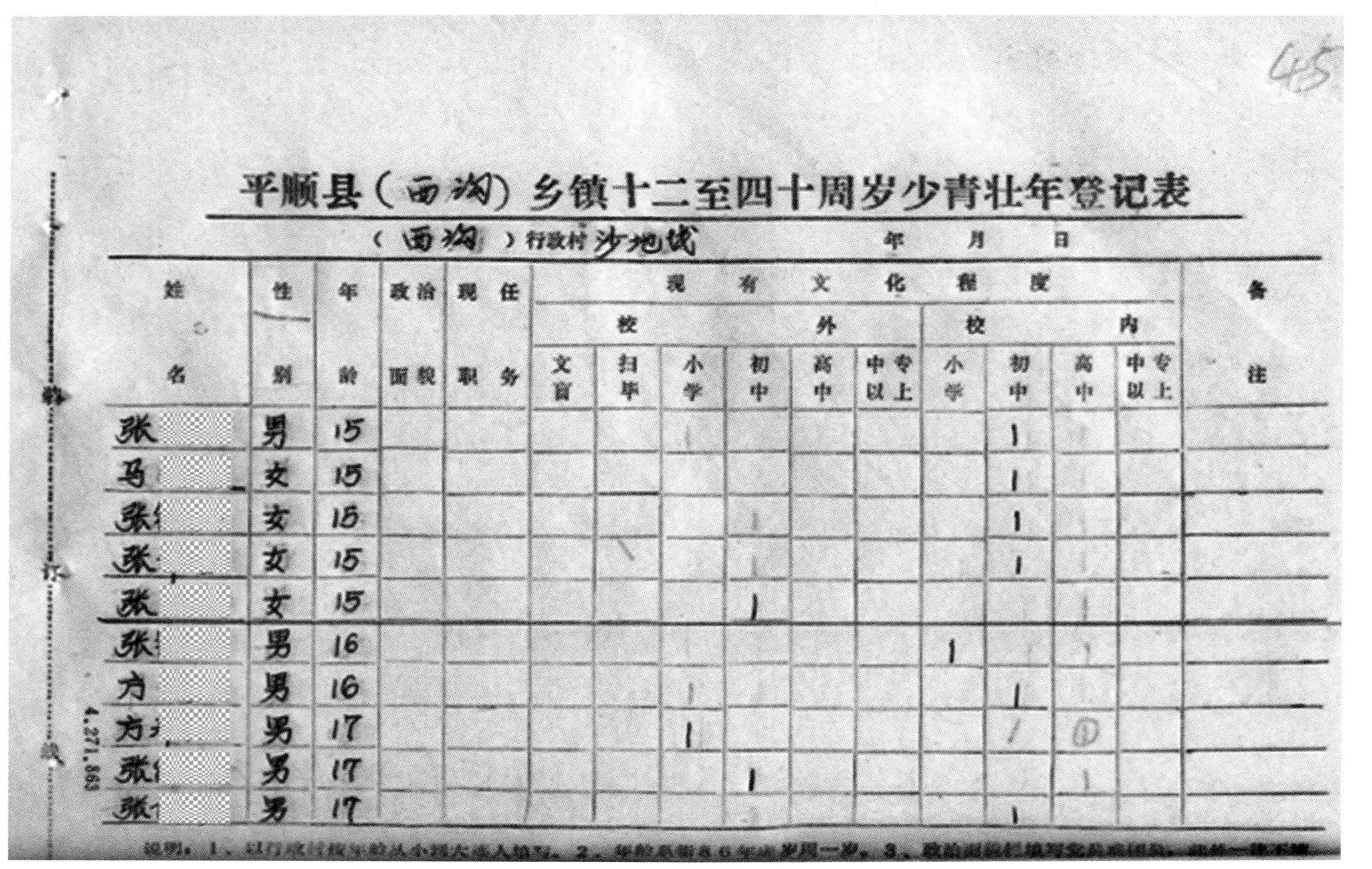

平顺县（西沟）乡镇十二至四十周岁少青壮年登记表

（西沟）行政村 沙地栈　　　　年　　月　　日

姓名	性别	年龄	政治面貌	现任职务	现有文化程度：校外：文盲	校外：扫毕	校外：小学	校外：初中	校外：高中	校外：中专以上	校内：小学	校内：初中	校内：高中	校内：中专以上	备注
张	男	15										1			
马	女	15										1			
张	女	15										1			
张	女	15										1			
张	女	15						1							
张	男	16									1				
方	男	16										1			
方	男	17					1					/	①		
张	男	17						1							
张	男	17										1			

说明：1、以行政村按年龄从小到大逐人填写。2、年龄[illegible]岁周一岁。3、政治面貌栏填写[illegible]

4.271.863

图1-2-2-3-3　平顺县西沟村(沙地栈)1986年青壮年统计表3

4、沙地山

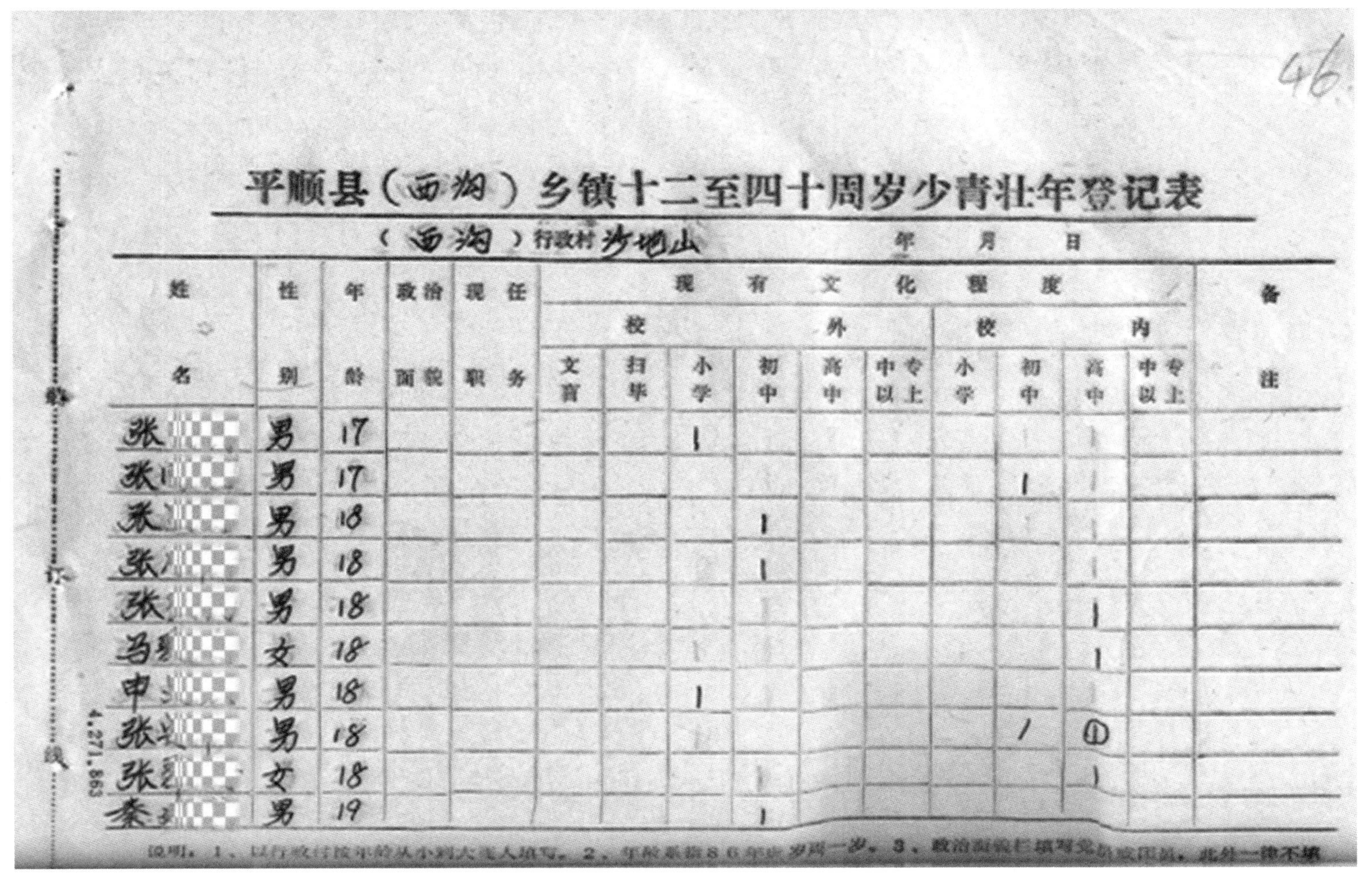

平顺县（西沟）乡镇十二至四十周岁少青壮年登记表

（西沟）行政村 沙地山　　　　年　月　日

姓名	性别	年龄	政治面貌	现任职务	现有文化程度：校外：文盲	校外：扫毕	校外：小学	校外：初中	校外：高中	校外：中专以上	校内：小学	校内：初中	校内：高中	校内：中专以上	备注
张	男	17					1								
张	男	17										1			
张	男	18						1							
张	男	18						1							
张	男	18											1		
马	女	18											1		
申	男	18					1								
张	男	18										/	①		
张	女	18											1		
秦	男	19						1							

4.271.863

说明：1、以行政村按年龄从小到大逐人填写。2、年龄系指86年…岁。3、政治面貌栏填写党员或团员，此外一律不填

图1-2-2-4-1　平顺县西沟村(沙地山)1986年青壮年统计表1

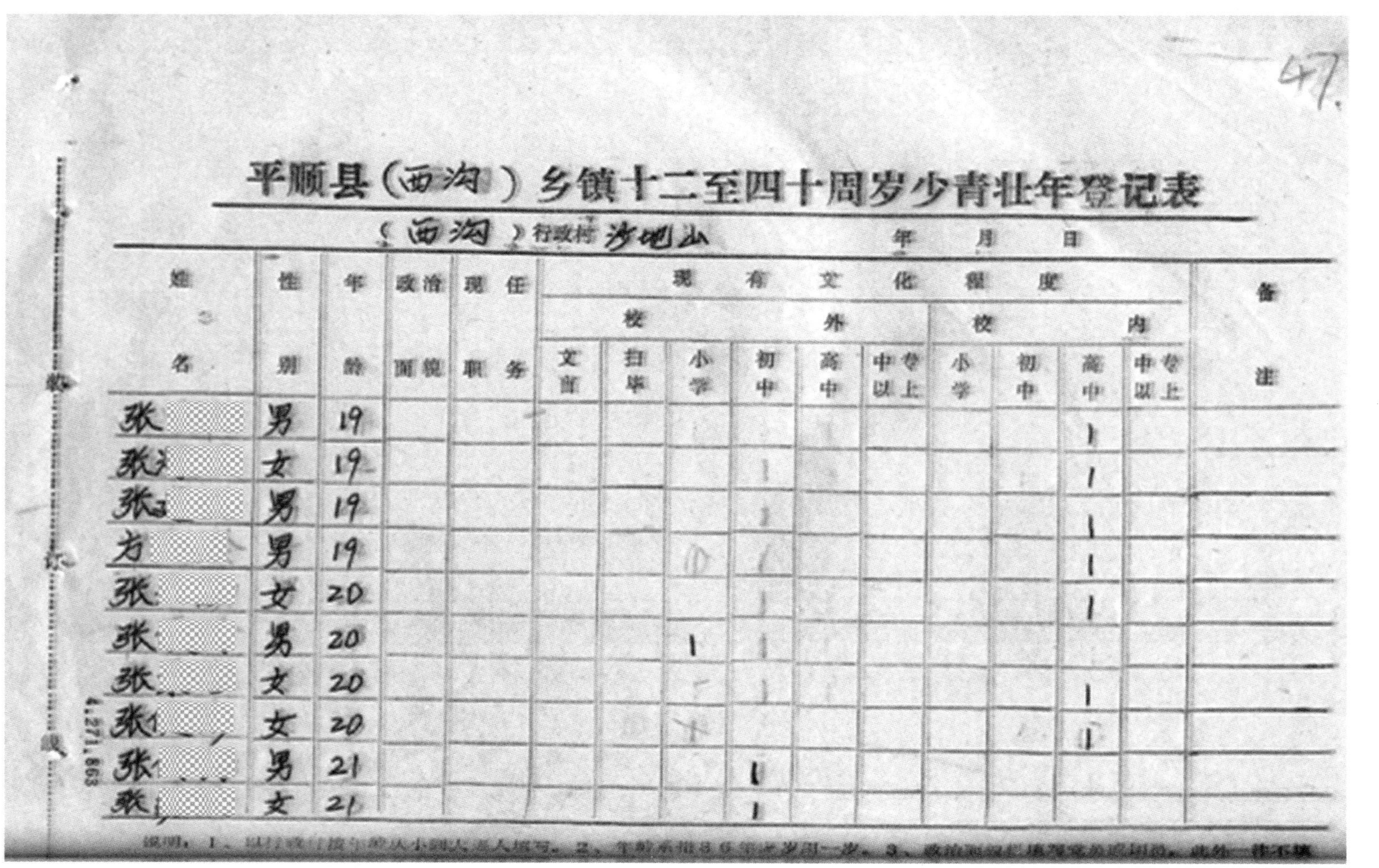

平顺县（西沟）乡镇十二至四十周岁少青壮年登记表

（西沟）行政村 沙地山　　年　月　日

姓名	性别	年龄	政治面貌	现任职务	现有文化程度 校外 文盲	扫盲	小学	初中	高中	中专以上	校内 小学	初中	高中	中专以上	备注
张	男	19											1		
张	女	19											1		
张	男	19											1		
方	男	19											1		
张	女	20											1		
张	男	20					1								
张	女	20											1		
张	女	20											1		
张	男	21						1							
张	女	21						1							

4.271.863

图1-2-2-4-2　平顺县西沟村(沙地山)1986年青壮年统计表2

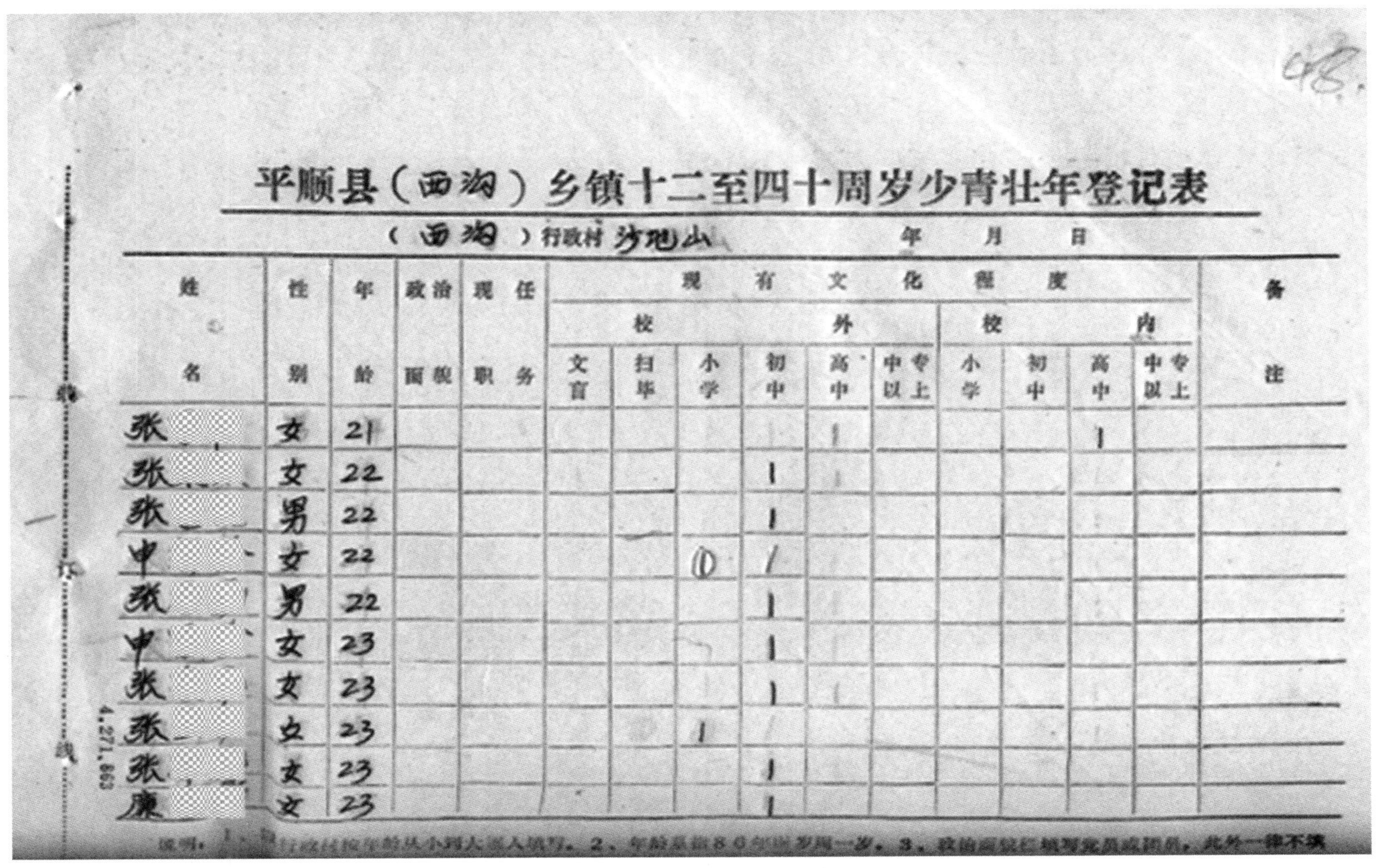

平顺县（西沟）乡镇十二至四十周岁少青壮年登记表

（西沟）行政村 沙地山　　　　年　月　日

姓名	性别	年龄	政治面貌	现任职务	现有文化程度 校外 文盲	校外 扫毕	校外 小学	校外 初中	校外 高中	校外 中专以上	校内 小学	校内 初中	校内 高中	校内 中专以上	备注
张	女	21							1				1		
张	女	22						1							
张	男	22						1							
申	女	22					①	/							
张	男	22						1							
申	女	23						1							
张	女	23						1							
张	女	23					1								
张	女	23						1							
康	女	23						1							

4.271.863

说明：1、[illegible]行政村按年龄从小到大逐人填写。2、年龄系指80年[illegible]岁周一岁。3、政治面貌栏填写党员或团员，此外一律不填

图1-2-2-4-3　平顺县西沟村(沙地山)1986年青壮年统计表3

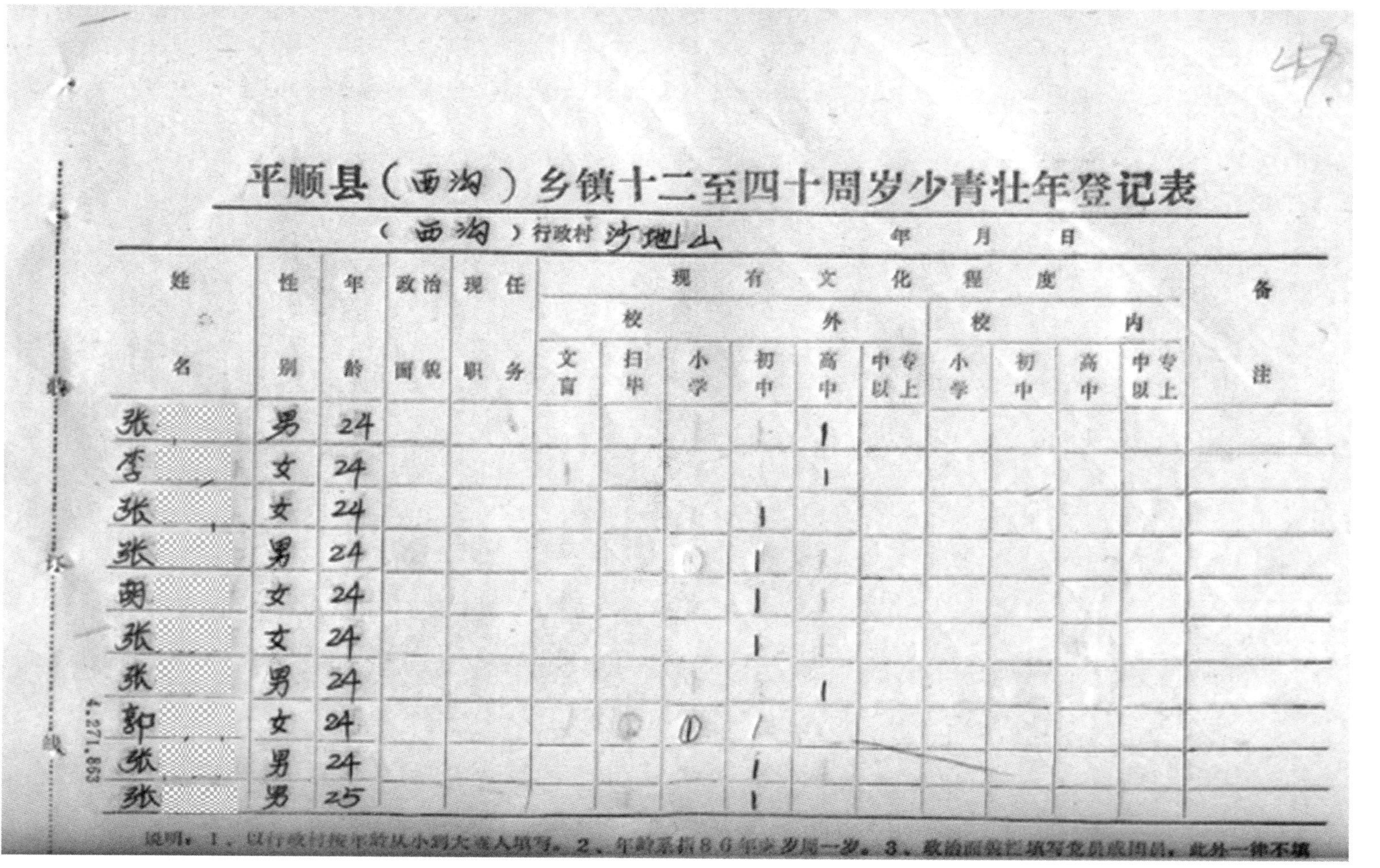

平顺县（西沟）乡镇十二至四十周岁少青壮年登记表

（西沟）行政村 沙地山　　　年　月　日

姓名	性别	年龄	政治面貌	现任职务	现有文化程度 校外 文盲	扫盲	小学	初中	高中	中专以上	校内 小学	初中	高中	中专以上	备注
张	男	24							1						
李	女	24							1						
张	女	24						1							
张	男	24						1							
阎	女	24						1							
张	女	24						1							
张	男	24							1						
郭	女	24					①	/							
张	男	24						1							
张	男	25						1							

说明：1、以行政村按年龄从小到大逐人填写。2、年龄系指86年实岁周一岁。3、政治面貌栏填写党员或团员，此外一律不填

4.271.863

图1-2-2-4-4　平顺县西沟村(沙地山)1986年青壮年统计表4

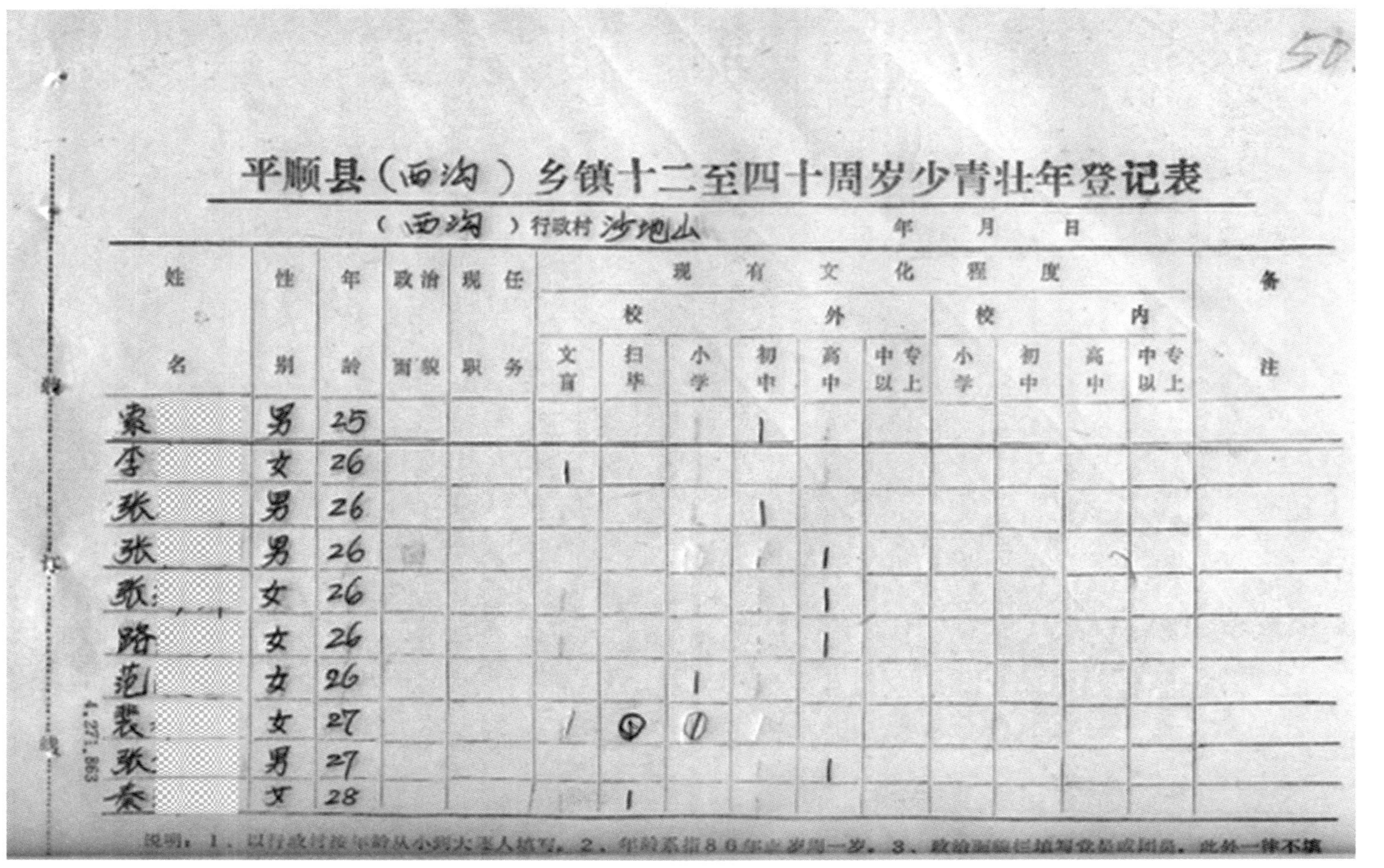

50

平顺县（西沟）乡镇十二至四十周岁少青壮年登记表

（西沟）行政村 沙地山　　　　年　　月　　日

姓名	性别	年龄	政治面貌	现任职务	现有文化程度：校外：文盲	扫盲	小学	初中	高中	中专以上	校内：小学	初中	高中	中专以上	备注
衆	男	25						1							
李	女	26			1										
张	男	26						1							
张	男	26							1						
张	女	26							1						
路	女	26							1						
范	女	26					1								
裴	女	27			1	①	①								
张	男	27							1						
秦	女	28				1									

说明：1、以行政村按年龄从小到大逐人填写。2、年龄系指86年实岁周一岁。3、政治面貌栏填写党员或团员，此外一律不填

4.271.863

图1-2-2-4-5　平顺县西沟村(沙地山)1986年青壮年统计表5

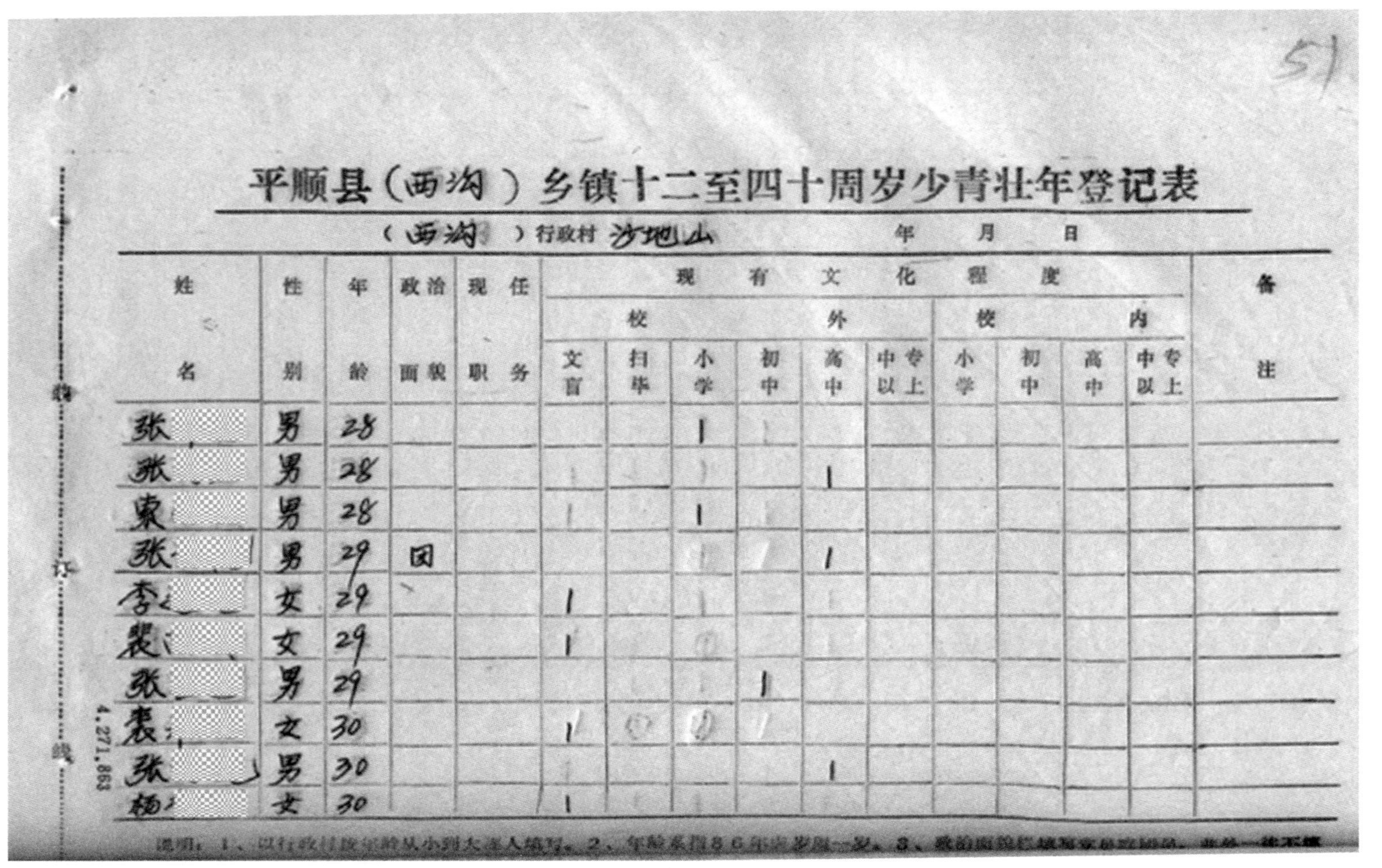

平顺县（西沟）乡镇十二至四十周岁少青壮年登记表

（西沟）行政村 沙地山　　　年　月　日

姓名	性别	年龄	政治面貌	现任职务	现有文化程度 校外 文盲	扫毕	小学	初中	高中	中专以上	校内 小学	初中	高中	中专以上	备注
张	男	28					1								
张	男	28							1						
東	男	28					1								
张	男	29	团						1						
李	女	29			1										
裴	女	29			1										
张	男	29						1							
袁	女	30			1										
张	男	30							1						
杨	女	30			1										

说明：1、以行政村按年龄从小到大逐人填写。2、年龄系指86年……

4.271.863

图1-2-2-4-6　平顺县西沟村(沙地山)1986年青壮年统计表6

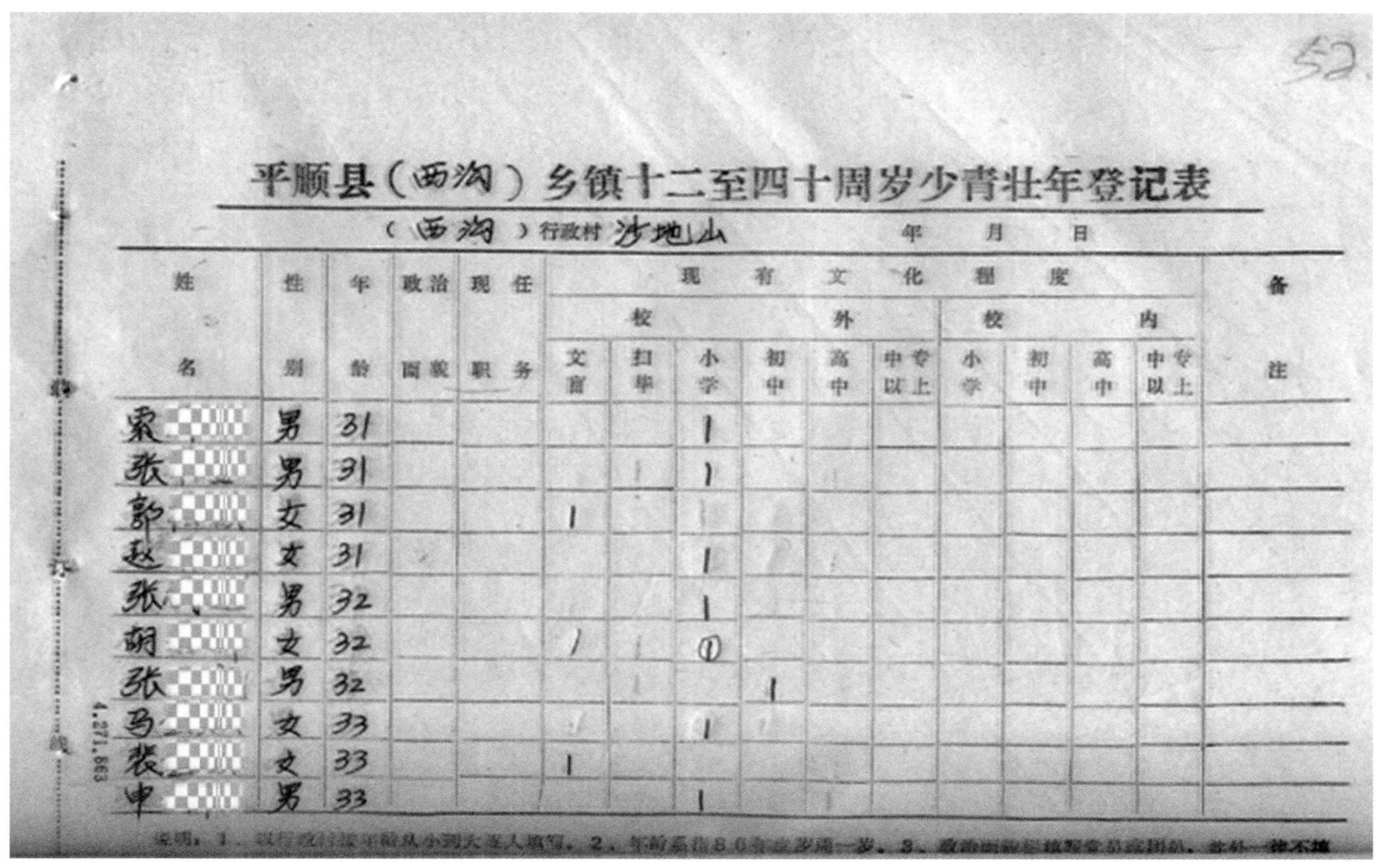

平顺县（西沟）乡镇十二至四十周岁少青壮年登记表

（西沟）行政村 沙地山　　　　年　月　日

姓名	性别	年龄	政治面貌	现任职务	现有文化程度：校外：文盲	校外：扫盲	校外：小学	校外：初中	校外：高中	校外：中专以上	校内：小学	校内：初中	校内：高中	校内：中专以上	备注
索	男	31					1								
张	男	31					1								
郭	女	31			1										
赵	女	31					1								
张	男	32					1								
胡	女	32			/		①								
张	男	32						1							
马	女	33					1								
裴	女	33			1										
申	男	33					1								

4.271.863

图1-2-2-4-7　平顺县西沟村(沙地山)1986年青壮年统计表7

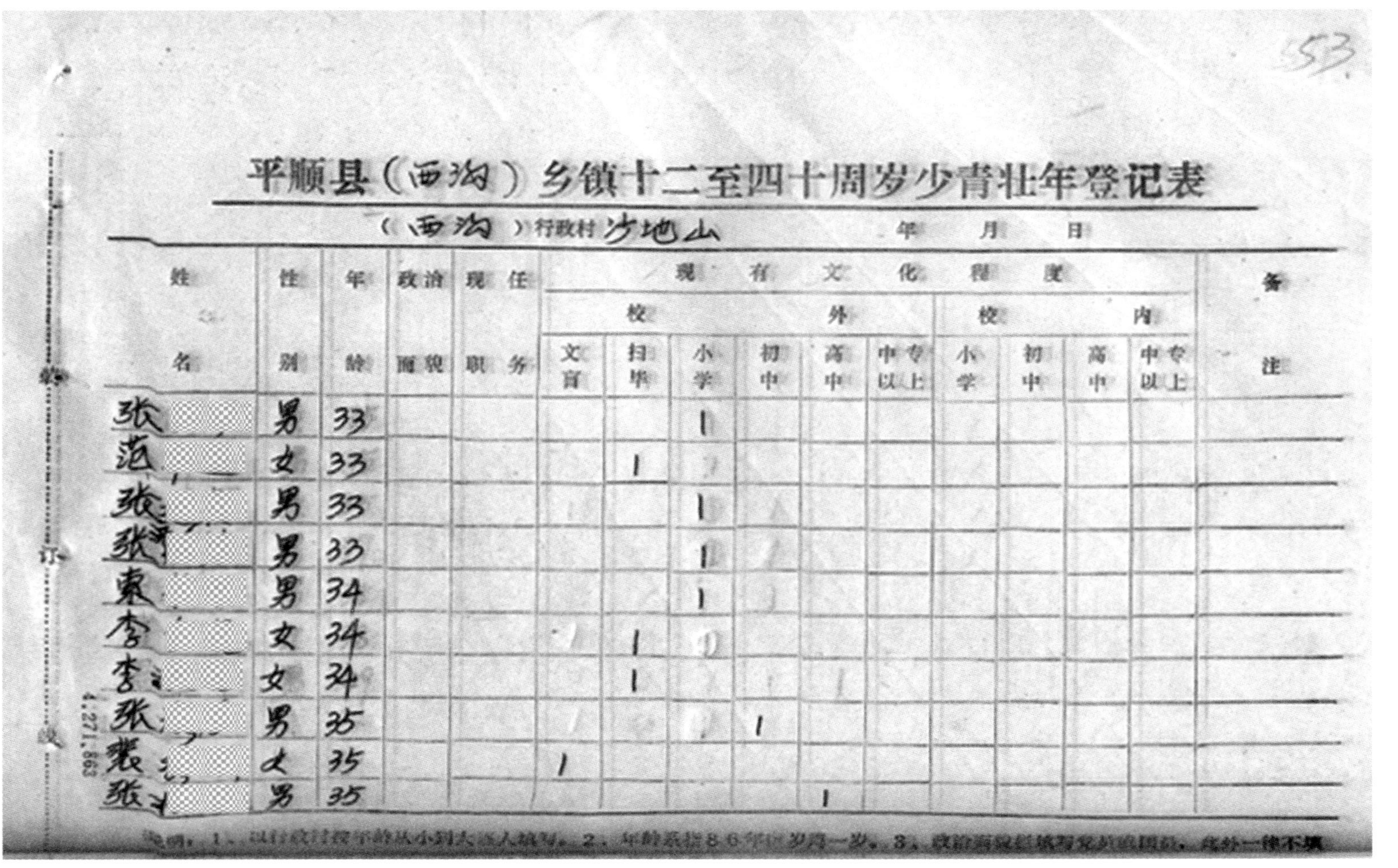

553

平顺县（西沟）乡镇十二至四十周岁少青壮年登记表

（西沟）行政村 沙地山　　年　月　日

姓名	性别	年龄	政治面貌	现任职务	现有文化程度 校外 文盲	校外 扫毕	校外 小学	校外 初中	校外 高中	校外 中专以上	校内 小学	校内 初中	校内 高中	校内 中专以上	备注
张	男	33					1								
范	女	33				1									
张	男	33					1								
张	男	33					1								
東	男	34					1								
李	女	34				1									
李	女	34				1									
张	男	35						1							
張	女	35			1										
张	男	35							1						

4.271.863

说明：1、以行政村按年龄从小到大逐人填写。2、年龄系指86年[illegible]岁再一岁。3、政治面貌栏填写党员或团员，此外一律不填

图1-2-2-4-8　平顺县西沟村(沙地山)1986年青壮年统计表8

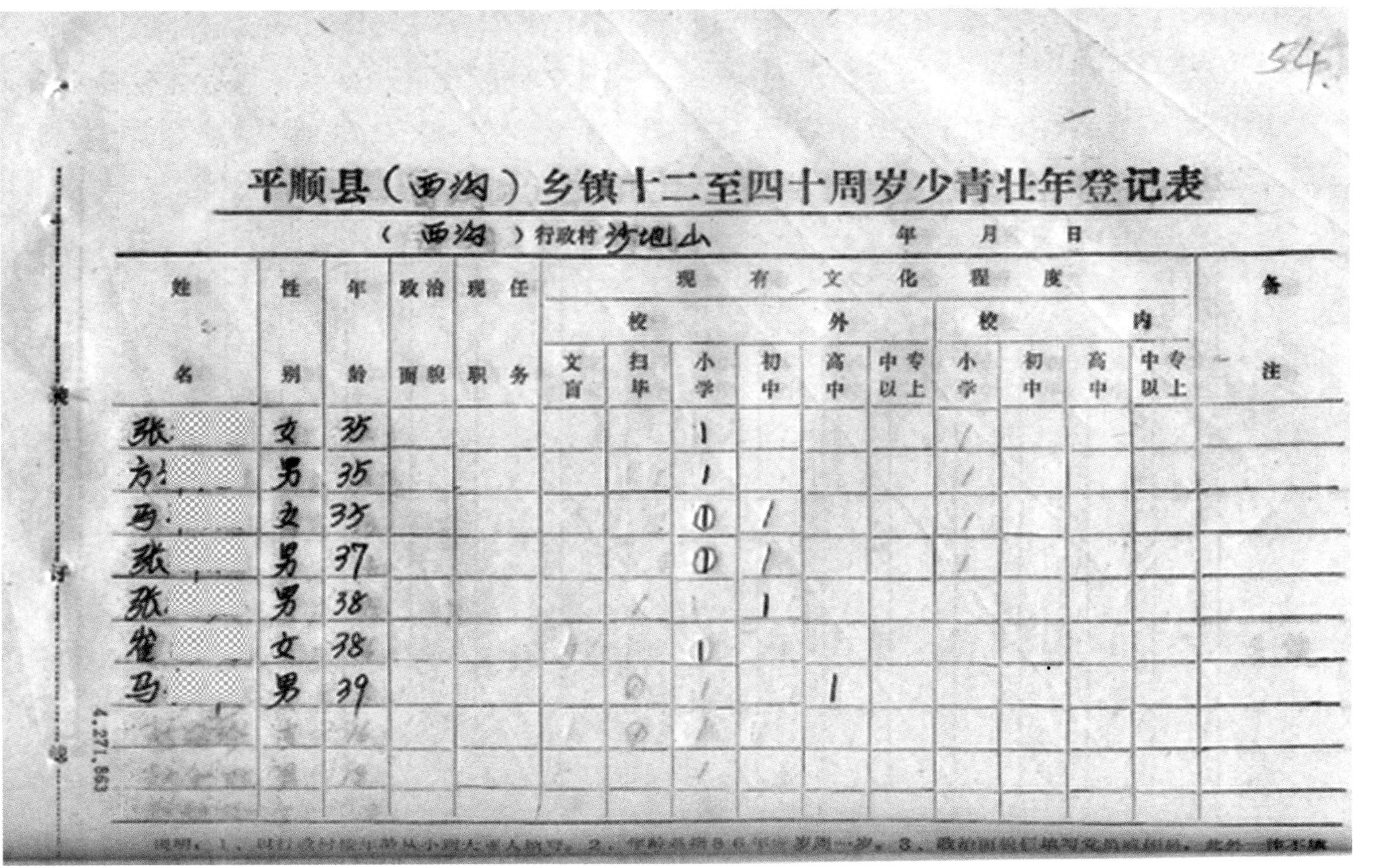

平顺县（西沟）乡镇十二至四十周岁少青壮年登记表

（西沟）行政村 沙地山　　　　年　　月　　日

姓名	性别	年龄	政治面貌	现任职务	校外：文盲	校外：扫毕	校外：小学	校外：初中	校外：高中	校外：中专以上	校内：小学	校内：初中	校内：高中	校内：中专以上	备注
张	女	35					1				/				
方	男	35					/				/				
马	女	35					①	/			/				
张	男	37					①	/			/				
张	男	38						1							
崔	女	38					1								
马	男	39							1						

4.271.863

图1-2-2-4-9　平顺县西沟村(沙地山)1986年青壮年统计表9

5、辉沟

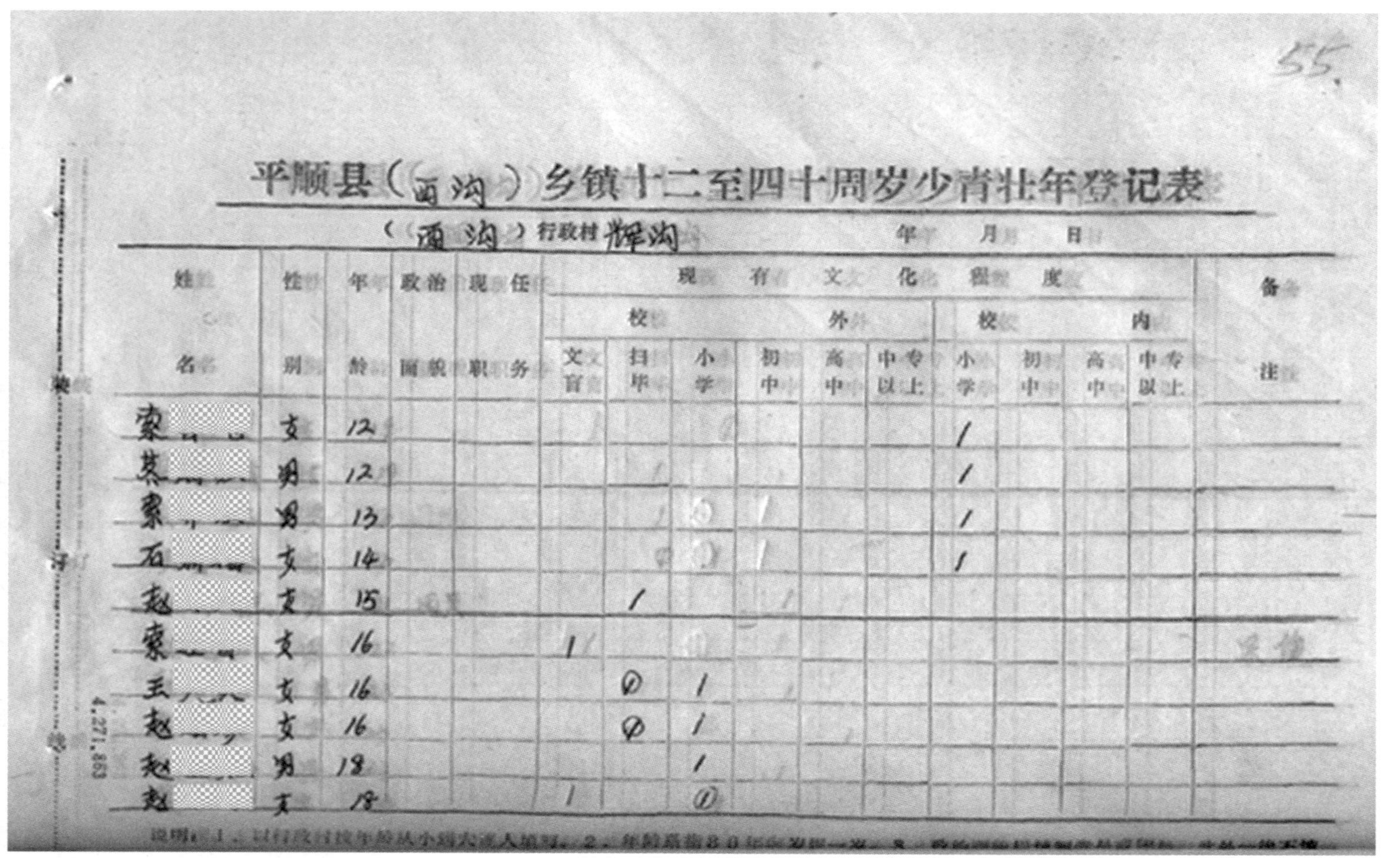

平顺县（西沟）乡镇十二至四十周岁少青壮年登记表

（西沟）行政村 辉沟　　年　月　日

姓名	性别	年龄	政治面貌	现任职务	校外 文盲	校外 扫毕	校外 小学	校外 初中	校外 高中	校外 中专以上	校内 小学	校内 初中	校内 高中	校内 中专以上	备注
索	女	12									1				
慕	男	12									1				
索	男	13									1				
石	女	14									1				
赵	女	15				1									
索	女	16			1										
王	女	16				Ø	1								
赵	女	16				Ø	1								
赵	男	18					1								
赵	女	18			1		①								

图1-2-2-5-1　平顺县西沟村(辉沟)1986年青壮年统计表1

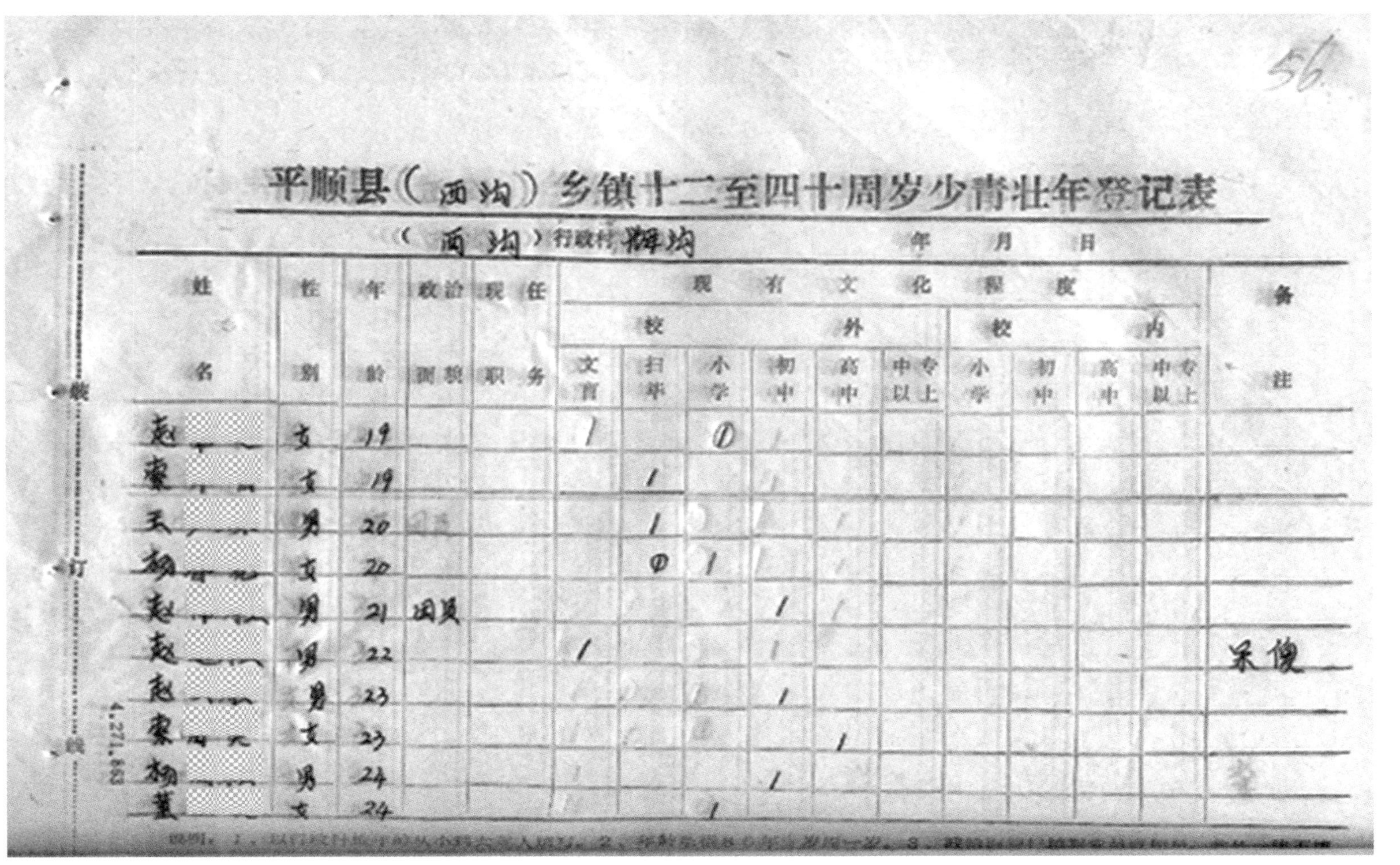

平顺县（西沟）乡镇十二至四十周岁少青壮年登记表

（西沟）行政村 辉沟　　年　月　日

姓名	性别	年龄	政治面貌	现任职务	现有文化程度 校外 文盲	扫盲	小学	初中	高中	中专以上	校内 小学	初中	高中	中专以上	备注
赵	女	19			1		①								
秦	女	19				1									
王	男	20				1									
杨	女	20				①	1								
赵	男	21	团员					1							
赵	男	22			1										呆傻
赵	男	23						1							
秦	女	23							1						
杨	男	24						1							
董	女	24					1								

4.271.663

图1-2-2-5-2　平顺县西沟村(辉沟)1986年青壮年统计表2

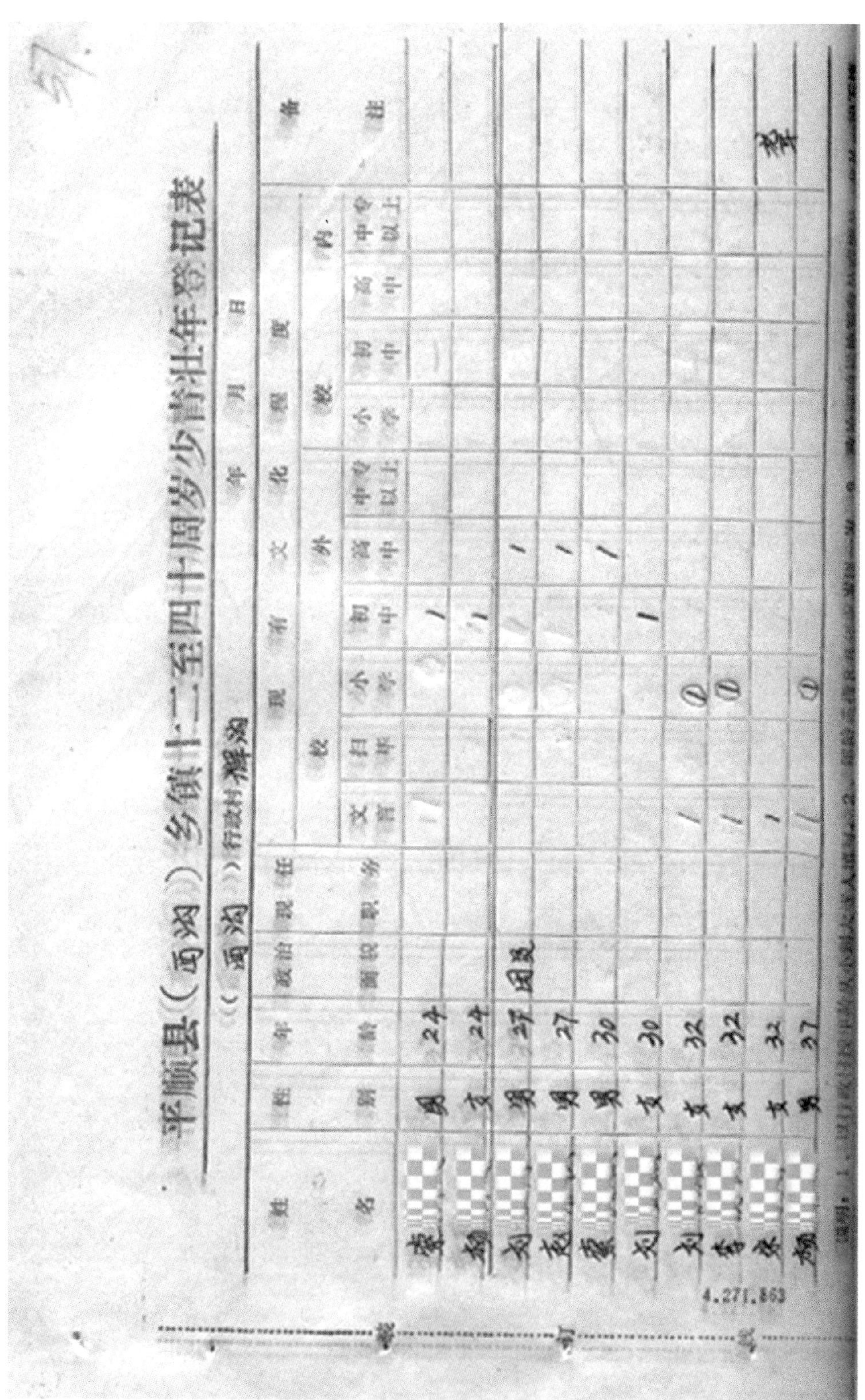

平顺县（西沟）乡镇十二至四十周岁少青壮年登记表

（西沟）行政村 辉沟　　年　月　日

姓名	性别	年龄	政治面貌	现任职务	校外：文盲	校外：扫盲	校外：小学	校外：初中	校外：高中	校外：中专以上	校内：小学	校内：初中	校内：高中	校内：中专以上	备注
秦[illegible]	男	24			/			/							
赵[illegible]	女	24						/							
刘[illegible]	男	27	团员						/						
袁[illegible]	男	27							/						
袁[illegible]	男	30							/						
刘[illegible]	女	30						/							
刘[illegible]	女	32			/		①								
李[illegible]	女	32			/		①								
徐[illegible]	女	32			/										孝
魏[illegible]	男	37			/		①								

4.271.863

说明：1.……

图1-2-2-5-3　平顺县西沟村(辉沟)1986年青壮年统计表3

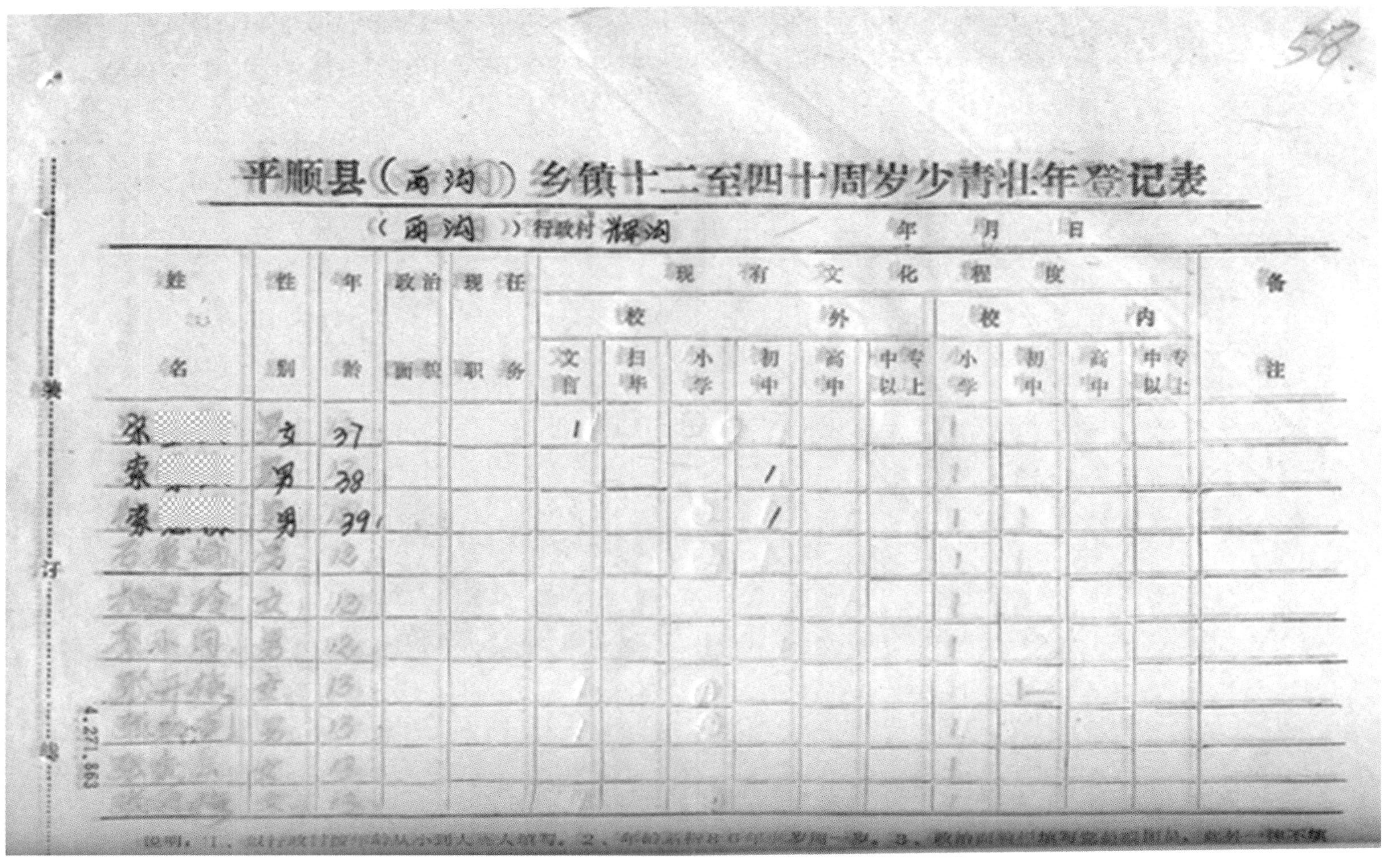

平顺县（西沟）乡镇十二至四十周岁少青壮年登记表

（西沟）行政村 辉沟　　　　年　　月　　日

姓名	性别	年龄	政治面貌	现任职务	校外·文盲	校外·扫盲	校外·小学	校外·初中	校外·高中	校外·中专以上	校内·小学	校内·初中	校内·高中	校内·中专以上	备注
张[illegible]	女	37			1										
索[illegible]	男	38						1							
索[illegible]	男	39						1							

4.271.863

图1-2-2-5-4　平顺县西沟村(辉沟)1986年青壮年统计表4

6、古罗

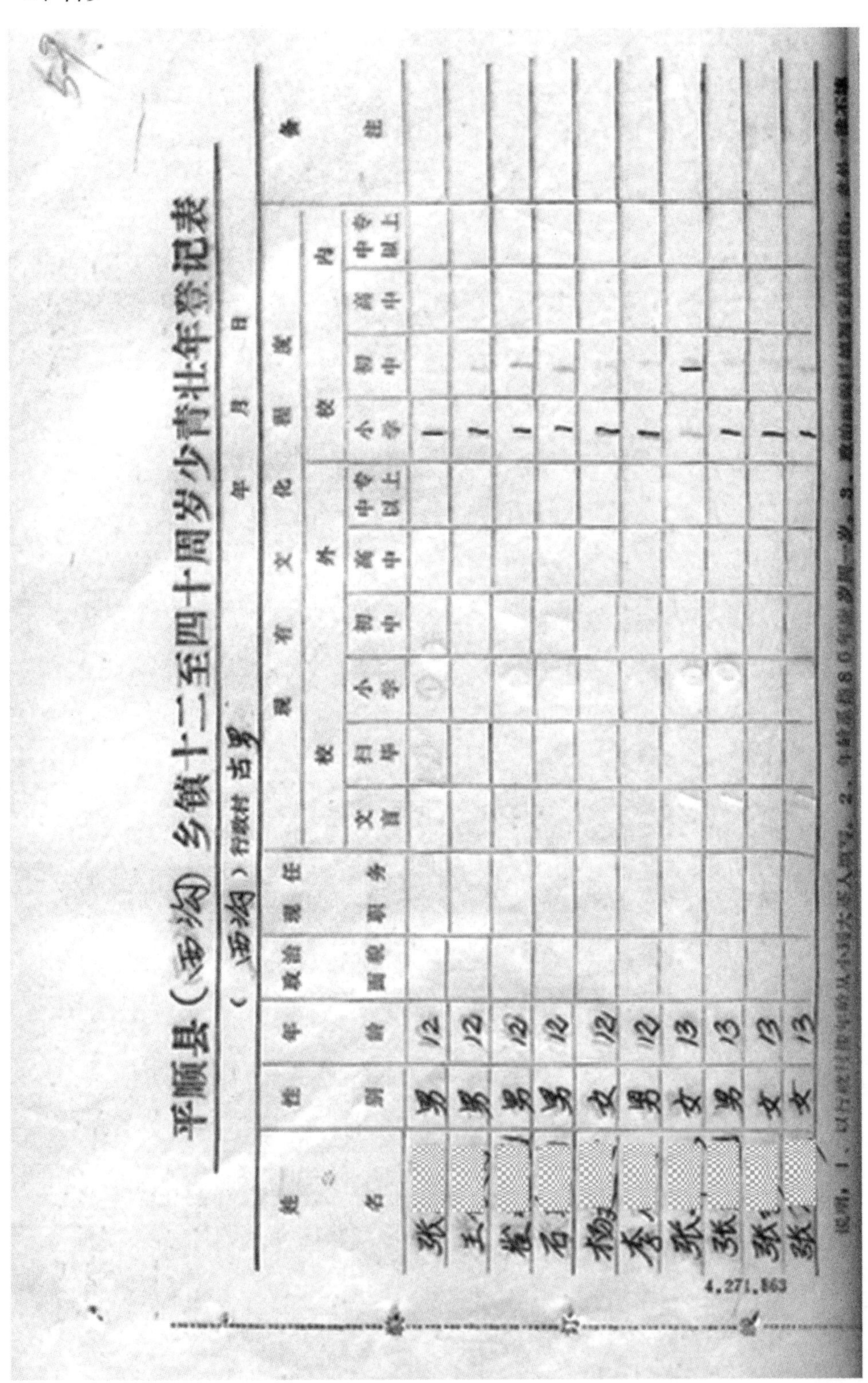

平顺县（西沟）乡镇十二至四十周岁少青壮年登记表

（西沟）行政村 古罗　　年　月　日

姓名	性别	年龄	政治面貌	现任职务	校外：文盲	校外：扫盲	校外：小学	校外：初中	校外：高中	校外：中专以上	校内：小学	校内：初中	校内：高中	校内：中专以上	备注
张	男	12									/				
王	男	12									/				
崔	男	12									/				
石	男	12									/				
杨	女	12									/				
李	男	12									/				
张	女	13									/	/			
张	男	13									/				
张	女	13									/				
张	女	13									/				

说明：1、[illegible] 2、[illegible] 3、[illegible]

4.271.863

图1-2-2-6-1　平顺县西沟村(古罗)1986年青壮年统计表1

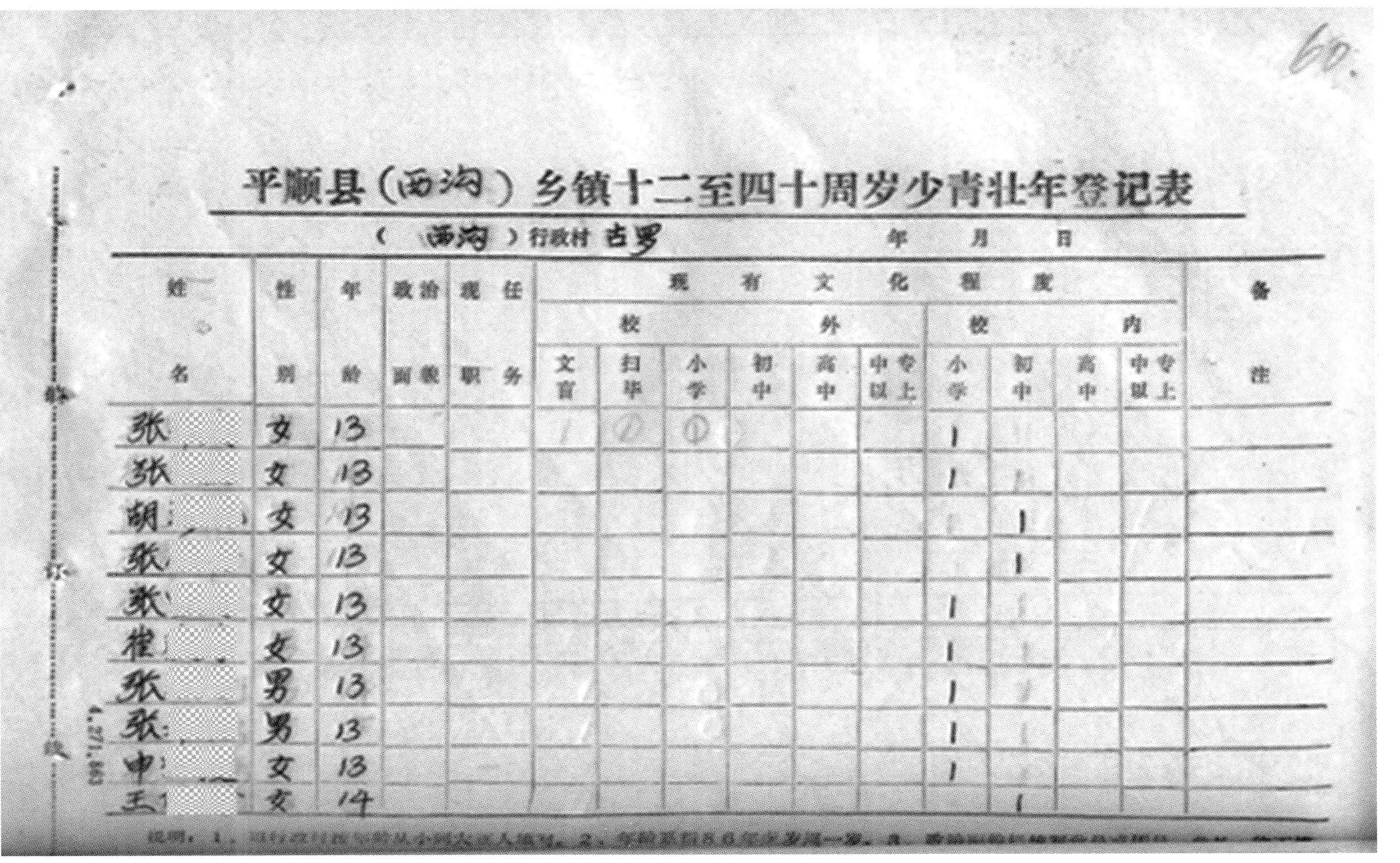

60.

平顺县（西沟）乡镇十二至四十周岁少青壮年登记表

（西沟）行政村 古罗　　　年　月　日

姓名	性别	年龄	政治面貌	现任职务	现有文化程度：校外：文盲	校外：扫毕	校外：小学	校外：初中	校外：高中	校外：中专以上	校内：小学	校内：初中	校内：高中	校内：中专以上	备注
张	女	13			/	②	①				1				
张	女	13									1				
胡	女	13										1			
张	女	13										1			
张	女	13									1				
崔	女	13									1				
张	男	13									1				
张	男	13									1				
申	女	13									1				
王	女	14										1			

说明：1、[illegible] 2、[illegible] 3、[illegible]

4.271.863

图1-2-2-6-2　平顺县西沟村(古罗)1986年青壮年统计表2

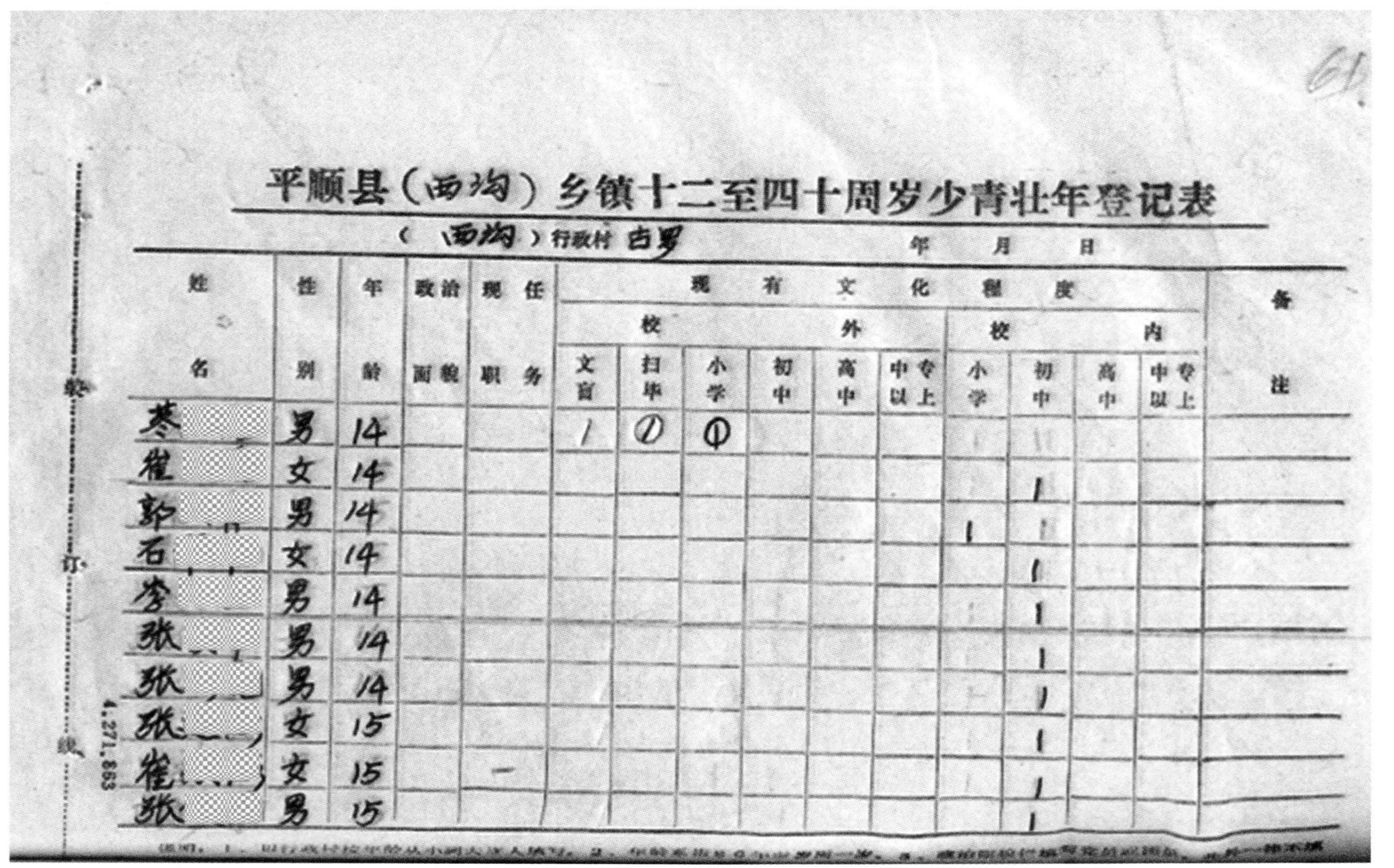

平顺县（西沟）乡镇十二至四十周岁少青壮年登记表

（西沟）行政村 古罗　　年　月　日

姓名	性别	年龄	政治面貌	现任职务	现有文化程度 校外 文盲	扫盲	小学	初中	高中	中专以上	校内 小学	初中	高中	中专以上	备注
秦	男	14			/	Ø	Φ								
崔	女	14										|			
郭	男	14									|				
石	女	14										|			
李	男	14										|			
张	男	14										|			
张	男	14										|			
张	女	15										|			
崔	女	15		—								|			
张	男	15										|			

4.271.863

图1-2-2-6-3　平顺县西沟村(古罗)1986年青壮年统计表3

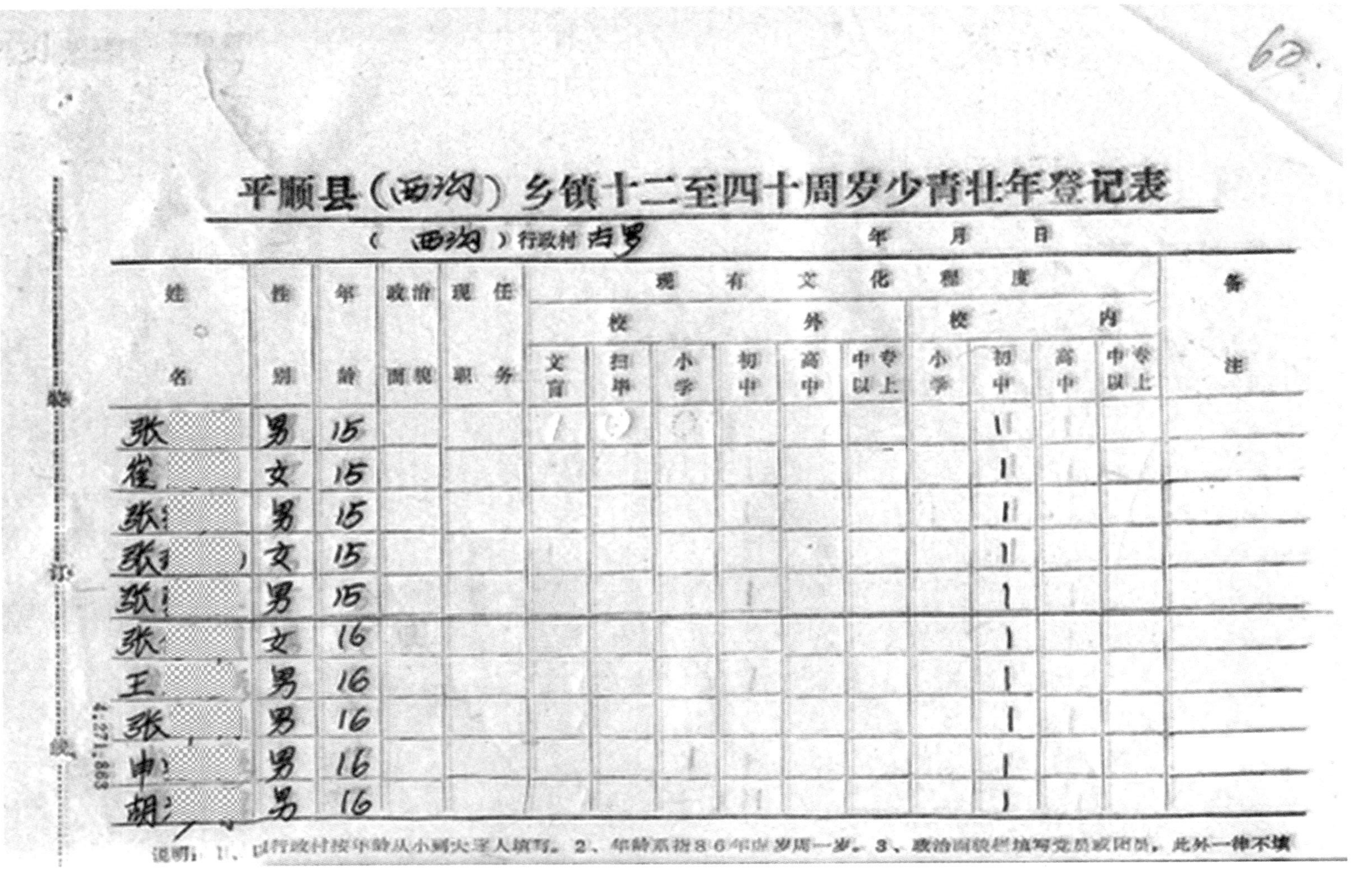

62.

平顺县（西沟）乡镇十二至四十周岁少青壮年登记表

（西沟）行政村 古罗　　　年　月　日

姓名	性别	年龄	政治面貌	现任职务	现有文化程度：校外：文盲	校外：扫盲	校外：小学	校外：初中	校外：高中	校外：中专以上	校内：小学	校内：初中	校内：高中	校内：中专以上	备注
张	男	15										1			
崔	女	15										1			
张	男	15										1			
张	女	15										1			
张	男	15										1			
张	女	16										1			
王	男	16										1			
张	男	16										1			
申	男	16										1			
胡	男	16										1			

说明：1、以行政村按年龄从小到大逐人填写。2、年龄系指86年应岁周一岁。3、政治面貌栏填写党员或团员，此外一律不填

4.271.863

图1-2-2-6-4　平顺县西沟村(古罗)1986年青壮年统计表4

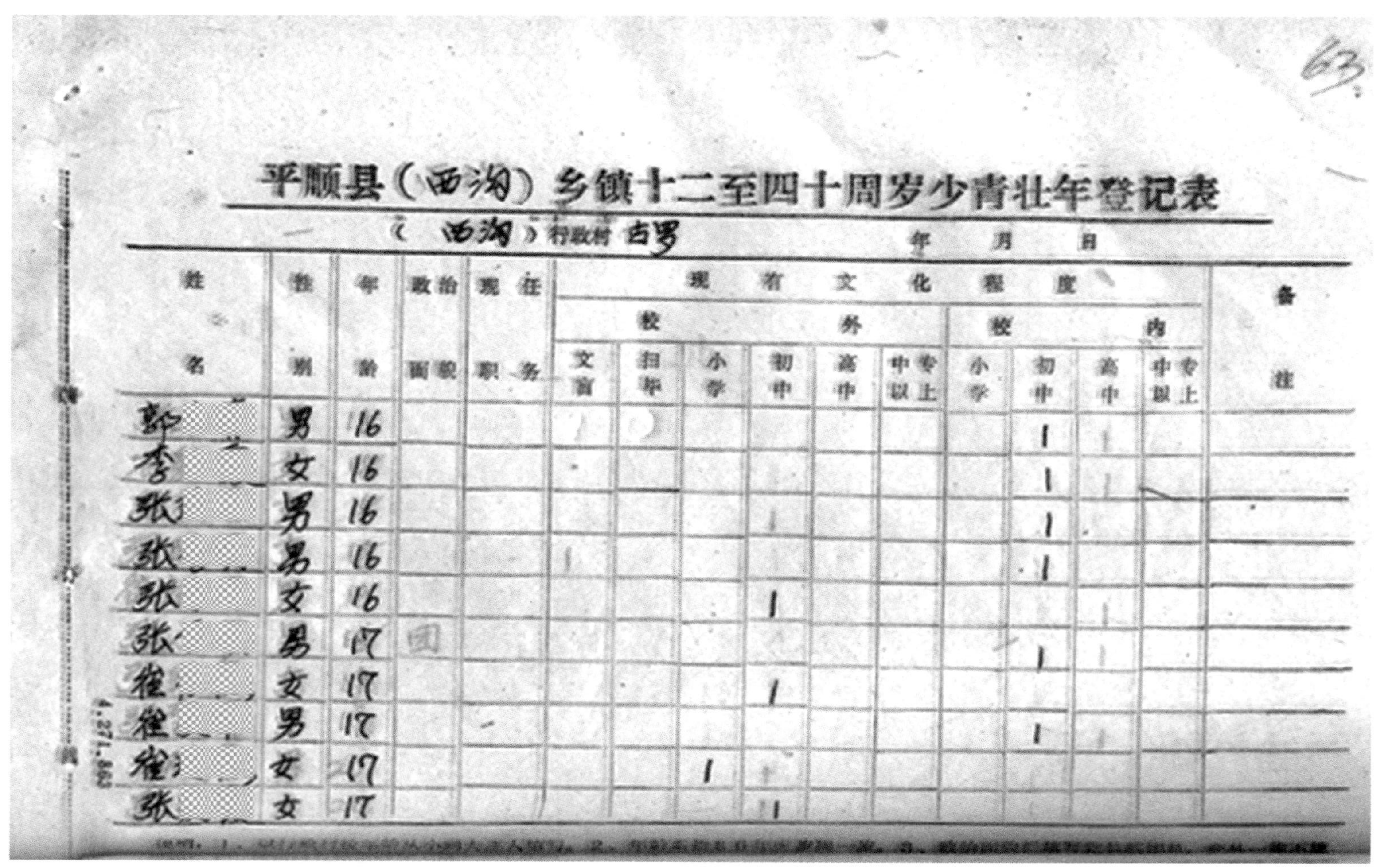

63

平顺县（西沟）乡镇十二至四十周岁少青壮年登记表

（西沟）行政村 古罗　　　年　月　日

姓名	性别	年龄	政治面貌	现任职务	校外文盲	校外扫盲	校外小学	校外初中	校外高中	校外中专以上	校内小学	校内初中	校内高中	校内中专以上	备注
郭	男	16										丨			
李	女	16										丨			
张	男	16										丨			
张	男	16										丨			
张	女	16						丨							
张	男	17	团									丨			
崔	女	17						丨							
崔	男	17										丨			
崔	女	17					丨								
张	女	17						丨							

4.271.863

图1-2-2-6-5　平顺县西沟村(古罗)1986年青壮年统计表5

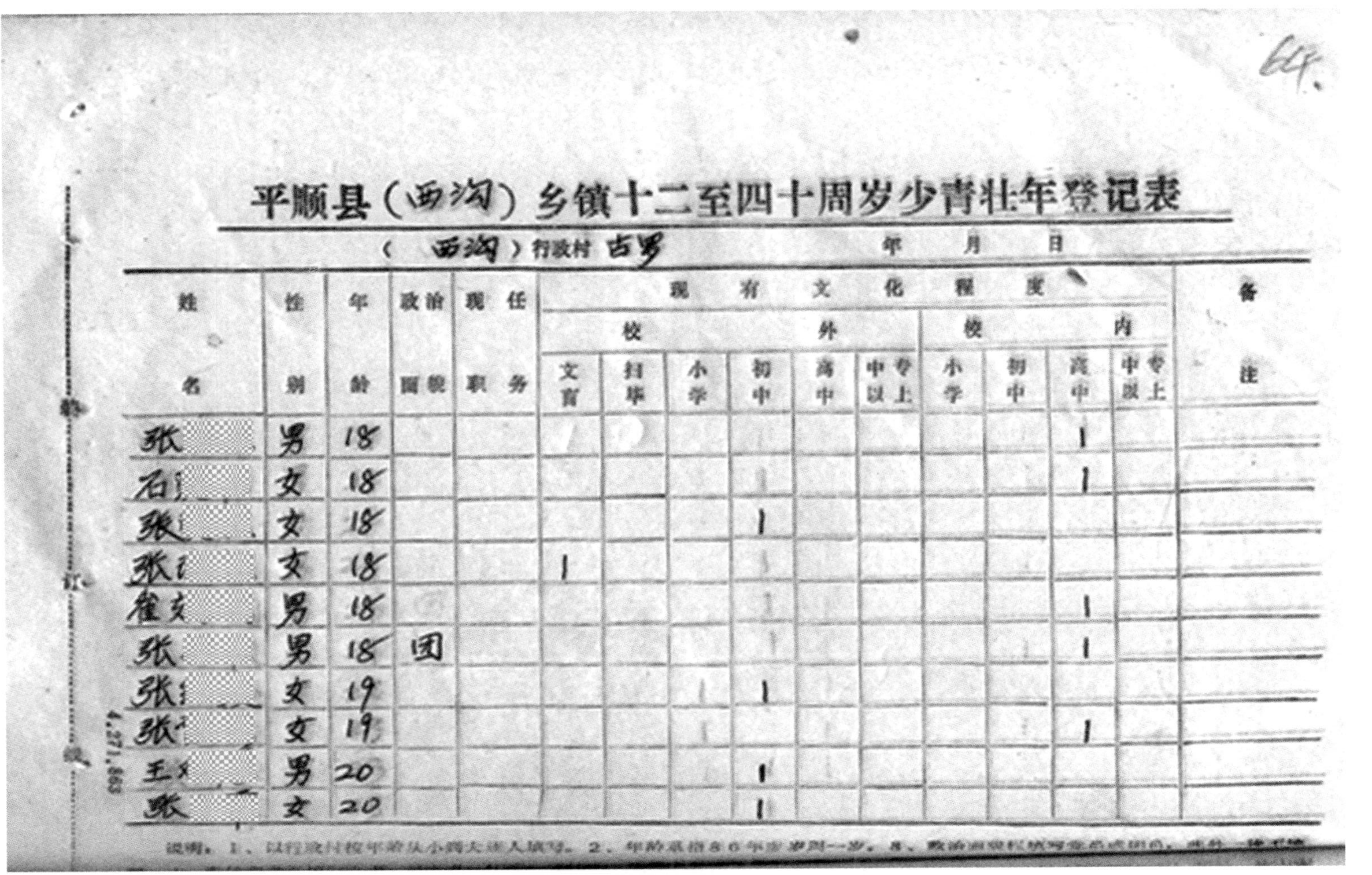

64.

平顺县（西沟）乡镇十二至四十周岁少青壮年登记表

（西沟）行政村 古罗　　年　月　日

姓名	性别	年龄	政治面貌	现任职务	现有文化程度 校外 文盲	校外 扫盲	校外 小学	校外 初中	校外 高中	校外 中专以上	校内 小学	校内 初中	校内 高中	校内 中专以上	备注
张	男	18											1		
石	女	18											1		
张	女	18						1							
张	女	18			1										
崔	男	18											1		
张	男	18	团										1		
张	女	19						1							
张	女	19											1		
王	男	20						1							
张	女	20						1							

说明：1、以行政村按年龄从小到大逐人填写。2、年龄系指86年实足周岁。3、……

4.271.863

图1-2-2-6-6　平顺县西沟村(古罗)1986年青壮年统计表6

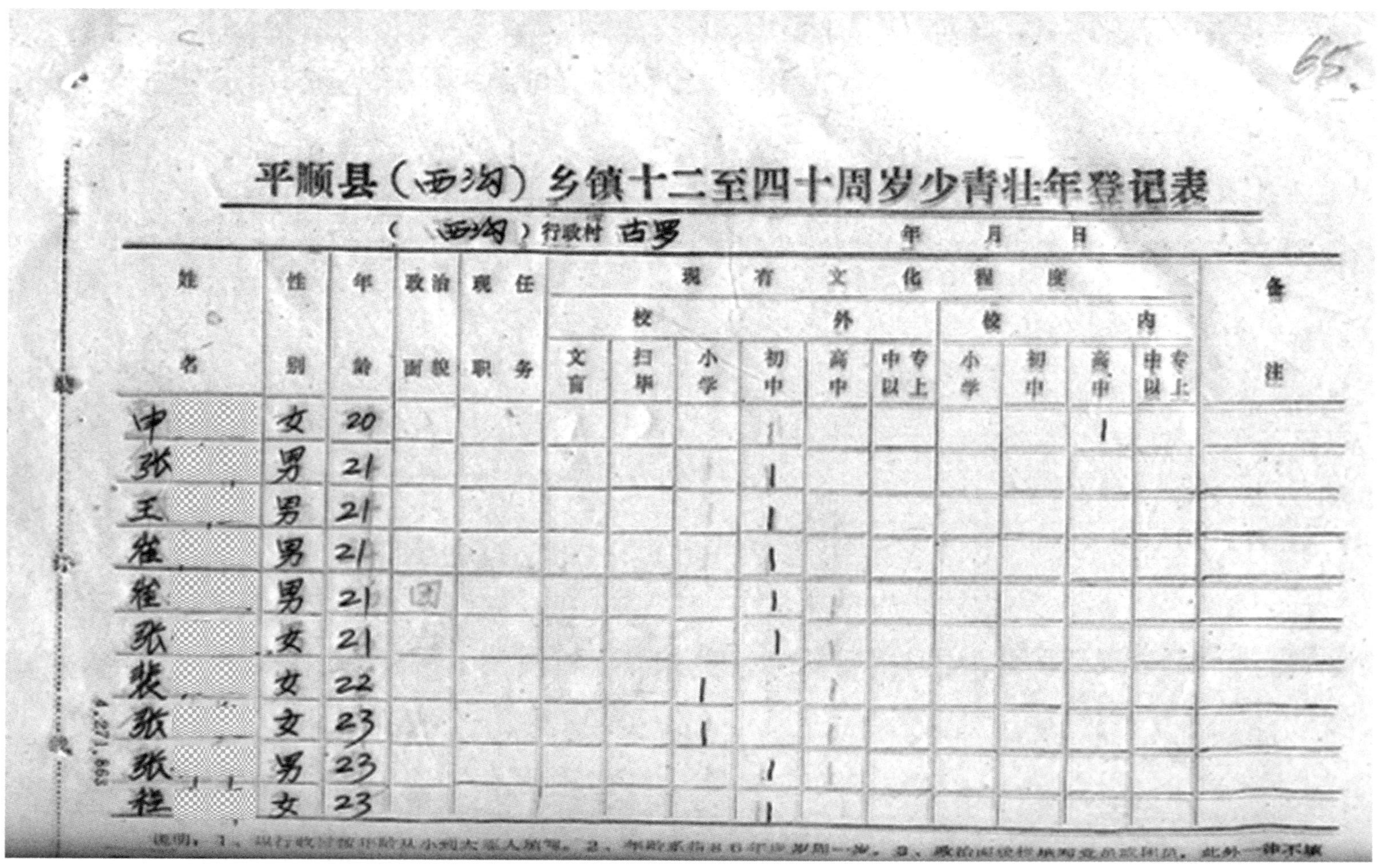

平顺县（西沟）乡镇十二至四十周岁少青壮年登记表

（西沟）行政村 古罗　　年　月　日

姓名	性别	年龄	政治面貌	现任职务	现有文化程度 校外 文盲	校外 扫毕	校外 小学	校外 初中	校外 高中	校外 中专以上	校内 小学	校内 初中	校内 高中	校内 中专以上	备注
申	女	20											1		
张	男	21						1							
王	男	21						1							
崔	男	21						1							
崔	男	21	团					1							
张	女	21						1							
裴	女	22					1								
张	女	23					1								
张	男	23						1							
桂	女	23						1							

4,271,863

图1-2-2-6-7　平顺县西沟村(古罗)1986年青壮年统计表7

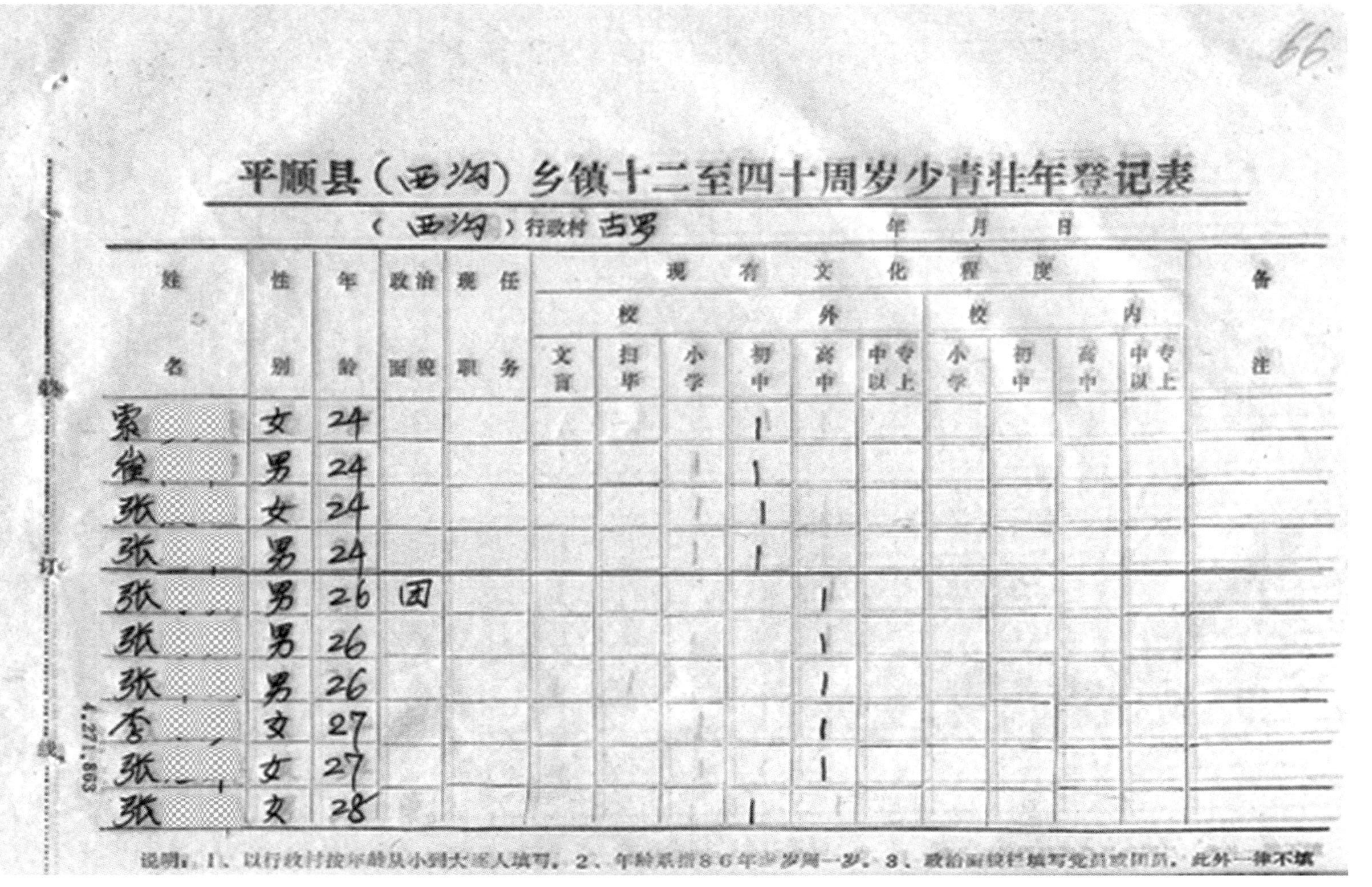

66

平顺县（西沟）乡镇十二至四十周岁少青壮年登记表

（西沟）行政村 古罗　　　年　月　日

姓名	性别	年龄	政治面貌	现任职务	现有文化程度 校外 文盲	扫毕	小学	初中	高中	中专以上	校内 小学	初中	高中	中专以上	备注
索	女	24						1							
崔	男	24						1							
张	女	24						1							
张	男	24						1							
张	男	26	团						1						
张	男	26							1						
张	男	26							1						
李	女	27							1						
张	女	27							1						
张	女	28						1							

说明：1、以行政村按年龄从小到大逐人填写。2、年龄系指86年岁周一岁。3、政治面貌栏填写党员或团员，此外一律不填

4.271.863

装　订　线

图1-2-2-6-8　平顺县西沟村(古罗)1986年青壮年统计表8

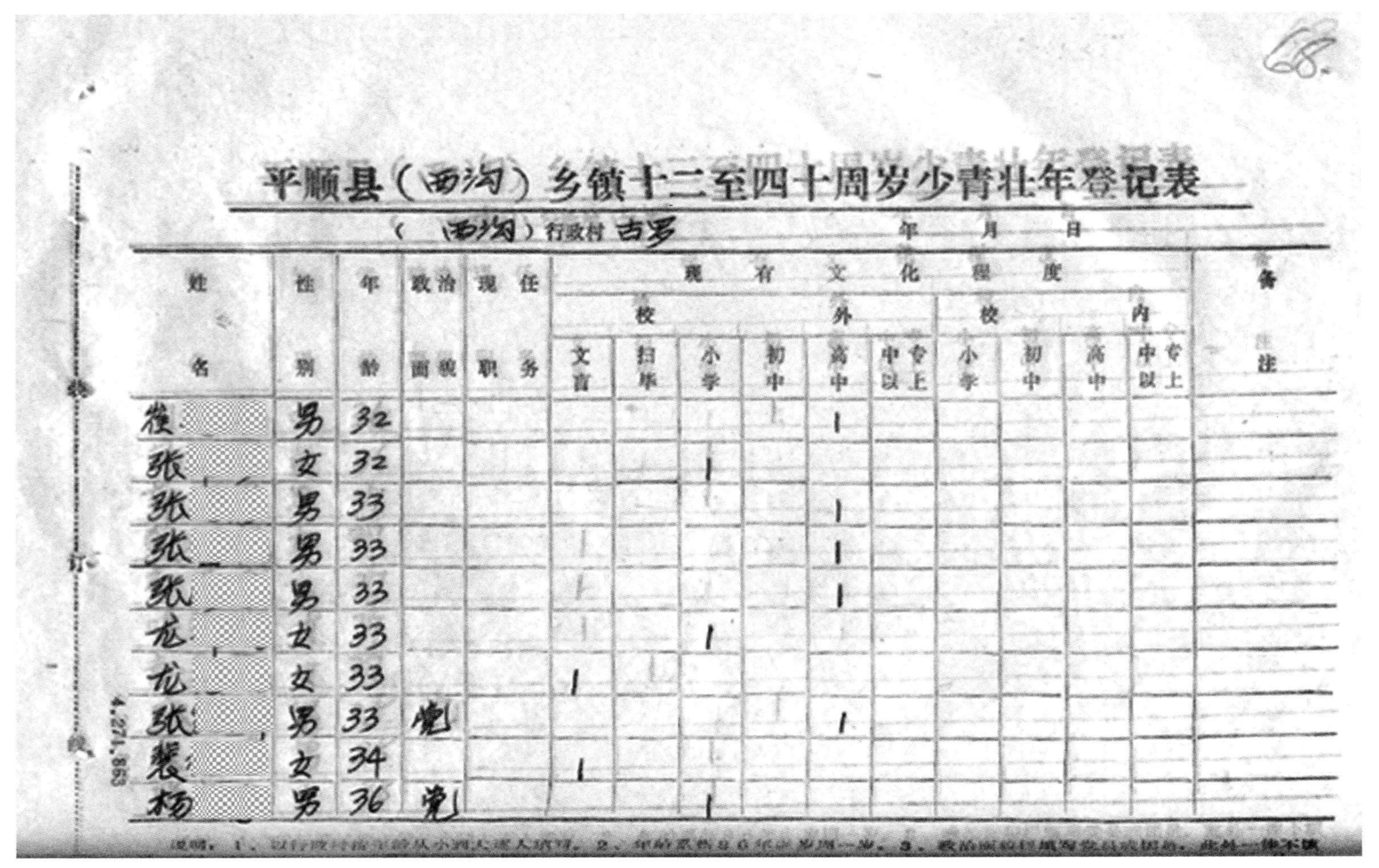

平顺县（西沟）乡镇十二至四十周岁少青壮年登记表

（西沟）行政村 古罗　　　　年　月　日

姓名	性别	年龄	政治面貌	现任职务	现有文化程度 校外 文盲	校外 扫盲	校外 小学	校外 初中	校外 高中	校外 中专以上	校内 小学	校内 初中	校内 高中	校内 中专以上	备注
侯	男	32							1						
张	女	32					1								
张	男	33							1						
张	男	33							1						
张	男	33							1						
龙	女	33					1								
龙	女	33			1										
张	男	33	党						1						
裴	女	34			1										
杨	男	36	党				1								

4.271.863

图1-2-2-6-9　平顺县西沟村(古罗)1986年青壮年统计表9

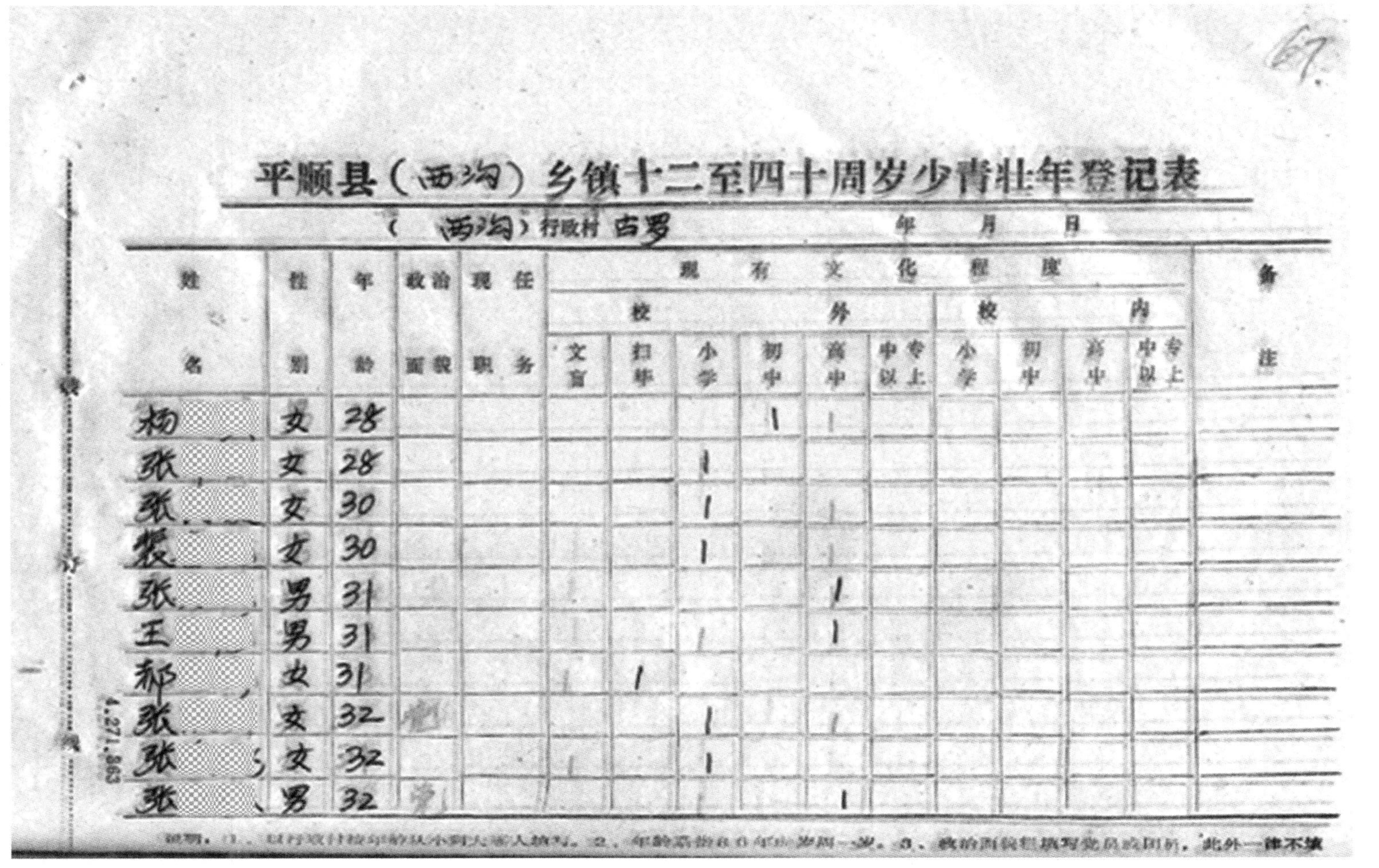

平顺县（西沟）乡镇十二至四十周岁少青壮年登记表

（西沟）行政村 古罗　　　　年　月　日

姓名	性别	年龄	政治面貌	现任职务	现有文化程度：校外：文盲	校外：扫盲	校外：小学	校外：初中	校外：高中	校外：中专以上	校内：小学	校内：初中	校内：高中	校内：中专以上	备注
杨	女	28						1							
张	女	28					1								
张	女	30					1								
裴	女	30					1								
张	男	31							1						
王	男	31							1						
郝	女	31				1									
张	女	32					1								
张	女	32					1								
张	男	32							1						

说明：……此外一律不填

4.271.863

图1-2-2-6-10　平顺县西沟村(古罗)1986年青壮年统计表10

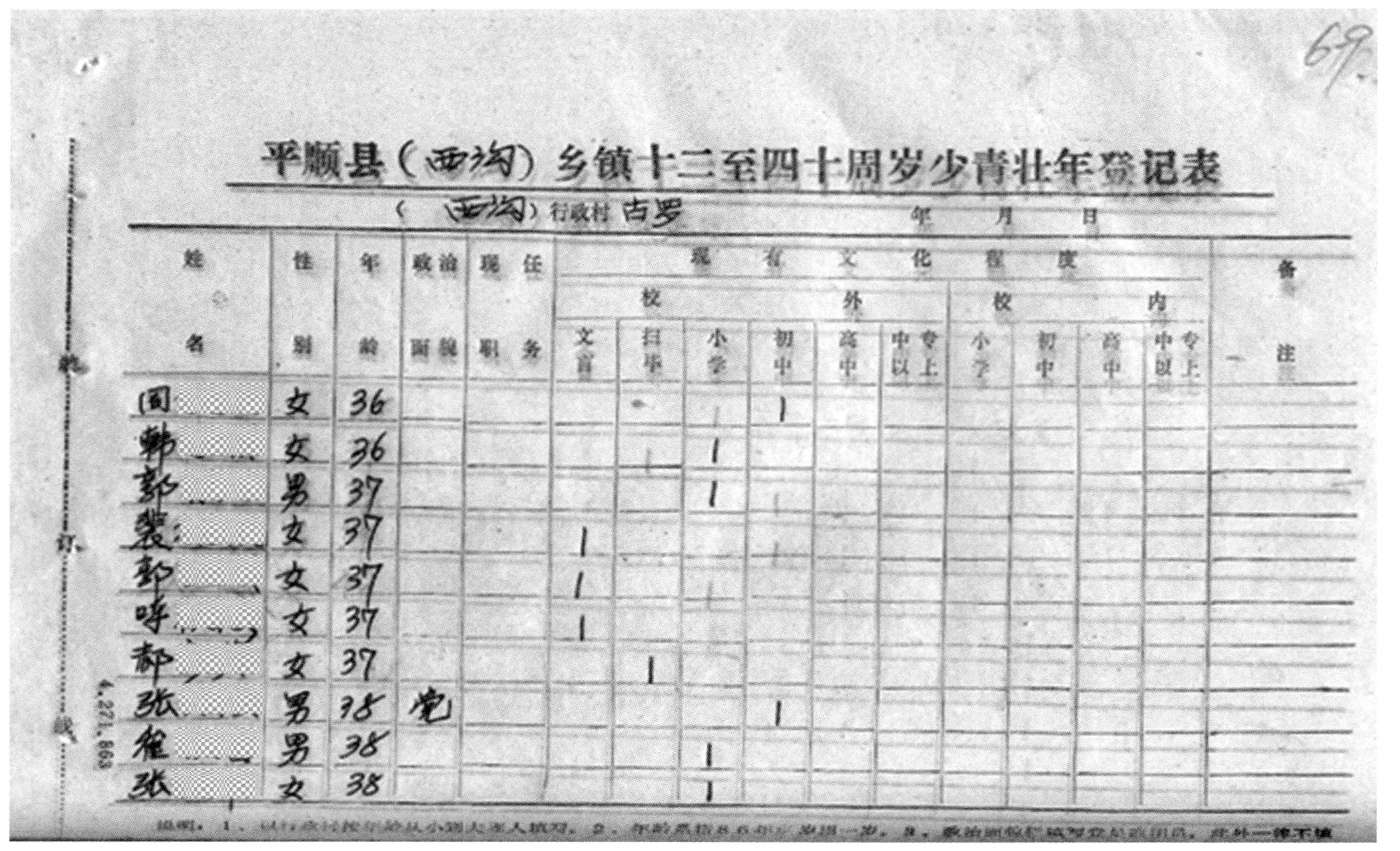

69

平顺县（西沟）乡镇十三至四十周岁少青壮年登记表

（西沟）行政村 古罗　　　　年　　月　　日

姓名	性别	年龄	政治面貌	现任职务	现有文化程度：校外：文盲	校外：扫盲	校外：小学	校外：初中	校外：高中	校外：中专以上	校内：小学	校内：初中	校内：高中	校内：中专以上	备注
固	女	36						丨							
韩	女	36					丨								
郭	男	37					丨								
裴	女	37			丨										
郭	女	37			丨										
呼	女	37			丨										
郝	女	37				丨									
张	男	38	党					丨							
崔	男	38					丨								
张	女	38					丨								

说明：1、……2、……3、……此外一律不填

4.271.863

图1-2-2-6-11　平顺县西沟村(古罗)1986年青壮年统计表11

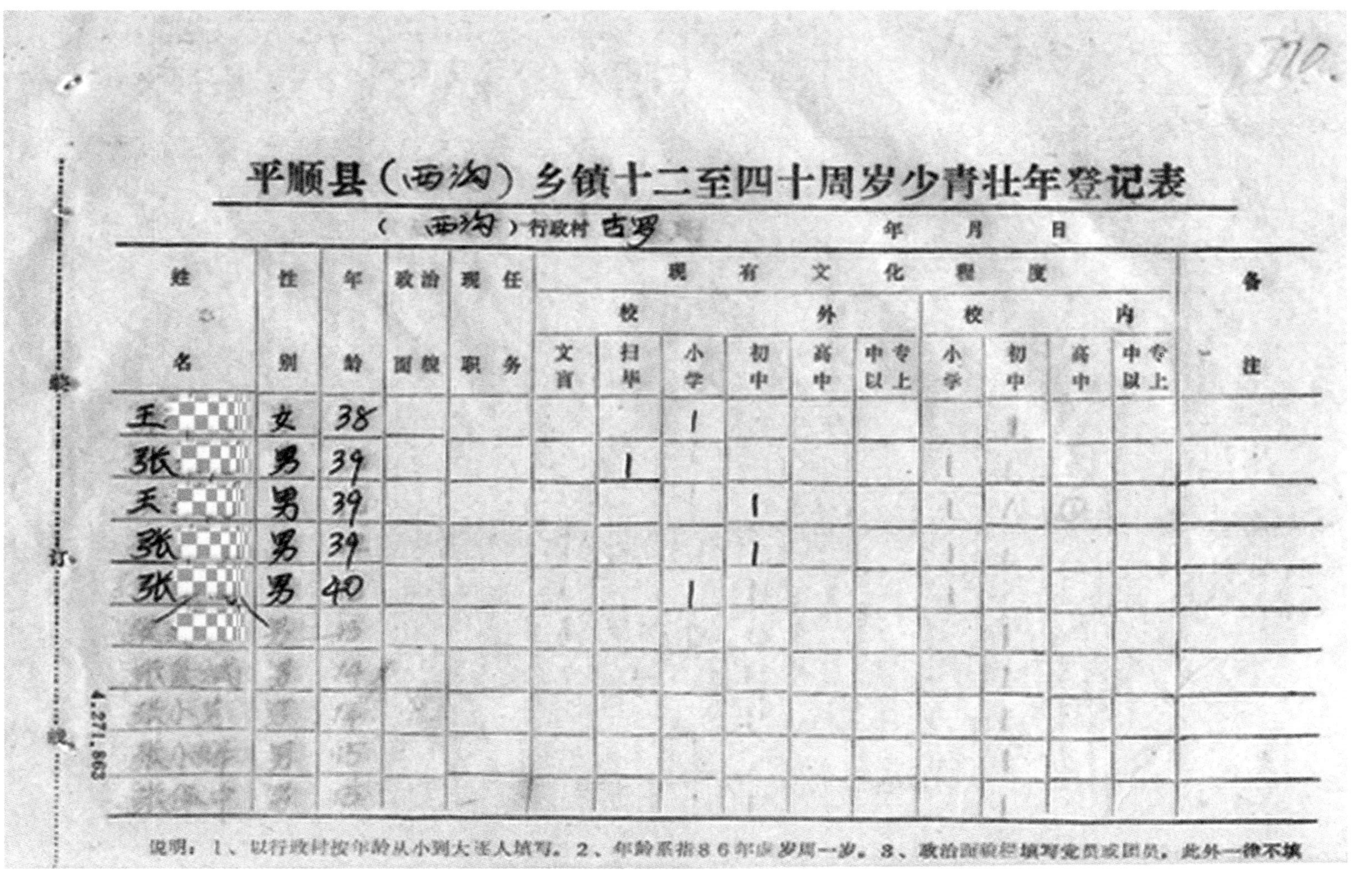

710.

平顺县（西沟）乡镇十二至四十周岁少青壮年登记表

（西沟）行政村 古罗　　　　年　　月　　日

姓名	性别	年龄	政治面貌	现任职务	现有文化程度 校外 文盲	扫盲	小学	初中	高中	中专以上	校内 小学	初中	高中	中专以上	备注
王	女	38					1								
张	男	39				1									
天	男	39						1							
张	男	39						1							
张	男	40					1								

4.271.863

说明：1、以行政村按年龄从小到大逐人填写。2、年龄系指86年实岁周一岁。3、政治面貌栏填写党员或团员，此外一律不填

图1-2-2-6-12　平顺县西沟村(古罗)1986年青壮年统计表12

7、刘家底

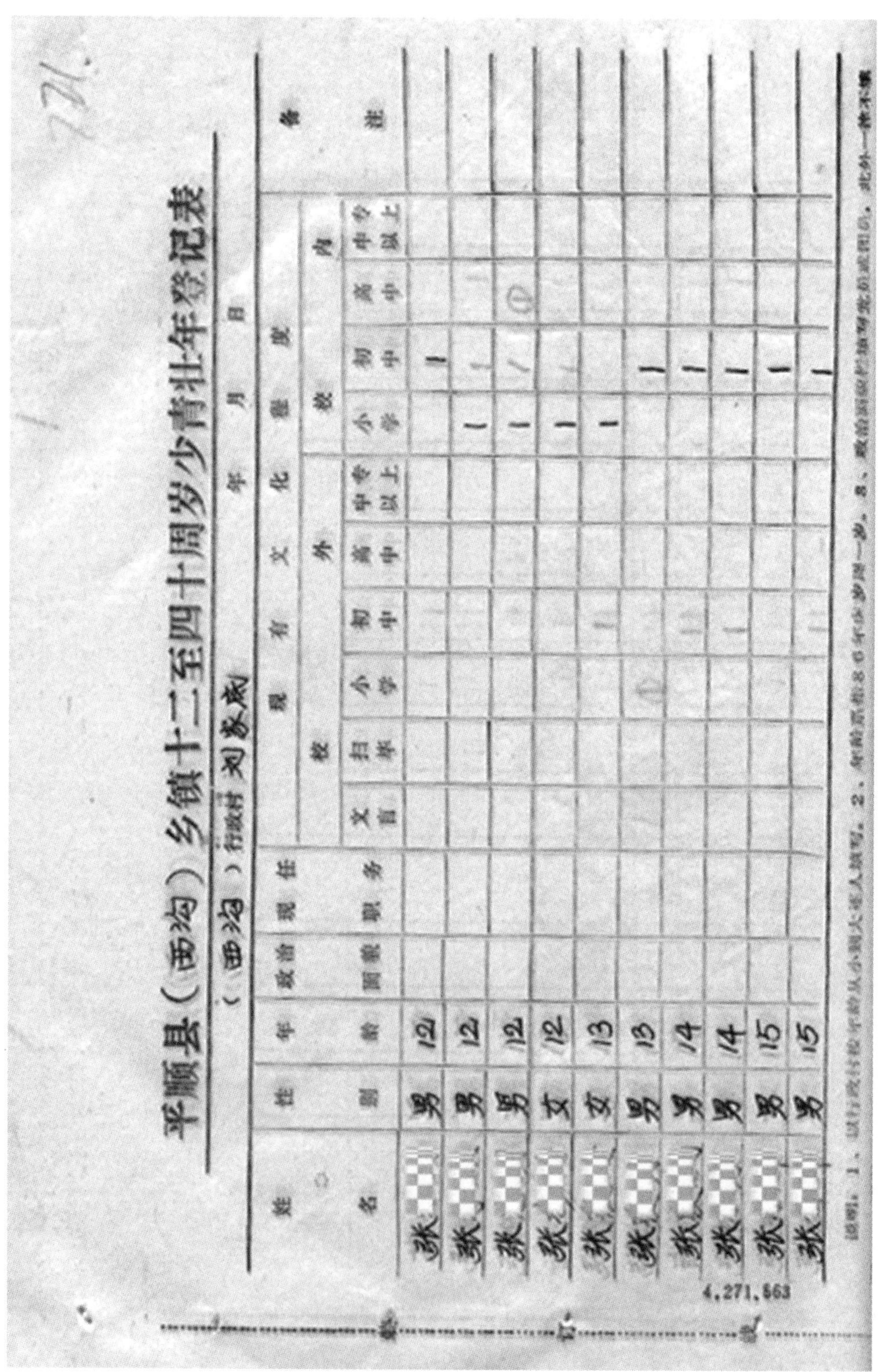

平顺县（西沟）乡镇十二至四十周岁少青壮年登记表

（西沟）行政村 刘家底　　　　年　月　日

姓名	性别	年龄	政治面貌	现任职务	现有文化程度 校外 文盲	扫盲	小学	初中	高中	中专以上	校内 小学	初中	高中	中专以上	备注
张[illegible]	男	12										1			
张[illegible]	男	12									1				
张[illegible]	男	12									1				
张[illegible]	女	12									1				
张[illegible]	女	13									1				
张[illegible]	男	13										1			
张[illegible]	男	14										1			
张[illegible]	男	14										1			
张[illegible]	男	15										1			
张[illegible]	男	15										1			

4,271,563

图1-2-2-7-1　平顺县西沟村(刘家底)1986年青壮年统计表1

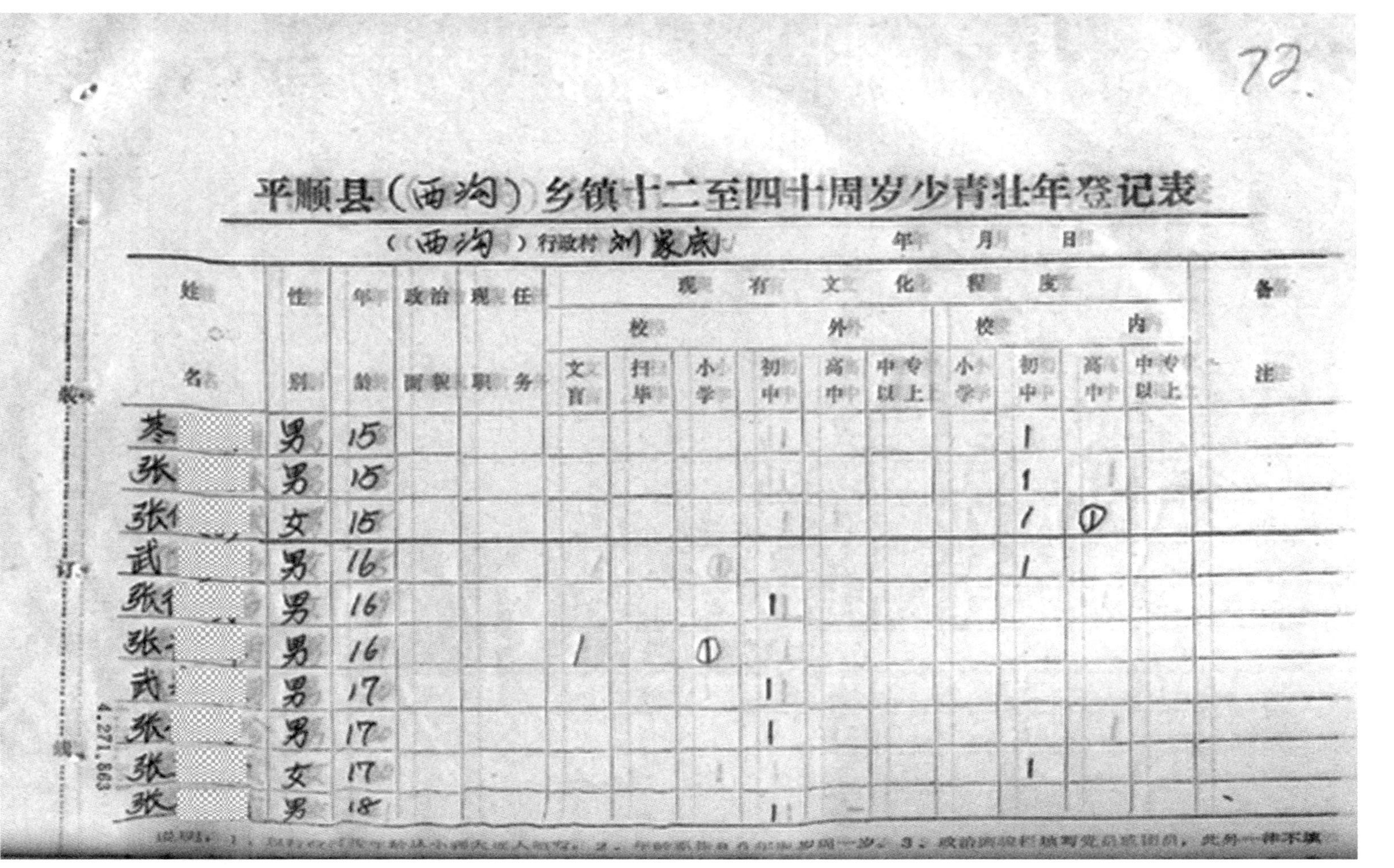

72

平顺县（西沟）乡镇十二至四十周岁少青壮年登记表

（西沟）行政村 刘家底　　年　月　日

姓名	性别	年龄	政治面貌	现任职务	校外 文盲	校外 扫毕	校外 小学	校外 初中	校外 高中	校外 中专以上	校内 小学	校内 初中	校内 高中	校内 中专以上	备注
李	男	15										1			
张	男	15										1			
张	女	15										/	①		
武	男	16										/			
张	男	16						1							
张	男	16			/		①								
武	男	17						1							
张	男	17						1							
张	女	17										1			
张	男	18						1							

4.271.863

图1-2-2-7-2　平顺县西沟村(刘家底)1986年青壮年统计表2

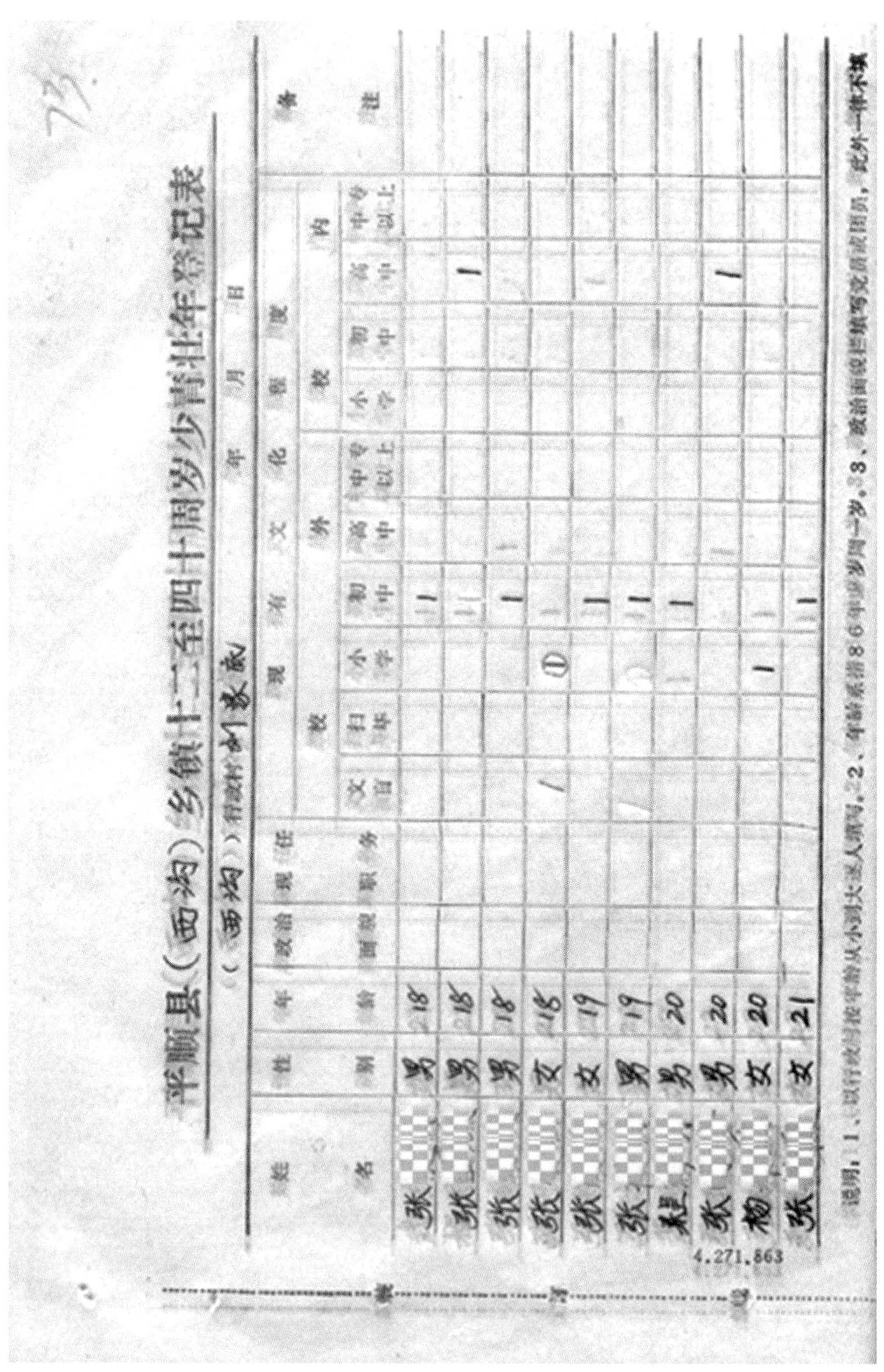

73

平顺县（西沟）乡镇十二至四十周岁少青壮年登记表

（西沟）行政村 刘家底　　年　月　日

姓名	性别	年龄	政治面貌	现任职务	现有文化程度 校外 文盲	扫毕	小学	初中	高中	中专以上	校内 小学	初中	高中	中专以上	备注
张	男	18						1							
张	男	18											1		
张	男	18						1							
张	女	18			/		①								
张	女	19						1							
张	男	19						1							
[illegible]	男	20						1							
张	男	20											1		
杨	女	20					1								
张	女	21						1							

说明：1、以行政村按年龄从小到大逐人填写。2、年龄系指86年实岁周一岁。3、政治面貌栏填写党员或团员，此外一律不填

4.271.863

装　订　线

图1-2-2-7-3　平顺县西沟村(刘家底)1986年青壮年统计表3

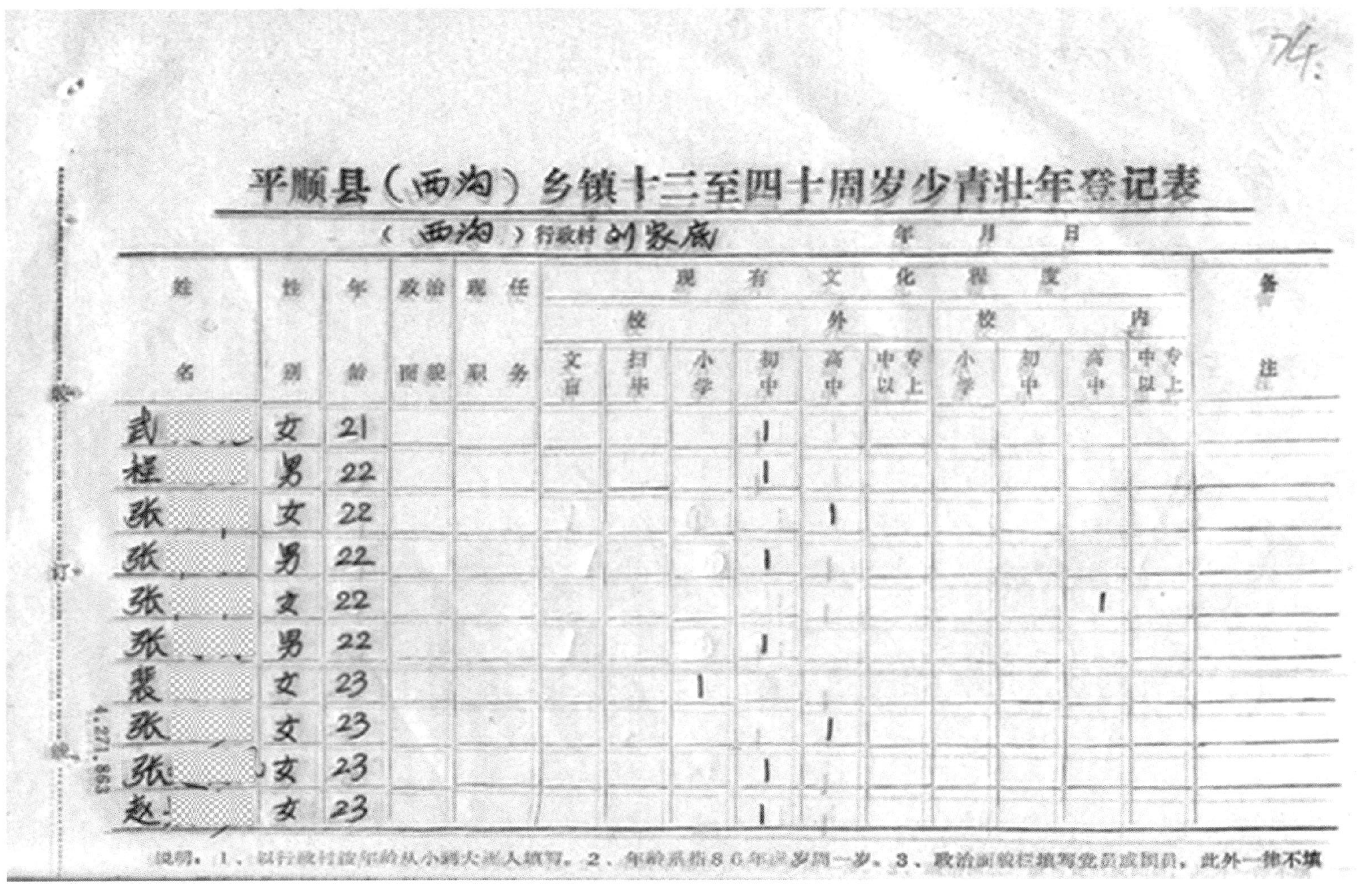

平顺县（西沟）乡镇十三至四十周岁少青壮年登记表

（西沟）行政村 刘家底　　年　月　日

姓名	性别	年龄	政治面貌	现任职务	现有文化程度：校外：文盲	校外：扫盲	校外：小学	校外：初中	校外：高中	校外：中专以上	校内：小学	校内：初中	校内：高中	校内：中专以上	备注
武	女	21						1							
程	男	22						1							
张	女	22							1						
张	男	22						1							
张	女	22											1		
张	男	22						1							
裴	女	23					1								
张	女	23							1						
张	女	23						1							
赵	女	23						1							

4.271.863

说明：1、以行政村按年龄从小到大逐人填写。2、年龄系指86年足岁周一岁。3、政治面貌栏填写党员或团员，此外一律不填

图1-2-2-7-4　平顺县西沟村(刘家底)1986年青壮年统计表4

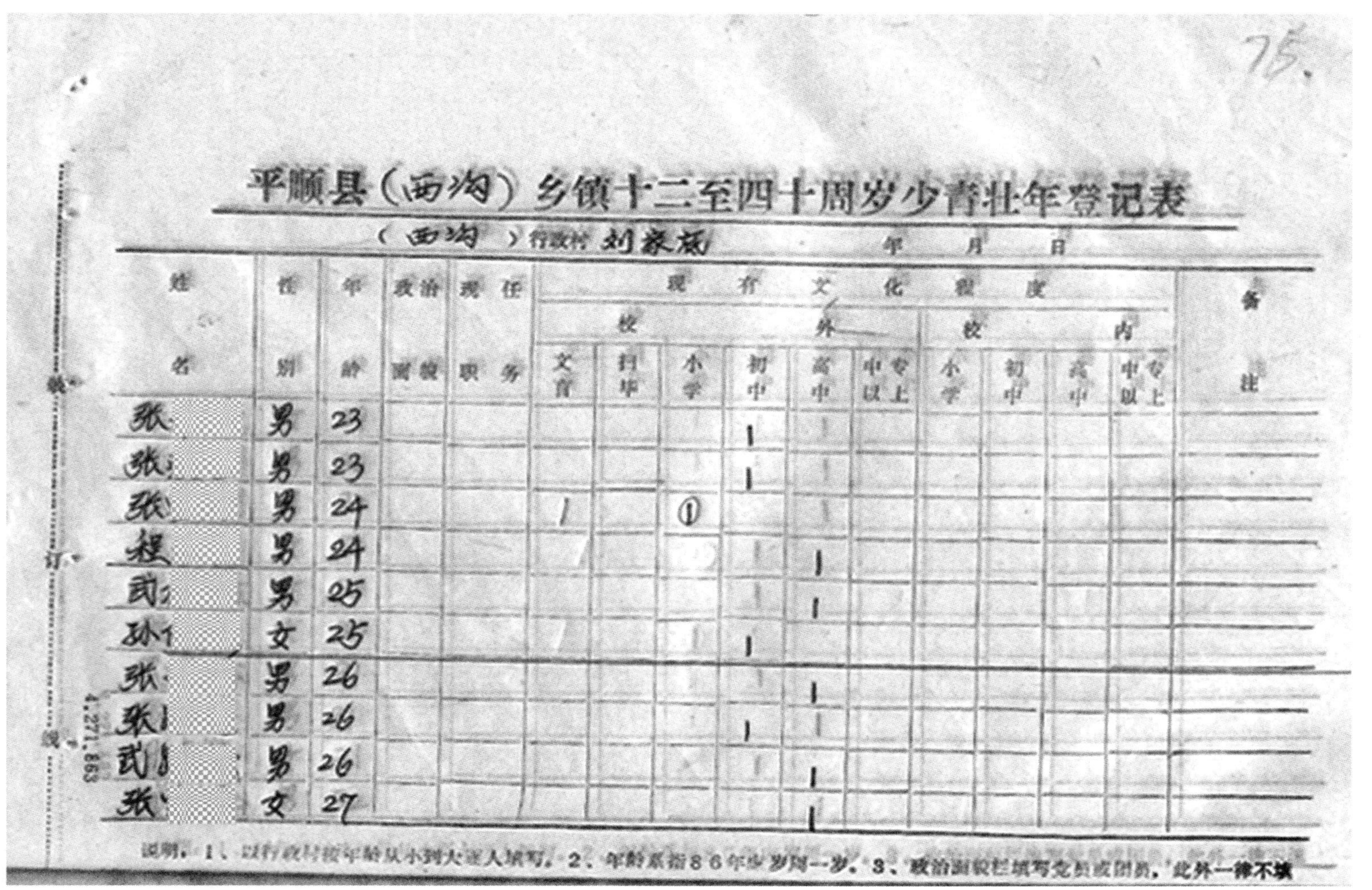

平顺县（西沟）乡镇十二至四十周岁少青壮年登记表

（西沟）行政村 刘家底　　　　年　月　日

姓名	性别	年龄	政治面貌	现任职务	现有文化程度：校外：文盲	校外：扫盲	校外：小学	校外：初中	校外：高中	校外：中专以上	校内：小学	校内：初中	校内：高中	校内：中专以上	备注
张	男	23						1							
张	男	23						1							
张	男	24			/		①								
程	男	24							1						
武	男	25							1						
孙	女	25						1							
张	男	26							1						
张	男	26						1							
武	男	26							1						
张	女	27							1						

说明：1、以行政村按年龄从小到大逐人填写。2、年龄系指８６年实足岁周一岁。3、政治面貌栏填写党员或团员，此外一律不填

4.271,863

图1-2-2-7-5　平顺县西沟村(刘家底)1986年青壮年统计表5

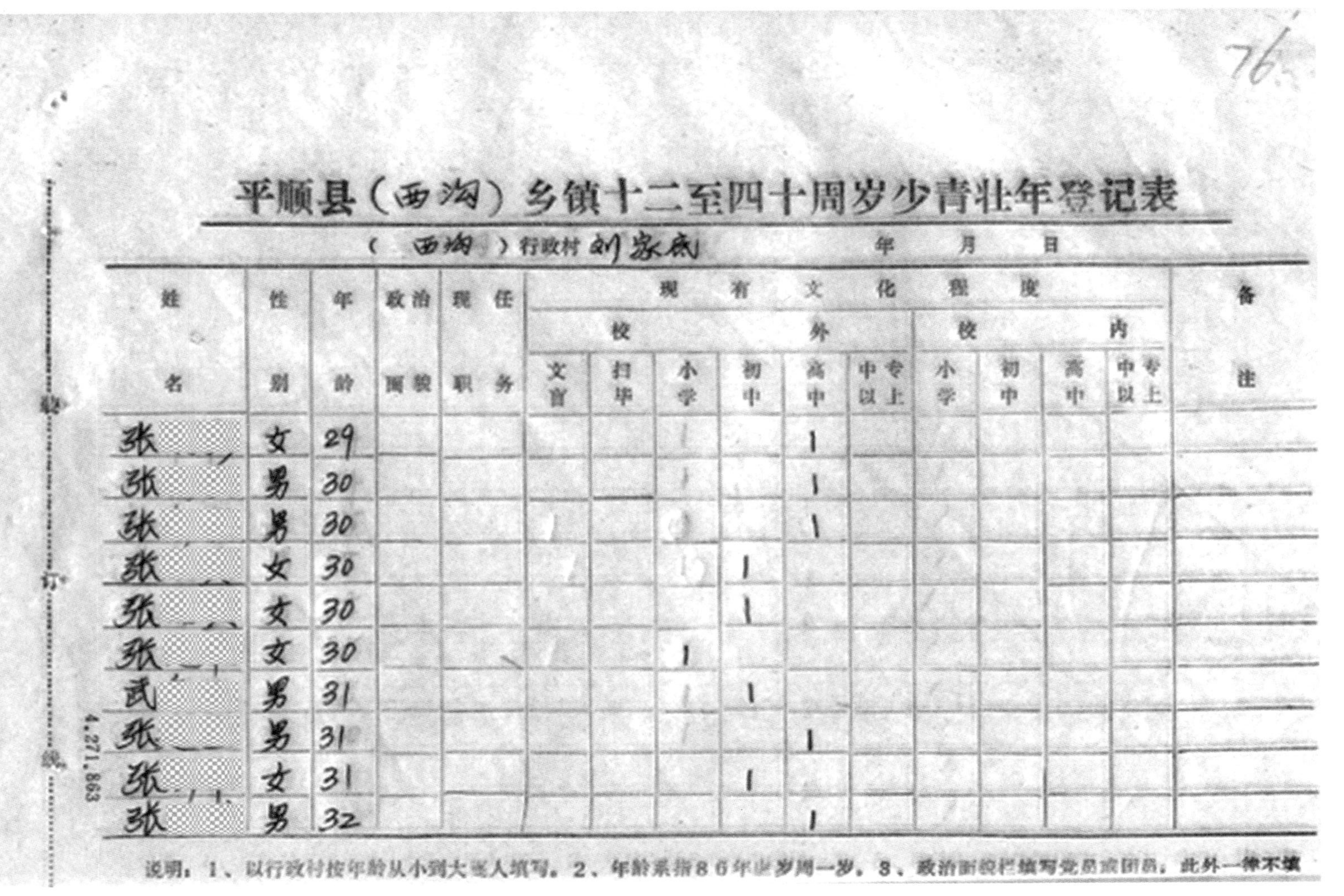

76

平顺县（西沟）乡镇十二至四十周岁少青壮年登记表

（ 西沟 ）行政村 刘家底　　　年　　月　　日

姓名	性别	年龄	政治面貌	现任职务	现有文化程度 校外 文盲	扫毕	小学	初中	高中	中专以上	校内 小学	初中	高中	中专以上	备注
张	女	29							1						
张	男	30							1						
张	男	30							1						
张	女	30						1							
张	女	30						1							
张	女	30					1								
武	男	31						1							
张	男	31							1						
张	女	31						1							
张	男	32							1						

说明：1、以行政村按年龄从小到大逐人填写。2、年龄系指86年止岁周一岁。3、政治面貌栏填写党员或团员，此外一律不填

4.271.863

图1-2-2-7-6　平顺县西沟村(刘家底)1986年青壮年统计表6

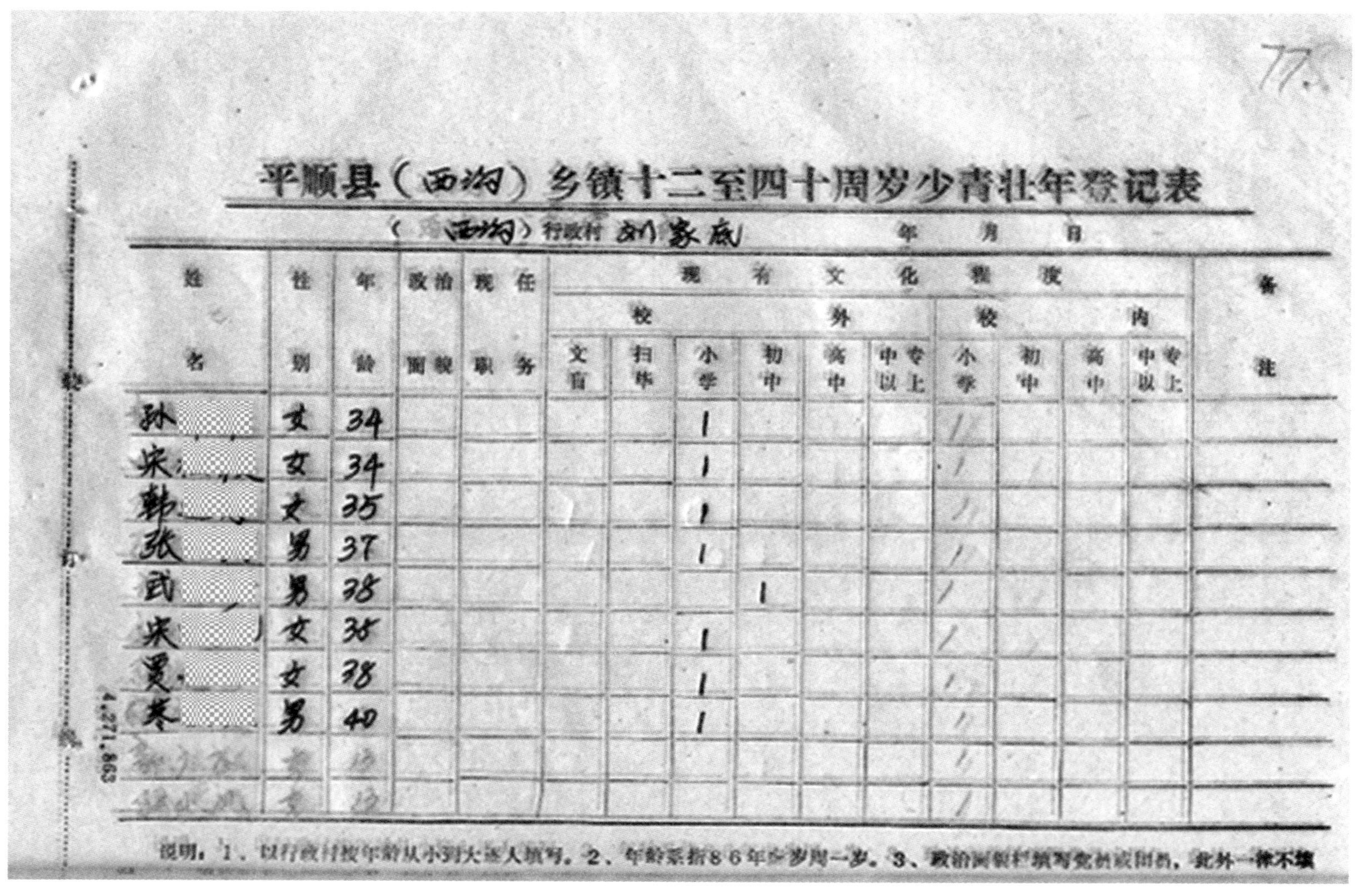

77

平顺县（西沟）乡镇十二至四十周岁少青壮年登记表

（西沟）行政村 刘家底　　　年　月　日

姓名	性别	年龄	政治面貌	现任职务	校外：文盲	校外：扫盲	校外：小学	校外：初中	校外：高中	校外：中专以上	校内：小学	校内：初中	校内：高中	校内：中专以上	备注
孙	女	34					1				/				
宋	女	34					1				/				
韩	女	35					1				/				
张	男	37					1				/				
武	男	38						1			/				
宋	女	38					1				/				
贾	女	38					1				/				
李	男	40					1				/				

说明：1．以行政村按年龄从小到大逐人填写。2．年龄系指86年虚岁周一岁。3．政治面貌栏填写党、团员。此外一律不填

4,271,863

图1-2-2-7-7　平顺县西沟村(刘家底)1986年青壮年统计表7

8、池底

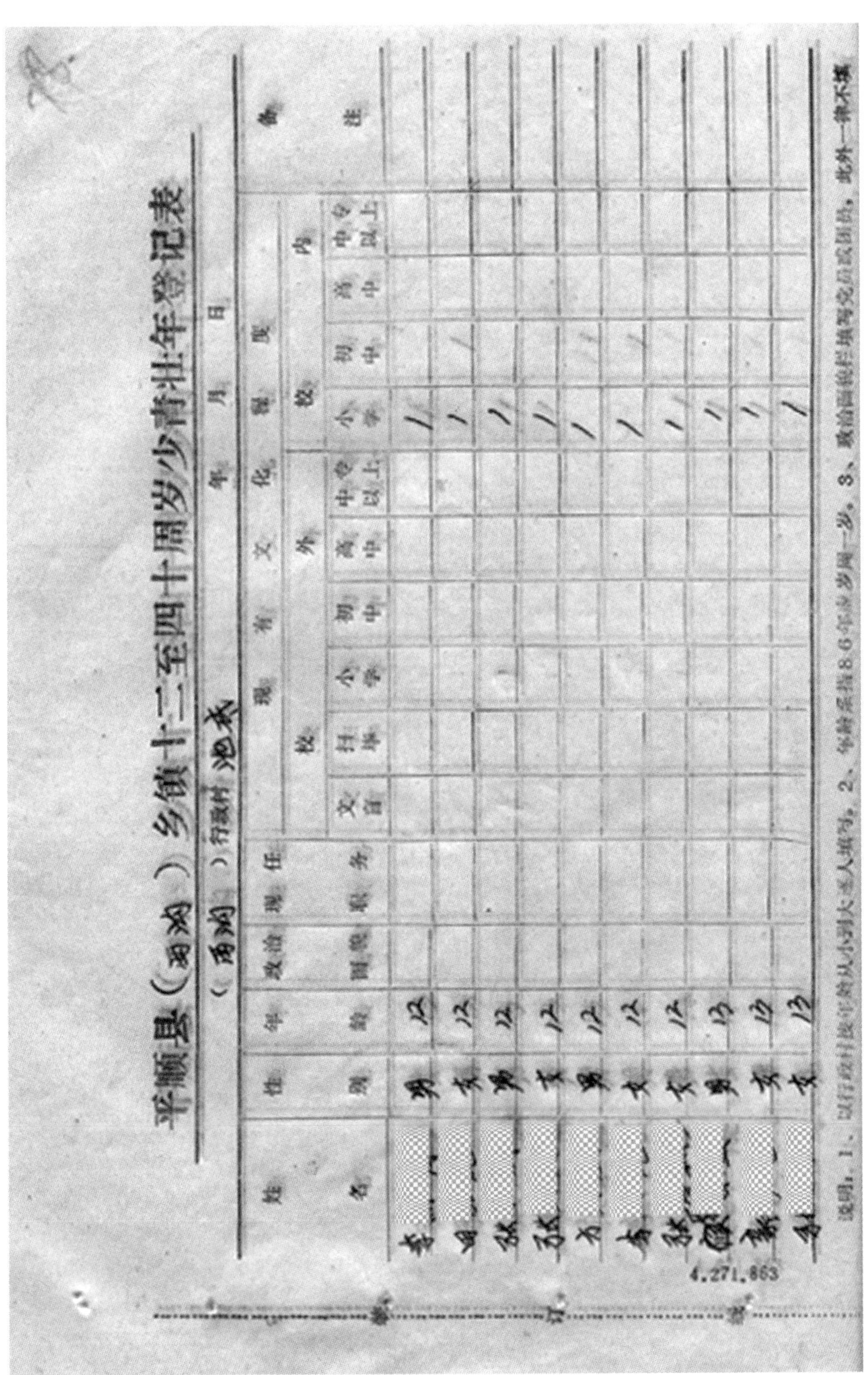

平顺县（西沟）乡镇十二至四十周岁少青壮年登记表

（西沟）行政村 池底　　年　月　日

姓名	性别	年龄	政治面貌	现任职务	现有文化程度 校外 文盲	扫盲	小学	初中	高中	中专以上	校内 小学	初中	高中	中专以上	备注
李	男	12									/				
[illegible]	女	12									/				
张	男	12									/				
张	女	12									/				
方	男	12									/				
李	女	12									/				
张	女	12									/				
[illegible]	男	13									/				
[illegible]	女	13									/				
[illegible]	女	13									/				

说明：1、以行政村按户从小到大逐人填写。2、年龄系指86年足岁周一岁。3、政治面貌栏填写党员团员，此外一律不填。

4.271.863

图1-2-2-8-1　平顺县西沟村(池底)1986年青壮年统计表1

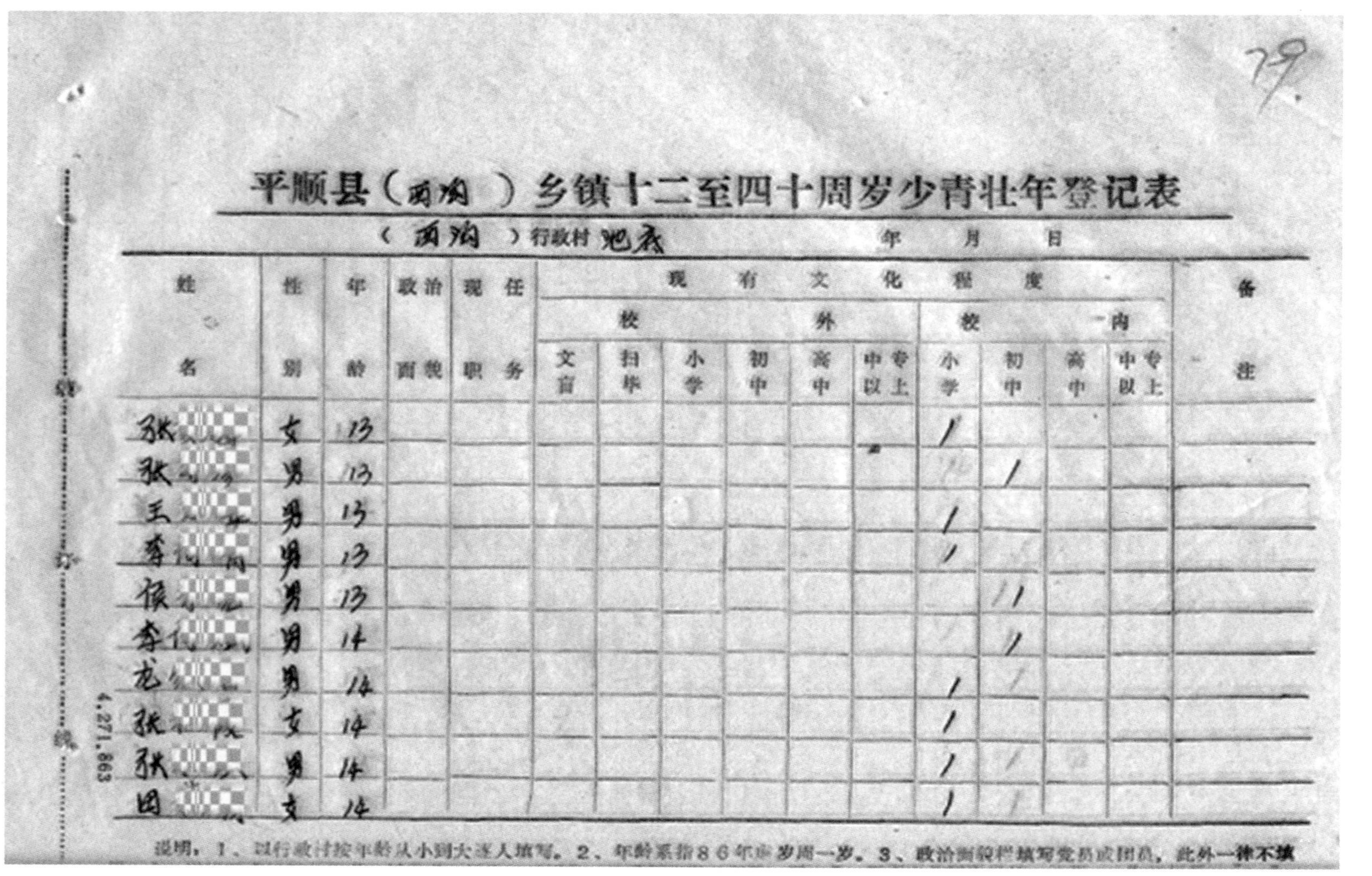

79

平顺县（西沟）乡镇十二至四十周岁少青壮年登记表

（西沟）行政村 池底　　　年　月　日

姓名	性别	年龄	政治面貌	现任职务	现有文化程度 校外 文盲	校外 扫毕	校外 小学	校外 初中	校外 高中	校外 中专以上	校内 小学	校内 初中	校内 高中	校内 中专以上	备注
张	女	13									/				
张	男	13										/			
王	男	13									/				
李	男	13									/				
张	男	13										//			
李	男	14										/			
龙	男	14									/				
张	女	14									/				
张	男	14									/				
田	女	14									/				

说明，1、以行政村按年龄从小到大逐人填写。2、年龄系指86年底岁周一岁。3、政治面貌栏填写党员或团员，此外一律不填

4.271.863

图1-2-2-8-2　平顺县西沟村(池底)1986年青壮年统计表2

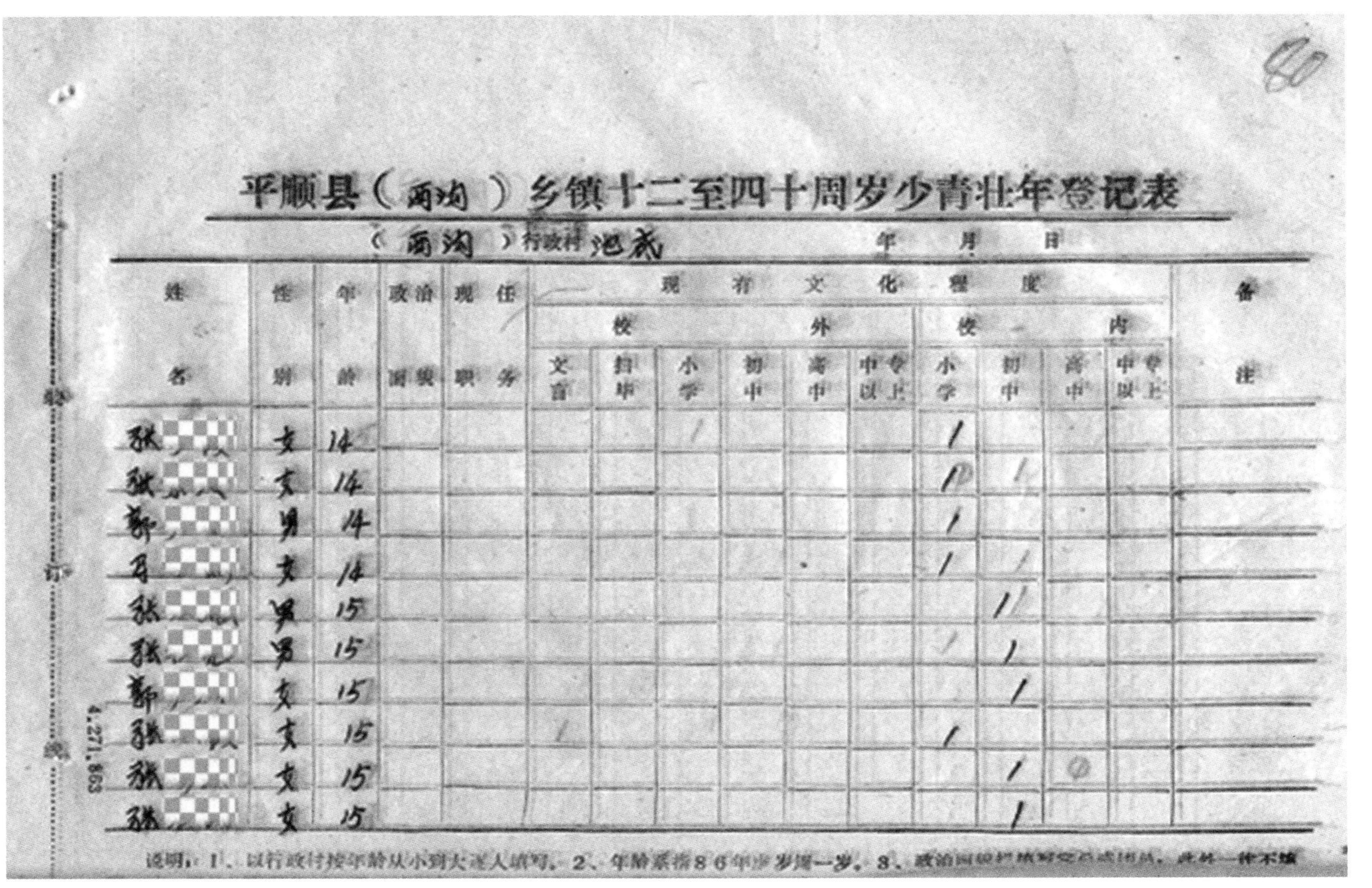

平顺县（西沟）乡镇十二至四十周岁少青壮年登记表

（西沟）行政村 池底　　年　月　日

姓名	性别	年龄	政治面貌	现任职务	现有文化程度 校外 文盲	扫盲	小学	初中	高中	中专以上	校内 小学	初中	高中	中专以上	备注
张	女	14					/				/				
张	女	14									/	/			
郭	男	14									/				
马	女	14									/	/			
张	男	15										//			
张	男	15									/	/			
郭	女	15										/			
张	女	15			/						/				
张	女	15										/			
张	女	15										/			

4.271.863

说明：1、以行政村按年龄从小到大逐人填写。2、年龄系指86年岁 岁满一岁。3、政治面貌栏填写党员或团员，此外一律不填

图1-2-2-8-3　平顺县西沟村(池底)1986年青壮年统计表3

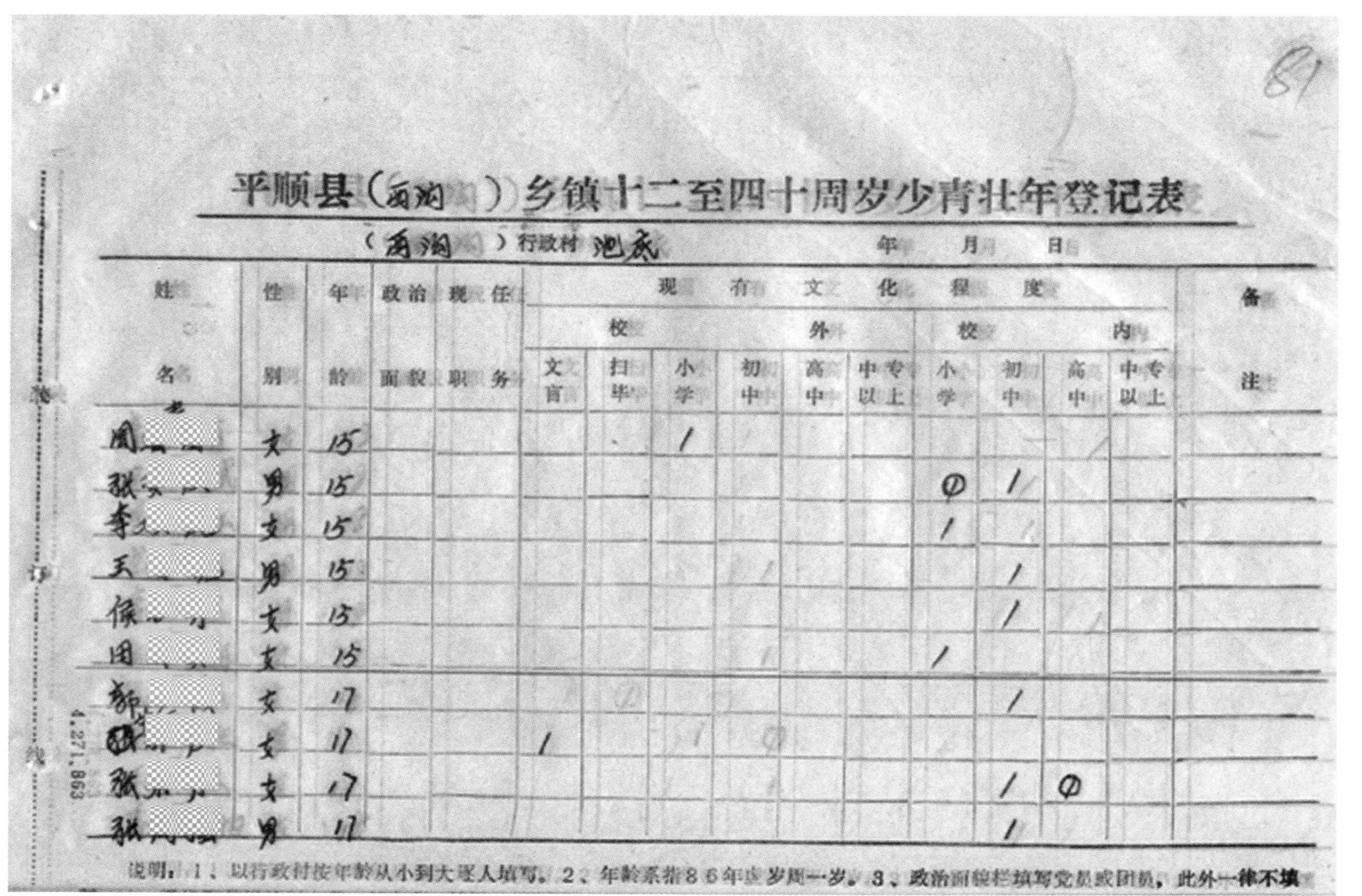

平顺县（西沟）乡镇十二至四十周岁少青壮年登记表

（西沟）行政村 池底　　年　月　日

姓名	性别	年龄	政治面貌	现任职务	现有文化程度 校外 文盲	校外 扫毕	校外 小学	校外 初中	校外 高中	校外 中专以上	校内 小学	校内 初中	校内 高中	校内 中专以上	备注
周	女	15					/								
张	男	15									Ø	/			
李	女	15									/				
王	男	15										/			
徐	女	15										/			
田	女	15									/				
郭	女	17										/			
[illegible]	女	17			/										
张	女	17										/	Ø		
张	男	17										/			

说明：1、以行政村按年龄从小到大逐人填写。2、年龄系指86年实岁周一岁。3、政治面貌栏填写党员或团员，此外一律不填

4.271.863

图1-2-2-8-4　平顺县西沟村(池底)1986年青壮年统计表4

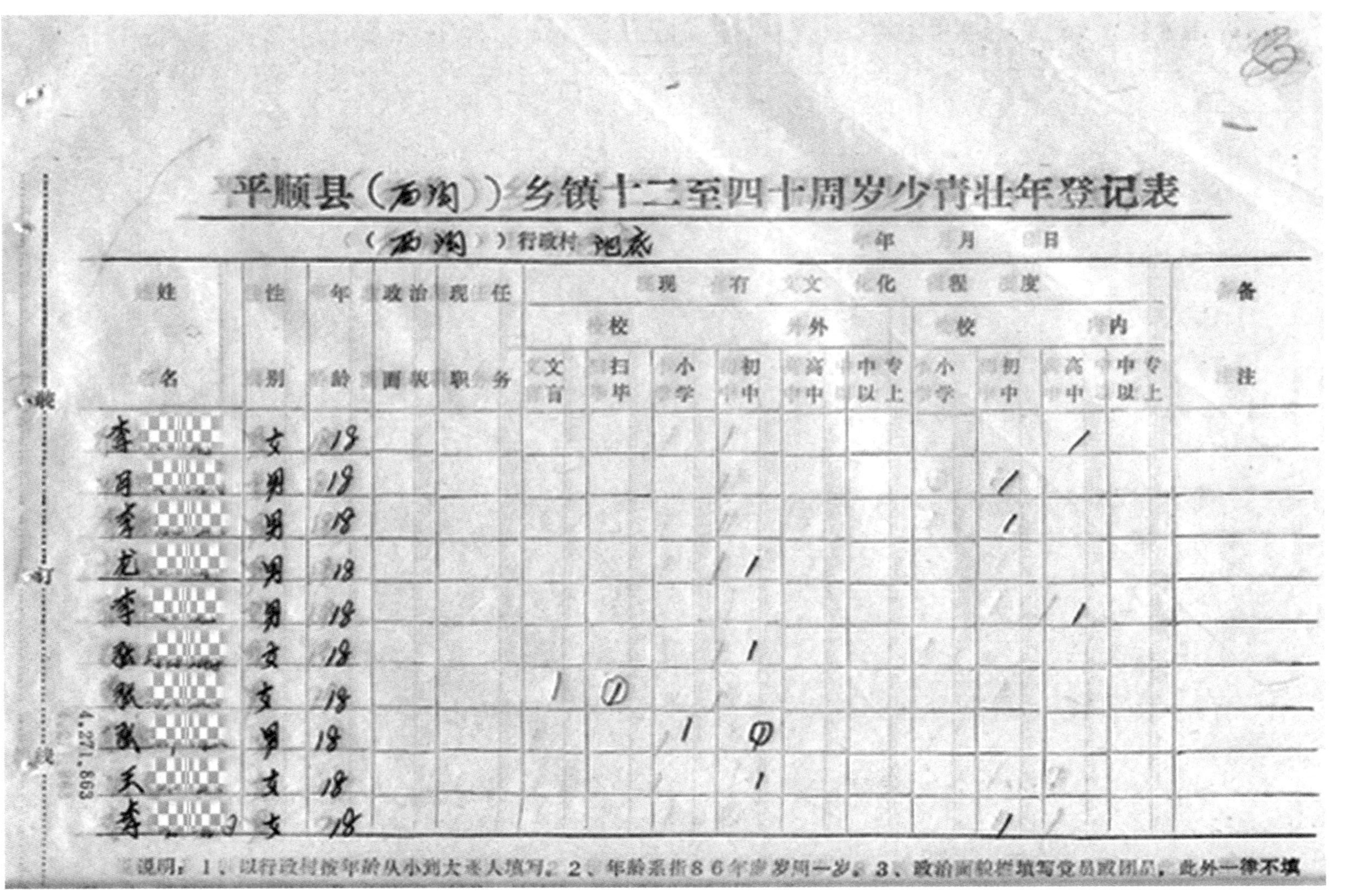

平顺县（西沟）乡镇十二至四十周岁少青壮年登记表

（西沟）行政村 池底　　年　月　日

姓名	性别	年龄	政治面貌	现任职务	现有文化程度 校外 文盲	扫盲	小学	初中	高中	中专以上	校内 小学	初中	高中	中专以上	备注
李	女	19											/		
周	男	19										/			
李	男	18										/			
宋	男	18						/							
李	男	18											/		
张	女	18						/							
张	女	18			/	⊘									
刘	男	18					/	⊘							
马	女	18						/							
李	女	18										/			

说明：1．以行政村按年龄从小到大本人填写。2．年龄系指86年岁周一岁。3．政治面貌栏填写党员团员，此外一律不填

4.271.863

图1-2-2-8-5　平顺县西沟村(池底)1986年青壮年统计表5

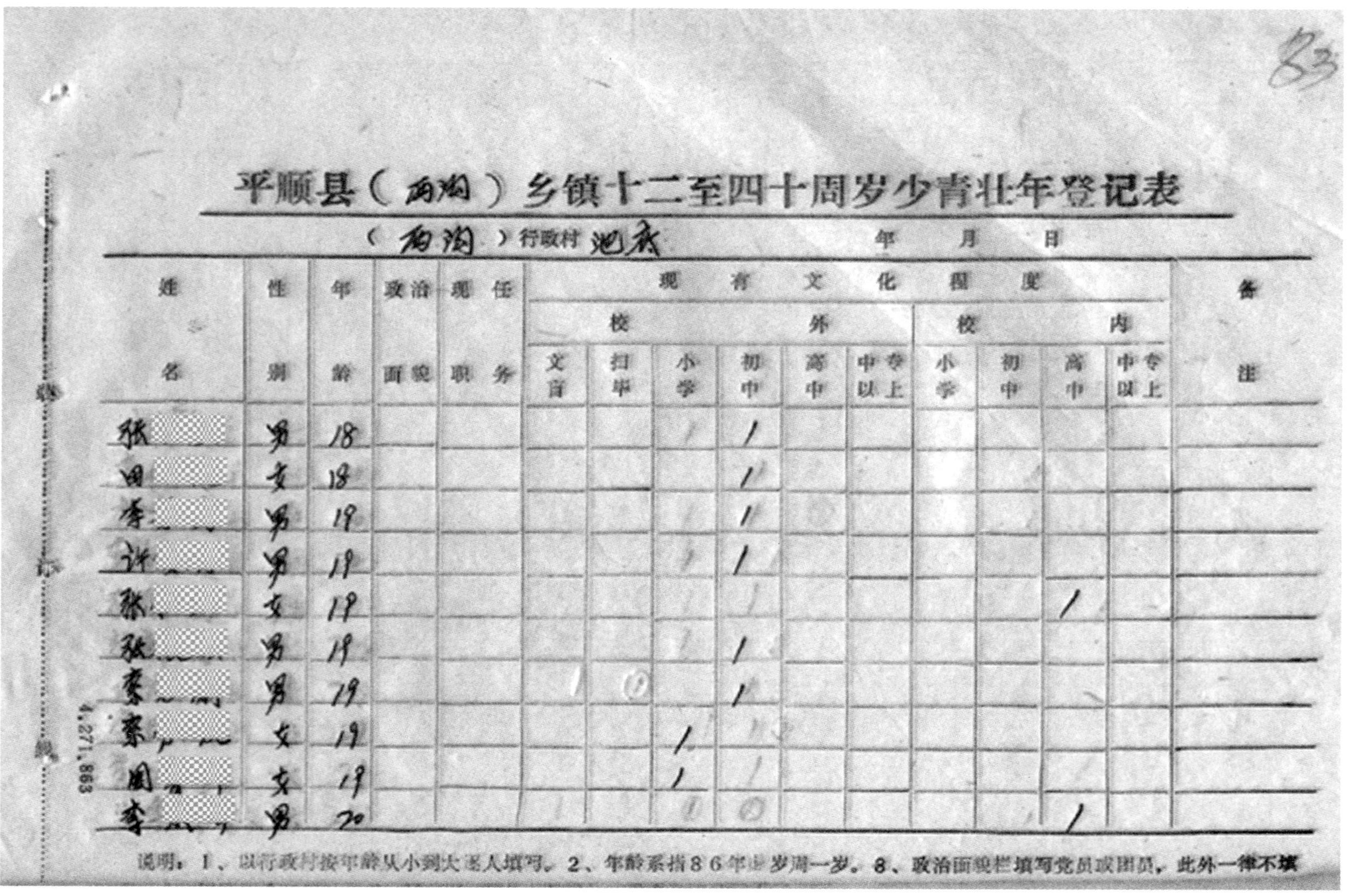

83

平顺县（西沟）乡镇十二至四十周岁少青壮年登记表

（西沟）行政村 池底　　　年　月　日

姓名	性别	年龄	政治面貌	现任职务	现有文化程度 校外 文盲	校外 扫盲	校外 小学	校外 初中	校外 高中	校外 中专以上	校内 小学	校内 初中	校内 高中	校内 中专以上	备注
张	男	18						/							
田	女	18						/							
李	男	19						/							
许	男	19						/							
张	女	19											/		
张	男	19						/							
蔡	男	19						/							
蔡	女	19					/								
周	女	19					/								
李	男	20											/		

4.271.863

说明：1、以行政村按年龄从小到大逐人填写。2、年龄系指86年足岁周一岁。3、政治面貌栏填写党员或团员，此外一律不填

图1-2-2-8-6　平顺县西沟村(池底)1986年青壮年统计表6

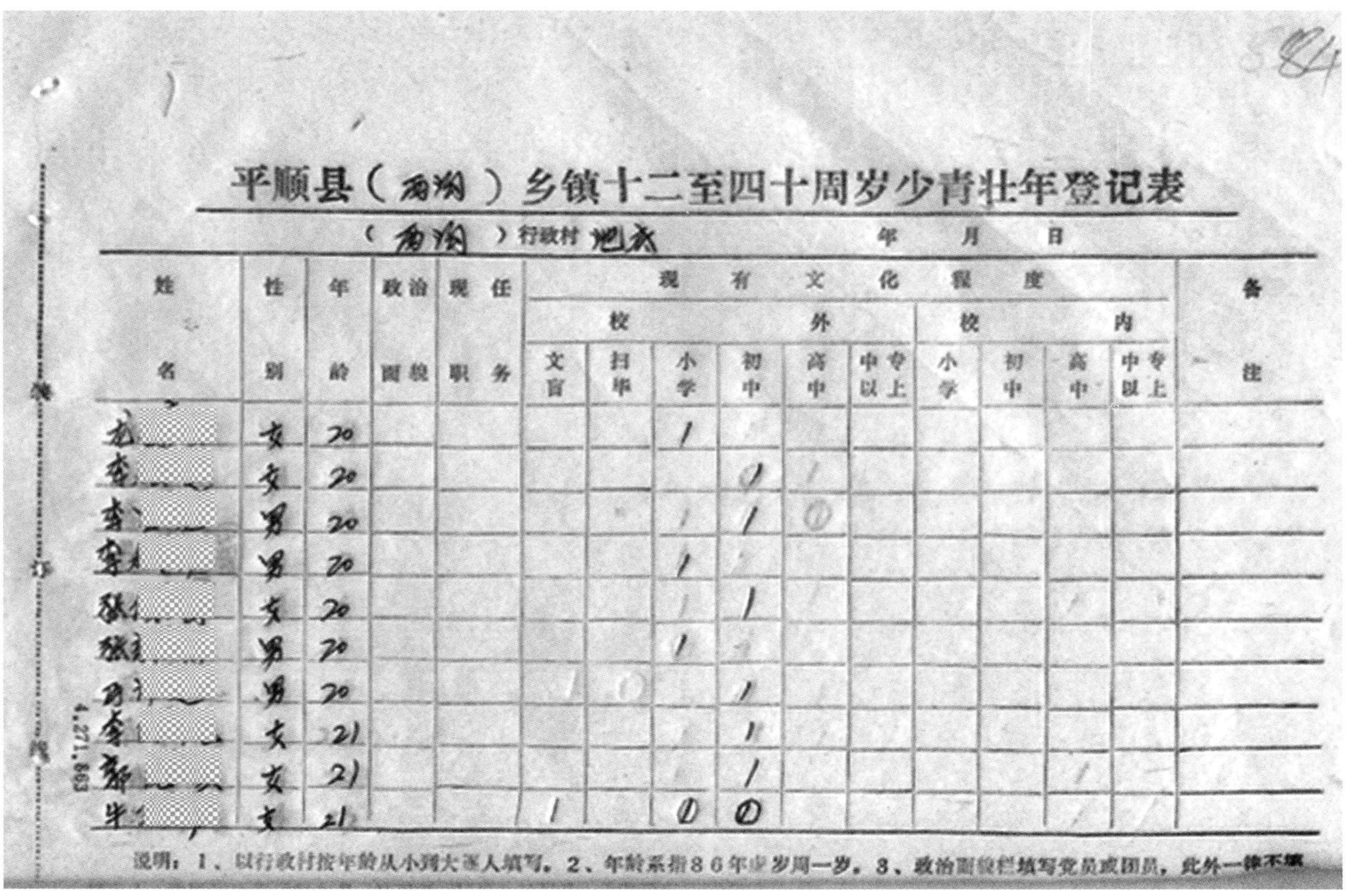

平顺县（西沟）乡镇十二至四十周岁少青壮年登记表

（西沟）行政村 池底　　年　月　日

姓名	性别	年龄	政治面貌	现任职务	现有文化程度 校外 文盲	扫盲	小学	初中	高中	中专以上	校内 小学	初中	高中	中专以上	备注
赵[illegible]	女	20					1								
李[illegible]	女	20						1							
李[illegible]	男	20						1	0						
李[illegible]	男	20					1								
张[illegible]	女	20						1							
张[illegible]	男	20					1								
[illegible]	男	20						1							
李[illegible]	女	21						1							
郭[illegible]	女	21						1							
牛[illegible]	女	21			1		0	0							

4.271.863

说明：1、以行政村按年龄从小到大逐人填写。2、年龄系指86年虚岁周一岁。3、政治面貌栏填写党员或团员，此外一律不填

图1-2-2-8-7　平顺县西沟村(池底)1986年青壮年统计表7

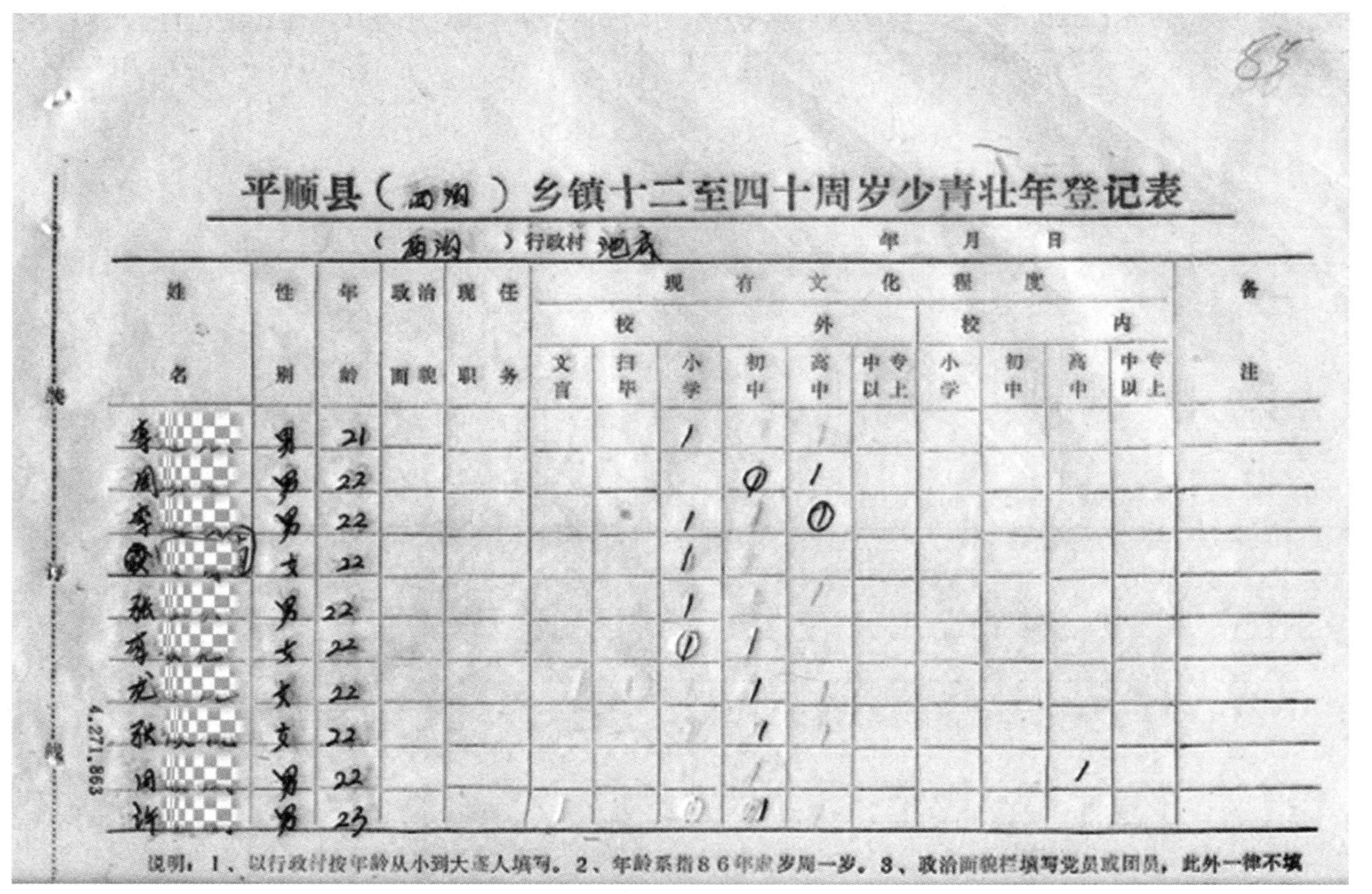

平顺县（西沟）乡镇十二至四十周岁少青壮年登记表

（西沟）行政村 池底　　年　月　日

姓名	性别	年龄	政治面貌	现任职务	现有文化程度：校外：文盲	校外：扫毕	校外：小学	校外：初中	校外：高中	校外：中专以上	校内：小学	校内：初中	校内：高中	校内：中专以上	备注
李	男	21					1								
周	男	22						0	1						
李	男	22					1		①						
[illegible]	女	22					1								
张	男	22					1								
李	女	22					①	1							
龙	女	22						1							
张	女	22						1							
周	男	22											1		
许	男	23						1							

说明：1、以行政村按年龄从小到大逐人填写。2、年龄系指86年实岁周一岁。3、政治面貌栏填写党员或团员，此外一律不填

4.271.863

图1-2-2-8-8　平顺县西沟村(池底)1986年青壮年统计表8

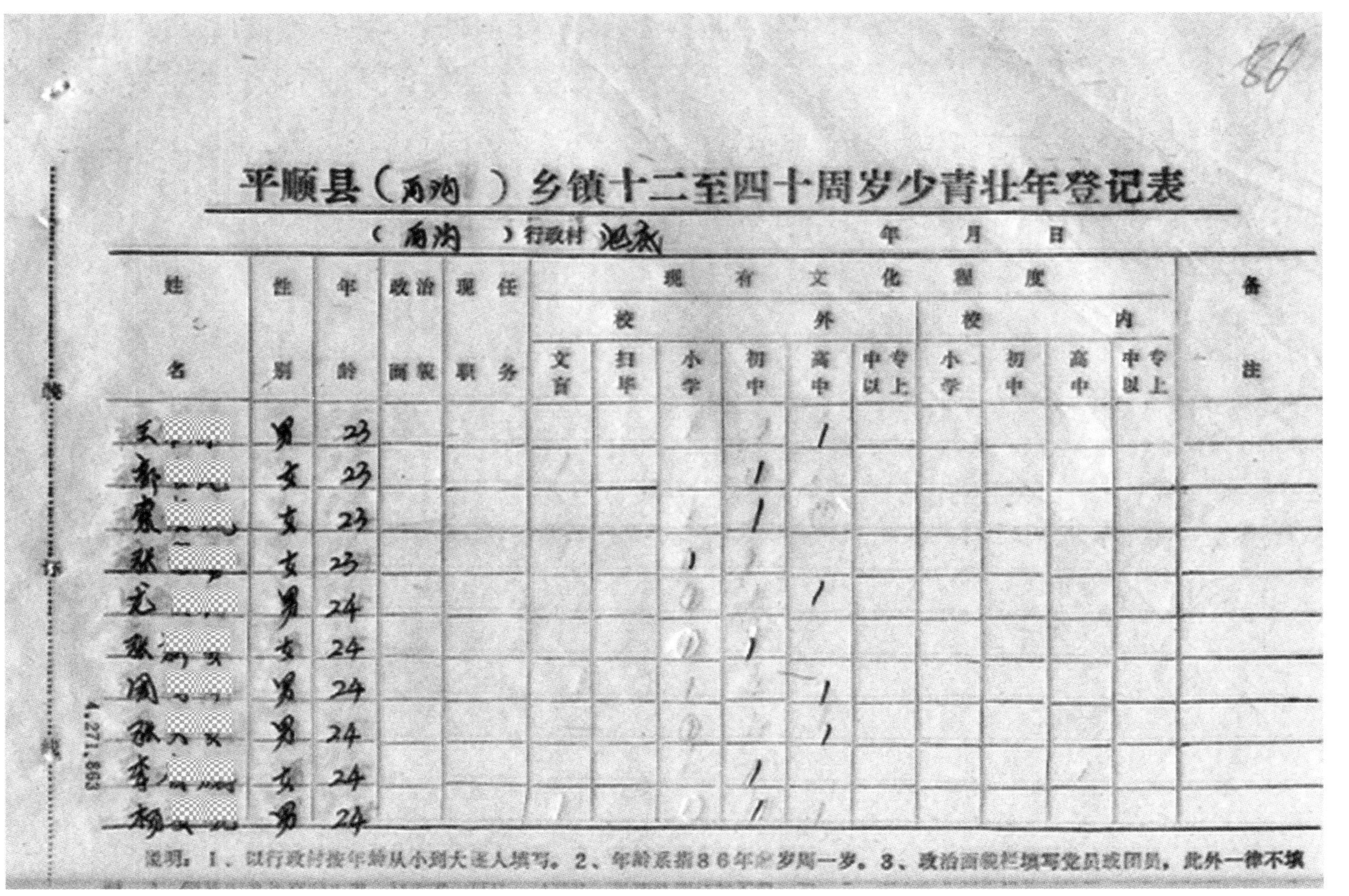

平顺县（西沟）乡镇十二至四十周岁少青壮年登记表

（西沟）行政村 池底 年 月 日

姓名	性别	年龄	政治面貌	现任职务	现有文化程度 校外 文盲	扫毕	小学	初中	高中	中专以上	校内 小学	初中	高中	中专以上	备注
王	男	23							/						
郭	女	23						/							
袁	女	23						/							
张	女	23					/								
元	男	24							/						
张	女	24						/							
闫	男	24							/						
张	男	24							/						
李	女	24						/							
杨	男	24						/							

说明：1、以行政村按年龄从小到大逐人填写。2、年龄系指86年实岁周一岁。3、政治面貌栏填写党员或团员，此外一律不填

4.271.863

图1-2-2-8-9　平顺县西沟村(池底)1986年青壮年统计表9

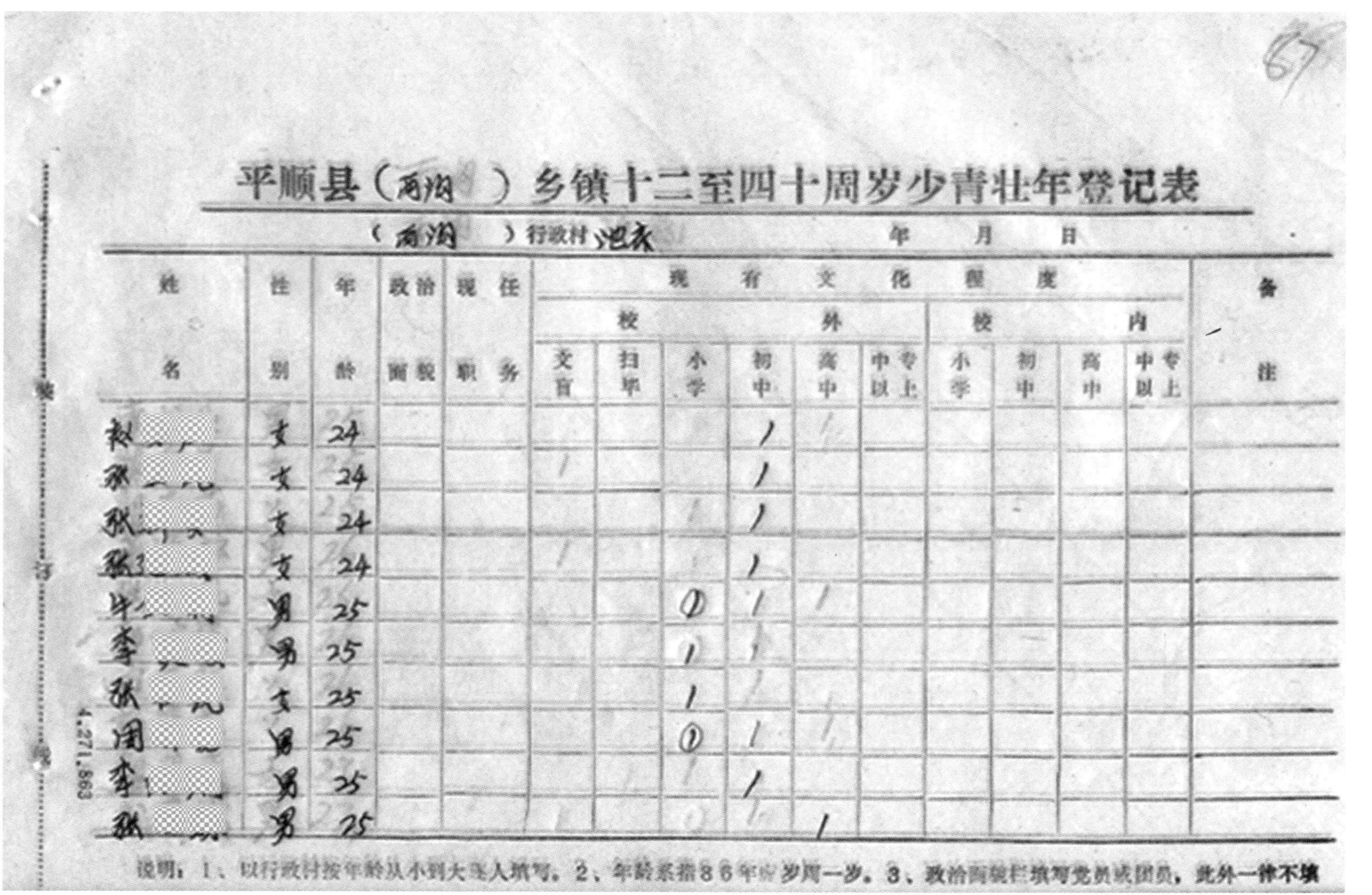
平顺县（西沟 ）乡镇十二至四十周岁少青壮年登记表

（西沟 ）行政村 池底　　　　年　　月　　日

姓名	性别	年龄	政治面貌	现任职务	现有文化程度：校外：文盲	扫盲	小学	初中	高中	中专以上	校内：小学	初中	高中	中专以上	备注
赵	女	24						/							
张	女	24						/							
张	女	24						/							
张	女	24						/							
毕	男	25					①	/							
李	男	25					/	/							
张	女	25					/								
闫	男	25					①	/							
李	男	25						/							
张	男	25							/						

说明：1、以行政村按年龄从小到大逐人填写。2、年龄系指86年应岁周一岁。3、政治面貌栏填写党员或团员，此外一律不填

4.271.863

图1-2-2-8-10　平顺县西沟村(池底)1986年青壮年统计表10

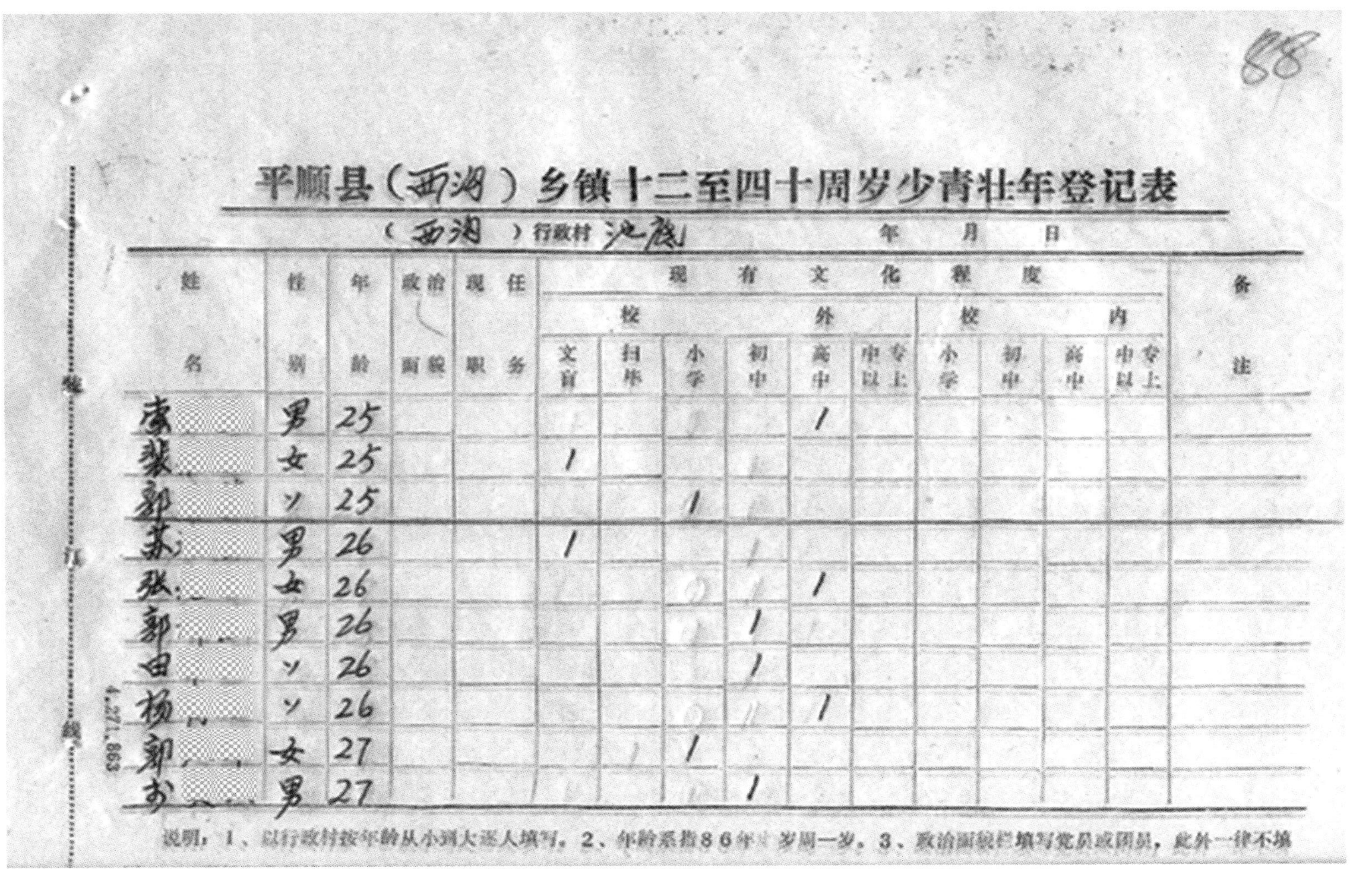

88

平顺县（西沟）乡镇十二至四十周岁少青壮年登记表

（西沟）行政村 池底　　　年　月　日

姓名	性别	年龄	政治面貌	现任职务	现有文化程度：校外 文盲	校外 扫华	校外 小学	校外 初中	校外 高中	校外 中专以上	校内 小学	校内 初中	校内 高中	校内 中专以上	备注
秦[illegible]	男	25							/						
张[illegible]	女	25			/										
郭[illegible]	〃	25					/								
苏[illegible]	男	26			/										
张[illegible]	女	26							/						
郭[illegible]	男	26						/							
田[illegible]	〃	26						/							
杨[illegible]	〃	26							/						
郭[illegible]	女	27					/								
郭[illegible]	男	27						/							

说明：1、以行政村按年龄从小到大逐人填写，2、年龄系指86年[illegible]岁周一岁，3、政治面貌栏填写党员或团员，此外一律不填

4.271.863

图1-2-2-8-11　平顺县西沟村(池底)1986年青壮年统计表11

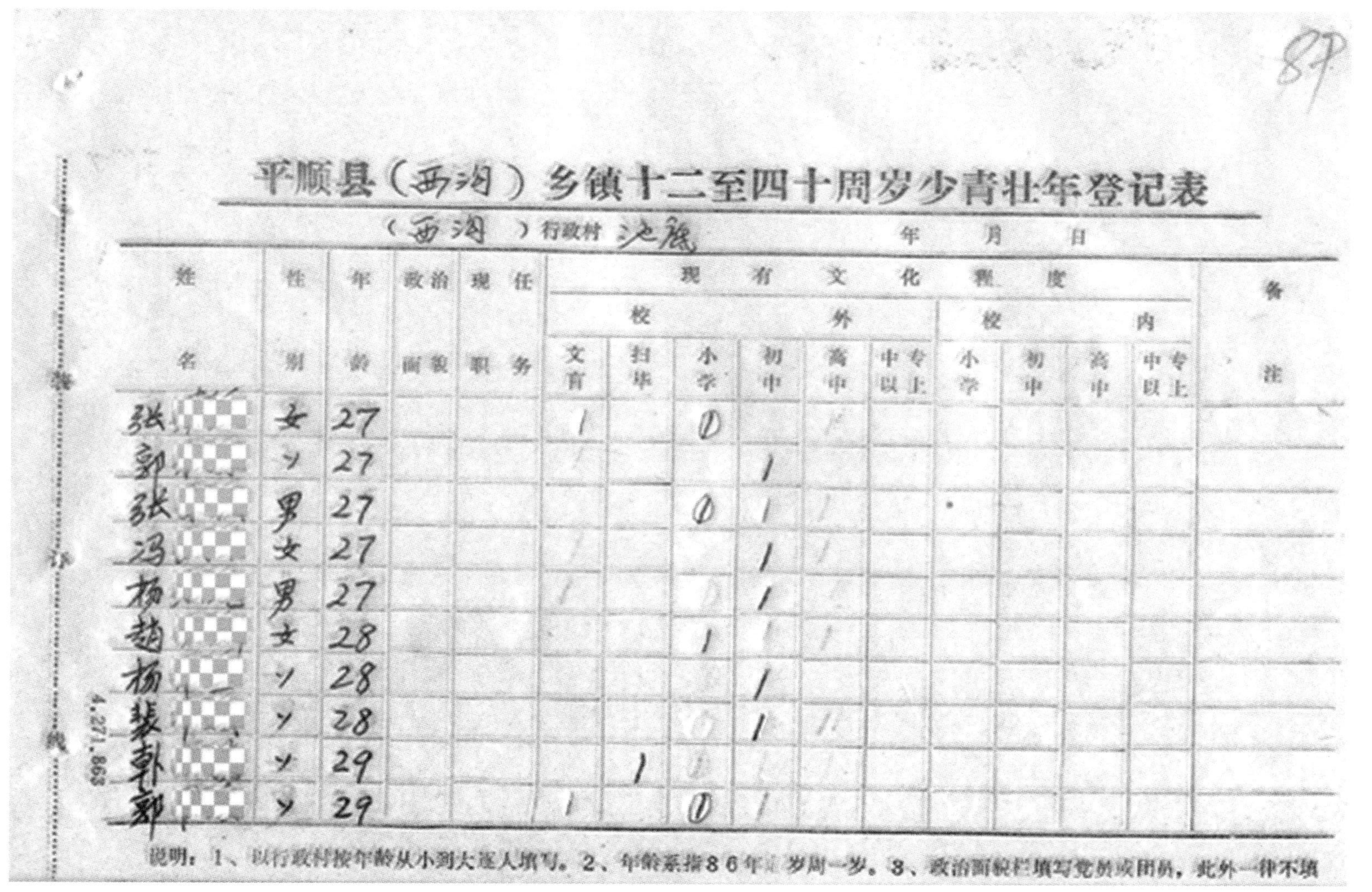

平顺县（西沟）乡镇十二至四十周岁少青壮年登记表

（西沟）行政村 池底　　　年　月　日

姓名	性别	年龄	政治面貌	现担任职务	现有文化程度：校外 文盲	扫盲	小学	初中	高中	中专以上	校内 小学	初中	高中	中专以上	备注
张	女	27			/		0								
郭	〃	27						/							
张	男	27					0	/							
冯	女	27						/							
杨	男	27						/							
赵	女	28					/								
杨	〃	28						/							
裴	〃	28						/							
郭	〃	29				/									
郭	〃	29			/		0	/							

说明：1、以行政村按年龄从小到大逐人填写。2、年龄系指86年□岁周一岁。3、政治面貌栏填写党员或团员，此外一律不填

4.271.863

图1-2-2-8-12　平顺县西沟村(池底)1986年青壮年统计表12

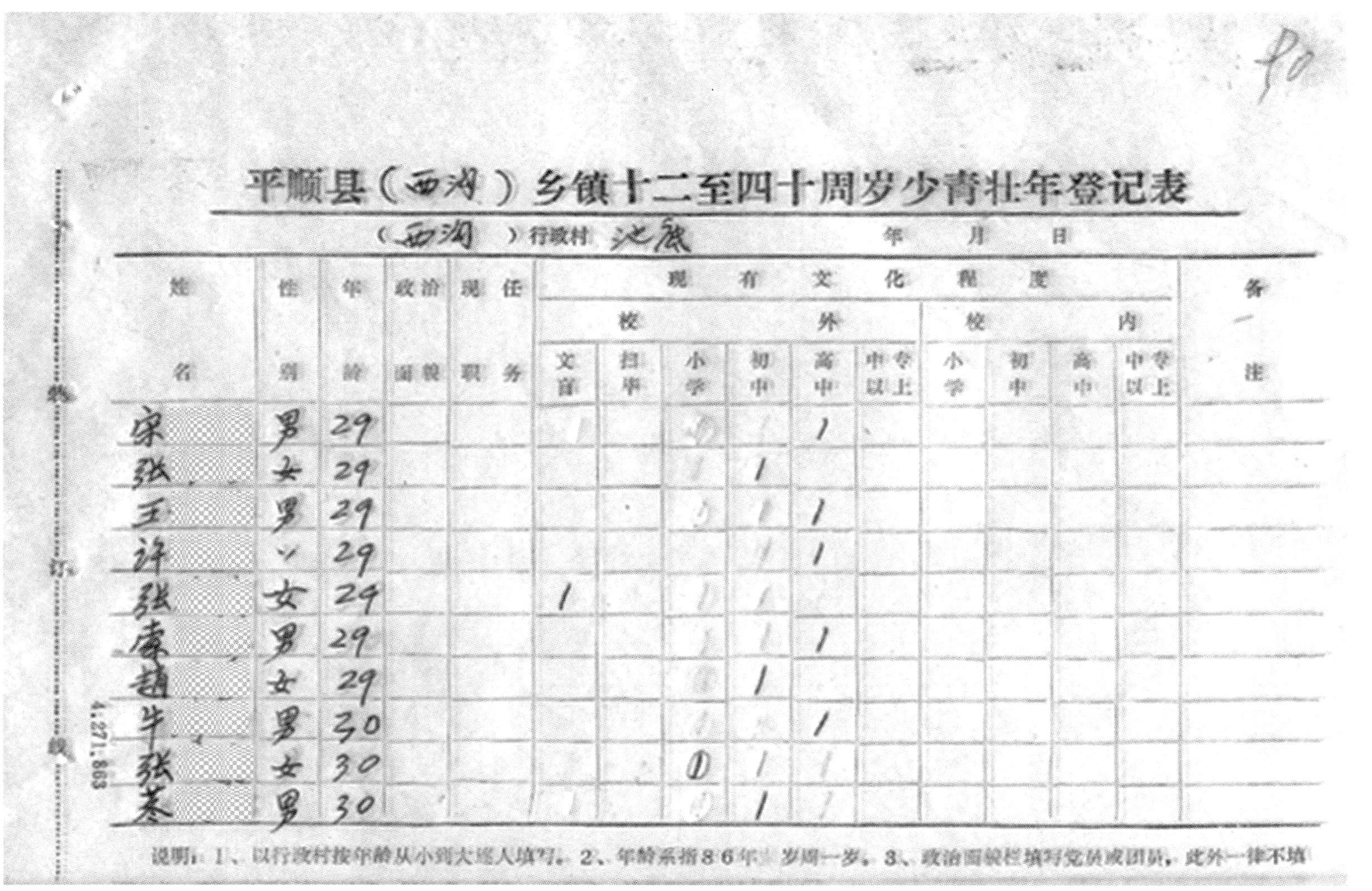

平顺县（西沟）乡镇十二至四十周岁少青壮年登记表

（西沟）行政村 池底　　　年　月　日

姓名	性别	年龄	政治面貌	现任职务	校外 文盲	校外 扫盲	校外 小学	校外 初中	校外 高中	校外 中专以上	校内 小学	校内 初中	校内 高中	校内 中专以上	备注
宋	男	29							1						
张	女	29						1							
王	男	29							1						
许	〃	29							1						
张	女	29			1										
康	男	29							1						
赵	女	29						1							
牛	男	30							1						
张	女	30					①								
秦	男	30						1							

说明：1、以行政村按年龄从小到大逐人填写。2、年龄系指86年□岁周一岁。3、政治面貌栏填写党员或团员，此外一律不填

4.271.863

图1-2-2-8-13　平顺县西沟村(池底)1986年青壮年统计表13

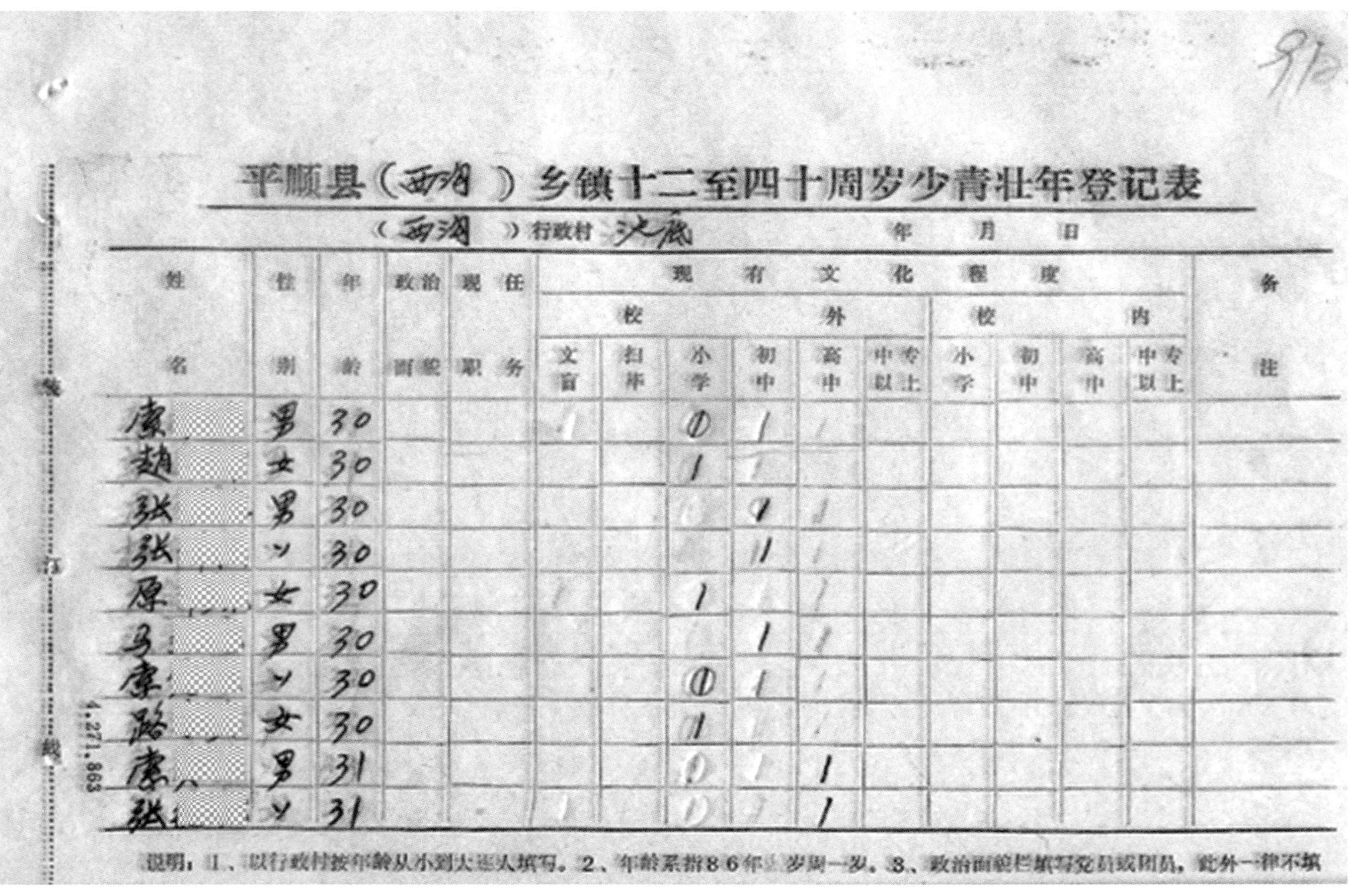

平顺县（西沟）乡镇十二至四十周岁少青壮年登记表

（西沟）行政村 池底　　年　月　日

姓名	性别	年龄	政治面貌	现任职务	现有文化程度 校外 文盲	扫盲	小学	初中	高中	中专以上	校内 小学	初中	高中	中专以上	备注
康	男	30					①	/							
赵	女	30					/								
张	男	30						/							
张	〃	30						//							
原	女	30					/								
马	男	30						/							
康	〃	30					①	/							
路	女	30					/								
康	男	31							/						
张	〃	31							/						

说明：1、以行政村按年龄从小到大逐人填写。2、年龄系指86年　岁周一岁。3、政治面貌栏填写党员或团员，此外一律不填

4.271.863

图1-2-2-8-14　平顺县西沟村(池底)1986年青壮年统计表14

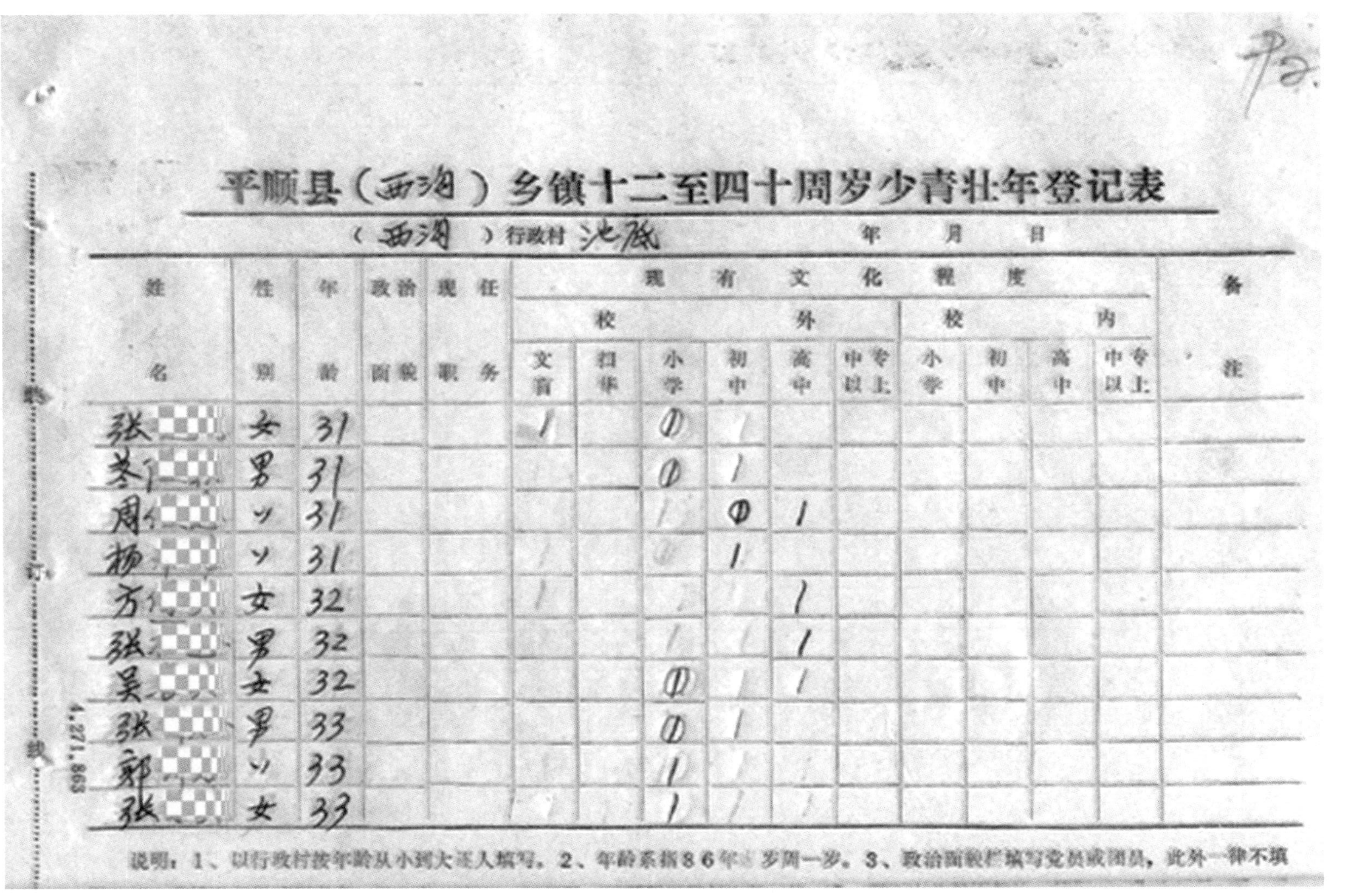

平顺县（西沟）乡镇十二至四十周岁少青壮年登记表

（西沟）行政村 池底　　年　月　日

姓名	性别	年龄	政治面貌	现任职务	现有文化程度										备注
					校外						校内				
					文盲	扫盲	小学	初中	高中	中专以上	小学	初中	高中	中专以上	
张	女	31			/		Ø								
綦	男	31					Ø	/							
周	〃	31						Ø	/						
杨	〃	31						/							
方	女	32							/						
张	男	32							/						
吴	女	32					Ø		/						
张	男	33					Ø	/							
郭	〃	33					/								
张	女	33					/								

说明：1、以行政村按年龄从小到大逐人填写。2、年龄系指86年□岁周一岁。3、政治面貌栏填写党员或团员，此外一律不填

4.271.863

图1-2-2-8-15　平顺县西沟村(池底)1986年青壮年统计表15

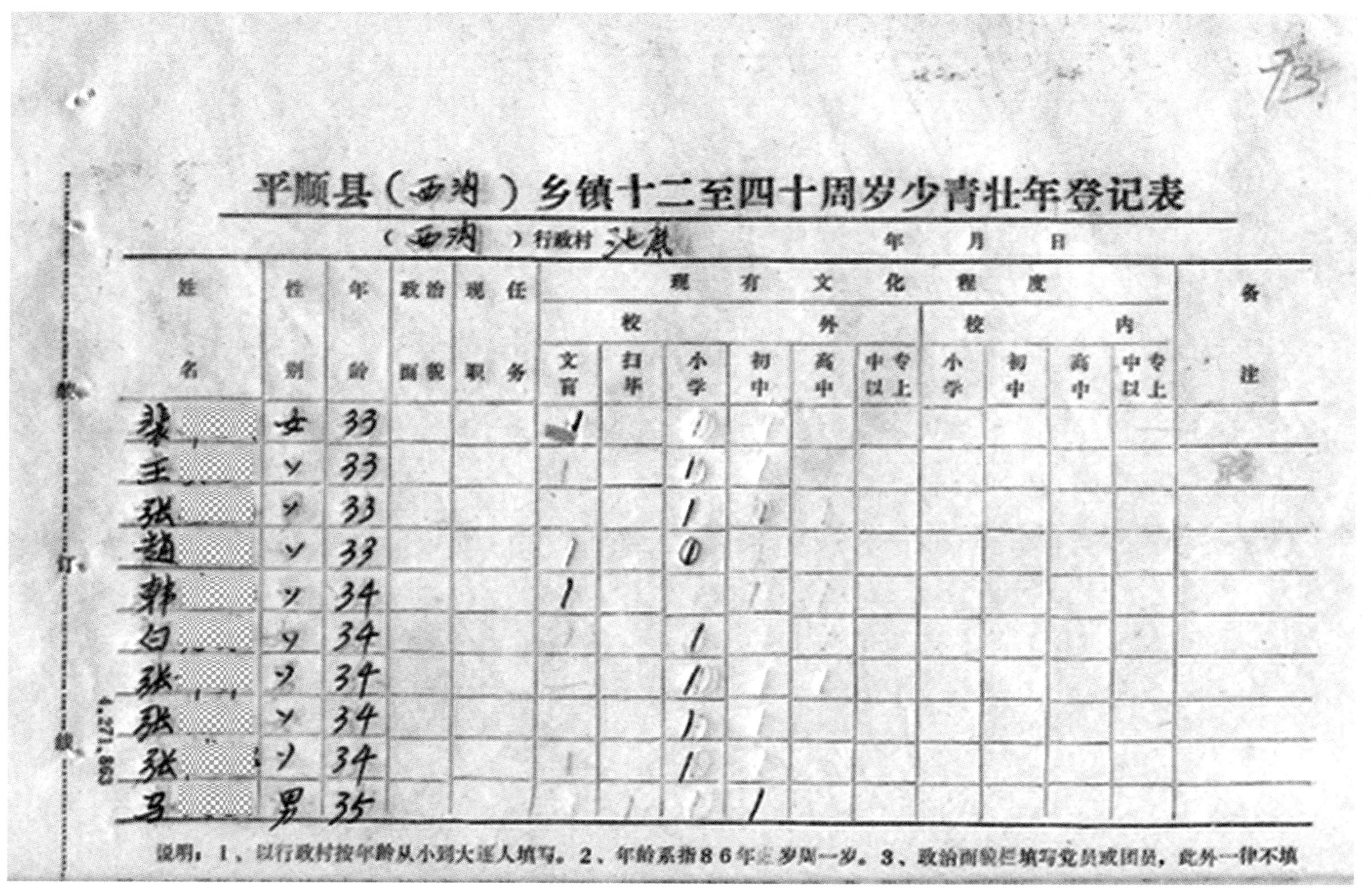

平顺县（西沟）乡镇十二至四十周岁少青壮年登记表

（西沟）行政村 池底　　年　月　日

姓名	性别	年龄	政治面貌	现任职务	现有文化程度：校外：文盲	校外：扫盲	校外：小学	校外：初中	校外：高中	校外：中专以上	校内：小学	校内：初中	校内：高中	校内：中专以上	备注
裴	女	33			1										
王	〃	33					1								
张	〃	33					1								
赵	〃	33			1		1								
韩	〃	34			1										
白	〃	34					1								
张	〃	34					1								
张	〃	34					1								
张	〃	34					1								
马	男	35						1							

说明：1、以行政村按年龄从小到大逐人填写。2、年龄系指86年□岁周一岁。3、政治面貌栏填写党员或团员，此外一律不填

4.271.863

图1-2-2-8-16　平顺县西沟村(池底)1986年青壮年统计表16

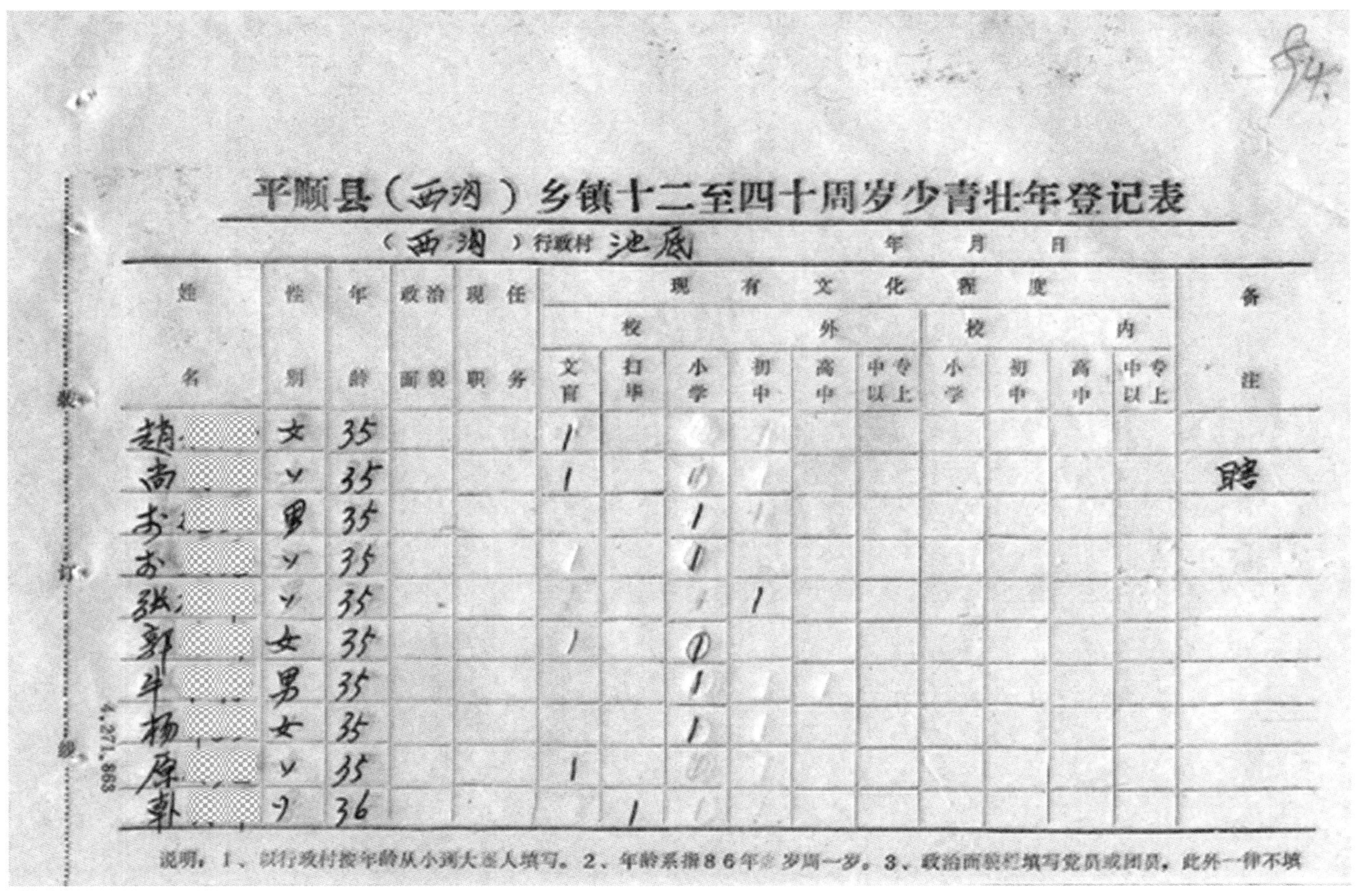

平顺县（西沟）乡镇十二至四十周岁少青壮年登记表

（西沟）行政村 池底　　年　月　日

姓名	性别	年龄	政治面貌	现任职务	现有文化程度：校外：文盲	校外：扫盲	校外：小学	校外：初中	校外：高中	校外：中专以上	校内：小学	校内：初中	校内：高中	校内：中专以上	备注
趙	女	35			1										
尚	〃	35			1										[illegible]
常	男	35					1								
常	〃	35					1								
张	〃	35						1							
郭	女	35			1		0								
牛	男	35					1								
杨	女	35					1								
原	〃	35			1										
郭	〃	36				1									

说明：1、以行政村按年龄从小到大逐人填写。2、年龄系指86年※岁周一岁。3、政治面貌栏填写党员或团员，此外一律不填

4.271.863

图1-2-2-8-17　平顺县西沟村(池底)1986年青壮年统计表17

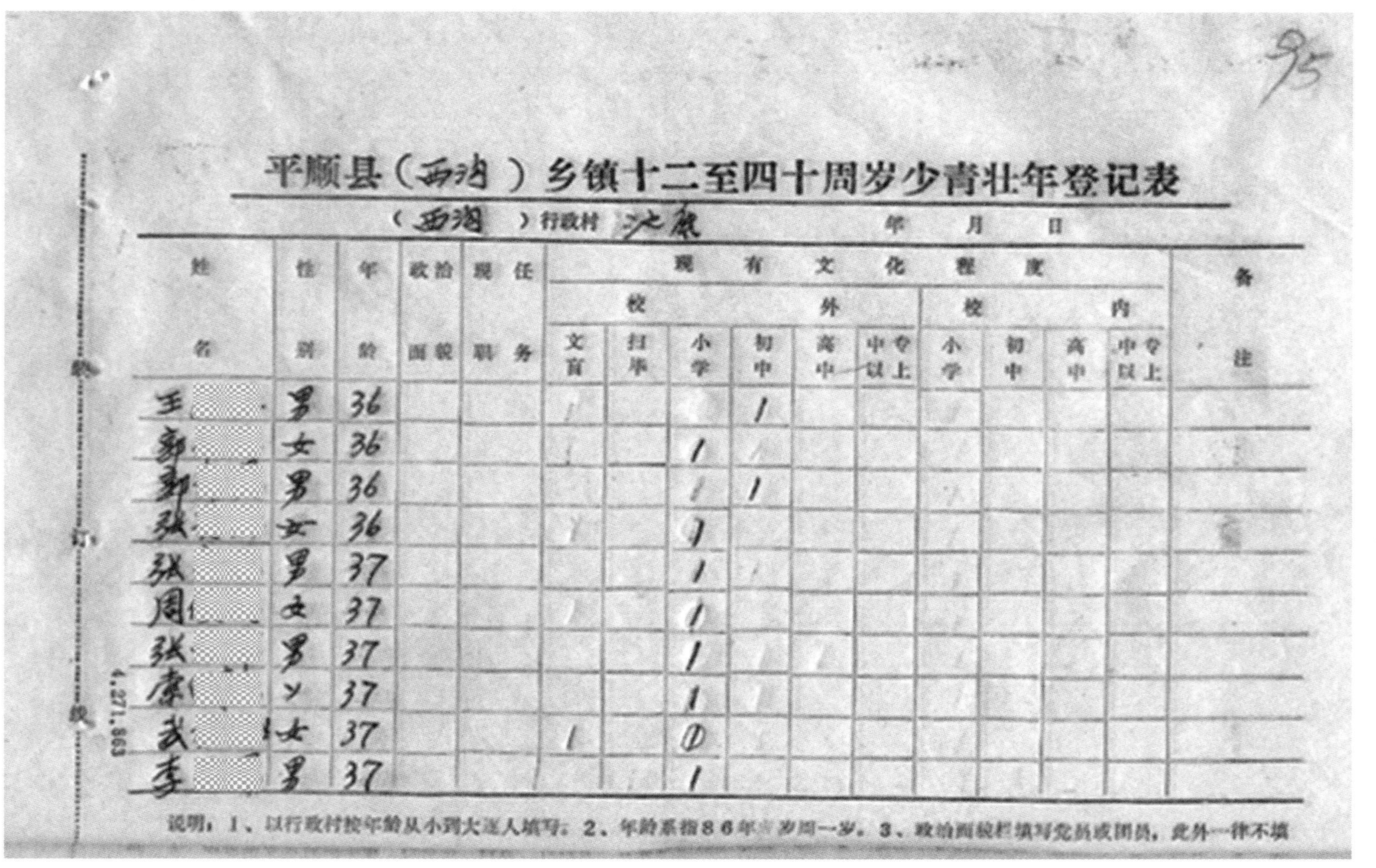

平顺县（西沟）乡镇十二至四十周岁少青壮年登记表

（西沟）行政村 池底　　年　月　日

姓名	性别	年龄	政治面貌	现任职务	现有文化程度：校外：文盲	扫盲	小学	初中	高中	中专以上	校内：小学	初中	高中	中专以上	备注
王	男	36						1							
郭	女	36					1								
郭	男	36						1							
张	女	36					1								
张	男	37					1								
周	女	37					1								
张	男	37					1								
康	女	37					1								
武	女	37			1		①								
李	男	37					1								

说明：1、以行政村按年龄从小到大逐人填写；2、年龄系指86年□岁周一岁。3、政治面貌栏填写党员或团员，此外一律不填

4.271.863

图1-2-2-8-18　平顺县西沟村(池底)1986年青壮年统计表18

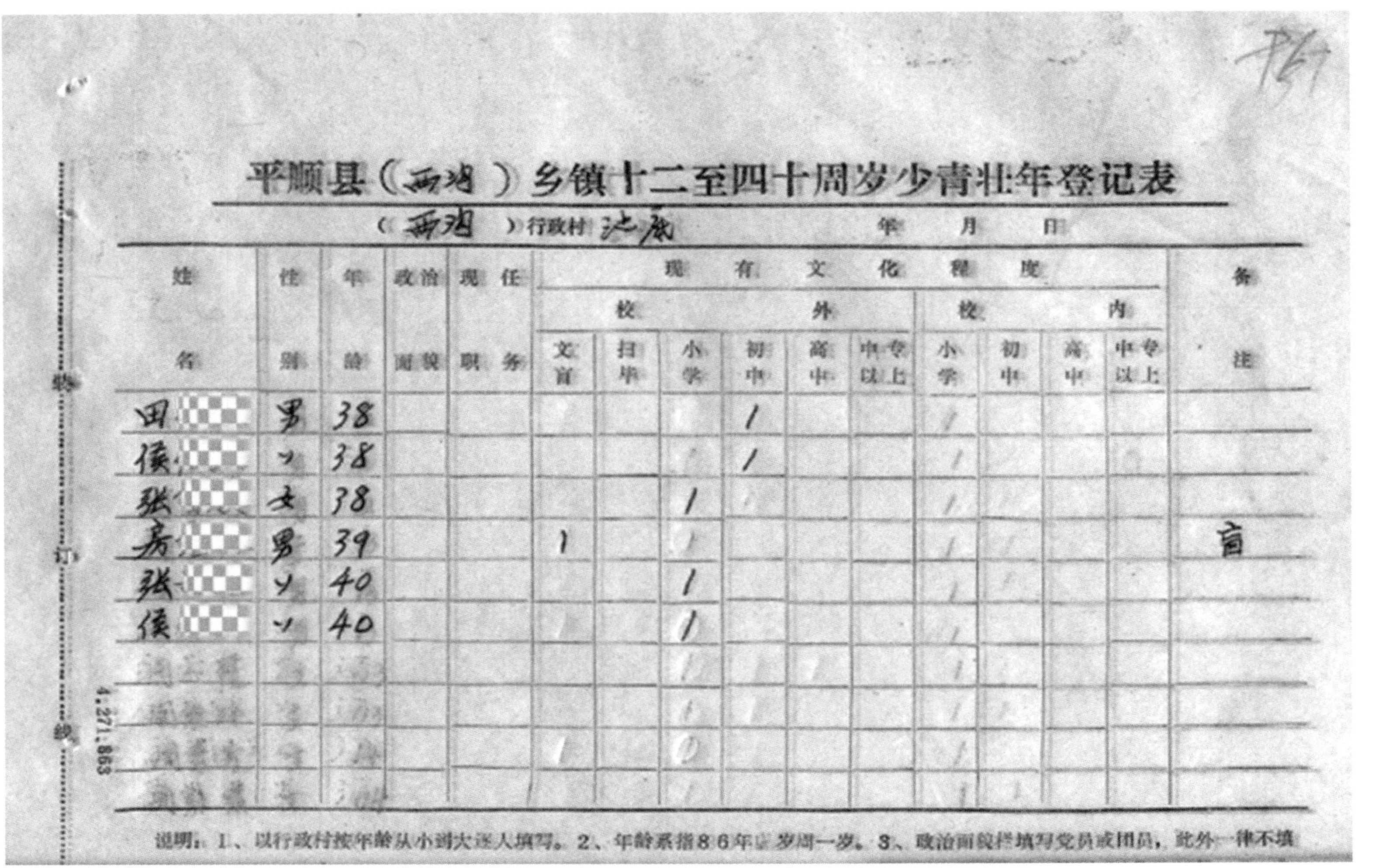

平顺县（西沟）乡镇十二至四十周岁少青壮年登记表

（西沟）行政村 池底　　　　年　月　日

姓名	性别	年龄	政治面貌	现任职务	现有文化程度										备注
					校外						校内				
					文盲	扫盲	小学	初中	高中	中专以上	小学	初中	高中	中专以上	
田	男	38						1							
侯	〃	38						1							
张	女	38					1								
房	男	39			1										盲
张	〃	40					1								
侯	〃	40					1								

说明：1、以行政村按年龄从小到大逐人填写。2、年龄系指86年足岁周一岁。3、政治面貌栏填写党员或团员，此外一律不填

4.271.863

装 订 线

图1-2-2-8-19　平顺县西沟村(池底)1986年青壮年统计表19

9、东峪

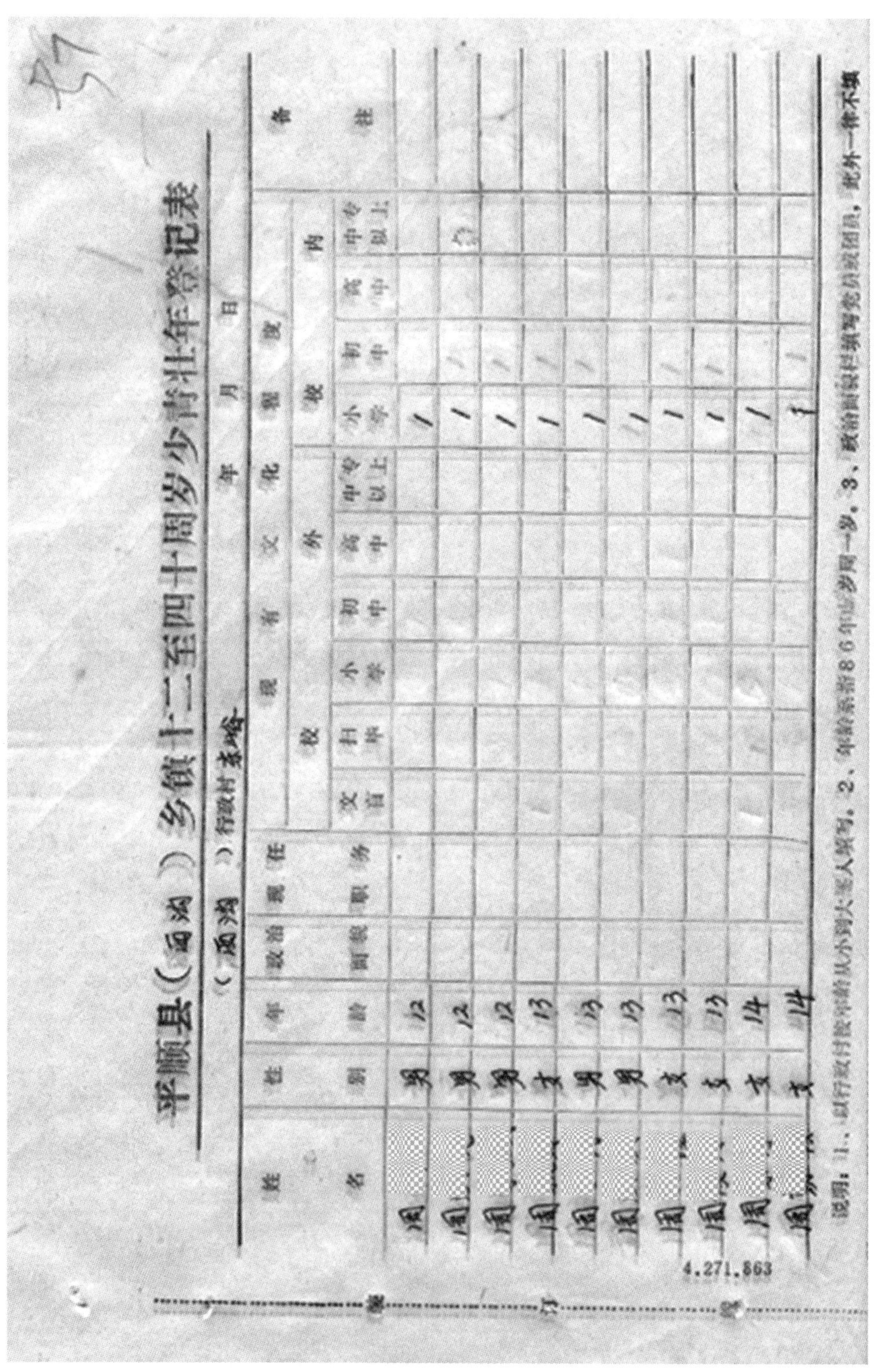

平顺县（西沟）乡镇十二至四十周岁少青壮年登记表

（西沟）行政村东峪　　年　月　日

姓名	性别	年龄	政治面貌	现任职务	校外：文盲	校外：扫毕	校外：小学	校外：初中	校外：高中	校外：中专以上	校内：小学	校内：初中	校内：高中	校内：中专以上	备注
周	男	12									/				
周	男	12									/				
周	男	12									/				
周	女	13									/				
周	男	13									/				
周	男	13									/				
周	女	13									/				
周	女	13									/				
周	女	14									/				
周	女	14									/				

说明：1、以行政村按年龄从小到大逐人填写。2、年龄系指86年止岁周一岁。3、政治面貌栏填写党员或团员，此外一律不填

4.271.863

图1-2-2-9-1　平顺县西沟村(东峪)1986年青壮年统计表1

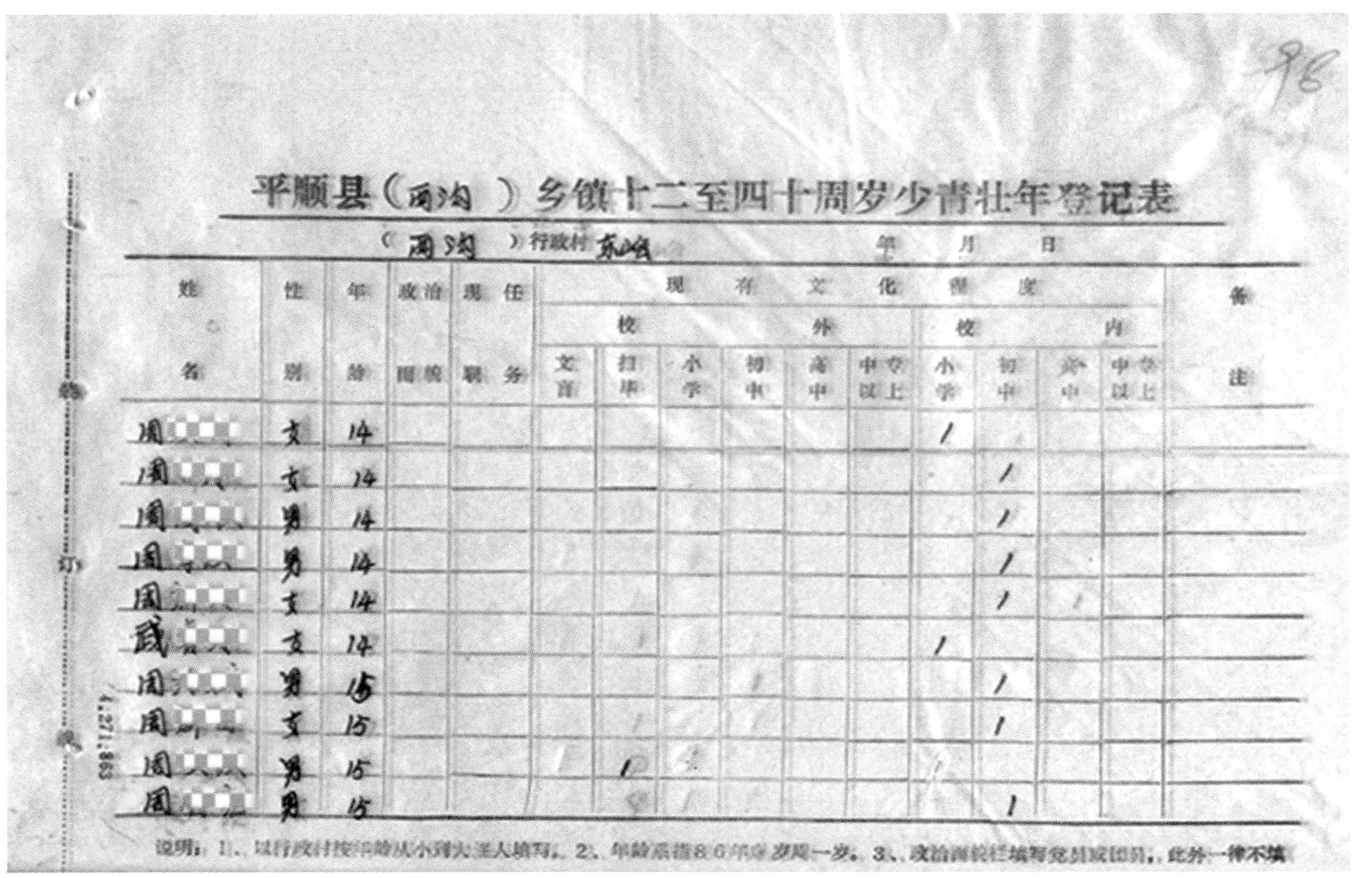

平顺县（西沟）乡镇十二至四十周岁少青壮年登记表

（西沟）行政村 东峪　　年　月　日

姓名	性别	年龄	政治面貌	现任职务	现有文化程度：校外：文盲	校外：扫盲	校外：小学	校外：初中	校外：高中	校外：中专以上	校内：小学	校内：初中	校内：高中	校内：中专以上	备注
周[illegible]	女	14									/				
周[illegible]	女	14										/			
周[illegible]	男	14										/			
周[illegible]	男	14										/			
周[illegible]	女	14										/			
戚[illegible]	女	14									/				
周[illegible]	男	15										/			
周[illegible]	女	15										/			
周[illegible]	男	15				1									
周[illegible]	男	15										/			

说明：1、以行政村按年龄从小到大逐人填写。2、年龄系指86年实岁周一岁。3、政治面貌栏填写党员或团员，此外一律不填

4.271.863

图1-2-2-9-2　平顺县西沟村(东峪)1986年青壮年统计表2

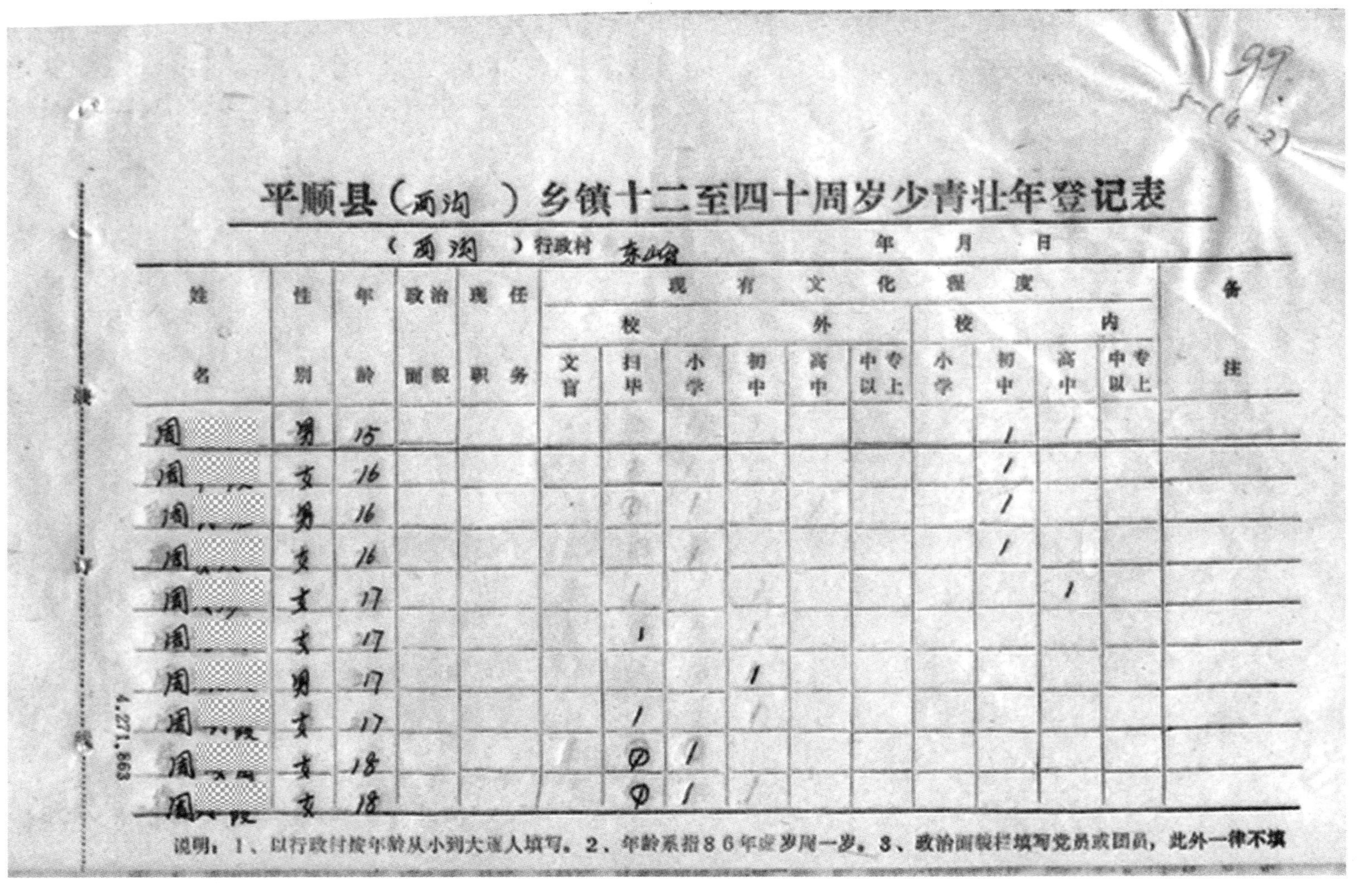

平顺县（西沟）乡镇十二至四十周岁少青壮年登记表

（西沟）行政村 东峪　　　　年　月　日

姓名	性别	年龄	政治面貌	现任职务	现有文化程度 校外 文盲	扫盲	小学	初中	高中	中专以上	校内 小学	初中	高中	中专以上	备注
周	男	15										/			
周	女	16										/			
周	男	16										/			
周	女	16										/			
周	女	17											/		
周	女	17				/									
周	男	17						/							
周	女	17				/									
周	女	18				Ø	/								
周	女	18				Ø	/								

说明：1、以行政村按年龄从小到大逐人填写。2、年龄系指86年应岁周一岁。3、政治面貌栏填写党员或团员，此外一律不填

4.271.863

图1-2-2-9-3　平顺县西沟村(东峪)1986年青壮年统计表3

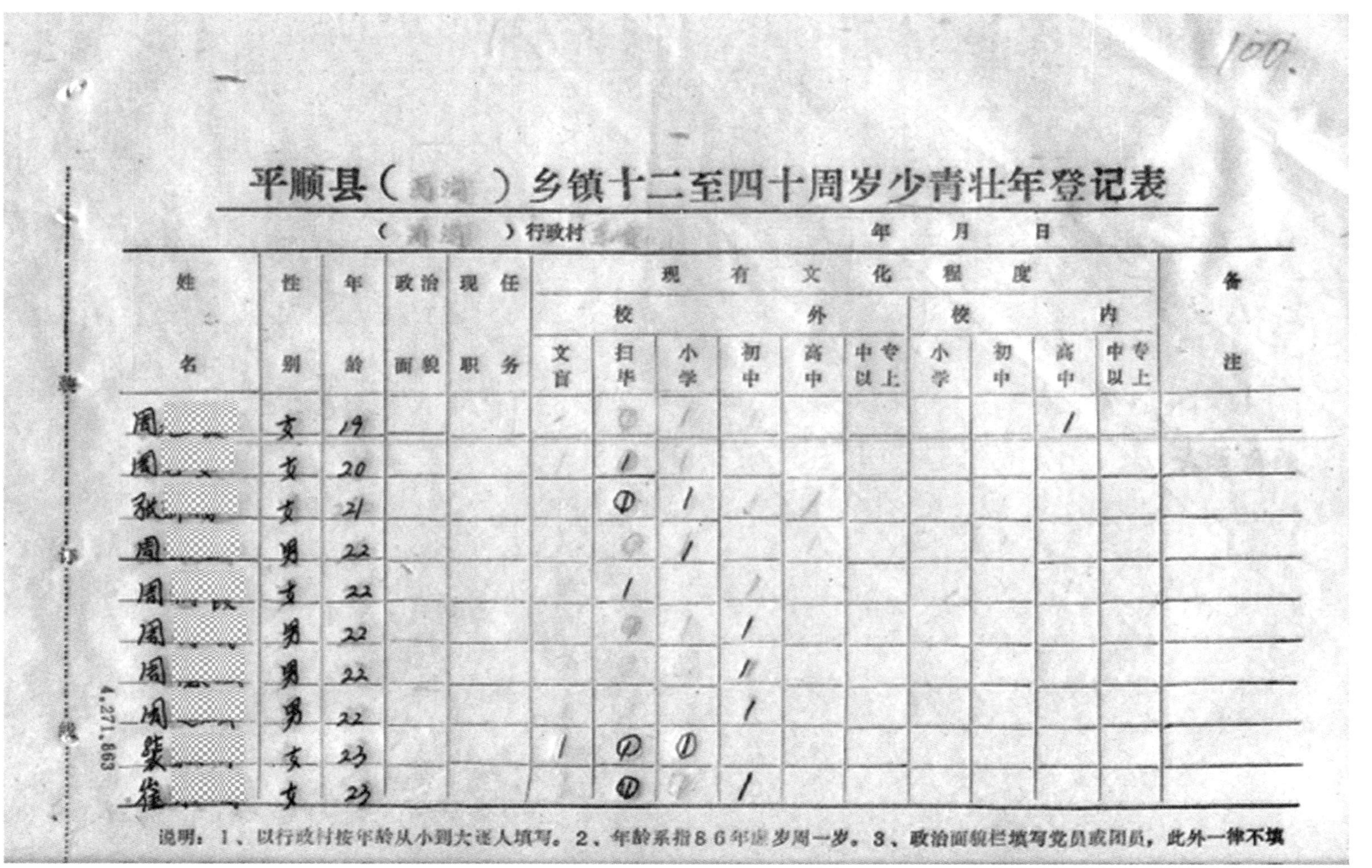

平顺县（ ）乡镇十二至四十周岁少青壮年登记表

（ ）行政村 　　年　月　日

姓名	性别	年龄	政治面貌	现任职务	现有文化程度 校外 文盲	校外 扫盲	校外 小学	校外 初中	校外 高中	校外 中专以上	校内 小学	校内 初中	校内 高中	校内 中专以上	备注
周	女	19											/		
周	女	20				/									
张	女	21				①	/								
周	男	22					/								
周	女	22				/									
周	男	22						/							
周	男	22						//							
周	男	22						/							
裴	女	23			/	①	①								
崔	女	23				①		/							

说明：1、以行政村按年龄从小到大逐人填写。2、年龄系指86年底岁周一岁。3、政治面貌栏填写党员或团员，此外一律不填

4.271.863

图1-2-2-9-4　平顺县西沟村(东峪)1986年青壮年统计表4

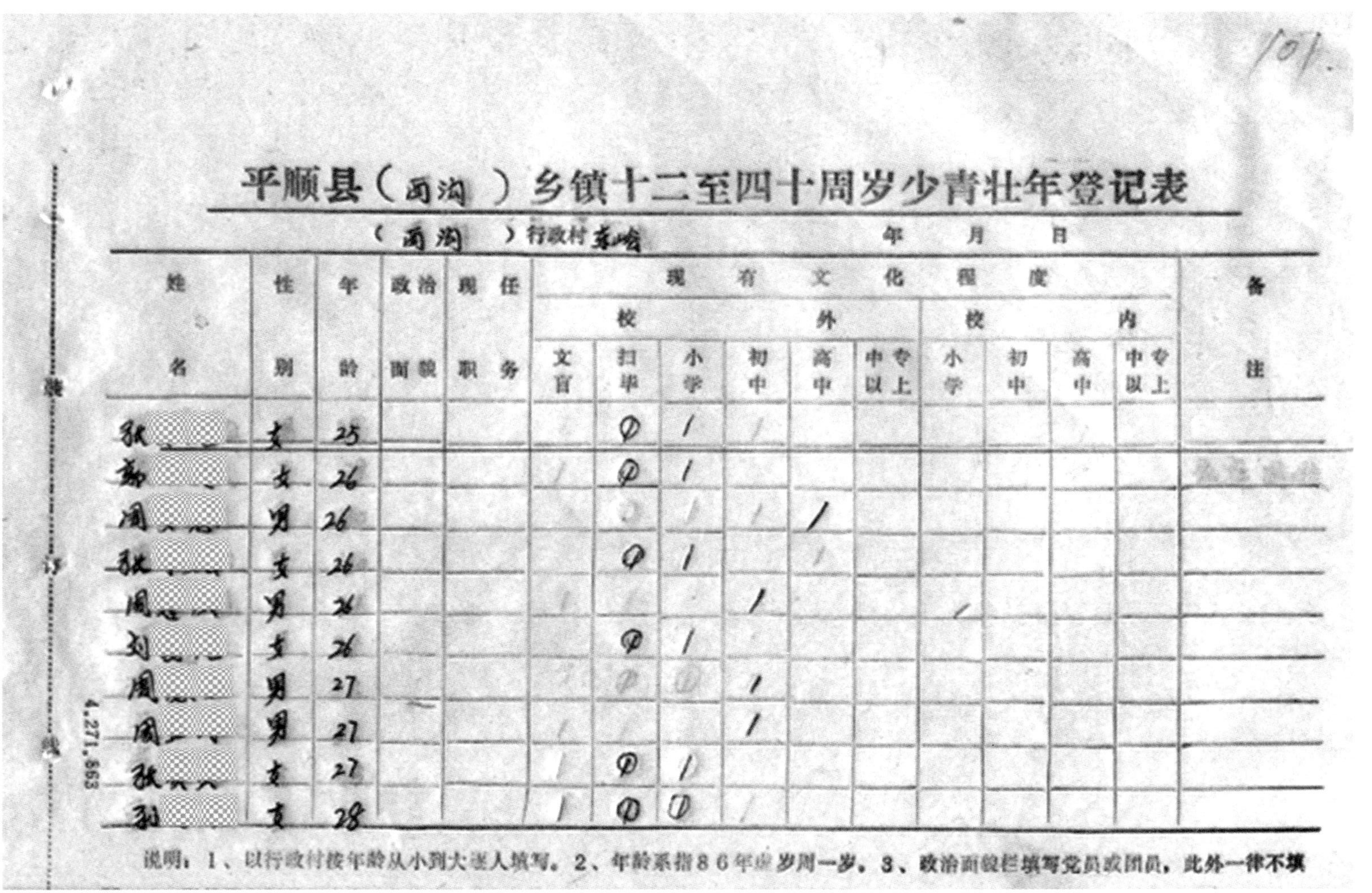

101

平顺县（西沟）乡镇十二至四十周岁少青壮年登记表

（西沟）行政村东峪　　　年　月　日

姓名	性别	年龄	政治面貌	现任职务	校外文盲	校外扫盲	校外小学	校外初中	校外高中	校外中专以上	校内小学	校内初中	校内高中	校内中专以上	备注
张	女	25				Ⓟ	/								
高	女	26				Ⓟ	/								
周	男	26							/						
张	女	26				Ⓟ	/								
周	男	26						/							
刘	女	26				Ⓟ	/								
周	男	27						/							
周	男	27						/							
张	女	27			/	Ⓟ	/								
郭?	女	28			/	Ⓟ	Ⓟ								

说明：1、以行政村按年龄从小到大逐人填写。2、年龄系指86年应岁周一岁。3、政治面貌栏填写党员或团员，此外一律不填

4.271.863

图1-2-2-9-5　平顺县西沟村(东峪)1986年青壮年统计表5

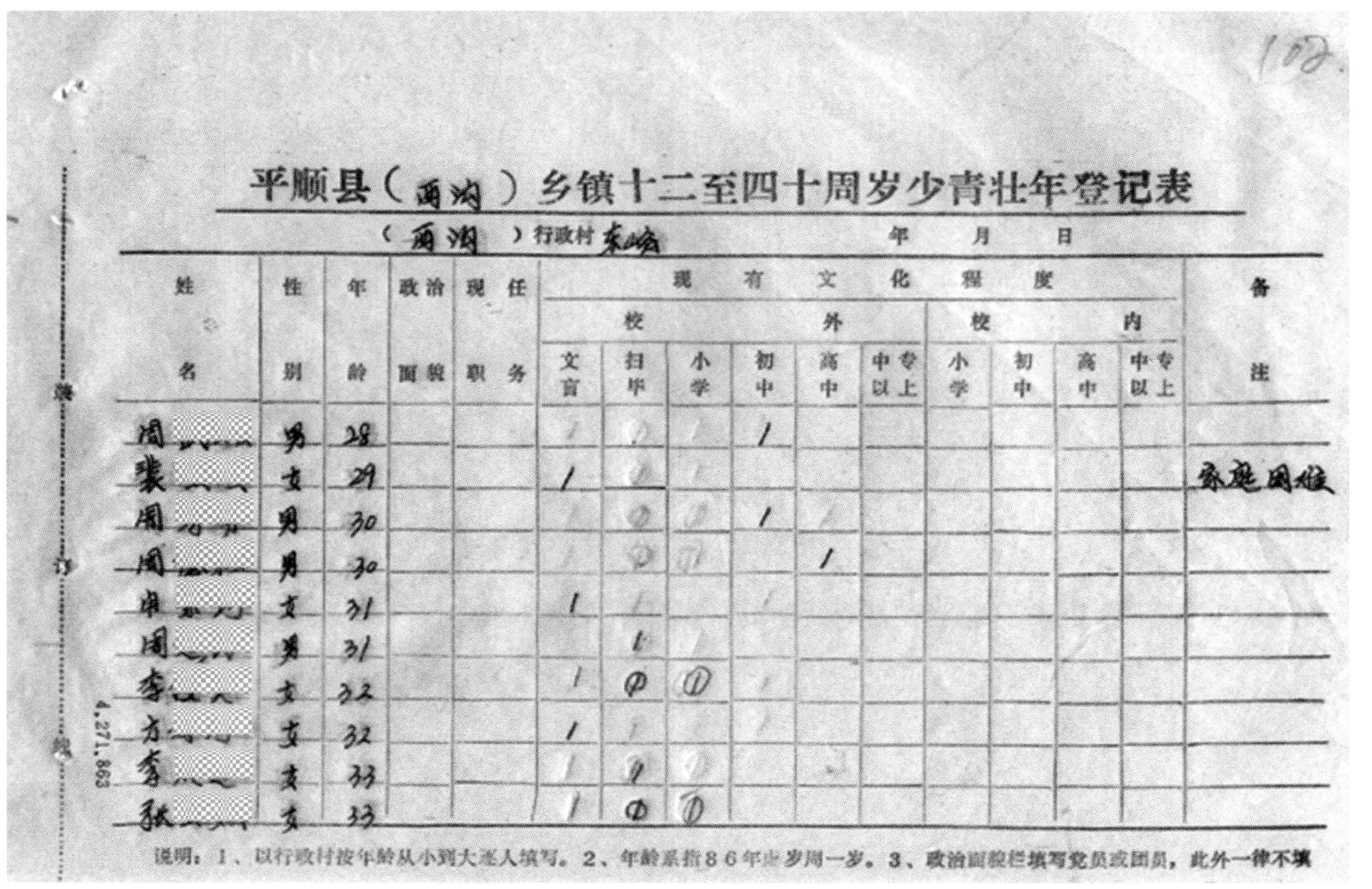

平顺县（西沟）乡镇十二至四十周岁少青壮年登记表

（西沟）行政村东峪　　年　月　日

姓名	性别	年龄	政治面貌	现任职务	现有文化程度 校外 文盲	扫盲	小学	初中	高中	中专以上	校内 小学	初中	高中	中专以上	备注
周	男	28						/							
张	女	29			/										家庭困难
周	男	30						/							
周	男	30							/						
申	女	31			/										
周	男	31				1									
李	女	32			/	Φ	①								
方	女	32			/										
李	女	33				1									
张	女	33			/	Φ	①								

说明：1、以行政村按年龄从小到大逐人填写。2、年龄系指86年止岁周一岁。3、政治面貌栏填写党员或团员，此外一律不填

4.271.863

图1-2-2-9-6　平顺县西沟村(东峪)1986年青壮年统计表6

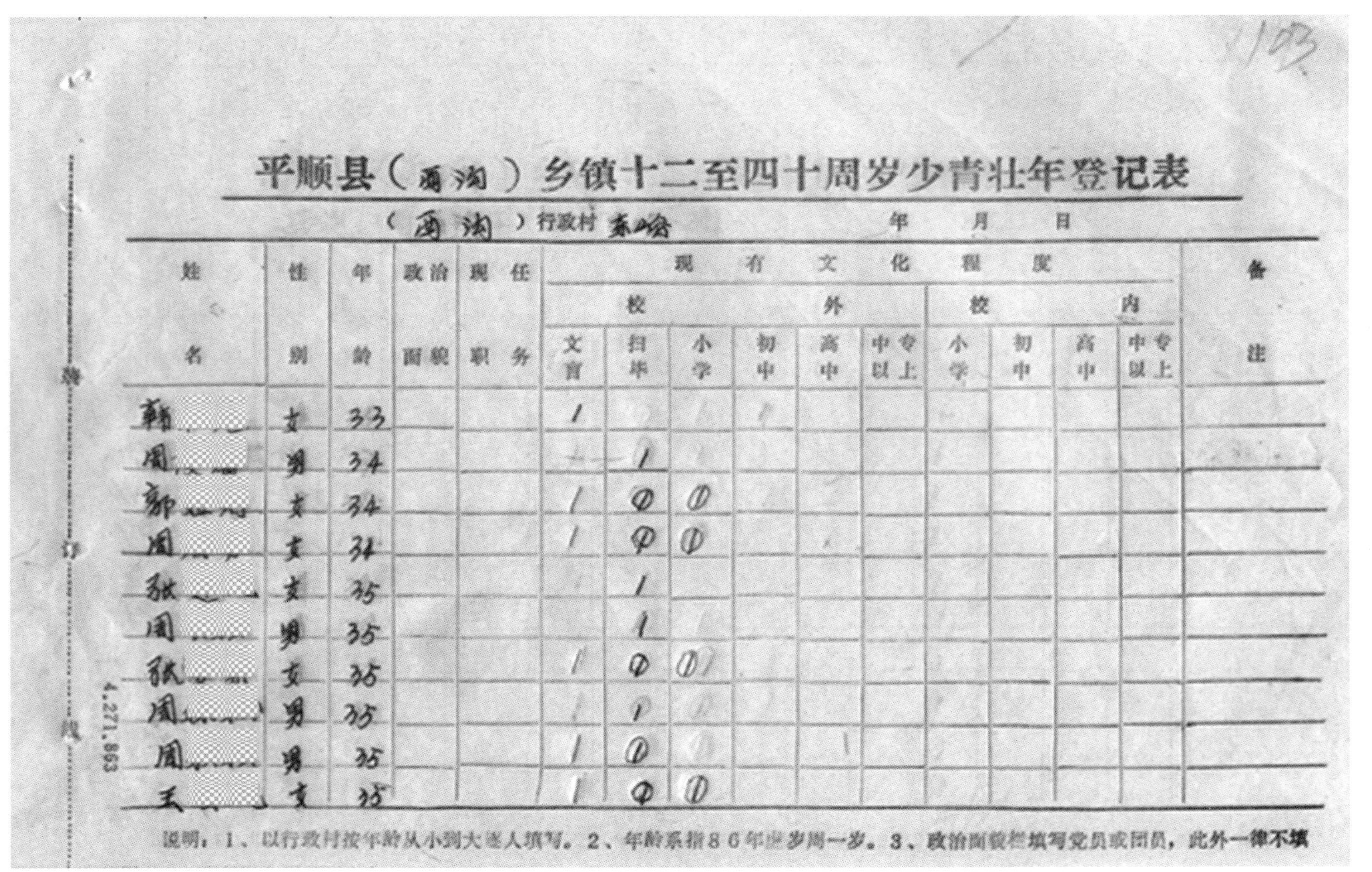

平顺县（西沟）乡镇十二至四十周岁少青壮年登记表

（西沟）行政村 东峪　　　　年　　月　　日

姓名	性别	年龄	政治面貌	现任职务	现有文化程度 校外 文盲	校外 扫毕	校外 小学	校外 初中	校外 高中	校外 中专以上	校内 小学	校内 初中	校内 高中	校内 中专以上	备注
韩	女	33			/										
周	男	34				/									
郭	女	34			/	Ø	Ø								
周	女	34			/	Ø	Ø								
张	女	35				/									
周	男	35				/									
张	女	35			/	Ø	Ø								
周	男	35				/									
周	男	35			/	Ø									
王	女	35			/	Ø	Ø								

说明：1、以行政村按年龄从小到大逐人填写。2、年龄系指86年足岁周一岁。3、政治面貌栏填写党员或团员，此外一律不填

4.271.863

图1-2-2-9-7　平顺县西沟村(东峪)1986年青壮年统计表7

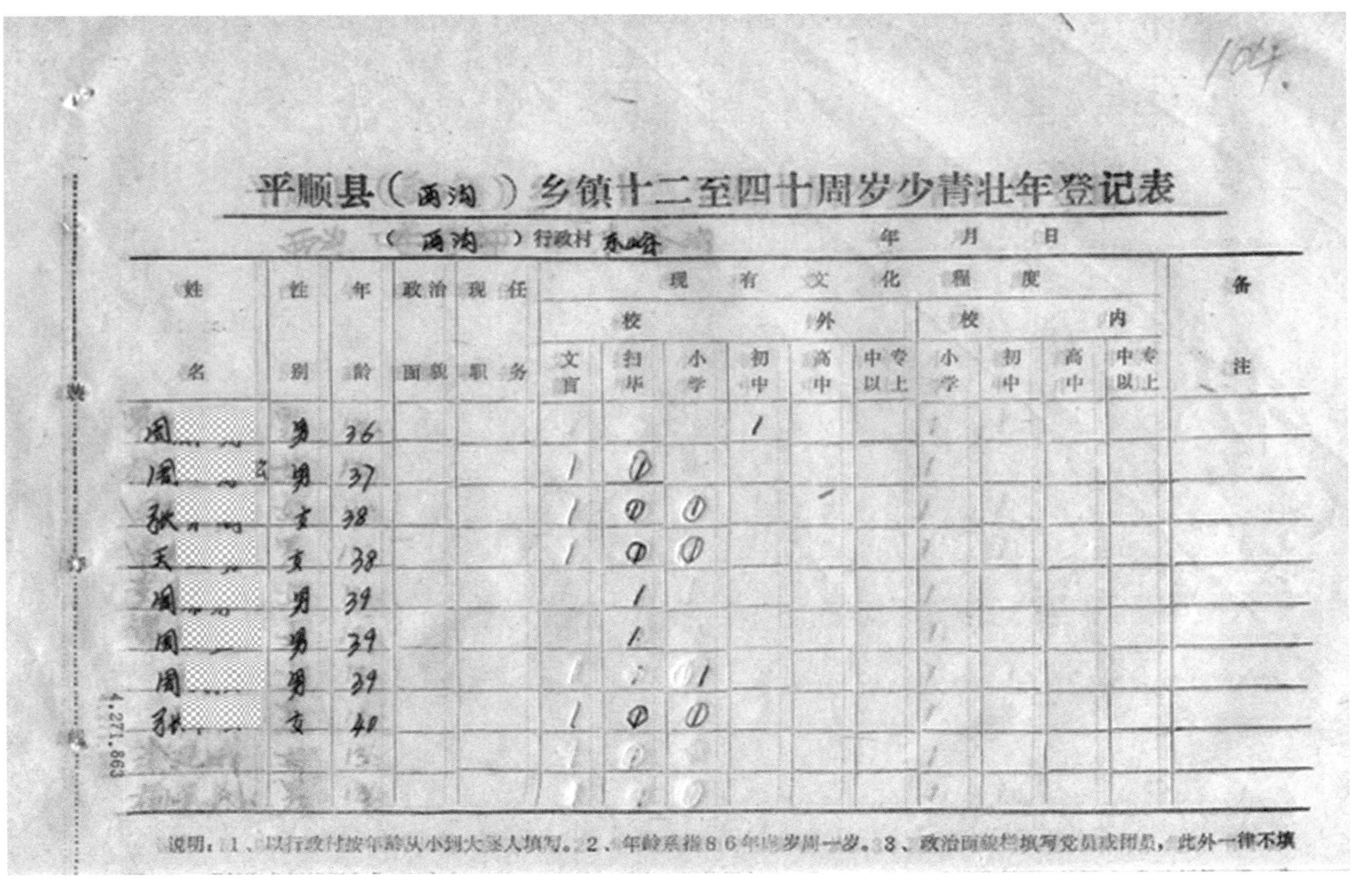

104

平顺县（西沟）乡镇十二至四十周岁少青壮年登记表

（西沟）行政村 东峪　　年　月　日

姓名	性别	年龄	政治面貌	现任职务	现有文化程度 校外 文盲	扫盲	小学	初中	高中	中专以上	校内 小学	初中	高中	中专以上	备注
周…	男	36						/			/				
周…	男	37			/	Ø					/				
张…	女	38			/	Ø	Ø		/		/				
王…	女	38			/	Ø	Ø				/				
周…	男	39				/					/				
周…	男	39				/					/				
周…	男	39			/		/				/				
张…	女	40			/	Ø	Ø				/				

说明：1、以行政村按年龄从小到大逐人填写。2、年龄系指86年[illegible]岁周一岁。3、政治面貌栏填写党员或团员，此外一律不填

4.271.863

图1-2-2-9-8　平顺县西沟村(东峪)1986年青壮年统计表8

10、东峪沟

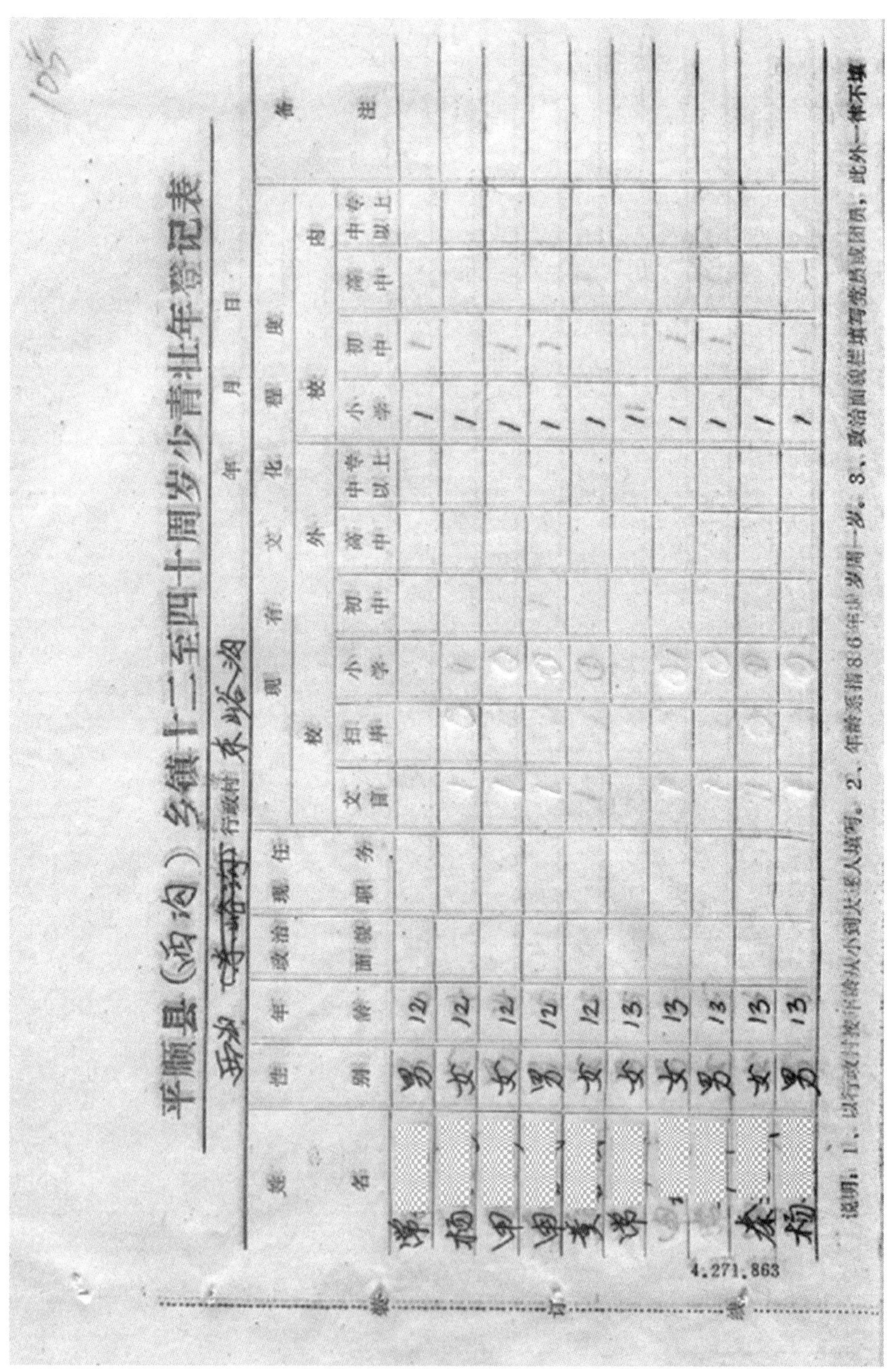

105

平顺县（西沟）乡镇十二至四十周岁少青壮年登记表

西沟 ~~东峪沟~~ 行政村 东峪沟　　年　月　日

姓名	性别	年龄	政治面貌	现任职务	现有文化程度 校外 文盲	扫盲	小学	初中	高中	中专以上	校内 小学	初中	高中	中专以上	备注
常[illegible]	男	12									/				
杨[illegible]	女	12									/				
申[illegible]	女	12									/				
申[illegible]	男	12									/				
李[illegible]	女	12									/				
常[illegible]	女	13									//				
常[illegible]	女	13									/				
[illegible]	男	13									/				
秦[illegible]	女	13									/				
杨[illegible]	男	13									/				

4.271.863

说明：1、以行政村按年龄从小到大逐人填写。2、年龄系指86年末足岁周岁。3、政治面貌栏填写党员或团员，此外一律不填

图1-2-2-10-1　平顺县西沟村(东峪沟)1986年青壮年统计表1

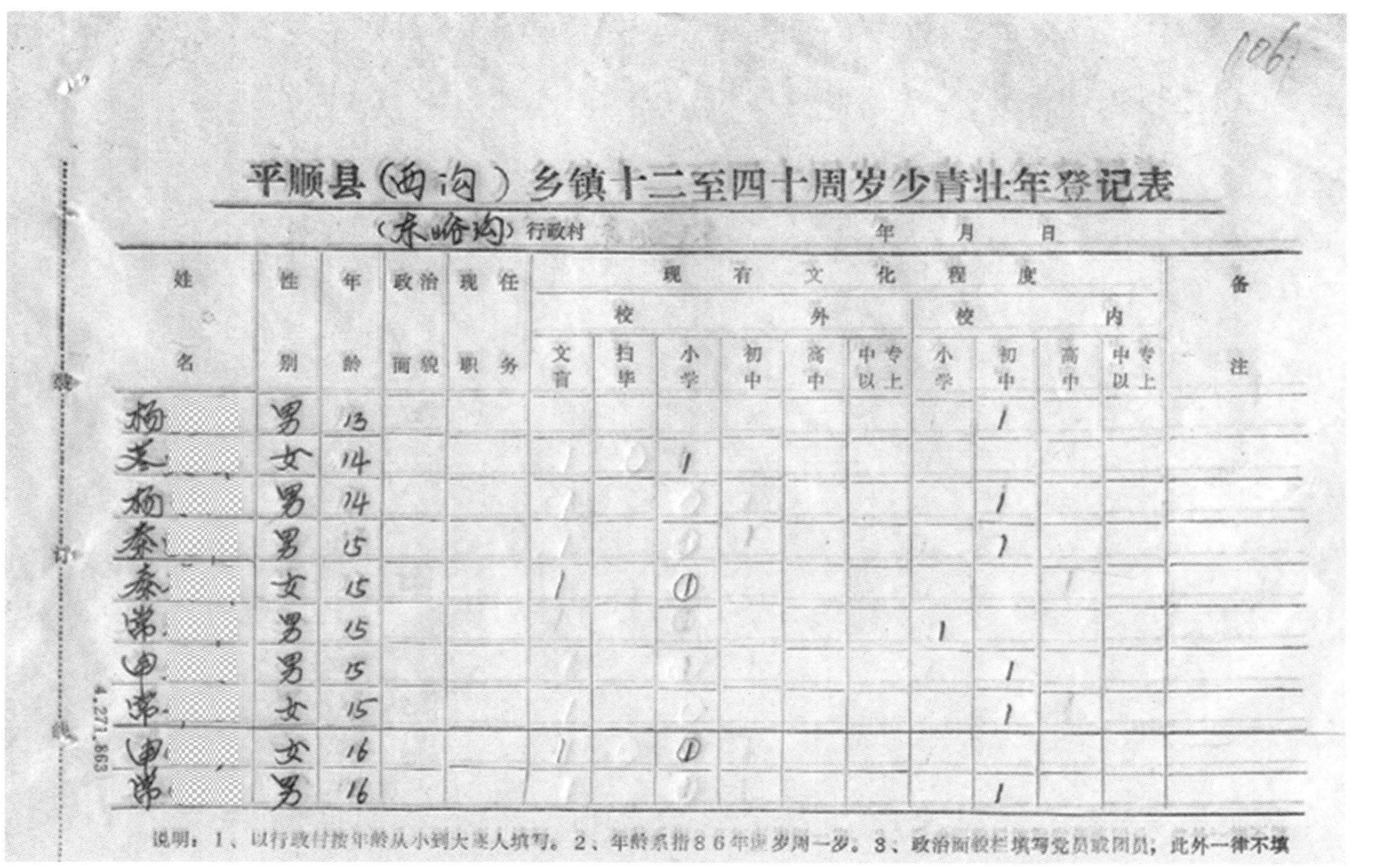

106

平顺县（西沟）乡镇十二至四十周岁少青壮年登记表

（东峪沟）行政村　　　　年　月　日

姓名	性别	年龄	政治面貌	现任职务	现有文化程度 校外 文盲	校外 扫毕	校外 小学	校外 初中	校外 高中	校外 中专以上	校内 小学	校内 初中	校内 高中	校内 中专以上	备注
杨	男	13										1			
姜	女	14					1								
杨	男	14										1			
秦	男	15										1			
秦	女	15			1		①								
常	男	15									1				
申	男	15										1			
常	女	15										1			
申	女	16			1		①								
常	男	16										1			

说明：1、以行政村按年龄从小到大逐人填写。2、年龄系指86年虚岁周一岁。3、政治面貌栏填写党员或团员，此外一律不填

4.271.863

图1-2-2-10-2　平顺县西沟村(东峪沟)1986年青壮年统计表2

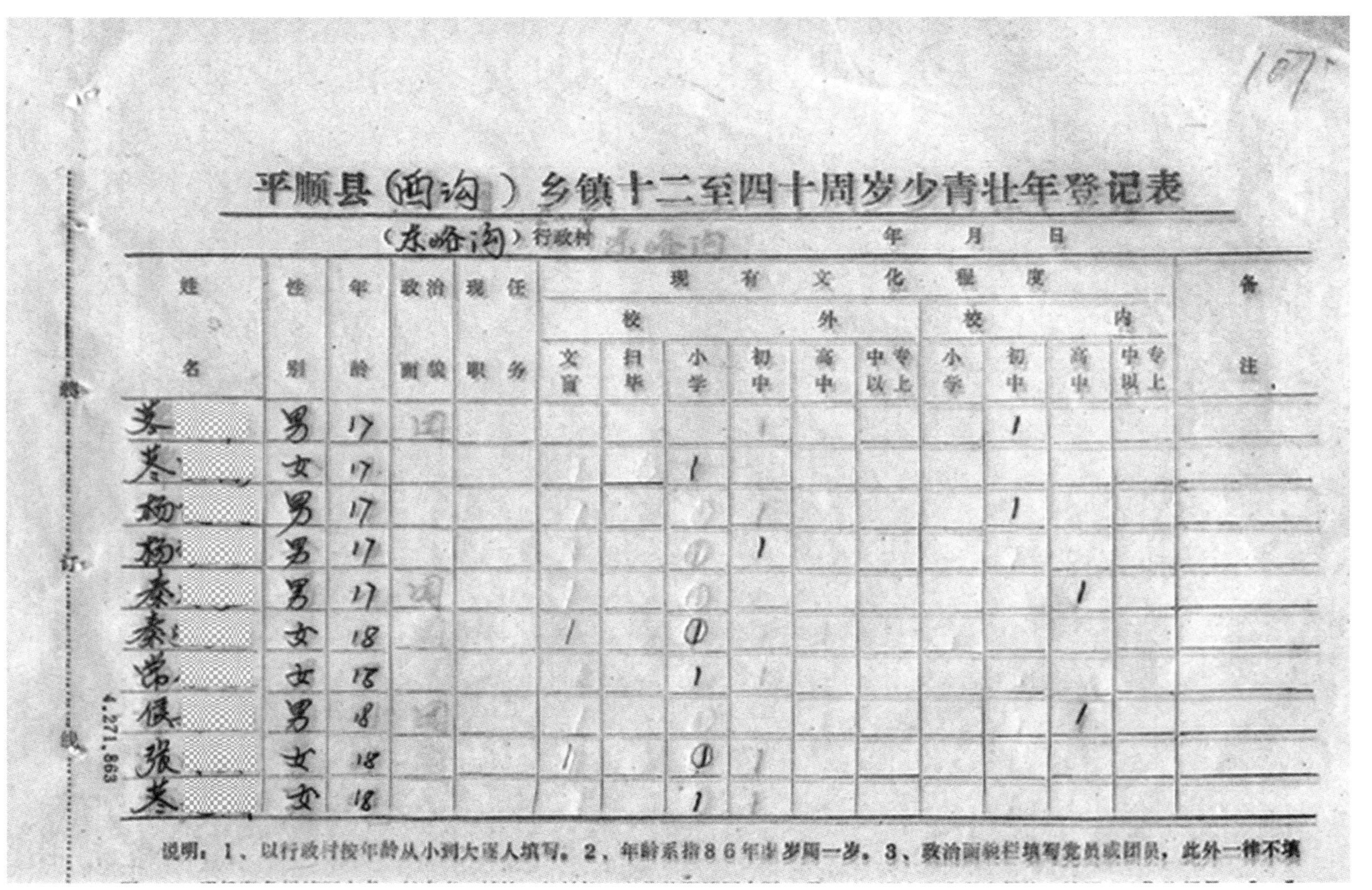

平顺县(西沟)乡镇十二至四十周岁少青壮年登记表

(东峪沟)行政村　　年　月　日

姓名	性别	年龄	政治面貌	现任职务	现有文化程度										备注
					校外						校内				
					文盲	扫毕	小学	初中	高中	中专以上	小学	初中	高中	中专以上	
姜	男	17										1			
姜	女	17					1								
杨	男	17										1			
杨	男	17						1							
秦	男	17											1		
秦	女	18			/		①								
常	女	18					1								
侯	男	18											1		
张	女	18			/		①								
姜	女	18					1								

说明：1、以行政村按年龄从小到大逐人填写。2、年龄系指86年虚岁周一岁。3、政治面貌栏填写党员或团员，此外一律不填

4.271.863

图1-2-2-10-3　平顺县西沟村(东峪沟)1986年青壮年统计表3

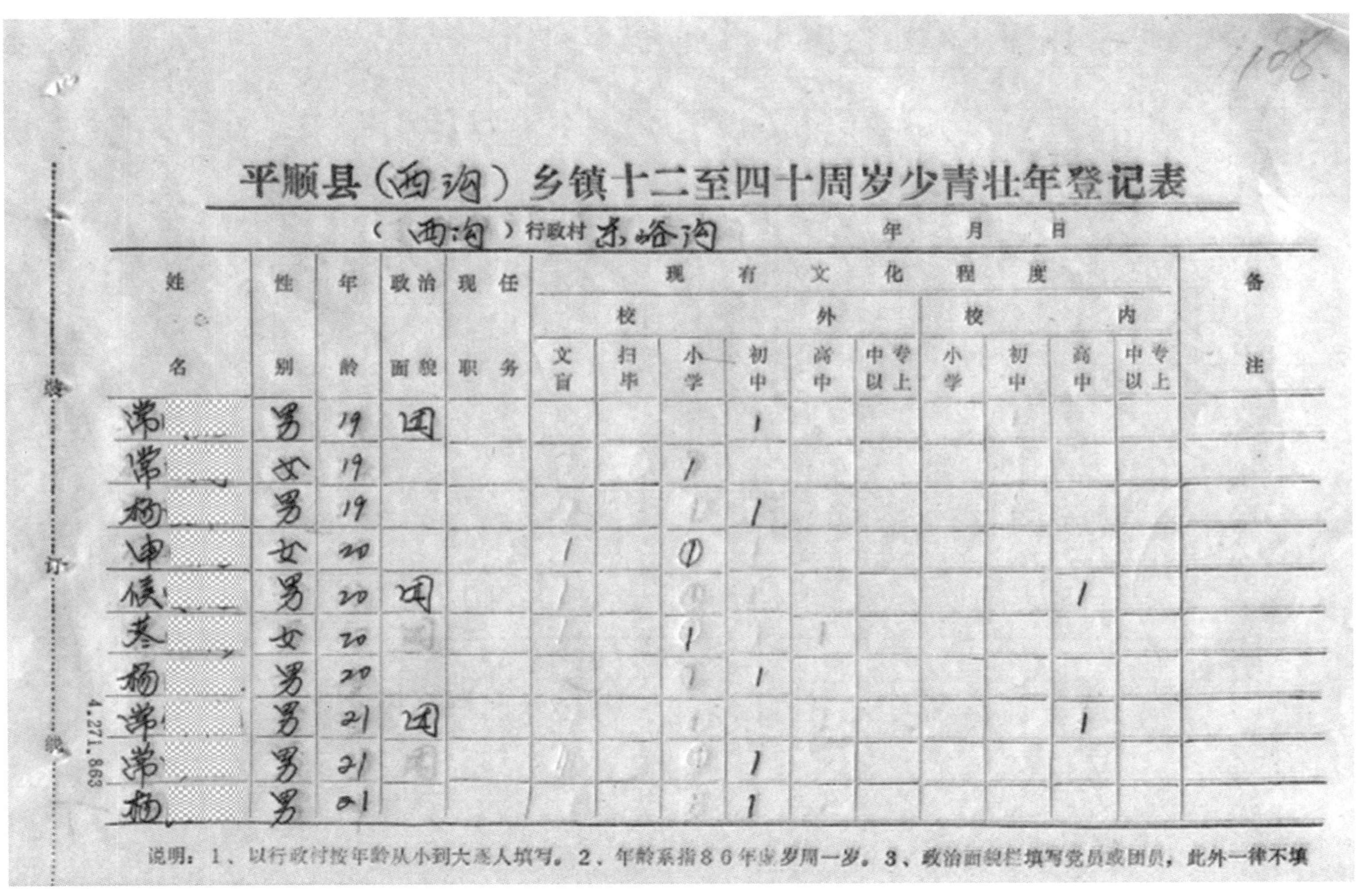

平顺县（西沟）乡镇十二至四十周岁少青壮年登记表

（西沟）行政村 东峪沟　　年　月　日

姓名	性别	年龄	政治面貌	现任职务	现有文化程度：校外 文盲	校外 扫盲	校外 小学	校外 初中	校外 高中	校外 中专以上	校内 小学	校内 初中	校内 高中	校内 中专以上	备注
常	男	19	团					1							
常	女	19					1								
杨	男	19						1							
申	女	20			1		①								
侯	男	20	团										1		
李	女	20					1								
杨	男	20						1							
常	男	21	团										1		
常	男	21						1							
杨	男	21						1							

说明：1、以行政村按年龄从小到大逐人填写。2、年龄系指86年虚岁周一岁。3、政治面貌栏填写党员或团员，此外一律不填

4.271.863

图1-2-2-10-4　平顺县西沟村(东峪沟)1986年青壮年统计表4

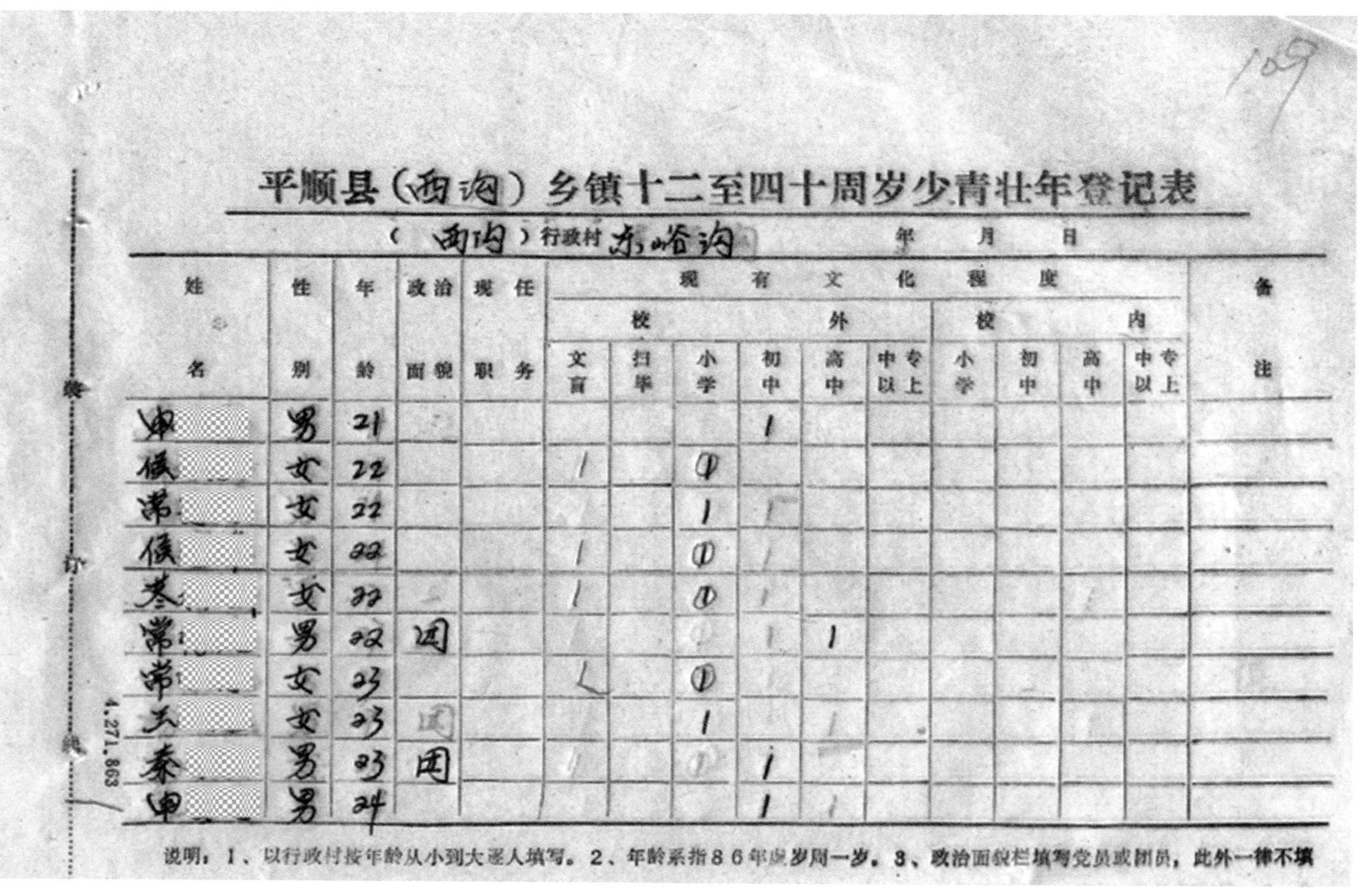

109

平顺县（西沟）乡镇十二至四十周岁少青壮年登记表

（西沟）行政村 东峪沟　　年　月　日

姓名	性别	年龄	政治面貌	现任职务	现有文化程度 校外 文盲	校外 扫毕	校外 小学	校外 初中	校外 高中	校外 中专以上	校内 小学	校内 初中	校内 高中	校内 中专以上	备注
申	男	21						1							
俵	女	22			/		①								
常	女	22					1								
俵	女	22			/		①								
冬	女	22			/		①								
常	男	22	团						1						
常	女	23			L		①								
关	女	23					1								
秦	男	23	团					1							
申	男	24						1							

4.271.863

说明：1、以行政村按年龄从小到大逐人填写。2、年龄系指86年虚岁周一岁。3、政治面貌栏填写党员或团员，此外一律不填

图1-2-2-10-5　平顺县西沟村(东峪沟)1986年青壮年统计表5

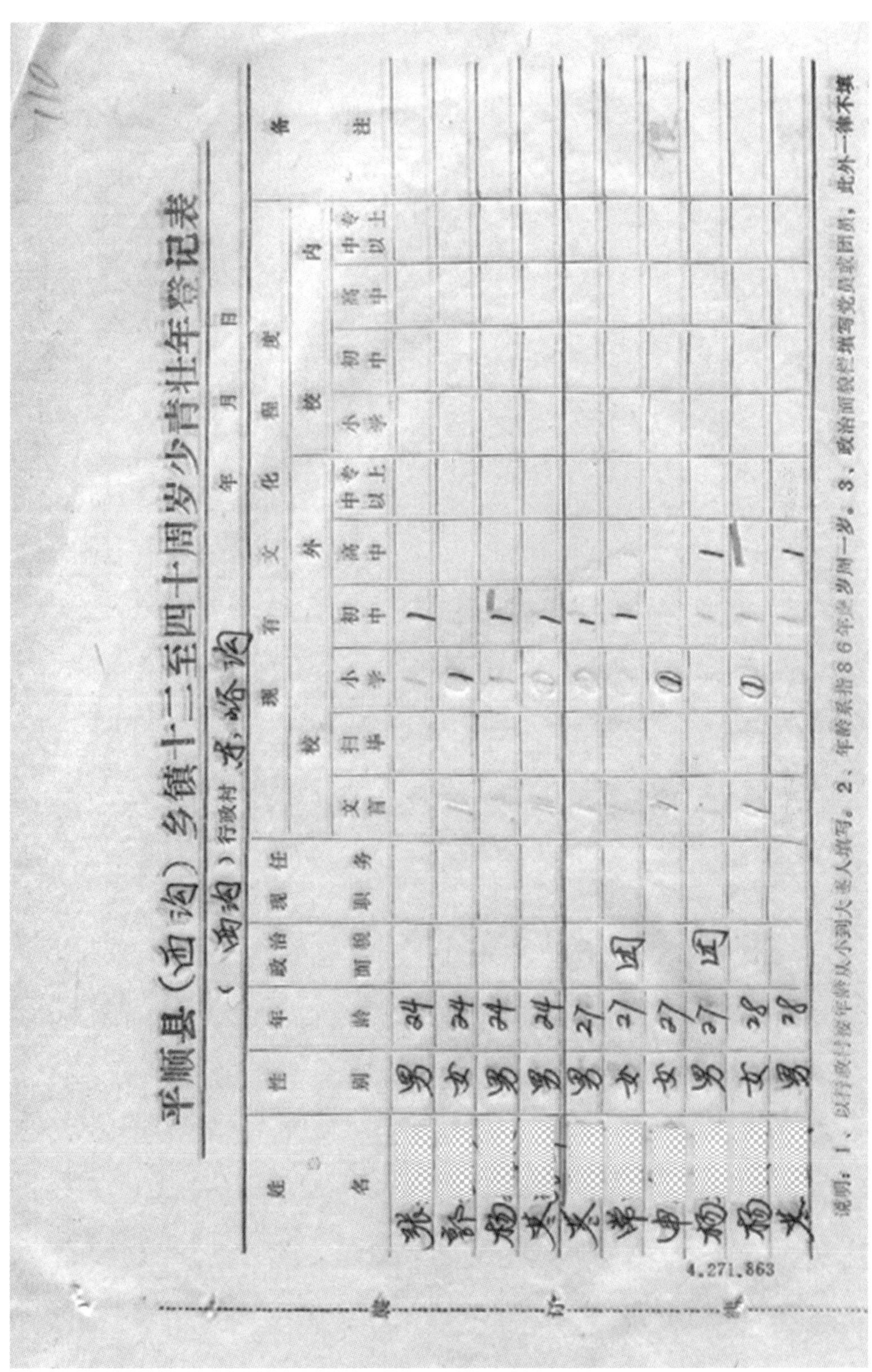

平顺县（西沟）乡镇十二至四十周岁少青壮年登记表

（西沟）行政村 东峪沟　　年　月　日

姓名	性别	年龄	政治面貌	现任职务	现有文化程度（校外）文盲	扫盲	小学	初中	高中	中专以上	校内 小学	初中	高中	中专以上	备注
张	男	24						1							
郭	女	24					1								
杨	男	24						1							
姜	男	24						1							
姜	男	27						1							
常	女	27	团					1							
申	女	27					①								
杨	男	27	团						1						
杨	女	28			1		①								
姜	男	28							1						

说明：1、以行政村按年龄从小到大逐人填写。2、年龄系指86年足岁周一岁。3、政治面貌栏填写党员或团员，此外一律不填

4.271.863

图1-2-2-10-6　平顺县西沟村(东峪沟)1986年青壮年统计表6

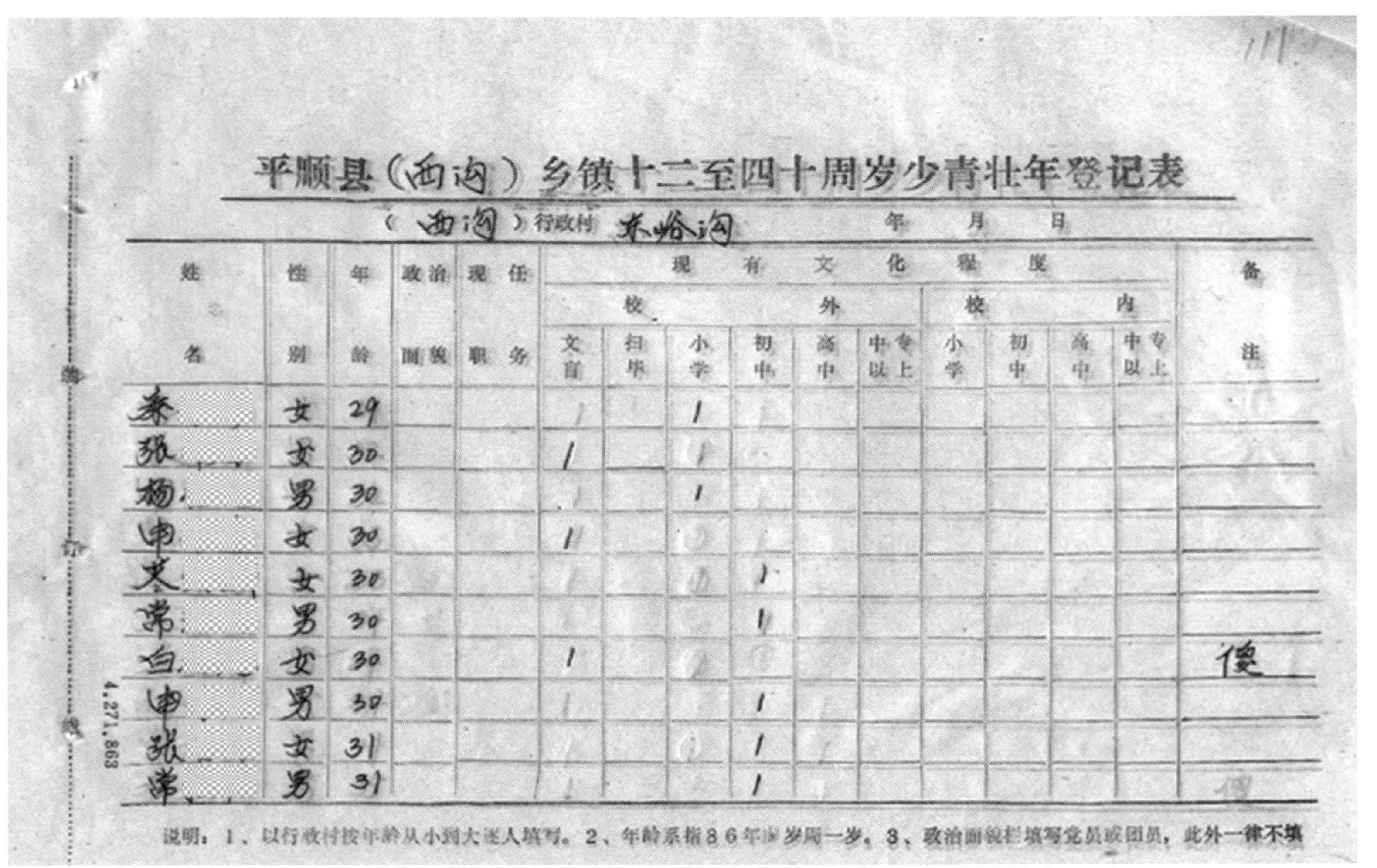

平顺县（西沟）乡镇十二至四十周岁少青壮年登记表

（西沟）行政村 东峪沟　　年　月　日

姓名	性别	年龄	政治面貌	现任职务	校外：文盲	校外：扫盲	校外：小学	校外：初中	校外：高中	校外：中专以上	校内：小学	校内：初中	校内：高中	校内：中专以上	备注
秦	女	29					/								
张	女	30			/										
杨	男	30					/								
申	女	30			/										
宋	女	30						/							
常	男	30						/							
向	女	30			/										傻
申	男	30						/							
张	女	31						/							
常	男	31						/							

说明：1、以行政村按年龄从小到大逐人填写。2、年龄系指86年底周岁一岁。3、政治面貌栏填写党员或团员，此外一律不填

4.271.863

图1-2-2-10-7　平顺县西沟村(东峪沟)1986年青壮年统计表7

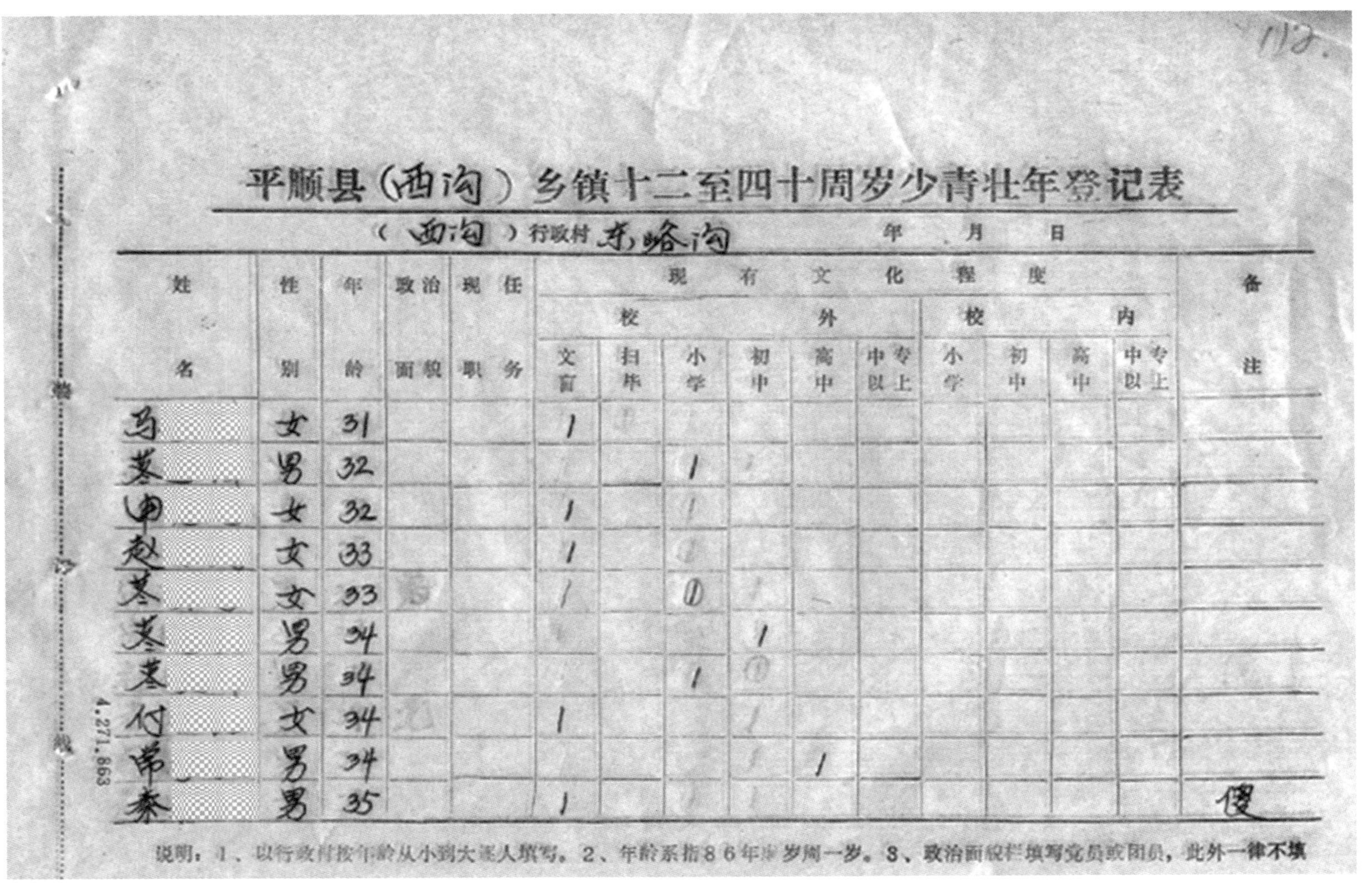

平顺县（西沟）乡镇十二至四十周岁少青壮年登记表

（西沟）行政村 东峪沟　　　年　月　日

姓名	性别	年龄	政治面貌	现任职务	现有文化程度 校外 文盲	校外 扫盲	校外 小学	校外 初中	校外 高中	校外 中专以上	校内 小学	校内 初中	校内 高中	校内 中专以上	备注
马	女	31			1										
苏	男	32					1								
申	女	32			1										
赵	女	33			1										
苏	女	33			1		①								
苏	男	34						1							
苏	男	34					1	①							
付	女	34			1										
常	男	34							1						
秦	男	35			1										傻

说明：1、以行政村按年龄从小到大逐人填写。2、年龄系指86年实岁周一岁。3、政治面貌栏填写党员或团员，此外一律不填

4.271.863

图1-2-2-10-8　平顺县西沟村(东峪沟)1986年青壮年统计表8

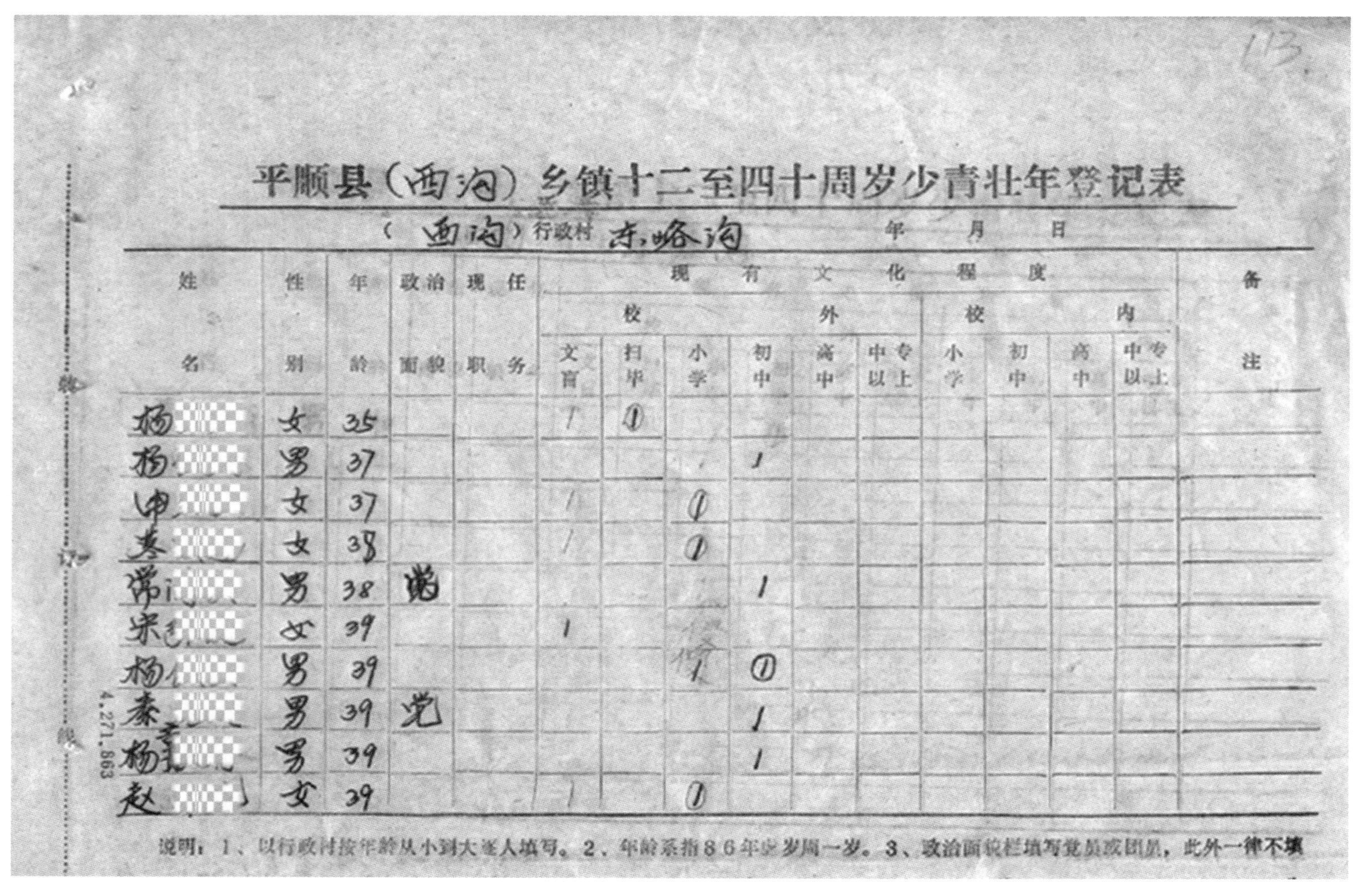

113

平顺县（西沟）乡镇十二至四十周岁少青壮年登记表

（西沟）行政村 东峪沟　　　　年　　月　　日

姓名	性别	年龄	政治面貌	现任职务	现有文化程度 校外 文盲	扫盲	小学	初中	高中	中专以上	校内 小学	初中	高中	中专以上	备注
杨	女	35			1	①									
杨	男	37						1							
申	女	37			1		①								
秦	女	38			1		①								
常	男	38	党					1							
宋	女	39			1										
杨	男	39					1	①							
秦	男	39	党					1							
杨	男	39						1							
赵	女	39			1		①								

4.271.863

说明：1、以行政村按年龄从小到大逐人填写。2、年龄系指86年底岁周一岁。3、政治面貌栏填写党员或团员，此外一律不填

图1-2-2-10-9　平顺县西沟村(东峪沟)1986年青壮年统计表9

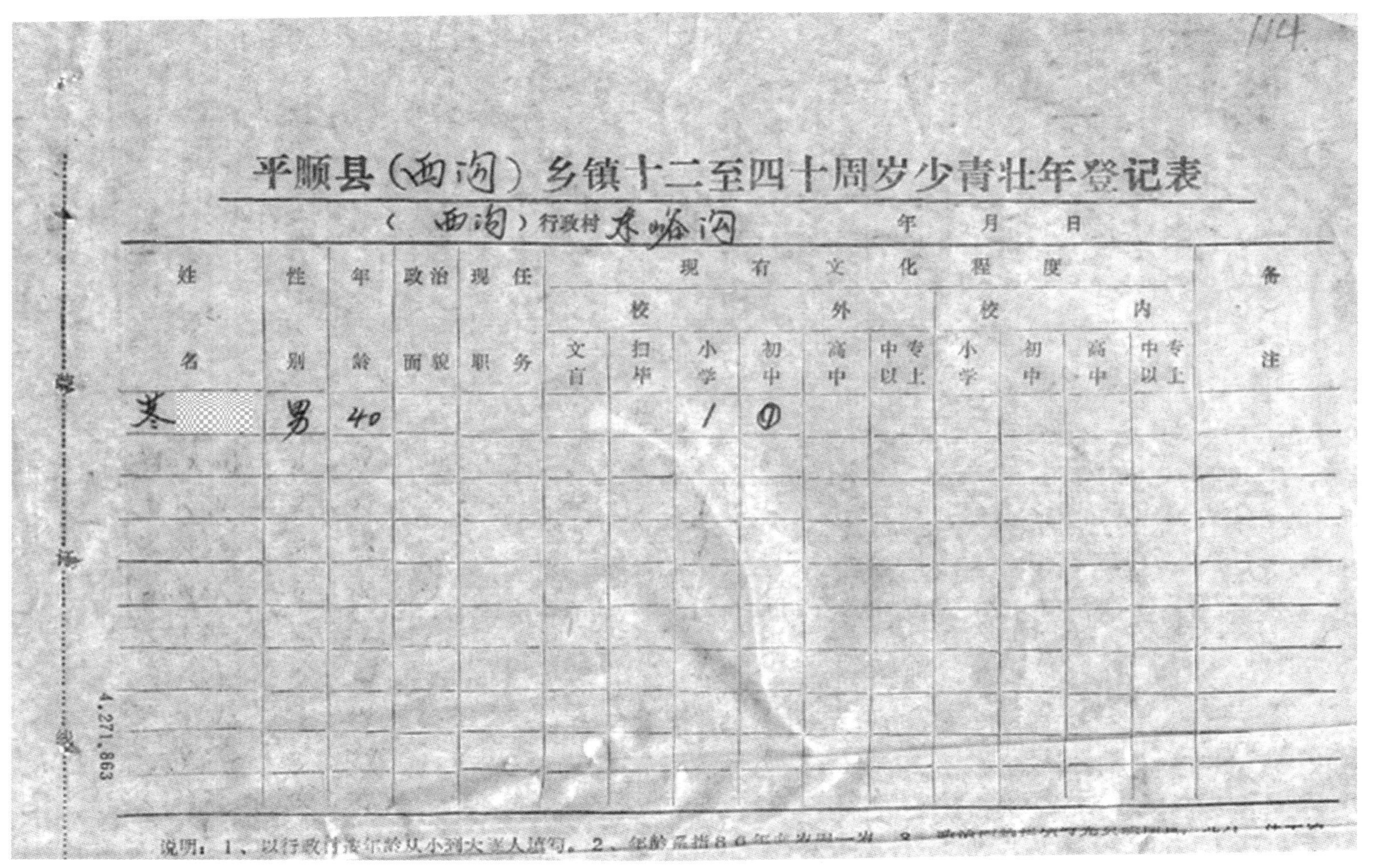

114

平顺县（西沟）乡镇十二至四十周岁少青壮年登记表

（西沟）行政村东峪沟　　　　年　　月　　日

姓名	性别	年龄	政治面貌	现任职务	现有文化程度 校外 文盲	扫盲	小学	初中	高中	中专以上	校内 小学	初中	高中	中专以上	备注
姜[illegible]	男	40					1	①							

4.271.863

说明：1、以行政村按年龄从小到大逐人填写。2、年龄系指86年[illegible]

图1-2-2-10-10　平顺县西沟村(东峪沟)1986年青壮年统计表10

二、平顺县西沟村社保服务

（一）平顺县西沟村2012年新型农村社会养老保险参保人员续缴费花名表

图2-1-1　2012年西沟村新型农村社会养老保险参保人员续缴费花名表封面

平顺县2012新型农村社会养老保险参保人员续缴费花名表

2012年　月　日

姓名	性别	民族	身份证号	身份	编号	乡镇名称	村名称	2011缴费金额	2012缴费金额	个人签字
张	男	汉	13040619741025	务农	1	西沟乡	西沟村	100	100, 3	张
祁	女	汉	1325231980100	务农	2	西沟乡	西沟村	100	100, 1	祁
路	女	汉	14042419750301	务农	3	西沟乡	西沟村	100	100 8	路
郝	女	汉	14042419850105	务农	4	西沟乡	西沟村	100	100 7	郝
李	男	汉	14042519510708	务农	5	西沟乡	西沟村	100	不用缴费	
郭	女	汉	14042519510712	务农	6	西沟乡	西沟村	500	不用缴费	
裴	女	汉	14042519510807	务农	7	西沟乡	西沟村	100	不用缴费	
裴	女	汉	14042519510915	务农	8	西沟乡	西沟村	100	不用缴费	
张	男	汉	14042519510924	务农	9	西沟乡	西沟村	100	不用缴费	
周	女	汉	14042519510925	务农	10	西沟乡	西沟村	500	不用缴费	
张	女	汉	14042519511020	务农	11	西沟乡	西沟村	500	不用缴费	
张	女	汉	14042519511110	务农	12	西沟乡	西沟村	100	不用缴费	
王	男	汉	14042519511112	务农	13	西沟乡	西沟村	100	不用缴费	
马	女	汉	14042519511119	务农	14	西沟乡	西沟村	100	不用缴费	
张	男	汉	14042519511214	务农	15	西沟乡	西沟村	100	不用缴费	
田	男	汉	14042519511227	务农	16	西沟乡	西沟村	500	不用缴费	

村（居）委会(章)

注：此表一式三份，县、乡、村和留存一份。　　乡劳动保障所（章）

1

图2-1-2　2012年西沟村新型农村社会养老保险参保人员续缴费花名表1

平顺县2012新型农村社会养老保险参保人员续缴费花名表

2012年　月　日

姓名	性别	民族	身份证号	身份	编号	乡镇名称	村名称	2011缴费金额	2012缴费金额	个人签字
张	女	汉	14042519511227	务农	17	西沟乡	西沟村	100	不用缴费	
张	女	汉	14042519520111	务农	18	西沟乡	西沟村	100	100	
赵	女	汉	14042519520217	务农	19	西沟乡	西沟村	200	200	
申	女	汉	14042519520316	务农	20	西沟乡	西沟村	300	300	
张	男	汉	14042519520320	务农	21	西沟乡	西沟村	100	100	
孙	女	汉	14042519520402	务农	22	西沟乡	西沟村	100	100	
李	男	汉	14042519520504	务农	23	西沟乡	西沟村	200	200	
张	男	汉	14042519520511	务农	24	西沟乡	西沟村	100	100	
张	女	汉	14042519520601	务农	25	西沟乡	西沟村	500	100	
董	男	汉	14042519520607	务农	26	西沟乡	西沟村	100	100	
张	男	汉	14042519520623	务农	27	西沟乡	西沟村	300	300	
索	男	汉	14042519520712	务农	28	西沟乡	西沟村	100	100	
裴	女	汉	14042519520712	务农	29	西沟乡	西沟村	100	1000	
张	男	汉	14042519520826	务农	30	西沟乡	西沟村	100	100	
张	女	汉	14042519520904	务农	31	西沟乡	西沟村	100	100	
马	女	汉	14042519520909	务农	32	西沟乡	西沟村	500	500	

村（居）委会(章)

注：此表一式三份，县、乡、村和留存一份。　　乡劳动保障所（章）

2

图2-1-3　2012年西沟村新型农村社会养老保险参保人员续缴费花名表2

2012年　月　日

姓名	性别	民族	身份证号	身份	编号	乡镇名称	村名称	2011缴费金额	2012缴费金额	个人签字
秦	女	汉	14042519521007	务农	33	西沟乡	西沟村	100	100	
李	女	汉	14042519521009	务农	34	西沟乡	西沟村	100	100.	
秦	男	汉	14042519521020	务农	35	西沟乡	西沟村	100	100	
孙	女	汉	14042519521026	务农	36	西沟乡	西沟村	500	500	
常	男	汉	14042519521106	务农	37	西沟乡	西沟村	100	100.	
张	女	汉	14042519521122	务农	38	西沟乡	西沟村	100	100	
郭	女	汉	14042519521219	务农	39	西沟乡	西沟村	300	300	
赵	女	汉	14042519521229	务农	40	西沟乡	西沟村	100	100	
马	女	汉	14042519521230	务农	41	西沟乡	西沟村	100	100.	
白	女	汉	14042519530110	务农	42	西沟乡	西沟村	100	100.	
龙	女	汉	14042519530115	务农	43	西沟乡	西沟村	500	500	
龙	女	汉	14042519530301	务农	44	西沟乡	西沟村	500	500	
裴	女	汉	14042519530318	务农	45	西沟乡	西沟村	100	100	
周	男	汉	14042519530323	务农	46	西沟乡	西沟村	100	100	
郭	男	汉	14042519530328	务农	47	西沟乡	西沟村	100	100.	
张	男	汉	14042519530413	务农	48	西沟乡	西沟村	100	100.	

村（居）委会(章)

注：此表一式三份，县、乡、村和留存一份。　　乡劳动保障所（章）

3

图2-1-4　2012年西沟村新型农村社会养老保险参保人员续缴费花名表3

姓名	性别	民族	身份证号	身份	编号	乡镇名称	村名称	2011缴费金额	2012缴费金额	个人签字
张	男	汉	14042519540214	务农	65	西沟乡	西沟村	500	500	张
郭	女	汉	14042519540304	务农	66	西沟乡	西沟村	300	300.	郭
卫	女	汉	14042519540308	务农	67	西沟乡	西沟村	100	100.	卫
裴	女	汉	14042519540316	务农	68	西沟乡	西沟村	100	100.	裴
索	男	汉	14042519540321	务农	69	西沟乡	西沟村	100	100.	索
房	男	汉	14042519540402	务农	70	西沟乡	西沟村	100	100.	房
路	女	汉	14042519540411	务农	71	西沟乡	西沟村	100	100	路
刘	女	汉	14042519540423	务农	72	西沟乡	西沟村	100	100.	刘
马	女	汉	14042519540424	务农	73	西沟乡	西沟村	100	100.	马
张	男	汉	14042519540427	务农	74	西沟乡	西沟村	100	300	张
张	男	汉	14042519540511	务农	75	西沟乡	西沟村	100	100.	张
张	男	汉	14042519540512	务农	76	西沟乡	西沟村	500	500	张
裴	女	汉	14042519540620	务农	77	西沟乡	西沟村	100	100.	裴
李	女	汉	14042519540702	务农	78	西沟乡	西沟村	300	300.	李
申	女	汉	14042519540712	务农	79	西沟乡	西沟村	100	100.	申
张	女	汉	14042519540808	务农	80	西沟乡	西沟村	100	100.	张

村（居）委会(章)

注：此表一式三份，县、乡、村和留存一份。　　　　乡劳动保障所（章）

5

图2-1-5　2012年西沟村新型农村社会养老保险参保人员续缴费花名表4

2012年 月 日

姓名	性别	民族	身份证号	身份	编号	乡镇名称	村名称	2011缴费金额	2012缴费金额	个人签字
武	女	汉	14042519550301	务农	97	西沟乡	西沟村	100	100	武
段	女	汉	14042519550303	务农	98	西沟乡	西沟村	100	100	段
张	男	汉	14042519550317	务农	99	西沟乡	西沟村	200	200.	张
马	女	汉	14042519550319	务农	100	西沟乡	西沟村	100	100	马
赵	女	汉	14042519550414	务农	101	西沟乡	西沟村	100	100.	赵
武	男	汉	14042519550417	务农	102	西沟乡	西沟村	1000	1000	武
武	男	汉	14042519550424	务农	103	西沟乡	西沟村	100	100	武
张	女	汉	14042519550514	务农	104	西沟乡	西沟村	500	500	张
张	男	汉	14042519550519	务农	105	西沟乡	西沟村	100	100.	张
张	男	汉	14042519550525	务农	106	西沟乡	西沟村	300	300	张
胡	女	汉	14042519550710	务农	107	西沟乡	西沟村	100	100.	胡
杨	男	汉	14042519550719	务农	108	西沟乡	西沟村	100	100	杨
申	女	汉	14042519550825	务农	109	西沟乡	西沟村	100	100	申
韩	男	汉	14042519551002	务农	110	西沟乡	西沟村	100	100	韩
郝	女	汉	14042519551006	务农	111	西沟乡	西沟村	300	300	郝
张	女	汉	14042519551019	务农	112	西沟乡	西沟村	200	200	张

村（居）委会(章)

注：此表一式三份，县、乡、村和留存一份。

乡劳动保障所（章）

7

图2-1-6 2012年西沟村新型农村社会养老保险参保人员续缴费花名表5

姓名	性别	民族	身份证号	身份	编号	乡镇名称	村名称	2011缴费金额	2012缴费金额	个人签字
崔	男	汉	14042519551126	务农	113	西沟乡	西沟村	500	500	崔
申	女	汉	14042519551217	务农	114	西沟乡	西沟村	100	100	申
李	男	汉	14042519551225	务农	115	西沟乡	西沟村	200	200	李
周	男	汉	14042519560103	务农	116	西沟乡	西沟村	100	100	周
郭	女	汉	14042519560206	务农	117	西沟乡	西沟村	100	100	郭
郭	女	汉	14042519560215	务农	118	西沟乡	西沟村	100	100	郭
张	男	汉	14042519560219	务农	119	西沟乡	西沟村	100	100	张
张	男	汉	14042519560306	务农	120	西沟乡	西沟村	100	100	张
赵	男	汉	14042519560312	务农	121	西沟乡	西沟村	100	100	赵
申	男	汉	14042519560314	务农	122	西沟乡	西沟村	100	100	申
张	男	汉	14042519560330	务农	123	西沟乡	西沟村	100	100	张
常	男	汉	14042519560413	务农	124	西沟乡	西沟村	200	200	常
张	男	汉	14042519560510	务农	125	西沟乡	西沟村	100	100	张
张	女	汉	14042519560604	务农	126	西沟乡	西沟村	100	100	张
张	女	汉	14042519560615	务农	127	西沟乡	西沟村	100	100	张
周	男	汉	14042519560616	务农	128	西沟乡	西沟村	500	500	周

2012年　月　日

村（居）委会(章)

注：此表一式三份，县、乡、村和留存一份。　　乡劳动保障所（章）

8

图2-1-7　2012年西沟村新型农村社会养老保险参保人员续缴费花名表6

2012年　月　日

姓名	性别	民族	身份证号	身份	编号	乡镇名称	村名称	2011缴费金额	2012缴费金额	个人签字
张	女	汉	14042519561115	务农	145	西沟乡	西沟村	100	100	张
牛	男	汉	14042519561117	务农	146	西沟乡	西沟村	100	100.	牛
张	女	汉	14042519561205	务农	147	西沟乡	西沟村	100	100	张
牛	男	汉	14042519561224	务农	148	西沟乡	西沟村	500	500	牛
张	女	汉	14042519570108	务农	149	西沟乡	西沟村	100	100.	张
秦	女	汉	14042519570115	务农	150	西沟乡	西沟村	200	200.	秦
王	男	汉	14042519570125	务农	151	西沟乡	西沟村	100	100	王
张	男	汉	14042519570306	务农	152	西沟乡	西沟村	100	100	张
李	女	汉	14042519570327	务农	153	西沟乡	西沟村	100	100.	李
裴	女	汉	14042519570513	务农	154	西沟乡	西沟村	100	100	裴
张	女	汉	14042519570524	务农	155	西沟乡	西沟村	100	100.	张
原	女	汉	14042519570716	务农	156	西沟乡	西沟村	200	200	原
许	男	汉	14042519570811	务农	157	西沟乡	西沟村	100	100	许
杨	男	汉	14042519570815	务农	158	西沟乡	西沟村	100	100.	杨
张	女	汉	14042519570816	务农	159	西沟乡	西沟村	300	300	张
申	女	汉	14042519570826	务农	160	西沟乡	西沟村	100	100	申

村（居）委会(章)

注：此表一式三份，县、乡、村和留存一份。　　乡劳动保障所（章）

10

图2-1-8　2012年西沟村新型农村社会养老保险参保人员续缴费花名表7

2012年　月　日

姓名	性别	民族	身份证号	身份	编号	乡镇名称	村名称	2011缴费金额	2012缴费金额	个人签字
张	女	汉	14042519580822	务农	177	西沟乡	西沟村	100	100.	张
赵	男	汉	14042519580824	务农	178	西沟乡	西沟村	300	300	赵
周	女	汉	14042519580929	务农	179	西沟乡	西沟村	100	100	周
张	男	汉	14042519581011	务农	180	西沟乡	西沟村	300	300	张
张	男	汉	14042519581014	务农	181	西沟乡	西沟村	100	100.	张
裴	女	汉	14042519581016	务农	182	西沟乡	西沟村	300	300	裴
周	男	汉	14042519581018	务农	183	西沟乡	西沟村	1000		
常	男	汉	14042519581027	务农	184	西沟乡	西沟村	200	200	常
杨	女	汉	14042519581123	务农	185	西沟乡	西沟村	100	100.	杨
张	男	汉	14042519581208	务农	186	西沟乡	西沟村	500	500.	张
秦	女	汉	14042519581210	务农	187	西沟乡	西沟村	100	100.	秦
李	女	汉	14042519581220	务农	188	西沟乡	西沟村	500	500	李
杨	男	汉	14042519581223	务农	189	西沟乡	西沟村	100	100.	杨
孙	女	汉	14042519581229	务农	190	西沟乡	西沟村	500	500	孙
马	男	汉	14042519590101	务农	191	西沟乡	西沟村	100	100	马
常	女	汉	14042519590112	务农	192	西沟乡	西沟村	100	100.	常

村（居）委会(章)

注：此表一式三份，县、乡、村和留存一份。　　乡劳动保障所（章）　　12

图2-1-9　2012年西沟村新型农村社会养老保险参保人员续缴费花名表8

2012年　月　日

姓名	性别	民族	身份证号	身份	编号	乡镇名称	村名称	2011缴费金额	2012缴费金额	个人签字
杨	女	汉	14042519591106	务农	209	西沟乡	西沟村	100	100	杨
房	男	汉	14042519591115	务农	210	西沟乡	西沟村	500	500	房
张	女	汉	14042519591210	务农	211	西沟乡	西沟村	1000	1000	张
张	男	汉	14042519591218	务农	212	西沟乡	西沟村	100	100.	张
张	女	汉	14042519591218	务农	213	西沟乡	西沟村	1000	1000	张
栗	女	汉	14042519591221	务农	214	西沟乡	西沟村	100	100	栗
周	男	汉	14042519600102	务农	215	西沟乡	西沟村	100	100	周
常	男	汉	14042519600202	务农	216	西沟乡	西沟村	100	100.	常
原	女	汉	14042519600210	务农	217	西沟乡	西沟村	100	100.	原
许	女	汉	14042519600212	务农	218	西沟乡	西沟村	100	100	许
董	女	汉	14042519600223	务农	219	西沟乡	西沟村	100	100	董
吴	女	汉	14042519600301	务农	220	西沟乡	西沟村	200	200.	吴
宋	男	汉	14042519600322	务农	221	西沟乡	西沟村	100	100	宋
张	男	汉	14042519600408	务农	222	西沟乡	西沟村	100	100.	张
周	男	汉	14042519600411	务农	223	西沟乡	西沟村	100	100	周
张	女	汉	14042519600511	务农	224	西沟乡	西沟村	100	100	张

村（居）委会(章)

注：此表一式三份，县、乡、村和留存一份。　　乡劳动保障所（章）

14

图2-1-10　2012年西沟村新型农村社会养老保险参保人员续缴费花名表9

2012年　月　日

姓名	性别	民族	身份证号	身份	编号	乡镇名称	村名称	2011缴费金额	2012缴费金额	个人签字
申	女	汉	14042519600613	务农	225	西沟乡	西沟村	100	100.	申
武	男	汉	14042519600614	务农	226	西沟乡	西沟村	100	100	武
苏	男	汉	14042519600620	务农	227	西沟乡	西沟村	100	100.	苏
郭	女	汉	14042519600620	务农	228	西沟乡	西沟村	100	100	郭
张	男	汉	14042519600629	务农	229	西沟乡	西沟村	100	100.	张
郭	女	汉	14042519600816	务农	230	西沟乡	西沟村	500	100.	郭
杨	女	汉	14042519600930	务农	231	西沟乡	西沟村	100	100.	杨
韩	女	汉	14042519601006	务农	232	西沟乡	西沟村	500	500.	韩
程	男	汉	14042519601125	务农	233	西沟乡	西沟村	100	100	程
张	男	汉	14042519601206	务农	234	西沟乡	西沟村	100	100	张
田	男	汉	14042519601213	务农	235	西沟乡	西沟村	100	100.	田
张	男	汉	14042519601227	务农	236	西沟乡	西沟村	100	100.	张
张	女	汉	14042519610119	务农	237	西沟乡	西沟村	100	100	张
赵	女	汉	14042519610228	务农	238	西沟乡	西沟村	100	100	赵
李	女	汉	14042519610308	务农	239	西沟乡	西沟村	100	100	李
张	女	汉	14042519610321	务农	240	西沟乡	西沟村	1000	1000.	张

村（居）委会(章)

注：此表一式三份，县、乡、村和留存一份。　　乡劳动保障所（章）

15

图2-1-11　2012年西沟村新型农村社会养老保险参保人员续缴费花名表10

顺县2012新型农村社会养老保险参保人员续缴费花名表

2012年　月　日

姓名	性别	民族	身份证号	身份	编号	乡镇名称	村名称	2011缴费金额	2012缴费金额	个人签字
李	男	汉	14042519610327	务农	241	西沟乡	西沟村	100	100 10	李
索	男	汉	14042519610505	务农	242	西沟乡	西沟村	200	200 10	索
郭	男	汉	14042519610513	务农	243	西沟乡	西沟村	100	100. 10	郭
张	女	汉	14042519610518	务农	244	西沟乡	西沟村	100	100 11	张
龙	男	汉	14042519610520	务农	245	西沟乡	西沟村	100	100 10	龙
张	男	汉	14042519610606	务农	246	西沟乡	西沟村	100	100. 6	张
宋	女	汉	14042519610817	务农	247	西沟乡	西沟村	100	100 5	宋
张	女	汉	14042519610901	务农	248	西沟乡	西沟村	100	100. 1	张
周	男	汉	14042519610920	务农	249	西沟乡	西沟村	500	500 11	周
李	男	汉	14042519610926	务农	250	西沟乡	西沟村	1000	1000 10	李
裴	女	汉	14042519611001	务农	251	西沟乡	西沟村	100	100 8	裴
宋	女	汉	14042519611009	务农	252	西沟乡	西沟村	100	100 5	宋
李	女	汉	14042519611011	务农	253	西沟乡	西沟村	100	100. 6	李
张	女	汉	14042519611021	务农	254	西沟乡	西沟村	100	100 7	张
张	男	汉	14042519611115	务农	255	西沟乡	西沟村	200	200 3	张
张	女	汉	14042519611121	务农	256	西沟乡	西沟村	1000	1000 2	张

村（居）委会(章)

注：此表一式三份，县、乡、村和留存一份。　　乡劳动保障所（章）

16

图2-1-12　2012年西沟村新型农村社会养老保险参保人员续缴费花名表11

2012年　月　日

姓名	性别	民族	身份证号	身份	编号	乡镇名称	村名称	2011缴费金额	2012缴费金额	个人签字
张	男	汉	14042519620606	务农	273	西沟乡	西沟村	100	100	
李	女	汉	14042519620625	务农	274	西沟乡	西沟村	100	100	
张	女	汉	14042519620712	务农	275	西沟乡	西沟村	100	100	
杨	男	汉	14042519620728	务农	276	西沟乡	西沟村	100	100	
张	男	汉	14042519620729	务农	277	西沟乡	西沟村	100	100	
董	男	汉	14042519620801	务农	278	西沟乡	西沟村	100	100	
杨	女	汉	14042519620801	务农	279	西沟乡	西沟村	100	100	
郭	女	汉	14042519620810	务农	280	西沟乡	西沟村	100	100	
张	男	汉	14042519620814	务农	281	西沟乡	西沟村	100	100	
申	男	汉	14042519620818	务农	282	西沟乡	西沟村	100	100	
郭	女	汉	14042519620822	务农	283	西沟乡	西沟村	100	100	
孙	女	汉	14042519620908	务农	284	西沟乡	西沟村	100	100	
董	女	汉	14042519620909	务农	285	西沟乡	西沟村	500	500	
张	女	汉	14042519620910	务农	286	西沟乡	西沟村	100	100	
张	男	汉	14042519621006	务农	287	西沟乡	西沟村	300	300	
张	男	汉	14042519621006	务农	288	西沟乡	西沟村	100	100	

村（居）委会(章)

注：此表一式三份，县、乡、村和留存一份。　　乡劳动保障所（章）

18

图2-1-13　2012年西沟村新型农村社会养老保险参保人员续缴费花名表12

2012年　　月　　日

姓名	性别	民族	身份证号	身份	编号	乡镇名称	村名称	2011缴费金额	2012缴费金额	个人签字
张	男	汉	14042519630127	务农	305	西沟乡	西沟村	100	100 3	[illegible]
马	男	汉	14042519630221	务农	306	西沟乡	西沟村	100	100. 1	马
郭	女	汉	14042519630305	务农	307	西沟乡	西沟村	100	100 11	郭
张	女	汉	14042519630306	务农	308	西沟乡	西沟村	100	100. 1	[illegible]
秦	男	汉	14042519630313	务农	309	西沟乡	西沟村	100	100. 12	秦
郭	女	汉	14042519630314	务农	310	西沟乡	西沟村	500	500 2	郭
崔	女	汉	14042519630325	务农	311	西沟乡	西沟村	500	500 11	崔
张	女	汉	14042519630418	务农	312	西沟乡	西沟村	100	100 10	张
裴	女	汉	14042519630419	务农	313	西沟乡	西沟村	100	100, 10	裴
杨	女	汉	14042519630506	务农	314	西沟乡	西沟村	200	200 10	杨
周	男	汉	14042519630602	务农	315	西沟乡	西沟村	100	100. 10	周
张	男	汉	14042519630623	务农	316	西沟乡	西沟村	100	100 2	张
李	女	汉	14042519630718	务农	317	西沟乡	西沟村	100	100 9	李
张	女	汉	14042519630722	务农	318	西沟乡	西沟村	300	300 2	张
张	男	汉	14042519630806	务农	319	西沟乡	西沟村	100	100 10	[illegible]
许	男	汉	14042519630806	务农	320	西沟乡	西沟村	100	100 9	许

村（居）委会(章)

注：此表一式三份，县、乡、村和留存一份。　　乡劳动保障所（章）

20

图2-1-14　2012年西沟村新型农村社会养老保险参保人员续缴费花名表13

2012年　　月　　日

姓名	性别	民族	身份证号	身份	编号	乡镇名称	村名称	2011缴费金额	2012缴费金额	个人签字
张	男	汉	14042519630918	务农	321	西沟乡	西沟村	100	100	張
张	女	汉	14042519630929	务农	322	西沟乡	西沟村	100	100	张
赵	男	汉	14042519631002	务农	323	西沟乡	西沟村	1000	1000.	赵
张	女	汉	14042519631017	务农	324	西沟乡	西沟村	1000	1000	张
崔	女	汉	14042519631112	务农	325	西沟乡	西沟村	100	100	崔
廉	女	汉	14042519631116	务农	326	西沟乡	西沟村	100	100.	廉
赵	女	汉	14042519631119	务农	327	西沟乡	西沟村	100	100	赵
赵	男	汉	14042519631125	务农	328	西沟乡	西沟村	300	300	赵
赵	女	汉	14042519631129	务农	329	西沟乡	西沟村	100	100	赵
张	男	汉	14042519631204	务农	330	西沟乡	西沟村	100	100	张
张	男	汉	14042519631207	务农	331	西沟乡	西沟村	100	100	张
郭	女	汉	14042519631208	务农	332	西沟乡	西沟村	200	200	郭
申	女	汉	14042519631211	务农	333	西沟乡	西沟村	100	100.	申
张	女	汉	14042519631224	务农	334	西沟乡	西沟村	100	100.	张
赵	男	汉	14042519640102	务农	335	西沟乡	西沟村	100	100.	赵
周	男	汉	14042519640107	务农	336	西沟乡	西沟村	100	100	周

村（居）委会(章)

注：此表一式三份，县、乡、村和留存一份。　　乡劳动保障所（章）

21

图2-1-15　2012年西沟村新型农村社会养老保险参保人员续缴费花名表14

2012年　　月　　日

姓名	性别	民族	身份证号	身份	编号	乡镇名称	村名称	2011缴费金额	2012缴费金额	个人签字
张	女	汉	14042519640917	务农	353	西沟乡	西沟村	100	100	张
段	女	汉	14042519640919	务农	354	西沟乡	西沟村	100	100	段
周	男	汉	14042519640925	务农	355	西沟乡	西沟村	100	100	周
原	女	汉	14042519641004	务农	356	西沟乡	西沟村	100	100.	原
郭	男	汉	14042519641102	务农	357	西沟乡	西沟村	100	100	郭
张	女	汉	14042519641120	务农	358	西沟乡	西沟村	100	100	张
程	男	汉	14042519641201	务农	359	西沟乡	西沟村	1000	1000	程
侯	女	汉	14042519641212	务农	360	西沟乡	西沟村	100	100.	侯
崔	男	汉	14042519641217	务农	361	西沟乡	西沟村	100	100	崔
张	女	汉	14042519650117	务农	362	西沟乡	西沟村	100	100	张
张	男	汉	14042519650119	务农	363	西沟乡	西沟村	100	100	张
张	女	汉	14042519650219	务农	364	西沟乡	西沟村	100	100	张
张	女	汉	14042519650221	务农	365	西沟乡	西沟村	100	100	张
赵	男	汉	14042519650224	务农	366	西沟乡	西沟村	500	500.	赵
张	男	汉	14042519650228	务农	367	西沟乡	西沟村	100	100.	张
牛	女	汉	14042519650301	务农	368	西沟乡	西沟村	100	100	牛

村（居）委会(章)

注：此表一式三份，县、乡、村和留存一份。　　乡劳动保障所（章）

23

图2-1-16　2012年西沟村新型农村社会养老保险参保人员续缴费花名表15

2012年　月　日

姓名	性别	民族	身份证号	身份	编号	乡镇名称	村名称	2011缴费金额	2012缴费金额	个人签字
张	女	汉	14042519651230	务农	385	西沟乡	西沟村	100	100	
张	女	汉	14042519660101	务农	386	西沟乡	西沟村	100	100	
张	男	汉	14042519660106	务农	387	西沟乡	西沟村	100	100	
武	男	汉	14042519660206	务农	388	西沟乡	西沟村	100	100	
秦	女	汉	14042519660306	务农	389	西沟乡	西沟村	100	100	
张	男	汉	14042519660306	务农	390	西沟乡	西沟村	100	100	
张	男	汉	14042519660404	务农	391	西沟乡	西沟村	100	100.	
索	男	汉	14042519660421	务农	392	西沟乡	西沟村	100	100	
张	女	汉	14042519660429	务农	393	西沟乡	西沟村	100	100.	
张	男	汉	14042519660516	务农	394	西沟乡	西沟村	100	100.	
杨	男	汉	14042519660615	务农	395	西沟乡	西沟村	100	100	
李	女	汉	14042519660626	务农	396	西沟乡	西沟村	100	100.	
路	女	汉	14042519660629	务农	397	西沟乡	西沟村	100	100.	
王	女	汉	14042519660706	务农	398	西沟乡	西沟村	100	100.	
常	女	汉	14042519660904	务农	399	西沟乡	西沟村	300	300.	
姓名	性别	民族	身份证号	身份	编号	乡镇名称	村名称	2011缴费金额	2012缴费金额	个人签字

村（居）委会(章)

注：此表一式三份，县、乡、村和留存一份。　　乡劳动保障所（章）

25

图2-1-17　2012年西沟村新型农村社会养老保险参保人员续缴费花名表16

2012年　月　日

姓名	性别	民族	身份证号	身份	编号	乡镇名称	村名称	2011缴费金额	2012缴费金额	个人签字
郭	女	汉	14042519670208	务农	417	西沟乡	西沟村	100	100	郭
王	女	汉	14042519670212	务农	418	西沟乡	西沟村	100	100	王
张	男	汉	14042519670301	务农	419	西沟乡	西沟村	100	100	张
郭	男	汉	14042519670304	务农	420	西沟乡	西沟村	100	100	郭
郝	女	汉	14042519670314	务农	421	西沟乡	西沟村	100	100	郝
张	男	汉	14042519670320	务农	422	西沟乡	西沟村	100	100.	張
郭	女	汉	14042519670328	务农	423	西沟乡	西沟村	100	100.	郭
张	女	汉	14042519670329	务农	424	西沟乡	西沟村	100	100	张
王	女	汉	14042519670330	务农	425	西沟乡	西沟村	100	100	王
宋	男	汉	14042519670406	务农	426	西沟乡	西沟村	100	100	宋
杨	男	汉	14042519670410	务农	427	西沟乡	西沟村	100	100.	杨
张	男	汉	14042519670420	务农	428	西沟乡	西沟村	100	100.	张
董	女	汉	14042519670422	务农	429	西沟乡	西沟村	200	200	董
董	女	汉	14042519670512	务农	430	西沟乡	西沟村	100	100	董
郭	男	汉	14042519670603	务农	431	西沟乡	西沟村	100	100	郭
韩	女	汉	14042519670607	务农	432	西沟乡	西沟村	100	100.	韓

村（居）委会(章)

注：此表一式三份，县、乡、村和留存一份。　　乡劳动保障所（章）

27

图2-1-18　2012年西沟村新型农村社会养老保险参保人员续缴费花名表17

2012年 月 日										
姓名	性别	民族	身份证号	身份	编号	乡镇名称	村名称	2011缴费金额	2012缴费金额	个人签字
张	女	汉	14042519680107	务农	449	西沟乡	西沟村	100	100	张
秦	女	汉	14042519680108	务农	450	西沟乡	西沟村	100	100.	秦
张	女	汉	14042519680121	务农	451	西沟乡	西沟村	100	100	张
李	女	汉	14042519680125	务农	452	西沟乡	西沟村	100	100.	李
张	男	汉	14042519680203	务农	453	西沟乡	西沟村	100	100.	张
张	女	汉	14042519680209	务农	454	西沟乡	西沟村	100	100	张
张	男	汉	14042519680218	务农	455	西沟乡	西沟村	100	100	张
张	男	汉	14042519680228	务农	456	西沟乡	西沟村	100	100.	張
张	男	汉	14042519680301	务农	457	西沟乡	西沟村	100	100	张
仁	女	汉	14042519680312	务农	458	西沟乡	西沟村	100	100	仁
申	女	汉	14042519680313	务农	459	西沟乡	西沟村	200	200	申
侯	男	汉	14042519680316	务农	460	西沟乡	西沟村	100	100	侯
王	女	汉	14042519680316	务农	461	西沟乡	西沟村	100	100.	王
张	女	汉	14042519680418	务农	462	西沟乡	西沟村	100	100	张
郭	女	汉	14042519680501	务农	463	西沟乡	西沟村	100	100.	郭
张	男	汉	14042519680507	务农	464	西沟乡	西沟村	100	100.	张

村（居）委会(章)

注：此表一式三份，县、乡、村和留存一份。　　乡劳动保障所（章）

29

图2-1-19　2012年西沟村新型农村社会养老保险参保人员续缴费花名表18

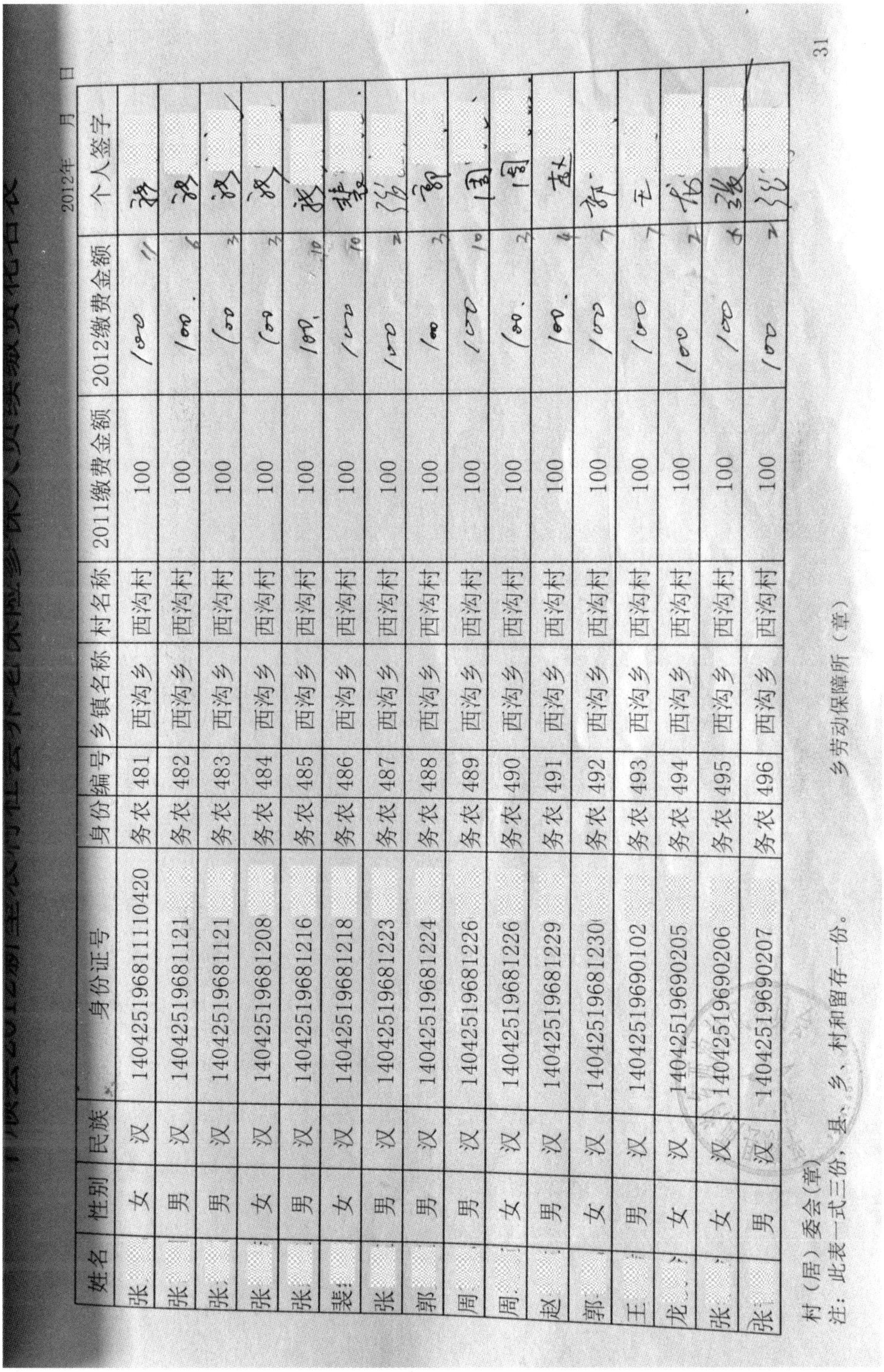

2012年　月　日

姓名	性别	民族	身份证号	身份	编号	乡镇名称	村名称	2011缴费金额	2012缴费金额	个人签字
张	女	汉	140425196811110420	务农	481	西沟乡	西沟村	100	100	张
张	男	汉	14042519681121	务农	482	西沟乡	西沟村	100	100	张
张	男	汉	14042519681121	务农	483	西沟乡	西沟村	100	100	张
张	女	汉	14042519681208	务农	484	西沟乡	西沟村	100	100	张
张	男	汉	14042519681216	务农	485	西沟乡	西沟村	100	100	张
裴	女	汉	14042519681218	务农	486	西沟乡	西沟村	100	100	裴
张	男	汉	14042519681223	务农	487	西沟乡	西沟村	100	100	張
郭	男	汉	14042519681224	务农	488	西沟乡	西沟村	100	100	郭
周	男	汉	14042519681226	务农	489	西沟乡	西沟村	100	100	周
周	女	汉	14042519681226	务农	490	西沟乡	西沟村	100	100	周
赵	男	汉	14042519681229	务农	491	西沟乡	西沟村	100	100	赵
郭	女	汉	14042519681230	务农	492	西沟乡	西沟村	100	100	郭
王	男	汉	14042519690102	务农	493	西沟乡	西沟村	100	100	王
龙	女	汉	14042519690205	务农	494	西沟乡	西沟村	100	100	龙
张	女	汉	14042519690206	务农	495	西沟乡	西沟村	100	100	張
张	男	汉	14042519690207	务农	496	西沟乡	西沟村	100	100	張

村（居）委会(章)

注：此表一式三份，县、乡、村和留存一份。　　乡劳动保障所（章）

31

图2-1-20　2012年西沟村新型农村社会养老保险参保人员续缴费花名表19

2012年　月　日

姓名	性别	民族	身份证号	身份	编号	乡镇名称	村名称	2011缴费金额	2012缴费金额	个人签字
房	女	汉	14042519690714	务农	513	西沟乡	西沟村	100	100	房
姓名	性别	民族	身份证号	身份	编号	乡镇名称	村名称	2011缴费金额	2012缴费金额	个人签字
刘	女	汉	14042519690726	务农	514	西沟乡	西沟村	100	100	刘
董	男	汉	14042519690801	务农	515	西沟乡	西沟村	100	100	董
张	男	汉	14042519690903	务农	516	西沟乡	西沟村	100	100	张
赵	男	汉	14042519690919	务农	517	西沟乡	西沟村	100	100	赵
阎	男	汉	14042519690919	务农	518	西沟乡	西沟村	100	100	阎
李	女	汉	14042519691020	务农	519	西沟乡	西沟村	100	100	李
胡	男	汉	14042519691021	务农	520	西沟乡	西沟村	100	100	胡
张	女	汉	14042519691109	务农	521	西沟乡	西沟村	100	100	张
刘	女	汉	14042519691112	务农	522	西沟乡	西沟村	500	100	刘
郭	男	汉	14042519691217	务农	523	西沟乡	西沟村	100	100	郭
李	女	汉	14042519691228	务农	524	西沟乡	西沟村	100	100	李
郭	女	汉	14042519700105	务农	525	西沟乡	西沟村	100	100	郭
李	男	汉	14042519700129	务农	526	西沟乡	西沟村	100	100	李
张	女	汉	14042519700217	务农	527	西沟乡	西沟村	100	100	张
姓名	性别	民族	身份证号	身份	编号	乡镇名称	村名称	2011缴费金额	2012缴费金额	个人签字

村（居）委会(章)

注：此表一式三份，县、乡、村和留存一份。　　乡劳动保障所（章）

33

图2-1-21　2012年西沟村新型农村社会养老保险参保人员续缴费花名表20

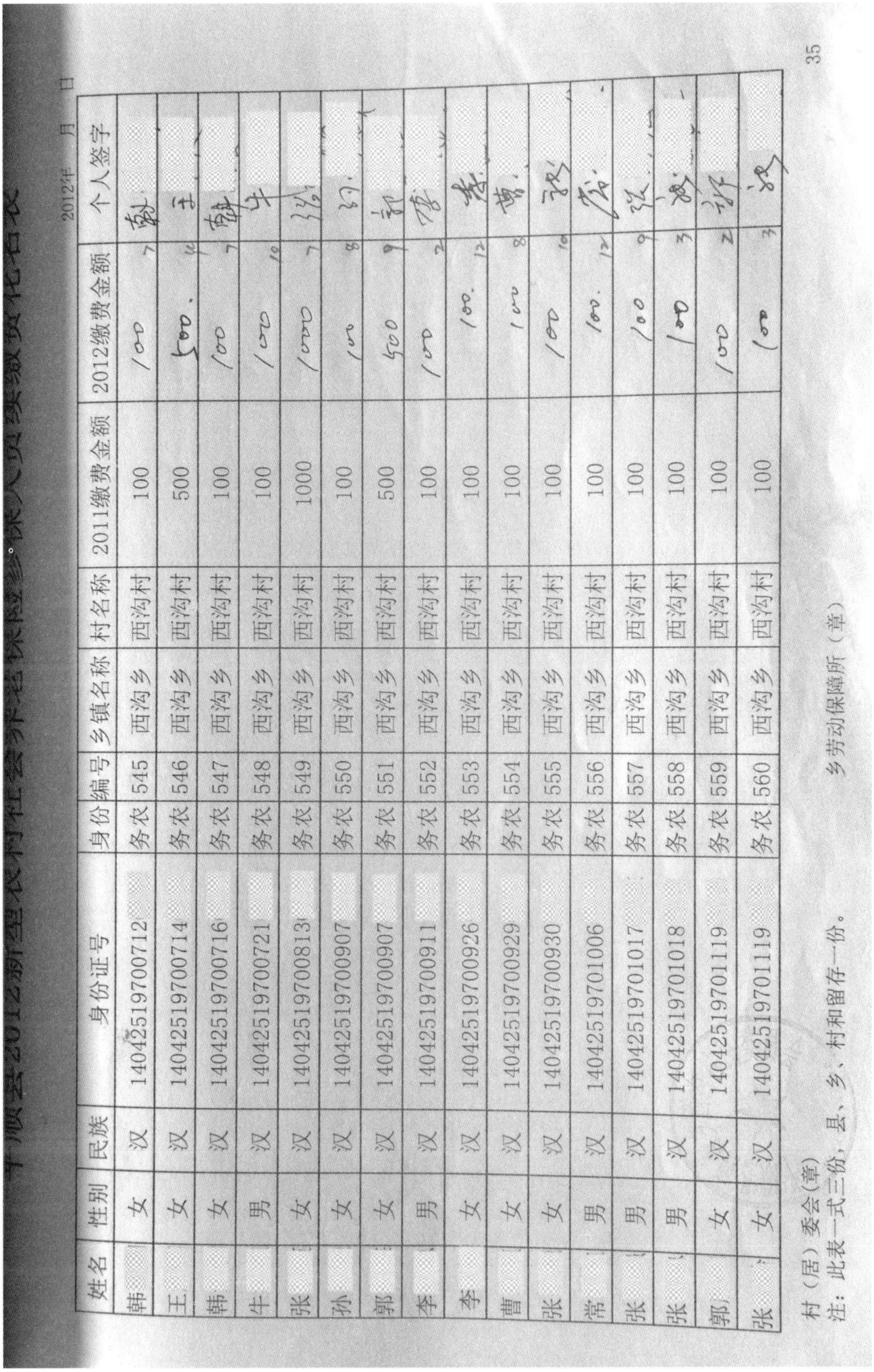

平顺县2012新型农村社会养老保险参保人员续缴费花名表

2012年　月　日

姓名	性别	民族	身份证号	身份	编号	乡镇名称	村名称	2011缴费金额	2012缴费金额	个人签字
韩	女	汉	14042519700712	务农	545	西沟乡	西沟村	100	100	
王	女	汉	14042519700714	务农	546	西沟乡	西沟村	500	500.	
韩	女	汉	14042519700716	务农	547	西沟乡	西沟村	100	100	
牛	男	汉	14042519700721	务农	548	西沟乡	西沟村	100	100	
张	女	汉	14042519700813	务农	549	西沟乡	西沟村	1000	1000	
孙	女	汉	14042519700907	务农	550	西沟乡	西沟村	100	100	
郭	女	汉	14042519700907	务农	551	西沟乡	西沟村	500	500	
李	男	汉	14042519700911	务农	552	西沟乡	西沟村	100	100	
李	女	汉	14042519700926	务农	553	西沟乡	西沟村	100	100.	
曹	女	汉	14042519700929	务农	554	西沟乡	西沟村	100	100	
张	女	汉	14042519700930	务农	555	西沟乡	西沟村	100	100	
常	男	汉	14042519701006	务农	556	西沟乡	西沟村	100	100.	
张	男	汉	14042519701017	务农	557	西沟乡	西沟村	100	100	
张	男	汉	14042519701018	务农	558	西沟乡	西沟村	100	100	
郭	女	汉	14042519701119	务农	559	西沟乡	西沟村	100	100	
张	女	汉	14042519701119	务农	560	西沟乡	西沟村	100	100	

村（居）委会(章)

注：此表一式三份，县、乡、村和留存一份。　　乡劳动保障所（章）

35

图2-1-22　2012年西沟村新型农村社会养老保险参保人员续缴费花名表21

2012年 月 日

姓名	性别	民族	身份证号	身份	编号	乡镇名称	村名称	2011缴费金额	2012缴费金额	个人签字
张	男	汉	14042519710326	务农	577	西沟乡	西沟村	100	100	
张	女	汉	14042519710420	务农	578	西沟乡	西沟村	100	100	
侯	女	汉	14042519710422	务农	579	西沟乡	西沟村	100	100.	
张	男	汉	14042519710423	务农	580	西沟乡	西沟村	100	100	
张	女	汉	14042519710425	务农	581	西沟乡	西沟村	100	100	
王	男	汉	14042519710502	务农	582	西沟乡	西沟村	100	100	
张	男	汉	14042519710514	务农	583	西沟乡	西沟村	100	100	
贾	女	汉	14042519710517	务农	584	西沟乡	西沟村	1000	1000	
韩	女	汉	14042519710520	务农	585	西沟乡	西沟村	100	100	
裴	女	汉	14042519710524	务农	586	西沟乡	西沟村	100	100	
张	女	汉	14042519710602	务农	587	西沟乡	西沟村	500	500.	
周	男	汉	14042519710626	务农	588	西沟乡	西沟村	100	100	
张	男	汉	14042519710703	务农	589	西沟乡	西沟村	100	100	
张	女	汉	14042519710707	务农	590	西沟乡	西沟村	100	100	
张	女	汉	14042519710807	务农	591	西沟乡	西沟村	100	100	
张	女	汉	14042519710818	务农	592	西沟乡	西沟村	100	100.	

村（居）委会(章)

注：此表一式三份，县、乡、村和留存一份。 乡劳动保障所（章）

37

图2-1-23 2012年西沟村新型农村社会养老保险参保人员续缴费花名表22

县2012新型农村社会养老保险参保人员续缴费花名表

2012年　月　日

姓名	性别	民族	身份证号	身份	编号	乡镇名称	村名称	2011缴费金额	2012缴费金额	个人签字
周	男	汉	14042519720207	务农	609	西沟乡	西沟村	100	100　11	周
李	女	汉	14042519720213	务农	610	西沟乡	西沟村	100	100　2	李
李	男	汉	14042519720214	务农	611	西沟乡	西沟村	100	100　9	李
张	女	汉	14042519720216	务农	612	西沟乡	西沟村	100	100　3	张
李	女	汉	14042519720308	务农	613	西沟乡	西沟村	100	100　11	李
裴	女	汉	14042519720424	务农	614	西沟乡	西沟村	100	100　2	裴
申	女	汉	14042519720505	务农	615	西沟乡	西沟村	100	100　3	申
张	男	汉	14042519720507	务农	616	西沟乡	西沟村	100	100　7	张
张	男	汉	14042519720510	务农	617	西沟乡	西沟村	100	100　3	张
张	男	汉	14042519720702	务农	618	西沟乡	西沟村	100	100　5	张
石	女	汉	14042519720716	务农	619	西沟乡	西沟村	1000	1000　5	石
周	男	汉	14042519720812	务农	620	西沟乡	西沟村	100	100　11	周
张	女	汉	14042519720812	务农	621	西沟乡	西沟村	100	100.　6	张
石	女	汉	14042519720824	务农	622	西沟乡	西沟村	100	100　11	石
郭	女	汉	14042519720912	务农	623	西沟乡	西沟村	100	100　10	郭
韩	女	汉	14042519720915	务农	624	西沟乡	西沟村	100	100,　1	韩

村（居）委会(章)

注：此表一式三份，县、乡、村和留存一份。　　乡劳动保障所（章）

39

图2-1-24　2012年西沟村新型农村社会养老保险参保人员续缴费花名表23

2012年　月　日

姓名	性别	民族	身份证号	身份	编号	乡镇名称	村名称	2011缴费金额	2012缴费金额	个人签字
郝	男	汉	14042519730421	务农	641	西沟乡	西沟村	100	100.	郝
郝	男	汉	14042519730424	务农	642	西沟乡	西沟村	100	100	郝
郭	女	汉	14042519730424	务农	643	西沟乡	西沟村	100	100.	郭
牛	男	汉	14042519730506	务农	644	西沟乡	西沟村	100	100	牛
张	男	汉	14042519730518	务农	645	西沟乡	西沟村	100	100.	张
张	男	汉	14042519730524	务农	646	西沟乡	西沟村	100	100	张
郭	女	汉	14042519730607	务农	647	西沟乡	西沟村	100	100	郭
张	女	汉	14042519730608	务农	648	西沟乡	西沟村	100	100.	张
李	男	汉	14042519730703	务农	649	西沟乡	西沟村	100	100	李
杨	男	汉	14042519730709	务农	650	西沟乡	西沟村	100	100.	杨
李	男	汉	14042519730719	务农	651	西沟乡	西沟村	1000	1000	李
张	女	汉	14042519730724	务农	652	西沟乡	西沟村	100	100.	张
张	男	汉	14042519730802	务农	653	西沟乡	西沟村	100	100	张
张	女	汉	14042519730802	务农	654	西沟乡	西沟村	100	100	张
张	女	汉	14042519730805	务农	655	西沟乡	西沟村	100	100.	张
张	女	汉	14042519730813	务农	656	西沟乡	西沟村	100	100	张

村（居）委会(章)

注：此表一式三份，县、乡、村和留存一份。　　乡劳动保障所（章）

41

图2-1-25　2012年西沟村新型农村社会养老保险参保人员续缴费花名表24

2012年　月　日

姓名	性别	民族	身份证号	身份	编号	乡镇名称	村名称	2011缴费金额	2012缴费金额	个人签字
张	女	汉	14042519740119	务农	673	西沟乡	西沟村	100	100 2	张
郭	女	汉	14042519740121	务农	674	西沟乡	西沟村	100	100. 4	郭
张	女	汉	14042519740122	务农	675	西沟乡	西沟村	100	100. 1	張
张	男	汉	14042519740228	务农	676	西沟乡	西沟村	100	100 1	張
李	男	汉	14042519740306	务农	677	西沟乡	西沟村	100	100. 1	李
张	男	汉	14042519740321	务农	678	西沟乡	西沟村	100	100. 6	张
周	男	汉	14042519740401	务农	679	西沟乡	西沟村	100	100 11	周
张	男	汉	14042519740406	务农	680	西沟乡	西沟村	100	100 3	张
张	男	汉	14042519740409	务农	681	西沟乡	西沟村	100	100 8	张
张	男	汉	14042519740409	务农	682	西沟乡	西沟村	100	100. 1	張
李	男	汉	14042519740416	务农	683	西沟乡	西沟村	100	100 7	李
索	女	汉	14042519740418	务农	684	西沟乡	西沟村	100	100 6	索
刘	女	汉	14042519740425	务农	685	西沟乡	西沟村	100		
刘	女	汉	14042519740426	务农	686	西沟乡	西沟村	100	100 7	刘
周	男	汉	14042519740610	务农	687	西沟乡	西沟村	100	100 11	周
刘	女	汉	14042519740612	务农	688	西沟乡	西沟村	100	100 10	刘

村（居）委会(章)

注：此表一式三份，县、乡、村和留存一份。　　乡劳动保障所（章）

43

图2-1-26　2012年西沟村新型农村社会养老保险参保人员续缴费花名表25

2012年　月　日

姓名	性别	民族	身份证号	身份	编号	乡镇名称	村名称	2011缴费金额	2012缴费金额	个人签字
石	男	汉	14042519741224	务农	705	西沟乡	西沟村	100	100　7	
张	男	汉	14042519750109	务农	706	西沟乡	西沟村	100		
张	男	汉	14042519750119	务农	707	西沟乡	西沟村	100	100　9	
董	女	汉	14042519750203	务农	708	西沟乡	西沟村	100	100.　12	
周	男	汉	14042519750214	务农	709	西沟乡	西沟村	100	100　11	
白	女	汉	14042519750320	务农	710	西沟乡	西沟村	100	100　7	
申	女	汉	14042519750324	务农	711	西沟乡	西沟村	100	100　11	
靳	女	汉	14042519750329	务农	712	西沟乡	西沟村	100	100　7	
张	女	汉	14042519750405	务农	713	西沟乡	西沟村	100	100.　10	
李	男	汉	14042519750406	务农	714	西沟乡	西沟村	100	0	
申	女	汉	14042519750406	务农	715	西沟乡	西沟村	100		
张	男	汉	14042519750408	务农	716	西沟乡	西沟村	100	100　3	
张	女	汉	14042519750417	务农	717	西沟乡	西沟村	100	100.　1	
张	男	汉	14042519750423	务农	718	西沟乡	西沟村	100	100　7	
张	男	汉	14042519750425	务农	719	西沟乡	西沟村	100	100　3	
杨	女	汉	14042519750501	务农	720	西沟乡	西沟村	100	100　3	

村（居）委会(章)

注：此表一式三份，县、乡、村和留存一份。　　乡劳动保障所（章）

45

图2-1-27　2012年西沟村新型农村社会养老保险参保人员续缴费花名表26

2012年　月　日

姓名	性别	民族	身份证号	身份	编号	乡镇名称	村名称	2011缴费金额	2012缴费金额	个人签字
张	女	汉	14042519751020	务农	737	西沟乡	西沟村	100	100 2	张
王	女	汉	14042519751126	务农	738	西沟乡	西沟村	100	100 9	王
房	男	汉	14042519751213	务农	739	西沟乡	西沟村	100	100. 6	房
周	男	汉	14042519751218	务农	740	西沟乡	西沟村	100	100 11	周
周	男	汉	14042519751223	务农	741	西沟乡	西沟村	100	100 11	周
张	男	汉	14042519760103	务农	742	西沟乡	西沟村	100	100 8	[illegible]
郭	男	汉	14042519760124	务农	743	西沟乡	西沟村	100	100 7	郭
杨	女	汉	14042519760125	务农	744	西沟乡	西沟村	100	100 11	杨
郭	男	汉	14042519760207	务农	745	西沟乡	西沟村	300	100. 1	郭
张	女	汉	14042519760328	务农	746	西沟乡	西沟村	100	100 11	[illegible]
张	男	汉	14042519760403	务农	747	西沟乡	西沟村	100	100 7	张
房	女	汉	14042519760424	务农	748	西沟乡	西沟村	100	100 9	房
张	男	汉	14042519760427	务农	749	西沟乡	西沟村	100	100 2	张
张	男	汉	14042519760502	务农	750	西沟乡	西沟村	100	100. 1	张
张	男	汉	14042519760521	务农	751	西沟乡	西沟村	100	100. 1	张
吴	男	汉	14042519760526	务农	752	西沟乡	西沟村	100	100 2	吴

村（居）委会(章)

注：此表一式三份，县、乡、村和留存一份。　　　乡劳动保障所（章）

47

图2-1-28　2012年西沟村新型农村社会养老保险参保人员续缴费花名表27

2012年　　月　　日

姓名	性别	民族	身份证号	身份	编号	乡镇名称	村名称	2011缴费金额	2012缴费金额	个人签字
索	男	汉	14042519770413	务农	769	西沟乡	西沟村	100	100.	索
田	男	汉	14042519770418	务农	770	西沟乡	西沟村	100	100	田
张	男	汉	14042519770602	务农	771	西沟乡	西沟村	100	100.	張
杨	女	汉	14042519770704	务农	772	西沟乡	西沟村	100	100	杨
刘	女	汉	14042519770710	务农	773	西沟乡	西沟村	100	100	刘
张	男	汉	14042519770721	务农	774	西沟乡	西沟村	100	100.	张
张	男	汉	14042519770727	务农	775	西沟乡	西沟村	300	300	张
董	男	汉	14042519770801	务农	776	西沟乡	西沟村	100	100	董
杨	女	汉	14042519770907	务农	777	西沟乡	西沟村	100	100.	杨
马	男	汉	14042519770907	务农	778	西沟乡	西沟村	100	100	马
张	男	汉	14042519771010	务农	779	西沟乡	西沟村	100	100.	張
周	男	汉	14042519771010	务农	780	西沟乡	西沟村	100	100	周
张	男	汉	14042519771012	务农	781	西沟乡	西沟村	100		
杨	男	汉	14042519771012	务农	782	西沟乡	西沟村	200		
王	女	汉	14042519771026	务农	783	西沟乡	西沟村	100	100	王
张	男	汉	14042519771028	务农	784	西沟乡	西沟村	100	100	张

村（居）委会(章)

注：此表一式三份，县、乡、村和留存一份。　　乡劳动保障所（章）

49

图2-1-29　2012年西沟村新型农村社会养老保险参保人员续缴费花名表28

2012年　月　日

姓名	性别	民族	身份证号	身份	编号	乡镇名称	村名称	2011缴费金额	2012缴费金额	个人签字
韩	女	汉	14042519780515	务农	801	西沟乡	西沟村	100	100　1	韩
秦	男	汉	14042519780605	务农	802	西沟乡	西沟村	100	100　10	秦
张	男	汉	14042519780619	务农	803	西沟乡	西沟村	100	100.　6	张
侯	女	汉	14042519780708	务农	804	西沟乡	西沟村	100	100　11	侯
秦	女	汉	14042519780713	务农	805	西沟乡	西沟村	100	100.　12	秦
韩	女	汉	14042519780713	务农	806	西沟乡	西沟村	100	100　3	韩
周	男	汉	14042519780808	务农	807	西沟乡	西沟村	100	100　11	周
向	女	汉	14042519780813	务农	808	西沟乡	西沟村	100	100　9	[illegible]
张	女	汉	14042519780815	务农	809	西沟乡	西沟村	100	100　7	张
张	男	汉	14042519780817	务农	810	西沟乡	西沟村	100	100.　1	張
李	男	汉	14042519780828	务农	811	西沟乡	西沟村	100	100　9	李
张	女	汉	14042519780919	务农	812	西沟乡	西沟村	100	100.　3	张
申	女	汉	14042519780925	务农	813	西沟乡	西沟村	100	100　8	申
董	男	汉	14042519781012	务农	814	西沟乡	西沟村	100	100.　12	董
张	男	汉	14042519781101	务农	815	西沟乡	西沟村	100	100.　1	張
周	女	汉	14042519781121	务农	816	西沟乡	西沟村	100	100　7	周

村（居）委会(章)

注：此表一式三份，县、乡、村和留存一份。　　乡劳动保障所（章）

51

图2-1-30　2012年西沟村新型农村社会养老保险参保人员续缴费花名表29

2012年 月 日

姓名	性别	民族	身份证号	身份	编号	乡镇名称	村名称	2011缴费金额	2012缴费金额	个人签字
李	女	汉	14042519791002	务农	833	西沟乡	西沟村	100	100.	
张	男	汉	14042519791006	务农	834	西沟乡	西沟村	100	100.	
张	男	汉	14042519791009	务农	835	西沟乡	西沟村	100	100	
张	女	汉	14042519791011	务农	836	西沟乡	西沟村	100	100.	
杨	男	汉	14042519791205	务农	837	西沟乡	西沟村	100	100.	
连	女	汉	14042519791205	务农	838	西沟乡	西沟村	100	100.	
王	男	汉	14042519791228	务农	839	西沟乡	西沟村	100	100	
赵	男	汉	14042519800207	务农	840	西沟乡	西沟村	100	100	
常	男	汉	14042519800316	务农	841	西沟乡	西沟村	100	100.	
桑	女	汉	14042519800318	务农	842	西沟乡	西沟村	100	100.	
董	男	汉	14042519800413	务农	843	西沟乡	西沟村	100	100.	
张	男	汉	14042519800515	务农	844	西沟乡	西沟村	100	100	
郭	女	汉	14042519800515	务农	845	西沟乡	西沟村	1000	1000	
马	男	汉	14042519800522	务农	846	西沟乡	西沟村	100	100	
张	男	汉	14042519800607	务农	847	西沟乡	西沟村	100	100	
常	女	汉	14042519800608	务农	848	西沟乡	西沟村	100	100	

村（居）委会(章)

注：此表一式三份，县、乡、村和留存一份。

乡劳动保障所（章）

53

图2-1-31 2012年西沟村新型农村社会养老保险参保人员续缴费花名表30

2012年 月 日

姓名	性别	民族	身份证号	身份	编号	乡镇名称	村名称	2011缴费金额	2012缴费金额	个人签字
王	女	汉	14042519810416	务农	865	西沟乡	西沟村	100	100	
索	男	汉	14042519810513	务农	866	西沟乡	西沟村	100	100.	
郝	男	汉	14042519810521	务农	867	西沟乡	西沟村	100	100.	
李	男	汉	14042519810816	务农	868	西沟乡	西沟村	200	200	
郭	女	汉	14042519810820	务农	869	西沟乡	西沟村	100	100	
莫	女	汉	14042519810821	务农	870	西沟乡	西沟村	100	100	
赵	男	汉	14042519810901	务农	871	西沟乡	西沟村	100	100	
李	男	汉	14042519810904	务农	872	西沟乡	西沟村	100	100	
郝	男	汉	14042519810926	务农	873	西沟乡	西沟村	100	100.	
张	女	汉	14042519811005	务农	874	西沟乡	西沟村	100	100.	
王	女	汉	14042519811009	务农	875	西沟乡	西沟村	100	100.	
赵	女	汉	14042519811019	务农	876	西沟乡	西沟村	100	100	
张	男	汉	14042519811021	务农	877	西沟乡	西沟村	100	100.	
刘	女	汉	14042519811102	务农	878	西沟乡	西沟村	100	100.	
张	男	汉	14042519811122	务农	879	西沟乡	西沟村	100	100	
吴	男	汉	14042519811215	务农	880	西沟乡	西沟村	100	100	

村（居）委会(章)

注：此表一式三份，县、乡、村和留存一份。　　　　乡劳动保障所（章）

55

图2-1-32　2012年西沟村新型农村社会养老保险参保人员续缴费花名表31

2012年 月 日

姓名	性别	民族	身份证号	身份	编号	乡镇名称	村名称	2011缴费金额	2012缴费金额	个人签字
杨	男	汉	14042519821128	务农	897	西沟乡	西沟村	100	100 7	杨
马	女	汉	14042519830113	务农	898	西沟乡	西沟村	100	100 11	马
董	男	汉	14042519830213	务农	899	西沟乡	西沟村	100	100. 12	董
方	女	汉	14042519830324	务农	900	西沟乡	西沟村	100	100、 1	方
路	女	汉	14042519830409	务农	901	西沟乡	西沟村	100	100 3	路
张	男	汉	14042519830527	务农	902	西沟乡	西沟村	100	100 3	张
郭	男	汉	14042519830603	务农	903	西沟乡	西沟村	100	100, 10	郭
张	女	汉	14042519830618	务农	904	西沟乡	西沟村	100	100 10	张
侯	女	汉	14042519830620	务农	905	西沟乡	西沟村	100	100 10	侯
张	男	汉	14042519830718	务农	906	西沟乡	西沟村	100	100 2	张
张	男	汉	14042519830815	务农	907	西沟乡	西沟村	100	100 2	张
郭	男	汉	14042519830906	务农	908	西沟乡	西沟村	100	100、 10	郭
张	男	汉	14042519830908	务农	909	西沟乡	西沟村	100	100、 1	张
郭	女	汉	14042519830922	务农	910	西沟乡	西沟村	100	100. 12	郭
宋	女	汉	14042519831002	务农	911	西沟乡	西沟村	100	100. 6	宋
刘	男	汉	14042519831003	务农	912	西沟乡	西沟村	100	100 7	刘

村（居）委会(章)

注：此表一式三份，县、乡、村和留存一份。　　乡劳动保障所（章）

57

图2-1-33　2012年西沟村新型农村社会养老保险参保人员续缴费花名表32

姓名	性别	民族	身份证号	身份	编号	乡镇名称	村名称	2011缴费金额	2012缴费金额	个人签字
马	男	汉	14042519850618	务农	929	西沟乡	西沟村	100	100	
李	男	汉	14042519850701	务农	930	西沟乡	西沟村	100	100	
赵	男	汉	14042519850703	务农	931	西沟乡	西沟村	100	100.	
赵	男	汉	14042519850703	务农	932	西沟乡	西沟村	100	100.	
牛	女	汉	14042519850818	务农	933	西沟乡	西沟村	100	100	
赵	女	汉	14042519850915	务农	934	西沟乡	西沟村	100	100	
张	男	汉	14042519850921	务农	935	西沟乡	西沟村	100	100.	
李	女	汉	14042519851004	务农	936	西沟乡	西沟村	100	100.	
董	男	汉	14042519851014	务农	937	西沟乡	西沟村	100	100	
田	男	汉	14042519851117	务农	938	西沟乡	西沟村	100	100.	
常	男	汉	14042519851228	务农	939	西沟乡	西沟村	100	100.	
张	男	汉	14042519860101	务农	940	西沟乡	西沟村	100	100.	
张	男	汉	14042519860212	务农	941	西沟乡	西沟村	100	100	
马	男	汉	14042519860228	务农	942	西沟乡	西沟村	100	100	
王	女	汉	14042519860315	务农	943	西沟乡	西沟村	100	100	
耿	女	汉	14042519860330	务农	944	西沟乡	西沟村	100	100.	

村（居）委会(章)

注：此表一式三份，县、乡、村和留存一份。　　　　乡劳动保障所（章）

图2-1-34　2012年西沟村新型农村社会养老保险参保人员续缴费花名表33

姓名	性别	民族	身份证号	身份	编号	乡镇名称	村名称	2011缴费金额	2012缴费金额	个人签字
张	男	汉	14042519870427	务农	961	西沟乡	西沟村	100	100	
张	男	汉	14042519870429	务农	962	西沟乡	西沟村	100	100	
牛	女	汉	14042519870501	务农	963	西沟乡	西沟村	100	100	
张	男	汉	14042519870507	务农	964	西沟乡	西沟村	100	100	
张	女	汉	14042519870519	务农	965	西沟乡	西沟村	100	100	
郭	女	汉	14042519870607	务农	966	西沟乡	西沟村	100	100	
张	女	汉	14042519870609	务农	967	西沟乡	西沟村	100	100	
胡	女	汉	14042519870626	务农	968	西沟乡	西沟村	100	100	
申	男	汉	14042519870721	务农	969	西沟乡	西沟村	100	100	
崔	女	汉	14042519870815	务农	970	西沟乡	西沟村	100	100	
郭	女	汉	14042519870927	务农	971	西沟乡	西沟村	100	100	
张	男	汉	14042519871108	务农	972	西沟乡	西沟村	100	100	
张	男	汉	14042519871209	务农	973	西沟乡	西沟村	100	100	
李	男	汉	14042519871218	务农	974	西沟乡	西沟村	100	100	
张	男	汉	14042519871225	务农	975	西沟乡	西沟村	100	100	
张	女	汉	14042519871225	务农	976	西沟乡	西沟村	100	100	

村（居）委会(章)

注：此表一式三份，县、乡、村和留存一份。　　乡劳动保障所（章）

61

图2-1-35　2012年西沟村新型农村社会养老保险参保人员续缴费花名表34

姓名	性别	民族	身份证号	身份	编号	乡镇名称	村名称	2011缴费金额	2012缴费金额	个人签字
任	女	汉	1404251988102 0	务农	993	西沟乡	西沟村	100	100	
张	女	汉	14042519881103	务农	994	西沟乡	西沟村	100		
马	男	汉	14042519881122	务农	995	西沟乡	西沟村	100	100	
张	男	汉	14042519881125	务农	996	西沟乡	西沟村	100	100	
王	女	汉	14042519881215	务农	997	西沟乡	西沟村	100	100	
刘	男	汉	14042519890129	务农	998	西沟乡	西沟村	100	100	
张	女	汉	14042519890214	务农	999	西沟乡	西沟村	100	100	
郝	男	汉	14042519890220	务农	1000	西沟乡	西沟村	100	100	
张	男	汉	14042519890220	务农	1001	西沟乡	西沟村	100	100	
秦	男	汉	14042519890223	务农	1002	西沟乡	西沟村	100	100	
周	男	汉	14042519890307	务农	1003	西沟乡	西沟村	100	100	
杨	女	汉	14042519890320	务农	1004	西沟乡	西沟村	100	100	
张	女	汉	14042519890429	务农	1005	西沟乡	西沟村	100	100	
田	男	汉	14042519890501	务农	1006	西沟乡	西沟村	100	100	
张	男	汉	14042519890523	务农	1007	西沟乡	西沟村	100	100	
张	男	汉	14042519890624	务农	1008	西沟乡	西沟村	100	100	

村（居）委会(章)　　乡劳动保障所（章）

注：此表一式三份，县、乡、村和留存一份。

63

图2-1-36　2012年西沟村新型农村社会养老保险参保人员续缴费花名表35

2012年　月　日

姓名	性别	民族	身份证号	身份	编号	乡镇名称	村名称	2011缴费金额	2012缴费金额	个人签字
董	男	汉	14042519891205	务农	1025	西沟乡	西沟村	100	100	董
张	女	汉	14042519891215	务农	1026	西沟乡	西沟村	100	100	[illegible]
董	女	汉	14042519891228	务农	1027	西沟乡	西沟村	100	100.	[illegible]
张	男	汉	14042519900126	务农	1028	西沟乡	西沟村	100	100	[illegible]
许	女	汉	14042519900222	务农	1029	西沟乡	西沟村	100	100	许
张	男	汉	14042519900323	务农	1030	西沟乡	西沟村	100	100.	[illegible]
王	男	汉	14042519900324	务农	1031	西沟乡	西沟村	100	100	王
张	女	汉	14042519900402	务农	1032	西沟乡	西沟村	100	100.	[illegible]
张	女	汉	14042519900411	务农	1033	西沟乡	西沟村	100	100.	[illegible]
许	男	汉	14042519900412	务农	1034	西沟乡	西沟村	100	100	许
王	女	汉	14042519900416	务农	1035	西沟乡	西沟村	100	100	王
张	女	汉	14042519900418	务农	1036	西沟乡	西沟村	100	100	[illegible]
张	男	汉	14042519900509	务农	1037	西沟乡	西沟村	100	100	张
张	男	汉	14042519900615	务农	1038	西沟乡	西沟村	100	100	[illegible]
程	男	汉	14042519900626	务农	1039	西沟乡	西沟村	100	100	程
张	女	汉	14042519900701	务农	1040	西沟乡	西沟村	100	100	张

村（居）委会(章)

注：此表一式三份，县、乡、村和留存一份。　　乡劳动保障所（章）

65

图2-1-37　2012年西沟村新型农村社会养老保险参保人员续缴费花名表36

2012年 月 日

姓名	性别	民族	身份证号	身份	编号	乡镇名称	村名称	2011缴费金额	2012缴费金额	个人签字
郭	女	汉	14042519910722	务农	1057	西沟乡	西沟村	100	100	
郭	男	汉	14042519910925	务农	1058	西沟乡	西沟村	100	100	
张	男	汉	14042519910925	务农	1059	西沟乡	西沟村	100	100	
李	女	汉	14042519911010	务农	1060	西沟乡	西沟村	100	100	
秦	女	汉	14042519911114	务农	1061	西沟乡	西沟村	100	100.	
秦	女	汉	14042519911126	务农	1062	西沟乡	西沟村	100	100.	
张	女	汉	14042519911213	务农	1063	西沟乡	西沟村	100	100	
崔	男	汉	14042519920104	务农	1064	西沟乡	西沟村	100	100	
秦	女	汉	14042519920104	务农	1065	西沟乡	西沟村	200	200.	
张	男	汉	14042519920226	务农	1066	西沟乡	西沟村	100	100	
张	男	汉	14042519920304	务农	1067	西沟乡	西沟村	100	100	
牛	男	汉	14042519920323	务农	1068	西沟乡	西沟村	100	100	
郝	女	汉	14042519920421	务农	1069	西沟乡	西沟村	100	100	
李	男	汉	14042519920426	务农	1070	西沟乡	西沟村	100	100.	
申	女	汉	14042519920507	务农	1071	西沟乡	西沟村	100	100.	
赵	男	汉	14042519920615	务农	1072	西沟乡	西沟村	100	100.	

村（居）委会(章)　　　　乡劳动保障所（章）

注：此表一式三份，县、乡、村和留存一份。

67

图2-1-38　2012年西沟村新型农村社会养老保险参保人员续缴费花名表37

平顺县2012新型农村社会养老保险参保人员续缴费花名表

2012年　月　日

姓名	性别	民族	身份证号	身份	编号	乡镇名称	村名称	2011缴费金额	2012缴费金额	个人签字
李	女	汉	14042519931007	务农	1089	西沟乡	西沟村	100	100.	李
张	女	汉	14042519931106	务农	1090	西沟乡	西沟村	100	100.	张
索	男	汉	14042519931229	务农	1091	西沟乡	西沟村	100	100.	索
常	男	汉	14042519940329	务农	1092	西沟乡	西沟村	100	100	常
申	女	汉	14042519940425	务农	1093	西沟乡	西沟村	100		
牛	女	汉	14042719900223	务农	1094	西沟乡	西沟村	100	100	牛
王	女	汉	14042919820301	务农	1095	西沟乡	西沟村	1000	100.	王
宁	女	汉	14042919850529	务农	1096	西沟乡	西沟村	100	100	宁
弓	女	汉	14042919880320	务农	1097	西沟乡	西沟村	100	100	弓
吴	女	汉	14043119840901	务农	1098	西沟乡	西沟村	100	100	吴
裴	女	汉	14048119570705	务农	1099	西沟乡	西沟村	100	100	裴
张	男	汉	14048119830903	务农	1100	西沟乡	西沟村	100	100.	张
郭	女	汉	14048119880802	务农	1101	西沟乡	西沟村	100	100.	郭
冯	女	汉	14093119930324	务农	1102	西沟乡	西沟村	100	100.	冯
张	女	汉	14263619871111	务农	1103	西沟乡	西沟村	100	100.	张
孔	女	汉	37292619800509	务农	1104	西沟乡	西沟村	100	100	孔

村（居）委会(章)

注：此表一式三份，县、乡、村和留存一份。　　乡劳动保障所（章）

69

图2-1-39　2012年西沟村新型农村社会养老保险参保人员续缴费花名表38

姓名	性别	民族	身份证号	身份	编号	乡镇名称	村名称	2011缴费金额	2012缴费金额	个人签字
刘	女	汉	41052719880413	务农	1105	西沟乡	西沟村	100	100	刘
余	女	汉	52273119821119	务农	1106	西沟乡	西沟村	100	100	余
杨	女	汉	14042519880429	务农		西沟乡	西沟村		100	杨
合计						（人）		（元）		

村（居）委会(章)

注：此表一式三份，县、乡、村和留存一份　　　　乡劳动保障所（章）

70

图2-1-40　2012年西沟村新型农村社会养老保险参保人员续缴费花名表39

顺县2012新型农村社会养老保险参保人员续缴费花名表

2012年　月　日

姓名	性别	民族	身份证号	身份	编号	乡镇名称	村名称	2011缴费金额	2012缴费金额	个人签字
张	男	汉	14042519530428	务农	49	西沟乡	西沟村	100	100. 6	张
赵	女	汉	14042519530428	务农	50	西沟乡	西沟村	100	100. 1	赵
张	男	汉	14042519530525	务农	51	西沟乡	西沟村	500	500 7	张
张	男	汉	14042519530618	务农	52	西沟乡	西沟村	100	100 2	张
王	女	汉	14042519530716	务农	53	西沟乡	西沟村	100	100 10	王
董	女	汉	14042519530717	务农	54	西沟乡	西沟村	1000	100. 12	董
周	女	汉	14042519530719	务农	55	西沟乡	西沟村	100	100 11	周
张	男	汉	14042519530815	务农	56	西沟乡	西沟村	500	500 7	张
张	女	汉	14042519531018	务农	57	西沟乡	西沟村	200	200, 10	张
李	女	汉	14042519531112	务农	58	西沟乡	西沟村	100	100 11	李
张	男	汉	14042519531123	务农	59	西沟乡	西沟村	100	100. 1	张
韩	女	汉	14042519531205	务农	60	西沟乡	西沟村	100	100 2	韩
赵	女	汉	14042519531206	务农	61	西沟乡	西沟村	200	200. 12	赵
张	女	汉	14042519531212	务农	62	西沟乡	西沟村	100	100 11	张
郝	女	汉	14042519531221	务农	63	西沟乡	西沟村	200	200 1	郝
张	女	汉	14042519540120	务农	64	西沟乡	西沟村	500	500 7	张

村（居）委会(章)

注：此表一式三份，县、乡、村和留存一份。　　乡劳动保障所（章）

4

图2-1-41　2012年西沟村新型农村社会养老保险参保人员续缴费花名表40

2012年　月　日

姓名	性别	民族	身份证号	身份	编号	乡镇名称	村名称	2011缴费金额	2012缴费金额	个人签字
崔	男	汉	14042519551126	务农	113	西沟乡	西沟村	500	500 7	崔
申	女	汉	14042519551217	务农	114	西沟乡	西沟村	100	100. 3	申
李	男	汉	14042519551225	务农	115	西沟乡	西沟村	200	200 9	李
周	男	汉	14042519560103	务农	116	西沟乡	西沟村	100	100 11	周
郭	女	汉	14042519560206	务农	117	西沟乡	西沟村	100	100. 6	郭
郭	女	汉	14042519560215	务农	118	西沟乡	西沟村	100	100. 3	郭
张	男	汉	14042519560219	务农	119	西沟乡	西沟村	100	100. 3	张
张	男	汉	14042519560306	务农	120	西沟乡	西沟村	100	100. 3	张
赵	男	汉	14042519560312	务农	121	西沟乡	西沟村	100	100 2	赵
申	男	汉	14042519560314	务农	122	西沟乡	西沟村	100	100. 12	申
张	男	汉	14042519560330	务农	123	西沟乡	西沟村	100	100. 10	张
常	男	汉	14042519560413	务农	124	西沟乡	西沟村	200	200. 12	常
张	男	汉	14042519560510	务农	125	西沟乡	西沟村	100	100 9	张
张	女	汉	14042519560604	务农	126	西沟乡	西沟村	100	100. 1	张
张	女	汉	14042519560615	务农	127	西沟乡	西沟村	100	100 8	张
周	男	汉	14042519560616	务农	128	西沟乡	西沟村	500	500 11	周

村（居）委会(章)

注：此表一式三份，县、乡、村和留存一份。　　乡劳动保障所（章）

8

图2-1-42　2012年西沟村新型农村社会养老保险参保人员续缴费花名表41

2012年　月　日

姓名	性别	民族	身份证号	身份	编号	乡镇名称	村名称	2011缴费金额	2012缴费金额	个人签字
武	男	汉	14042519570927	务农	161	西沟乡	西沟村	100	100	
张	男	汉	14042519571016	务农	162	西沟乡	西沟村	100	100	
董	女	汉	14042519571107	务农	163	西沟乡	西沟村	100	100.	
张	女	汉	14042519571201	务农	164	西沟乡	西沟村	100	100.	
杨	女	汉	14042519580119	务农	165	西沟乡	西沟村	100		
张	男	汉	14042519580222	务农	166	西沟乡	西沟村	100	100	
张	男	汉	14042519580228	务农	167	西沟乡	西沟村	100	100.	
张	男	汉	14042519580308	务农	168	西沟乡	西沟村	100	100.	
郭	女	汉	14042519580328	务农	169	西沟乡	西沟村	200	200	
董	男	汉	14042519580330	务农	170	西沟乡	西沟村	100	100.	
张	女	汉	14042519580404	务农	171	西沟乡	西沟村	100	100	
索	男	汉	14042519580411	务农	172	西沟乡	西沟村	100	100.	
张	男	汉	14042519580429	务农	173	西沟乡	西沟村	500	500	
索	男	汉	14042519580516	务农	174	西沟乡	西沟村	100		
张	女	汉	14042519580710	务农	175	西沟乡	西沟村	100	100.	
宋	男	汉	14042519580717	务农	176	西沟乡	西沟村	100	100	

村（居）委会(章)

注：此表一式三份，县、乡、村和留存一份。　　乡劳动保障所（章）

11

图2-1-43　2012年西沟村新型农村社会养老保险参保人员续缴费花名表42

2012年　月　日

姓名	性别	民族	身份证号	身份	编号	乡镇名称	村名称	2011缴费金额	2012缴费金额	个人签字
杨	女	汉	14042519591106	务农	209	西沟乡	西沟村	100	100	杨
房	男	汉	14042519591115	务农	210	西沟乡	西沟村	500	500	房
张	女	汉	14042519591210	务农	211	西沟乡	西沟村	1000	1000	张
张	男	汉	14042519591218	务农	212	西沟乡	西沟村	100	100.	张
张	女	汉	14042519591218	务农	213	西沟乡	西沟村	1000	1000	张
栗	女	汉	14042519591221	务农	214	西沟乡	西沟村	100	100	栗
周	男	汉	14042519600102	务农	215	西沟乡	西沟村	100	100	周
常	男	汉	14042519600202	务农	216	西沟乡	西沟村	100	100.	常
原	女	汉	14042519600210	务农	217	西沟乡	西沟村	100	100.	原
许	女	汉	14042519600212	务农	218	西沟乡	西沟村	100	100	许
董	女	汉	14042519600223	务农	219	西沟乡	西沟村	100	100	董
吴	女	汉	14042519600301	务农	220	西沟乡	西沟村	200	200.	吴
宋	男	汉	14042519600322	务农	221	西沟乡	西沟村	100	100	宋
张	男	汉	14042519600408	务农	222	西沟乡	西沟村	100	100.	张
周	男	汉	14042519600411	务农	223	西沟乡	西沟村	100	100	周
张	女	汉	14042519600511	务农	224	西沟乡	西沟村	100	100	张

村（居）委会(章)

注：此表一式三份，县、乡、村和留存一份。　　乡劳动保障所（章）

14

图2-1-44　2012年西沟村新型农村社会养老保险参保人员续缴费花名表43

2012年　月　日

姓名	性别	民族	身份证号	身份	编号	乡镇名称	村名称	2011缴费金额	2012缴费金额	个人签字
郭	女	汉	14042519611201	务农	257	西沟乡	西沟村	100	100 10	郭
张	男	汉	14042519611206	务农	258	西沟乡	西沟村	100	100. 3	张
郭	女	汉	14042519611221	务农	259	西沟乡	西沟村	100	100. 1	郭
索	男	汉	14042519611227	务农	260	西沟乡	西沟村	100	100. 8	索
张	男	汉	14042519620119	务农	261	西沟乡	西沟村	100	100. 12	张
李	女	汉	14042519620119	务农	262	西沟乡	西沟村	100	100. 10	李
杨	男	汉	14042519620126	务农	263	西沟乡	西沟村	100	100 10	杨
侯	女	汉	14042519620203	务农	264	西沟乡	西沟村	100	100. 12	侯
杨	女	汉	14042519620212	务农	265	西沟乡	西沟村	300	300. 4	杨
张	男	汉	14042519620309	务农	266	西沟乡	西沟村	100	100. 10	张
郝	女	汉	14042519620317	务农	267	西沟乡	西沟村	100	100 5	郝
张	女	汉	14042519620321	务农	268	西沟乡	西沟村	100	100. 10	张
宋	男	汉	14042519620520	务农	269	西沟乡	西沟村	100	100 5	宋
张	女	汉	14042519620520	务农	270	西沟乡	西沟村	100	100 9	张
张	男	汉	14042519620524	务农	271	西沟乡	西沟村	100	100. 1	張
张	男	汉	14042519620605	务农	272	西沟乡	西沟村	100	100. 3	张

村（居）委会(章)

注：此表一式三份，县、乡、村和留存一份。

乡劳动保障所（章）

17

图2-1-45　2012年西沟村新型农村社会养老保险参保人员续缴费花名表44

2012年 月 日

姓名	性别	民族	身份证号	身份	编号	乡镇名称	村名称	2011缴费金额	2012缴费金额	个人签字
张	男	汉	14042519630127	务农	305	西沟乡	西沟村	100	100 3	张
马	男	汉	14042519630221	务农	306	西沟乡	西沟村	100	100. 1	马
郭	女	汉	14042519630305	务农	307	西沟乡	西沟村	100	100 11	郭
张	女	汉	14042519630306	务农	308	西沟乡	西沟村	100	100. 1	张
秦	男	汉	14042519630313	务农	309	西沟乡	西沟村	100	100. 12	秦
郭	女	汉	14042519630314	务农	310	西沟乡	西沟村	500	500 2	郭
崔	女	汉	14042519630325	务农	311	西沟乡	西沟村	500	500 11	崔
张	女	汉	14042519630418	务农	312	西沟乡	西沟村	100	100 10	张
裴	女	汉	14042519630419	务农	313	西沟乡	西沟村	100	100 10	裴
杨	女	汉	14042519630506	务农	314	西沟乡	西沟村	200	200 10	杨
周	男	汉	14042519630602	务农	315	西沟乡	西沟村	100	100. 10	周
张	男	汉	14042519630623	务农	316	西沟乡	西沟村	100	100 2	张
李	女	汉	14042519630718	务农	317	西沟乡	西沟村	100	100 9	李
张	女	汉	14042519630722	务农	318	西沟乡	西沟村	300	300 2	张
张	男	汉	14042519630806	务农	319	西沟乡	西沟村	100	100 10	张
许	男	汉	14042519630806	务农	320	西沟乡	西沟村	100	100 9	许

村（居）委会(章)

注：此表一式三份，县、乡、村和留存一份。　　乡劳动保障所（章）

20

图2-1-46　2012年西沟村新型农村社会养老保险参保人员续缴费花名表45

2012年　月　日

姓名	性别	民族	身份证号	身份	编号	乡镇名称	村名称	2011缴费金额	2012缴费金额	个人签字
张	女	汉	14042519540901	务农	81	西沟乡	西沟村	100	100	张
牛	男	汉	14042519540904	务农	82	西沟乡	西沟村	100	100	牛
董	男	汉	14042519540909	务农	83	西沟乡	西沟村	100	100.	董
宋	女	汉	14042519540915	务农	84	西沟乡	西沟村	100	100.	宋
李	女	汉	14042519540917	务农	85	西沟乡	西沟村	100	100	李
韩	女	汉	14042519541006	务农	86	西沟乡	西沟村	100	100	韩
张	女	汉	14042519541021	务农	87	西沟乡	西沟村	300	300	张
张	男	汉	14042519541119	务农	88	西沟乡	西沟村	100	100.	张
方	女	汉	14042519541120	务农	89	西沟乡	西沟村	100	100	方
范	女	汉	14042519541213	务农	90	西沟乡	西沟村	100	100.	范
张	女	汉	14042519541214	务农	91	西沟乡	西沟村	100	100.	张
杨	男	汉	14042519541224	务农	92	西沟乡	西沟村	100	100.	杨
张	女	汉	14042519541230	务农	93	西沟乡	西沟村	300	300	张
周	男	汉	14042519550109	务农	94	西沟乡	西沟村	100	100	周
索	男	汉	14042519550120	务农	95	西沟乡	西沟村	500	500.	索
张	男	汉	14042519550216	务农	96	西沟乡	西沟村	500	500	张

村（居）委会(章)

注：此表一式三份，县、乡、村和留存一份。　　乡劳动保障所（章）

6

图2-1-47　2012年西沟村新型农村社会养老保险参保人员续缴费花名表46

2012年　月　日

姓名	性别	民族	身份证号	身份	编号	乡镇名称	村名称	2011缴费金额	2012缴费金额	个人签字
周	女	汉	14042519590113	务农	193	西沟乡	西沟村	500	500	周
赵	女	汉	14042519590125	务农	194	西沟乡	西沟村	100	100	赵
李	男	汉	14042519590317	务农	195	西沟乡	西沟村	100	100	李
董	男	汉	14042519590513	务农	196	西沟乡	西沟村	100	100.	董
秦	女	汉	14042519590521	务农	197	西沟乡	西沟村	100	100	秦
程	女	汉	14042519590525	务农	198	西沟乡	西沟村	300	300	程
裴	女	汉	14042519590625	务农	199	西沟乡	西沟村	100	100	裴
牛	男	汉	14042519590808	务农	200	西沟乡	西沟村	200	200	牛
张	男	汉	14042519590810	务农	201	西沟乡	西沟村	500	100.	张
张	女	汉	14042519590908	务农	202	西沟乡	西沟村	100	100	张
杨	男	汉	14042519590922	务农	203	西沟乡	西沟村	100	100.	杨
郭	女	汉	14042519590925	务农	204	西沟乡	西沟村	500	100	郭
张	男	汉	14042519591005	务农	205	西沟乡	西沟村	100	100.	张
赵	女	汉	14042519591012	务农	206	西沟乡	西沟村	100	100	赵
刘	男	汉	14042519591017	务农	207	西沟乡	西沟村	300	300.	刘
申	女	汉	14042519591018	务农	208	西沟乡	西沟村	100	100.	申

村（居）委会(章)

注：此表一式三份，县、乡、村和留存一份。　　乡劳动保障所（章）

13

图2-1-48　2012年西沟村新型农村社会养老保险参保人员续缴费花名表47

2012年 月 日

姓名	性别	民族	身份证号	身份	编号	乡镇名称	村名称	2011缴费金额	2012缴费金额	个人签字
张	男	汉	14042519621006	务农	289	西沟乡	西沟村	100	100	张
申	男	汉	14042519621016	务农	290	西沟乡	西沟村	100	100.	申
杨	男	汉	14042519621023	务农	291	西沟乡	西沟村	200	200.	杨
张	女	汉	14042519621115	务农	292	西沟乡	西沟村	300	300	张
张	女	汉	14042519621119	务农	293	西沟乡	西沟村	100	100	张
张	女	汉	14042519621205	务农	294	西沟乡	西沟村	100	100.	张
牛	男	汉	14042519621209	务农	295	西沟乡	西沟村	100	100	牛
杨	男	汉	14042519621212	务农	296	西沟乡	西沟村	1000	1000	杨
张	女	汉	14042519621218	务农	297	西沟乡	西沟村	100	100.	张
崔	男	汉	14042519621222	务农	298	西沟乡	西沟村	100	100	崔
张	女	汉	14042519630111	务农	299	西沟乡	西沟村	100	100.	张
周	男	汉	14042519630115	务农	300	西沟乡	西沟村	100	100	周
郝	男	汉	14042519630117	务农	301	西沟乡	西沟村	100	100.	郝
侯	女	汉	14042519630118	务农	302	西沟乡	西沟村	100	100.	侯
李	男	汉	14042519630124	务农	303	西沟乡	西沟村	100	100	李
索	女	汉	14042519630126	务农	304	西沟乡	西沟村	300	300.	索

村（居）委会(章)

注：此表一式三份，县、乡、村和留存一份。　　乡劳动保障所（章）

19

图2-1-49　2012年西沟村新型农村社会养老保险参保人员续缴费花名表48

2012年　月　日

姓名	性别	民族	身份证号	身份	编号	乡镇名称	村名称	2011缴费金额	2012缴费金额	个人签字
张	男	汉	14042519650308	务农	369	西沟乡	西沟村	100	100	张
张	女	汉	14042519650310	务农	370	西沟乡	西沟村	100	100	张
张	男	汉	14042519650322	务农	371	西沟乡	西沟村	100	100	张
武	女	汉	14042519650409	务农	372	西沟乡	西沟村	100	100	武
张	女	汉	14042519650425	务农	373	西沟乡	西沟村	100	100	张
杨	男	汉	14042519650505	务农	374	西沟乡	西沟村	100		
韩	女	汉	14042519650508	务农	375	西沟乡	西沟村	100	100	韩
蒋	女	汉	14042519650518	务农	376	西沟乡	西沟村	100	100	蒋
王	男	汉	14042519650705	务农	377	西沟乡	西沟村	100	100	王
王	男	汉	14042519650817	务农	378	西沟乡	西沟村	100	100	王
李	男	汉	14042519650821	务农	379	西沟乡	西沟村	100	100	李
郝	女	汉	14042519650908	务农	380	西沟乡	西沟村	100	100	郝
韩	女	汉	14042519651001	务农	381	西沟乡	西沟村	100	100	韩
张	女	汉	14042519651009	务农	382	西沟乡	西沟村	100	100	张
张	女	汉	14042519651014	务农	383	西沟乡	西沟村	100	100	张
张	男	汉	14042519651215	务农	384	西沟乡	西沟村	100	100	张

村（居）委会(章)

注：此表一式三份，县、乡、村和留存一份。　　乡劳动保障所（章）

24

图2-1-50　2012年西沟村新型农村社会养老保险参保人员续缴费花名表49

2012年 月 日

姓名	性别	民族	身份证号	身份	编号	乡镇名称	村名称	2011缴费金额	2012缴费金额	个人签字
李	男	汉	14042519670616	务农	433	西沟乡	西沟村	100	100	李
张	男	汉	14042519670701	务农	434	西沟乡	西沟村	100	100	张
张	男	汉	14042519670703	务农	435	西沟乡	西沟村	100		
张	女	汉	14042519670815	务农	436	西沟乡	西沟村	100	100	张
李	男	汉	14042519670917	务农	437	西沟乡	西沟村	100	100	李
周	男	汉	14042519670927	务农	438	西沟乡	西沟村	100	100	周
侯	女	汉	14042519671004	务农	439	西沟乡	西沟村	100	100	侯
张	男	汉	14042519671015	务农	440	西沟乡	西沟村	100	100	[illegible]
孙	女	汉	14042519671103	务农	441	西沟乡	西沟村	100		
张	男	汉	14042519671113	务农	442	西沟乡	西沟村	1000	1000	张
秦	男	汉	14042519671122	务农	443	西沟乡	西沟村	100	100.	秦
张	男	汉	14042519671126	务农	444	西沟乡	西沟村	500	100.	[illegible]
赵	女	汉	14042519671206	务农	445	西沟乡	西沟村	200	200.	赵
张	男	汉	14042519671208	务农	446	西沟乡	西沟村	100	100	[illegible]
董	女	汉	14042519680103	务农	447	西沟乡	西沟村	200	200	[illegible]
王	女	汉	14042519680106	务农	448	西沟乡	西沟村	100	100	王

村（居）委会(章)

注：此表一式三份，县、乡、村和留存一份。 乡劳动保障所（章）

28

图2-1-51 2012年西沟村新型农村社会养老保险参保人员续缴费花名表50

2012年　　月　　日

姓名	性别	民族	身份证号	身份	编号	乡镇名称	村名称	2011缴费金额	2012缴费金额	个人签字
张	男	汉	14042519690224	务农	497	西沟乡	西沟村	100	100	
宋	男	汉	14042519690306	务农	498	西沟乡	西沟村	100	100	
杨	女	汉	14042519690324	务农	499	西沟乡	西沟村	100	100	
张	男	汉	14042519690329	务农	500	西沟乡	西沟村	100	100	
崔	女	汉	14042519690405	务农	501	西沟乡	西沟村	100	100	
董	男	汉	14042519690410	务农	502	西沟乡	西沟村	100	100.	
裴	女	汉	14042519690417	务农	503	西沟乡	西沟村	100	100	
赵	男	汉	14042519690419	务农	504	西沟乡	西沟村	100	100	
马	男	汉	14042519690516	务农	505	西沟乡	西沟村	100	100	
侯	女	汉	14042519690614	务农	506	西沟乡	西沟村	100	100.	
张	男	汉	14042519690615	务农	507	西沟乡	西沟村	100	100	
方	男	汉	14042519690616	务农	508	西沟乡	西沟村	100	100	
牛	女	汉	14042519690621	务农	509	西沟乡	西沟村	100	100	
赵	女	汉	14042519690627	务农	510	西沟乡	西沟村	100	100	
张	女	汉	14042519690704	务农	511	西沟乡	西沟村	100	100	
张	男	汉	14042519690706	务农	512	西沟乡	西沟村	100	100.	

村（居）委会(章)

注：此表一式三份，县、乡、村和留存一份。　　乡劳动保障所（章）

32

图2-1-52　2012年西沟村新型农村社会养老保险参保人员续缴费花名表51

2012年 月 日

姓名	性别	民族	身份证号	身份	编号	乡镇名称	村名称	2011缴费金额	2012缴费金额	个人签字
张	男	汉	14042519701124	务农	561	西沟乡	西沟村	100	100.	张
武	男	汉	14042519701124	务农	562	西沟乡	西沟村	100	100.	武
郭	女	汉	14042519701127	务农	563	西沟乡	西沟村	100	100	郭
赵	女	汉	14042519701208	务农	564	西沟乡	西沟村	1000	1000.	赵
张	男	汉	14042519701214	务农	565	西沟乡	西沟村	100	100	张
郭	女	汉	14042519701219	务农	566	西沟乡	西沟村	100	100	郭
张	男	汉	14042519701220	务农	567	西沟乡	西沟村	100	100	张
桑	女	汉	14042519710120	务农	568	西沟乡	西沟村	100	100	桑
张	女	汉	14042519710124	务农	569	西沟乡	西沟村	1000	1000	张
周	男	汉	14042519710126	务农	570	西沟乡	西沟村	100	100	周
张	男	汉	14042519710205	务农	571	西沟乡	西沟村	100	100	张
常	男	汉	14042519710205	务农	572	西沟乡	西沟村	100	100.	常
李	女	汉	14042519710217	务农	573	西沟乡	西沟村	100	100.	李
郭	女	汉	14042519710225	务农	574	西沟乡	西沟村	100	100	郭
韩	女	汉	14042519710306	务农	575	西沟乡	西沟村	100	100	韩
张	男	汉	14042519710314	务农	576	西沟乡	西沟村	100	100.	张

村（居）委会(章)

注：此表一式三份，县、乡、村和留存一份。　　乡劳动保障所（章）

36

图2-1-53　2012年西沟村新型农村社会养老保险参保人员续缴费花名表52

2012年　月　日

姓名	性别	民族	身份证号	身份	编号	乡镇名称	村名称	2011缴费金额	2012缴费金额	个人签字
张	女	汉	14042519721013	务农	625	西沟乡	西沟村	500	500	张
郭	男	汉	14042519721114	务农	626	西沟乡	西沟村	100	100	郭
裴	女	汉	14042519721117	务农	627	西沟乡	西沟村	100	100	裴
张	男	汉	14042519721125	务农	628	西沟乡	西沟村	100	100	张
陈	女	汉	14042519721228	务农	629	西沟乡	西沟村	100	100	陈
张	女	汉	14042519730120	务农	630	西沟乡	西沟村	100	100	张
房	男	汉	14042519730121	务农	631	西沟乡	西沟村	100	100	房
张	男	汉	14042519730209	务农	632	西沟乡	西沟村	100	100	张
张	女	汉	14042519730214	务农	633	西沟乡	西沟村	100	100	张
张	男	汉	14042519730217	务农	634	西沟乡	西沟村	100	100	张
张	男	汉	14042519730219	务农	635	西沟乡	西沟村	100	100	张
王	女	汉	14042519730302	务农	636	西沟乡	西沟村	100	100	王
王	男	汉	14042519730309	务农	637	西沟乡	西沟村	100	100	王
赵	女	汉	14042519730328	务农	638	西沟乡	西沟村	100	100	赵
张	女	汉	14042519730330	务农	639	西沟乡	西沟村	100	100	张
张	女	汉	14042519730412	务农	640	西沟乡	西沟村	1000	1000	张

村（居）委会(章)

注：此表一式三份，县、乡、村和留存一份。　　乡劳动保障所（章）

40

图2-1-54　2012年西沟村新型农村社会养老保险参保人员续缴费花名表53

2012年　月　日

姓名	性别	民族	身份证号	身份	编号	乡镇名称	村名称	2011缴费金额	2012缴费金额	个人签字
郭	男	汉	14042519740616	务农	689	西沟乡	西沟村	100	100. 1	郭
张	男	汉	14042519740623	务农	690	西沟乡	西沟村	100	100 7	张
韩	女	汉	14042519740626	务农	691	西沟乡	西沟村	100	100 7	韩
李	女	汉	14042519740718	务农	692	西沟乡	西沟村	100	100 11	李
原	男	汉	14042519740725	务农	693	西沟乡	西沟村	100	100. 10	原
原	女	汉	14042519740821	务农	694	西沟乡	西沟村	100	100 11	原
张	女	汉	14042519740827	务农	695	西沟乡	西沟村	100	100 3	张
张	男	汉	14042519740915	务农	696	西沟乡	西沟村	100	100 2	张
段	女	汉	14042519740921	务农	697	西沟乡	西沟村	100	100 3	段
张	男	汉	14042519740924	务农	698	西沟乡	西沟村	100	100 7	张
周	男	汉	14042519741019	务农	699	西沟乡	西沟村	100	100 11	周
常	男	汉	14042519741022	务农	700	西沟乡	西沟村	100	100. 12	常
王	女	汉	14042519741023	务农	701	西沟乡	西沟村	100	100 9	王
张	女	汉	14042519741111	务农	702	西沟乡	西沟村	1000	1000. 1	张
董	男	汉	14042519741126	务农	703	西沟乡	西沟村	100	100. 12	董
张	女	汉	14042519741212	务农	704	西沟乡	西沟村	100	100 11	张

村（居）委会(章)

注：此表一式三份，县、乡、村和留存一份。　　乡劳动保障所（章）

44

图2-1-55　2012年西沟村新型农村社会养老保险参保人员续缴费花名表54

2012年 月 日

姓名	性别	民族	身份证号	身份	编号	乡镇名称	村名称	2011缴费金额	2012缴费金额	个人签字
张	女	汉	14042519760526	务农	753	西沟乡	西沟村	100	100.	张
马	男	汉	14042519760615	务农	754	西沟乡	西沟村	100	100	马
董	男	汉	14042519760616	重残	755	西沟乡	西沟村	0		残
李	男	汉	14042519760619	务农	756	西沟乡	西沟村	100	100.	李
郭	女	汉	14042519760704	务农	757	西沟乡	西沟村	100	100	郭
李	女	汉	14042519760718	务农	758	西沟乡	西沟村	100	100.	李
郭	女	汉	14042519760816	务农	759	西沟乡	西沟村	100	100.	郭
张	女	汉	14042519760823	务农	760	西沟乡	西沟村	100	100.	张
张	男	汉	14042519760908	务农	761	西沟乡	西沟村	100	100	张
张	女	汉	14042519760914	务农	762	西沟乡	西沟村	100	100	张
郭	男	汉	14042519761021	务农	763	西沟乡	西沟村	1000	1000.	郭
秦	男	汉	14042519761025	务农	764	西沟乡	西沟村	100	100	秦
张	男	汉	14042519761104	务农	765	西沟乡	西沟村	100	100	张
李	女	汉	14042519761205	务农	766	西沟乡	西沟村	100	100	李
张	男	汉	14042519770209	务农	767	西沟乡	西沟村	100	100	张
张	男	汉	14042519770404	务农	768	西沟乡	西沟村	100	100	张

村（居）委会（章）

注：此表一式三份，县、乡、村和留存一份。　　乡劳动保障所（章）

48

图2-1-56　2012年西沟村新型农村社会养老保险参保人员续缴费花名表55

2012年　月　日

姓名	性别	民族	身份证号	身份	编号	乡镇名称	村名称	2011缴费金额	2012缴费金额	个人签字
张	男	汉	14042519781123	务农	817	西沟乡	西沟村	100	100. 6	张
王	女	汉	14042519781123	务农	818	西沟乡	西沟村	100	100 9	王
杨	男	汉	14042519790205	务农	819	西沟乡	西沟村	100		
牛	男	汉	14042519790207	务农	820	西沟乡	西沟村	100	100 10	牛
赵	女	汉	14042519790324	务农	821	西沟乡	西沟村	100	100 11	赵
张	女	汉	14042519790418	务农	822	西沟乡	西沟村	100	100, 10	张
张	女	汉	14042519790606	务农	823	西沟乡	西沟村	100	100. 1	張
张	男	汉	14042519790614	务农	824	西沟乡	西沟村	100		
武	男	汉	14042519790616	务农	825	西沟乡	西沟村	100	100 8	武
申	女	汉	14042519790627	务农	826	西沟乡	西沟村	100	100 3	申
路	女	汉	14042519790702	务农	827	西沟乡	西沟村	100	100 5	路
牛	男	汉	14042519790708	务农	828	西沟乡	西沟村	100	100. 12	牛
胡	男	汉	14042519790724	务农	829	西沟乡	西沟村	100	100 7	胡
张	女	汉	14042519790805	务农	830	西沟乡	西沟村	100	100 3	张
牛	男	汉	14042519790825	务农	831	西沟乡	西沟村	100	100, 10	牛
李	男	汉	14042519790920	务农	832	西沟乡	西沟村	100	100 2	李

村（居）委会(章)

注：此表一式三份，县、乡、村和留存一份。　　　乡劳动保障所（章）

52

图2-1-57　2012年西沟村新型农村社会养老保险参保人员续缴费花名表56

姓名	性别	民族	身份证号	身份	编号	乡镇名称	村名称	2011缴费金额	2012缴费金额	个人签字
张	男	汉	14042519811219	务农	881	西沟乡	西沟村	100	100.	
马	女	汉	14042519820125	务农	882	西沟乡	西沟村	100	100	
张	男	汉	14042519820128	务农	883	西沟乡	西沟村	100	100.	
李	女	汉	14042519820326	务农	884	西沟乡	西沟村	300	300.	
岳	女	汉	14042519820408	务农	885	西沟乡	西沟村	100	100.	
张	男	汉	14042519820414	务农	886	西沟乡	西沟村	100	100	
马	男	汉	14042519820428	务农	887	西沟乡	西沟村	100	100	
秦	女	汉	14042519820510	务农	888	西沟乡	西沟村	100	100.	
郝	男	汉	14042519820525	务农	889	西沟乡	西沟村	100	100.	
董	男	汉	14042519820601	务农	890	西沟乡	西沟村	100	100.	
张	女	汉	14042519820725	务农	891	西沟乡	西沟村	100	100	
张	男	汉	14042519820809	务农	892	西沟乡	西沟村	100	100.	
董	男	汉	14042519820908	务农	893	西沟乡	西沟村	100	100.	
马	男	汉	14042519820915	务农	894	西沟乡	西沟村	100	100	
张	女	汉	14042519821109	务农	895	西沟乡	西沟村	100	100	
张	男	汉	14042519821122	务农	896	西沟乡	西沟村	1000	100.	

村（居）委会(章)

注：此表一式三份，县、乡、村和留存一份。

乡劳动保障所（章）

56

图2-1-58　2012年西沟村新型农村社会养老保险参保人员续缴费花名表57

2012年　月　日

姓名	性别	民族	身份证号	身份	编号	乡镇名称	村名称	2011缴费金额	2012缴费金额	个人签字
张	女	汉	14042519860607	务农	945	西沟乡	西沟村	100	100 12	
张	男	汉	14042519860615	务农	946	西沟乡	西沟村	100	100. 1	
崔	女	汉	14042519860627	务农	947	西沟乡	西沟村	100	100 10	
宋	男	汉	14042519860717	务农	948	西沟乡	西沟村	100	100 6	
申	女	汉	14042519860721	务农	949	西沟乡	西沟村	100	100. 12	
赵	男	汉	14042519860729	务农	950	西沟乡	西沟村	100	100 2	
郝	男	汉	14042519860922	务农	951	西沟乡	西沟村	100	100. 1	
张	女	汉	14042519860922	务农	952	西沟乡	西沟村	100	100 2	
张	男	汉	14042519861213	务农	953	西沟乡	西沟村	100	100. 6	
杨	女	汉	14042519861223	务农	954	西沟乡	西沟村	100	100. 12	
马	男	汉	14042519870107	务农	955	西沟乡	西沟村	100	100. 1	
张	男	汉	14042519870114	务农	956	西沟乡	西沟村	100	100. 6	
向	女	汉	14042519870124	务农	957	西沟乡	西沟村	100	100. 6	
张	男	汉	14042519870213	务农	958	西沟乡	西沟村	100	100 7	
张	女	汉	14042519870221	务农	959	西沟乡	西沟村	100	100. 1	
刘	男	汉	14042519870404	务农	960	西沟乡	西沟村	100	100 7	

村（居）委会（章）

注：此表一式三份，县、乡、村和留存一份。　　乡劳动保障所（章）

60

图2-1-59　2012年西沟村新型农村社会养老保险参保人员续缴费花名表58

2012年　月　日

姓名	性别	民族	身份证号	身份	编号	乡镇名称	村名称	2011缴费金额	2012缴费金额	个人签字
张	男	汉	14042519890725	务农	1009	西沟乡	西沟村	100	100 8	张
张	男	汉	14042519890725	务农	1010	西沟乡	西沟村	100	100 8	张
秦	女	汉	14042519890822	务农	1011	西沟乡	西沟村	100	100. 12	秦
张	女	汉	14042519890826	务农	1012	西沟乡	西沟村	100	100 7	张
张	男	汉	14042519890830	务农	1013	西沟乡	西沟村	100	100 3	张
周	男	汉	14042519890903	务农	1014	西沟乡	西沟村	100	100 11	周
郝	男	汉	14042519890921	务农	1015	西沟乡	西沟村	100	100. 1	郝
申	男	汉	14042519890929	务农	1016	西沟乡	西沟村	100	100. 12	申
张	女	汉	14042519891001	务农	1017	西沟乡	西沟村	100	100. 6	张
吴	女	汉	14042519891015	务农	1018	西沟乡	西沟村	100	100. 6	吴
张	男	汉	14042519891015	务农	1019	西沟乡	西沟村	100	100. 6	张
张	女	汉	14042519891023	务农	1020	西沟乡	西沟村	100	100 8	张
牛	女	汉	14042519891023	务农	1021	西沟乡	西沟村	100	100 10	牛
李	女	汉	14042519891105	务农	1022	西沟乡	西沟村	100	100 2	李
李	男	汉	14042519891119	务农	1023	西沟乡	西沟村	100	100 9	李
李	女	汉	14042519891123	务农	1024	西沟乡	西沟村	100	100 3	李

村（居）委会(章)

注：此表一式三份，县、乡、村和留存一份。　　乡劳动保障所（章）

64

图2-1-60　2012年西沟村新型农村社会养老保险参保人员续缴费花名表59

2012年　月　日

姓名	性别	民族	身份证号	身份	编号	乡镇名称	村名称	2011缴费金额	2012缴费金额	个人签字
张	男	汉	14042519920705	务农	1073	西沟乡	西沟村	100	100.	張
申	女	汉	14042519920713	务农	1074	西沟乡	西沟村	100		
周	男	汉	14042519920728	务农	1075	西沟乡	西沟村	100	100	周
常	男	汉	14042519920811	务农	1076	西沟乡	西沟村	100	100	常
刘	女	汉	14042519921021	务农	1077	西沟乡	西沟村	100	100	刘
张	男	汉	14042519921105	务农	1078	西沟乡	西沟村	100	100	张
郝	女	汉	14042519921115	务农	1079	西沟乡	西沟村	100	100.	郝
张	男	汉	14042519930212	务农	1080	西沟乡	西沟村	100		
张	男	汉	14042519930318	务农	1081	西沟乡	西沟村	100	100.	张
周	男	汉	14042519930415	务农	1082	西沟乡	西沟村	100	100	周
郝	女	汉	14042519930428	务农	1083	西沟乡	西沟村	100	100.	郝
周	男	汉	14042519930607	务农	1084	西沟乡	西沟村	100	100	周
赵	男	汉	14042519930806	务农	1085	西沟乡	西沟村	100	100.	赵
赵	男	汉	14042519930821	务农	1086	西沟乡	西沟村	100	100	赵
张	男	汉	14042519930918	务农	1087	西沟乡	西沟村	100	100	张
张	男	汉	14042519930929	务农	1088	西沟乡	西沟村	100	100	张

村（居）委会(章)

注：此表一式三份，县、乡、村和留存一份。　　　　乡劳动保障所（章）

68

图2-1-61　2012年西沟村新型农村社会养老保险参保人员续缴费花名表60

新型农村社会养老保险参保人员续缴费花名表

2012年　月　日

姓名	性别	民族	身份证号	身份	编号	乡镇名称	村名称	2011缴费金额	2012缴费金额	个人签字
白	女	汉	14042519560624	务农	129	西沟乡	西沟村	100	100. 12	白
马	男	汉	14042519560713	务农	130	西沟乡	西沟村	100	100 5	马
裴	女	汉	14042519560716	务农	131	西沟乡	西沟村	100	100. 6	裴
郝	男	汉	14042519560719	务农	132	西沟乡	西沟村	100	100. 1	郝
郝	男	汉	14042519560804	务农	133	西沟乡	西沟村	500	500. 1	郝
刘	女	汉	14042519560921	务农	134	西沟乡	西沟村	500	500. 4	刘
王	男	汉	14042519560929	干部	135	西沟乡	西沟村	500	500 7	王
张	男	汉	14042519561006	务农	136	西沟乡	西沟村	100	100. 3	张
张	男	汉	14042519561012	务农	137	西沟乡	西沟村	100	100. 1	张
张	男	汉	14042519561101	务农	138	西沟乡	西沟村	1000	1000 8	张
张	女	汉	14042519561101	务农	139	西沟乡	西沟村	300	300 7	张
马	男	汉	14042519561101	务农	140	西沟乡	西沟村	100	100 5	马
常	男	汉	14042519561104	务农	141	西沟乡	西沟村	100	100. 12	常
张	男	汉	14042519561107	务农	142	西沟乡	西沟村	500	500 8	张
张	男	汉	14042519561109	务农	143	西沟乡	西沟村	100	100. 6	张
吴	女	汉	14042519561112	务农	144	西沟乡	西沟村	100	100. 1	吴

村（居）委会(章)

注：此表一式三份，县、乡、村和留存一份。　　乡劳动保障所（章）

9

图2-1-62　2012年西沟村新型农村社会养老保险参保人员续缴费花名表61

2012年　月　日

姓名	性别	民族	身份证号	身份	编号	乡镇名称	村名称	2011缴费金额	2012缴费金额	个人签字
张	男	汉	14042519640205	务农	337	西沟乡	西沟村	100	100	张
李	男	汉	14042519640220	务农	338	西沟乡	西沟村	100	100	李
郭	男	汉	14042519640222	务农	339	西沟乡	西沟村	100	100	郭
张	女	汉	14042519640312	务农	340	西沟乡	西沟村	100	100.	[illegible]
张	男	汉	14042519640411	务农	341	西沟乡	西沟村	100	100.	[illegible]
申	女	汉	14042519640417	务农	342	西沟乡	西沟村	100	死亡	[illegible]
王	男	汉	14042519640520	务农	343	西沟乡	西沟村	100	100	王
姚	女	汉	14042519640613	务农	344	西沟乡	西沟村	100	100.	姚
张	男	汉	14042519640623	务农	345	西沟乡	西沟村	100	100	[illegible]
杨	男	汉	14042519640706	务农	346	西沟乡	西沟村	100	100.	杨
周	男	汉	14042519640726	务农	347	西沟乡	西沟村	100	100	周
张	女	汉	14042519640810	重残	348	西沟乡	西沟村	0		[illegible]
裴	女	汉	14042519640822	务农	349	西沟乡	西沟村	100	100	裴
李	女	汉	14042519640903	务农	350	西沟乡	西沟村	100	100.	李
沈	女	汉	14042519640904	务农	351	西沟乡	西沟村	500	500	沈
周	女	汉	14042519640905	务农	352	西沟乡	西沟村	100	100	周

村（居）委会(章)

注：此表一式三份，县、乡、村和留存一份。　　乡劳动保障所（章）

22

图2-1-63　2012年西沟村新型农村社会养老保险参保人员续缴费花名表62

2012年　月　日

姓名	性别	民族	身份证号	身份	编号	乡镇名称	村名称	2011缴费金额	2012缴费金额	个人签字
张	男	汉	14042519680514	务农	465	西沟乡	西沟村	100	100	
张	男	汉	14042519680517	务农	466	西沟乡	西沟村	100	100	
张	女	汉	14042519680519	务农	467	西沟乡	西沟村	100	100	
郝	男	汉	14042519680520	务农	468	西沟乡	西沟村	100	100	
张	男	汉	14042519680522	务农	469	西沟乡	西沟村	100	100	
张	男	汉	14042519680624	务农	470	西沟乡	西沟村	100	100	
张	男	汉	14042519680711	务农	471	西沟乡	西沟村	100	100	
张	男	汉	14042519680726	务农	472	西沟乡	西沟村	100	100	
张	男	汉	14042519680824	务农	473	西沟乡	西沟村	1000	1000	
申	男	汉	14042519680826	务农	474	西沟乡	西沟村	100	100	
张	男	汉	14042519680917	务农	475	西沟乡	西沟村	100	100	
刘	女	汉	14042519680927	务农	476	西沟乡	西沟村	100	100	
秦	男	汉	14042519681008	务农	477	西沟乡	西沟村	200	200	
石	女	汉	14042519681020	务农	478	西沟乡	西沟村	100	100	
韩	女	汉	14042519681021	务农	479	西沟乡	西沟村	100	100	
王	女	汉	14042519681024	务农	480	西沟乡	西沟村	100	100	

村（居）委会(章)

注：此表一式三份，县、乡、村和留存一份。　　乡劳动保障所（章）

30

图2-1-64　2012年西沟村新型农村社会养老保险参保人员续缴费花名表63

2012年 1月 日

姓名	性别	民族	身份证号	身份	编号	乡镇名称	村名称	2011缴费金额	2012缴费金额	个人签字
方	男	汉	14042519710825	务农	593	西沟乡	西沟村	100	100	方
韩	女	汉	14042519710826	务农	594	西沟乡	西沟村	100	100	韩
李	女	汉	14042519710903	务农	595	西沟乡	西沟村	100	100.	李
牛	男	汉	14042519710920	务农	596	西沟乡	西沟村	100	100	牛
吴	男	汉	14042519711017	务农	597	西沟乡	西沟村	500	500	吴
董	男	汉	14042519711105	务农	598	西沟乡	西沟村	100	100	董
韩	男	汉	14042519711117	务农	599	西沟乡	西沟村	100	100	韩
申	男	汉	14042519711125	务农	600	西沟乡	西沟村	100	100.	申
韩	女	汉	14042519711208	务农	601	西沟乡	西沟村	100	100	韩
张	男	汉	14042519711210	务农	602	西沟乡	西沟村	100	100	张
张	男	汉	14042519711215	务农	603	西沟乡	西沟村	100	100.	张
李	女	汉	14042519711223	务农	604	西沟乡	西沟村	100	100	李
方	女	汉	14042519711228	务农	605	西沟乡	西沟村	100	100.	方
李	男	汉	14042519720101	务农	606	西沟乡	西沟村	100	100.	李
张	男	汉	14042519720108	务农	607	西沟乡	西沟村	100	100	张
张	女	汉	14042519720114	务农	608	西沟乡	西沟村	100	100.	张

村（居）委会(章)

注：此表一式三份，县、乡、村和留存一份。　　　乡劳动保障所（章）

38

图2-1-65　2012年西沟村新型农村社会养老保险参保人员续缴费花名表64

2012年　月　日

姓名	性别	民族	身份证号	身份	编号	乡镇名称	村名称	2011缴费金额	2012缴费金额	个人签字
张	男	汉	14042519750507	务农	721	西沟乡	西沟村	100	100 8	[illegible]
原	男	汉	14042519750513	务农	722	西沟乡	西沟村	100	100 3	[illegible]
张	女	汉	14042519750518	务农	723	西沟乡	西沟村	100	100 7	张
周	男	汉	14042519750520	务农	724	西沟乡	西沟村	1000	1000 11	周
范	女	汉	14042519750521	务农	725	西沟乡	西沟村	100	100 11	范
李	男	汉	14042519750602	务农	726	西沟乡	西沟村	100	100 2	李
贾	女	汉	14042519750604	务农	727	西沟乡	西沟村	100	100 7	贾
李	女	汉	14042519750607	务农	728	西沟乡	西沟村	100	100 1	李
牛	女	汉	14042519750712	务农	729	西沟乡	西沟村	100	100 3	牛
郭	女	汉	14042519750718	务农	730	西沟乡	西沟村	100	100 8	[illegible]
张	男	汉	14042519750802	务农	731	西沟乡	西沟村	100	[illegible]	[illegible]
张	女	汉	14042519750804	务农	732	西沟乡	西沟村	100	100 9	张
周	男	汉	14042519750907	务农	733	西沟乡	西沟村	100	100 11	周
周	男	汉	14042519750922	务农	734	西沟乡	西沟村	100	100 11	周
刘	女	汉	14042519750923	务农	735	西沟乡	西沟村	100	100 10	刘
沈	女	汉	14042519751011	务农	736	西沟乡	西沟村	100	100 2	沈

村（居）委会(章)

注：此表一式三份，县、乡、村和留存一份。　　乡劳动保障所（章）

46

图2-1-66　2012年西沟村新型农村社会养老保险参保人员续缴费花名表65

2012年　月　日

姓名	性别	民族	身份证号	身份	编号	乡镇名称	村名称	2011缴费金额	2012缴费金额	个人签字
胡	女	汉	14042519800616	务农	849	西沟乡	西沟村	100	100　3	胡
周	女	汉	14042519800715	务农	850	西沟乡	西沟村	100	100　11	周
张	男	汉	14042519800812	务农	851	西沟乡	西沟村	100	100　7	张
牛	男	汉	14042519801104	务农	852	西沟乡	西沟村	100	100　11	牛
房	男	汉	14042519801111	务农	853	西沟乡	西沟村	200	200　3	房
韩	女	汉	14042519801113	务农	854	西沟乡	西沟村	100	100　2	韩
秦	女	汉	14042519801216	务农	855	西沟乡	西沟村	100	100.　12	秦
郭	女	汉	14042519801227	务农	856	西沟乡	西沟村	100	100.　1	郭
郭	女	汉	14042519810118	务农	857	西沟乡	西沟村	100	100　9	郭
张	男	汉	14042519810126	务农	858	西沟乡	西沟村	100	100　3	张
张	男	汉	14042519810209	务农	859	西沟乡	西沟村	100	100　7	张
张	男	汉	14042519810227	务农	860	西沟乡	西沟村	100	100　7	张
李	男	汉	14042519810313	务农	861	西沟乡	西沟村	100	100.　1	李
段	女	汉	14042519810316	务农	862	西沟乡	西沟村	100	100	段
刘	女	汉	14042519810321	务农	863	西沟乡	西沟村	100	100.　1	刘
许	男	汉	14042519810410	务农	864	西沟乡	西沟村	1000	1000　9	许

村（居）委会(章)

注：此表一式三份，县、乡、村和留存一份。　　乡劳动保障所（章）

54

图2-1-67　2012年西沟村新型农村社会养老保险参保人员续缴费花名表66

姓名	性别	民族	身份证号	身份	编号	乡镇名称	村名称	2011缴费金额	2012缴费金额	个人签字
龙	男	汉	14042519880105	务农	977	西沟乡	西沟村	100	100	
张	女	汉	14042519880112	务农	978	西沟乡	西沟村	100	100	
申	女	汉	14042519880202	务农	979	西沟乡	西沟村	100	100.	
崔	男	汉	14042519880222	务农	980	西沟乡	西沟村	100	100	
许	男	汉	14042519880224	务农	981	西沟乡	西沟村	100	100	
王	女	汉	14042519880411	务农	982	西沟乡	西沟村	100	100	
张	男	汉	14042519880522	务农	983	西沟乡	西沟村	100	100.	
杨	男	汉	14042519880601	务农	984	西沟乡	西沟村	100	100	
杨	男	汉	14042519880615	务农	985	西沟乡	西沟村	100		
许	男	汉	14042519880618	务农	986	西沟乡	西沟村	100	100	
张	男	汉	14042519880703	务农	987	西沟乡	西沟村	100	100.	
常	女	汉	14042519880712	务农	988	西沟乡	西沟村	100	100	
侯	女	汉	14042519880903	务农	989	西沟乡	西沟村	100	100.	
宋	女	汉	14042519880920	务农	990	西沟乡	西沟村	100	100	
秦	女	汉	14042519881005	务农	991	西沟乡	西沟村	100		
张	女	汉	14042519881017	务农	992	西沟乡	西沟村	100		

村（居）委会(章)　　　　乡劳动保障所（章）

注：此表一式三份，县、乡、村和留存一份。

62

图2-1-68　2012年西沟村新型农村社会养老保险参保人员续缴费花名表67

2012年　月　日

姓名	性别	民族	身份证号	身份	编号	乡镇名称	村名称	2011缴费金额	2012缴费金额	个人签字
董	男	汉	14042519900706	务农	1041	西沟乡	西沟村	100	100. 12	董
宋	女	汉	14042519900725	务农	1042	西沟乡	西沟村	100	100 6	宋
赵	男	汉	14042519900823	务农	1043	西沟乡	西沟村	100	100. 8	赵
张	男	汉	14042519900909	务农	1044	西沟乡	西沟村	100	100 8	张
张	女	汉	14042519900910	务农	1045	西沟乡	西沟村	100		
张	男	汉	14042519901109	务农	1046	西沟乡	西沟村	100	100 6	张
张	男	汉	14042519901110	务农	1047	西沟乡	西沟村	100	100 3	张
申	男	汉	14042519901127	务农	1048	西沟乡	西沟村	100	100. 12	申
张	女	汉	14042519901205	务农	1049	西沟乡	西沟村	100	100 3	张
张	女	汉	14042519910307	务农	1050	西沟乡	西沟村	100	100 3	张
张	女	汉	14042519910308	务农	1051	西沟乡	西沟村	100	100 3	张
郭	女	汉	14042519910329	务农	1052	西沟乡	西沟村	100	100 2	郭
张	男	汉	14042519910501	务农	1053	西沟乡	西沟村	100	100. 1	张
常	女	汉	14042519910610	务农	1054	西沟乡	西沟村	100	100. 12	常
魏	女	汉	14042519910626	务农	1055	西沟乡	西沟村	100	100 6	魏
杨	女	汉	14042519910708	务农	1056	西沟乡	西沟村	100	100. 12	杨

村（居）委会(章)

注：此表一式三份，县、乡、村和留存一份。　　乡劳动保障所（章）

66

图2-1-69　2012年西沟村新型农村社会养老保险参保人员续缴费花名表68

2012年　月　日

姓名	性别	民族	身份证号	身份	编号	乡镇名称	村名称	2011缴费金额	2012缴费金额	个人签字
申	女	汉	14042519600613	务农	225	西沟乡	西沟村	100	100. 12	申
武	男	汉	14042519600614	务农	226	西沟乡	西沟村	100	100 8	武
苏	男	汉	14042519600620	务农	227	西沟乡	西沟村	100	100. 10	苏
郭	女	汉	14042519600620	务农	228	西沟乡	西沟村	100	100 9	郭
张	男	汉	14042519600629	务农	229	西沟乡	西沟村	100	100. 10	张
郭	女	汉	14042519600816	务农	230	西沟乡	西沟村	500	100. 6	郭
杨	女	汉	14042519600930	务农	231	西沟乡	西沟村	100	100. 3	杨
韩	女	汉	14042519601006	务农	232	西沟乡	西沟村	500	500. 1	韩
程	男	汉	14042519601125	务农	233	西沟乡	西沟村	100	100 8	程
张	男	汉	14042519601206	务农	234	西沟乡	西沟村	100	100 8	张
田	男	汉	14042519601213	务农	235	西沟乡	西沟村	100	100. 10	田
张	男	汉	14042519601227	务农	236	西沟乡	西沟村	100	100. 6	张
张	女	汉	14042519610119	务农	237	西沟乡	西沟村	100	100 9	张
赵	女	汉	14042519610228	务农	238	西沟乡	西沟村	100	100 11	赵
李	女	汉	14042519610308	务农	239	西沟乡	西沟村	100	100 10	李
张	女	汉	14042519610321	务农	240	西沟乡	西沟村	1000	1000. 1	张

村（居）委会(章)

注：此表一式三份，县、乡、村和留存一份。　　乡劳动保障所（章）

15

图2-1-70　2012年西沟村新型农村社会养老保险参保人员续缴费花名表69

2012年　月　日

郭	女	汉	14042519700217	务农	528	西沟乡	西沟村	100	100	3	郭
周	男	汉	14042519700304	务农	529	西沟乡	西沟村	100	100	11	周
栗	女	汉	14042519700401	务农	530	西沟乡	西沟村	100	100	11	栗
张	男	汉	14042519700402	务农	531	西沟乡	西沟村	1000	1000	8	张
张	男	汉	14042519700404	务农	532	西沟乡	西沟村	100	100	7	张
郝	女	汉	14042519700410	务农	533	西沟乡	西沟村	100	100	3	郝
裴	男	汉	14042519700421	务农	534	西沟乡	西沟村	100	100	2	裴
赵	女	汉	14042519700421	务农	535	西沟乡	西沟村	100	100.	12	赵
向	女	汉	14042519700421	务农	536	西沟乡	西沟村	100	100	7	向
韩	女	汉	14042519700426	务农	537	西沟乡	西沟村	100	100	7	韩
张	男	汉	14042519700519	务农	538	西沟乡	西沟村	100	100	2	张
郭	女	汉	14042519700608	务农	539	西沟乡	西沟村	100	100.	1	郭
杨	男	汉	14042519700613	务农	540	西沟乡	西沟村	100	100.	12	杨
张	男	汉	14042519700622	务农	541	西沟乡	西沟村	100	100.	1	张
郝	男	汉	14042519700624	务农	542	西沟乡	西沟村	100	100.	1	郝
张	男	汉	14042519700708	务农	543	西沟乡	西沟村	100	100	8	张
常	女	汉	14042519700710	务农	544	西沟乡	西沟村	100	100.	12	常

村（居）委会(章)

注：此表一式三份，县、乡、村和留存一份。　　乡劳动保障所（章）

34

图2-1-71　2012年西沟村新型农村社会养老保险参保人员续缴费花名表70

2012年　月　日

姓名	性别	民族	身份证号	身份	编号	乡镇名称	村名称	2011缴费金额	2012缴费金额	个人签字
张	男	汉	14042519771113	务农	785	西沟乡	西沟村	100	100	张
武	男	汉	14042519771125	务农	786	西沟乡	西沟村	100	100	武
周	男	汉	14042519771127	务农	787	西沟乡	西沟村	100	100	周
王	女	汉	14042519771207	务农	788	西沟乡	西沟村	100	100	王
王	女	汉	14042519771222	务农	789	西沟乡	西沟村	100	100	王
张	男	汉	14042519771222	务农	790	西沟乡	西沟村	100	100	张
裴	女	汉	14042519771226	务农	791	西沟乡	西沟村	300	300.	裴
周	男	汉	14042519780108	务农	792	西沟乡	西沟村	100	100	周
韩	女	汉	14042519780216	务农	793	西沟乡	西沟村	1000	1000	韩
李	女	汉	14042519780312	务农	794	西沟乡	西沟村	100	100.	李
李	女	汉	14042519780317	务农	795	西沟乡	西沟村	500	500	李
赵	男	汉	14042519780411	务农	796	西沟乡	西沟村	100	100	赵
周	女	汉	14042519780415	务农	797	西沟乡	西沟村	100	100	周
李	女	汉	14042519780429	务农	798	西沟乡	西沟村	100	100.	李
张	男	汉	14042519780501	务农	799	西沟乡	西沟村	100	100	张
张	女	汉	14042519780508	务农	800	西沟乡	西沟村	100	100	张

村（居）委会(章)

注：此表一式三份，县、乡、村和留存一份。　　乡劳动保障所（章）

50

图2-1-72　2012年西沟村新型农村社会养老保险参保人员续缴费花名表71

2012年　月　日

姓名	性别	民族	身份证号	身份	编号	乡镇名称	村名称	2011缴费金额	2012缴费金额	个人签字
李	男	汉	14042519831009	务农	913	西沟乡	西沟村	100	100 5	李
郭	女	汉	14042519831022	务农	914	西沟乡	西沟村	100	100. 6	郭
郭	女	汉	14042519840316	务农	915	西沟乡	西沟村	100	100. 5	郭
赵	男	汉	14042519840501	务农	916	西沟乡	西沟村	100	100 2	赵
马	男	汉	14042519840515	务农	917	西沟乡	西沟村	100	100 10	马
周	女	汉	14042519840609	务农	918	西沟乡	西沟村	100	100. 12	周
张	男	汉	14042519840704	务农	919	西沟乡	西沟村	100	100 8	张
张	男	汉	14042519840713	务农	920	西沟乡	西沟村	100	100. 6	张
郭	女	汉	14042519840716	务农	921	西沟乡	西沟村	300	300 10	郭
郭	男	汉	14042519840809	务农	922	西沟乡	西沟村	100	100 2	郭
韩	女	汉	14042519840825	务农	923	西沟乡	西沟村	100	100 7	韩
杨	男	汉	14042519850107	务农	924	西沟乡	西沟村	100	100. 12	杨
董	男	汉	14042519850219	务农	925	西沟乡	西沟村	100	100. 12	董
张	女	汉	14042519850308	务农	926	西沟乡	西沟村	200	200 9	张
李张	女	汉	14042519850412	务农	927	西沟乡	西沟村	100	100. 10	李
张	男	汉	14042519850529	务农	928	西沟乡	西沟村	100	100 2	张

村（居）委会(章)

注：此表一式三份，县、乡、村和留存一份。　　乡劳动保障所（章）

58

图2-1-73　2012年西沟村新型农村社会养老保险参保人员续缴费花名表72

2012年　月　日

姓名	性别	民族	身份证号	职业	编号	乡	村	金额	缴费		签名
杨	男	汉	14042519660910	务农	400	西沟乡	西沟村	100	100.	12	
张	男	汉	14042519660911	务农	401	西沟乡	西沟村	100	100	3	
张	男	汉	14042519660926	务农	402	西沟乡	西沟村	100	100	8	
常	男	汉	14042519661103	务农	403	西沟乡	西沟村	100	100.	12	
王	女	汉	14042519661109	务农	404	西沟乡	西沟村	100	100.	6	
张	女	汉	14042519661116	务农	405	西沟乡	西沟村	100	100.	1	
赵	女	汉	14042519661120	务农	406	西沟乡	西沟村	100	100.	3	
张	女	汉	14042519661124	务农	407	西沟乡	西沟村	100	100	8	
张	女	汉	14042519661126	务农	408	西沟乡	西沟村	100	100.	1	
张	女	汉	14042519661129	务农	409	西沟乡	西沟村	300	300	2	
郭	男	汉	14042519661203	务农	410	西沟乡	西沟村	100	100.	1	
张	男	汉	14042519661223	务农	411	西沟乡	西沟村	100	100	2	
张	男	汉	14042519661229	务农	412	西沟乡	西沟村	100	100.	10	
张	女	汉	14042519661230	务农	413	西沟乡	西沟村	100	100	3	
孙	男	汉	14042519670124	务农	414	西沟乡	西沟村	100	100	7	
许	男	汉	14042519670129	务农	415	西沟乡	西沟村	100	100	9	
崔	男	汉	14042519670207	务农	416	西沟乡	西沟村	100	100	7	

村（居）委会(章)　　　　　　　　　　　　　　　　　　26

注：此表一式三份，县、乡、村和留存一份。　　　　乡劳动保障所（章）

图2-1-74　2012年西沟村新型农村社会养老保险参保人员续缴费花名表73

2012年　月　日

姓名	性别	民族	身份证号	身份	编号	乡镇名称	村名称	2011缴费金额	2012缴费金额	个人签字
张	女	汉	14042519730824	务农	657	西沟乡	西沟村	100	100	
张	女	汉	14042519730909	务农	658	西沟乡	西沟村	100	100	
张	女	汉	14042519731006	务农	659	西沟乡	西沟村	100	100	
韩	女	汉	14042519731016	务农	660	西沟乡	西沟村	100	100	
索	男	汉	14042519731023	务农	661	西沟乡	西沟村	100	100	
李	男	汉	14042519731024	务农	662	西沟乡	西沟村	100	100	
田	女	汉	14042519731025	务农	663	西沟乡	西沟村	100	100	
刘	女	汉	14042519731028	务农	664	西沟乡	西沟村	100	100	
张	女	汉	14042519731030	务农	665	西沟乡	西沟村	100	100	
董	男	汉	14042519731106	务农	666	西沟乡	西沟村	100	100	
杨	女	汉	14042519731117	务农	667	西沟乡	西沟村	100	100	
赵	男	汉	14042519731119	务农	668	西沟乡	西沟村	100	100	
张	女	汉	14042519731126	务农	669	西沟乡	西沟村	100	100	
郭	男	汉	14042519731203	务农	670	西沟乡	西沟村	100	100	
张	男	汉	14042519731225	务农	671	西沟乡	西沟村	100	100	
张	女	汉	14042519731225	务农	672	西沟乡	西沟村	100	100	

村（居）委会(章)

注：此表一式三份，县、乡、村和留存一份。　　乡劳动保障所（章）

42

图2-1-75　2012年西沟村新型农村社会养老保险参保人员续缴费花名表74

（二）平顺县西沟村2011-2012新农社保服务统计资料

2011 西沟村新农保情况

队别	户数	人口	60岁以上	16岁—59岁 兜底数	16岁—59岁 缴费数	档次	[illegible]	实缴	[illegible]
1	67	100		100 表30	133	100元/117人 200元/2人 300元/6人 500元/6人 1000元/4人	19800	24120	
2	66			表40	103	100元/85人 200元/1人 300元/6人 500元/7人 1000元/4人	18000	21375	
3	71			33 108	109	100元/105人 200元/3人 500元/1人	11600	14905	10-11
4	19				32	100元/18人 200元/3人 300元/4人 500元/6人 1000元/1人	7600	8755	2-3
5	31			18	53	100元/51人 1000元/2人	7100	8730	2-3
6	67				110	100元/104人 500元/4人 1000元/2人	14400	17050	
7	76				118	100元/89人 200元/1人 300元/11人 500元/13人 1000元/3人	21900	25845	残疾小虎 8-9.4
8	54	1		31	79	100元/70人 500元/3人 1000元/6人	14500	17050	4-5
9	45			27	74	100元/62人 200元/7人 500元/2人 1000元/3人	11600	13955	14-15
10	66				129	1000元/3人 400元/4人 300元/1人 200元/1人 100元/[illegible]	18100元	22155	16-17
11	53			24	80	100元/74人 500元/4人 1000元/2人	11600元	13920	
12	39			100 39	84 +1	300元/1人 200元/6人 1000元/1人 100元/77	10200元	17810 ~~12380~~	残疾人 张永红 6-7
	654			30 [illegible]			166300		

说明：①2011年参加新农保交款人数共1104人。

②董小虎、张永红两人未交款，但参保，每月补贴各人100元。

③分护记录人（100元）自交，上级补贴。

④西沟村共参保人数：1106人。

图2-2-1　平顺县西沟村2011年新农保缴费统计表

西沟村二〇一二年新农保缴费情况登记

队别	缴费人数	缴费档次人数金额 100 人数	100 金额	200 人数	200 金额	300 人数	300 金额	400 人数	400 金额	500 人数	500 金额	1000 人数	1000 金额	金额	备注
1	130	116	11600	2	400	5	1500			3	1500	4	4000	19000	新[illegible]队:涉[illegible] 新[illegible]人:李[illegible]
2	102	84	8400	1	200	6	1800			7	3500	4	4000	17900	新[illegible]:杨[illegible]
3	105	101	10100	3	600					1	500			11200	
4	32	19	1900	2	400	4	1200			6	3000	1	1000	7500	新[illegible]:秦[illegible]
5	53	51	5100									2	2000	7100	新[illegible]:路[illegible]
6	104	104	10400											10400	新[illegible]:[illegible]
7	115	87	8700	1	200	11	3300			12	6000	4	4000	22200	
8	78	69	6900							3	1500	6	6000	16400	
9	72	61	6100	7	1400					1	500	3	3000	11000	
10	122	109	10900	7	1400	2	600			1	500	3	3000	16400	新[illegible]:王[illegible]
11	79	74	7400							4	2000	1	1000	10400	
12	82	75	7500	6	1200	1	300							9000	
合计	1074	950	95000	29	5800	29	8700			38		28	28000	156500	

说明：去年缴费1106人，在去年的基础上有23人死亡(其中3人36元)
去年2人残疾，今年新增1人残疾，共3人。 →39
到龄不用交费者13人

1106−39=1067+7(新增人)=1074

1074+3(残疾)=1077

去年1106−1077=29人

29人死亡 在单位交存。

图2−2−2　平顺县西沟村2012年新农保缴费情况登记表1

西沟村二〇一二年新农保缴费情况登记

队别	缴费人数	缴费档次人数（元）						合款	备注
		100	200	300	400	500	1000		
1	130	116	2	5		3	4	19000	新[illegible]2人：洪[illegible] 新[illegible]残疾1人：[illegible]
2	102	84	1	6		7	4	17900	新[illegible]：杨[illegible]
3	105	101	3			1		11200	
4	32	19	2	4		6	1	7500	新[illegible]1人：秦[illegible]
5	53	51					2	7100	新[illegible]1人：路[illegible]
6	104	104						10400	新[illegible]1人：索[illegible]
7	115	87	1	11		12	4	22200	
8	78	69				3	6	14400	
9	72	61	7			1	3	11000	
10	122	109	7	2		1	3	16400	新[illegible]1人：王[illegible]
11	79	74				4	1	10400	
12	82	75	6	1				9000	
合计	1074	950	29	29		38	28	156500	

说明：去年缴费1106人，在去年的基础上有23人死亡（其中3人残疾）

去年2人残疾、今年新增1人残疾，残疾共3人 → 39

到龄不用交费者13人。

1106-39=1067+7（新增人）=1074

1074+3（残疾）=1077

图2-2-3　平顺县西沟村2012年新农保缴费情况登记表2

（三）平顺县西沟村2012年新型农村养老保险个人缴费收据

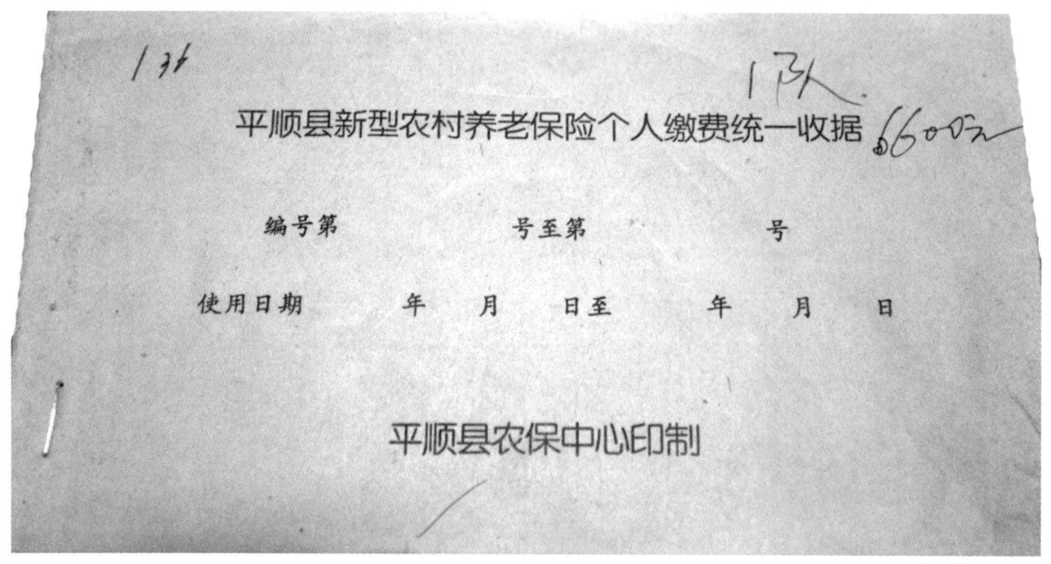

平顺县新型农村养老保险个人缴费统一收据

编号第　　　　　号至第　　　　　号

使用日期　　　年　　月　　日至　　　年　　月　　日

平顺县农保中心印制

图2-3-1　平顺县西沟村2012年新型农村养老保险个人缴费收据封面

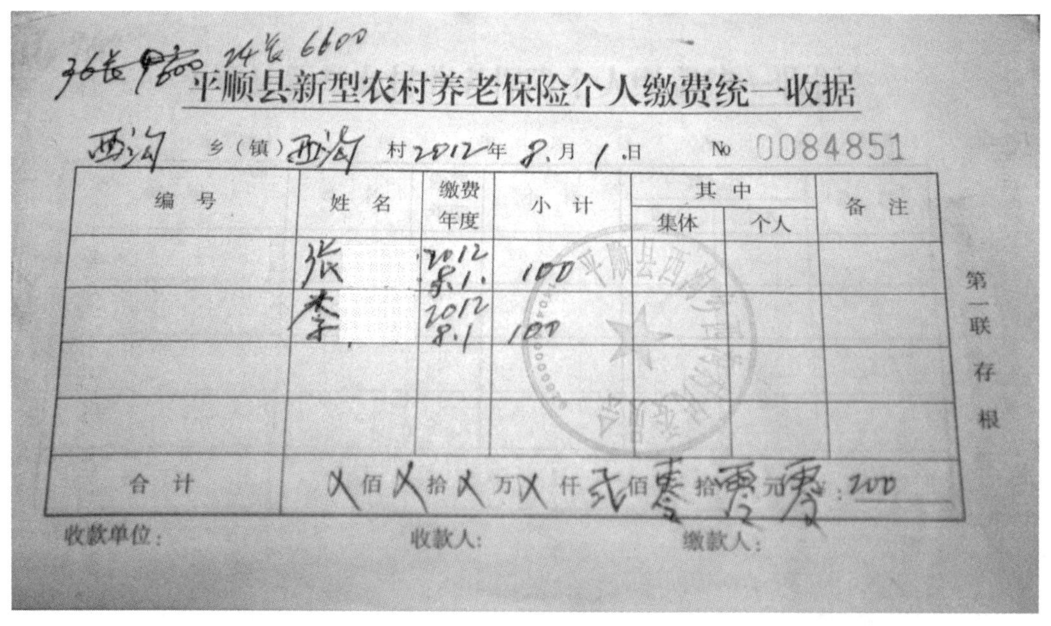

平顺县新型农村养老保险个人缴费统一收据

西沟　乡（镇）西沟　村 2012 年 8 月 1 日　　№ 0084851

编　号	姓　名	缴费年度	小　计	其中 集体	其中 个人	备　注
	張	2012 8.1.	100			
	李	2012 8.1	100			
合　计	X 佰 X 拾 X 万 X 仟 贰 佰 零 拾 零 元 零 角 ¥: 200					

收款单位：　　　　收款人：　　　　缴款人：

第一联　存根

图2-3-2　平顺县西沟村2012年新型农村养老保险个人缴费收据1

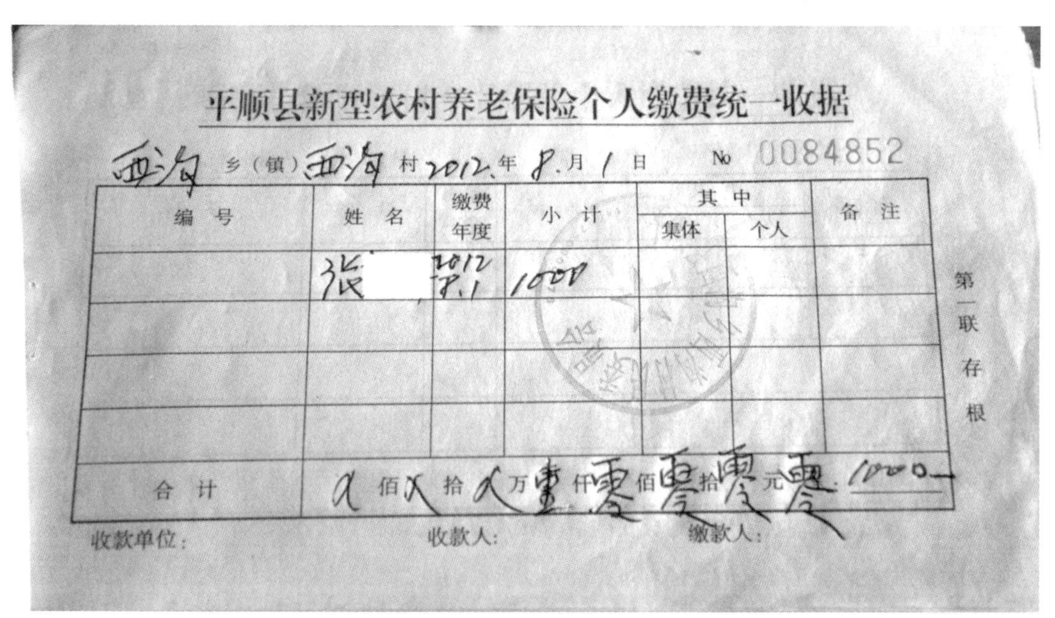

平顺县新型农村养老保险个人缴费统一收据

西沟 乡（镇）西沟 村 2012 年 8 月 1 日 № 0084852

编号	姓名	缴费年度	小计	其中		备注
				集体	个人	
	張	2012 8.1	1000			
合计	X佰X拾X万壹仟零佰零拾零元零 1000—					

收款单位：　收款人：　缴款人：

第一联 存根

图2–3–3　平顺县西沟村2012年新型农村养老保险个人缴费收据2

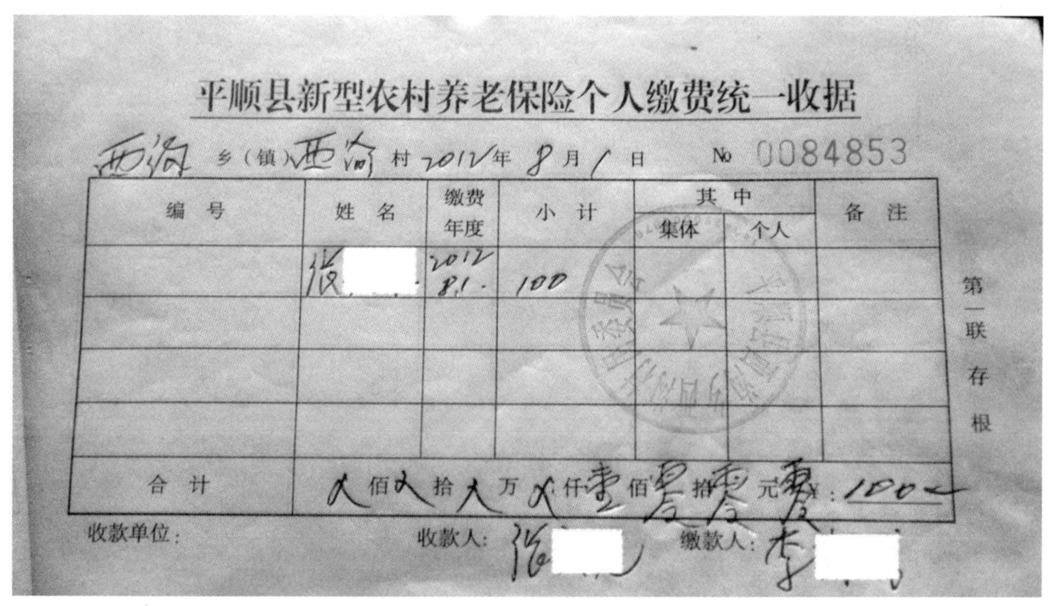

平顺县新型农村养老保险个人缴费统一收据

西沟 乡（镇）西沟 村 2012 年 8 月 1 日 № 0084853

编号	姓名	缴费年度	小计	其中		备注
				集体	个人	
	張	2012 8.1	100			
合计	X佰X拾X万X仟壹佰零拾零元零 100—					

收款单位：　收款人：張　缴款人：李

第一联 存根

图2–3–4　平顺县西沟村2012年新型农村养老保险个人缴费收据3

平顺县新型农村养老保险个人缴费统一收据

西沟 乡（镇）西沟 村 2012 年 8 月 1 日　№ 0084854

编号	姓名	缴费年度	小计	其中		备注
				集体	个人	
	张	2012.8.1	100			
合计	X 佰 X 拾 X 万 X 仟 壹 佰 零 拾 零 元 零 ¥：100—					

收款单位：　收款人：张　缴款人：李

第一联 存根

图2-3-5　平顺县西沟村2012年新型农村养老保险个人缴费收据4

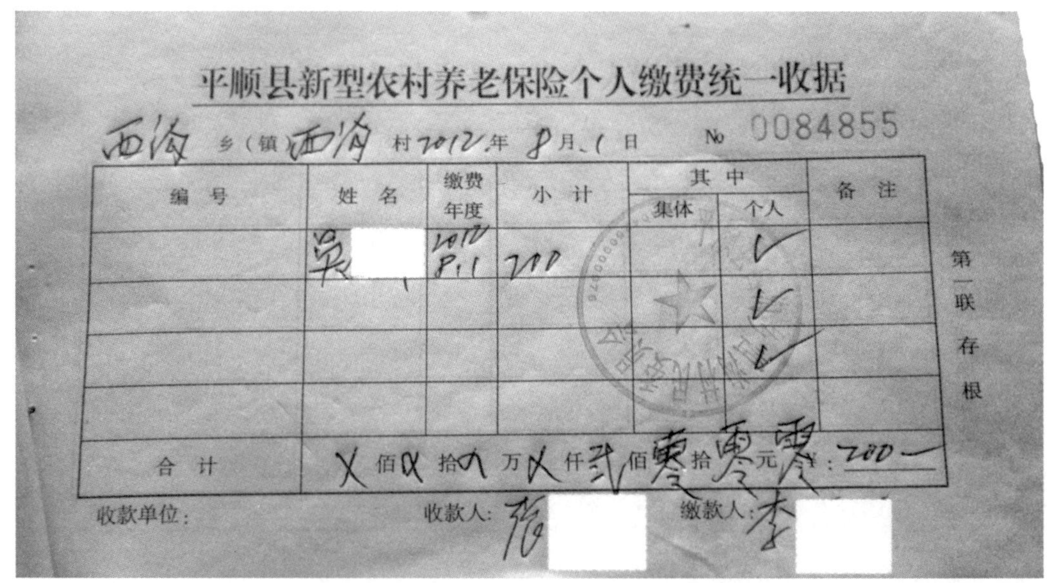

平顺县新型农村养老保险个人缴费统一收据

西沟 乡（镇）西沟 村 2012 年 8 月 1 日　№ 0084855

编号	姓名	缴费年度	小计	其中		备注
				集体	个人	
	吴	2012.8.1	200		✓	
					✓	
					✓	
合计	X 佰 X 拾 X 万 X 仟 贰 佰 零 拾 零 元 零 ¥：200—					

收款单位：　收款人：张　缴款人：李

第一联 存根

图2-3-6　平顺县西沟村2012年新型农村养老保险个人缴费收据5

平顺县新型农村养老保险个人缴费统一收据

西沟 乡（镇）西沟 村2012年8月1日　　№ 0084856

编号	姓名	缴费年度	小计	其中		备注
				集体	个人	
	郭	2012 8.1	100		✓	
	张	〃	100		✓	
合计	X佰X拾X万X仟贰佰零拾零元零 ¥：200—					

收款单位：　　收款人：张　　缴款人：李

第一联 存根

图2-3-7　平顺县西沟村2012年新型农村养老保险个人缴费收据6

平顺县新型农村养老保险个人缴费统一收据

西沟 乡（镇）西沟 村2012年8月1日　　№ 0084857

编号	姓名	缴费年度	小计	其中		备注
				集体	个人	
	张	2012 8.1	100			
合计	X佰X拾X万X仟壹佰零拾零元零 ¥：100—					

收款单位：　　收款人：张　　缴款人：李

第一联 存根

图2-3-8　平顺县西沟村2012年新型农村养老保险个人缴费收据7

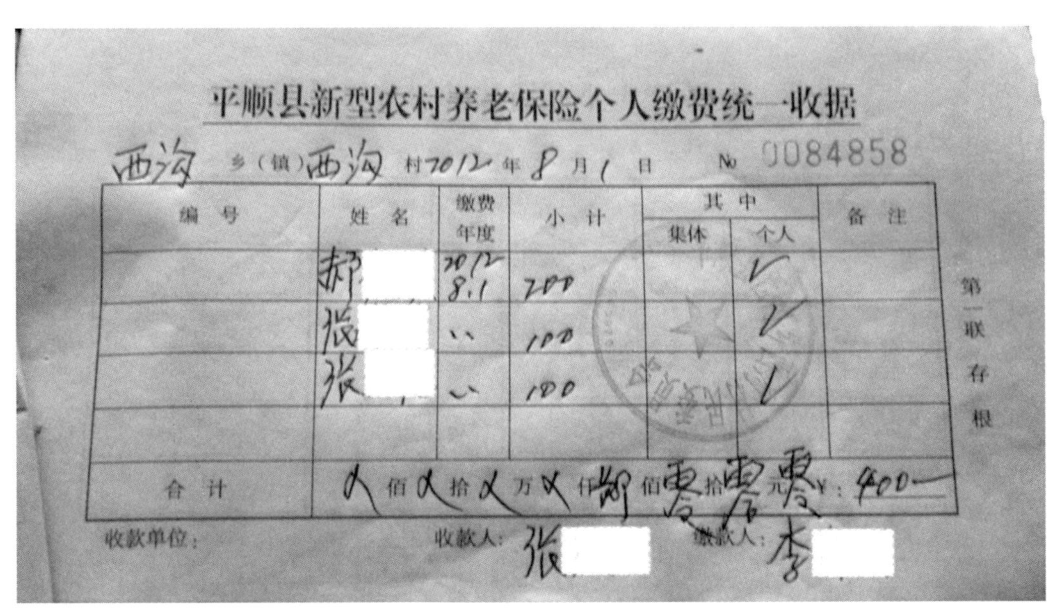

平顺县新型农村养老保险个人缴费统一收据

西沟 乡（镇）西沟 村 2012 年 8 月 1 日 № 0084858

编　号	姓　名	缴费年度	小　计	其中 集体	其中 个人	备　注
	郝	2012 8.1	200		✓	
	張	〃	100		✓	
	張	〃	100		✓	
合　计	✗佰✗拾✗万✗仟肆佰零拾零元零 ¥：400—					

收款单位：　　收款人：張　　缴款人：李

第一联 存根

图2-3-9　平顺县西沟村2012年新型农村养老保险个人缴费收据8

平顺县新型农村养老保险个人缴费统一收据

西沟 乡（镇）西沟 村 2012 年 8 月 1 日 № 0084859

编　号	姓　名	缴费年度	小　计	其中 集体	其中 个人	备　注
	張	2012 8.1	100			
合　计	✗佰✗拾✗万✗仟壹佰零拾零元零 ¥：100—					

收款单位：　　收款人：張　　缴款人：李

第一联 存根

图2-3-10　平顺县西沟村2012年新型农村养老保险个人缴费收据9

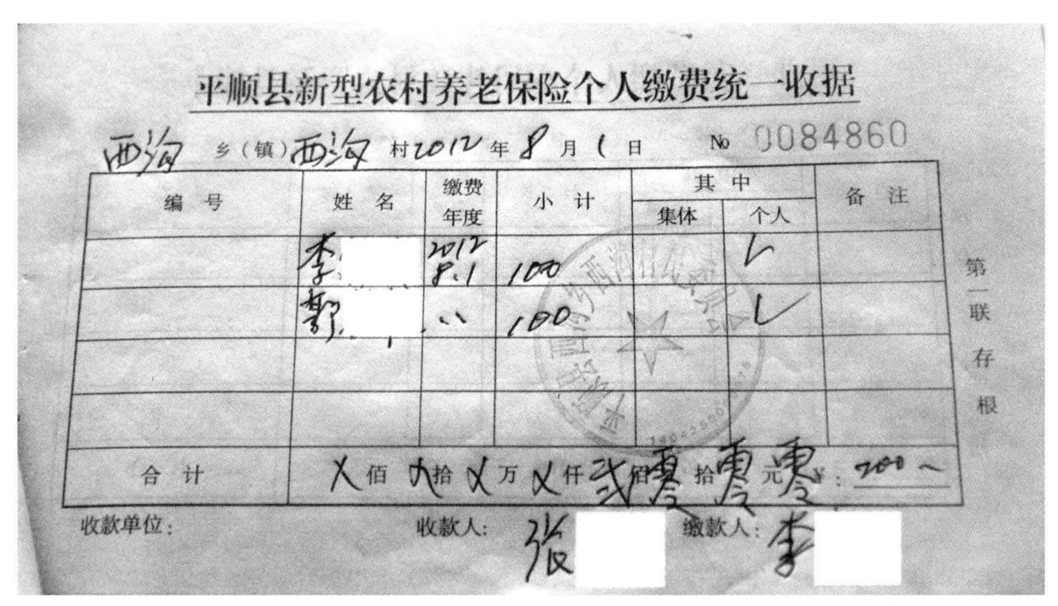

平顺县新型农村养老保险个人缴费统一收据

西沟 乡（镇）西沟 村2012 年 8 月 1 日　№ 0084860

编号	姓名	缴费年度	小计	其中		备注
				集体	个人	
	李	2012.8.1	100		✓	
	郭	〃	100		✓	
合计	×佰×拾×万×仟贰佰零拾零元零 ¥：200—					

收款单位：　　收款人：張　　缴款人：李

第一联 存根

图2-3-11　平顺县西沟村2012年新型农村养老保险个人缴费收据10

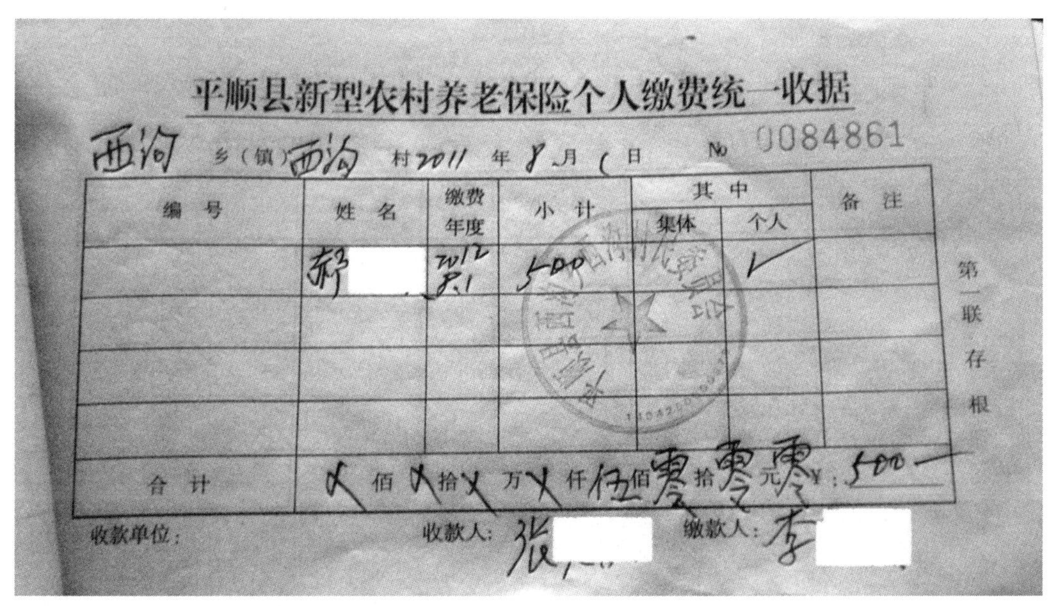

平顺县新型农村养老保险个人缴费统一收据

西沟 乡（镇）西沟 村2011 年 8 月 1 日　№ 0084861

编号	姓名	缴费年度	小计	其中		备注
				集体	个人	
	郝	2012.8.1	500		✓	
合计	×佰×拾×万×仟伍佰零拾零元零 ¥：500—					

收款单位：　　收款人：張　　缴款人：李

第一联 存根

图2-3-12　平顺县西沟村2012年新型农村养老保险个人缴费收据11

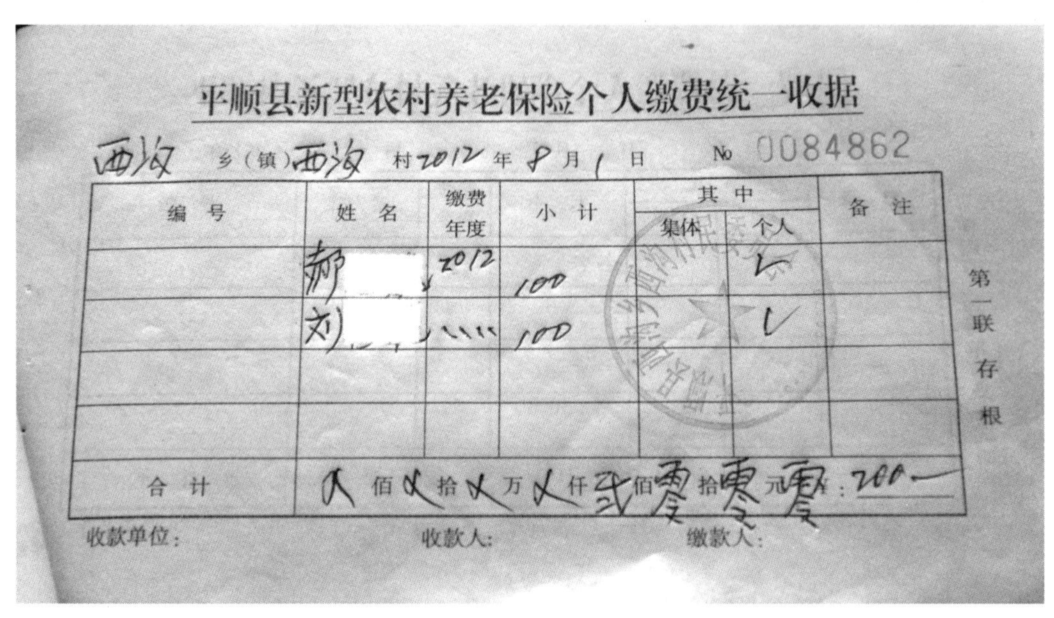

平顺县新型农村养老保险个人缴费统一收据

西沟 乡（镇）西沟 村2012年8月1日 № 0084862

编号	姓名	缴费年度	小计	其中		备注
				集体	个人	
	郝	2012	100		✓	
	刘	〃	100		✓	
合计	╳佰╳拾╳万╳仟贰佰零拾零元零 ￥：200—					

收款单位： 收款人： 缴款人：

第一联 存根

图2-3-13 平顺县西沟村2012年新型农村养老保险个人缴费收据12

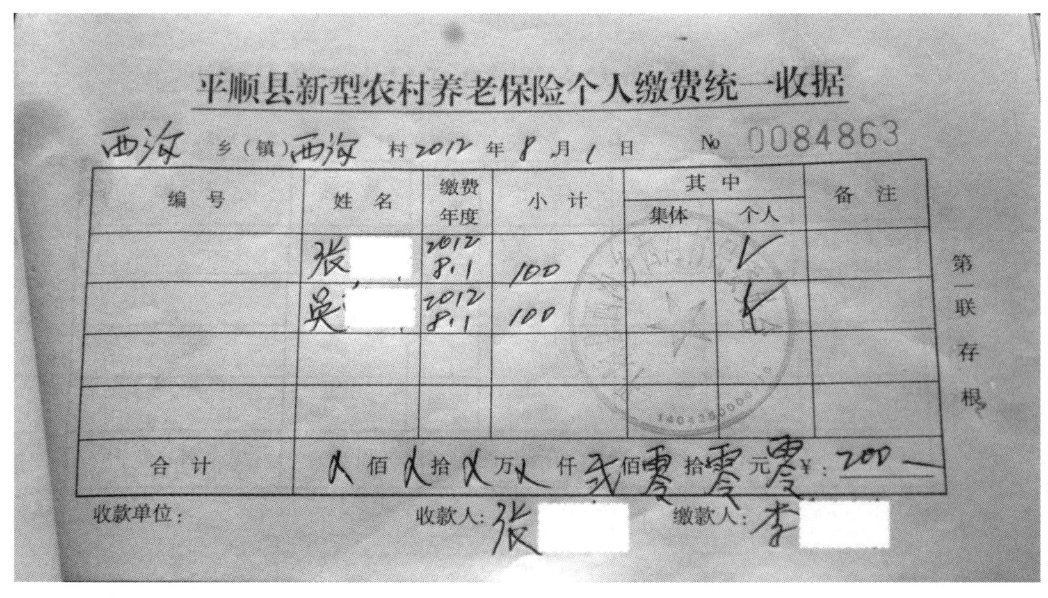

平顺县新型农村养老保险个人缴费统一收据

西沟 乡（镇）西沟 村2012年8月1日 № 0084863

编号	姓名	缴费年度	小计	其中		备注
				集体	个人	
	張	2012 8.1	100		✓	
	吴	2012 8.1	100		✓	
合计	╳佰╳拾╳万╳仟贰佰零拾零元零 ￥：200—					

收款单位： 收款人：張 缴款人：李

第一联 存根

图2-3-14 平顺县西沟村2012年新型农村养老保险个人缴费收据13

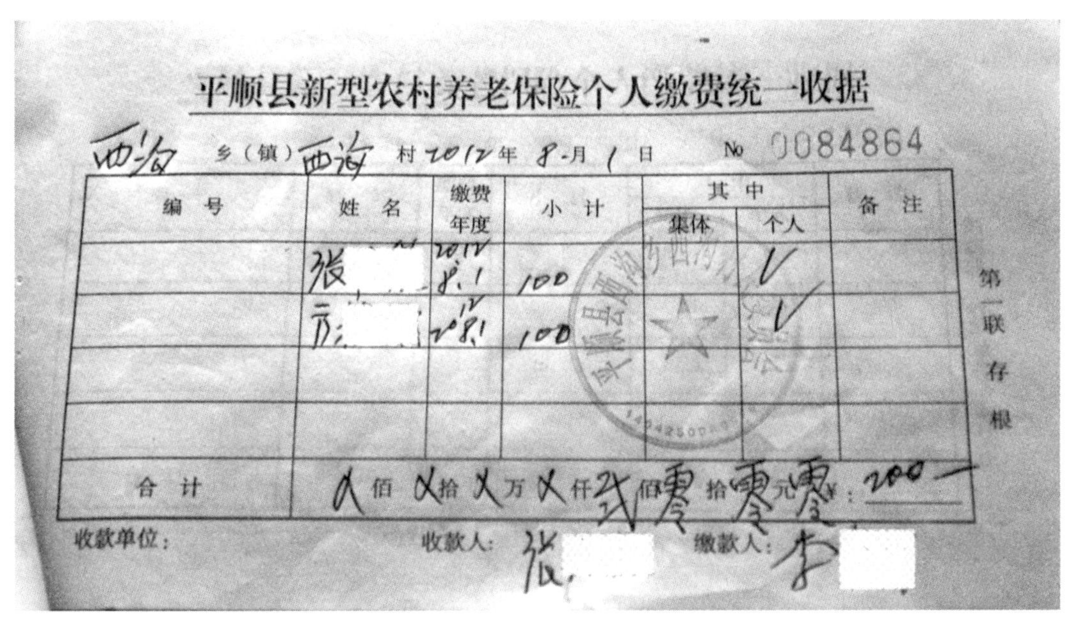

平顺县新型农村养老保险个人缴费统一收据

西沟 乡（镇）西沟 村 2012 年 8 月 1 日 № 0084864

编号	姓名	缴费年度	小计	其中		备注
				集体	个人	
	张	2012 8.1	100		√	
	苏	2012 8.1	100		√	
合计	×佰×拾×万×仟贰佰零拾零元零 ¥：200—					

收款单位： 收款人：张 缴款人：李

第一联 存根

图2-3-15 平顺县西沟村2012年新型农村养老保险个人缴费收据14

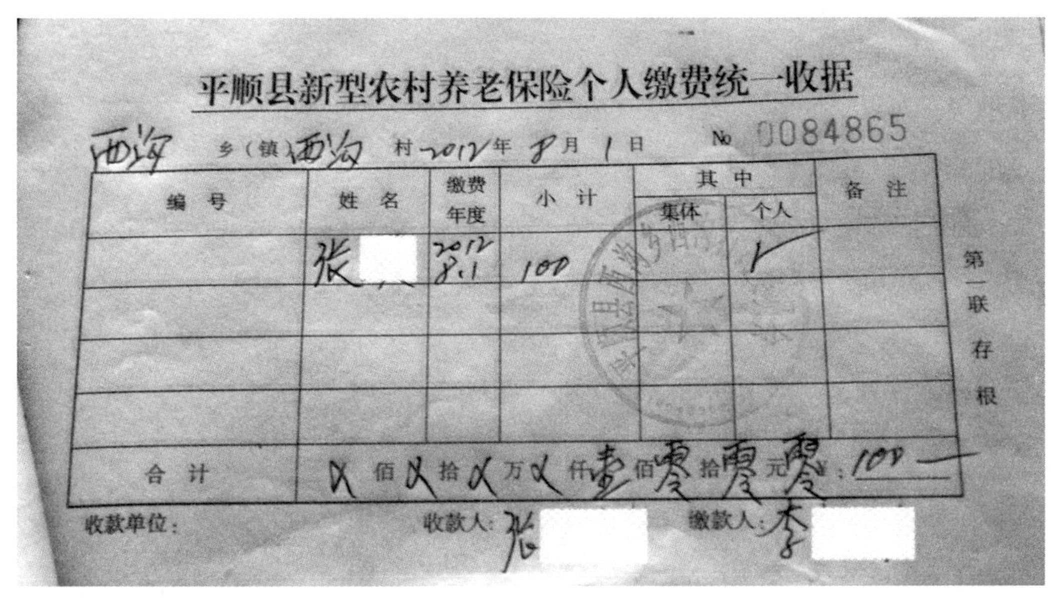

平顺县新型农村养老保险个人缴费统一收据

西沟 乡（镇）西沟 村 2012 年 8 月 1 日 № 0084865

编号	姓名	缴费年度	小计	其中		备注
				集体	个人	
	张	2012 8.1	100		√	
合计	×佰×拾×万×仟壹佰零拾零元零 ¥：100—					

收款单位： 收款人：张 缴款人：李

第一联 存根

图2-3-16 平顺县西沟村2012年新型农村养老保险个人缴费收据15

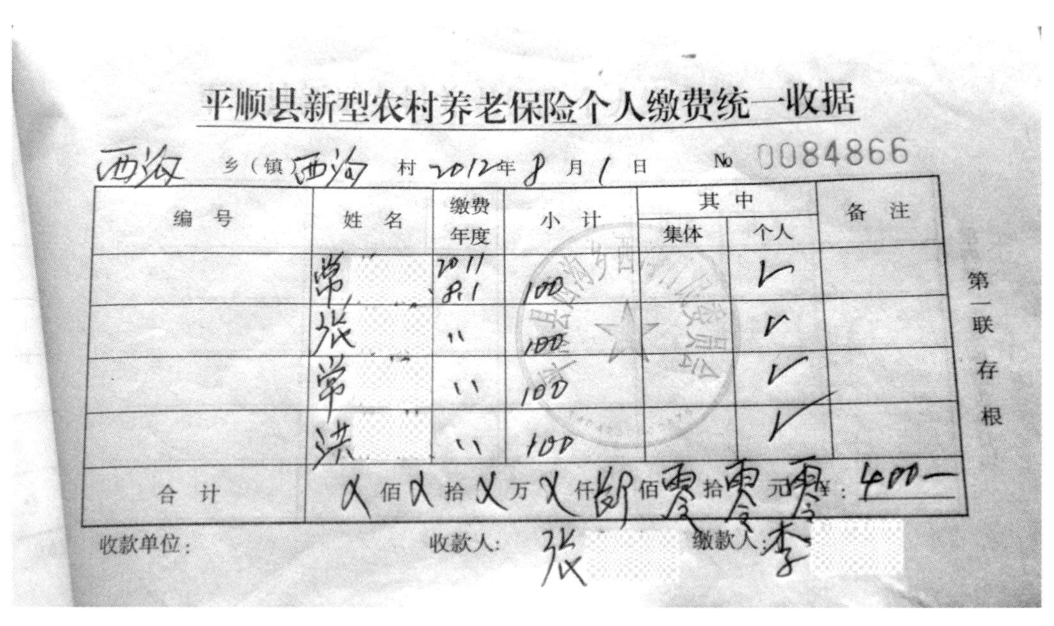

平顺县新型农村养老保险个人缴费统一收据

西沟 乡（镇）西沟 村 2012 年 8 月 1 日　№ 0084866

编号	姓名	缴费年度	小计	其中		备注
				集体	个人	
	常	2011 8.1	100		√	
	张	〃	100		√	
	常	〃	100		√	
	洪	〃	100		√	
合计	X 佰 X 拾 X 万 X 仟 肆 佰 零 拾 零 元 零 角：400—					

收款单位：　收款人：张　缴款人：李

第一联 存根

图2-3-17　平顺县西沟村2012年新型农村养老保险个人缴费收据16

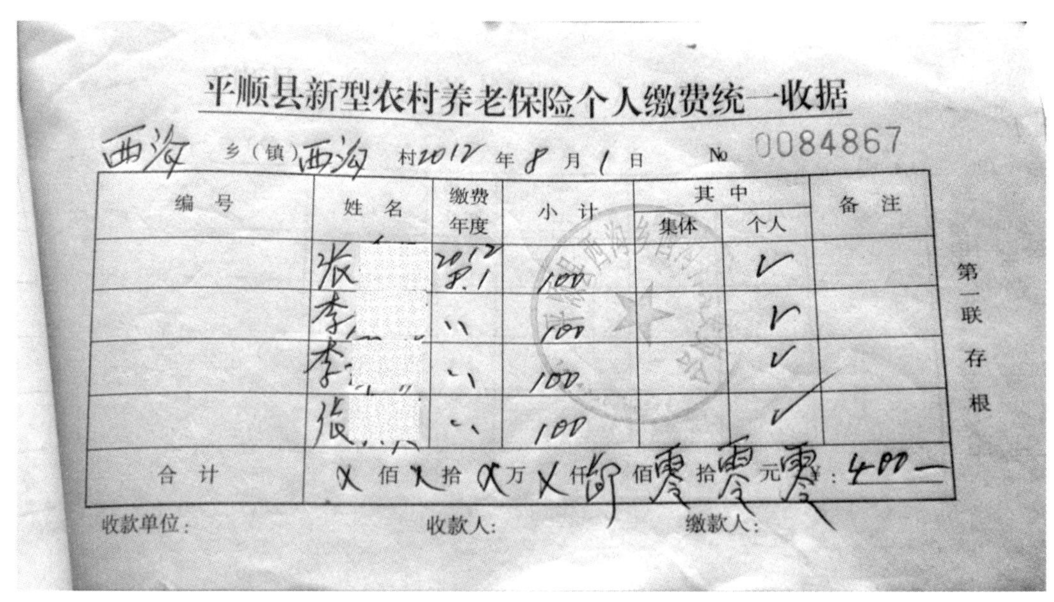

平顺县新型农村养老保险个人缴费统一收据

西沟 乡（镇）西沟 村 2012 年 8 月 1 日　№ 0084867

编号	姓名	缴费年度	小计	其中		备注
				集体	个人	
	张	2012 8.1	100		√	
	李	〃	100		√	
	李	〃	100		√	
	张	〃	100		√	
合计	X 佰 X 拾 X 万 X 仟 肆 佰 零 拾 零 元 零 角：400—					

收款单位：　收款人：　缴款人：

第一联 存根

图2-3-18　平顺县西沟村2012年新型农村养老保险个人缴费收据17

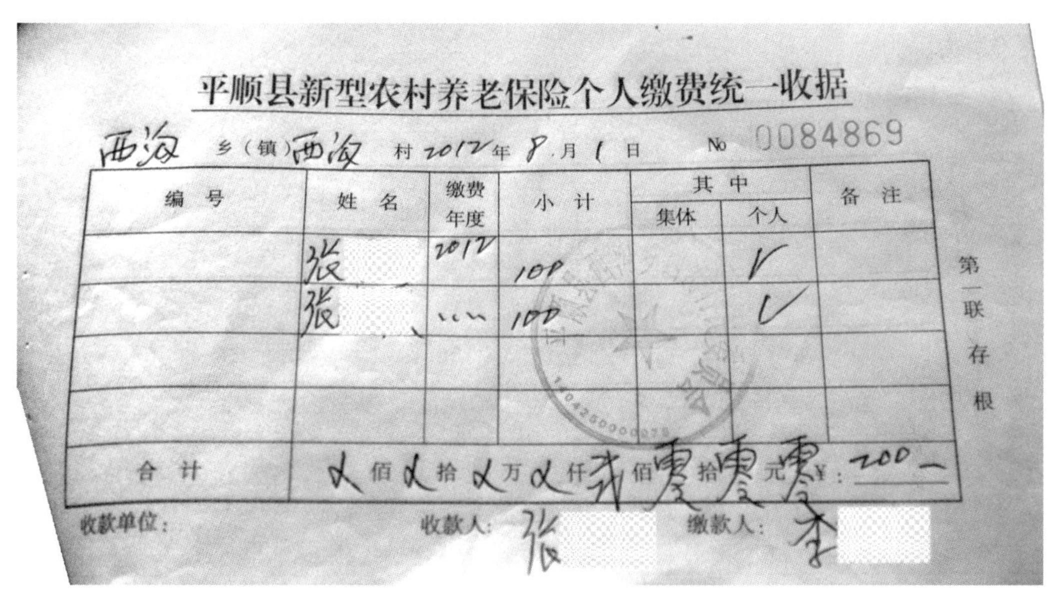

平顺县新型农村养老保险个人缴费统一收据

西沟 乡（镇）西沟 村 2012 年 8 月 1 日 № 0084869

编号	姓名	缴费年度	小计	其中		备注
				集体	个人	
	張	2012	100		√	
	張	〃	100		√	
合计	✕佰✕拾✕万✕仟贰佰零拾零元零 ¥：200—					

收款单位： 收款人：張 缴款人：李

第一联 存根

图2-3-19　平顺县西沟村2012年新型农村养老保险个人缴费收据18

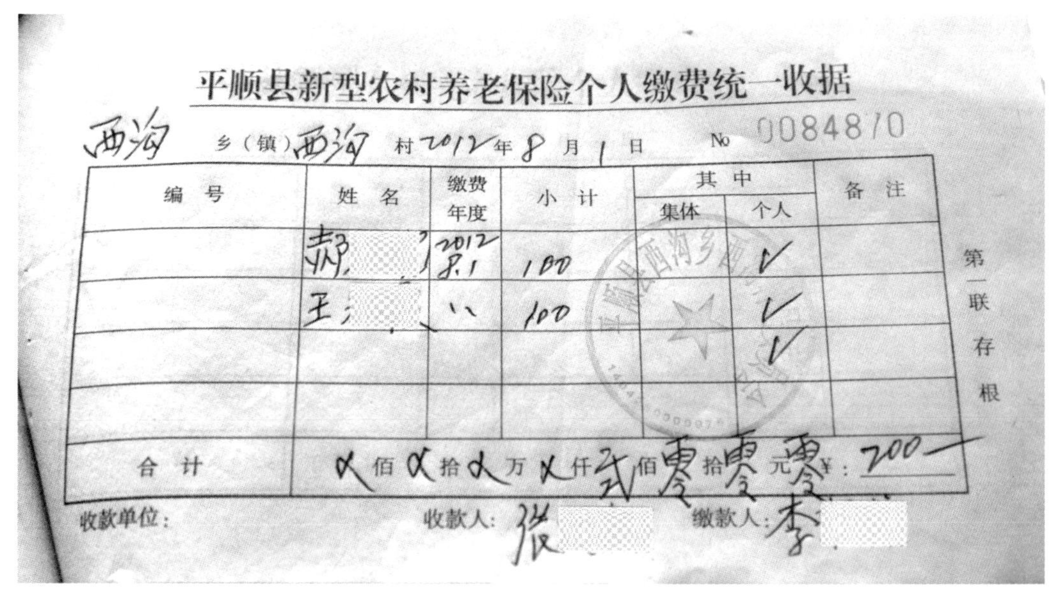

平顺县新型农村养老保险个人缴费统一收据

西沟 乡（镇）西沟 村 2012 年 8 月 1 日 № 0084870

编号	姓名	缴费年度	小计	其中		备注
				集体	个人	
	郝	2012 8.1	100		√	
	王	〃	100		√	
					√	
合计	✕佰✕拾✕万✕仟贰佰零拾零元零 ¥：200—					

收款单位： 收款人：張 缴款人：李

第一联 存根

图2-3-20　平顺县西沟村2012年新型农村养老保险个人缴费收据19

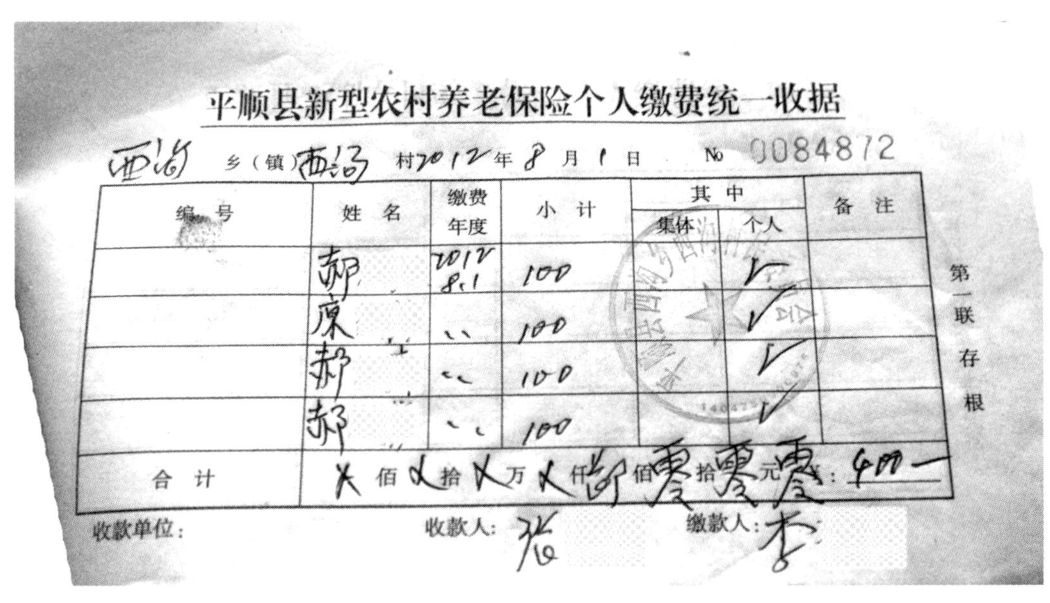

平顺县新型农村养老保险个人缴费统一收据

西沟 乡（镇）西沟 村 2012 年 8 月 1 日　№ 0084872

编号	姓名	缴费年度	小计	其中		备注
				集体	个人	
	郝	2012 8.1	100		√	
	康	〃	100		√	
	郝	〃	100		√	
	郝	〃	100		√	
合计	X 佰 X 拾 X 万 X 仟 肆 佰 零 拾 零 元 零 ¥：400—					

收款单位：　收款人：张　缴款人：李

第一联 存根

图2-3-21　平顺县西沟村2012年新型农村养老保险个人缴费收据20

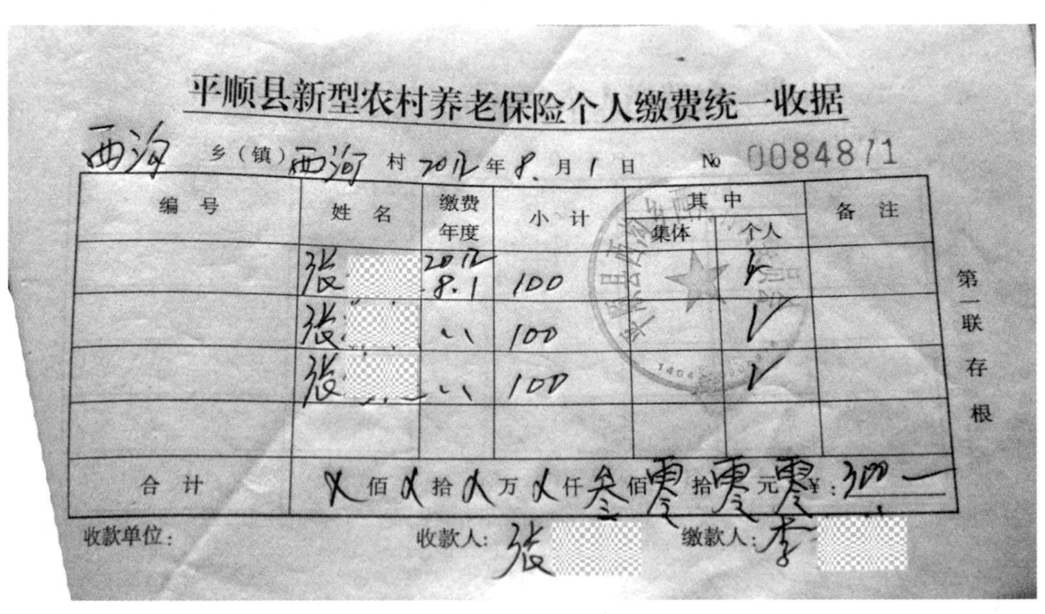

平顺县新型农村养老保险个人缴费统一收据

西沟 乡（镇）西沟 村 2012 年 8 月 1 日　№ 0084871

编号	姓名	缴费年度	小计	其中		备注
				集体	个人	
	张	2012 8.1	100		√	
	张	〃	100		√	
	张	〃	100		√	
合计	X 佰 X 拾 X 万 X 仟 叁 佰 零 拾 零 元 零 ¥：300—					

收款单位：　收款人：张　缴款人：李

第一联 存根

图2-3-22　平顺县西沟村2012年新型农村养老保险个人缴费收据21

平顺县新型农村养老保险个人缴费统一收据

西沟 乡（镇）西沟 村 2012 年 8 月 1 日 № 0084873

编 号	姓 名	缴费年度	小 计	其中		备 注
				集体	个人	
	郝 ,	2012 8.1	100		√	
	冯 ,	〃	100		√	
合 计	乂佰乂拾乂万乂仟贰佰零拾零元零 ¥：200					

收款单位： 收款人：张 缴款人：李

第一联 存根

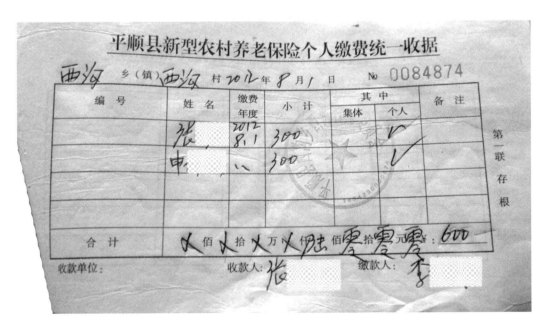

图2-3-23 平顺县西沟村2012年新型农村养老保险个人缴费收据22

平顺县新型农村养老保险个人缴费统一收据

西沟 乡（镇）西沟 村 2012 年 8 月 1 日 № 0084874

编 号	姓 名	缴费年度	小 计	其中		备 注
				集体	个人	
	张 ,	2012 8.1	300		√	
	申 ,	〃	300		√	
合 计	乂佰乂拾乂万乂仟陆佰零拾零元零 ¥：600					

收款单位： 收款人：张 缴款人：李

第一联 存根

图2-3-24 平顺县西沟村2012年新型农村养老保险个人缴费收据23

（四）平顺县西沟村2013年度新型农村合作医疗基金收缴登记表

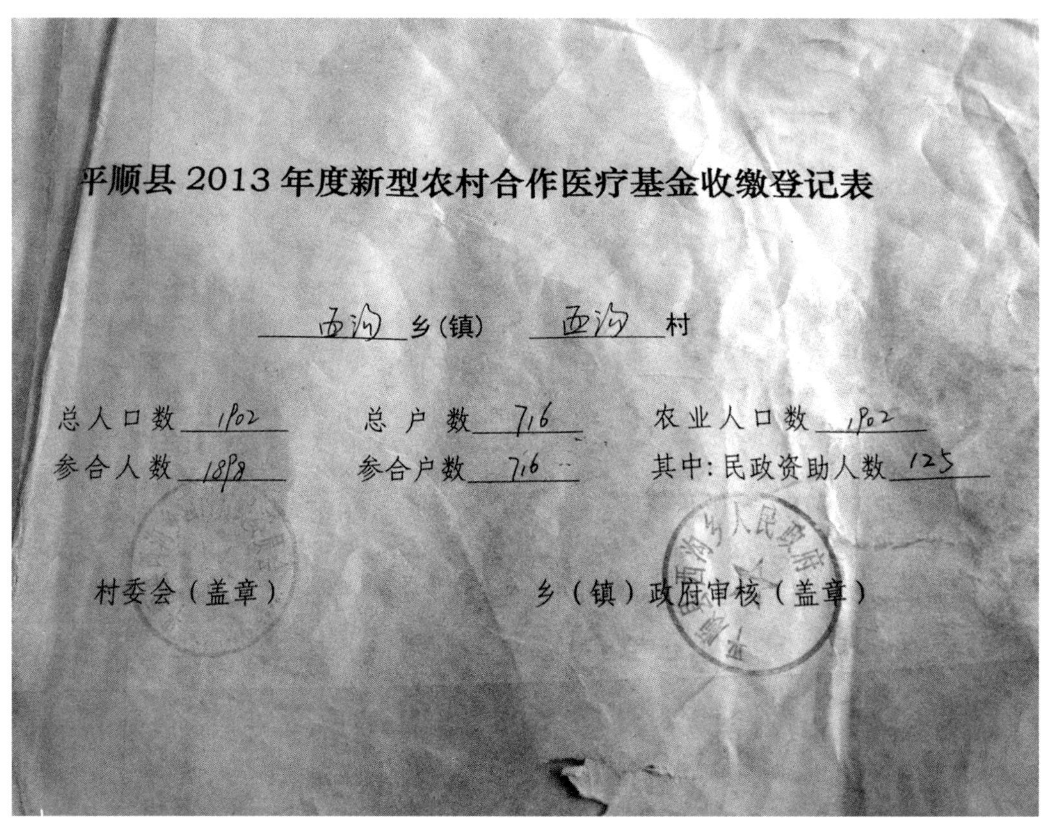

平顺县 2013 年度新型农村合作医疗基金收缴登记表

西沟 乡(镇) 西沟 村

总人口数 1802　　总户数 716　　农业人口数 1802

参合人数 1888　　参合户数 716　　其中:民政资助人数 125

村委会（盖章）　　乡（镇）政府审核（盖章）

图2-4-1　平顺县西沟村2013年度新型农村合作医疗基金收缴登记表封面

平顺县2013年度新型农村合作医疗基金收缴登记表

西沟乡镇西沟村

参加性质	户性质	户编号	人编号	姓名	与户主关系	性别	出生年月	身份证号	联系电话	个人缴费 实交	民政资助	其他资助	收据号	合作医疗证号	交款人签名
2	1	0011	01	[illegible]	0	1	49.11.23	[illegible]		20		40	0896811	[illegible]	[illegible]
			02	[illegible]	1	2	53.4.28	[illegible]		20		40			
			03	[illegible]	2	1	77.2.21	[illegible]		20		40			
			04	[illegible]	2	1	79.10.6	[illegible]		20		40			
			05	[illegible]	4	2	2004.7.22	[illegible]		20		40			
2	1	0012	01	[illegible]	0	1	58.12.8	[illegible]		20		40	0896812	[illegible]	[illegible]
			02	[illegible]	1	2	60.10.6	[illegible]		20		40			
			03	[illegible]	2	1	82.1.28	[illegible]		20		40			
			04	[illegible]	2	1	83.9.8	[illegible]		20		40			
			05	[illegible]	3	2	94.11.8	[illegible]		20		40			
2	1	0013	01	[illegible]	0	1	68.8.24	[illegible]		20		40	0896813	[illegible]	[illegible]
			02	[illegible]	1	2	70.12.8	[illegible]		20		40			
2	1	0014	01	[illegible]	0	2	51.12.16	[illegible]		20		40	0896814	[illegible]	[illegible]
2	1	0016	01	[illegible]	0	1	73.5.18	[illegible]		20		40	0896815	[illegible]	[illegible]
			02	[illegible]	1	2	73.6.8	[illegible]		20		40			
			03	[illegible]	3	2	95.7.4	[illegible]		20		40			

三联　村新农合小组存

填表人：李有成　　　　村新农合小组负责人：　　　　填表时间：2012年11月15日

〈二〉

图2-4-2　平顺县西沟村2013年度新型农村合作医疗基金收缴登记表1

平顺县2013年度新型农村合作医疗基金收缴登记表

西沟乡镇西沟村

参加性质	户性质	户编号	人编号	姓名	与户主关系	性别	出生年月	身份证号	联系电话	个人缴费 实交	民政资助	其他资助	收据号	合作医疗证号	交款人签名
2	1	0023	01	郝…	0	1	68.5.20	1404251968052…		20		40	0896822	140425020108…	郝…
			02	郝…	1	2	67.2.28	14042519670228…		20		40			
			03	郝…	2	1	89.2.20	14042519890220…		20		40			
			04	郝…	3	2	93.4.28	14042519930428…		20		40			
			05	桑…	1	2	91.3.15	14042519910315…		20		40			
			06	郝…	2	1	12.9.14	14042520120914…		20		40			
			07	郝…	3	2	12.9.14	14042520120914…		20		40			
2	1	0024	01	郝…	0	1	63.1.17	14042519630117…		20		40	0896823	140425020108…	郝…
			02	康…	1	2	64.10.4	14042519641004…		20		40			
			03	郝…	2	1	86.9.22	14042519860922…		20		40			
			04	郝…	3	2	92.11.15	14042519921115…		20		40			
2	1	0025	01	郝…	0	1	56.7.19	14042519560719…		20		40	0896825	140425020108…	郝…
			02	郝…	2	1	82.5.24	1404251982052…		20		40			
			03	郝…	1	2	61.12.21	14042519611221…		20		40			
			04	郝…	3	2	94.5.24	14042519940524…		20		40			
2	1	0026	01	郝…	0	1	73.4.21	14042519730421…		20		40	0896826	140425020108…	郝…

填表人：李有成　　村新农合小组负责人：　　填表时间：2012年11月15日

三联　村新农合小组存

〈四〉

图2-4-3　平顺县西沟村2013年度新型农村合作医疗基金收缴登记表2

平顺县2013年度新型农村合作医疗基金收缴登记表

西沟 乡镇 西沟 村

参加性质	户性质	户编号	人编号	姓名	与户主关系	性别	出生年月	身份证号	联系电话	个人缴费 实交	民政资助	其他资助	收据号	合作医疗证号	交款人签名
2	1	0034	01	李	0	1	72.1.1	1404251972010		20		40	0896834	140425020101	李
			02	张	1	2	73.10.6	14042519731006		20		40			
			03	李	3	2	93.7.27	1404251993072		20		40			
			04	李	3	2	95.4.28	14042519950428		20		40			
			05	李	2	1	98.6.8	1404251998060		20		40			
2	1	0035	01	郝	0	1	70.6.24	14042519700624		20		40	0896835	140425020101	郝
			02	郝	2	1	96.9.3	1404251996090		20		40			
			03	李	1	2	69.12.28	1404251969122		20		40			
			04	郝	3	2	93.7.9	1404251993070		20		40			
2	1	0036	01	扈	0	2	71.12.28	14042519711228		20		40	0896836	140425020	扈
			02		2	1	95.4.14	14042519950414		20		40			
2	1	0037	01	张	0	1	42.2.16	1404251942021		20		40	0896837	140425020	张
			02	张	2	1	67.3.20	1404251967032		20		40			
			03	张	4	1	95.12.19	1404251995121		20		40			
			04	李	3	2	76.7.18	14042519760718		20		40			
			05	张	3	2	06.8.10	1404252006081		20		40			

三联 村新农合小组存

填表人：李 　　村新农合小组负责人： 　　填表时间：2012年11月15日

图2-4-4　平顺县西沟村2013年度新型农村合作医疗基金收缴登记表3

平顺县 2013 年度新型农村合作医疗基金收缴登记表

西沟 乡镇 西沟 村

参加性质	户性质	户编号	人编号	姓名	与户主关系	性别	出生年月	身份证号	联系电话	个人缴费 实交	个人缴费 民政资助	个人缴费 其他资助	收据号	合作医疗证号	交款人签名
			03	李	2	2	92.4.26	140425199204 26		20		40			
			04	李	2	1	93.10.7	14042519931007		20		40			
			05	李	2	1	95.4.27	1404251995 027		20		40			
2	1	0043	01	[illegible]	0	1	60.2.2	14042519600202		20		40	0896843	14042502010 8	[illegible]
			02	张	[illegible]	2	66.6.4	140425196606 04		20		40			
2	1	0044	01	李	0	1	51.7.8	14042519510708		20		40	0896844	14042502010 8	李
			02	张	1	2	[illegible].8.8	14042519540808		20		40			
			03	李	3	2	79.10.2	14042519791002		20		40			
2	1	0045	01	张	0	1	49.7.10	14042519490710		20		40	0896845	14042502010 8	张
			02	张	1	2	51.10.20	14042519511020		20		40			
2	1	0046	01	张	0	1	74.4.9	14042519740409		20		40	0896846	14042502010 8	张
			02	张	1	2	76.5.21	14042519760521		20		40			
			03	张	2	1	03.4.[illegible]	1404252003040		20		40			
2	1	0048	01	郭	0	1	72.11.14	14042519721114		20		40	0896847	14042502010	郭
			02	张	1	2	73.8.5	14042519730805		20		40			
			03	郭	2	1	95.7.10	14042519950710		20		40			

三联 村新农合小组存

填表人：李

村新农合小组负责人：

填表时间：2012年11月15日

（12）

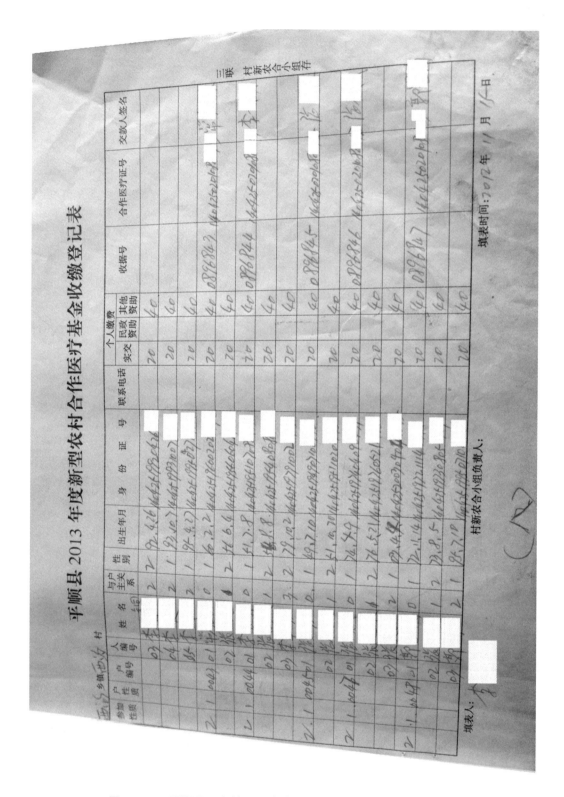

图2-4-5 平顺县西沟村2013年度新型农村合作医疗基金收缴登记表4

平顺县2013年度新型农村合作医疗基金收缴登记表

西沟乡镇西沟村

参加性质	户性质	户编号	人编号	姓名	与户主关系	性别	出生年月	身份证号	联系电话	个人缴费 实交	民政资助	其他资助	收据号	合作医疗证号	交款人签名
			03	张	2	2	92.7.28	14042519920728		20		40			
			04	张	3	2	96.4.11	14042519960411		20		40			
			05	张	2	1	96.11.3	14042519961103		20		40			
2	1	0055	01	张	0	1	43.5.5	14042519430505		20		40	0896853	14042502010	张
			02	杨	1	2	48.2.16	14042519480216		20		40			
2	1	0056	01	张	0	1	70.6.22	14042519700622		20		40	0896854	14042502010	张
			02	韩	1	2	72.9.15	14042519720915		20		40			
			03	张	2	1	96.10.16	14042519961016		20		40			
			04	张	2	1	99.7.20	14042519990720		20		40			
2	1	0057	01	郝	0	1	81.5.21	14042519810521		20		40	0896855	14042502010	郝
			02	王	1	2	81.10.9	14042519811009		20		40			
			03	郝	2	2	03.11.24	14042520031124		20		40			
			04	郝	2	1	11.12.19	14042520111219		20		40			
2	1	0058	01	张	0	1	52.6.23	14042519520623		20		40	0896856	14042502010	张
			02	魏	1	2	52.3.16	14042519520316		20		40			
			03	张	4	2	03.10.2	14042520031002		20		40			

三联 村新农合小组存

填表人：李　　村新农合小组负责人：　　填表时间：2012年11月15日

〈十〉

图2-4-6　平顺县西沟村2013年度新型农村合作医疗基金收缴登记表5

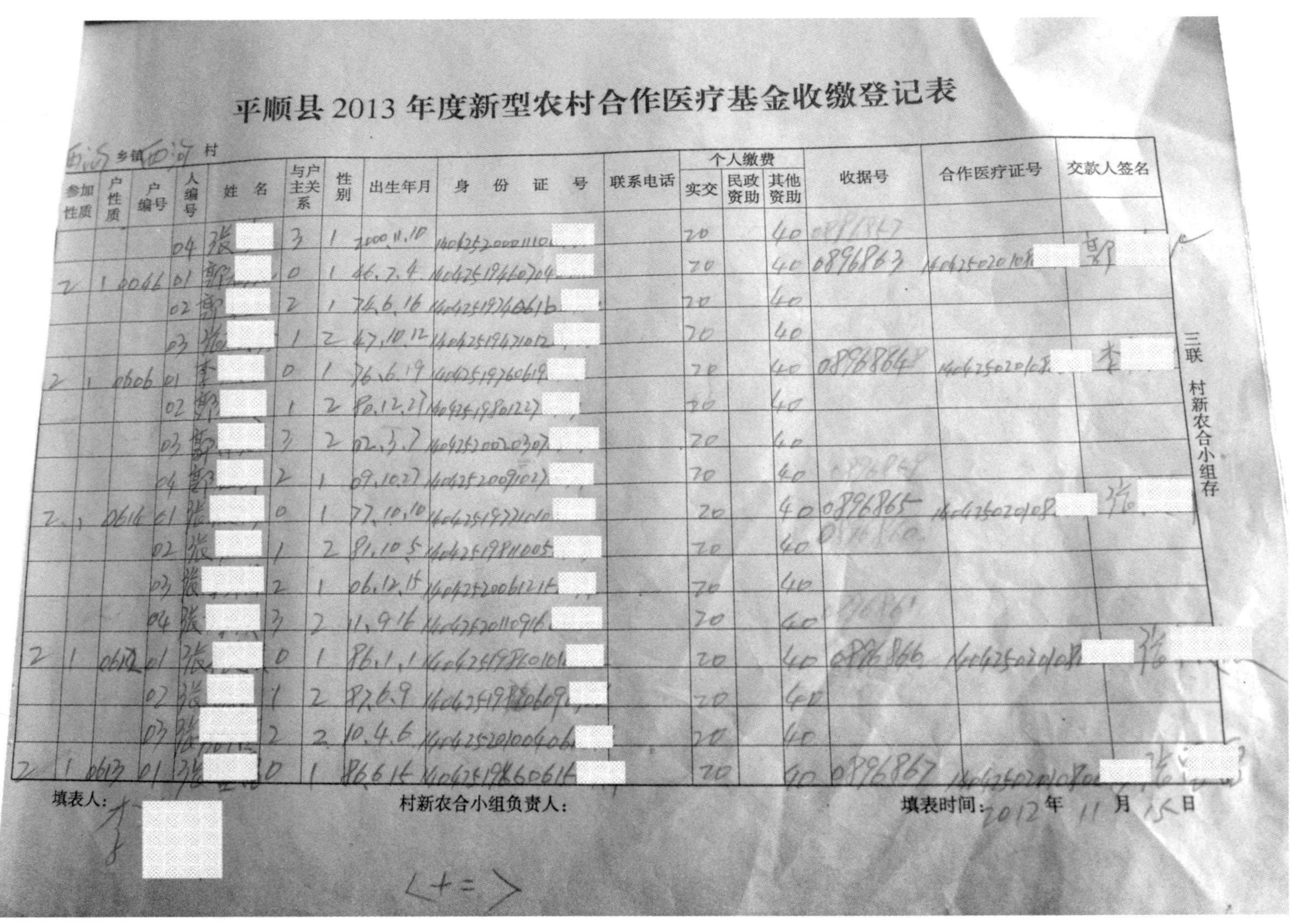

平顺县2013年度新型农村合作医疗基金收缴登记表

西沟 乡镇 西沟 村

参加性质	户性质	户编号	人编号	姓名	与户主关系	性别	出生年月	身份证号	联系电话	个人缴费 实交	民政资助	其他资助	收据号	合作医疗证号	交款人签名
			04	张	3	1	2000.11.10	140425200011 10…		20		40			
2	1	0066	01	郭	0	1	46.7.4	1404251946 0704…		20		40	0896863	140425020108…	郭
			02	郭	2	1	74.6.16	1404251974 0616…		20		40			
			03	张	1	2	47.10.12	1404251947 1012…		20		40			
2	1	0606	01	李	0	1	76.6.19	1404251976 0619…		20		40	0896864	140425020108…	李
			02	郭	1	2	80.12.27	1404251980 1227…		20		40			
			03	郭	3	2	02.3.7	1404252002 0307…		20		40			
			04	郭	2	1	09.10.27	1404252009 1027…		20		40			
2	1	0616	01	张	0	1	77.10.10	1404251977 1010…		20		40	0896865	140425020108…	张
			02	张	1	2	81.10.5	1404251981 1005…		20		40			
			03	张	2	1	06.12.15	1404252006 1215…		20		40			
			04	张	3	2	11.9.16	1404252011 0916…		20		40			
2	1	0612	01	张	0	1	86.1.1	1404251986 0101…		20		40	0896866	140425020108…	张
			02	张	1	2	87.6.9	1404251987 0609…		20		40			
			03	张	2	2	10.4.6	1404252010 0406…		20		40			
2	1	0613	01	张	0	1	86.6.15	1404251986 0615…		20		40	0896867	140425020108…	张

三联 村新农合小组存

填表人：　　村新农合小组负责人：　　填表时间：2012 年 11 月 15 日

<十二>

图2-4-7　平顺县西沟村2013年度新型农村合作医疗基金收缴登记表6

平顺县 2013 年度新型农村合作医疗基金收缴登记表

西沟乡镇西沟 村

参加性质	户性质	户编号	人编号	姓名	与户主关系	性别	出生年月	身份证号	联系电话	个人缴费 实交	个人缴费 民政资助	个人缴费 其他资助	收据号	合作医疗证号	交款人签名
2	#	0631	01	常	0	1	85.11.28	14042519851128		20		40	0896873	140425020108	常
			02	宋	1	2	85.11.8	61252519851108		20		40			
			03	常	3	2	09.2.8	14042520090208		20		40			
	1	0632	01	方	0	2	83.3.24	14042519830324		20		40	0896874	140425020108	
			02	张	3	2	08.7.21	14042520080721		20		40			
2	1	0633	01	张	0	1	76.5.2	14042519760502		20		40	0896875	140425020108	张
			02	张	1	2	79.6.6	14042519790606		20		40			
			03	张	2	1	2001.9.15	14042520010915		20		40			
			04	张	3	2	08.9.4	14042520080904		20		40			
2	1	0634	01	李	0	1	81.3.17	14042519810317		20		40	0896876	140425020108	李
			02	张	1	2	87.11.11	14263619871111		20		40			
			03	李	2	1	07.2.26	14042520070226		20		40			
2	1	0635	01	张	0	1	73.2.10	14042519730210		20		40	0896877	140425020108	张
			02	张	1	2	75.4.17	14042519750417		20		40			
			03	张	2	1	97.3.17	14042519970317		20		40			
2	1	0636	01	张	0	1	74.2.28	14042519740228		20		40	0896878	140425020108	张

三联 村新农合小组存

填表人：李

村新农合小组负责人：

填表时间：2012 年 12 月 15 日

（十四）

图2-4-8　平顺县西沟村2013年度新型农村合作医疗基金收缴登记表7

2队

平顺县2013年度新型农村合作医疗基金收缴登记表

西沟 乡镇 西沟 村

参加性质	户性质	户编号	人编号	姓名	与户主关系	性别	出生年月	身份证号	联系电话	个人缴费 实交	民政资助	其他资助	收据号	合作医疗证号	交款人签名
2		0067	01	赵	0	1	66.10.9	1404251966100…		20		40	089645-1	14042520108…	赵
		0068	01	郭	0	2	63.3.14	14042519630314…		20		40	0896452	14042520108…	郭
			02	张	3	2	94.8.1	14042519940801…		20		40			
		0069	01	赵	0	1	58.8.14	14042519580814…		20		40	0896453	14042520108…	赵
			02	张	1	2	61.11.21	14042519611121…		20		40			
		0070	01	赵	0	1	56.3.12	14042519560312…		20		40	0896454	14042520108…	赵
			02	段	1	2	55.5.3	14042519550503…		20		40			
		0071	0	李	0	1	73.10.24	14042519731024…		20		40	0896455	14042520108…	李
			2	李	2	1	03.6.23	14042520030623…		20		40			
			3	李	3	2	97.12.4	14042519971204…		20		40			
		0072	01	张	0	2	52.11.22	14042519521122…		20		40	0896456	14042520108…	张
		0073	01	李	0	1	79.9.20	14042519790920…		20		40	0896457	14042520108…	李
			02	陈	1	2	76.7.8	22032219760708…		20		40			
			03	李	2	1	2010.12.26	14042520101226…		20		40			
		0074	01	张	0	1	43.12.12	14042519431212…		20		40	0896458	14042520108…	张
		0075	01	张	0	1	62.10.6	14042519621006…		20		40	0896459	14042520108…	张

三联 村新农合小组存

填表人：廖　　村新农合小组负责人：　　填表时间：2012年11月15日

图2-4-9　平顺县西沟村2013年度新型农村合作医疗基金收缴登记表8

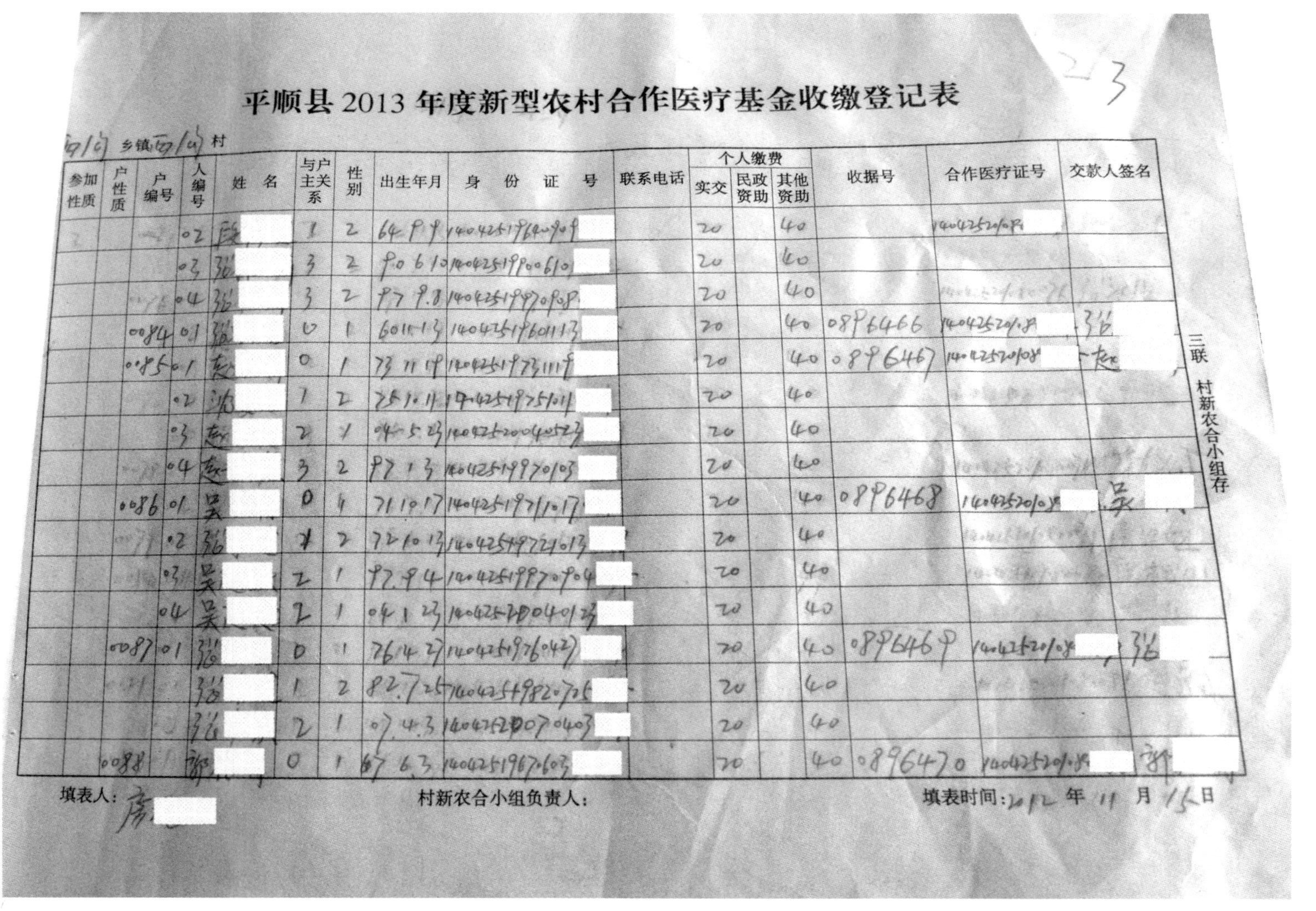

平顺县2013年度新型农村合作医疗基金收缴登记表

西沟 乡镇 西沟 村

参加性质	户性质	户编号	人编号	姓名	与户主关系	性别	出生年月	身份证号	联系电话	个人缴费 实交	个人缴费 民政资助	个人缴费 其他资助	收据号	合作医疗证号	交款人签名
			02	段	1	2	64.9.9	1404251964090		20		40		140425201	
			03	张	3	2	90.6.10	14042519900610		20		40			
			04	张	3	2	97.9.8	1404251997090		20		40			
		0084	01	张	0	1	60.11.13	14042519601113		20		40	0896466	140425201	张
		0085	01	赵	0	1	73.11.19	14042519731119		20		40	0896467	140425201	赵
			02	冯	1	2	75.10.11	14042519751011		20		40			
			03	赵	2	1	04.5.23	14042520040523		20		40			
			04	赵	3	2	97.1.3	14042519970103		20		40			
		0086	01	吴	0	1	71.10.17	14042519711017		20		40	0896468	140425201	吴
			02	张	1	2	72.10.13	14042519721013		20		40			
			03	吴	2	1	97.9.4	14042519970904		20		40			
			04	吴	2	1	04.1.23	14042520040123		20		40			
		0087	01	张	0	1	76.4.27	14042519760427		20		40	0896469	140425201	张
				张	1	2	82.7.25	14042519820725		20		40			
				张	2	1	07.4.3	14042520070403		20		40			
		0088		郭	0	1	67.6.3	14042519670603		20		40	0896470	140425201	郭

填表人：房　　村新农合小组负责人：　　填表时间：2012 年 11 月 15 日

三联　村新农合小组存

图2-4-10　平顺县西沟村2013年度新型农村合作医疗基金收缴登记表9

平顺县2013年度新型农村合作医疗基金收缴登记表

西沟 乡镇 西沟 村

参加性质	户性质	户编号	人编号	姓名	与户主关系	性别	出生年月	身份证号	联系电话	个人缴费 实交	个人缴费 民政资助	个人缴费 其他资助	收据号	合作医疗证号	交款人签名
		0093	01	张	0	1	63.6.18	14042519630618		20		40	0896475	140425201 0	张
			02	申	1	2	57.8.26	14042519570826		20		40			
			03	张	3	2	88.10.12	14042519881012		20		40			
		0094	01	张	0	1	70.5.19	14042519700519		20		40	0896476	140425201 0	张
			02	张	1	2	73.12.2	1404251973122 5		20		40			
			03	张	2	1	99.8.2	14042619990802		20		40			
			04	张	2	1	07.8.27	14042520070827		20		40			
		0095	01	赵	0	1	69.9.19	14042519690919		20		40	0896477	140425201 0	赵
			02	赵	2	1	93.8.21	14042519930821		20		40			
			03	赵	3	2	95.8.3	14042519950803		20		40			
		0096	01	李	0	2	44.3.27	14042519440327		20		40	0896478	140425201 0	李
		0097	01	张	0	1	51.9.24	14042619510924		20		40	0896479	140425201 0	张
			02	张	1	2	54.9.1	14042519540901		20		40			
		0099	01	张	0	2	60.5.11	14042519600511		20		40	0896480	140425201 08	张
		0100	01	张	0	1	63.6.23	14042519630623		20		40	0896481	140425201 08	张
			02	张	1	2	65.10.14	14042519651014		20		40			

三联 村新农合小组存

填表人：庞　　村新农合小组负责人：　　填表时间：2012 年 11 月 15 日

图2-4-11　平顺县西沟村2013年度新型农村合作医疗基金收缴登记表10

平顺县2013年度新型农村合作医疗基金收缴登记表

西沟 乡镇 西沟 村

参加性质	户性质	户编号	人编号	姓名	与户主关系	性别	出生年月	身份证号	联系电话	个人缴费 实交	民政资助	其他资助	收据号	合作医疗证号	交款人签名
		0109	02	周	1	2	59.1.13	14042519590113		20		40			
		0109	01	张	0	1	67.7.1	14042519670701		20		40	0896489	1404252010…	张
			02	王	1	2	68.10.24	14042519681024		20		40			
			03	张	3	2	91.12.13	14042519911213		20		40			
			04	张	2	1	94.11.15	14042519941115		20		40			
		0110	01	张	0	1	42.9.13	14042519420913		20		40	0896490	140425201…	张
			02	牙	1	2	44.8.25	14042519440825		20		40			
		0111	01	杨	0	1	62.12.12	14042519621212		20		40	0896491	1404252010…	杨
			02	张	1	2	66.11.29	14042519661129		20		40			
			03	杨	2	1	88.6.1	14042519880601		20		40			
		0112	01	杨	0	1	66.6.15	14042519660615		20		40	0896492	140425201…	杨
			02	陈	1	2	72.12.28	14042519721228		20		40	0		
			03	杨	3	2	99.7.19	14042519990719		20		40			
			04	杨	3	2	04.6.24	14042520040624		20		40			
		0113	01	郭	0	1	64.11.2	14042519641102		20		40	0896493	140425201…	郭
			02	张	1	2	65.2.19	14042519650219		20		40			

三联 村新农合小组存

填表人：房　　村新农合小组负责人：　　填表时间：2012年11月15日

图2-4-12　平顺县西沟村2013年度新型农村合作医疗基金收缴登记表11

平顺县 2013 年度新型农村合作医疗基金收缴登记表

9

西沟 乡镇 西沟 村

参加性质	户性质	户编号	人编号	姓名	与户主关系	性别	出生年月	身份证号	联系电话	个人缴费			收据号	合作医疗证号	交款人签名
										实交	民政资助	其他资助			
			04	张	2	2	97.5.9	14042519970509		20		40			
		0119	01	张	0	2	76.8.16	14042519760816		20		40	0896499	14042520108	张
			02	张	2	2	2000.1.22	14042520000122		20		40			
		0625	01	张	0	2	76.9.14	14042519760914		20		40	0896420	14042520108	张
			02	赵	3	2	2000.9.8	14042520000908		20		40			
			03	赵	3	2	05.6.11	14042520050611		20		40			
		0639	01	张	0	1	68.10.21	14042519681021		20		40	0896419	14042520108	张
			02	郭	1	2	68.12.23	14042519681223		20		40			
			03	张	2	2	84.4.16	14042519840416		20		40			
		0640	01	郭	0	2	45.11.10	14042519451110		20		40		14042520108	郭
		0641	01	李	0	1	70.9.11	14042519700911		20		40	0896417	14042520108	李
			02	张	1	2	73.8.2	14042519730802		20		40			
			03	李	3	2	2000.7.29	14042520000729		20		40			
		0642	01	房	0	1	78.7.14	14042519780714		20		40	0896415	14042520108	房
			02	房	3	2	2000.8.27	14042520000827		20		40			
		0643	01	赵	0	2	80.2.7	14042519800207		20		40	0896416	14042520108	赵

三联 村新农合小组存

填表人：房　　村新农合小组负责人：　　填表时间：2012 年 11 月 15 日

图2-4-13　平顺县西沟村2013年度新型农村合作医疗基金收缴登记表12

11

平顺县2013年度新型农村合作医疗基金收缴登记表

西沟 乡镇 西沟 村

参加性质	户性质	户编号	人编号	姓名	与户主关系	性别	出生年月	身份证号	联系电话	个人缴费 实交	个人缴费 民政资助	个人缴费 其他资助	收据号	合作医疗证号	交款人签名
		0	03	郭	3	2	2010.3.5	1404252010305		20		40			
		0651	01	宋	0	2	46.2.24	14042519460224		20		40	0896409	14042520108	宋
		0652	01	李	0	1	85.7.1	140425198507[illegible]		20		40	0896408	14042520108	李
			02	李	1	2	89.11.5	1404251989110[illegible]		20		40			
			03	李	3	2	09.2.1	14042520090201		20		40			
			03	李	3	2	2011.8.13	14042520110813		20		40			
		0653	01	郭	0	2	47.11.22	14042519471122		20		40	0896407	14042520108	郭
			02	张	4	2	92.6.16	14042519920616		20		40			
		0654	01	张	0	1	79.10.9	14042519791009		20		40	0896406	14042520108	张
			02	郭	1	2	80.11.13	14042519801113		20		40			
			03	张	2	1	05.1.1	14042520050101		20		40			
			04	张	2	2	2012.5.1	14042520120501		20		40			
		0655	01	杨	0	2	89.3.20	14042519890320		20		40	0896405	14042520108	杨
			02	郭	3	2	2011.3.19	14042520110319		20		40			
		0656	01	裴	0	1	70.4.21	14042519700421		20		40	0896404	14042520108	裴
			02	张	1	2	74.1.19	14042519740119		20		40			

三联 村新农合小组存

填表人：

村新农合小组负责人：

填表时间：2012年11月15日

图2-4-14　平顺县西沟村2013年度新型农村合作医疗基金收缴登记表13

平顺县2013年度新型农村合作医疗基金收缴登记表

西沟乡镇 西沟村

参加性质	户性质	户编号	人编号	姓名	与户主关系	性别	出生年月	身份证号	联系电话	个人缴费 实交	民政资助	其他资助	收据号	合作医疗证号	交款人签名
2	1	0120	01	郝	0	2	72.4.21	1404251972042		20		40	0896920	140425201080	
2	1	0121	01	张	0	1	65.01.19	14042519650119		20		40	0896921	140425201080	
2	1		02	张	1	2	66.12.30	14042519661230		20		40			
2	1	0122	01	张	0	1	60.04.08	14042519600408		20		40	0896922	140425201080	
2	1		02	郝	1	2	65.09.08	14042519650908		20		40		14	
2	1	0123	01	郝	0	1	34.08.12	14042519340812		20		40	0896923	140425201080	
2	1		02	郝	2	1	73.04.24	14042519730424		20		40			
2	1		03	申	3	2	72.04.06	14042519720406		20		40			
2	1		04	郝	4	2	97.07.17	14042519970717		20		40			
2	1	0124	01	张	0	1	72.01.08	14042519720108		20		40	0896924	140425201080	
2	1		02	张	1	2	73.07.30	14042519730730		20		40			
2	1		03	张	2	1	91.04.27	14042519910427		20		40			
2	1		04	张	3	2	97.07.10	14042519970710		20		40			
2	1	0125	01	张	0	1	36.11.22	14042519361122		20		40	0896925	140425201080	
2	1	0126	01	张	0	1	68.05.17	14042519680517		20		40	0896926	140425201080	
2	1		02	赵	1	2	69.06.27	14042519690627		20		40			

三联 村新农合小组存

填表人：张　　村新农合小组负责人：　　填表时间：2012年11月15日

图2-4-15　平顺县西沟村2013年度新型农村合作医疗基金收缴登记表14

平顺县 2013 年度新型农村合作医疗基金收缴登记表

3

西沟乡镇 西沟村

参加性质	户性质	户编号	人编号	姓名	与户主关系	性别	出生年月	身份证号	联系电话	个人缴费 实交	民政资助	其他资助	收据号	合作医疗证号	交款人签名
2	1		02	马	1	2	54.04.24	1404251954042		20		40			
2	1	0133	01	张	0	1	69.04.03	14042519690403		20		40	0896933	140425020108	
2	1		02	张	1	2	68.12.08	14042519681208		20		40			
2	1		03	张	2	1	96.06.27	14042519960627		20		40			
2	1		04	张	3	1	99.02.06	14042519990206		20		40			
2	1	0134	01	张	0	1	68.12.21	14042519681221		20		40	0896934	140425020108	
2	1		02	张	3	2	99.01.18	14042519990118		20		40			
2	1		03	张	5	2	46.10.03	14042519461003		20		40			
2	1	0135	01	张	0	1	63.12.04	14042519631204		20		40	0896935	140425020108	
2	1		02	张	2	1	92.10.07	14042519921007		20		40			
2	1	0136	01	王	0	2	40.04.06	14042519400406		20		40	0896936	140425020108	
2	1		02	张	2	1	75.04.25	14042519750425		20		40			
2	1	0137	01	韩	0	2	45.10.22	14042519451022		20		40	0896937	140425020108	
2	1	0138	01	张	0	1	65.12.15	14042519651215		20		40	0896938	140425020108	
2	1		02	韩	1	2	65.10.01	14042519651001		20		40			
2	1		03	张	2	1	93.12.16	14042519931216		20		40			

三联 村新农合小组存

填表人：冯　　村新农合小组负责人：　　填表时间：2012 年 11 月 15 日

图2-4-16　平顺县西沟村2013年度新型农村合作医疗基金收缴登记表15

平顺县 2013 年度新型农村合作医疗基金收缴登记表

5

西沟乡镇 西沟村

三联 村新农合小组存

参加性质	户性质	户编号	人编号	姓名	与户主关系	性别	出生年月	身份证号	联系电话	个人缴费			收据号	合作医疗证号	交款人签名
										实交	民政资助	其他资助			
2	1	0143	01	张	0	1	55.03.17	1404251955031		20		40	0896942	140425020108	
2	1		02	路	1	2	48.11.01	14042519481101		20		40			
2	1		03	张	2	1	90.11.10	14042519901110		20		40			
2	1	0144	01	张	0	2	00.07.26	14042520000726		20		40	0896943	140425020108	
2	1	0145	01	张	0	1	61.12.06	14042519611206		20		40	0896944	140425020108	
2	1	[illegible]	02	路	1	2	68.09.11	140425196809		20		40			
2	1		03	张	2	1	98.5.21	14042519980521		20		40			
2	1	0146	01	张	0	1	70.12.20	14042519701220		20		40	0896945	140425020108	
2	1		02	申	1	2	72.05.05	1404251972050		20		40			
2	1	0147	01	张	0	1	56.10.06	14042519561006		20		40	0896946	140425020108	
2	1		02	张	1	2	58.08.22	14042519580822		20		40			
2	1		03	张	3	2	91.03.07	1404251991030		20		40			
2	1	0148	01	郭	0	2	34.04.26	14042519340426		20		40	0896947	140425020108	
2	1	0149	01	张	0	1	72.05.10	14042519720510		20		40	0896948	140425020108	
2	1		02	杨	1	2	69.03.24	14042519690324		20		40			
2	1		03	张	2	1	94.10.26	14042519941026		20		40			

填表人：张　　村新农合小组负责人：　　填表时间：2012 年 11 月 15 日

图2-4-17　平顺县西沟村2013年度新型农村合作医疗基金收缴登记表16

平顺县 2013 年度新型农村合作医疗基金收缴登记表

7

石沟乡镇 石沟 村

参加性质	户性质	户编号	人编号	姓名	与户主关系	性别	出生年月	身份证号	联系电话	个人缴费			收据号	合作医疗证号	交款人签名
										实交	民政资助	其他资助			
2	1		02	张[redacted]	1	2	73.09.09	14042519730909[redacted]	[redacted]	20		40			
2	1		03	张[redacted]	3	2	95.07.09	14042519950709[redacted]	[redacted]	20		40			
2	1	0158	01	张[redacted]	0	1	66.09.11	14042519660911[redacted]	[redacted]	20		40	0846955	140425020108[redacted]	
2	1		02	周[redacted]	1	2	68.12.26	14042519681226[redacted]	[redacted]	20		40			
2	1		03	张[redacted]	2	1	96.04.22	14042519960422[redacted]	[redacted]	20		40			
2	1		04	张[redacted]	3	2	90.04.11	14042519900411[redacted]	[redacted]	20		40			
2	1		05	张[redacted]	3	2	92.04.18	14042519920418[redacted]	[redacted]	20		40			
2	1	0159	01	张[redacted]	0	1	56.03.06	14042519560306[redacted]	[redacted]	20		40	0846956	140425020108[redacted]	
2	1		02	张[redacted]	1	2	57.09.24	14042519570924[redacted]	[redacted]	20		40			
2	1	0160	01	张[redacted]	0	1	52.03.20	14042519520320[redacted]	[redacted]	20		40	0846957	140425020108[redacted]	
2	1		02	张[redacted]	1	2	54.03.16	14042519540316[redacted]	[redacted]	20		40			
2	1	0161	01	张[redacted]	0	1	46.03.18	14042519460318[redacted]	[redacted]	20		40	0846958	140425020108[redacted]	
2	1		02	张[redacted]	1	2	48.04.14	14042519480414[redacted]	[redacted]	20		40			
2	1	0162	01	张[redacted]	0	1	68.03.01	14042519680301[redacted]	[redacted]	20		40	0846959	140425020108[redacted]	
2	1		02	张[redacted]	1	2	68.04.18	14042519680418[redacted]	[redacted]	20		40			
2	1		03	张[redacted]	2	1	87.08.30	14042519870830[redacted]	[redacted]	20		40			

三联 村新农合小组存

填表人：[redacted]　　村新农合小组负责人：　　填表时间：2012 年 11 月 15 日

图2-4-18　平顺县西沟村2013年度新型农村合作医疗基金收缴登记表17

平顺县 2013 年度新型农村合作医疗基金收缴登记表

9

西沟乡镇西沟村

参加性质	户性质	户编号	人编号	姓名	与户主关系	性别	出生年月	身份证号	联系电话	个人缴费			收据号	合作医疗证号	交款人签名
										实交	民政资助	其他资助			
2	1		03	张	2	1	92.10.20	14042519921020		20		40			
2	1		04	张	2	1	00.12.11	1404252000121		20		40			
2	1	0172	01	张	0	1	59.12.18	14042519591218		20		40	0846968	140425020108	
2	1		02	杨	1	2	60.09.30	14042519600930		20		40			
2	1		03	张	3	2	88.11.03	14042519881103		20		40			
2	1	0173	01	张	0	1	74.10.25	13040619741025		20		40	0846969	140425020108	
2	1		02	张	1	2	74.08.27	14042519740827		20		40			
2	1		03	张	3	2	97.05.14	1404251997051		20		40			
2	1		04	张	2	1	01.04.17	14042520010417		20		40			
2	1	0174	01	张	0	2	45.10.28	14042519451028		20		40	0846970	140425020108	
2	1	0175	01	张	0	1	63.01.27	14042519630127		20		40	0846971	140425020108	
2	1	0604	01	张	0	1	80.06.07	14042519800607		20		40	0846972	140425020108	
2	1		02	段	1	2	74.09.21	14042519740921		20		40			
2	1		03	张	3	2	06.12.25	14042520061225		20		40			
2	1		04	张	3	2	08.09.09	14042520080909		20		40			
2	1	0615	01	张	0	1	74.04.06	14042519740406		20		40	0846973	140425020108	

三联 村新农合小组存

填表人：张　　村新农合小组负责人：　　填表时间：2012 年 11 月 15 日

图2-4-19　平顺县西沟村2013年度新型农村合作医疗基金收缴登记表18

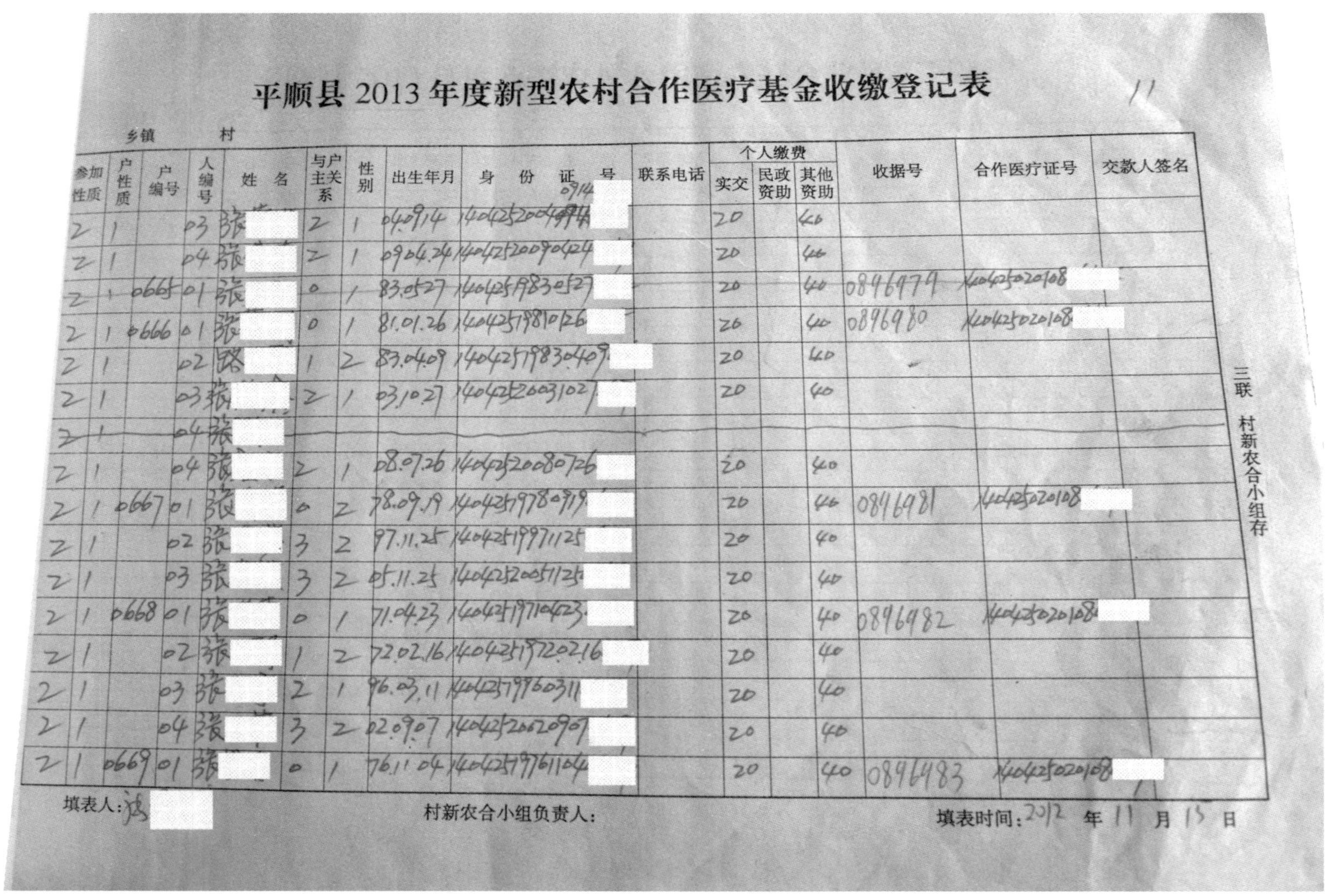

平顺县2013年度新型农村合作医疗基金收缴登记表　　11

乡镇　　　　村

参加性质	户性质	户编号	人编号	姓名	与户主关系	性别	出生年月	身份证号	联系电话	个人缴费 实交	个人缴费 民政资助	个人缴费 其他资助	收据号	合作医疗证号	交款人签名
2	1		03	張	2	1	04.09.14	14042520040914		20		40			
2	1		04	張	2	1	09.04.24	14042520090424		20		40			
2	1	0665	01	張	0	1	83.05.27	14042519830527		20		40	0846979	140425020108	
2	1	0666	01	張	0	1	81.01.26	14042519810126		20		40	0846980	140425020108	
2	1		02	路	1	2	83.04.09	14042519830409		20		40			
2	1		03	張	2	1	03.10.27	14042520031027		20		40			
2	1		04	張											
2	1		04	張	2	1	08.07.26	14042520080726		20		40			
2	1	0667	01	張	0	2	78.09.19	14042519780919		20		40	0846981	140425020108	
2	1		02	張	3	2	97.11.25	14042519971125		20		40			
2	1		03	張	3	2	05.11.25	14042520051125		20		40			
2	1	0668	01	張	0	1	71.04.23	14042519710423		20		40	0846982	140425020108	
2	1		02	張	1	2	72.02.16	14042519720216		20		40			
2	1		03	張	2	1	96.03.11	14042519960311		20		40			
2	1		04	張	3	2	02.09.07	14042520020907		20		40			
2	1	0669	01	張	0	1	76.11.04	14042519761104		20		40	0846983	140425020108	

三联　村新农合小组存

填表人：　　　村新农合小组负责人：　　　填表时间：2012 年 11 月 15 日

图2-4-20　平顺县西沟村2013年度新型农村合作医疗基金收缴登记表19

平顺县 2013 年度新型农村合作医疗基金收缴登记表

13

西沟乡镇西沟村

参加性质	户性质	户编号	人编号	姓名	与户主关系	性别	出生年月	身份证号	联系电话	个人缴费			收据号	合作医疗证号	交款人签名
										实交	民政资助	其他资助			
2	1		02	申	1	2	79.06.27	14042519790627		20		40			
2	1		03	张	2	1	07.04.28	14042520070428		20		40			
2	1	0676	01	张	0	2	90.12.15	14042519901215		20		40	0896990	1404250020108	
2	1	0677	01	张	0	1	49.07.27	14042519490727		20		40	0896991	140425020108	
2	1	0678	01	郭	0	1	68.12.24	14042519681224		20		40	0896992	140425020108	
2	2		02	郭	3	2	96.07.05	14042519960705		20		40			
2	2	0665		张	2	1	06.04.13	14042520060413		20		40		140425020108	
2	1	0665		武	0	1	83.05.27	14042519830527		20		40	0896979	140425020108	

三联 村新农合小组存

填表人：张爱斌　　村新农合小组负责人：　　填表时间：2012 年 11 月 15 日

图2-4-21　平顺县西沟村2013年度新型农村合作医疗基金收缴登记表20

平顺县2013年度新型农村合作医疗基金收缴登记表

西沟 乡镇 西沟村

参加性质	户性质	户编号	人编号	姓名	与户主关系	性别	出生年月	身份证号	联系电话	个人缴费 实交	民政资助	其他资助	收据号	合作医疗证号	交款人签名
2	1		03	桑	6	2	80.3.18	1404251980031		20.00		40.00			
2	1		04	白	4	1	07.7.20	1404252007072		20.00		40.00			
2	1	0182	01	索	0	1	48.1.17	1404251948011		20.00		40.00	0896907	1404250901 08	索
2	1		02	李	1	2	54.7.22	1404251954070		20.00		40.00			
2	1		03	索	2	1	77.4.13	1404251977041		20.00		40.00			
2	1	0184	01	赵	0	1	68.12.29	1404251968122		20.00		40.00	0896908	1404250201 08	赵
2	1		02	李	1	2	71.9.3	1404251971090		20.00		40.00			
2	1		03	赵	2	1	97.6.15	1404251997061		20.00		40.00			
2	1	0185	01	赵	0	1	59.7.8	1404251959070		20.00		40.00	0896909	1404250201 08	赵
2	1		02		1	2	62.1.26	1404251962012		20.00		40.00			
2	1		03	赵	2	1	85.7.3	1404251985070		20.00		40.00			
2	1		04	赵	2	1	85.7.3	1404251985070		20.00		40.00			
2	1		05	秦	3	2	89.12.6	1404251989120		20.00		40.00			
2	1		06	赵	4	1	2012.8.1	1404252012080		20.00		40.00			
2	1	0187	01	杨	0	1	49.12.15	1404251949121		20.00		40.00	0896910	1404250201	杨
2	1		02		1	2	54.9.15	1404251954091		20.00		40.00			

三联 村新农合小组存

填表人：索　　村新农合小组负责人：　　填表时间：2012 年 1 月 15 日

图2-4-22　平顺县西沟村2013年度新型农村合作医疗基金收缴登记表21

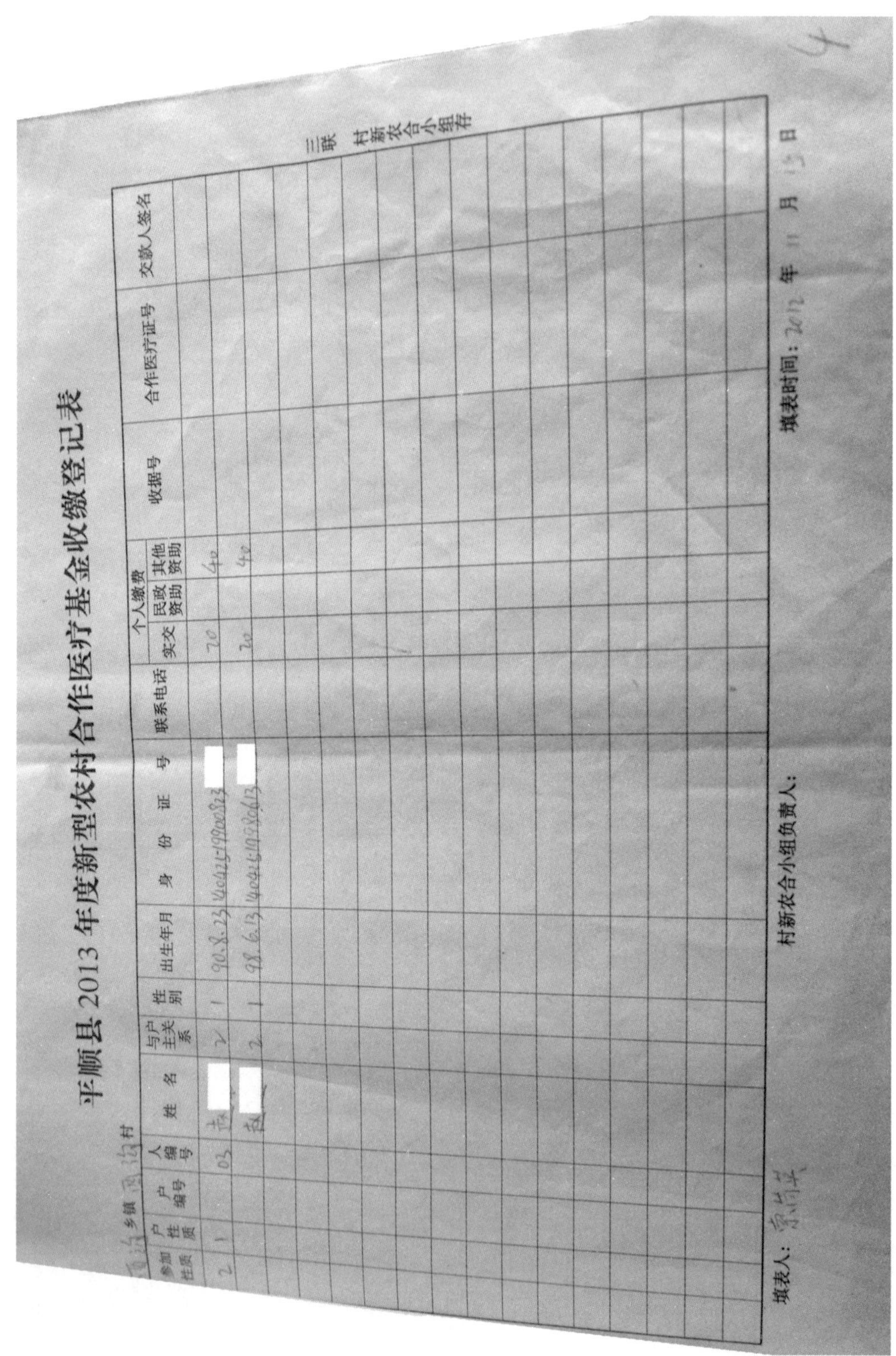

平顺县2013年度新型农村合作医疗基金收缴登记表

乡镇 村

参加性质	户性质	户编号	人编号	姓名	与户主关系	性别	出生年月	身份证号	联系电话	个人缴费			收据号	合作医疗证号	交款人签名
										实交	民政资助	其他资助			
2	1		03	赵	2	1	90.8.23	14042519900823		20		40			
				赵	2	1	98.6.13	14042519980613		20		40			

三联 村新农合小组存

填表人：　　村新农合小组负责人：　　填表时间：2012年11月15日

图2-4-23　平顺县西沟村2013年度新型农村合作医疗基金收缴登记表22

2

平顺县2013年度新型农村合作医疗基金收缴登记表

西沟乡镇 西沟村

参加性质	户性质	户编号	人编号	姓名	与户主关系	性别	出生年月	身份证号	联系电话	个人缴费 实交	个人缴费 民政资助	个人缴费 其他资助	收据号	合作医疗证号	交款人签名
2	1		02	石	1	2	1972.7.16	14042519720716		20		40			
2	1		03	张	2	1	1992.11.28	14042519921128		20		40			
2	1		04	张	2	1	1994.8.22	14042519940822		20		40			
2	1	0201	01	张	0	1	1966.3.6	14042519660306		20		40	0896307	140425020108	张
2	1		02	张	1	2	1969.2.6	14042519690206		20		40			
2	1		03	张	2	1	1990.11.9	14042519901109		20		40			
2	1		04	张	3	2	1995.8.11	14042519950811		20		40			
2	1		05	魏	3	2	1991.6.26	14042519910626		20		40			
2	1		06	张	4	2	2010.5.6	14042520100506		20		40			
2	1	0202	01	秦	0	1	1995.10.21	14042519951021		20		40	0896308	140425020108	秦
2	1	0203	01	宋	0	1	1967.4.6	14042519670406		20		40	0896309	140425020108	宋
2	1		02	仁	1	2	1968.3.12	14042519680312		20		40			
2	1		03	王	2	1	1993.7.20	14042519930720		20		40			
2	1	0204	01	宋	0	1	1969.3.6	14042519690306		20		40	0896332	140425020108	宋
2	1	0206	01	马	0	1	1956.7.13	14042519560713		20		40	0896310	140425020108	马
2	1		02	栗	1	2	1959.12.21	14042519591221		20		40			

三联 村新农合小组存

填表人：张　　村新农合小组负责人：　　填表时间：2012年11月15日

图2-4-24　平顺县西沟村2013年度新型农村合作医疗基金收缴登记表23

平顺县2013年度新型农村合作医疗基金收缴登记表

4

西沟乡镇 西沟村

参加性质	户性质	户编号	人编号	姓名	与户主关系	性别	出生年月	身份证号	联系电话	个人缴费 实交	民政资助	其他资助	收据号	合作医疗证号	交款人签名
2	1		03	马	2	1	1982.9.15	14042519820915		20		40			
2	1		04	马	2	1	1986.2.28	14042519860228		20		40			
2	1		05	张	3	2	1987.12.25	14042519871225		20		40			
2	1		06	马	4	2	2009.8.5	14042520090805		20		40			
2	1	0215	01	董	0	1	1939.11.7	14042519391117		20		40	0896318	140425020108	董
2	1		02	侯	1	2	1948.7.16	14042519480716		20		40			
2	1	0216	01	张	0	1	1951.12.14	14042519511214		20		40	0896319	140425020108	张
2	1		02	马	1	2	1955.3.19	14042519550319		20		40			
2	1		03	张	3	2	1988.2.28	14042519882208		20		40			
2	1	0217	01	张	0	1	1977.2.9	14042519770209		20		40	0896320	140425020108	张
2	1		02	刘	1	2	1977.7.10	14042519770710		20		40			
2	1		03	张	3	2	2000.7.18	14042520000718		20		40			
2	1		04	张	2	1	2007.1.21	14042520070121		20		40			
2	1	0218	01	王	0	2	1977.12.22	14042519771222		20		40	0896321	140425020108	王
2	1	0219	01	董	0	1	1969.8.1	14042519690801		20		40	0896322	140425020108	董
2	1		02	裴	1	2	1971.5.24	14042519710524		20		40			

填表人：张　　村新农合小组负责人：　　填表时间：2012年11月15日

三联　村新农合小组存

图2-4-25　平顺县西沟村2013年度新型农村合作医疗基金收缴登记表24

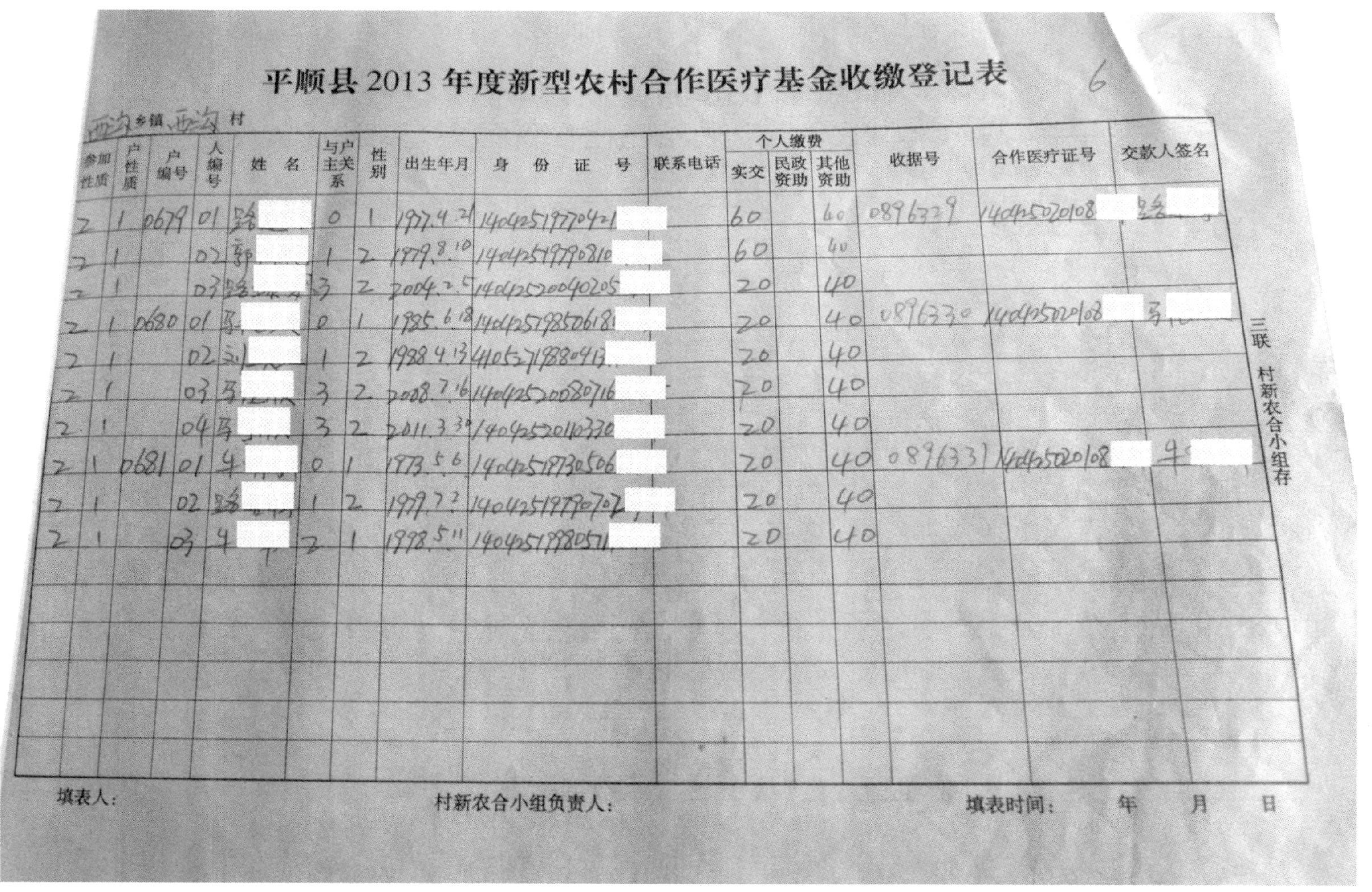

平顺县 2013 年度新型农村合作医疗基金收缴登记表

6

西沟乡镇 西沟村

参加性质	户性质	户编号	人编号	姓名	与户主关系	性别	出生年月	身份证号	联系电话	个人缴费 实交	民政资助	其他资助	收据号	合作医疗证号	交款人签名
2	1	0679	01	路	0	1	1977.4.21	1404251977042		60		60	0896329	140425020108	路
2	1		02	郭	1	2	1979.8.10	14042519790810		60		40			
2	1		03	路	3	2	2004.2.5	14042520040205		20		40			
2	1	0680	01	马	0	1	1985.6.18	14042519850618		20		40	0896330	140425020108	马
2	1		02	刘	1	2	1988.4.13	41052719880413		20		40			
2	1		03	马	3	2	2008.7.16	14042520080716		20		40			
2	1		04	马	3	2	2011.3.30	14042520110330		20		40			
2	1	0681	01	牛	0	1	1973.5.6	14042519730506		20		40	0896331	140425020108	牛
2	1		02	路	1	2	1977.7.2	14042519770702		20		40			
2	1		03	牛	2	1	1998.5.11	14042519980511		20		40			

三联 村新农合小组存

填表人：　　　村新农合小组负责人：　　　填表时间：　年　月　日

图2-4-26　平顺县西沟村2013年度新型农村合作医疗基金收缴登记表25

平顺县2013年度新型农村合作医疗基金收缴登记表

2

西沟 乡镇 西沟 村

参加性质	户性质	户编号	人编号	姓名	与户主关系	性别	出生年月	身份证号	联系电话	个人缴费 实交	民政资助	其他资助	收据号	合作医疗证号	交款人签名
2	1	0231	03	张	2	1	78.11.23	1404251978 1123		20		40			
2	1		04	李	3	2	78.4.29	140425197804 29		20		40			
2	1		05	张	4	2	99.11.23	140425199911 23		20		40			
2	1		06	张	4	2	06.03.18	14042520060318		20		40			
2	1		07	张	4	1	07.08.24	14042520070824		20		40			
2	1	0232	01	郭	0	1	73.1.21	14042519730121		20		40	0896339	140425020108	郭
2	1		02	王	1	2	73.3.2	1404251973030 2		20		40			
2	1		03	郭	2	1	95.11.8	14042519951108		20		40			
2	1		04	郭	2	1	97.2.26	14042519970226		20		40			
2	1	0233	01	张	0	1	67.11.26	140425196711 26		20		40	0896340	140425020108	张
2	1		02	刘	1	2	69.11.12	14042519691112		20		40			
2	1		03	张	2	2	91.8.12	14042519910812		20		40			
2	1	0234	01	张	0	1	70.11.24	14042519701124		20		40	0896341	140425020108	张
2	1	0235	01	张	0	1	78.6.19	14042519780619		20		40	0896342	140425020108	张
2	1		02	耿	1	2	86.3.30	14042519860330		20		40			
2	1		03	张	3	2	07.9.29	14042520070929		20		40			

三联 村新农合小组存

填表人：侯三巧　　村新农合小组负责人：　　填表时间：2012年11月16日

图2-4-27　平顺县西沟村2013年度新型农村合作医疗基金收缴登记表26

平顺县 2013 年度新型农村合作医疗基金收缴登记表

4

沟 乡镇 西沟村

参加性质	户性质	户编号	人编号	姓名	与户主关系	性别	出生年月	身份证号	联系电话	个人缴费			收据号	合作医疗证号	交款人签名
										实交	民政资助	其他资助			
2	1	0240	04	王	3	2	90.4.16	14042519900416		20		40		140425020108	张
2	1		05	张	4	2	12.08.18	14042520120818		20		40			
2	1	0241	01	李	0	1	52.7.12	14042519520712		20		40	0896348	140425020108	李
2	1		02	裴	1	2	56.7.16	14042519560716		20		40			
2	1		03	李	2	1	93.12.29	14042519931219		20		40			
2	1	0242	01	张	0	1	53.4.28	14042519530428		20		40	0896349	140425020108	张
2	1		02	郭	1	2	56.2.6	14042519560206		20		40			
2	1		03	张	2	1	86.12.13	14042519861213		20		40			
2	1		04	申	3	2	88.2.2	14042519880202		20		40			
2	1		05	张	4	1	11.5.17	14042520110517		20		40			
2	1	0243	01	侯	0	2	37.10.16	14042519371016		20		40	0896350	140425020108	侯
2	1		02	张	4	2	88.8.4	14042519880804		20		40	08		
2	1	0244	01	马	0	2	41.6.12	14042519410612		20		40	0896351	140425020108	马
2	1	0245	01	侯	0	2	63.1.18	14042519630118		20		40	0896333	140425020108	侯
2	1	0246	01	方	0	1	40.9.21	14042519400921		20		40	0896352	140425020108	方
2	1		02	范	1	2	46.1.6	14042519460106		20		40			

三联 村新农合小组存

填表人：　　　　村新农合小组负责人：　　　　填表时间：2012 年 11 月 16 日

图2-4-28　平顺县西沟村2013年度新型农村合作医疗基金收缴登记表27

平顺县 2013 年度新型农村合作医疗基金收缴登记表

6

沟 乡镇 西沟 村

参加性质	户性质	户编号	人编号	姓名	与户主关系	性别	出生年月	身份证号	联系电话	个人缴费 实交	个人缴费 民政资助	个人缴费 其他资助	收据号	合作医疗证号	交款人签名
2	1	0256	01	周	0	2	37.8.28	14042519370828		20		40	0896561	140425020108	周
2	1	0257	01	张	0	1	64.4.11	14042519640411		20		40	0896562	140425020108	张
2	1		02	张	2	1	87.4.27	14042519870427		20		40			
2	1		03	胡	3	2	87.6.26	14042519870626		20		40			
2	1		04	张	2	1	90.3.23	14042519900323		20		40			
2	1		05	张	2	2	96.4.29	14042519900429		20		40			
2	1		06	张	4	2	10.5.30	14042520100530		20		40			
2	1	0258	01	房	0	1	51.4.6	14042519510406		20		40	0896563	140425020108	房
2	1		02	李	1	2	52.10.9	14042519521009		20		40			
2	1	0259	01	张	0	1	58.10.14	14042519581014		20		40	0896564	140425020108	张
2	1		02	申	1	2	59.10.18	14042519581018		20		40			
2	1		03	张	2	1	87.1.14	14042519810114		20		40			
2	1		04	闫	3	2	87.1.24	14042519870124		20		40			
2	1		05	张	4	2	10.2.1	14042520100201		20		40			
2	1	0260	01	秦	0	1	67.11.22	14042519671122		20		40	0896565	140425020108	秦
2	1		02	李	1	2	68.1.25	14042519670125		20		40			

三联 村新农合小组存

填表人： 村新农合小组负责人： 填表时间：2012 年 11 月 16 日

图2-4-29　平顺县西沟村2013年度新型农村合作医疗基金收缴登记表28

平顺县 2013 年度新型农村合作医疗基金收缴登记表　8

乡镇　　村

参加性质	户性质	户编号	人编号	姓名	与户主关系	性别	出生年月	身份证号	联系电话	个人缴费			收据号	合作医疗证号	交款人签名
										实交	民政资助	其他资助			
2	1	0266	05	张	3	2	90.4.2	14042519900402		20		40			
2	1	0267	01	康	0	2	63.11.16	14042519631116		20		40	0896572	140425020108	康
2	1		02	张	2	1	93.3.26	14042519930326		20		40	0		
2	1	0268	01	张	0	1	54.11.19	14042519541119		20		40	0896573	140425020108	张
2	1	0269	01	张	0	1	68.2.3	14042519680203		20		40	0896574	140425020108	张
2	1		02	李	1	2	71.2.17	14042519710217		20		40			
2	1		03	张	2	1	95.4.28	14042519950928		20		40			
2	1		04	张	3	2	93.9.11	14042519930911		20		40			
2	1	0270	01	张	0	1	45.5.6	14042519450506		20		40	0896575	140425020108	张
2	1		02	岳	1	2	45.8.26	14042519450826		20		40			
2	1		03	张	2	1	74.3.21	14042519740321		20		40			
2	1	0271	01	申	0	2	49.2.7	14042519490207		20		40	0896576	140425020108	申
2	1	0272	01	范	0	2	54.12.13	14042519541213		20		40	0896577	140425020108	范
2	1	0273	01	张	0	1	62.7.29	14042519620729		20		40	0896578	140425020108	张
2	1		02	李	1	2	62.6.25	14042519620625		20		40			
2	1		03	张	2	1	88.5.22	14042519880522		20		40			

三联　村新农合小组存

填表人：侯　　村新农合小组负责人：　　填表时间：2012 年 11 月 16 日

图2-4-30　平顺县西沟村2013年度新型农村合作医疗基金收缴登记表29

平顺县2013年度新型农村合作医疗基金收缴登记表

10

西沟乡镇西沟村

参加性质	户性质	户编号	人编号	姓名	与户主关系	性别	出生年月	身份证号	联系电话	个人缴费 实交	个人缴费 民政资助	个人缴费 其他资助	收据号	合作医疗证号	交款人签名
2	1	0279	02	裴	1	2	54.6.20	140425195406200		20		40			
2	1		03	吴	3	2	84.9.1	14042519840901		20		40			
2	1		04	张	4	2	2009.12.28	14042520091228		20		40			
2	1	0280	01	张	0	1	58.2.28	14042519580228		20		40	0896585	140425020108	张
2	1		02	李	1	2	61.10.11	1404251961101		20		40			
2	1		03	张	2	1	81.12.19	1404251981121		20		40			
2	1		04	张	2	1	87.5.7	1404251987050		20		40			
2	1		05	张	3	2	89.2.14	14042519890214		20		40			
2	1		06	吴	3	2	89.11.15	1404251989101		20		40			
2	1		07	张	4	2	2009.10.21	14042520091021		20		40			
2	1	0281	01	郭	0	2	37.4.3	1404251937040		20		40	0896586	140425020108	郭
2	1	0282	01	申	0	2	63.12.11	1404251963121		20		40	0896587	140425020108	申
2	1	0284	01	赵	0	2	55.4.14	14042519550414		20		40	0896588	140425020108	赵
2	1		02	张	2	1	79.4.5	1404251979040		20		40			
2	1	0285	01	申	0	2	33.12.19	1404251933121		20		40	0896589	140425020108 14042519331219	申
2	1	0286	01	张	0	1	33.9.3	140481198309		20		40		140425020108	张

填表人：侯　　村新农合小组负责人：　　填表时间：2012年11月16日

三联　村新农合小组存

图2-4-31　平顺县西沟村2013年度新型农村合作医疗基金收缴登记表30

平顺县2013年度新型农村合作医疗基金收缴登记表

乡镇 村

参加性质	户性质	户编号	人编号	姓名	与户主关系	性别	出生年月	身份证号	联系电话	个人缴费			收据号	合作医疗证号	交款人签名
										实交	民政资助	其他资助			
2	1	0295	02		1	2	47.5.5	14042519470505		20		40			
2	1	0682	01		0	1	79.12.25	14042519791225		20		40	0896599	140425020108	
2	1		02		1	2	72.8.12	14042519720812		20		40			
2	1		03		2	1	2005.1.26	14042520050126		20		40			
2	1	0683	01		0	1	76.5.1	14042519760501		20		40	0896600	140425020108	
2	1		02		1	2	77.9.7	14042519770907		20		40			
2	1		03		3	2	2000.11.12	14042520001112		20		40			
2	1		04		2	1	2005.10.4	14042520051004		20		40			

三联 村新农合小组存

填表人：侯己珍　　村新农合小组负责人：　　填表时间：2012 年 11 月 16 日

图2-4-32　平顺县西沟村2013年度新型农村合作医疗基金收缴登记表31

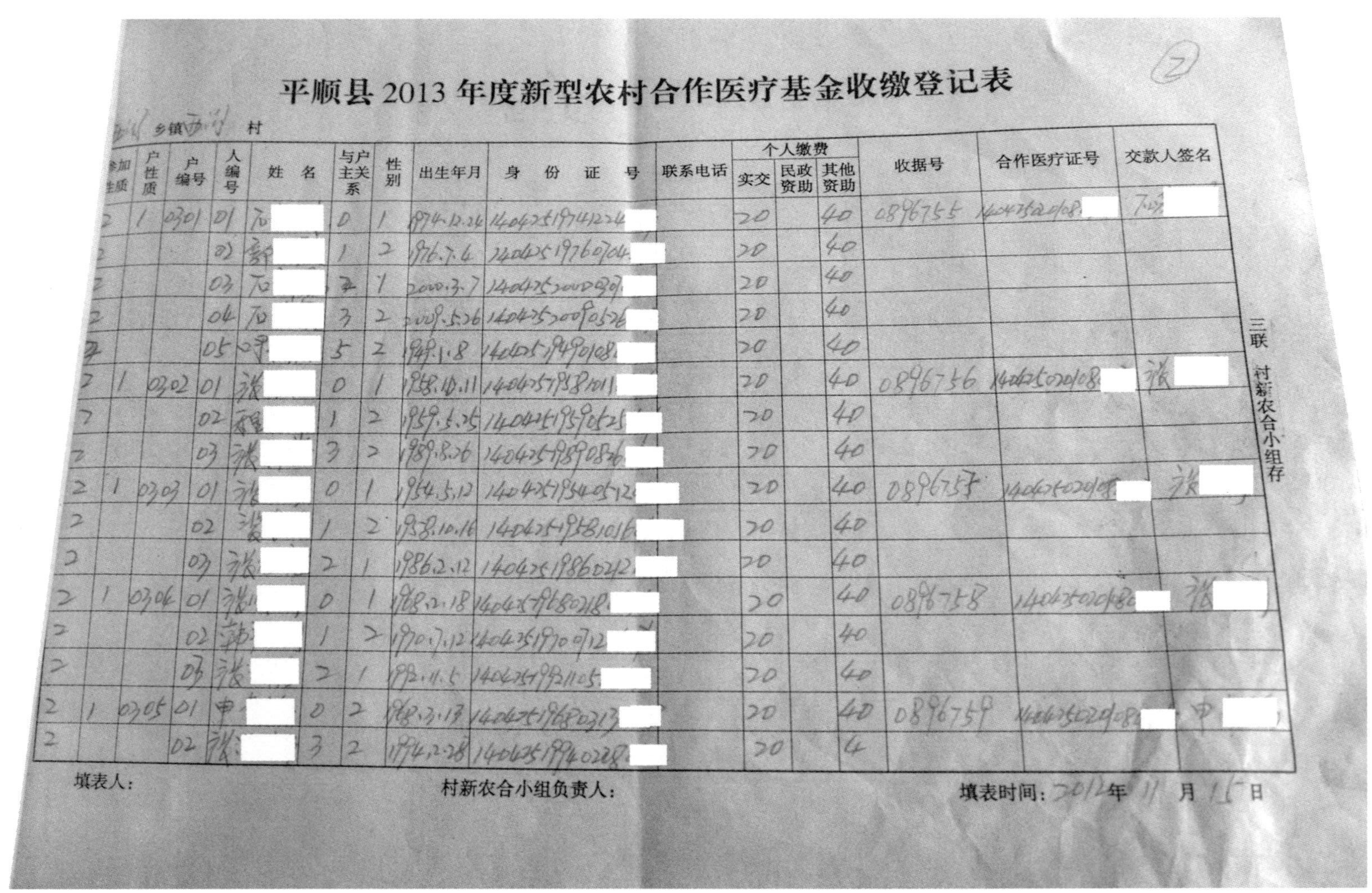

平顺县2013年度新型农村合作医疗基金收缴登记表

（2）

□□乡镇 西沟 村

参加性质	户性质	户编号	人编号	姓名	与户主关系	性别	出生年月	身份证号	联系电话	个人缴费 实交	个人缴费 民政资助	个人缴费 其他资助	收据号	合作医疗证号	交款人签名
2	1	0301	01	石…	0	1	1974.12.24	1404251974122…		20		40	0896755	140425020108…	石…
2			02	郭…	1	2	1976.7.6	14042519760704…		20		40			
2			03	石…	2	1	2000.3.7	14042520000307…		20		40			
2			04	石…	3	2	2009.5.26	14042520090526…		20		40			
2			05	呼…	5	2	1949.1.8	14042519490108…		20		40			
2	1	0302	01	张…	0	1	1958.10.11	14042519581011…		20		40	0896756	140425020108…	张…
2			02	程…	1	2	1959.5.25	14042519590525…		20		40			
2			03	张…	3	2	1989.8.26	14042519890826…		20		40			
2	1	0303	01	张…	0	1	1954.5.12	14042519540512…		20		40	0896757	140425020108…	张…
2			02	张…	1	2	1958.10.16	14042519581016…		20		40			
2			03	张…	2	1	1986.2.12	14042519860212…		20		40			
2	1	0304	01	张…	0	1	1968.2.18	14042519680218…		20		40	0896758	140425020108…	张…
2			02	郭…	1	2	1970.7.12	14042519700712…		20		40			
2			03	张…	2	1	1993.11.5	14042519931105…		20		40			
2	1	0305	01	申…	0	2	1968.2.13	14042519680213…		20		40	0896759	140425020108…	申…
2			02	张…	3	2	1994.2.28	14042519940228…		20		4			

三联 村新农合小组存

填表人：　　　　村新农合小组负责人：　　　　填表时间：2012年11月15日

图2-4-33　平顺县西沟村2013年度新型农村合作医疗基金收缴登记表32

平顺县2013年度新型农村合作医疗基金收缴登记表

（4）

西沟乡镇 西沟村

参加性质	户性质	户编号	人编号	姓名	与户主关系	性别	出生年月	身份证号	联系电话	个人缴费 实交	民政资助	其他资助	收据号	合作医疗证号	交款人签名
2	1	0311	01	张	0	1	1941.6.27	14042519410627		20		40	0896765	140425020108	张
2			02	张	1	2	1942.11.24	14042519421124		20		40			
2			03	张	2	1	1971.2.5	14042519710205		20		40			
2			04	张	4	2	1996.8.7	14042519960807		20		40			
2	1	0312	01	张	0	2	1954.12.30	14042519541230		20		40	0896766	140425020108	张
2	1	0313	01	胡	0	1	1969.10.21	14042519691021		20		40	0896767	140425010108	胡
2			02	张	1	2	1971.4.25	14042519710425		20		40			
2			03	胡	3	2	1995.5.28	14042519950528		20		40			
2	1	0314	01	张	0	1	1949.9.27	14042519490927		20		40	0896768	140425020108	张
2			02	龙	1	2	1953.1.15	14042519530115		20		40			
2			03	张	4	1	2002.10.9	14042520021009		20		40			
2	1	0316	01	何	0	2	1970.4.21	14042519700421		20		40	0896769	140425020108	何
2			02	张	3	2	1995.3.11	14042519950311		20		40			
2	1	0317	01	张	0	1	1936.6.5	14042519360605		20		40	0896770	140425020108	张
2			02	龙	1	2	1938.5.16	14042519380516		20		40			
2	1	0318	01	张	0	1	1953.8.15	14042519530815		20		40	0896771	140425020108	张

三联 村新农合小组存

填表人：　　　　村新农合小组负责人：　　　　填表时间：2012 年 11 月 25 日

图2-4-34　平顺县西沟村2013年度新型农村合作医疗基金收缴登记表33

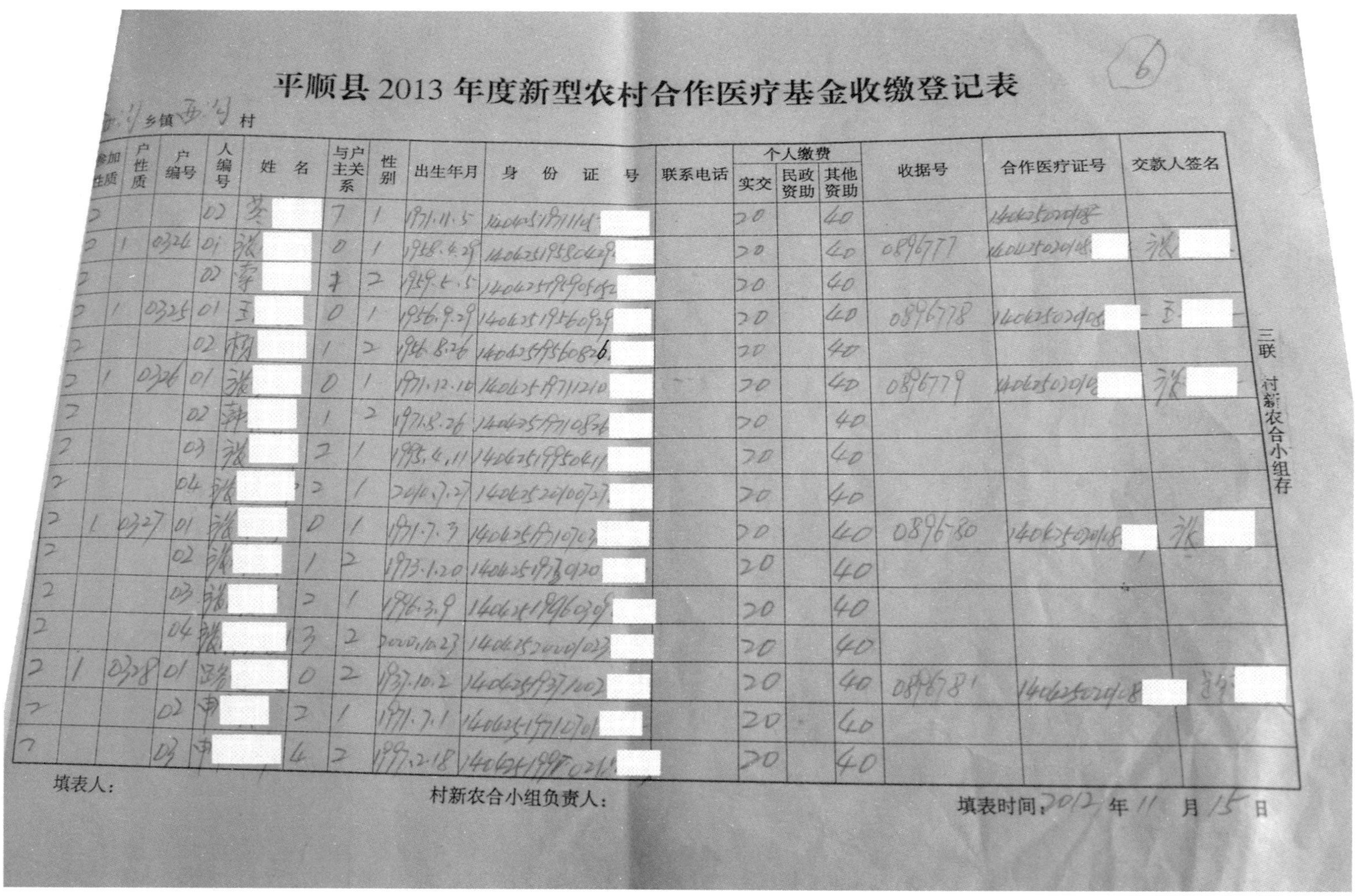

平顺县 2013 年度新型农村合作医疗基金收缴登记表

（6）

……乡镇 西沟 村

参加性质	户性质	户编号	人编号	姓名	与户主关系	性别	出生年月	身份证号	联系电话	个人缴费 实交	个人缴费 民政资助	个人缴费 其他资助	收据号	合作医疗证号	交款人签名
2			02	李	7	1	1971.11.5	1406251971115		20		40		14062502014	
2	1	0324	01	张	0	1	1958.4.29	1406251958042		20		40	0896777	14062502014	张
2			02	李	1	2	1959.6.5	1406251959060		20		40			
2	1	0325	01	王	0	1	1956.9.29	1406251956092		20		40	0896778	14062502014	王
2			02	杨	1	2	1956.8.26	1406251956082		20		40			
2	1	0326	01	张	0	1	1971.12.10	1406251971121		20		40	0896779	14062502014	张
2			02	薛	1	2	1971.8.26	1406251971082		20		40			
2			03	张	2	1	1995.4.11	1406251995041		20		40			
2			04	张	2	1	2010.7.27	1406252010072		20		40			
2	1	0327	01	张	0	1	1971.7.9	1406251971070		20		40	0896780	14062502014	张
2			02	张	1	2	1973.1.20	1406251973012		20		40			
2			03	张	2	1	1996.3.9	1406251996030		20		40			
2			04	张	3	2	2000.10.23	1406252000102		20		40			
2	1	0328	01	路	0	2	1937.10.2	1406251937100		20		40	0896781	14062502014	路
2			02	申	2	1	1971.7.1	1406251971070		20		40			
2			03	申	4	2	1997.2.18	1406251997021		20		40			

三联 村新农合小组存

填表人：　　村新农合小组负责人：　　填表时间：2012 年 11 月 15 日

图2-4-35　平顺县西沟村2013年度新型农村合作医疗基金收缴登记表34

(8)

平顺县2013年度新型农村合作医疗基金收缴登记表

西沟乡镇西沟村

参加性质	户性质	户编号	人编号	姓名	与户主关系	性别	出生年月	身份证号	联系电话	个人缴费 实交	个人缴费 民政资助	个人缴费 其他资助	收据号	合作医疗证号	交款人签名
2			02	郭	1	2	1971.12.8	1404251971120		20		40			
2			03	张	3	2	1990.5.18	1404251990051		20		40			
2			06	张	3	2	1993.1.5	1404251993010		20		40			
2			05	张	2	1	1995.2.18	1404251995021		20		40			
2	1	0335	01	李	0	2	1958.12.20	1404251958122		20		40	0896788	140425020108	李
2			02	郭	3	2	1987.6.7	1404251987060		60					
2	1	0336	01	孙	0	1	1967.1.26	1404251967012		20		40	0896789	140425020108	孙
2			02	韩	1	2	1970.7.16	1404251970071		20		40			
2			03	张	2	1	1992.2.26	1404251992022		20		40			
2			04	孙	2	1	1996.8.26	1404251996082		20		40			
2	1	0337	01	郭	0	1	1969.12.17	1404251969121		20		40	0896790	140425020108	郭
2			02	刘	1	2	1974.4.26	1404251974042		20		40			
2			03	郭	3	2	1994.6.2	1404251994060		20		40			
2			04	郭	2	1	1998.8.18	1404251998081		20		40			
2	1	0338	01	王	0	1	1973.3.9	1404251973030		20		40	0896791	140425020108	王
2			02	郭	1	2	1974.6.26	1404251974062		20		40			

三联 村新农合小组存

填表人：　　村新农合小组负责人：　　填表时间：2012年11月15日

图2-4-36　平顺县西沟村2013年度新型农村合作医疗基金收缴登记表35

平顺县2013年度新型农村合作医疗基金收缴登记表

（10）

西沟 乡镇 西沟 村

参加性质	户性质	户编号	人编号	姓名	与户主关系	性别	出生年月	身份证号	联系电话	个人缴费			收据号	合作医疗证号	交款人签名
										实交	民政资助	其他资助			
2	1	0343	01	翟	0	1	1962.12.22	140425196212 22		20		40	0896796	140425020108	翟
2			02	周	1	2	1964.9.5	14042519640905		20		40			
2			03	翟	2	1	1988.2.22	1404251988022		20		40			
2	1	0344	01	张	0	1	1977.6.6	14042519770606		20		40	0896797	140425020108	张
2			02	周	1	2	1978.11.21	14042519781121		20		40			
2			03	张	3	2	2000.10.15	14042520001015		20		40			
1			04	张	2	1	2012.3.17	14042520120307		20		40			
2	1	0345	01	郭	0	2	1937.3.12	140425193703		20		40	0896798	140425020108	郭
2	1	0346	01	张	0	2	1949.10.26	14042519491026		20		40	0896799	140425020108	张
2	1	0347	01	张	0	1	1973.2.17	14042519730217		20		40	0896800	140425020108	张
2			02	张	1	2	1973.11.26	14042519731126		20		40			
2			03	张	2	1	1997.10.29	14042519971029		20		40			
2	1	0348	01	王	0	1	1976.6.17	14042519760617		20		40	0896394	140425020108	王
2			02	郭	1	2	1980.5.15	14042519800515		20		40			
2			03	王	3	2	2002.8.17	14042520020817		20		40			
2			04	王	3	2	2008.10.26	14042520081026		20		40			

三联 村新农合小组存

填表人：　　村新农合小组负责人：　　填表时间：2012 年 11 月 15 日

图2-4-37　平顺县西沟村2013年度新型农村合作医疗基金收缴登记表36

(12)

平顺县 2013 年度新型农村合作医疗基金收缴登记表

西沟 乡镇 西沟 村

参加性质	户性质	户编号	人编号	姓名	与户主关系	性别	出生年月	身份证号	联系电话	个人缴费 实交	个人缴费 民政资助	个人缴费 其他资助	收据号	合作医疗证号	交款人签名
2			03	崔	3	2	1987.8.15	14042519870815		20		40			
2	1	0355	01	张	0	1	1970.4.26	14042519700426		20		40	0896698	140425020108	张
2			02	韩	1	2	1971.3.26	14042519710326		20		40			
2			03	张	3	2	1994.8.16	14042519940816		20		40			
2			04	张	3	2	1998.9.28	14042519980928		20		40			
2	1	0356	01	张	0	1	1942.9.3	14042519420903		20		40	0896450	140425020108	张
2			02	李	1	2	1946.11.27	14042519461127		20		40			
2			03	张	4	2	1995.5.22	14042519950522		20		40			
2	1	0357	01	张	0	1	1947.11.26	14042519471126		20		40	0896448	140425020108	张
2			02	郭	4	1	1985.4.12	14042519850412		20		40			
2	1	0358	01	张	0	1	1953.3.8	14042519530308		20		40	0896449	140425020408	张
2			02	张	1	2	1956.11.1	14042519561101		20		40			
2			03	张	2	1	1981.2.27	14042519810227		20		40	~~0896448~~		
2	1	0359	01	孙	0	2	1952.10.26	14042519521026		20		40	0896695	140425020908	孙
2			02	郭	2	1	1976.1.24	14042519760124		20		40			
2	1	0360	01	张	0	1	1935.10.16	14042519351016		20		40	0896447	140425020108	张

填表人：　　村新农合小组负责人：　　填表时间：2012 年 11 月 15 日

三联　村新农合小组存

图2-4-38　平顺县西沟村2013年度新型农村合作医疗基金收缴登记表37

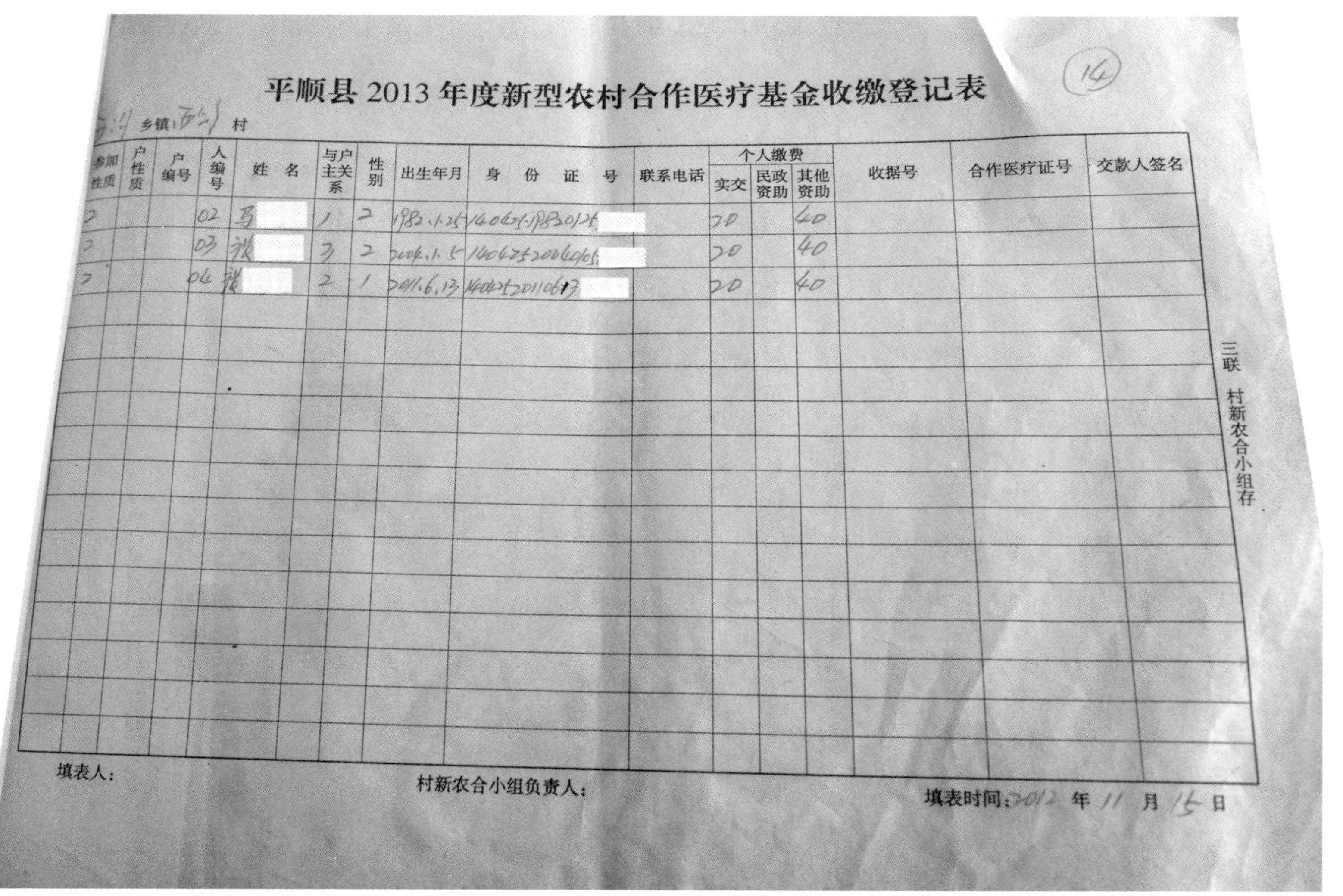

平顺县2013年度新型农村合作医疗基金收缴登记表

[illegible]乡镇 西沟 村

参加性质	户性质	户编号	人编号	姓名	与户主关系	性别	出生年月	身份证号	联系电话	个人缴费 实交	个人缴费 民政资助	个人缴费 其他资助	收据号	合作医疗证号	交款人签名
2			02	马	1	2	1982.1.25	1406211982012		20		40			
2			03	张	3	2	2006.1.5	14062520060105		20		40			
2			04	张	2	1	2011.6.13	14062520110613		20		40			

三联 村新农合小组存

填表人：　　村新农合小组负责人：　　填表时间：2012年11月15日

图2-4-39　平顺县西沟村2013年度新型农村合作医疗基金收缴登记表38

平顺县2013年度新型农村合作医疗基金收缴登记表

西沟乡镇 西沟村　　　　8队

参加性质	户性质	户编号	人编号	姓名	与户主关系	性别	出生年月	身份证号	联系电话	个人缴费			收据号	合作医疗证号	交款人签名
										实交	民政资助	其他资助			
2	1		04	张	2	1	1990.1.26	1404251990026		20		40			
2	1		05	张	3	2	1993.7.13	14042519930713		20		40			
2	1	0565	01	张	0	2	1966.1.6	14042519660106		20		40	0896371	140425020168	张
2	1		02	张	1	2	1966.1.1	14042519660101		20		40			
2	1		03	张	3	2	1989.5.25	14042519890525		20		40			
2	1		04	张	2	1	1990.9.9	14042519900909		20		40			
2	1	0566	01	张	0	1	1949.1.1	14042519490101		20		40	0896368	140425020168	张
2	1		02	张	1	2	1952.4.7	14042519520404		20		40			
2	1	0567	01	张	0	1	1970.4.7	14042519700402		20		40	0896377	140425020168	张
2	1		02	裴	1	2	1969.10.19	14042519691019		20		40			
2	1		03	张	2	1	1997.1.1	14042519970101		20		40			
2	1	0568	01	张	0	1	1975.5.7	14042519750507		20		40	0896364	140425020168	张
2	1		02	张	1	2	1971.8.7	14042519710807		20		40			
2	1		03	张	3	2	1996.10.1	14042519961001		20		40			
2	1		04	张	3	2	2001.5.6	14042520010506		20		40			
2	1	0569	01	张	0	1	1970.12.21	14042519701221		20		40	0896361	140425020168	张

填表人：张　　　　村新农合小组负责人：　　　　填表时间：2012年11月15日

三联 村新农合小组存

图2-4-40　平顺县西沟村2013年度新型农村合作医疗基金收缴登记表39

平顺县 2013 年度新型农村合作医疗基金收缴登记表

西沟乡镇西沟村　　　　8队

参加性质	户性质	户编号	人编号	姓名	与户主关系	性别	出生年月	身份证号	联系电话	个人缴费 实交	民政资助	其他资助	收据号	合作医疗证号	交款人签名
2	1		03	武	2	1	1987.3.24	1404251987032[illegible]		20		40			
2	1	0575	01	张	0	1	1956.11.1	14042519561101		20		40	0896372	140425020103	张
2	1		02	张	1	2	1959.12.10	14042519591210		20		40	0896353		
2	1		03	张	2	1	1984.7.25	14042519840725		20		40			
2	1		04	张	2	1	1987.7.25	14042519870725		20		40			
2	1		05	宋		2	1982.11.19	14042519821119		20		40			
2	1		06	张	4	1	2010.5.6	14042520100506		20		40			
2	1	0576	01	武	0	2	1951.4.1	14042519510401		20		40		140425020103	武
2	1	0577	01	武	0	1	1979.6.16	14042519790616		20		40	0896362	140425020108	武
2	1		02	赵	1	2	1981.11.19	14042519811119		20		40			
2	1		03	武	2	2	2002.10.21	14042520021021		20		40			
2	1	0578	01	张	0	2	1967.3.29	14042519670329		20		40	0896374	140425020108	张
2	1		02	张	2	1	1995.9.2	14042519950902		20		40			
2	1	0579	01	张	0	1	1973.2.19	14042519730219		20		40	0896369	140425020108	张
2	1		02	张	1	2	1973.8.24	14042519730824		20		40			
2	1		03	张	3	2	1996.5.3	14042519960503		20		40			

填表人：张　　　村新农合小组负责人：　　　填表时间：2012 年 11 月 15 日

三联　村新农合小组存

图2-4-41　平顺县西沟村2013年度新型农村合作医疗基金收缴登记表40

平顺县2013年度新型农村合作医疗基金收缴登记表

西沟乡镇 西沟村　　3队

参加性质	户性质	户编号	人编号	姓名	与户主关系	性别	出生年月	身份证号	联系电话	个人缴费 实交	民政资助	其他资助	收据号	合作医疗证号	交款人签名
2	1		03	董	2	1	2003.2.16	14042520030216		20		40			
2	1		04	董	2	1	2005.11.11	1404252005111		20		40			
2	1	0587	01	张	0	2	1971.4.20	14042519710420		20		40	0896365	140425020108	张
2	1	0588	01	武	0	1	1957.9.27	14042519570927		20		40	0896390	140425020108	武
2	1		02	张	1	2	1956.6.15	14042519560615		20		40			
2	1	0589	01	程	0	1	1960.11.25	14042519601125		20		40	0896366	140425020108	程
2	1		02	裴	1	2	1961.10.1	14042519611001		20		40			
2	1	0590	01	张	0	1	1958.2.22	14042519580222		20		40	0896363	140425020108	张
2	1		02	赵	1	2	1963.4.19	14042519634 19		20		40			
2	1		03	张	2	1	1987.4.29	14042519870429		20		40			
2	1	0591	01	张	0	1	1965.3.22	14042519650322		20		40	0896378	140425020108	张
2	1	0592	01	程	0	1	1964.12.1	14042519641201		20		40	0896354	140425020108	程
2	1		02	张	1	2	1966.11.24	14042519661124		20		40			
2	1		04	程	2	1	1990.6.26	14042519900626		20		40			
2	1	0593	01(小)	张	0	1	1966.4.26	14042519660426		20		40	0896387	140425020108	张
2	1			张	1	2	1968.[illegible]	[illegible]		20		40			

填表人：张　　村新农合小组负责人：　　填表时间：2012年 11 月 15 日

三联 村新农合小组存

图2-4-42　平顺县西沟村2013年度新型农村合作医疗基金收缴登记表41

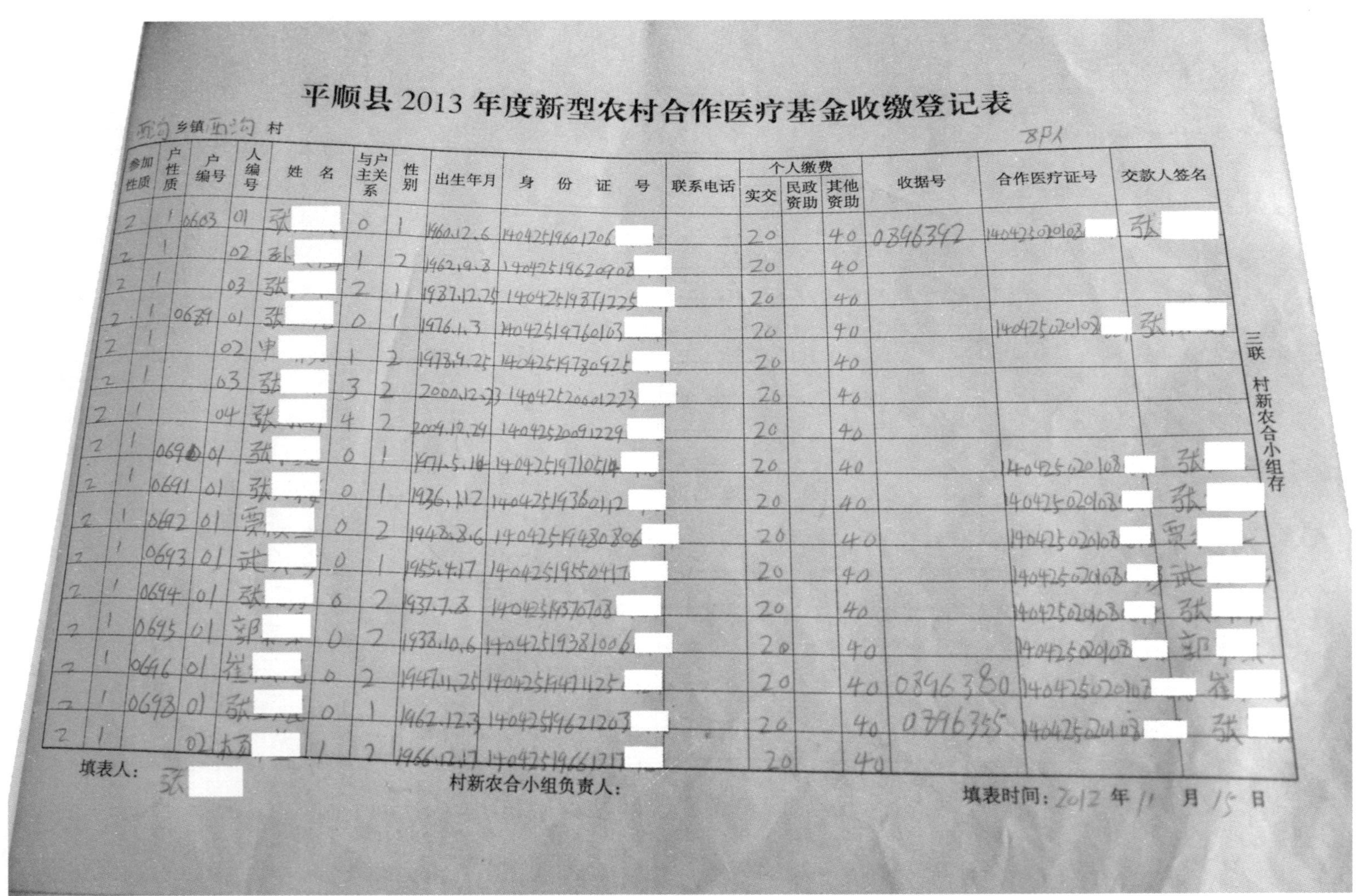

平顺县 2013 年度新型农村合作医疗基金收缴登记表

西沟 乡镇 西沟 村　　　　8队

参加性质	户性质	户编号	人编号	姓名	与户主关系	性别	出生年月	身份证号	联系电话	个人缴费 实交	个人缴费 民政资助	个人缴费 其他资助	收据号	合作医疗证号	交款人签名	三联 村新农合小组存
2	1	0663	01	张	0	1	1960.12.6	14042519601206		20		40	0896392	140425020108	张	
2	1		02	张	1	2	1962.9.8	14042519620908		20		40				
2	1		03	张	2	1	1987.12.25	14042519871225		20		40				
2	1	0689	01	张	0	1	1976.1.3	14042519760103		20		40		140425020108	张	
2	1		02	申	1	2	1978.9.25	14042519780925		20		40				
2	1		03	张	3	2	2000.12.23	14042520001223		20		40				
2	1		04	张	4	2	2009.12.29	14042520091229		20		40				
2	1	0690	01	张	0	1	1971.5.16	14042519710516		20		40		140425020108	张	
2	1	0691	01	张	0	1	1936.1.12	14042519360112		20		40		140425020108	张	
2	1	0692	01	贾	0	2	1948.8.6	14042519480806		20		40		140425020108	贾	
2	1	0693	01	武	0	1	1955.4.17	14042519550417		20		40		140425020108	武	
2	1	0694	01	张	0	2	1937.7.8	14042519370708		20		40		140425020108	张	
2	1	0695	01	郭	0	2	1938.10.6	14042519381006		20		40		140425020108	郭	
2	1	0696	01	崔	0	2	1947.11.25	14042519471125		20		40	0896380	140425020108	崔	
2	1	0698	01	张	0	1	1962.12.3	14042519621203		20		40	0896355	140425020108	张	
			02	杨	1	2	1966.12.17	14042519661217		20		40				

填表人：张　　　村新农合小组负责人：　　　填表时间：2012 年 11 月 15 日

图2-4-43　平顺县西沟村2013年度新型农村合作医疗基金收缴登记表42

9队

平顺县2013年度新型农村合作医疗基金收缴登记表

西沟乡镇 西沟村

参加性质	户性质	户编号	人编号	姓名	与户主关系	性别	出生年月	身份证号	联系电话	个人缴费 实交	民政资助	其他资助	收据号	合作医疗证号	交款人签名
2	1	0363	01		0	2	1938.7.7	1404251938070		20		40	0896651	140425020108	
2	1		02		3	2	1945.11.26	14042519451126		20		40			
2	1		03		4	2	06.7.16	14042520060716		20		40			
2	1	0364	01		0	1	49.10.4	14042519491004		20		40	0896652	140425020108	
2	1		02		1	2	52.1.11	14042519520111		20		40			
2	1	0365	01		0	1	57.10.16	14042519571016		20		40	0896653	140425020108	
2	1		02		1	2	59.6.25	14042519590625		20		40			
2	1		03		3	2	93.10.1	14042519931001		20		40			
2	1	0366	01		0	1	77.9.7	14042519770907		20		40	0896654	140425020108	
2	1		02		1	2	79.1.18	14042519790118		20		40			
2	1		03		2	1	04.1.1	14042520040101		20		40			
2	1	0367	01		0	1	69.5.16	14042519690516		20		40	0896655	140425020108	
2	1		02		1	2	71.3.6	14042519710306		20		40			
2	1		03		3	2	94.12.12	14042519941212		20		40			
2	1		04		3	2	01.4.9	14042520010409		20		40			
2	1	0368	01		0	1	57.8.11	14042519570811		20		40	0896656	1404250201	

三联 村新农合小组存

填表人： 村新农合小组负责人： 填表时间：2012年11月15日

图2-4-44 平顺县西沟村2013年度新型农村合作医疗基金收缴登记表43

平顺县2013年度新型农村合作医疗基金收缴登记表

西沟 乡镇 西沟 村

参加性质	户性质	户编号	人编号	姓名	与户主关系	性别	出生年月	身份证号	联系电话	个人缴费 实交	民政资助	其他资助	收据号	合作医疗证号	交款人签名
2	1		02	张	3	2	02.7.1	1404252002070		20		40			宋
2	1	0376	01	张	0	1	70.10.17	140425197010		20		40	0896663	140425020108	
2	1		02	桑	1	2	71.1.20	1404251971012		20		40			
2	1		03	张	2	1	92.5.19	1404251992051		20		40			张
2	1	0377	01	姚	0	2	34.1.24	1404251934012		20		40	0896694	140425020108	姚
2	1		02	宋	2	1	58.4.11	140425195804		20		40			
2	1	0378	01	周	0	1	63.1.15	1404251963011		20		40	0896664	140425020108	
2	1		02	周	2	1	84.9.24	1404251984092		20		40			周
2	1	0380	01	张	0	1	68.7.11	14042519680711		20		40	0896665	140425020108	
2	1		02	郭	1	2	70.12.19	14042519701219		20		40			
2	1		03	张	2	1	90.12.7	1404251990120		20		40			
2	1		04	张	2	1	93.9.18	1404251993091		20		40			张
2	1	0381	01	张	0	1	30.6.18	1404251930061		20		40	0896666	1404250010	
2	1		02	王	1	2	32.5.20	1404251932052		20		40			张
2	1	0382	01	李	0	1	72.2.14	1404251972021		20		40	0896667	140425020108	
2	1		02	张	1	2	72.11.17	1404251972111		20		40			

三联 村新农合小组存

填表人：张　　村新农合小组负责人：　　填表时间：2012年11月15日

图2-4-45　平顺县西沟村2013年度新型农村合作医疗基金收缴登记表44

平顺县2013年度新型农村合作医疗基金收缴登记表

西沟 乡镇 西沟 村　　　　七5

参加性质	户性质	户编号	人编号	姓名	与户主关系	性别	出生年月	身份证号	联系电话	个人缴费 实交	民政资助	其他资助	收据号	合作医疗证号	交款人签名
2	1		04	张	3	2	85.3.8	14042519850308		20		40			
2	1		05	李	4	2	05.10.23	14042520051023		20		40			
2	1		06	李	4	1	2011.1.21	14042520110121		20		40			张
2	1	0388	01	张	0	1	73.8.2	14042519730802		20		40	0896673	140425020108	
2	1		02	张	1	2	73.10.30	14042519731030		20		40			
2	1		03	张	3	2	95.3.24	14042519950324		20		40			
2	1		04	张	2	1	96.4.28	14042519960428		20		40			张
2	1	0389	01	裴	0	2	53.3.18	14042519530318		20		40	0896674	140425020108	裴
2	1	0390	01	张	0	1	75.1.19	14042519750119		20		40	0896675	140425020108	
2	1		02	王	1	2	74.10.23	14042519741023		20		40			
2	1		03	张	3	2	03.5.6	14042520030506		20		40			
2	1		04	张	2	1	06.2.15	14042520060215		20		40			张
2	1	0391	01	张	0	1	56.5.10	14042519560510		20		40	0896676	140425020108	
2	1		02	张	1	2	62.5.20	14042519620520		20		40			
2	1		03	张	2	1	59.2.20	14042519590220		20		40			
2	1		04	张	3	2	95.10.3	14042519951003		20		40			张

三联　村新农合小组存

填表人：张　　　　村新农合小组负责人：　　　　填表时间：2012 年 11 月 15 日

图2-4-46　平顺县西沟村2013年度新型农村合作医疗基金收缴登记表45

平顺县2013年度新型农村合作医疗基金收缴登记表 九 7

西沟 乡镇 西沟 村

参加性质	户性质	户编号	人编号	姓名	与户主关系	性别	出生年月	身份证号	联系电话	个人缴费			收据号	合作医疗证号	交款人签名
										实交	民政资助	其他资助			
2	1	0391	01	王	0	1	51.1.25	14042519510125		20		40	0896682	140425020108	
2	1		02	郭	1	2	55.9.25	14042519550925		20		40			
2	1		03	家	3	2	84.11.15	14042519841115		20		40			郭
2	1	0398	01	李	0	1	46.1.11	14042519460111		20		40	0896683	140425020108	
2	1		02	赵	1	2	46.9.11	14042519460911		20		40			李
2	1	0399	01	李	0	1	73.4.19	14042519730419		20		40	0896684	140425020108	
2	1		02	张	1	2	71.1.24	14042519710124		20		40			
2	1		03	李	3	2	95.10.1	14042519951001		20		40			
2	1		04	张	2	1	97.9.14	14042519970914		20		40			
2	1		05	徐	5	2	48.7.29	14042519480729		20		40			李
2	1	0400	01	张	0	2	46.10.11	14042519461011		20		40	0896685	140425020108	
2	1		02	张	2	1	71.12.15	14042519711215		20		40			
2	1		03	张	4	1	98.3.3	14042519980303		20		40			张
2	1	0401	01	张	0	1	67.12.24	14042519671224		20		40	0896686	140425020108	
2	1		02	郭	1	2	70.9.7	14042519700907		20		40			张
2	1	0402	01	张	0	1	95.3.2	14042519950302		20		40	0896687	14042502010	张

三联 村新农合小组存

填表人：张　　村新农合小组负责人：　　填表时间：2012 年 11 月 15 日

图2-4-47　平顺县西沟村2013年度新型农村合作医疗基金收缴登记表46

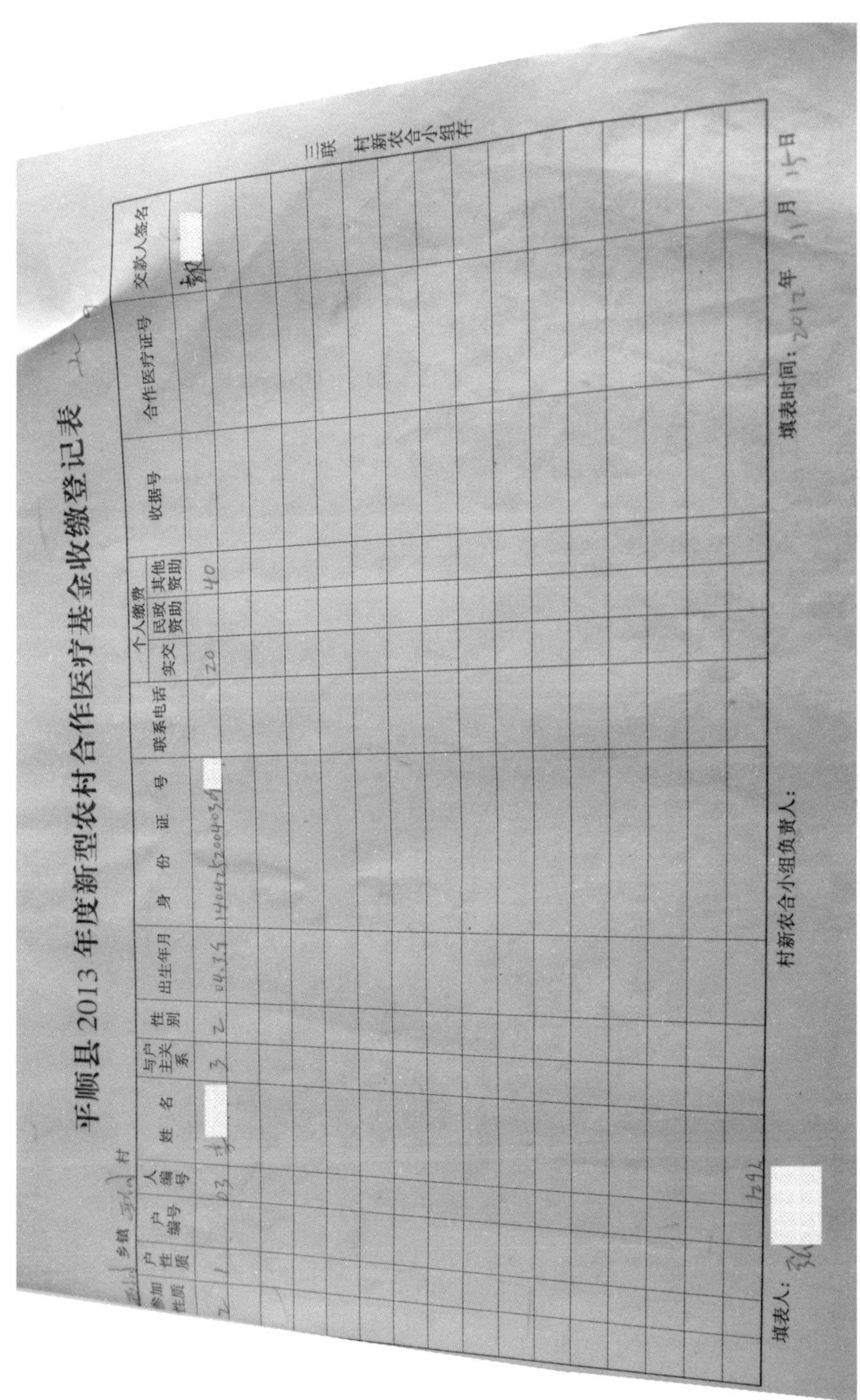

平顺县 2013 年度新型农村合作医疗基金收缴登记表

乡镇　　村

参加性质	户性质	户编号	人编号	姓名	与户主关系	性别	出生年月	身份证号	联系电话	个人缴费			收据号	合作医疗证号	交款人签名
										实交	民政资助	其他资助			
2	1		03	李	3	2	04.3.5	1404252004036		20		40			郭

三联　村新农合小组存

填表人：张　　村新农合小组负责人：　　填表时间：2012年11月15日

图2-4-48　平顺县西沟村2013年度新型农村合作医疗基金收缴登记表47

平顺县 2013 年度新型农村合作医疗基金收缴登记表

2

西沟 乡镇 西沟 村

参加性质	户性质	户编号	人编号	姓名	与户主关系	性别	出生年月	身份证号	联系电话	个人缴费 实交	个人缴费 民政资助	个人缴费 其他资助	收据号	合作医疗证号	交款人签名
2		0413	1	马	0	2	80.5.22	14042519800522		20		40	08P6507	140425020108	马
			2	杨	1	2	83.6.20	14042519830620		20		40			
			3	马	2	1	07.2.21	14042520070221		20		40			
		0414	1	赵	0	2	53.2.17	14042519530217		20		40	08P6508	140425020108	赵
		0415	1	马	0	1	76.6.15	14042519760615		20		40	08P6509	140425020108	马
			2	张	1	2	77.2.6	14042519770206		20		40			
			3	马	2	1	01.12.10	14042520011210		20		40			
			4	马	2	1	06.9.20	14042520060920		20		40			
		0416	1	李	0	1	61.3.27	14042519610327		20		40	08P6510	140425020108	李
			2	张	1	2	67.2.12	14042519670212		20		40			
			3	李	3	2	92.5.18	14042519920518		20		40			
			4	李	3	2	97.1.12	14042519970112		20		40			
		0417	1	张	0	2	27.7.24	14042519270724		20		40	08P6511	140425020108	张
		0418	1	田	0	1	60.12.13	14042519601213		20		40	08P6512	140425020108	田
			2	張	1	2	62.3.21	14042519620321		20		40			
			3	田	2	1	89.5.1	14042519890501		20		40			

三联 村新农合小组存

填表人：張 村新农合小组负责人： 填表时间：2012 年 11 月 15 日

图2-4-49 平顺县西沟村2013年度新型农村合作医疗基金收缴登记表48

平顺县2013年度新型农村合作医疗基金收缴登记表

西沟乡镇 西沟 村

参加性质	户性质	户编号	人编号	姓名	与户主关系	性别	出生年月	身份证号	联系电话	个人缴费			收据号	合作医疗证号	交款人签名
										实交	民政资助	其他资助			
2			2	韩	1	2	67.6.7	1404251967060		20		40			
			3	張	2	1	85.6.19	1404251985061		20		40			
			4	張	2	1	92.3.13	14042519920313		20		40			
2		0424	1	李	0	1	67.6.16	14042519670616		20		40	0896518	140425020108	李
			2	裴	1	2	68.12.18	14042519681218		20		40			
			3	李	2	1	94.6.13	14042519940613		20		40			
			4	李	3	2	97.3.10	14042519970310		20		40			
2		0426	1	方	0	2	55.11.27	14042519551127		20		40	0896519	140425020108	方
2		0427	1	牛	0	1	62.12.9	1404251962120		20		40	0896520	140425020108	牛
			2	李	1	2	61.3.8	14042519610308		20		40			
			3	牛	3	2	87.5.1	14042519870501		20		40			
			4	牛	3	2	89.10.23	14042519891023		20		40			
			5	牛	2	1	92.3.23	14042519920323		20		40			
2		0428	1	张	0	1	56.3.30	14042519560330		20		40	0896521	140425020108	张
			2	张	2	1	81.10.21	14042519811021		20		40			
			3	刘	3	2	81.11.2	14042519811102		20		40			

三联 村新农合小组存

填表人：张　　村新农合小组负责人：　　填表时间：2012 年 11 月 15 日

图2-4-50　平顺县西沟村2013年度新型农村合作医疗基金收缴登记表49

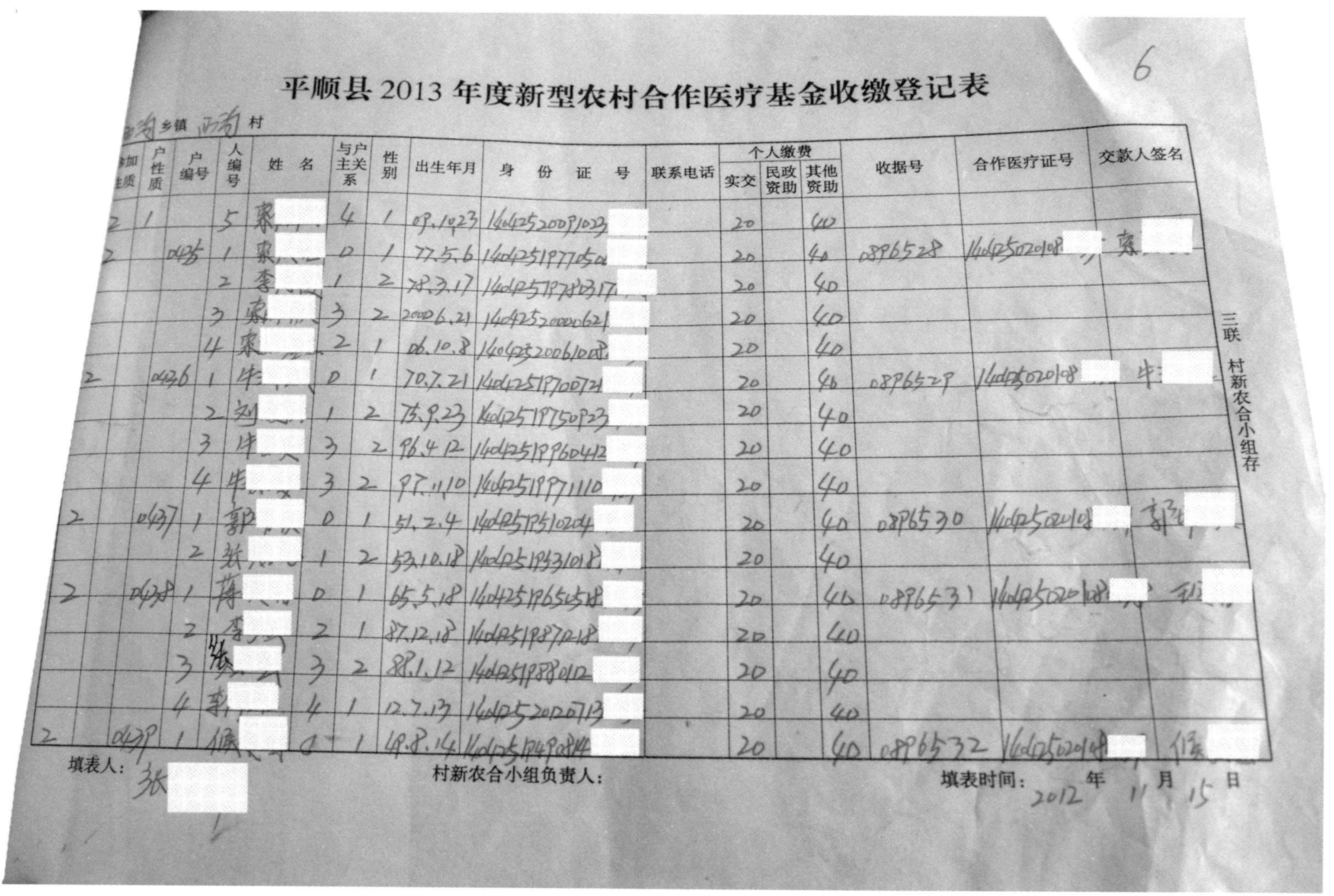

6

平顺县2013年度新型农村合作医疗基金收缴登记表

西沟乡镇 西沟村

参加性质	户性质	户编号	人编号	姓名	与户主关系	性别	出生年月	身份证号	联系电话	个人缴费 实交	民政资助	其他资助	收据号	合作医疗证号	交款人签名
2	1		5	宋	4	1	07.10.23	14042520071023		20		40			
2		0435	1	宋	0	1	77.5.6	14042519770506		20		40	0896528	140425020108	宋
			2	李	1	2	78.3.17	14042519780317		20		40			
			3	宋	3	2	2000.6.21	14042520000621		20		40			
			4	宋	2	1	06.10.8	14042520061008		20		40			
2		0436	1	牛	0	1	70.7.21	14042519700721		20		40	0896529	140425020108	牛
			2	刘	1	2	75.9.23	14042519750923		20		40			
			3	牛	3	2	96.4.12	14042519960412		20		40			
			4	牛	3	2	97.11.10	14042519971110		20		40			
2		0437	1	郭	0	1	51.2.4	14042519510204		20		40	0896530	140425020108	郭
			2	张	1	2	53.10.18	14042519531018		20		40			
2		0438	1	蒋	0	1	65.5.18	14042519650518		20		40	0896531	140425020108	[illegible]
			2	李	2	1	87.12.18	14042519871218		20		40			
			3	张	3	2	88.1.12	14042519880112		20		40			
			4	李	4	1	12.7.13	14042520120713		20		40			
2		0439	1	侯	0	1	49.8.14	14042519490814		20		40	0896532	140425020108	侯

三联 村新农合小组存

填表人：张　　村新农合小组负责人：　　填表时间：2012 年 11 月 15 日

图2-4-51　平顺县西沟村2013年度新型农村合作医疗基金收缴登记表50

平顺县2013年度新型农村合作医疗基金收缴登记表

西沟 乡镇 西沟 村

参加性质	户性质	户编号	人编号	姓名	与户主关系	性别	出生年月	身份证号	联系电话	个人缴费 实交	个人缴费 民政资助	个人缴费 其他资助	收据号	合作医疗证号	交款人签名
2		0446	1	马	0	1	57.1.1	1404251957010		20		40	0896538	140425020104	张
			2	周	1	2	58.9.29	1404251958092		20		40			
2		0447	1	周	0	1	62.1.18	1404251962011		20		40	0896539	140425020108	周
2		0448	1	石	0	1	66.10.6	1404251966100		20		40	0896540	140425020108	石
			2	石	1	2	68.10.20	1404251968102		20		40			
			3	石	2	1	91.4.7	1404251991040		20		40			
			4	石	2	1	94.5.17	1404251994051		20		40			
2		0450	1	韩	0	2	51.1.20	1404251951012		20		40	0896541	140425020108	周
			2	原	2	1	74.7.25	1404251974072		20		40			
			3	张	3	2	75.4.5	1404251975040		20		40			
			4	原	4	1	98.7.25	1404251998072		20		40			
			5	原	4	2	01.4.20	1404252001042		20		40			
2		0451	1	田	0	1	51.12.27	1404251951122		20		40	0896542	140425020108	田
2		0452	1	张	0	1	60.6.29	1404251960062		20		40	0896543	140425020108	张
			2	李	1	2	64.9.3	1404251964090		20		40			
			3	张	2	1	89.6.24	1404251989062		20		40			

三联 村新农合小组存

填表人：张　　村新农合小组负责人：　　填表时间：2011 年 11 月 15 日

图2-4-52　平顺县西沟村2013年度新型农村合作医疗基金收缴登记表51

平顺县 2013 年度新型农村合作医疗基金收缴登记表

10.

西沟 乡镇 西沟 村

参加性质	户性质	户编号	人编号	姓名	与户主关系	性别	出生年月	身份证号	联系电话	个人缴费			收据号	合作医疗证号	交款人签名
										实交	民政资助	其他资助			
2	1		2	张…	1	2	63.12.24	14042519631224…		20		40			
			3	郭…	2	1	83.8.6	14042519830806…		20		40			
2		0459	1	秦?…	0	2	88.10.5	14042519881005…		20		40	0896550	140425020108…	刘?…
2		0460	1	董…	0	1	51.5.6	14042519510506…		20		40	0896422	140425020108…	董…
			2	张…	1	2	58.8.8	14042519580808…		20		40			
			3	董…	2	1	85.10.14	14042519851014…		20		40			
			4	董…	2	1	89.12.5	14042519891205…		20		40			
2		0461	1	张…	0	1	50.10.14	14042519501014…		20		40	0896423	140425020108…	张…
			2	张…	1	2	52.6.1	14042519520601…		20		40			
2		0462	1	李…	0	1	61.8.26	14042519610826…		20		40	0896424	140425020108…	李…
			2	张…	1	2	63.10.17	14042519631017…		20		40			
2		0463	1	窦?…	0	1	61.5.5	14042519610505…		20		40	0896425	140425020108…	窦?…
			2	郭…	1	2	63.12.8	14042519631208…		20		40			
2		0464	1	太?…	0	1	61.5.20	14042519610520…		20		40	0896426	140425020108…	太?…
			2	张…	1	2	65.2.21	14042519650221…		20		40			
			3	太?…	2	1	88.1.05	14042519880105…		20		40			

三联 村新农合小组存

填表人：张…　　村新农合小组负责人：　　填表时间：2012 年 11 月 15 日

图2-4-53　平顺县西沟村2013年度新型农村合作医疗基金收缴登记表52

平顺县 2013 年度新型农村合作医疗基金收缴登记表

西沟乡镇 西沟 村

参加性质	户性质	户编号	人编号	姓名	与户主关系	性别	出生年月	身份证号	联系电话	个人缴费 实交	个人缴费 民政资助	个人缴费 其他资助	收据号	合作医疗证号	交款人签名
2			3	周[illegible]	2	1	74.12.13	14042519741213[illegible]		20		40			
			4	周[illegible]	3	2	01.8.3	1404252001080[illegible]		20		40			
2		0473	1	张[illegible]	0	1	77.12.22	140425197712222[illegible]		20		40	0886432	1404250201[illegible]	张[illegible]
			2	张[illegible]	1	2	83.6.18	1404251983061[illegible]		20		40			
			3	张[illegible]	2	1	03.4.4	14042520030404[illegible]		20		40			
			4	张[illegible]	2	1	12.6.21	14042520120621[illegible]		20		40			
2		0617	1	田[illegible]	0	1	85.11.17	14042519851117[illegible]		20		40	0886433	1404250201[illegible]	田[illegible]
			2	郭[illegible]	1	2	87.9.27	14042519870927[illegible]		20		40			
			3	田[illegible]	2	1	07.3.21	14042520070321[illegible]		20		40			
			4	田[illegible]	3	2	12.11.5	14042520121105[illegible]		40					
2		0700	1	吴[illegible]	0	2	55.3.10	14042519550310[illegible]		20		40	0886434	1404250201[illegible]	吴[illegible]
2		0701	1	牛[illegible]	0	1	79.2.7	14042519790207[illegible]		20		40	0886435	1404250201[illegible]	牛[illegible]
			2	莫[illegible]	1	2	81.8.21	14042519810821[illegible]		20		40			
			3	牛[illegible]	2	1	04.4.11	14042520040411[illegible]		20		40			
			4	牛[illegible]	3	2	07.7.7	14042520070707[illegible]		20		40			
2		0702	1	郭[illegible]	0	1	76.10.21	14042519761021[illegible]		20		40	0886436	1404250201[illegible]	郭[illegible]

三联 村新农合小组存

填表人：张[illegible]　　村新农合小组负责人：　　填表时间：2012 年 11 月 15 日

图2-4-54　平顺县西沟村2013年度新型农村合作医疗基金收缴登记表53

11对　　　　11户 1

平顺县 2013 年度新型农村合作医疗基金收缴登记表

西沟乡镇　西沟村

参加性质	户性质	户编号	人编号	姓名	与户主关系	性别	出生年月	身份证号	联系电话	个人缴费 实交	民政资助	其他资助	收据号	合作医疗证号	交款人签名
2	1	0474	01	周	0	1	77.2.7	1404251977020		20		40	0896601	140425020	周
2	1		02	郭	1	2	73.6.7	1404251973060		20		40			
2	1		03	周	2	1	95.3.3	1404251995030		20		40			
2	1		04	周	2	1	98.11.6	1404251998110		20		40			
2	1	0476	01	张	0	2	53.12.12	1404251953121		20		40	0896602	140425020108	张
2	1	0477	01	周	0	1	74.10.19	1404251974101		20		40	0896603	140425020108	周
2	1		02	杨	1	2	73.11.17	1404251973111		20		40			
2	1		03	周	2	1	00.5.20	14042520000520		20		40			
2	1		04	周	2	1	04.8.27	1404252004082		20		40			
2	1	0478	01	周	0	1	75.5.20	14042519750520		20		40	0896604	140425020108	周
2	1		02	周	3	2	98.2.16	14042519980216		20		40			
2	1		03	周	2	1	04.2.11	14042520040211		20		40			
2	1	0479	01	秦	0	2	34.11.4	1404251934110		20		40	0896606	140425020108	秦
2	1	0480	01	周	0	1	47.1.2	1404251947010		20		40	0896605	140425020108	周
2	1		02	张	1	2	51.1.10	1404251951011		20		40			
2	1	0481	01	周	0	1	61.9.20	1404251961092		20		40	0896608	140425020108	周

三联　村新农合小组存

填表人：周　　　村新农合小组负责人：　　　填表时间：2012年 11月 15日

图2-4-55　平顺县西沟村2013年度新型农村合作医疗基金收缴登记表54

平顺县2013年度新型农村合作医疗基金收缴登记表

石沟 乡镇 西沟村

参加性质	户性质	户编号	人编号	姓名	与户主关系	性别	出生年月	身份证号	联系电话	个人缴费 实交	民政资助	其他资助	收据号	合作医疗证号	交款人签名
2	1		02	张	1	2	65.3.10	1404251965031[illegible]		20		40			
2	1		03	周	2	1	89.9.3	14042519890903		20		40			
2	1	0489	01	裴	0	2	57.5.13	140425195705 13		20		40	0896615	140425020108	裴
2	1		02	周	1	1	77.10.10	1404251977 1010		20		40			
2	1		03	李	2	2	76.12.5	140425197612 05		20		40			
2	1		04	周	3	2	09.12.16	140425200912 16		20		40			
2	1	0490	01	周	0	1	51.2.26	140425195102 26		20		40	0896616	140425020108	周
2	1		02	方	1	2	54.11.20	140425195411 20		20		40			
2	1		03	周	2	1	75.2.14	140425197502 14		20		40			
2	1		04	范	3	2	75.5.21	140425197505 21		20		40			
2	1		05	周	4	1	98.1.20	140425199801 20		20		40			
2	1		06	周	4	1	01.2.3	140425200102 03		20		40			
2	1	0491	01	张	0	2	51.2.27	140425195102 27		20		40	0896617	140425020108	张
2	1		02	周	2	1	74.11.23	140425197411 23		20		40			
2	1		03	郭	3	2	71.2.25	140425197102 25		20		40			
2	1		04	周	4	1	99.1.23	140425199901 23		20		40			

填表人：周　　村新农合小组负责人：　　填表时间：2012年 11 月 15 日

三联 村新农合小组存

图2-4-56　平顺县西沟村2013年度新型农村合作医疗基金收缴登记表55

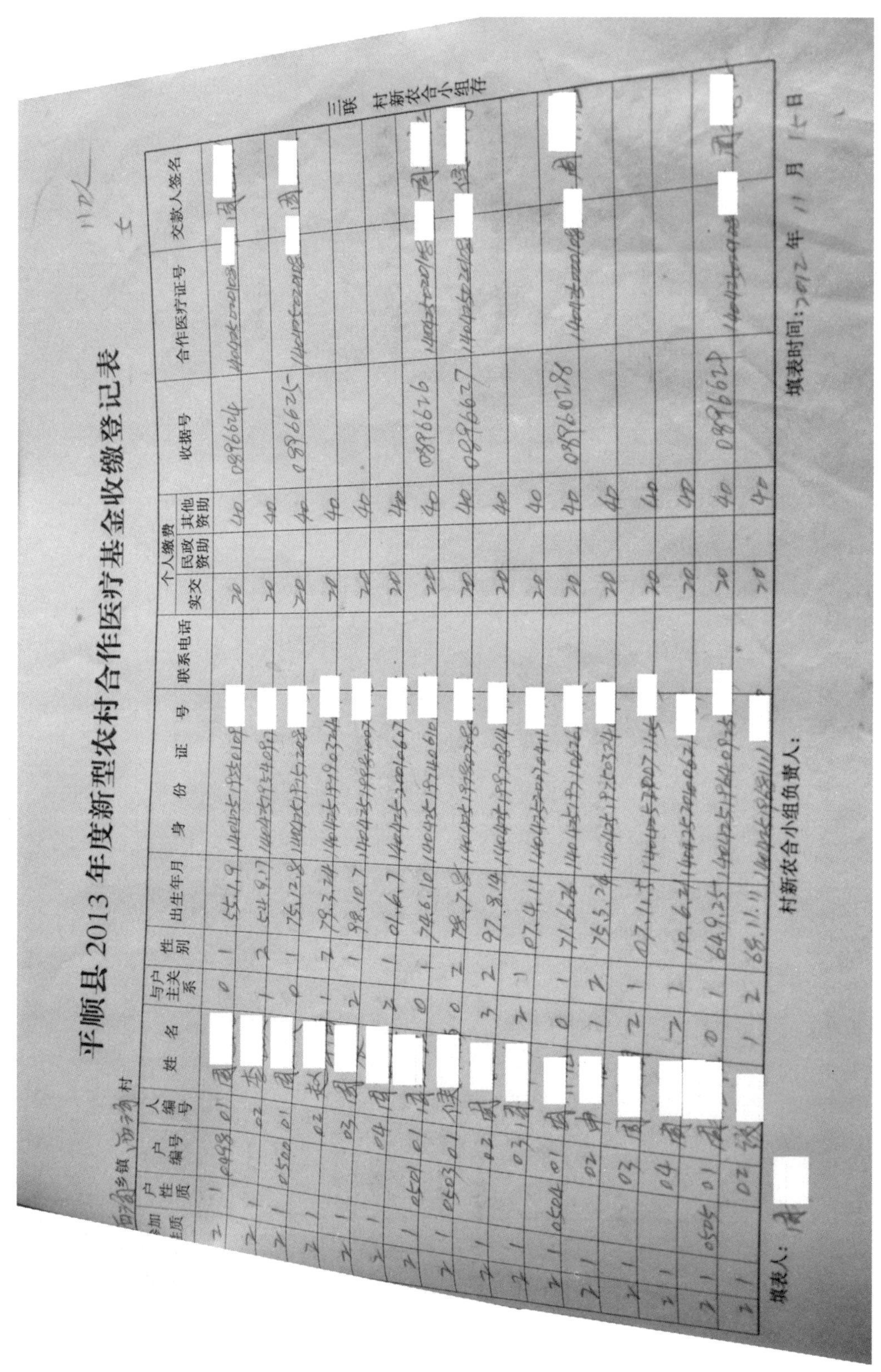

平顺县 2013 年度新型农村合作医疗基金收缴登记表

11队 七

西沟乡镇 西沟村

参加性质	户性质	户编号	人编号	姓名	与户主关系	性别	出生年月	身份证号	联系电话	个人缴费 实交	个人缴费 民政资助	个人缴费 其他资助	收据号	合作医疗证号	交款人签名
2	1	0498	01	周	0	1	55.1.9	1404251955 0108		20		40	0896624	140425020108	周
2	1		02	李	1	2	54.9.17	1404251954 0917		20		40			
2	1	0500	01	周	0	1	75.12.8	1404251975 1208		20		40	0896625	140425020108	周
2	1		02	赵	1	2	79.3.24	1404251979 0324		20		40			
2	1		03	周	2	1	98.10.7	1404251998 1007		20		40			
2	1		04	周	2	1	01.6.7	1404252001 0607		20		40			
2	1	0501	01	周	0	1	74.6.10	1404251974 0610		20		40	0896626	140425020108	周
2	1	0503	01	侯	0	2	78.7.8	1404251978 0708		20		40	0896627	140425020108	侯
2	1		02	周	3	2	97.8.14	1404251997 0814		20		40			
2	1		03	周	2	1	07.4.11	1404252007 0411		20		40			
2	1	0504	01	周	0	1	71.6.26	1404251971 0626		20		40	0896628	140425020108	周
2	1		02	申	1	2	75.3.24	1404251975 0324		20		40			
2	1		03	周	2	1	07.11.5	1404252007 1105		20		40			
2	1		04	周	2	1	10.6.21	1404252010 0621		20		40			
2	1	0505	01	周	0	1	64.9.25	1404251964 0925		20		40	0896629	140425020108	周
2	1		02	钱	1	2	68.11.11	1404251968 1111		20		40			

三联 村新农合小组存

填表人：周　　村新农合小组负责人：　　填表时间：2012 年 11 月 15 日

图2-4-57　平顺县西沟村2013年度新型农村合作医疗基金收缴登记表56

平顺县 2013 年度新型农村合作医疗基金收缴登记表

西沟乡镇 西沟村

参加性质	户性质	户编号	人编号	姓名	与户主关系	性别	出生年月	身份证号	联系电话	个人缴费 实交	民政资助	其他资助	收据号	合作医疗证号	交款人签名
2	1	0512	01	周	0	1	67.11.26	14042519671126		20		40	0896635	140425020108	周
2	1	0513	01	周	0	1	72.7.28	14042519720728		20		40	0896636	140425020108	周
2	1		02	石	1	2	72.8.24	14042519720824		20		40			
2	1		03	周	2	1	95.10.9	14042519951009		20		40			
2	1		04	周	2	1	99.2.11	14042519990211		20		40			
2	1	0514	01	周	0	1	74.4.1	14042519740401		20		40	0896637	140425020108	周
2	1		02	杨	1	2	76.1.25	14042519760125		20		40			
2	1		03	周	2	1	98.9.9	14042519980909		20		40			
2	1		04	周	2	1	07.1.31	14042520070131		20		40			
2	1	0515	01	周	0	1	50.8.12	14042519500812		20		40	0896638	140425020108	周
2	1		02	李	1	2	53.11.12	14042519531112		20		40			
2	1	0516	01	周	0	1	56.1.3	14042519560103		20		40	0896639	140425020108	周
2	1		02	赵	1	2	59.10.12	14042519591012		20		40			
2	1		03	周	2	1	89.3.7	14042519890307		20		40			
2	1	0517	01	周	0	1	78.4.15	14042519780415		20		40	0896640	140425020010	周
2	1		02	马	1	2	83.1.13	1404251983 0113		20		40			

填表人：周　　村新农合小组负责人：　　填表时间：2012 年 11 月 5 日

三联 村新农合小组存

图2-4-58　平顺县西沟村2013年度新型农村合作医疗基金收缴登记表57

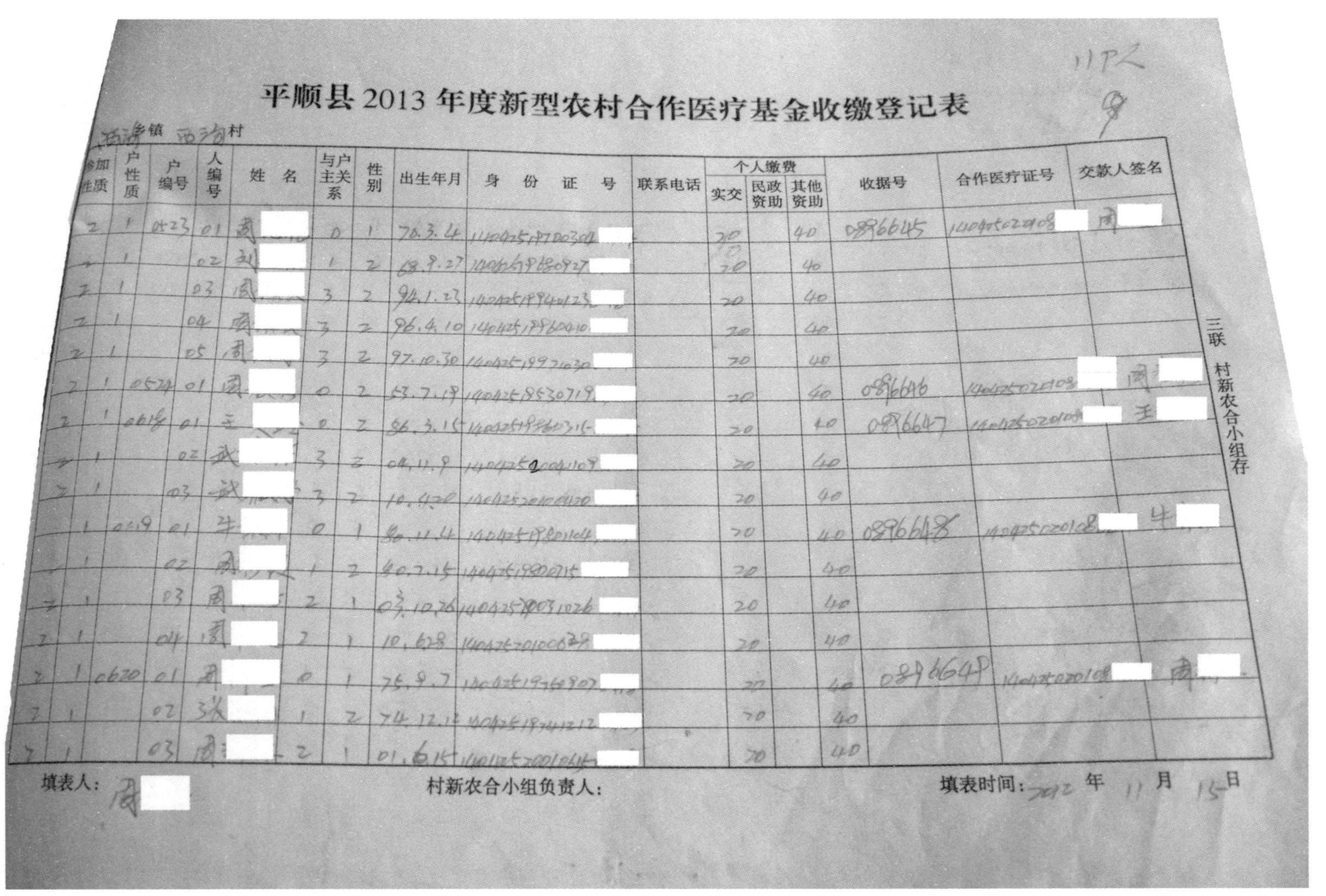

平顺县2013年度新型农村合作医疗基金收缴登记表

西沟乡镇 西沟村

参加性质	户性质	户编号	人编号	姓名	与户主关系	性别	出生年月	身份证号	联系电话	个人缴费 实交	民政资助	其他资助	收据号	合作医疗证号	交款人签名
2	1	0423	01	周	0	1	76.3.4	140425197603		20		40	0896645	140425020108	周
2	1		02	刘	1	2	68.9.27	140425196809 27		20		40			
2	1		03	周	3	2	94.1.23	14042519940123		20		40			
2	1		04	周	3	2	96.4.10	14042519960410		20		40			
2	1		05	周	3	2	97.10.30	14042519971030		20		40			
2	1	0524	01	周	0	2	53.7.18	14042519530718		20		40	0896646	140425020108	周
2	1	0618	01	王	0	2	86.3.15	14042519860315		20		40	0896647	140425020108	王
2	1		02	武	3	2	04.11.8	14042520041108		20		40			
2	1		03	武	3	2	10.4.20	14042520100420		20		40			
1	1	0219	01	牛	0	1	80.11.4	14042519801104		20		40	0896648	140425020108	牛
2	1		02	周	1	2	80.7.15	14042519800715		20		40			
2	1		03	周	2	1	03.10.26	14042520031026		20		40			
2	1		04	周	2	1	10.6.28	14042520100628		20		40			
2	1	0620	01	周	0	1	75.9.7	14042519750907		20		40	0896649	140425020108	周
2	1		02	张	1	2	74.12.12	14042519741212		20		40			
2	1		03	周	2	1	01.6.15	14042520010615		20		40			

三联 村新农合小组存

填表人：周　　村新农合小组负责人：　　填表时间：2012年11月15日

图2-4-59　平顺县西沟村2013年度新型农村合作医疗基金收缴登记表58

12队

平顺县2013年度新型农村合作医疗基金收缴登记表

乡镇 西沟村　　12组

参加性质	户性质	户编号	人编号	姓名	与户主关系	性别	出生年月	身份证号	联系电话	个人缴费			收据号	合作医疗证号	交款人签名
										实交	民政资助	其他资助			
2	1	0525	01		0	1	58.3.30	14062519580330		20		40	0896701	140625020108	
2	1		02		1	2	59.1.12	14062519590112		20		40			
2	1	0526	01		0	1	62.10.16	14062519621016		20		40	0896702	140625020108	
2	1		02		1	2	64.12.12	14062519641212		20		40			
2	1		03		3	2	92.7.13	14062519920713		20		40			
2	1		04		3	2	94.4.25	14062519940425		20		40			
2	1	0527	01		0	1	58.9.22	14062519580922		20		40	0896703	140625020108	
2	1		02		1	2	[illegible]	14062519620203		20		40			
2	1	0528	01		0	2	66.8.6	14062519660806		20		40	0896704	140625020108	
2	1		02		3	2	92.7.3	14062519920703		20		40			
2	1		03		2	1	85.8.15	14062519850815		20		40			
2	1	0529	01		回	1	27.12.26	14062519271226		20		40	0896705	140625020108	
2	1		02		1	2	17.8.28	14062519170828		20		40			
2	1	0530	01		0	1	66.5.17	14062519660517		20		40	0896706	140625020108	
			02		1	2	51.1.16	14062519510116		20		40			
			03		2	1	71.11.25	14062519711125		20		40			

三联　村新农合小组存

填表人：　　村新农合小组负责人：　　填表时间：2012年11月15日

图2-4-60　平顺县西沟村2013年度新型农村合作医疗基金收缴登记表59

平顺县 2013 年度新型农村合作医疗基金收缴登记表

乡镇 西沟 村　　12组　　3

参加性质	户性质	户编号	人编号	姓名	与户主关系	性别	出生年月	身份证号	联系电话	个人缴费 实交	个人缴费 民政资助	个人缴费 其他资助	收据号	合作医疗证号	交款人签名
2	1	0537	01	秦	0	1	66.11.3	140425196611103		20		40	0896712	140425020108	秦
2	1		02	连	1	2	79.12.5	14042519791205		20		60			
2	1		03	秦	3	2	02.7.25	14042520020725		20		40			
2	1		04	秦	3	2	08.3.16	14042520080316		20		40			
2	1	0538	01	秦	0	1	71.2.5	14042519710205		20		40	0896713	140425020108	秦
2	1	0540	01	秦	0	1	56.11.4	14042519561104		20		40	0896714	140425020108	秦
2	1		02	冯	1	2	60.6.13	14042519600613		20		40			
2	1		03	秦	2	1	80.3.16	14042519800316		20		40			
2	1	0541	01	秦	0	1	57.11.6	14042519571106		20		40	0896715	140425020108	秦
2	1		02	董	1	2	57.11.7	14042519571107		20		40			
2	1	0542	01	秦	0	1	48.1.4	14042519480104		20		40	0896716	140425020108	秦
2	1		02	何	1	2	51.2.18	14042519510218		20		60			
2	1	0543	01	杨	0	1	66.8.10	14042519660810		20		40	0896717	140425020108	杨
2	1	0544	01	冯	0	1	56.3.14	14042519560314		20		40	0896718	140425020108	冯
2	1		02	张	1	2	64.8.10	14042519640810		20		60			
2	1		03	冯	2	1	89.7.21	14042519890721		20		60			

三联 村新农合小组存

填表人：秦　　村新农合小组负责人：　　填表时间：2013 年 11 月 15 日

图2-4-61　平顺县西沟村2013年度新型农村合作医疗基金收缴登记表60

平顺县2013年度新型农村合作医疗基金收缴登记表

乡镇 西沟 村　　　　5　　12组

参加性质	户性质	户编号	人编号	姓名	与户主关系	性别	出生年月	身份证号	联系电话	个人缴费			收据号	合作医疗证号	交款人签名
										实交	民政资助	其他资助			
2	1		02	姚	1	2	68.2.28	140425196802 28		20		40			
2	1	0550	01	杨	0	1	64.7.6	140425196407 06		20		40	0896724	1404250208	杨
2	1		02	李	1	2	78.3.12	140425197803 12		20		40			
2	1		03	杨	3	2	03.6.8	140425200306 08		20		40			
2	1	0551	01	秦	0	1	63.3.13	140425196303 13		20		40	0896725	1404250208	秦
2	1		02	赵	1	2	70.4.21	140425197004 21		20		40			
2	1		03	秦	3	2	89.8.22	140425198908 22		20		40			
2	1		04	秦	3	2	91.11.26	140425199111 26		20		40			
2	1		05	秦	2	1	94.5.10	140425199405 10		20		40			
2	1	0552	01	杨	0	1	49.11.1	140425194911 01		20		40			
2	1		02	董	1	2	53.7.17	140425195307 17		20		40	0896726	1404250208	杨
2	1		03	杨	4	2	96.9.21	140425199609 21		20		40			
2	1	0553	01	董	0	1	59.5.13	140425195905 13		20		40	0896727	1404250208	董
2	1		02	陈	1	2	69.6.16	140425196906 14		20		40			
2	1		03	董	2	1	90.7.6	140425199007 06		20		40			
2	1		04	董	2	1	93.2.26	140425199302 26		20		40			

三联　村新农合小组存

填表人：李　　　　村新农合小组负责人：

填表时间：2012年11月15日

图2-4-62　平顺县西沟村2013年度新型农村合作医疗基金收缴登记表61

平顺县 2013 年度新型农村合作医疗基金收缴登记表

乡镇 西沟 村　　12组　　7

参加性质	户性质	户编号	人编号	姓名	与户主关系	性别	出生年月	身份证号	联系电话	个人缴费 实交	个人缴费 民政资助	个人缴费 其他资助	收据号	合作医疗证号	交款人签名
2	1	0609	01	董	0	1	80.9.8	1404251980090		20		40	0896734	140425020108	董
2	1		02	郭	1	2	83.9.22	1404251983092		20		40			
2	1		03	董	2	1	03.7.6	1404252003070		20		40			
2	1		04	董	3	2	11.3.21	1404252011032		20		40			
2	1	0610	01	董	0	1	85.2.19	1404251985021		20		40	0896735	140425020108	董
2	1		02	张	1	2	85.10.4	1404251985100		20		40			
2	1		03	董	2	1	09.7.6	1404252009070		20		40			
2	1	0621	01	董	0	1	80.4.13	1404251980041		20		40	0896736	140425020108	董
2	1		02	岳	1	2	82.4.8	1404251982040		20		40			
2	1		03	董	2	1	07.4.19	1404252007041		20		40			
2	1	0622	01	董	0	1	78.10.12	1404251978101		20		40	0896737	140425020108	董
2	1		02	周	1	2	84.6.9	1404251984060		20		40			
2	1		03	董	2	1	05.2.25	14042520050225		20		40			
2	1	0623	01	杨	0	1	85.1.7	1404251985010		20		40	0896738	140425020108	杨
2	1		02	张	1	2	86.6.7	1404251986060		20		40			
2	1		03	杨	2	1	08.10.16	14042520081016		20		40			

填表人：　　村新农合小组负责人：　　填表时间：2012年 11月 15日

三联 村新农合小组存

图2-4-63　平顺县西沟村2013年度新型农村合作医疗基金收缴登记表62

平顺县2013年度新型农村合作医疗基金收缴登记表

12组　P

乡镇 [illegible]村

[illegible]	户性质	户编号	人编号	姓名	与户主关系	性别	出生年月	身份证号	联系电话	个人缴费 实交	民政资助	其他资助	收据号	合作医疗证号	交款人签名
2	1		03		3	2	92.1.4	140625199201		20		40			
2	1		04		2	1	93.8.29	1406251993082		20		40			
2	1		05	李	2	1	95.5.2	1406251995050		20		40			
2	1	0714	01	董	0	1	62.8.1	140625196208		20		40	0896746	14062502010 8	董
	1		02	王	1	2	68.3.16	14062519680316		20		40			
2	1		03	董	3	2	89.12.28	1406251989122 8		20		40			
2	1		04	董	2	1	92.11.5	1406251992110 5		20		40			
2	1	0715	01	宋	0	2	47.2.9	1406251947020		20		40	0896747	140625020108	宋
2	1	0716	01	侯	0	2	28.6.29	1406251928062		20		40	0896748	140625020108	侯
2	1	0708	04		2	1	12.8.8	14062520120808		20		40			

三联　村新农合小组存

填表人：　　村新农合小组负责人：　　填表时间：　年　月　日

图2-4-64　平顺县西沟村2013年度新型农村合作医疗基金收缴登记表63

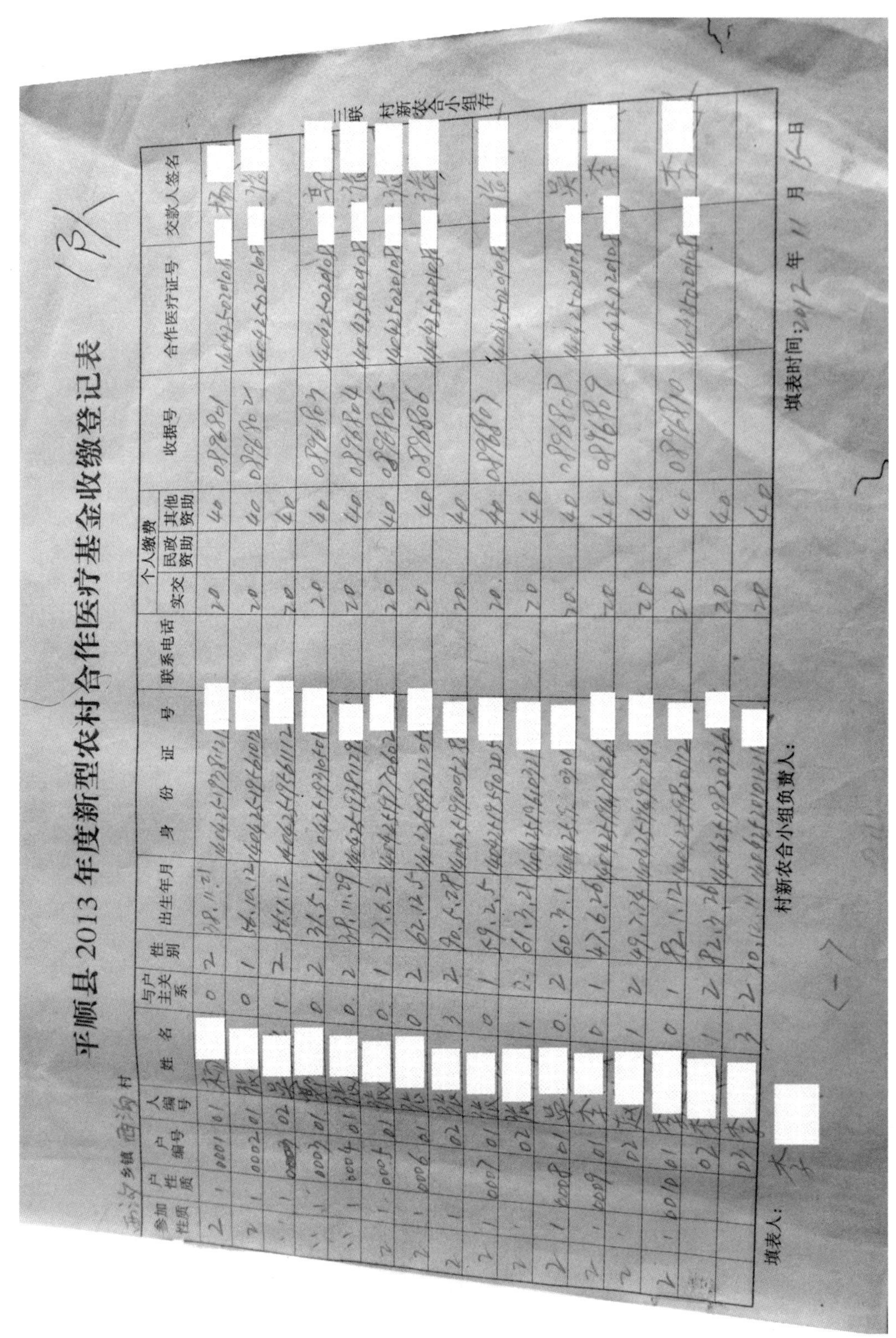

平顺县 2013 年度新型农村合作医疗基金收缴登记表

西沟乡镇 西沟村

参加性质	户性质	户编号	人编号	姓名	与户主关系	性别	出生年月	身份证号	联系电话	个人缴费 实交	个人缴费 民政资助	个人缴费 其他资助	收据号	合作医疗证号	交款人签名
2	1	0001	01	杨	0	2	38.11.21			20		40	0898801		杨
2	1	0002	01	张	0	1	54.10.12			20		40	0898802		张
	1		02		1	2	54.1.12			20		40			
	1	0003	01		0	2	31.5.1			20		40	0898803		
	1	0004	01	张	0	2	38.11.29			20		40	0898804		张
2	1	0005	01	张	0	1	77.6.2			20		40	0898805		张
2	1	0006	01	张	0	2	62.12.5			20		40	0898806		张
2			02	张	3	2	90.5.28			20		40			
2	1	0007	01	张	0	1	59.2.5			20		40	0898807		张
			02	张	1	2	61.3.21			20		40			
2	1	0008	01	吴	0	2	60.3.1			20		40	0898808		吴
2		0009	01	李	0	1	47.6.26			20		40	0898809		李
2			02	赵	1	2	49.7.24			20		40			
2	1	0010	01	李	0	1	82.1.12			20		40	0898810		李
			02	李	1	2	82.7.26			20		40			
			03	李	3	2	10.1[illegible]			20		40			

填表人：李　　村新农合小组负责人：　　填表时间：2012 年 11 月 15 日

三联 村新农合小组存

图2-4-65　平顺县西沟村2013年度新型农村合作医疗基金收缴登记表64

平顺县 2013 年度新型农村合作医疗基金收缴登记表

西沟 乡镇 西沟 村

参加性质	户性质	户编号	人编号	姓名	与户主关系	性别	出生年月	身份证号	联系电话	个人缴费			收据号	合作医疗证号	交款人签名
										实交	民政资助	其他资助			
			02	李…	1	2	75.6.7	1404251975060…		20		40		~~140425020108…~~	
			03	郝…	3	2	94.11.27	140425199411127…		20		40			
			04	郝…	2	1	95.11.8	14042519951108…		20		40			
2	1	0027	01	张…	0	2	51.12.27	14042519511227…		20		40	0896827	140425020108…	张…
2	1	0028	01	郝…	0	2	49.5.5	140425194905050…		20		40	0896828	140425020108…	郝…
2	1	0029	01	郝…	0	1	56.8.4	140425195608084…		20		40	0896829	140425020108…	郝…
2	1	0030	01	郝…	0	1	81.9.26	140425198109261…		20		40	0896830	140425020108…	郝…
				张…											
			02	刘…	1	2	73.10.28	140425197310281…		20		40			
			03	郝…	2	1	09.10.25	140425200910251…		20		40			
2	1	0031	01	郝…	0	1	74.8.14	140425197408141…		20		40	0896831	140425020108…	郝…
			02	张…	1	2	76.5.26	140425197605261…		20		40			
			03	郝…	2	1	2000.6.28	140425200006281…		20		40			
			04	郝…	3	1	07.7.27	14042520070727…		20		40			
2	1	0032	01	郝…	0	2	53.12.21	140425195312211…		20		40	0896832	140425020108…	郝…
2	1	0033	01	张…	0	1	74.8.24	140425197408241…		20		40	0896833	140425020108…	张…

三联 村新农合小组存

填表人：李…　　村新农合小组负责人：　　填表时间：2012年11月15日

（五）

图2-4-66　平顺县西沟村2013年度新型农村合作医疗基金收缴登记表65

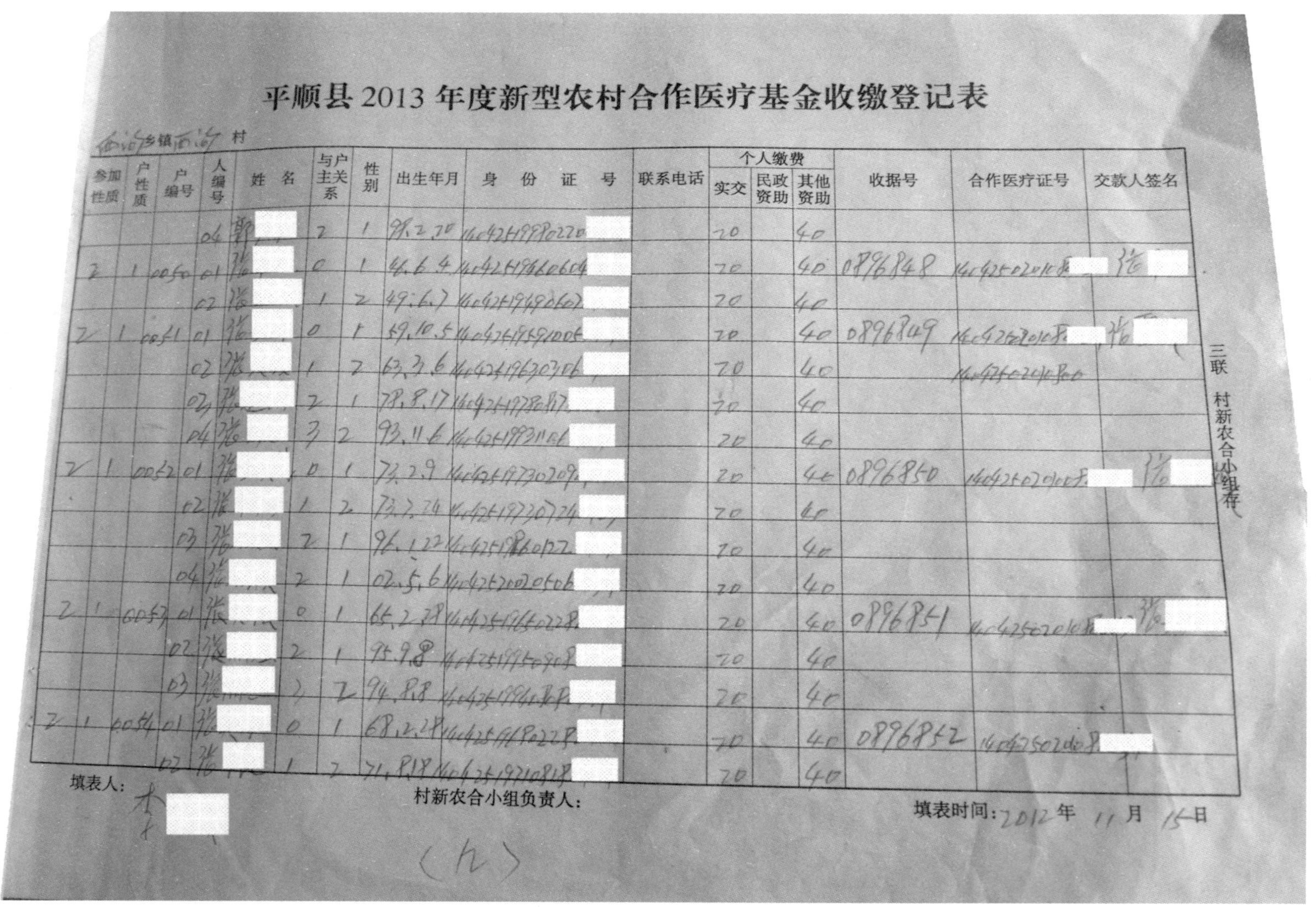

平顺县 2013 年度新型农村合作医疗基金收缴登记表

合治乡镇西沟 村

参加性质	户性质	户编号	人编号	姓名	与户主关系	性别	出生年月	身份证号	联系电话	个人缴费 实交	民政资助	其他资助	收据号	合作医疗证号	交款人签名
			04	郭	2	1	95.2.20	1404251995022		20		40			
2	1	0050	01	张	0	1	46.6.4	14042519460604		20		40	0896848	1404250201	张
			02	张	1	2	49.6.7	14042519490607		20		40			
2	1	0051	01	张	0	1	59.10.5	14042519591005		20		40	0896849	1404250201	张
			02	张	1	2	63.7.6	14042519630706		20		40			
			03	张	2	1	78.8.17	14042519780817		20		40			
			04	张	3	2	93.11.6	14042519931106		20		40			
2	1	0052	01	张	0	1	73.2.9	14042519730209		20		40	0896850	1404250200	张
			02	张	1	2	73.7.24	14042519730724		20		40			
			03	张	2	1	96.1.22	14042519960122		20		40			
			04	张	2	1	02.5.6	14042520020506		20		40			
2	1	0057	01	张	0	1	65.2.28	14042519650228		20		40	0896851	1404250201	张
			02	张	2	1	95.9.8	14042519950908		20		40			
			03	张	2	2	94.8.8	14042519940808		20		40			
2	1	0054	01	张	0	1	68.2.28	14042519680228		20		40	0896852	1404250200	
			02	张	1	2	71.8.18	14042519710818		20		40			

三联 村新农合小组存

填表人：李

村新农合小组负责人：

填表时间：2012 年 11 月 15 日

图2-4-67　平顺县西沟村2013年度新型农村合作医疗基金收缴登记表67

平顺县 2013 年度新型农村合作医疗基金收缴登记表

西沟乡镇西沟村

参加性质	户性质	户编号	人编号	姓名	与户主关系	性别	出生年月	身份证号	联系电话	个人缴费 实交	民政资助	其他资助	收据号	合作医疗证号	交款人签名
			02	侯	1	2	88.9.3	14042519880903		20		40			
			03	张	2	1	11.3.21	14042520110321		20		40			
2	1	0626	01	张	0	1	79.10.11	1404251979101		20		40	0896868	14042502020	
			02	刘	1	2	81.3.21	14042519810321		20		40			
2	1	0627	01	杨	0	1	73.7.9	1404251973070		20		40	0896869	140425020101	杨
			02	张	1	2	74.1.22	14042519740122		20		40			
			03	张	4	2	97.8.5	140425199708		20		40			
			04	张	4	1	2000.1.11	14042520000111		20		40			
2	1	0628	01	郭	0	1	89.9.21	14042519890921		20		40	0896870	14042502010	郭
			02		1	2	93.3.24	14043119930324		20		40			
			03	郭	2	1	11.12.22	14042520111222		20		40			
2	1	0629	01	李	0	1	76.3.6	14042519760306		20		40	0896871	14042502010	李
			02	郭	1	2	76.8.16	14042519760816		20		40			
			03	李	3	2	08.6.2	14042520080602		20		40			
2	1	0630	01	李	0	1	75.4.6	14042519750406		20		40	0896872	14042502010	李
			02	李	3	2	2008.3.11	14042520080311		20		40			

三联　村新农合小组存

填表人：李　　村新农合小组负责人：　　填表时间：2012年 11月 15日

〈十三〉

图2-4-68　平顺县西沟村2013年度新型农村合作医疗基金收缴登记表67

平顺县2013年度新型农村合作医疗基金收缴登记表

2

西沟 乡镇 西沟 村

参加性质	户性质	户编号	人编号	姓名	与户主关系	性别	出生年月	身份证号	联系电话	个人缴费 实交	个人缴费 民政资助	个人缴费 其他资助	收据号	合作医疗证号	交款人签名
2		[illegible]	02	张	2	2	62.11.15	14042519621115		20		40			
			03	张	3	2	90.7.1	14042519900701		20		40			
		0076	01	张	0	1	67.11.13	14042519671113		20		40	0896460	140425201308	张
			02	裴	1	2	71.5.17	14042519710517		20		40			
			03	张	2	1	96.11.9	14042519961109		20		40			
			04	张	3	2	98.10.2	14042519981002		20		40			
			05	张	3	2	95.1.11	14042519950111		20		40			
		0078	01	李	0	1	36.9.5	14042519360905		20		40	0896461	1404252013	李
			02	李	2	1	73.7.3	14042519730703		20		40			
		0079	01	庞	0	1	45.6.22	14042519450622		20		40	0896462	140425201308	庞
		0080	01	庞	0	1	58.11.15	14042519581115		20		40	0896463	140425201308	庞
			02	冯	1	2	64.8.4	14042519640804		20		40			
			03	庞	3	2	90.12.7	14042519901207		20		40			
		0081	01	赵	0	1	45.11.20	14042519451120		20		40	0896464	140425201308	赵
			02	杨	1	2	48.11.13	14042519481113		20		40			
		0083	01	张	0	1	66.12.23	14042519661223		20		40	0896465	140425201308	张

三联 村新农合小组存

填表人：庞　　村新农合小组负责人：　　填表时间：2012年11月15日

图2-4-69　平顺县西沟村2013年度新型农村合作医疗基金收缴登记表68

6

平顺县2013年度新型农村合作医疗基金收缴登记表

西沟乡镇西沟村

参加性质	户性质	户编号	人编号	姓名	与户主关系	性别	出生年月	身份证号	联系电话	个人缴费 实交	民政资助	其他资助	收据号	合作医疗证号	交款人签名
		0101	01	郭	0	1	50 7 2	14042519500702		20		40	0896482	14042520108	郭
		0103	01	李	0	1	63 1 25	14042519630125		20		40	0896483	14042520108	李
			02	秦	1	2	64 9 7	14042519640907		20		40			
		0104	01	李	0	1	75 6 2	14042519750602		20		40	0896484	14042520108	李
			02	张	1	2	75 10 20	14042519751020		20		40			
			03	李	3	2	99 9 18	14042519990918		20		40			
			04	李	2	1	03 9 14	14042520030914		20		40			
		0105	01	张	0	1	70 12 14	14042519701214		20		40	0896485	14042520108	张
			02	崔	1	2	69 4 5	14042519690405		20		40			
			03	张	3	2	90 8 28	14042519900828		60					
			04	张	2	1	92 6 16	14042519920616		20		40			
		0106	01	郭	0	1	67 3 4	14042519670304		20		40	0896486	14042520108	郭
			02	董	1	2	67 4 22	14042519670422		20		40			
			03	郭	2	1	91 9 25	14042519910925		20		40			
		0107	01	张	0	2	38 2 11	14042519380211		20		40	0896487	14042520108	张
		0108	01	张	0	1	55 2 6	14042519550206		20		40	0896488	14042520108	张

三联 村新农合小组存

填表人：房　　村新农合小组负责人：　　填表时间：2012年11月15日

图2-4-70　平顺县西沟村2013年度新型农村合作医疗基金收缴登记表69

平顺县 2013 年度新型农村合作医疗基金收缴登记表

10

西沟乡镇西沟村

参加性质	户性质	户编号	人编号	姓名	与户主关系	性别	出生年月	身份证号	联系电话	个人缴费 实交	民政资助	其他资助	收据号	合作医疗证号	交款人签名
		0645	01	张	0	2	50828	14042519500828		20		40	0896414	140425201 0	张
			02	赵	2	1	78411	14042519780411		20		40			
		0646	01	郭	0	2	401015	14042519401015		20		40	0896415	140425201 0	郭
		0647	01	张	0	1	83.8.15	14042619830815		20		40	0896413	140425201 0	张
			02	申	1	2	85.5.29	14042919850529		20		40			
			03	张	2	1	2006624	14042520060624		20		40			
			04	张	2	1	2012.5.10	14042520120510		20		40			
		0648	01	张	0	1	74915	14042619740915		20		40	0896412	140425201 0	张
			02	张	1	2	7858	14042619780508		20		40			
			03	张	3	2	2000.9.23	14042520000923		20		40			
			04	张	2	1	2000.9.23	14042520000923		20		40			
		0649	01	郭	0	1	82.6.29	14042519820629		20		40	0896411	140425201 0	郭
			02	王	1	2	81416	14042619810416		20		40			
			03	郭	3	2	2009.7.18	14042520090718		20		40			
		0650	01	郭	0	1	8489	14042619840809		20		40	0896410	140425201 0	郭
			02	赵	1	2	85.9.15	14042519850915		20		40			

三联 村新农合小组存

填表人：房　　村新农合小组负责人：　　填表时间：2012年 11 月 15 日

图2-4-71　平顺县西沟村2013年度新型农村合作医疗基金收缴登记表70

平顺县2013年度新型农村合作医疗基金收缴登记表

西沟乡镇西沟村　　　　二

参加性质	户性质	户编号	人编号	姓名	与户主关系	性别	出生年月	身份证号	联系电话	个人缴费			收据号	合作医疗证号	交款人签名
										实交	民政资助	其他资助			
2	1		03	张	2	1	91.05.27	14042519910527		20		40			
2	1		04	张	3	1	96.11.03	14042519961103		20		40			
2	1	0127	01	彭	0	1	81.09.01	1404251981090		20		40	0896927	140425020108	
2	1		02	郭	1	2	81.08.20	1404251981082		20		40			
2	1		03	彭	2	1	05.11.04	14042520051104		20		40			
2	1	0128	01	房	0	1	30.04.24	1404251930042		20		40	0896928	140425020108	
2	1	0129	01	房	0	1	54.04.02	1404251954040		20		40	0896929	140425020108	
2	1		02	张	1	2	57.12.01	1404251957120		20		40			
2	1		03	房	2	1	80.11.11	14042519801111		20		40			
2	1	0130	01	张	0	1	67.12.08	14042519671208		20		40	0896930	140425020108	
2	1		02	郝	1	2	70.04.10	1404251970041		20		40			
2	1		03	张	2	2	90.04.18	14042519900418		20		40			
2	1		04	张	3	1	01.05.04	14042520010504		20		40			
2	1	0131	01	张	0	1	61.11.15	14042519611115		20		40	0896931	140425020108	
2	1		02	张	3	2	90.04.03	14042519900403		20		40			
2	1	0132	01	张	0	1	52.08.26	14042519520826		20		40	0896932	140425020108	

三联　村新农合小组存

填表人：　　　　村新农合小组负责人：　　　　填表时间：2012年 11 月 15 日

图2-4-72　平顺县西沟村2013年度新型农村合作医疗基金收缴登记表71

平顺县 2013 年度新型农村合作医疗基金收缴登记表

6

乡镇　　　　村

参加性质	户性质	户编号	人编号	姓名	与户主关系	性别	出生年月	身份证号	联系电话	个人缴费			收据号	合作医疗证号	交款人签名
										实交	民政资助	其他资助			
2	1		04	张	3	2	05.10.28	14042520051028		20		40			
2	1	0150	01	申	0	2	55.12.17	14042519551217		20		40	0896949	140425020108	
2	1		02	张	3	2	94.09.18	14042519940918		20		40			
2	1	0151	01	阮	0	1	75.05.13	14042519750513		20		40	0896950	140425020108	
2	1		02	阮	2	1	06.01.20	14042520060120		20		40			
2	1	0152	01	卫	0	2	54.03.08	14042519540308		20		40	0896951	140425020108	
2	1	0153	01	张	0	1	68.05.11	14042519680511		20		40	0896952		
2	1		02	张	1	2	71.07.07	14042519710707		20		40			
2	1		03	张	3	2	98.07.13	14042519980713		20		40			
2	1		04	张	2	1	03.06.29	14042520030629		20		40			
2	1	0154	01	张	0	1	62.06.05	14042519620605		20		40	0896919	140425020108	
2	1		02	张	1	2	65.04.25	14042519650425		20		40			
2	1		03	张	2	1	97.03.18	14042519970318		20		40			
2	1		04	张	3	2	94.07.17	14042519940717		20		40			
2	1	0155	01	許	0	2	60.02.12	14042519600212		20		40	0896953	140425020108	
2	1	0156	01	张	0	1	70.10.18	14042519701018		20		40	0896954	140425020108	

三联　村新农合小组存

填表人：　　　　村新农合小组负责人：　　　　填表时间：2012 年 11 月 15 日

图2-4-73　平顺县西沟村2013年度新型农村合作医疗基金收缴登记表72

平顺县 2013 年度新型农村合作医疗基金收缴登记表

10

乡镇　　　村

参加性质	户性质	户编号	人编号	姓名	与户主关系	性别	出生年月	身份证号	联系电话	个人缴费			收据号	合作医疗证号	交款人签名
										实交	民政资助	其他资助			
2	1		02	杨…	1	2	75.05.01	14042519750501…		20		40			
2	1		03	张…	3	2	98.09.08	1404251998090…		20		40			
2	1		04	张…	3	2	04.03.07	1404252004030…		20		40			
2	1	0616	01	张…	0	1	84.08.04	1404251984080…		20		40	0846974	140425020108…	
2	1		02	任…	1	2	88.10.20	1404251988102…		20		40			
2	1		03	张…	3	2	10.04.29	1404252010042…		20		40			
2	1	0661	01	张…	0	1	75.04.08	1404251975040…		20		40	0846975	140425020108…	
2	1		02	韩…	1	2	78.07.13	1404251978071…		20		40			
2	1		03	张…	3	2	01.06.16	1404252001061…		20		40			
2	1		04	张…	3	2	2011.12.6	14042520111206…		20		40			
2	1	0662	01	张…	0	1	76.09.08	1404251976090…		20		40	0846976	140425020108…	
2	1		02	张…	2	1	04.01.02	1404252004010…		20		40			
2	1		03	张…	3	2	99.11.09	1404251999110…		20		40			
2	1	0663	01	裴…	0	2	46.09.17	1404251946091…		20		40	0846977	140425020108…	
2	1	0664	01	张…	0	1	80.05.15	1404251980051…		20		40	0846978	140425020108…	
2	1		02	胡…	1	2	80.06.16	1404251980061…		20		40			

三联　村新农合小组存

填表人：张…　　村新农合小组负责人：　　填表时间：2012 年 11 月 15 日

图2-4-74　平顺县西沟村2013年度新型农村合作医疗基金收缴登记表73

4队

平顺县 2013 年度新型农村合作医疗基金收缴登记表

西沟乡镇西沟村

参加性质	户性质	户编号	人编号	姓名	与户主关系	性别	出生年月	身份证号	联系电话	个人缴费 实交	民政资助	其他资助	收据号	合作医疗证号	交款人签名
2	1	0176	01	杨	0	1	62.10.23	14042519621023		20.00		40.00	0896901	140425020108	杨
2	1		02	赵	1	2	67.12.6	14042519671206		20.00		40.00			
2	1		03	杨	3	2	98.4.16	14042519980416		20.00		40.00			
2	1	0177	01	刘	0	2	56.9.21	14042519560921		20.00		40.00	0896902	140425020108	刘
2	1		02	常	1	1	55.1.20	14042519550120		20.00		40.00			
2	1	0178	01	董	0	1	69.4.10	14042519690410		20.00		40.00	0896903	140425020108	董
2	1		02	郭	1	2	74.1.21	14042519740121		20.00		40.00			
2	1		03	董	2	1	96.5.6	14042519960506		20.00		40.00			
2	1		04	王	5	2	40.9.20	14042519400920		20.00		40.00			
2	1	0179	01	王	0	1	36.4.17	14042519360417		20.00		40.00	0896904	140425020108	王
2	1	0180	01	王	0	1	75.3.9	14042519750309		20.00		40.00	0896905	140425020108	王
2	1		02	张	1	2	71.6.2	14042519710602		20.00		40.00			
2	1		03	王	2	1	98.2.24	14042519980224		20.00		40.00			
2	1		04	王	3	2	08.3.11	14042520080311		20.00		40.00			
2	1	0181	01	刘	0	2	54.4.23	14042519540423		20.00		40.00	0896906	140425020108	刘
2	1		02	白	2	1	84.7.22	14042519840722		20.00		40.00			

三联 村新农合小组存

填表人：常　　村新农合小组负责人：　　填表时间：2012 年 11 月 15 日

图2-4-75　平顺县西沟村2013年度新型农村合作医疗基金收缴登记表74

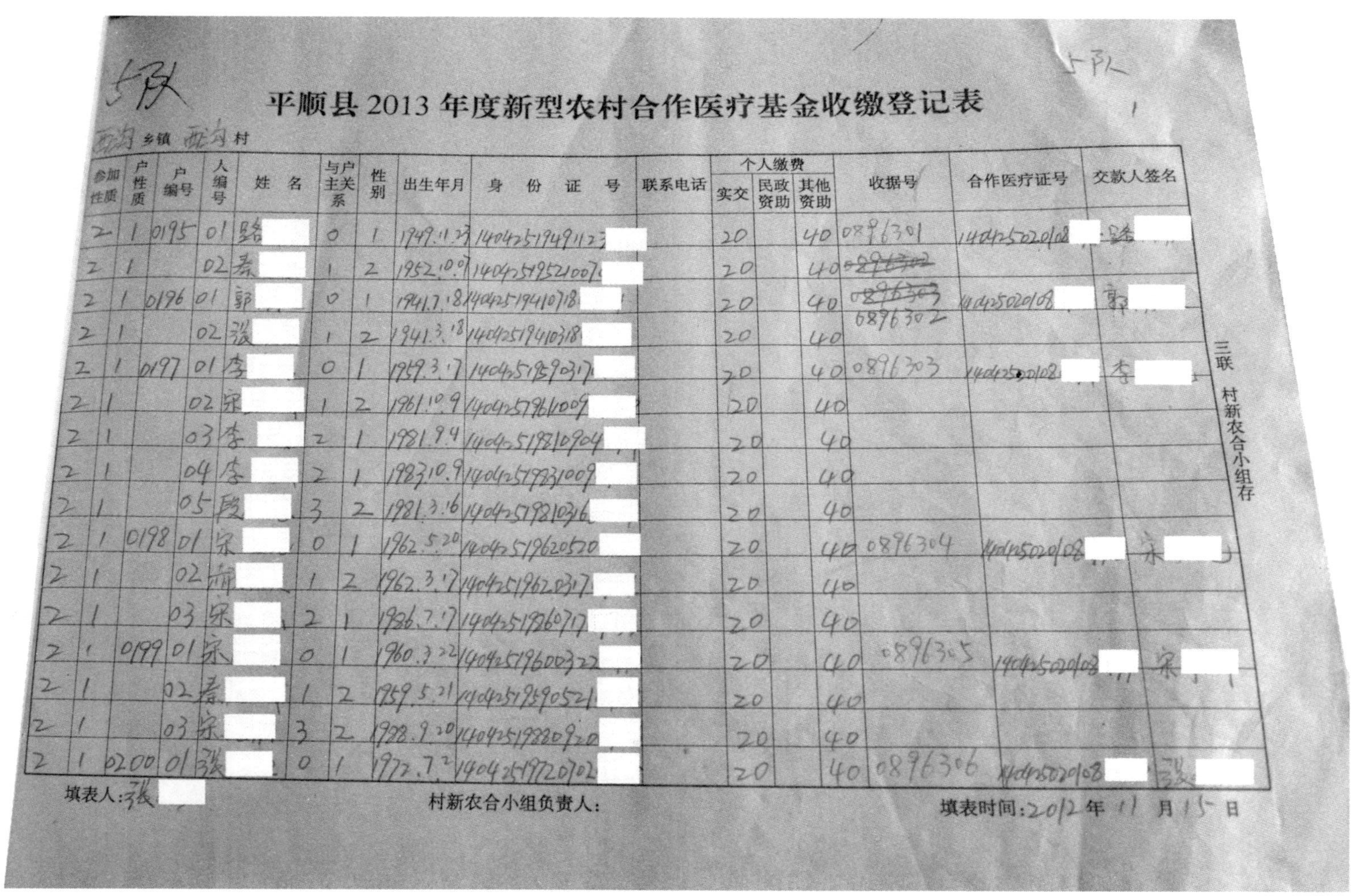

平顺县 2013 年度新型农村合作医疗基金收缴登记表

西沟 乡镇 西沟 村

参加性质	户性质	户编号	人编号	姓名	与户主关系	性别	出生年月	身份证号	联系电话	个人缴费 实交	民政资助	其他资助	收据号	合作医疗证号	交款人签名
2	1	0195	01	路	0	1	1949.11.23	14042519491123		20		40	0896301	14042502010…	路
2	1		02	桑	1	2	1952.10.07	14042519521007		20		40			
2	1	0196	01	郭	0	1	1941.7.18	14042519410718		20		40	0896302	14042502010…	郭
2	1		02	张	1	2	1941.3.18	14042519410318		20		40			
2	1	0197	01	李	0	1	1959.3.7	14042519590317		20		40	0896303	14042502010…	李
2	1		02	宋	1	2	1961.10.9	14042519611009		20		40			
2	1		03	李	2	1	1981.9.4	14042519810904		20		40			
2	1		04	李	2	1	1983.10.9	14042519831009		20		40			
2	1		05	段	3	2	1981.3.16	14042519810316		20		40			
2	1	0198	01	宋	0	1	1962.5.20	14042519620520		20		40	0896304	14042502010…	宋
2	1		02	游	1	2	1962.3.17	14042519620317		20		40			
2	1		03	宋	2	1	1986.7.17	14042519860717		20		40			
2	1	0199	01	宋	0	1	1960.3.22	14042519600322		20		40	0896305	14042502010…	宋
2	1		02	秦	1	2	1959.5.21	14042519590521		20		40			
2	1		03	宋	3	2	1988.9.20	14042519880920		20		40			
2	1	0200	01	张	0	1	1972.7.2	14042519720702		20		40	0896306	14042502010…	张

三联 村新农合小组存

填表人：张　　村新农合小组负责人：　　填表时间：2012 年 11 月 15 日

图2-4-76　平顺县西沟村2013年度新型农村合作医疗基金收缴登记表75

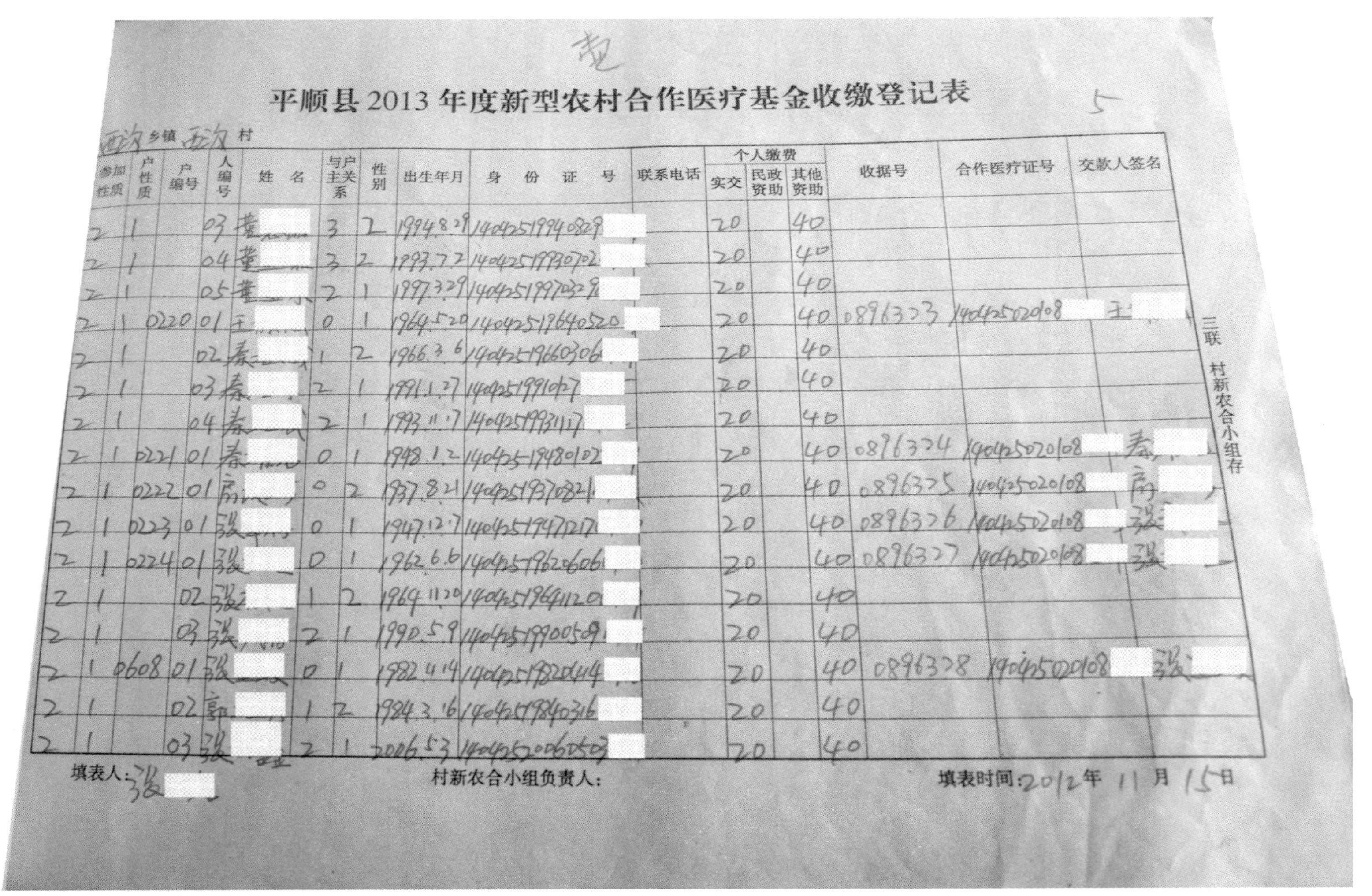

卷

平顺县2013年度新型农村合作医疗基金收缴登记表

5

西沟乡镇 西沟村

参加性质	户性质	户编号	人编号	姓名	与户主关系	性别	出生年月	身份证号	联系电话	个人缴费 实交	民政资助	其他资助	收据号	合作医疗证号	交款人签名
2	1		03	董	3	2	1994.8.29	14042519940829		20		40			
2	1		04	董	3	2	1993.7.2	14042519930702		20		40			
2	1		05	董	2	1	1997.3.29	14042519970329		20		40			
2	1	0220	01	王	0	1	1964.5.20	14042519640520		20		40	0896323	140425020108	王
2	1		02	秦	1	2	1966.3.6	14042519660306		20		40			
2	1		03	秦	2	1	1991.1.27	14042519910127		20		40			
2	1		04	秦	2	1	1993.11.7	14042519931117		20		40			
2	1	0221	01	秦	0	1	1948.1.2	14042519480102		20		40	0896324	140425020108	秦
2	1	0222	01	房	0	2	1937.8.21	14042519370821		20		40	0896325	140425020108	房
2	1	0223	01	張	0	1	1947.12.7	14042519471217		20		40	0896326	140425020108	張
2	1	0224	01	張	0	1	1962.6.6	14042519620606		20		40	0896327	140425020108	張
2	1		02	張	1	2	1964.11.20	14042519641120		20		40			
2	1		03	張	2	1	1990.5.9	14042519900509		20		40			
2	1	0608	01	張	0	1	1982.4.14	14042519820414		20		40	0896328	140425020108	張
2	1		02	郭	1	2	1984.3.16	14042519840316		20		40			
2	1		03	張	2	1	2006.5.3	14042520060503		20		40			

三联 村新农合小组存

填表人：張　　村新农合小组负责人：　　填表时间：2012年11月15日

图2-4-77　平顺县西沟村2013年度新型农村合作医疗基金收缴登记表76

平顺县2013年度新型农村合作医疗基金收缴登记表　3

□沟乡镇　西沟村

参加性质	户性质	户编号	人编号	姓名	与户主关系	性别	出生年月	身份证号	联系电话	个人缴费			收据号	合作医疗证号	交款人签名
										实交	民政资助	其他资助			
2	1	0236	01	张	0	1	66.4.4	14042519660404		20		40	0896343	140425020108	张
2	1		02	路	1	2	66.6.29	14042519660629		20		40			
2	1		03	张	2	1	07.2.8	14042520070208		20		40			
2	1	0237	01	李	0	1	61.12.27	14042519611227		20		40	0896344	140425020102	李
2	1		02	郭	1	2	62.8.22	14042519620822		20		40			
2	1		03	李	2	1	93.12.24	14042519931224		20		40			
2	1	0238	01	李	0	1	58.5.16	14042519580516		20		40	0896345	140425020101	李
2	1	0239	01	张	0	1	36.12.11	14042519361211		20		40	0896346	140425020108	张
2	1		02	张	2	1	69.6.15	14042519690615		20		40			
2	1		03	牛	3	2	69.6.21	14042519690621		20		40			
2	1		04	张	4	1	99.5.5	14042519990505		20		40			
2	1		05	张	4	2	93.11.7	14042519931107		20		40			
2	1		06	张	4	2	97.2.27	1404251997022		20		40			
2	1	0240	01	张	0	1	60.12.27	14042519601227		20		40	0896347	140425020108	张
2	1		02	段	1	2	60.2.10	14042519600210		20		40			
2	1		03	张	2	1	88.11.25	14042519881125		20		40			

三联　村新农合小组存

填表人：　　　村新农合小组负责人：　　　填表时间：2012年11月16日

图2-4-78　平顺县西沟村2013年度新型农村合作医疗基金收缴登记表77

平顺县 2013 年度新型农村合作医疗基金收缴登记表

乡镇 西沟村

参加性质	户性质	户编号	人编号	姓名	与户主关系	性别	出生年月	身份证号	联系电话	个人缴费			收据号	合作医疗证号	交款人签名
										实交	民政资助	其他资助			
2	1	0260	3	秦	2	1	89.2.23	14042519890223		20		40			
2	1	0262	01	张	0	1	61.6.6	14042519610606		20		40	0896566	140425020108	张
2	1	0263	01	张	0	1	56.11.9	14042519561109		20		40	0896567	140425020108	张
2	1		02	张	2	1	89.10.1	14042519891001		20		40			
2	1		03	李	3	2	91.11.14	14042519911114		20		40			
2	1	0261	02	张	[illegible]	2	51.11.10	14042519511110		20		40	0896568	140425020108	张
2	1	0264	01	秦	0	2	58.12.10	14042519581210		20		40	0896569	140425020108	秦
2	1	0265	01	李	0	1	54.3.21	14042519540321		20		40	0896570	140425020108	李
2	1		02	李	1	2	57.3.27	14042519570327		20		40			
2	1		03	李	2	1	81.5.13	14042519810513		20		40			
2	1		04	宋	3	2	83.10.2	14042519831002		20		40			
2	1		05	李	4	1	06.11.25	14042520061125		20		40			
2	1	0266	01	张	0	1	62.3.14	14042519620314		20		40	0896571	140425020108	张
2	1		02	张	1	2	62.12.18	14042519621218		20		40			
2	1		03	张	2	1	84.7.13	14042519840713		20		40			
2	1		04	张	2	1	87.11.8	14042519871108		20		40			

填表人：　　村新农合小组负责人：　　填表时间：2012 年 11 月 16 日

三联　村新农合小组存

图2-4-79　平顺县西沟村2013年度新型农村合作医疗基金收缴登记表78

平顺县2013年度新型农村合作医疗基金收缴登记表

西沟乡镇 西沟村

参加性质	户性质	户编号	人编号	姓名	与户主关系	性别	出生年月	身份证号	联系电话	个人缴费 实交	民政资助	其他资助	收据号	合作医疗证号	交款人签名
2	1	0286	02	袁	5	2	57.7.5	14048119570705		20		40			
2	1		03	郭	7	2	88.8.2	14048119880802		20		40			
2	1	0287	01	方	0	1	69.6.16	14042519690616		20		40	0896591	140425020108	方
2	1		02	武	5	2	50.3.16	14042519500316		20		40			
2	1	0288	01	方	0	1	71.8.25	14042519710825		20		40	0896592	140425020108	方
2	1		02	赵	1	2	73.3.28	14042519730328		20		40			
2	1		03	方	2	1	2001.4.12	14042520010412		20		40			
2	1		04	方	3	2	98.8.17	14042519980817		20		40			
2	1	0289	01	张	0	2	98.9.4	14042519980904		20		40	0896593	140425020108	张
2	1	0291	01	张	0	1	33.1.26	14042519330126		20		40	0896594	140425020108	
2	1	0292	01	郭	0	2	40.12.22	14042519401222		20		40	0896595	140425020108	郭
2	1	0293	01	刘	0	2	74.9.25	14042519740925		20		40	0896596	140425020108	刘
2	1		02	杨	2	1	99.10.17	14042519991017		20		40			
2	1	0294	01	张	0	1	37.3.15	14042519370315		20		40	0896597	140425020108	
2	1		02	宋	1	2	39.5.4	14042519390504		20		40			
2	1	0295	01	张	0	1	49.7.1	14042519490701		20		40	0896598	140425020108	

填表人： 村新农合小组负责人： 填表时间：2012年11月16日

三联 村新农合小组存

图2-4-80 平顺县西沟村2013年度新型农村合作医疗基金收缴登记表79

平顺县 2013 年度新型农村合作医疗基金收缴登记表

西沟 乡镇 西沟 村

参加性质	户性质	户编号	人编号	姓名	与户主关系	性别	出生年月	身份证号	联系电话	个人缴费 实交	民政资助	其他资助	收据号	合作医疗证号	交款人签名
			03	张	2	1	1999.3.10	14042519990310		20		40			
2	1	0306	01	张	0	1	1946.7.12	14042519460712		20		40	0896760	140425020108	张
2			02	郝	1	2	1949.1.12	14042519490112		20		40			
2	1	0307	01	张	0	1	1976.4.3	14042519760403		20		40	0896761	140425020108	张
2			02	郝	1	2	1978.2.16	14042519780216		20		40			
2			03	张	2	1	2002.8.5	14042520020805		20		40			
2			04	张	2	1	2006.7.10	14042520060710		20		40			
2	1	0308	01	张	0	1	1953.5.25	14042519530525		20		40	0896762	140425020108	张
2			02	郝	1	2	1955.10.6	14042519551006		20		40			
2			03	张	2	1	1977.12.28	14042519771228		20		40			
2			04	张	4	1	1999.12.11	14042519991211		20		40			
2	1	0309	01	张	0	1	1945.1.7	14042519450107		20		40	0896763	140425020108	张
2			02	张	1	2	1945.8.20	14042519450820		20		40			
2	1	0310	01	程	0	1	1967.2.7	14042519670207		20		40	0896764	140425020108	程
			02	郝	1	2	1967.3.16	14042519670316		20		40			
			03	程	2	1	1993.1.4	14042519930104		20		40			

三联 村新农合小组存

填表人：　　村新农合小组负责人：　　填表时间：2012 年 11 月 15 日

图2-4-81　平顺县西沟村2013年度新型农村合作医疗基金收缴登记表80

平顺县2013年度新型农村合作医疗基金收缴登记表

西沟 乡镇 西沟 村

参加性质	户性质	户编号	人编号	姓名	与户主关系	性别	出生年月	身份证号	联系电话	个人缴费 实交	个人缴费 民政资助	个人缴费 其他资助	收据号	合作医疗证号	交款人签名
2	1	0329	01	周	0	2	1951.8.25	14042519510825		20		40	0896782	14042519510825	周
2			02	张	3	2	1975.5.18	14042519750518		20		40			
2			03	张	3	2	1998.8.15	14042519980815		20		40			
2	1	0330	01	牛	0	1	1956.12.24	14042519561224		20		40	0896783	140425020408	牛
2	1	0331	01	张	0	1	1955.12.25	14042519551225		20		40	0896784	140425020108	张
2			02	张	1	2	1957.8.16	14042519570816		20		40			
2			03	张	2	1	1987.2.13	14042519870213		20		40			
2			04	张	2	1	1991.8.25	14042519910825		20		40			
1			05	左	3	2	1990.5.14	14042519900514		20		40			
2	1	0332	01	郭	0	2	1952.12.19	14042519521219		20		40	0896785	140425024108	郭
2			02	张	2	1	1972.5.7	14042519720507		20		40			
2			03	张	2	1	1977.7.6	14042519770706		20		40			
2	1	0333	01	胡	0	1	1945.4.19	14042519450419		20		40	0896786	140425020108	胡
2			02	张	1	2	1946.2.25	14042519460225		20		40			
2			03	胡	2	1	1977.7.24	14042519770724		20		40			
2	1	0334	01	张	0	1	1969.3.29	14042519690329		20		40	0896787	140425020108	张

三联 村新农合小组存

填表人：　　村新农合小组负责人：　　填表时间：2012 年 11 月 15 日

图2-4-82　平顺县西沟村2013年度新型农村合作医疗基金收缴登记表81

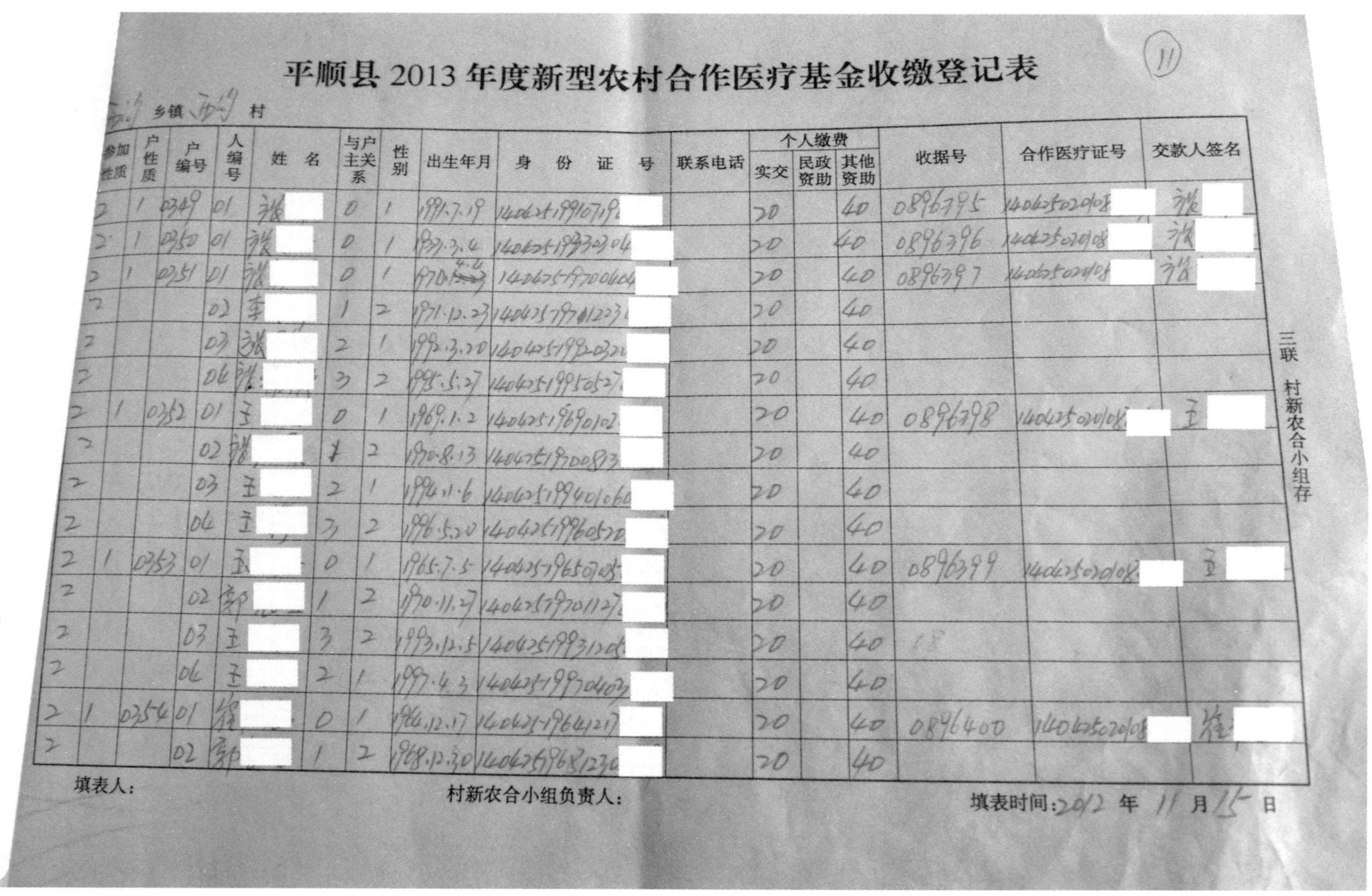

（11）

平顺县2013年度新型农村合作医疗基金收缴登记表

西沟 乡镇 西沟 村

参加性质	户性质	户编号	人编号	姓名	与户主关系	性别	出生年月	身份证号	联系电话	个人缴费 实交	个人缴费 民政资助	个人缴费 其他资助	收据号	合作医疗证号	交款人签名
2	1	0349	01	张	0	1	1991.7.19	1404251991071…		20		40	0896395	14042502010…	张
2	1	0350	01	张	0	1	1993.3.6	1404251993030…		20		40	0896396	14042502010…	张
2	1	0351	01	张	0	1	1970.4.4	1404251970040…		20		40	0896397	14042502010…	张
2			02	李	1	2	1971.12.23	1404251971122…		20		40			
2			03	张	2	1	1992.3.20	1404251992032…		20		40			
2			04	张	3	2	1995.5.27	1404251995052…		20		40			
2	1	0352	01	王	0	1	1969.1.2	1404251969010…		20		40	0896398	14042502010…	王
2			02	张	1	2	1970.8.13	1404251970081…		20		40			
2			03	王	2	1	1994.1.6	1404251994010…		20		40			
2			04	王	3	2	1996.5.20	1404251996052…		20		40			
2	1	0353	01	王	0	1	1965.7.5	1404251965070…		20		40	0896399	14042502010…	王
2			02	郭	1	2	1970.11.27	1404251970112…		20		40			
2			03	王	3	2	1993.12.5	1404251993120…		20		40	18		
2			04	王	2	1	1997.4.3	1404251997040…		20		40			
2	1	0354	01	崔	0	1	1964.12.17	1404251964121…		20		40	0896400	14042502010…	崔
2			02	郭	1	2	1968.12.30	1404251968123…		20		40			

三联 村新农合小组存

填表人：　　　　村新农合小组负责人：　　　　填表时间：2012 年 11 月 15 日

图2-4-83　平顺县西沟村2013年度新型农村合作医疗基金收缴登记表82

平顺县 2013 年度新型农村合作医疗基金收缴登记表

8队

西沟乡镇 西沟 村

参加性质	户性质	户编号	人编号	姓名	与户主关系	性别	出生年月	身份证号	联系电话	个人缴费			收据号	合作医疗证号	交款人签名
										实交	民政资助	其他资助			
2	1	0560	01	张	0	1	1964.2.5	14042519640205		20		40	0396351	140425020108	张
2	1		02	董	1	2	1967.5.12	14042519670512		20		40			
2	1		03	张	2	1	1987.12.9	14042519871209		20		40			
2	1		04	张	3	2	1989.10.23	14042519891023		20		40			
2	1	0561	01	郭	0	1	1950.12.20	1404251950122		20		40	0896376	140425020108	郭
2	1		02	张	1	2	1951.1.1	1404251951010		20		40			
2	1	0562	01	张	0	1	1967.10.15	14042519671015		20		40	0896375	14042502018	张
2	1		02	张	1	2	1970.2.17	14042519700217		20		40			
2	1		03	张	3	2	1997.5.17	14042519970517		20		40			
2	1	0563	01	张	0	1	1972.11.25	14042519721125		20		40	0896391	14042502018	张
2	1		02	郭	1	2	1970.1.5	14042519700105		20		40			
2	1		03	张	3	2	1994.11.25	14042519941125		20		40			
2	1		04	张	2	1	2005.8.18	14042520050818		20		40			
2	1	0564	01	张	0	1	1963.12.7	14042519631207		20		40	0896366	14042502018	张
2	1		02	张	1	2	1963.9.19	1404251963091		20		40			
2	1		03	张	2	1	1985.7.26	1404251		20		40			

三联 村新农合小组存

填表人：张　　村新农合小组负责人：　　填表时间：2012 年 11 月 15 日

图2-4-84　平顺县西沟村2013年度新型农村合作医疗基金收缴登记表83

平顺县2013年度新型农村合作医疗基金收缴登记表

西沟 乡镇 西沟 村　　　　8队

参加性质	户性质	户编号	人编号	姓名	与户主关系	性别	出生年月	身份证号	联系电话	个人缴费 实交	个人缴费 民政资助	个人缴费 其他资助	收据号	合作医疗证号	交款人签名
2	1		04	张	2	1	2002.12.6	14042520021206		20		40			
2	1	0580	01	王	0	2	1968.1.6	14042519680106		20		40	0896383	140425020108	王
2	1	0581	01	张	0	1	1976.5.28	14042519760528		20		40	0896358	140425020108	张
2	1	0582	01	张	0	[illegible]	1970.7.8	14042519700708		20		40	0896357	140425020107	张
2	1		02	曹	1	2	1970.9.29	14042519700929		20		40			
2	1		03	张	3	2	1993.7.18	14042519930718		20		40			
2	1		04	张	2	1	1998.3.15	14042519980315		20		40			
2	1	0583	01	南	0	2	1965.5.8	14042519650508		20		40	0396370	140425020108	南
2	1	0584	01	董	0	1	1973.11.6	14042519731106		20		40	0396372	140425020108	董
2	1		02	赵	1	2	1975.3.1	14042519750301		20		40			
2	1		03	董	3	2	1997.10.13	14042519971013		20		40			
2	1		04	董	2	1	2002.7.10	14042520020710		20		40			
2	1	0535	01	董	0	1	1946.4.2	14042519460402		20		40		140425020108	董
2	1		02	宋	1	2	1956.4.2	14042519560402		20		40			
2	1	0536	01	董	0	1	1977.8.1	14042519770801		20		40	0396385	140425020103	董
2	1		02	张	1	2	1932.1.19	14042519320119		20		40			

三联 村新农合小组存

填表人：张　　村新农合小组负责人：　　填表时间：2012年 11 月 15 日

图2-4-85　平顺县西沟村2013年度新型农村合作医疗基金收缴登记表84

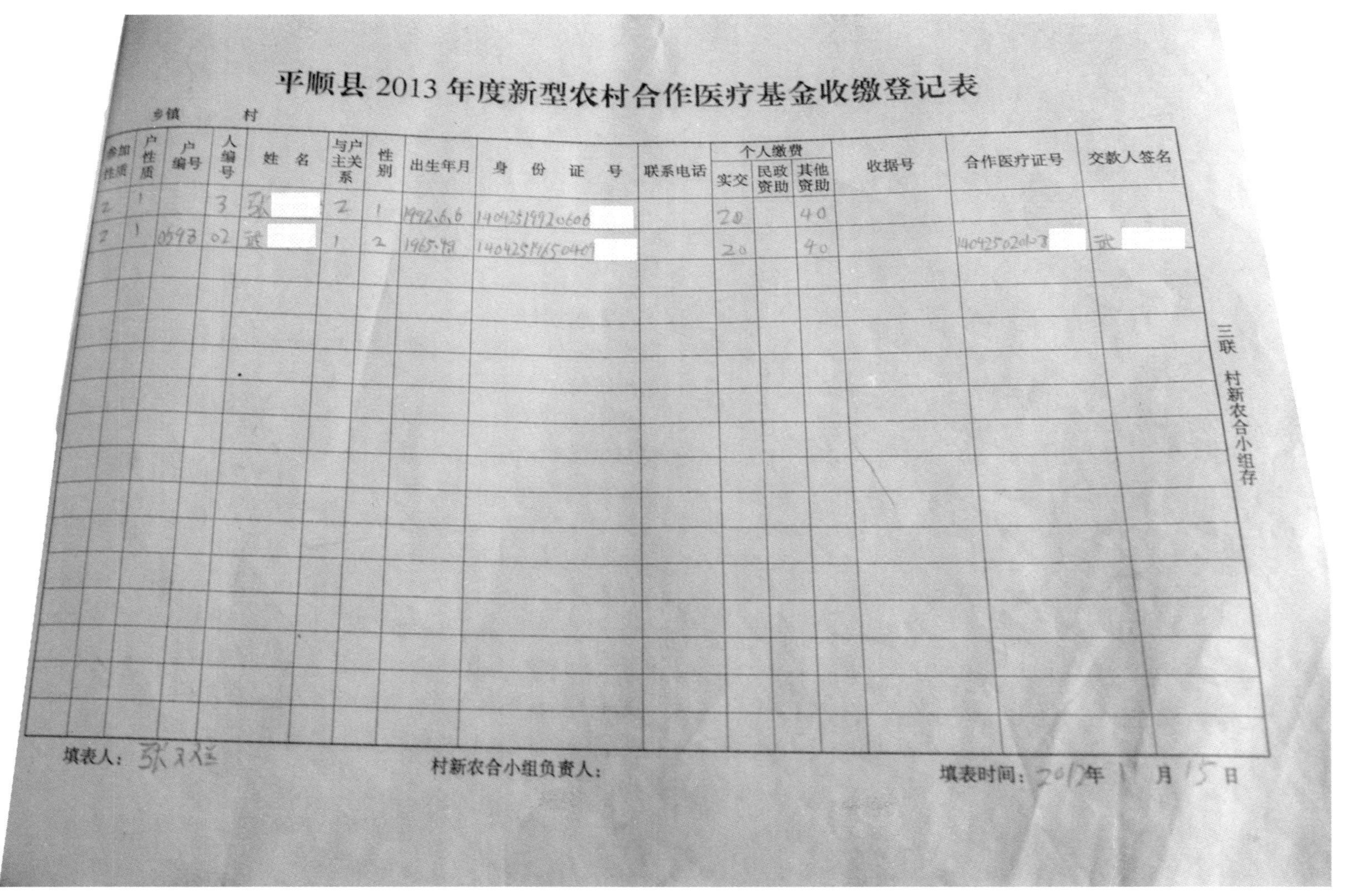

平顺县2013年度新型农村合作医疗基金收缴登记表

乡镇　　　　村

参加性质	户性质	户编号	人编号	姓名	与户主关系	性别	出生年月	身份证号	联系电话	个人缴费			收据号	合作医疗证号	交款人签名
										实交	民政资助	其他资助			
2	1		3	张	2	1	1992.6.6	14042519920606		20		40			
2	1	0593	02	武	1	2	1965.4.8	1404251965040		20		40		140425020103	武

三联　村新农合小组存

填表人：张[illegible]　　村新农合小组负责人：　　填表时间：2012年1月15日

图2-4-86　平顺县西沟村2013年度新型农村合作医疗基金收缴登记表85

平顺县2013年度新型农村合作医疗基金收缴登记表

西沟乡镇 西沟村　　　　九 4

参加性质	户性质	户编号	人编号	姓名	与户主关系	性别	出生年月	身份证号	联系电话	个人缴费			收据号	合作医疗证号	交款人签名
										实交	民政资助	其他资助			
2	1		03	李	2	1	96.2.19	14042519960219		20		40			
2	1		04	李	2	1	99.5.6	14042519990506		20		40			李
2	1	0383	01	李	0	1	50.10.29	14042519501029		20		40	0896668	1404255020108	
2	1		02	赵	1	2	52.12.29	14042519521229		20		40			李
2	1	0384	01	张	0	2	65.1.17	14042519650117		20		40	0896669	1404255020108	
2	1		02	李	2	1	91.7.16	14042519910716		20		40			
2	1		03	杨	5	2	37.7.11	14042519370711		20		40			张
2	1	0385	01	李	0	1	67.3.11	14042519670311		20		40	0896670	1404255020108	
2	1		02	郭	1	2	70.12.7	14042519701207		20		40			
2	1		03	李	2	1	93.3.20	14042519930320		20		40			李
2	1	0386	01	宋	0	1	58.7.17	14042519580717		20		40	0896671	1404255020108	
2	1		02	张	1	2	58.4.4	14042519580404		20		40			
2	1		03	张	2	1	81.11.22	14042519811122		20		40			宋
2	1	0381	01	李	0	1	52.5.4	14042519520504		20		40	0896672	1404255020108	
2	1		02	张	1	2	55.10.19	14042519551019		20		40			
2	1		03	李	2	1	81.8.16	14042519810816		20		40			

三联　村新农合小组存

填表人：张　　　　村新农合小组负责人：　　　　填表时间：2012年11月15日

图2-4-87　平顺县西沟村2013年度新型农村合作医疗基金收缴登记表86

平顺县2013年度新型农村合作医疗基金收缴登记表

乡镇 西沟 村

参加性质	户性质	户编号	人编号	姓名	与户主关系	性别	出生年月	身份证号	联系电话	个人缴费			收据号	合作医疗证号	交款人签名
										实交	民政资助	其他资助			
2	1	0403	01	杨[illegible]	0	1	65.5.5	1404251965050[illegible]		20		40	0896688	14042502010[illegible]	张[illegible]
2	1	0404	01	王[illegible]	0	1	71.5.2	14042519710502[illegible]		20		40	0896689	14042502010[illegible]	
2	1		02	张[illegible]	1	2	68.1.21	14042519680121[illegible]		20		40			
2	1		03	王[illegible]	2	1	2000.4.5	14042520000405[illegible]		20		40			
2	1		04	王[illegible]	3	2	95.8.2	140425199508020[illegible]		20		40			王[illegible]
2	1	0405	01	李[illegible]	0	2	43.9.5	14042519430905[illegible]		20		40	0896690	14042502010[illegible]	
2	1	0406	01	许[illegible]	0	1	63.8.6	14042519630806[illegible]		20		40	0896691	14042502010[illegible]	
2	1		02	张[illegible]	1	2	69.7.4	14042519690704[illegible]		20		40			
2	1		03	许[illegible]	2	1	88.2.24	14042519880224[illegible]		20		40			
2	1		04	许[illegible]	2	1	90.4.12	14042519900412[illegible]		20		40			许[illegible]
2	1	0607	01	李[illegible]	0	1	78.8.28	14042519780828[illegible]		20		40	0896692	14042502010[illegible]	
2	1		02	王[illegible]	1	2	78.11.23	14042519781123[illegible]		20		40			
2	1		03	李[illegible]	3	2	03.10.15	14042520031005[illegible]		20		40			
2	1		04	李[illegible]	2	1	2010.3.8	14042520100308[illegible]		20		40			李[illegible]
2	1	0699	01	张[illegible]	0	2	75.8.4	14042519750804[illegible]		20		40	0896693	14042502010[illegible]	
2	1		02	李[illegible]	3	1	98.10.7	14042519981007[illegible]		20		40			

三联 村新农合小组存

填表人：张[illegible]　　村新农合小组负责人：　　填表时间：2012年11月15日

图2-4-88　平顺县西沟村2013年度新型农村合作医疗基金收缴登记表87

平顺县2013年度新型农村合作医疗基金收缴登记表

3

西沟乡镇　西沟村

参加性质	户性质	户编号	人编号	姓名	与户主关系	性别	出生年月	身份证号	联系电话	个人缴费 实交	民政资助	其他资助	收据号	合作医疗证号	交款人签名
2			4	王[illegible]	3	2	80.4.23	14042519800423[illegible]		20		40			
			5	田[illegible]	4	1	12.7.25	14042520120725[illegible]		20		40			
		0419	1	杨[illegible]	0	1	58.12.23	14042519581223[illegible]		20		40	0898513	140425020108[illegible]	[illegible]
			2	李[illegible]	1	2	62.1.19	14042519620119[illegible]		20		40			
			3	杨[illegible]	2	1	83.2.13	14042519830213[illegible]		20		40			
		0420	1	南[illegible]	0	2	48.11.17	14042519481117[illegible]		20		40	0898514	140425020108[illegible]	[illegible]
			2	郭[illegible]	3	2	72.9.12	14042519720912[illegible]		20		40			
			3	韩[illegible]	2	1	71.1.17	14042519710117[illegible]		20		40			
			4	韩[illegible]	4	2	96.5	140425199605[illegible]		20		40			
			5	郭[illegible]	4	2	02.[illegible]	1404252002[illegible]		20		40			
		0421	1	赵[illegible]	0	2	57.1.25	140425[illegible]0125[illegible]		20		40	0898515	140425020108[illegible]	[illegible]
		0422	1	康[illegible]	0	2	57.7.16	14042519570716[illegible]		20		40	0898516	140425020108[illegible]	[illegible]
			2	马[illegible]	2	1	84.5.15	14042519840515[illegible]		20		40			
			3	马[illegible]	2	1	88.11.22	14042519881122[illegible]		20		40			
			4	马[illegible]	3	2	81.3.26	14042519810326[illegible]		20		40			
2		0423	1	张[illegible]	0	1	66.12.20	140425196612[illegible]		20		40	0898517	140425020108[illegible]	[illegible]

填表人：张[illegible]　　村新农合小组负责人：　　填表时间：2012年11月15日

三联　村新农合小组存

图2-4-89　平顺县西沟村2013年度新型农村合作医疗基金收缴登记表88

平顺县2013年度新型农村合作医疗基金收缴登记表

7

乡镇　　　村

参加性质	户性质	户编号	人编号	姓名	与户主关系	性别	出生年月	身份证号	联系电话	个人缴费 实交	个人缴费 民政资助	个人缴费 其他资助	收据号	合作医疗证号	交款人签名
2			2	靳	1	2	51.7.12	14042519510712		20		40			
2		0440	1	张	0	1	54.4.27	14042519540427		20		40	0886533	140425020108	张
			2	张	3	2	89.7.9	14042519890709		20		40			
2		0441	1	秦	0	1	52.10.20	14042519521020		20		40	0886534	140425020108	书
			2	路	12	2	54.4.11	14042519540411		20		40			
			3	秦	2	1	76.10.25	14042519761025		20		40			
			4	秦	2	1	78.6.5	14042519780605		20		40			
			5	秦	3	2	05.4.10	14042520050410		20		40			
2		0442	1	郭	0	1	57.8.15	14042519570815		20		40	0886535	140425020108	任
2		0443	1	武	0	1	70.11.24	14042519701124		20		40	0886536	140425020108	何
			2	田	1	2	73.10.25	14042519731025		20		40			
			3	武	3	2	96.6.14	14042519960614		20		40			
			4	武	3	2	2000.3.18	14042520000318		20		40			
2		0445	1	张	0	1	52.5.11	14042519520511		20		40	0886537	140425020108	吴
			2	张	1	2	56.12.14	14042519561214		20		40			
			3	张	2	1	88.7.3	14042519880703		20		40			

三联　村新农合小组存

填表人：张　　村新农合小组负责人：　　填表时间：2012 年 11 月 15 日

图2-4-90　平顺县西沟村2013年度新型农村合作医疗基金收缴登记表89

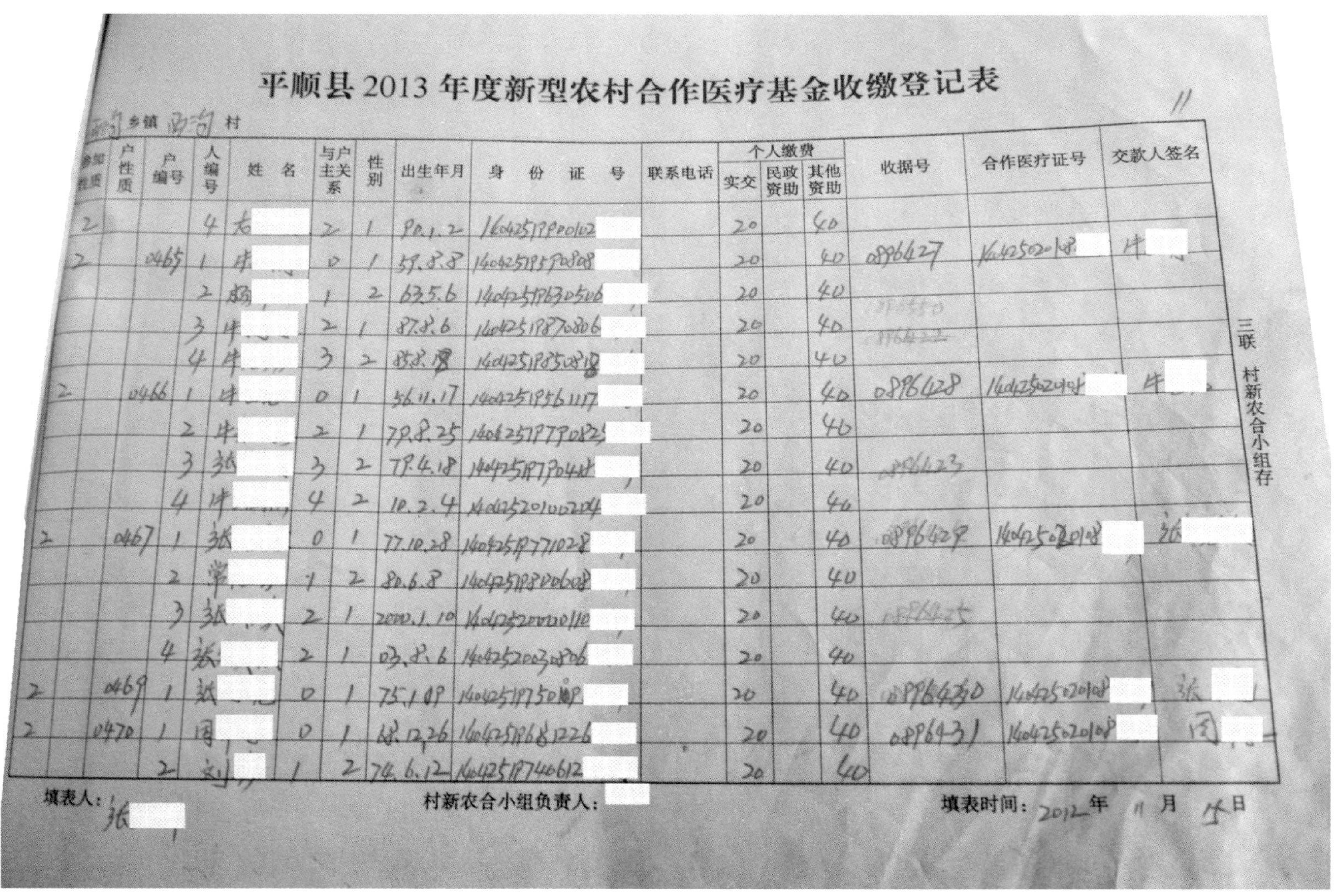

平顺县2013年度新型农村合作医疗基金收缴登记表

11

乡镇 西沟 村

参加性质	户性质	户编号	人编号	姓名	与户主关系	性别	出生年月	身份证号	联系电话	个人缴费 实交	民政资助	其他资助	收据号	合作医疗证号	交款人签名
2			4	右	2	1	80.1.2	16042519800102		20		40			
2		0465	1	牛	0	1	57.8.8	14042519570808		20		40	0896427	1404250201 08	牛
			2	娟	1	2	63.5.6	14042519630506		20		40			
			3	牛	2	1	87.8.6	14042519870806		20		40			
			4	牛	3	2	85.8.18	14042519850818		20		40			
2		0466	1	牛	0	1	56.11.17	14042519561117		20		40	0896428	140425020	牛
			2	牛	2	1	77.8.25	14042519770825		20		40			
			3	张	3	2	77.4.18	14042519770418		20		40			
			4	牛	4	2	10.2.4	14042520100204		20		40			
2		0467	1	张	0	1	77.10.28	14042519771028		20		40	0896429	140425020108	张
			2	常	1	2	80.6.8	14042519800608		20		40			
			3	张	2	1	2000.1.10	14042520000110		20		40			
			4	张	2	1	03.8.6	14042520030806		20		40			
2		0469	1	张	0	1	75.1.08	14042519750108		20		40	0896430	140425020108	张
2		0470	1	周	0	1	68.12.26	14042519681226		20		40	0896431	140425020108	周
			2	刘	1	2	74.6.12	14042519740612		20		40			

三联 村新农合小组存

填表人：张　　村新农合小组负责人：　　填表时间：2012年 11 月 5 日

图2-4-91　平顺县西沟村2013年度新型农村合作医疗基金收缴登记表90

平顺县2013年度新型农村合作医疗基金收缴登记表

11队　　乙

西沟乡镇　西沟村

参加性质	户性质	户编号	人编号	姓名	与户主关系	性别	出生年月	身份证号	联系电话	个人缴费 实交	民政资助	其他资助	收据号	合作医疗证号	交款人签名
2	1		02	雒	1	2	67.3.25	1404251967032[illegible]		20		40		~~140425020108[illegible]~~	
2	1	0482	01	周	0	1	68.3.8	140425196803[illegible]		20		40	0896608	140425020108	周
2	1		02	苏	1	2	67.2.8	1404251967020[illegible]		20		40			
2	1		03	周	2	1	00.7.21	1404252000072[illegible]		20		40			
2	1	0483	01	周	0	1	56.6.16	140425195606[illegible]		20		40	0896609	140425020108	周
2	1		02	孙	1	2	58.12.24	1404251958122[illegible]		20		40			
2	1	0484	01	桑	0	2	70.7.8	140425197007[illegible]		20		40	0896610	140425020108	桑
2	1		02	周	3	2	87.9.23	1404251987092[illegible]		20		40			
2	1		03	周	2	1	00.2.4	1404252000204[illegible]		20		40			
2	1	0485	01	张	0	2	61.5.18	140425196105[illegible]		20		40	0896611	140425020108	张
2	1	0486	01	周	0	1	64.1.7	140425196401[illegible]		20		40	0896612	140425020108	周
2	1		02	牛	[illegible]	2	65.3.1	1404251965030[illegible]		20		40			
2	1		03	周	2	1	93.6.7	140425199306[illegible]		20		40			
2	1	0487	01	周	0	1	47.7.28	1404251947072[illegible]		20		40	0896613	140425020108	周
2	1		02	王	1	2	51.3.11	1404251951031[illegible]		20		40			
2	1	0488	01	周	0	1	64.7.26	1404251964072[illegible]		20		40	0896614	140425020108	周

三联　村新农合小组存

填表人：周　　村新农合小组负责人：　　填表时间：2012年11月15日

图2-4-92　平顺县西沟村2013年度新型农村合作医疗基金收缴登记表91

平顺县2013年度新型农村合作医疗基金收缴登记表

西沟乡镇 西沟村　　　　11队 6

参加性质	户性质	户编号	人编号	姓名	与户主关系	性别	出生年月	身份证号	联系电话	个人缴费 实交	民政资助	其他资助	收据号	合作医疗证号	交款人签名
2	1	0506	01	周	0	1	60.1.2	1404251960010		20		40	0896630	140425 02408	周
2	1		02	赵	1	2	61.2.28	1404251961022		20		40			
2	1	0507	01	周	0	1	53.3.23	1404251953032		20		40	0896631	14042502	周
2	1		02	申	1	2	55.8.25	140425195508		20		40			
2	1		03	周	2	1	78.8.8	140425197808		20		40			
2	1		04	杨	3	2	77.7.14	140425197707		20		40			
2	1		05	周	4	2	98.3.30	140425199803		20		40			
2	1		06	周	4	2	05.2.22	140425200502		20		40			
2	1	0508	01	周	0	1	44.5.18	140425194405		20		40	0896632	140425020	周
2	1		02	周	2	1	75.9.22	140425197509		20		40			
2	1		03	李	3	2	74.7.18	140425197407		20		40			
2	1		04	周	4	1	97.10.19	140425199710		20		40			
2	1		05	周	4	1	01.3.28	140425200103		20		40			
2	1	0509	01	郭	0	2	63.3.5	140425196303		20		40	0896633	140425020	郭
2	1	0510	01	陈	0	2	63.5.30	140425196305		20		40	0896634	140425020	陈

三联　村新农合小组存

填表人：周　　　村新农合小组负责人：　　　填表时间：2012年 11月 15日

图2-4-93　平顺县西沟村2013年度新型农村合作医疗基金收缴登记表92

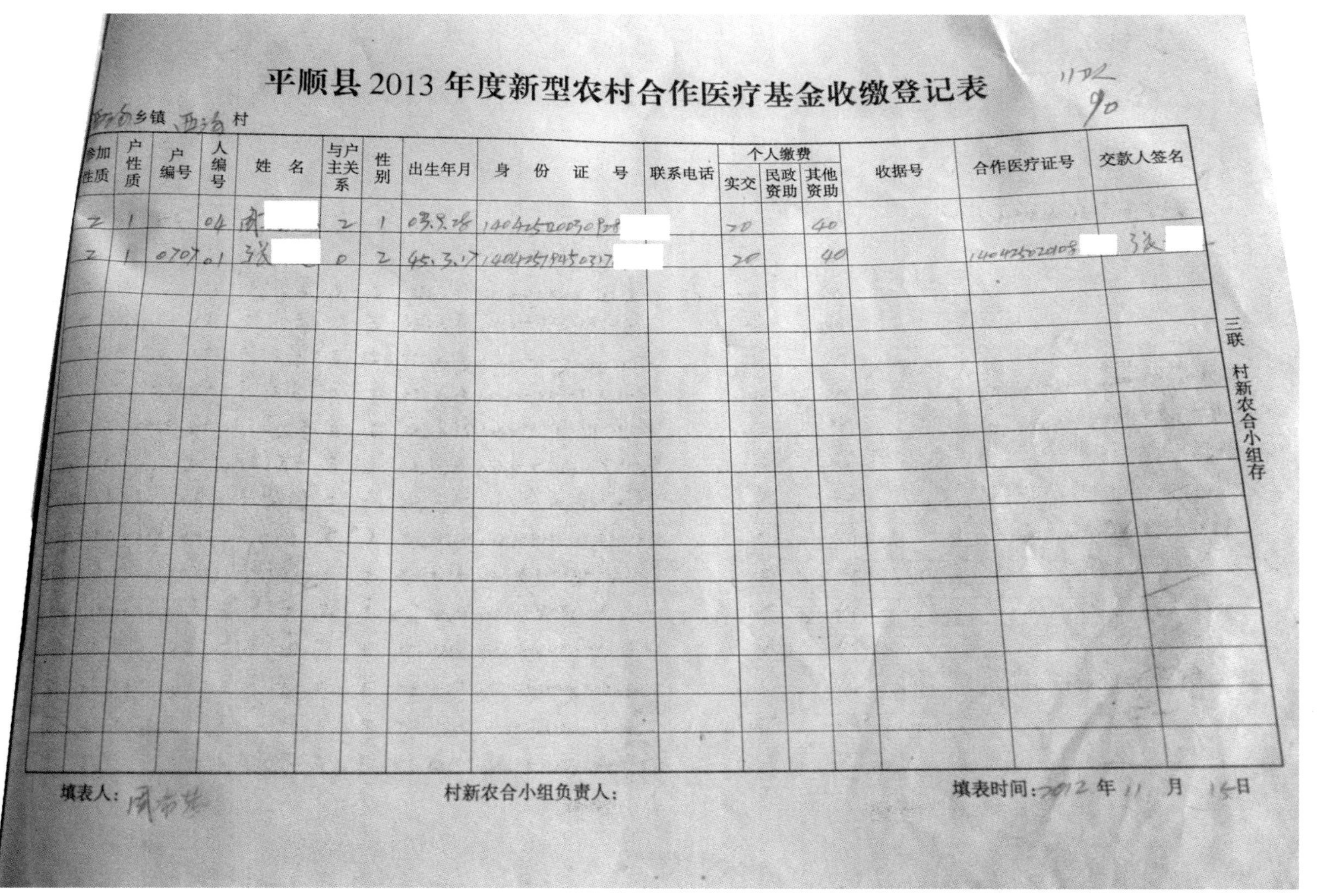

平顺县 2013 年度新型农村合作医疗基金收缴登记表

1102
90

乡镇 西沟 村

参加性质	户性质	户编号	人编号	姓 名	与户主关系	性别	出生年月	身 份 证 号	联系电话	个人缴费			收据号	合作医疗证号	交款人签名
										实交	民政资助	其他资助			
2	1		04	成	2	1	03.8.28	14042520030828		20		40			
2	1	0707	01	张	0	2	45.3.17	14042519450317		20		40		140425020408	张

三联 村新农合小组存

填表人：成市燕　　村新农合小组负责人：　　填表时间：2012 年 11 月 15 日

图2-4-94　平顺县西沟村2013年度新型农村合作医疗基金收缴登记表93

平顺县2013年度新型农村合作医疗基金收缴登记表

乡镇 西沟 村

参加性质	户性质	户编号	人编号	姓名	与户主关系	性别	出生年月	身份证号	联系电话	个人缴费 实交	民政资助	其他资助	收据号	合作医疗证号	交款人签名
2	1		04		2	1	90.11.27	14062519901127		20		40			
2	1	0565	01		0	1	79.7.8	14062519790708		20		40	0896719	140625020108	
2	1		02		5	2	56.6.24	14062519560624		20		40			
2	1		03		3	2	06.11.4	14062520061104		20		40			
2	1		04		1	2	82.5.10	14062519820510		20		40			
2	1	0566	01		0	1	66.3.23	14062519660323		20		40	0896720	140625020108	
2	1		02	赵	1	2	53.12.6	14062519531206		20		40			
2	1	0567	01	杨	0	1	70.6.13	14062519700613		20		40	0896721	140625020108	
2	1		02		1	2	71.4.22	14062519710422		20		40			
2	1		03	杨	2	1	92.12.4	14062519921204		20		40			
2	1		04	杨	3	2	96.4.20	14062519960420		20		40			
2	1	0568	01	杨	0	1	67.4.10	14062519670410		20		40	0896722	140625020108	
2	1		02		1	2	70.7.10	14062519700710		20		40			
2	1		03	杨	2	1	94.9.7	14062519940907		20		40			
2	1		04	杨	2	1	99.4.6	14062519990406		20		40			
2	1	0569	01	杨	0	1	49.1.18	14062519490118		20		40	0896723	140625020108	

三联 村新农合小组存

填表人： 村新农合小组负责人： 填表时间：2012 年 11 月 15 日

图2-4-95 平顺县西沟村2013年度新型农村合作医疗基金收缴登记表94

平顺县2013年度新型农村合作医疗基金收缴登记表

12组　8

乡镇 西沟村

参加性质	户性质	户编号	人编号	姓名	与户主关系	性别	出生年月	身份证号	联系电话	个人缴费 实交	个人缴费 民政资助	个人缴费 其他资助	收据号	合作医疗证号	交款人签名
2	1	[illegible]	01	孙	0	2	67.1.3	1604251967103		20		40	0896739	160425020108	孙
2	1	0708	01	董	0	1	82.6.1	16042519820601		20		40	0896740	160425020108	董
2	1		02	琳	1	2	86.7.21	16042519860721		20		40			
2	1		03	琳	3	2	05.9.25	16042520050925		20		40			
2	1	0709	01	张	0	1	62.1.19	16042519620119		20		40	0896741	160425020108	张
2	1		02	郭	1	2	62.8.10	16042519620810		20		40			
2	1	0710	01	董	0	2	37.12.4	16042519371204		20		40	0896742	160425020108	董
2	1	0711	01	董	0	1	74.11.26	16042519741126		20		40	0896743	160425020108	董
2	1		02	秦	1	2	80.12.16	16042519801216		20		40			
2	1		03	董	3	2	2000.9.11	16042520000911		20		40			
2	1		04	董	3	2	05.7.23	160425200507230	20050723	20		40			
2	1	0712	01	秦	0	1	78.7.13	16042519780713		20		40	0896744	160425020108	秦
2	1		02	杨	1	2	86.12.23	16042519861223		20		40			
2	1		03	秦	3	2	08.8.23	16042520080823		20		40			
2	1	0713	01	秦	0	1	68.10.8	16042519681008		20		40	0896745	160425020108	秦
2	1		02	董	1	2	68.1.3	16042519680103		20		40			

三联　村新农合小组存

填表人：秦凤祥　　村新农合小组负责人：　　填表时间：2012年11月15日

图2-4-96　平顺县西沟村2013年度新型农村合作医疗基金收缴登记表95

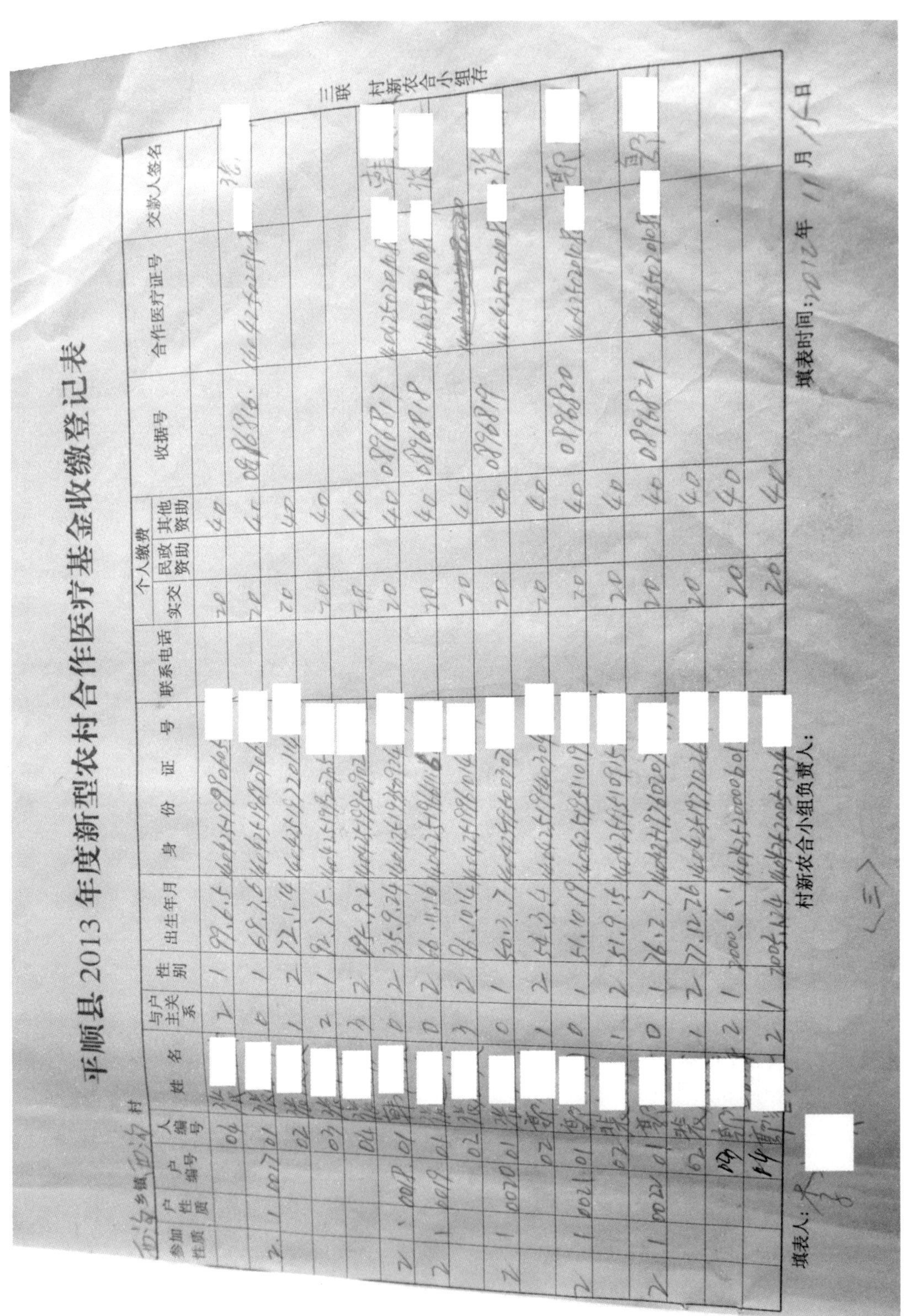

平顺县 2013 年度新型农村合作医疗基金收缴登记表

乡镇　　村　　　　　　　　　　　　　　　　　　　　三联　村新农合小组存

参加性质	户性质	户编号	人编号	姓名	与户主关系	性别	出生年月	身份证号	联系电话	个人缴费 实交	民政资助	其他资助	收据号	合作医疗证号	交款人签名
			04		2	1	97.6.5			20		40			
2	1	0017	01		0	1	68.2.6			20		40	0898816		
			02		1	2	72.1.14			20		40			
			03		2	1	92.7.5			20		40			
			04		3	2	95.8.2			20		40			
2	1	0018	01		0	2	35.9.24			20		40	0898817		
2	1	0019	01		0	2	46.11.16			20		40	0898818		
			02		3	2	96.10.14			20		40			
2	1	0020	01		0	1	50.2.7			20		40	0898819		
			02		1	2	54.3.4			20		40			
2	1	0021	01		0	1	51.10.19			20		40	0898820		
			02		1	2	51.9.15			20		40			
2	1	0022	01		0	1	76.2.7			20		40	0898821		
			02		1	2	77.12.26			20		40			
					2	1	2000.6.1			20		40			
					2	1	2005.12.4			20		40			

填表人：　　　　村新农合小组负责人：　　　　填表时间：2012 年 11 月 15 日

〈三〉

图2-4-97　平顺县西沟村2013年度新型农村合作医疗基金收缴登记表96

平顺县2013年度新型农村合作医疗基金收缴登记表

西沟乡镇 西沟 村

参加性质	户性质	户编号	人编号	姓名	与户主关系	性别	出生年月	身份证号	联系电话	个人缴费 实交	民政资助	其他资助	收据号	合作医疗证号	交款人签名
2	1	0060	01	张	0	1	58.3.8	14042519580308		20		40	0896847	14042502010 8	张
			02	张	1	2	61.9.1	14042519610901		20		40			
			03	张	3	2	87.2.21	14042519870221		20		40			
			04	张	2	1	89.5.23	14042519890523		20		40			
2	1	0061	01	张	0	1	62.5.24	14042519620524		20		40	0896848	14042502010 8	张
			02	王	1	2	66.7.6	14042519660706		20		40			
			03	张	2	1	91.5.1	14042519910501		20		40			
2	1	0063	01	张	0	1	55.5.19	14042519550519		20		40	0896849	14042502010 8	张
			02	张	1	2	57.1.8	14042519570108		20		40			
2	1	0064	01	郭	0	1	66.12.3	14042519661203		20		40	0896860	14042502010	郭
			02	张	1	2	66.5.29	14042519660529		20		40			
2	1	0065	01	张	0	2	50.11.15	14042519501115		20		40	0896861	14042502010 8	张
			02	张	2	1	78.11.1	14042519781101		20		40			
2	1	0066	01	张	0	1	76.2.26	140425197602 26		20		40	0896862	14042502010 8	张
			02	郭	1	2	78.5.15	14042519780515		20		40			
			03	张	2	1	07.2.1	14042520070201		20		40			

三联 村新农合小组存

填表人：李　　村新农合小组负责人：　　填表时间：2012年11月15日

〈十一〉

图2-4-98　平顺县西沟村2013年度新型农村合作医疗基金收缴登记表97

平顺县 2013 年度新型农村合作医疗基金收缴登记表

西沟乡镇西沟村

参加性质	户性质	户编号	人编号	姓名	与户主关系	性别	出生年月	身份证号	联系电话	个人缴费			收据号	合作医疗证号	交款人签名
										实交	民政资助	其他资助			
			02	李[redacted]	1	2	72.2.13	1404251972021[redacted]		20		40			
			03	郭[redacted]	3	2	91.7.12	14042519910712[redacted]		20		40			
			04	郭[redacted]	3	2	95.9.3	14042519950903[redacted]		20		40			
		0089	01	郭[redacted]	0	1	35.1.15	14042519350115[redacted]		20		40	0896471	140425010[redacted]	郭[redacted]
			02	郭[redacted]	1	2	35.11.16	14042519351116[redacted]		20		40			
		0090	01	张[redacted]	0	1	68.6.24	14042519680624[redacted]		20		40	0896472	140425201[redacted]	张[redacted]
			02	郭[redacted]	1	2	70.11.19	14042519701119[redacted]		20		40			
			03	张[redacted]	2	1	94.10.17	14042519941017[redacted]		20		40			
		0091	01	张[redacted]	0	1	69.2.7	14042519690207[redacted]		20		40	0896473	140425201[redacted]	张[redacted]
			02	崔[redacted]	1	2	69.2.5	14042519690205[redacted]		20		40			
			03	张[redacted]	2	1	93.2.12	14042519930212[redacted]		20		40			
			04	张[redacted]	2	1	97.9.13	14042519970913[redacted]		20		40			
		0092	01	赵[redacted]	0	1	69.4.19	14042519690419[redacted]		20		40	0896474	140425201[redacted]	赵[redacted]
			02	张[redacted]	1	2	62.11.19	14042519621119[redacted]		20		40			
			03	赵[redacted]	2	1	95.9.27	14042519950927[redacted]		20		40			
			04	赵[redacted]	3	2	2000.3	14042520000301[redacted]		20		40			

三联 村新农合小组存

填表人：房[redacted]　　村新农合小组负责人：　　填表时间：2012年 11月 15日

图2-4-99　平顺县西沟村2013年度新型农村合作医疗基金收缴登记表98

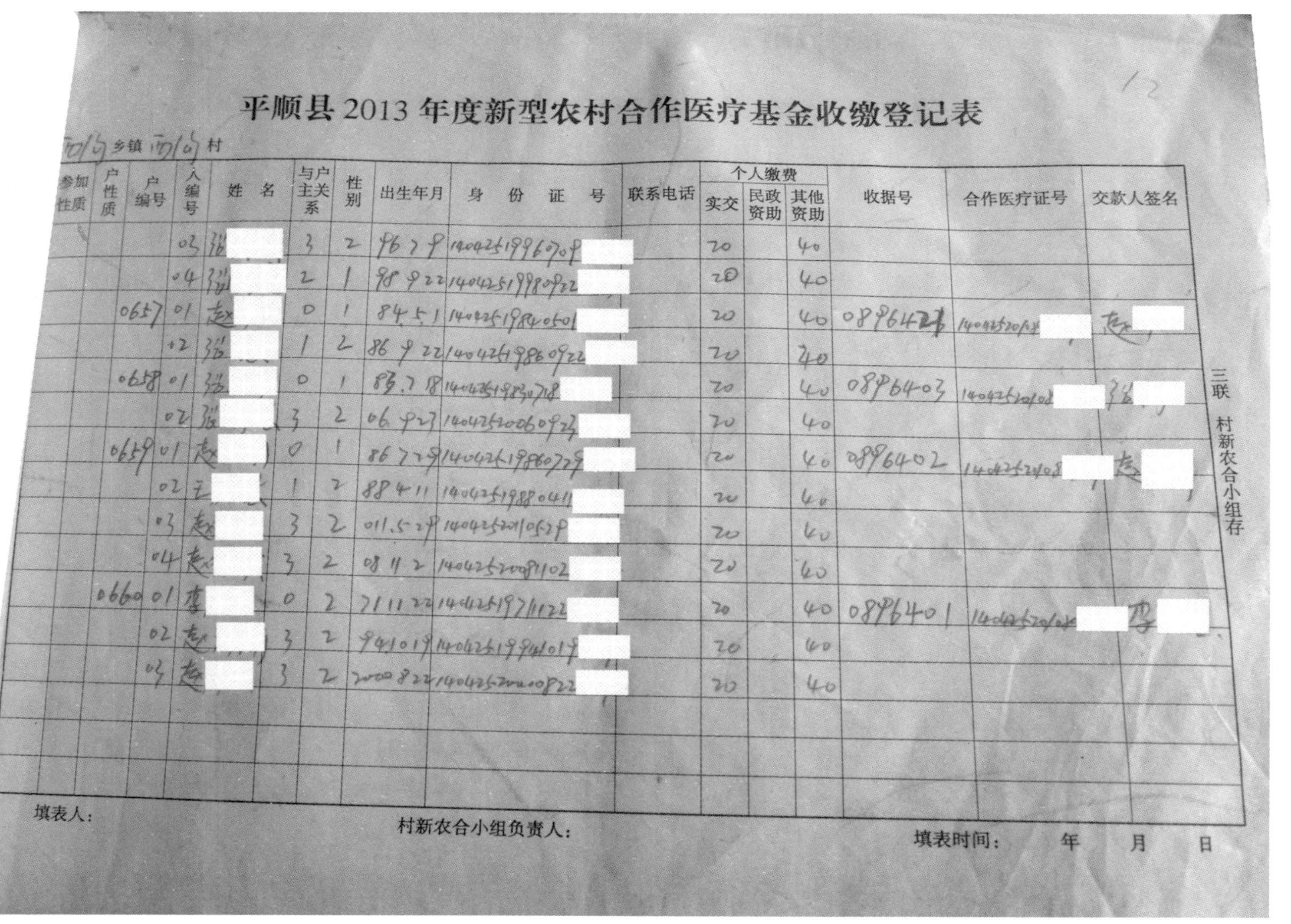

12

平顺县2013年度新型农村合作医疗基金收缴登记表

西沟乡镇 西沟村

参加性质	户性质	户编号	人编号	姓名	与户主关系	性别	出生年月	身份证号	联系电话	个人缴费 实交	民政资助	其他资助	收据号	合作医疗证号	交款人签名
			03	张	3	2	96 7 9	1404251996070[9]		20		40			
			04	张	2	1	98 9 22	1404251998092[2]		20		40			
		0657	01	赵	0	1	84 5 1	1404251984050[1]		20		40	0896424	140425201	赵
			02	张	1	2	86 9 22	1404241986092[2]		20		40			
		0658	01	张	0	1	83 7 18	1404251983071[8]		20		40	0896403	1404252010	张
			02	张	3	2	06 9 27	1404252006092[7]		20		40			
		0659	01	赵	0	1	86 7 29	1404241986072[9]		20		40	0896402	1404252408	赵
			02	王	1	2	88 4 11	1404251988041[1]		20		40			
			03	赵	3	2	011 5 28	1404252010052[8]		20		40			
			04	赵	3	2	08 11 2	1404252008110[2]		20		40			
		0660	01	李	0	2	71 11 22	1404251971112[2]		20		40	0896401	1404252010	李
			02	赵	3	2	94 10 19	1404251994101[9]		20		40			
			03	赵	3	2	2000 8 22	1404252000082[2]		20		40			

三联 村新农合小组存

填表人：　　　村新农合小组负责人：　　　填表时间：　年　月　日

图2-4-100　平顺县西沟村2013年度新型农村合作医疗基金收缴登记表99

平顺县 2013 年度新型农村合作医疗基金收缴登记表

西沟乡镇 西沟村

参加性质	户性质	户编号	人编号	姓名	与户主关系	性别	出生年月	身份证号	联系电话	个人缴费 实交	个人缴费 民政资助	个人缴费 其他资助	收据号	合作医疗证号	交款人签名
2	1		04	张	3	2	91.03.08	14042519910308		20		40			
2	1	0163	01	张	0	1	40.05.12	14042519400512		20		40	0846960	140425020108	
2	1	0164	01	张	0	1	49.09.02	14042519490902		20		40	0846961	140425020108	
2	1		01	吴	1	2	52.09.09	14042519520909		20		40			
2	1	0165	01	张	0	2	50.02.10	14042519500210		20		40	0846962	140425020108	
2	1	0166	01	张	0	1	45.10.12	14042519451012		20		40	0846963	140425020108	
2	1		02	赵	1	2	47.12.23	14042519471223		20		40			
2	1	0167	01	张	0	1	56.02.19	14042519560219		20		40	0846964	140425020108	
2	1		02	郭	1	2	56.02.15	1404251956021		20		40			
2	1	0168	01	张	0	1	75.08.02	14042519750802		20		40	0846965	140425020108	
2	1		02	牛	1	2	75.07.12	14042519750712		20		40			
2	1		03	张	2	1	04.03.15	14042520040315		20		40			
2	1		04	张	3	2	10.09.29	14042520100929		20		40			
2	1	0169	01	张	0	2	43.04.18	14042519430418		20		40	0846966	14042502010	
2	1	0171	01	张	0	1	68.05.14	14042519680514		20		40	0846967	14042502010	
2	1		02	张	1	2	70.11.19	14042519701119		20		40			

填表人：张　　村新农合小组负责人：　　填表时间：2012 年 11 月 15 日

三联 村新农合小组存

8

图2-4-101　平顺县西沟村2013年度新型农村合作医疗基金收缴登记表100

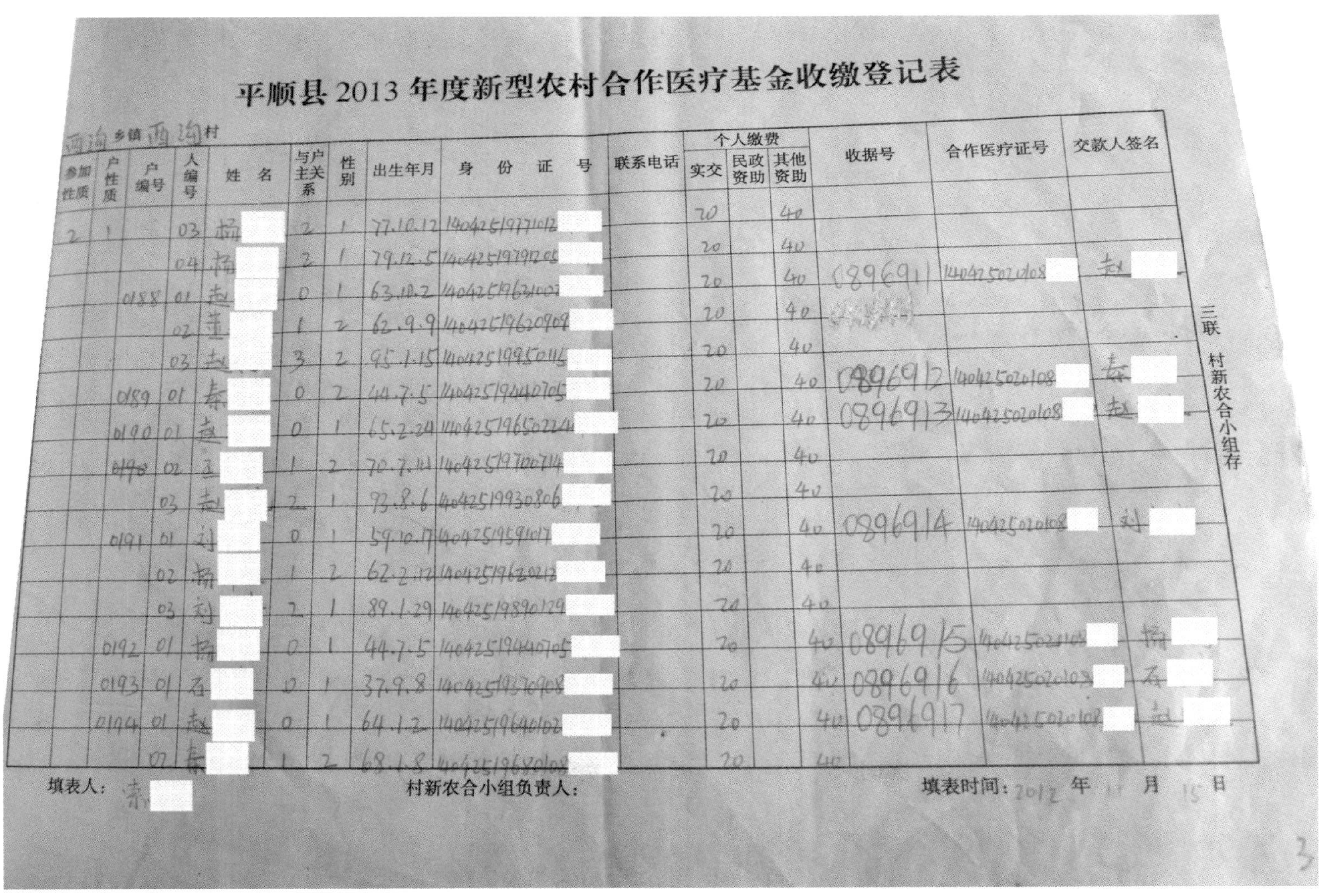

平顺县 2013 年度新型农村合作医疗基金收缴登记表

西沟乡镇西沟村

参加性质	户性质	户编号	人编号	姓名	与户主关系	性别	出生年月	身份证号	联系电话	个人缴费 实交	民政资助	其他资助	收据号	合作医疗证号	交款人签名
2	1		03	杨	2	1	77.10.12	14042519771012		20		40			
			04	杨	2	1	79.12.5	14042519791205		20		40			
		0188	01	赵	0	1	63.10.2	14042519631002		20		40	0896911	140425020108	赵
			02	董	1	2	62.9.9	14042519620909		20		40			
			03	赵	3	2	95.1.15	14042519950115		20		40			
		0189	01	秦	0	2	44.7.5	14042519440705		20		40	0896912	140425020108	秦
		0190	01	赵	0	1	65.2.24	14042519650224		20		40	0896913	140425020108	赵
		0190	02	王	1	2	70.7.14	14042519700714		20		40			
			03	赵	2	1	93.8.6	14042519930806		20		40			
		0191	01	刘	0	1	59.10.17	14042519591017		20		40	0896914	140425020108	刘
			02	杨	1	2	62.2.12	14042519620212		20		40			
			03	刘	2	1	89.1.29	14042519890129		20		40			
		0192	01	杨	0	1	44.7.5	14042519440705		20		40	0896915	14042502010	杨
		0193	01	石	0	1	37.9.8	14042519370908		20		40	0896916	140425020103	石
		0194	01	赵	0	1	64.1.2	14042519640102		20		40	0896917	140425020108	赵
			02	秦	1	2	68.1.8	14042519680108		20		40			

三联 村新农合小组存

填表人：宋　　村新农合小组负责人：　　填表时间：2012 年 11 月 15 日

3

图2-4-102　平顺县西沟村2013年度新型农村合作医疗基金收缴登记表101

6队

平顺县 2013 年度新型农村合作医疗基金收缴登记表

西沟 乡镇 西沟 村　　　　1

参加性质	户性质	户编号	人编号	姓名	与户主关系	性别	出生年月	身份证号	联系电话	个人缴费			收据号	合作医疗证号	交款人签名
										实交	民政资助	其他资助			
2	1	0226	01	杨	0	1	79.2.5	14042519790205		20		40	0896334	140425020108	杨
2	1	0226	02	郭	1	2	83.10.22	140425198310228		20		40			
2	1		03	杨	2	1	06.1.7	14042520060107		20		40			
2	1		04	杨	2	1	02.11.15	140425200211150		20		40			
2	1	0227	01	张	0	1	59.8.10	14042519590810		20		40	0896335	140425020108	张
2	1		02	郭	1	2	60.8.16	14042519600816		20		40			
2	1		03	张	2	1	82.11.22	14042519821122		20		40			
2	1		04	王	3	2	82.3.1	14042519820301		20		40			
2	1		05	张	4	2	05.10.11	14042520051011		20		40	0896339		
2	1		06	张	4	1	08.11.26	14042520081126		20		40			
2	1	0228	01	张	0	1	53.4.13	14042519530413		20		40	0896336	140425020108	张
2	1		02	胡	1	2	55.7.10	14042519550710		20		40	0896340		
2	1		03	张	2	1	89.10.15	14042519891015		20		40			
2	1	0229	01	申	0	2	41.10.18	14042519411018		20		40	0896337	140425020108	申
2	1	0231	01	张	0	1	44.9.28	14042519440928		20		40	0896338	140425020103	张
2	1		02	马	1	2	52.12.30	14042519521230		20		40	0896342		

三联　村新农合小组存

填表人：侯　　　　村新农合小组负责人：　　　　填表时间：2012 年 11 月 16 日

图2-4-103　平顺县西沟村2013年度新型农村合作医疗基金收缴登记表102

平顺县 2013 年度新型农村合作医疗基金收缴登记表

9

西沟 乡镇 西沟 村

参加性质	户性质	户编号	人编号	姓名	与户主关系	性别	出生年月	身份证号	联系电话	个人缴费 实交	个人缴费 民政资助	个人缴费 其他资助	收据号	合作医疗证号	交款人签名
2	1	0274	01	房	0	1	75.12.13	14042519751213		20		40	0896579	140425020108	房
2	1		02	房	2	1	97.9.13	14042519970913		20		40			
2	1	0275	01	韩	0	2	25.5.28	14042519250528		20		40	0896580	140425020108	韩
2	1	0276	01	申	0	1	68.8.26	14042519680826		20		40	0896581	140425020108	申
2	1		02	郭	1	2	68.5.1	14042519680501		20		40			
2	1		03	申	3	2	92.5.7	14042519920507		20		40			
2	1		04	申	3	2	99.5.7	14042519990507		20		40			
2	1	0277	01	马	0	2	51.11.19	14042519511119		20		40	0896582	140425020108	马
2	1		02	申	2	1	76.11.24	14042519761124		20		40			
2	1		03	申	4	1	02.2.8	14042520020208		20		40			
2	1	0278	01	张	0	1	68.5.22	14042519680522		20		40	0896583	140425020108	张
2	1		02	闫	1	2	69.9.19	14042519690919		20		40			
2	1		03	张	3	2	93.5.21	14042519930521		20		40			
2	1		04	张	3	2	99.5.8	1404251990508		20		40			
2	1		05	闫	5	2	36.3.25	14042519360325		20		40			
2	1	0279	01	张	0	1	54.5.11	14042519540511		20		40	0896584	140425020108	张

三联 村新农合小组存

填表人：侯　　村新农合小组负责人：　　填表时间：2012 年 11 月 16 日

图2-4-104　平顺县西沟村2013年度新型农村合作医疗基金收缴登记表103

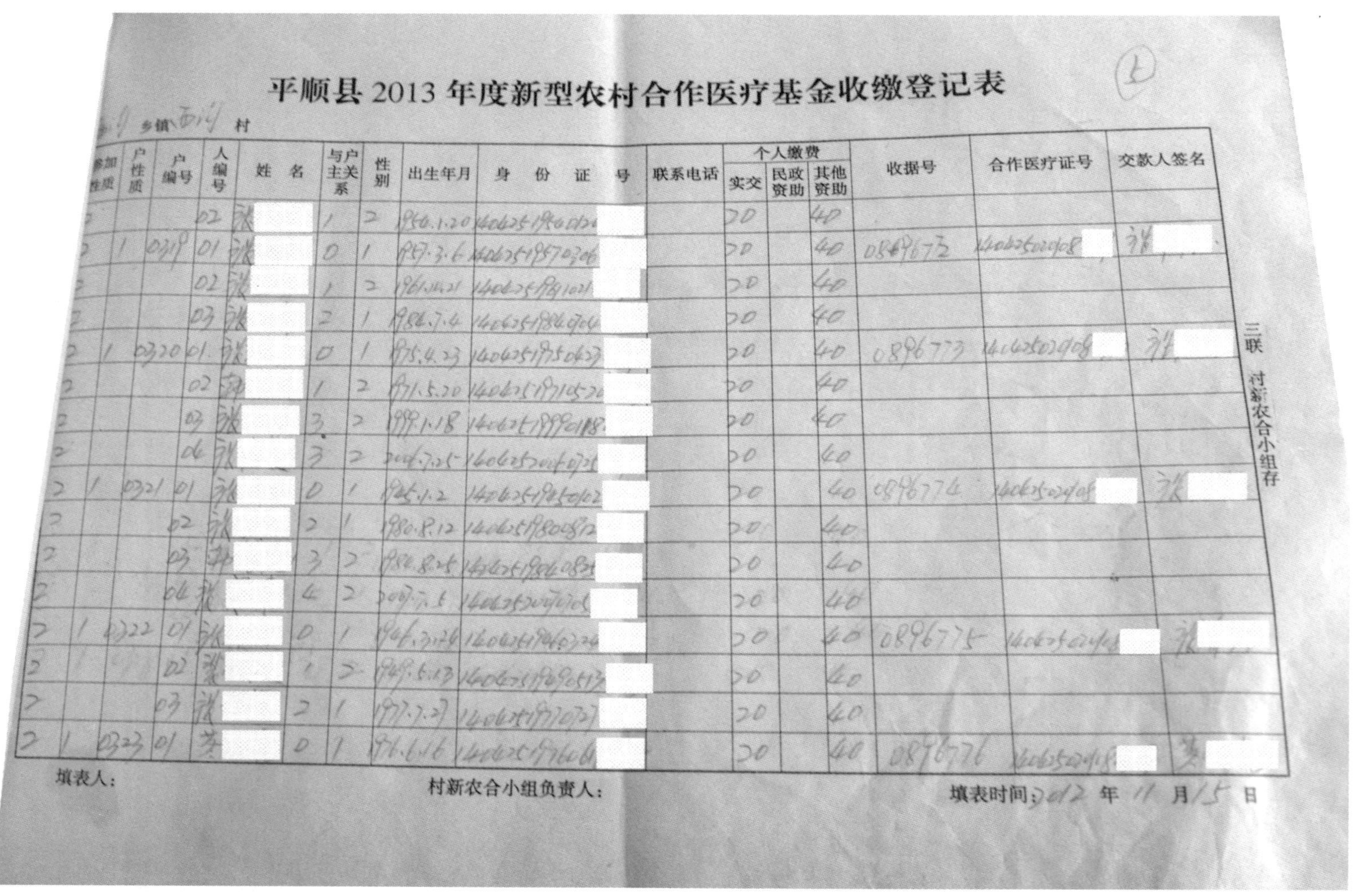

平顺县2013年度新型农村合作医疗基金收缴登记表

（1）

西沟乡镇　西沟村

参加性质	户性质	户编号	人编号	姓名	与户主关系	性别	出生年月	身份证号	联系电话	个人缴费 实交	民政资助	其他资助	收据号	合作医疗证号	交款人签名
2			02	张	1	2	1956.1.20	14062519560120		20		40			
2	1	0319	01	张	0	1	1957.3.6	14062519570306		20		40	0896772	1406250209 08	张
2			02	张	1	2	1961.10.21	14062519611021		20		40			
2			03	张	2	1	1986.7.4	14062519860704		20		40			
2	1	0320	01	张	0	1	1975.4.23	14062519750423		20		40	0896773	1406250209 08	张
2			02	张	1	2	1971.5.20	14062519710520		20		40			
2			03	张	3	2	1999.1.18	14062519990118		20		40			
2			04	张	3	2	2007.7.25	14062520070725		20		40			
2	1	0321	01	张	0	1	1965.1.2	14062519650102		20		40	0896774	1406250209 05	张
2			02	张	2	1	1980.8.12	14062519800812		20		40			
2			03	张	3	2	1986.8.25	14062519860825		20		40			
2			04	张	4	2	2007.7.6	14062520070706		20		40			
2	1	0322	01	张	0	1	1946.7.24	14062519460724		20		40	0896775	14062502	张
2			02	[illegible]	1	2	1949.6.13	14062519490613		20		40			
2			03	张	2	1	1977.7.27	14062519770727		20		40			
2	1	0323	01	[illegible]	0	1	1976.1.16	14062519760116		20		40	0896776	14062502	[illegible]

三联　村新农合小组存

填表人：　　村新农合小组负责人：　　填表时间：2012 年 11 月 15 日

图2-4-105　平顺县西沟村2013年度新型农村合作医疗基金收缴登记表104

平顺县2013年度新型农村合作医疗基金收缴登记表

（13）

西沟 乡镇 西沟 村

参加性质	户性质	户编号	人编号	姓名	与户主关系	性别	出生年月	身份证号	联系电话	个人缴费 实交	民政资助	其他资助	收据号	合作医疗证号	交款人签名
2			02	张	1	2	1947.1.1	14042519470101		20		40			
2			03	张	2	1	1978.5.1	14042519780501		20		40			
2	1	0261	01	张	0	1	1974.6.23	14042519740623		20		40	0896446	1404250204 08	张
2			02	郭	1	2	1973.10.16	14042519731016		20		40			
2			03	张	3	2	2002.8.24	14042520020824		20		40			
2			04	张	2	1	2006.9.22	14042520060922		20		40			
2	1	0262	01	张	0	2	1942.8.27	14042519420827		20		40	0896445	1404250204 08	张
2			02	张	2	1	1963.9.18	14042519630918		20		40			
2	1	0684	01	张	0	1	1938.3.20	14042519380320		20		40	0896444	1404250204 08	张
2			02	左	1	2	1948.9.28	14042519480928		20		40			
2	1	0685	01	左	0	2	1953.3.1	14042519530301		20		40	0896443	1404250204 08	左
2	1	0686	01	张	0	1	1974.9.24	14042519740924		20		40	0896442	1404250204 08	张
2			02	贾	1	2	1975.6.4	14042519750604		20		40			
2			03	张	3	2	2003.1.11	14042520030111		20		40			
2			04	张	3	2	2008.1.7	14042520080107		20		40			
2	1	0688	01	张	0	1	1997.12.10	14042519971210		20		40	0896441	1404250204 08	张

三联 村新农合小组存

填表人：　　　村新农合小组负责人：　　　填表时间：2012年11月15日

图2-4-106　平顺县西沟村2013年度新型农村合作医疗基金收缴登记表105

平顺县 2013 年度新型农村合作医疗基金收缴登记表

西沟 乡镇 西沟村　　　　8队

参加性质	户性质	户编号	人编号	姓名	与户主关系	性别	出生年月	身份证号	联系电话	个人缴费 实交	民政资助	其他资助	收据号	合作医疗证号	交款人签名
2	1		02	张	2	1	1993.9.29	14042519930929		20		40			
2	1	0594	01	张	0	1	1974.4.9	14042519740409		20		40	0392393	140425020108	张
2	1		02	郭	1	2	1975.7.18	14042519750718		20		40			
2	1		03	张	2	1	1996.12.13	14042519961213		20		40			
2	1		04	张	2	1	2004.11.6	14042520041106		20		40			
2	1	0595	01	张	0	1	1954.2.14	14042519540214		20		40	0896352	140425020108	张
2	1		02	张	1	2	1955.5.14	14042519550514		20		40			
2	1	0596	01	张	0	1	1967.7.3	14042519670703		20		40	0896389	140425020108	张
2	1		02	侯	1	2	1967.10.4	14042519671004		20		40			
2	1	0597	01	张	0	2	1965.10.9	14042519651009		20		40	0896388	140425020108	张
2	1	0598	01	武	0	1	1960.4.9	14042519600409		20		40	0896386	140425020108	武
2	1	0599	02	赵	0	2	1946.2.9	14042519460209		20		40		140425020108	赵
2	1	0600	01	张	0	2	1959.12.18	14042519591218		20		40	0896381	140425020108	张
2	1	0601	01	郭	0	2	1951.1.29	14042519510129		20		40	0896334	140425020108	郭
2	1	0602	01	(小)张	0	1	1969.2.24	14042519690224		20		40	0896360	140425020103	张
2	1		02	张	3	2	1993.3.11	14042519930311		20		40			

三联 村新农合小组存

填表人：张　　　　村新农合小组负责人：　　　　填表时间：2012 年 11 月 15 日

图2-4-107　平顺县西沟村2013年度新型农村合作医疗基金收缴登记表106

平顺县2013年度新型农村合作医疗基金收缴登记表　九 6

西沟 乡镇 西沟 村

参加性质	户性质	户编号	人编号	姓名	与户主关系	性别	出生年月	身份证号	联系电话	个人缴费			收据号	合作医疗证号	交款人签名
										实交	民政资助	其他资助			
2	1	0392	01	许	0	1	67.1.29	1404251967012 9		20		40	0896677	140425020108	
2	1		02	张	1	2	67.8.15	14042519670815		20		40			
2	1		03	许	2	1	94.10.20	14042519941020		20		40			
2	1		04	许	3	2	96.3.16	14042519960316		20		40			许
2	1	0393	01	王	0	1	51.1.12	14042519511112		20		40	0896678	140425020108	
2	1		02	郭	1	2	54.2.1	14042519540201		20		40			王
2	1	0394	01	周	0	2	30.1.12	14042519300112		20		40	0896679	140425020108	周
2	1	0395	01	常	0	1	58.10.27	14042519581027		20		40	0896680	140425020108	
2	1		02	李	1	2	63.7.18	14042519630718		20		40			
2	1		03	常	3	2	88.1.12	14042519880112		20		40			
2	1		04	常	2	1	92.8.11	14042519920811		20		40			
2	1		05	常	2	1	94.3.21	14042519940321		20		40			常
2	1	0396	01	李	0	1	67.9.17	14042519670917		20		40	0896681	140425020108	
2	1		02	裴	1	2	69.4.17	14042519690417		20		40			
2	1		03	李	2	1	89.11.19	14042519891119		20		40			
2	1		04	李	3	2	91.10.10	14042519911010		20		40			李

三联　村新农合小组存

填表人：张　　村新农合小组负责人：　　填表时间：2012 年 11 月 15 日

图2-4-108　平顺县西沟村2013年度新型农村合作医疗基金收缴登记表107

平顺县2013年度新型农村合作医疗基金收缴登记表

[illegible]乡镇西沟村

参加性质	户性质	户编号	人编号	姓名	与户主关系	性别	出生年月	身份证号	联系电话	个人缴费 实交	个人缴费 民政资助	个人缴费 其他资助	收据号	合作医疗证号	交款人签名
			4	张	4	2	06.8.24	1404252006082[illegible]		20		40			
2		0429	1	张	0	1	63.8.6	140425196308[illegible]		20		40	0896522	14042502018[illegible]	张
			2	张	1	2	63.4.18	1404251963041[illegible]		20		40			
			3	张	3	2	89.4.29	1404251989042[illegible]		20		40			
			4	张	2	1	92.3.14	1404251992031[illegible]		20		40			
2		0430	1	杨	0	1	55.7.19	1404251955071[illegible]		20		40	0896523	14042502018[illegible]	杨
			2	郭	1	2	61.12.1	140425196112[illegible]		20		40			
2		0431	1	李	0	1	65.8.21	1404251965082[illegible]		20		40	0896524	14042502018[illegible]	李
2		0432	1	杨	0	1	62.1.24	1404251962112[illegible]		20		40	0896525	14042502018[illegible]	杨
			2	赵	1	2	63.11.27	1404251963112[illegible]		20		40			
			3	杨	2	1	88.6.15	1404251988061[illegible]		20		40			
2		0433	1	田	0	2	93.3.28	1404251993032[illegible]		20		40	0896526	14042502018[illegible]	田
2		0434	1	宋	0	1	51.3.27	1404251951032[illegible]		20		40	0896527	14042502018[illegible]	宋
			2	宋	2	1	81.11.9	1404251981110[illegible]		20		40			
			3	郭	3	2	84.7.16	1404251984071[illegible]		20		40			
			4	宋	4	2	04.12.23	1404252004122[illegible]		20		40			

三联 村新农合小组存

填表人：张[illegible]　　村新农合小组负责人：　　填表时间：2012 年 11 月 15 日

图2-4-109　平顺县西沟村2013年度新型农村合作医疗基金收缴登记表108

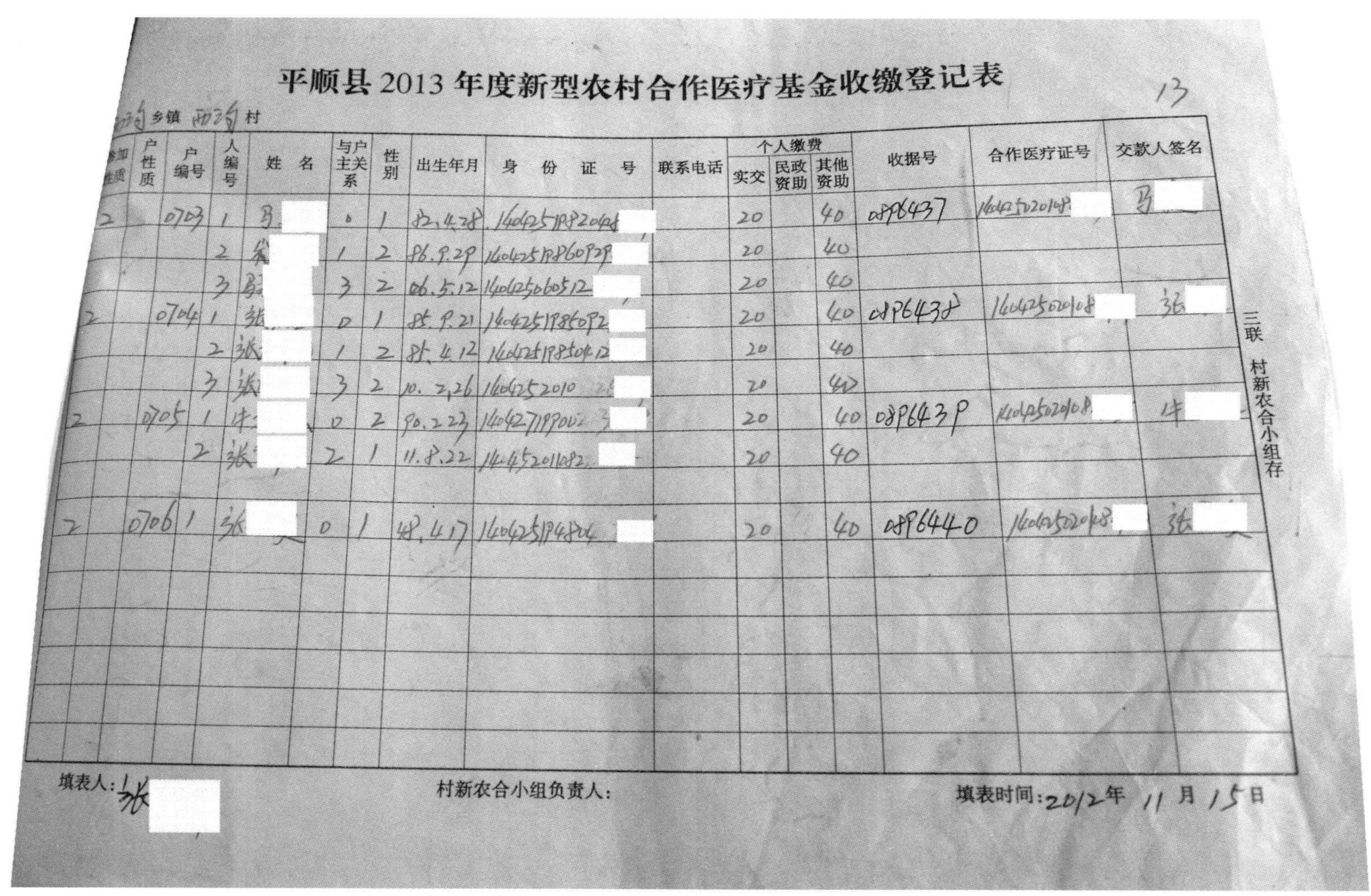

平顺县2013年度新型农村合作医疗基金收缴登记表

13

西沟乡镇 西沟村

参加性质	户性质	户编号	人编号	姓名	与户主关系	性别	出生年月	身份证号	联系电话	个人缴费 实交	民政资助	其他资助	收据号	合作医疗证号	交款人签名
2		0703	1	马	0	1	82.4.28	1404251982042		20		40	0898437	140425020108	马
			2	宋	1	2	86.9.29	1404251986092		20		40			
			3	马	3	2	06.5.12	14042520060512		20		40			
2		0704	1	张	0	1	85.9.21	1404251985092		20		40	0898438	140425020108	张
			2	张	1	2	85.4.12	14042519850412		20		40			
			3	张	3	2	10.2.26	1404252010		20		40			
2		0705	1	牛	0	2	90.2.23	1404271990022		20		40	0898439	140425020108	牛
			2	张	2	1	11.8.22	1404252011082		20		40			
2		0706	1	张	0	1	48.4.17	140425194804		20		40	0898440	140425020108	张

三联 村新农合小组存

填表人：张　　村新农合小组负责人：　　填表时间：2012年11月15日

图2-4-110　平顺县西沟村2013年度新型农村合作医疗基金收缴登记表109

平顺县 2013 年度新型农村合作医疗基金收缴登记表

西沟乡镇 西沟村

参加性质	户性质	户编号	人编号	姓名	与户主关系	性别	出生年月	身份证号	联系电话	个人缴费 实交	个人缴费 民政资助	个人缴费 其他资助	收据号	合作医疗证号	交款人签名
2	1		03	周	2	1	03.10.23	14042520031023		20		40			
2	1		04	周	3	2	11.2.1	14042520110201		20		40			
2	1	0518	01	韩	0	1	55.10.2	14042519551002		20		40	0896641	14042520108	韩
2	1		02	韩	1	2	54.10.6	14042519541006		20		40			
2	1		03	程	3	2	97.11.13	14042519971113		20		40			
2	1	0520	01	周	0	1	60.4.11	14042519600411		20		40	0896642	14042520108	周
2	1		02	张	1	2	64.8.22	14042519640822		20		40			
			03	周	2	1	87.12.24	14042519871224		20		40			
	1		04	马	3	2	88.3.20	14042519880320		20		40			
2	1	0521	01	原	0	2	74.8.21	14042519740821		20		40	0896643	14042520108	原
2	1		02	武	3	2	96.8.2	14042519960802		20		40			
2	1		03	武	3	2	04.5.7	14042520040507		20		40			
2	1	0522	01	周	0	1	77.11.27	14042519771127		20		40	0896644	14042520108	周
2	1		02	张	1	2	76.3.28	14042519760328		20		40			
2	1		03	周	3	2	03.9.4	14042520030904		20		40			
2	1		04	周	2	1	04.10.30	14042520041030		20		40			

三联　村新农合小组存

填表人：周　　村新农合小组负责人：　　填表时间：2012年 11 月 15 日

图2-4-111　平顺县西沟村2013年度新型农村合作医疗基金收缴登记表110

平顺县2013年度新型农村合作医疗基金收缴登记表

乡镇 西沟村　　　　12组　　6

参加性质	户性质	户编号	人编号	姓名	与户主关系	性别	出生年月	身份证号	联系电话	个人缴费			收据号	合作医疗证号	交款人签名
										实交	民政资助	其他资助			
2	1	0554	01	杨	0	1	56.12.24	1406251956122…		20		40	0896728	140625020108…	杨
2	1		02	王	1	2	62.2.15	14062519620215…		20		40			
2	1		03	杨	3	2	91.7.8	1406251991070…		20		40			
2	1	0555	01	秦	0	1	46.9.2	1406251946090…		20		40	0896729	140625020108…	秦
2	1		02	董	1	2	48.10.10	1406251948101…		20		40			
2	1	0556	01	董	0	1	37.3.18	1406251937031…		20		40	0896730	140625020108…	董
2	1		02	冯	1	2	36.2.11	1406251936021…		20		40			
2	1	0557	01	秦	0	1	56.4.13	1406251956041…		20		40	0896731	140625020108…	秦
2	1		02	秦	1	2	57.1.15	1406251957011…		20		40			
2	1		03	秦	3	2	91.6.10	1406251991061…		20		40			
2	1		04	秦	3	2	85.5.30	1406251985053…		20		40			
2	1	0558	01	秦	0	1	70.10.6	1406251970100…		20		40	0896732	140625020108…	秦
2	1		02	李	1	2	70.9.26	1406251970092…		20		40			
2	1		03	秦	3	2	94.9.4	1406251994090…		20		40			
2	1	0559	01	张	0	2	64.3.12	1406251964031…		20		40	0896733	140625020108…	张
2	1		02	秦	3	2	82.3.1	1406251982030…		20		40			

填表人：秦　　　　村新农合小组负责人：　　　　填表时间：2012年 1月 15日

三联 村新农合小组存

图2-4-112　平顺县西沟村2013年度新型农村合作医疗基金收缴登记表111

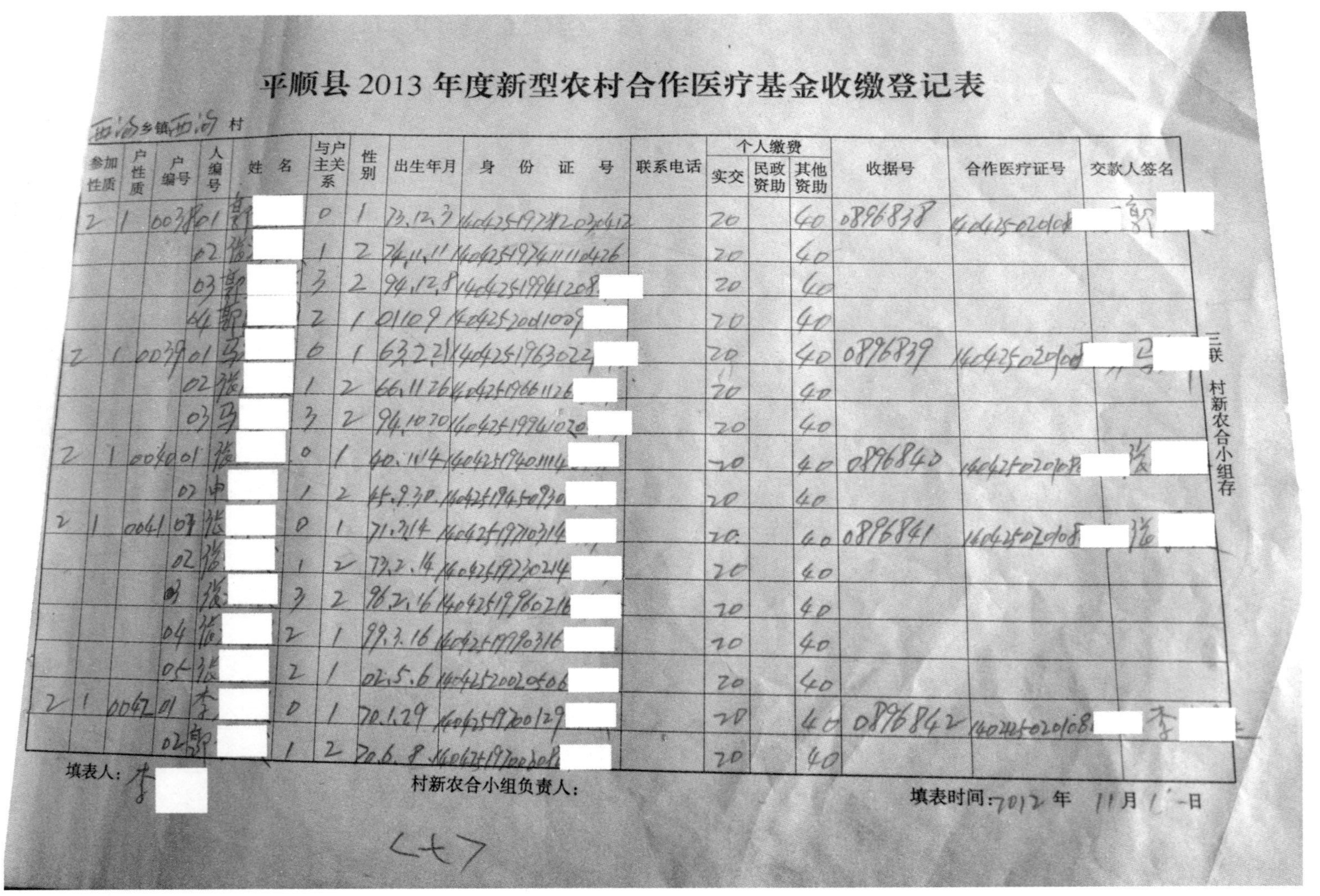

平顺县2013年度新型农村合作医疗基金收缴登记表

西沟乡镇西沟村

参加性质	户性质	户编号	人编号	姓名	与户主关系	性别	出生年月	身份证号	联系电话	个人缴费 实交	民政资助	其他资助	收据号	合作医疗证号	交款人签名
2	1	0038	01	郭	0	1	73.12.3	140425197312030412		20		40	0896838	1404250201008	郭
			02	张	1	2	74.11.11	140425197411110426		20		40			
			03	郭	3	2	94.12.8	1404251994120 8		20		40			
			04	郭	2	1	01.10.9	14042520011009		20		40			
2	1	0039	01	马	0	1	63.2.21	14042519630221		20		40	0896839	1404250201008	马
			02	张	1	2	66.11.26	1404251966112 6		20		40			
			03	马	3	2	94.10.20	14042519941020		20		40			
2	1	0040	01	张	0	1	40.1.14	14042519400114		20		40	0896840	1404250201008	张
			02	申	1	2	45.9.30	14042519450930		20		40			
2	1	0041	01	张	0	1	71.3.14	14042519710314		20		40	0896841	1404250201008	张
			02	张	1	2	73.2.14	14042519730214		20		40			
			03	张	3	2	98.2.16	14042519980216		20		40			
			04	张	2	1	99.3.16	14042519990316		20		40			
			05	张	2	1	02.5.6	14042520020506		20		40			
2	1	0042	01	李	0	1	70.1.29	14042519700129		20		40	0896842	1404250201008	李
			02	郭	1	2	70.6.8	14042519700608		20		40			

三联 村新农合小组存

填表人：李　　村新农合小组负责人：　　填表时间：2012年11月1日

〈七〉

图2-4-113　平顺县西沟村2013年度新型农村合作医疗基金收缴登记表112

8

平顺县 2013 年度新型农村合作医疗基金收缴登记表

西沟乡镇西沟村

参加性质	户性质	户编号	人编号	姓名	与户主关系	性别	出生年月	身份证号	联系电话	个人缴费 实交	民政资助	其他资助	收据号	合作医疗证号	交款人签名
			03	郭	3	2	85 3 29	14042519850329		20		40			
		0114	01	张	0	1	46 11 16	14042519461116		20		40	0896494	140425201	张
			02	苏	1	2	46 6 8	14042519460608		20		40			
		0115	01	赵	0	1	63 11 25	14042519631125		20		40	0896495	14042520100	赵
			02	张	1	2	63 7 22	14042519630722		20		40			
		0116	01	张	0	1	62 10 6	14042519621006		20		40	0896496	14042520108	张
			02	崔	1	2	63 11 12	14042519631112		20		40			
			03	张	2	1	85 8 29	14042519850829		20		40			
			04	杨	3	2	88 4 28	14042519880428		20		40			
			05	张	3	2	93 8 19	14042519930819		20		40			
		0117	01	郭	0	2	53 12 5	14042519531205		20		40	0896497	14042520108	郭
			02	吴	2	1	76 5 26	14042519760526		20		40			
			03	吴	2	1	81 12 15	14042519811215		20		40			
		0118	01	裴	0	2	72 4 24	14042519720424		20		40	0896498	14042520108	裴
			02	张	3	2	92 8 4	14042519920804		20		40			
			03	张	3	2	95 3 15	14042519950315		20		40			

三联 村新农合小组存

填表人：房　　村新农合小组负责人：　　填表时间：2012 年 11 月 15 日

图2-4-114　平顺县西沟村2013年度新型农村合作医疗基金收缴登记表113

平顺县 2013 年度新型农村合作医疗基金收缴登记表

12

石沟乡镇石沟村

参加性质	户性质	户编号	人编号	姓名	与户主关系	性别	出生年月	身份证号	联系电话	个人缴费			收据号	合作医疗证号	交款人签名
										实交	民政资助	其他资助			
2	1		02	王	1	2	77.12.07	1404251977120		20		40			
2	1		03	張	2	1	08.02.09	14042520080209		20		40			
2	2		04	張	2	1	00.11.21	14042520001121		20		40			
2	1	0670	01	張	0	1	67.03.01	14042519670301		20		40	0846984	140425020108	
2	1		02	郭	1	2	70.02.17	14042519700217		20		40			
2	1		03	張	3	2	89.12.15	14042519891215		20		40			
2	1		04	張	2	1	92.01.12	14042519920112		20		40			
2	1	0671	01	李	0	2	89.11.23	14042519891123		20		40	0846985	140425020108	
2	1		02	張	2	1	11.01.08	14042520110108		20		40			
2	1	0672	01	張	0	1	77.10.12	14042519771012		20		40	0846986	140425020108	
2	1		02	張	1	2	78.08.05	14042519780805		20		40			
2	1		03	張	2	1	99.11.17	14042519991117		20		40			
2	1		04	張	2	1	09.03.19	14042520090319		20		40			
2	1	0673	01	许	0	2	35.02.11	14042519350211		20		40	0846987	140425020108	
2	1	0674	01	郭	0	2	29.02.19	14042519290219		20		40	0846988	140425020108	
2	1	0675	01	張	0	1	77.11.13	14042519771113		20		40	0846989	140425020108	

三联 村新农合小组存

填表人：张　　村新农合小组负责人：　　填表时间：2012 年 11 月 15 日

图2-4-115　平顺县西沟村2013年度新型农村合作医疗基金收缴登记表114

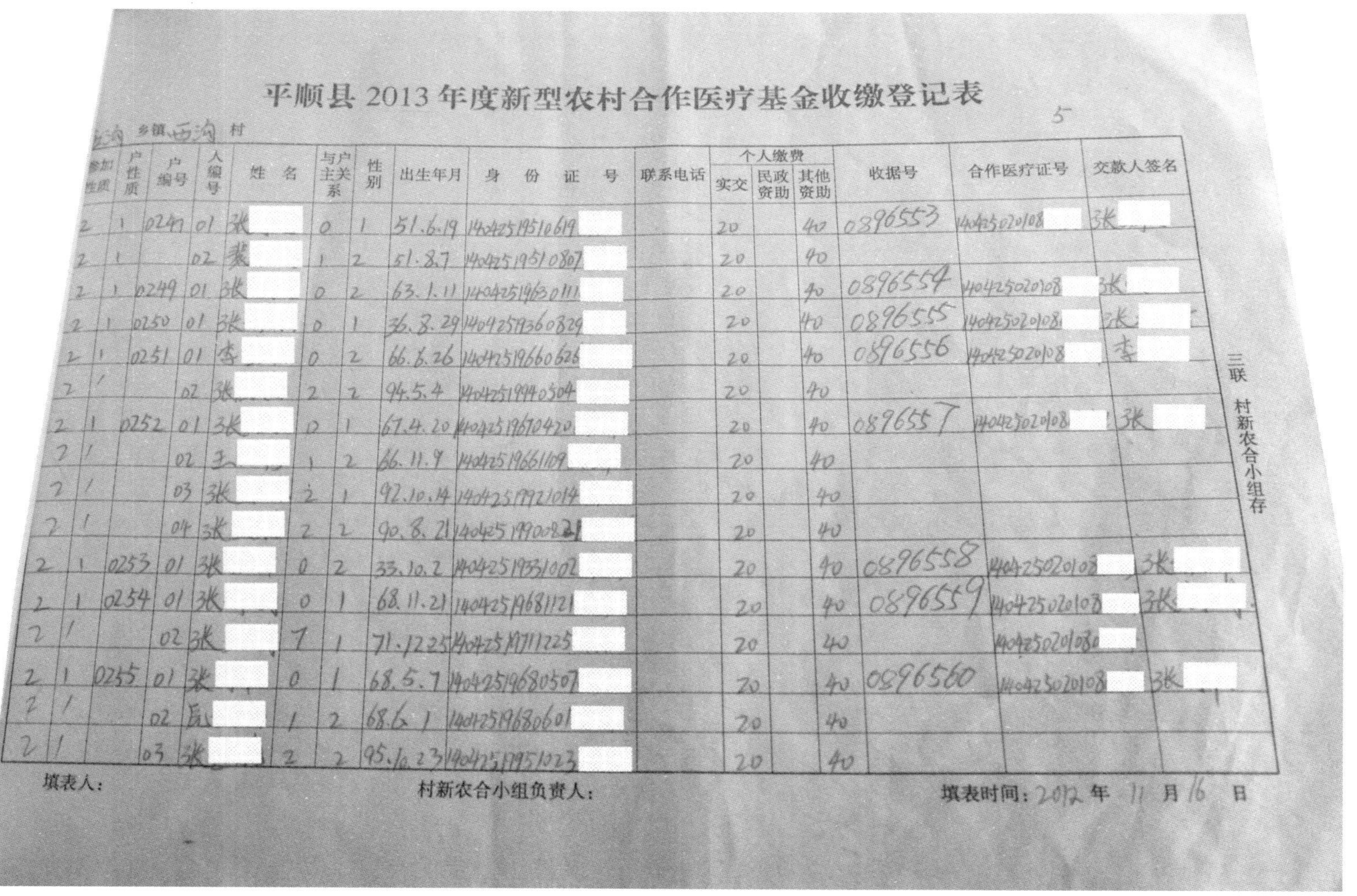

平顺县2013年度新型农村合作医疗基金收缴登记表

5

西沟 乡镇 西沟 村

参加性质	户性质	户编号	人编号	姓名	与户主关系	性别	出生年月	身份证号	联系电话	个人缴费			收据号	合作医疗证号	交款人签名
										实交	民政资助	其他资助			
2	1	0247	01	张	0	1	51.6.19	14042519510619		20		40	0896553	140425020108	张
2	1		02	裴	1	2	51.8.7	14042519510807		20		40			
2	1	0249	01	张	0	2	63.1.11	14042519630111		20		40	0896554	140425020108	张
2	1	0250	01	张	0	1	36.8.29	14042519360829		20		40	0896555	140425020108	张
2	1	0251	01	李	0	2	66.6.26	14042519660626		20		40	0896556	140425020108	李
2	1		02	张	2	2	94.5.4	14042519940504		20		40			
2	1	0252	01	张	0	1	67.4.20	14042519670420		20		40	0896557	140425020108	张
2	1		02	王	1	2	66.11.9	14042519661109		20		40			
2	1		03	张	2	1	92.10.14	14042519921014		20		40			
2	1		04	张	2	2	90.8.21	14042519900821		20		40			
2	1	0253	01	张	0	2	33.10.2	14042519331002		20		40	0896558	140425020108	张
2	1	0254	01	张	0	1	68.11.21	14042519681121		20		40	0896559	140425020108	张
2	1		02	张	7	1	71.12.25	14042519711225		20		40		140425020108	
2	1	0255	01	张	0	1	68.5.7	14042519680507		20		40	0896560	140425020108	张
2	1		02	岳	1	2	68.6.1	14042519680601		20		40			
2	1		03	张	2	2	95.10.23	14042519951023		20		40			

三联 村新农合小组存

填表人：　　　村新农合小组负责人：　　　填表时间：2012 年 11 月 16 日

图2-4-116　平顺县西沟村2013年度新型农村合作医疗基金收缴登记表115

平顺县 2013 年度新型农村合作医疗基金收缴登记表

西沟 乡镇 西沟 村

参加性质	户性质	户编号	人编号	姓名	与户主关系	性别	出生年月	身份证号	联系电话	个人缴费			收据号	合作医疗证号	交款人签名
										实交	民政资助	其他资助			
2			03	王	2	1	2005.4.15	14042520050415…		20		40			
2	1	0339	01	裴	0	2	1952.7.12	14042519520712…		20		40	0896792	140425020108…	裴
2			02	张	2	1	1981.2.9	14042519810209…		20		40			
2			03	孔	3	2	1980.5.9	14042519800509…		20		40			
2			04	张	4	2	2007.5.13	14042520070513…		20		40			
2	1	0340	01	张	0	1	1973.5.24	14042519730524…		20		40	0896793	140425020108…	张
2			02	白	1	2	1975.3.20	14042519750320…		20		40			
2			03	张	2	1	1999.5.11	14042519990511…		20		40			
2			04	张	2	1	2002.8.29	14042520020829…		20		40			
2	1	0341	01	向	0	2	1945.9.5	14042519450905…		20		40	0896794	140425020108…	向
2			02	李	2	1	1974.4.16	14042519740416…		20		40			
2			03	韩	3	2	1975.3.29	14042519750329…		20		40			
2			04	李	4	1	1997.3.16	14042519970316…		20		40			
2	1	0342	01	张	0	1	1962.10.6	14042519621006…		20		40	0896795	140425020108…	张
2			02	杨	1	2	1959.11.6	14042519591106…		20		40			
2			03	张	3	2	1996.9.13	14042519960913…		20		40			

填表人：　　　　村新农合小组负责人：　　　　填表时间：2012 年 11 月 15 日

三联　村新农合小组存

图2-4-117　平顺县西沟村2013年度新型农村合作医疗基金收缴登记表116

平顺县 2013 年度新型农村合作医疗基金收缴登记表

西沟 乡镇 西沟 村

参加性质	户性质	户编号	人编号	姓名	与户主关系	性别	出生年月	身份证号	联系电话	个人缴费			收据号	合作医疗证号	交款人签名
										实交	民政资助	其他资助			
2	1		02	张	1	2	61.1.19	14042519610119		20		40			
2	1		03	许	2	1	88.6.18	14042519880618		20		40			
2	1		04	许	3	2	90.2.22	14042519900222		20		40			许
2	1	0369	01	许	0	1	81.4.10	14042519810410		20		40	0896657	140425020108	
2	1		02	何	1	2	78.8.13	14042519780813		20		40			
2	1		03	许	3	2	03.12.26	14042520031226		20		40			
2	1		04	许	3	2	04.7.18	14042520040718		20		40			许
2	1	0371	01	郭	0	2	60.6.20	14042519600620		20		40	0896658	140425020108	郭
2	1	0372	01	徐	0	1	68.3.16	14042519680316		20		40	0896659	140425020108	
2	1		02	张	1	2	73.8.13	14042519730813		20		40			
2	1		03	徐	2	1	97.2.8	14042519970208		20		40			
2	1		04	徐	3	2	01.11.22	14042520011122		20		40			徐
2	1	0373	01	李	0	1	55.12.25	14042519551225		20		40	0896660	140425020108	
2	1		02	郭	1	2	58.3.28	14042519580328		20		40			李
2	1	0374	01	武	0	2	50.10.1	14042519501001		20		40	0896661	140425020108	武
2	1	0375	01	房	0	2	76.4.24	14042519760424		20		40	0896662	140425020108	

三联 村新农合小组存

填表人：张　　村新农合小组负责人：　　填表时间：2012 年 11 月 15 日

图2-4-118　平顺县西沟村2013年度新型农村合作医疗基金收缴登记表117

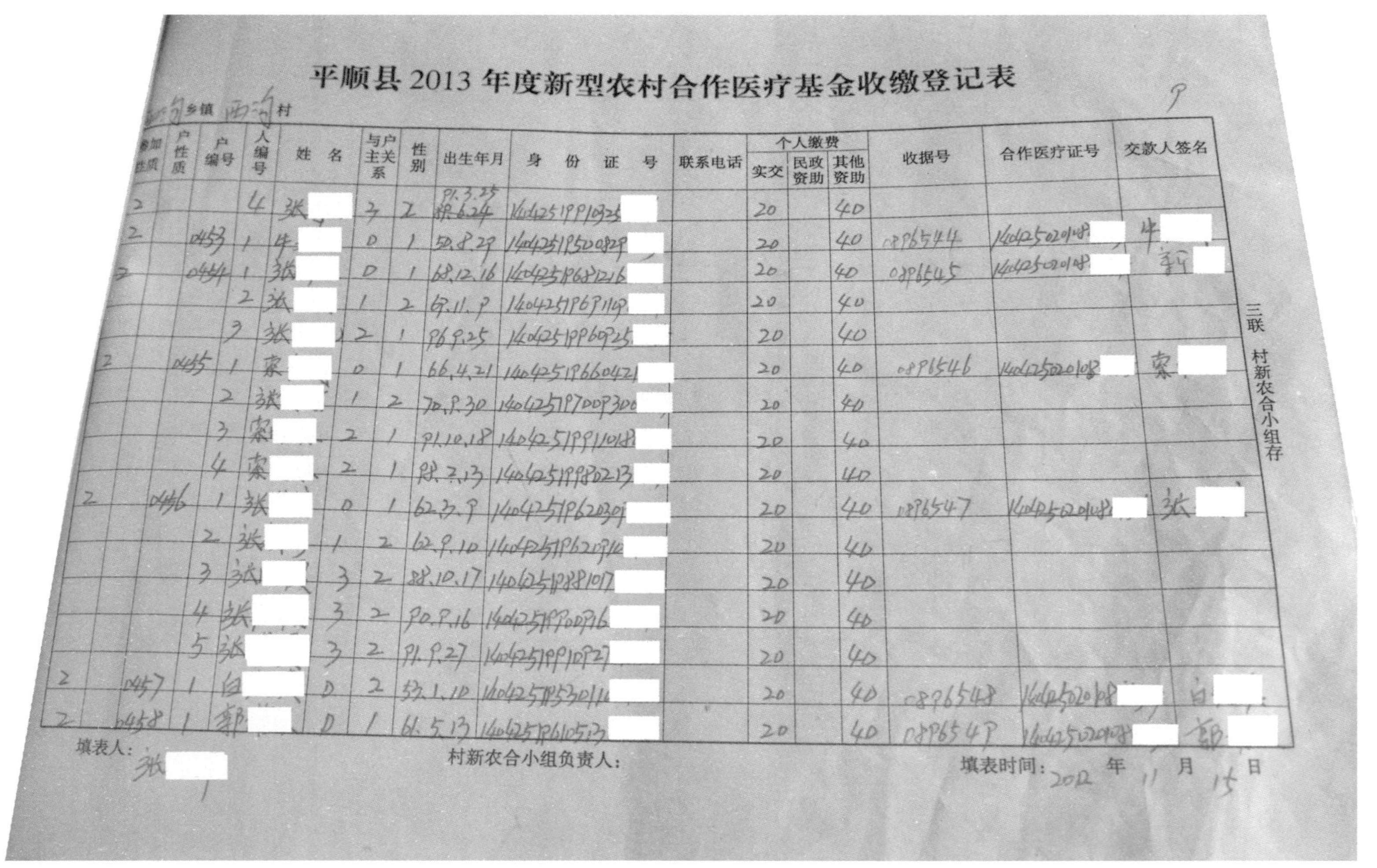

平顺县2013年度新型农村合作医疗基金收缴登记表

西沟乡镇 西沟村

参加性质	户性质	户编号	人编号	姓名	与户主关系	性别	出生年月	身份证号	联系电话	个人缴费 实交	个人缴费 民政资助	个人缴费 其他资助	收据号	合作医疗证号	交款人签名
2			4	张	3	2	81.3.25 79.6.24	14042519791024		20		40			
2		0453	1	牛	0	1	50.8.29	14042519500829		20		40	0896544	140425020108	牛
2		0454	1	张	0	1	68.12.16	14042519681216		20		40	0896545	140425020108	郭
			2	张	1	2	69.11.9	1404251969119		20		40			
			3	张	2	1	96.9.25	14042519960925		20		40			
2		0455	1	索	0	1	66.4.21	14042519660421		20		40	0896546	140425020108	索
			2	张	1	2	70.9.30	14042519700930		20		40			
			3	索	2	1	91.10.18	14042519911018		20		40			
			4	索	2	1	98.2.13	14042519980213		20		40			
2		0456	1	张	0	1	62.3.9	14042519620309		20		40	0896547	140425020108	张
			2	张	1	2	62.9.10	14042519620910		20		40			
			3	张	3	2	88.10.17	14042519881017		20		40			
			4	张	3	2	90.9.16	14042519900916		20		40			
			5	张	3	2	91.9.27	14042519910927		20		40			
2		0457	1	白	0	2	53.1.10	14042519530110		20		40	0896548	140425020108	白
2		0458	1	郭	0	1	61.5.13	14042519610513		20		40	0896549	140425020108	郭

三联 村新农合小组存

填表人：张　　村新农合小组负责人：　　填表时间：2012年11月15日

图2-4-119　平顺县西沟村2013年度新型农村合作医疗基金收缴登记表118

平顺县2013年度新型农村合作医疗基金收缴登记表

乡镇 西沟 村　　2　　12组

参加性质	户性质	户编号	人编号	姓名	与户主关系	性别	出生年月	身份证号	联系电话	个人缴费 实交	个人缴费 民政资助	个人缴费 其他资助	收据号	合作医疗证号	交款人签名
2	1	[illegible]	04	冯	04	2	2000.6.3	14042520000603		20		40			
2	1	0531	01	李	0	1	74.10.22	14042519741022		20		40	0896707	140425020108	李
2	1		02	董	01	2	75.2.3	14042519750203		20		40			
2	1		03	李	2	1	97.6.28	14042519970428		20		40			
2	1		04	李	3	2	09.5.13	1404252009058		20		40			
2	1	0532	01	董	0	1	54.9.9	14042519540909		20		40	0896708	140425020108	董
2	1		02	杨	1	2	58.11.23	14042519581123		20		40			
2	1		03	董	2	1	83.2.13	14042519830213		20		40			
2	1	0534	01	冯	0	1	62.8.18	14042519620818		20		40	0896709	140425020108	冯
2	1		02	姚	1	2	64.6.13	14042519640613		20		40			
2	1		03	冯	2	1	89.9.29	14042519890929		20		40			
2	1	0535	01	董	0	1	52.6.7	14042519520607		20		40	0896710	140425020108	董
2	1		02	冯	1	2	54.7.12	14042519540712		20		40			
2	1	2536	01	杨	0	1	62.7.28	14042519620728		20		40	0896711	140425020108	杨
2	1		02	董	1	2	60.2.23	14042519600223		20		40			
2	1		03	杨	3	2	94.9.27	14042519940927		20		40			

三联 村新农合小组存

填表人：李　　村新农合小组负责人：　　填表时间：2012年11月15日

图2-4-120　平顺县西沟村2013年度新型农村合作医疗基金收缴登记表119

平顺县2013年度新型农村合作医疗基金收缴登记表

西沟乡镇西沟村

参加性质	户性质	户编号	人编号	姓名	与户主关系	性别	出生年月	身份证号	联系电话	个人缴费 实交	个人缴费 民政资助	个人缴费 其他资助	收据号	合作医疗证号	交款人签名
			02	张	1	2	76.8.23	1404251976082[illegible]		20		40			
			03	张	2	2	98.4.24	1404251998042[illegible]		20		40			
			04	张	2	1	99.10.13	1404251999101[illegible]		20		40			
2	1	0637	01	张	0	1	82.8.9	1404251982080[illegible]		20		40	0896879	14042502010[illegible]	张
			02	[illegible]	1	2	80.10.1	1425231980100[illegible]		20		40			
			03	张	2	1	06.6.13	1404252006061[illegible]		20		40			
2	1	0638	01	马	0	1	87.1.7	1404251987010[illegible]		20		40	0896880	14042502010[illegible]	马
			02	王	1	2	88.12.15	1404251988121[illegible]		20		40			
			03	马	2	1	09.11.27	1404252009112[illegible]		20		40			
2	1	0649	01	张	0	2	58.2.10	1404251958021[illegible]		20		40	0896881	14042502010[illegible]	张

三联 村新农合小组存

填表人：李[illegible]　　村新农合小组负责人：　　填表时间：2012年11月15日

图2–4–121　平顺县西沟村2013年度新型农村合作医疗基金收缴登记表120

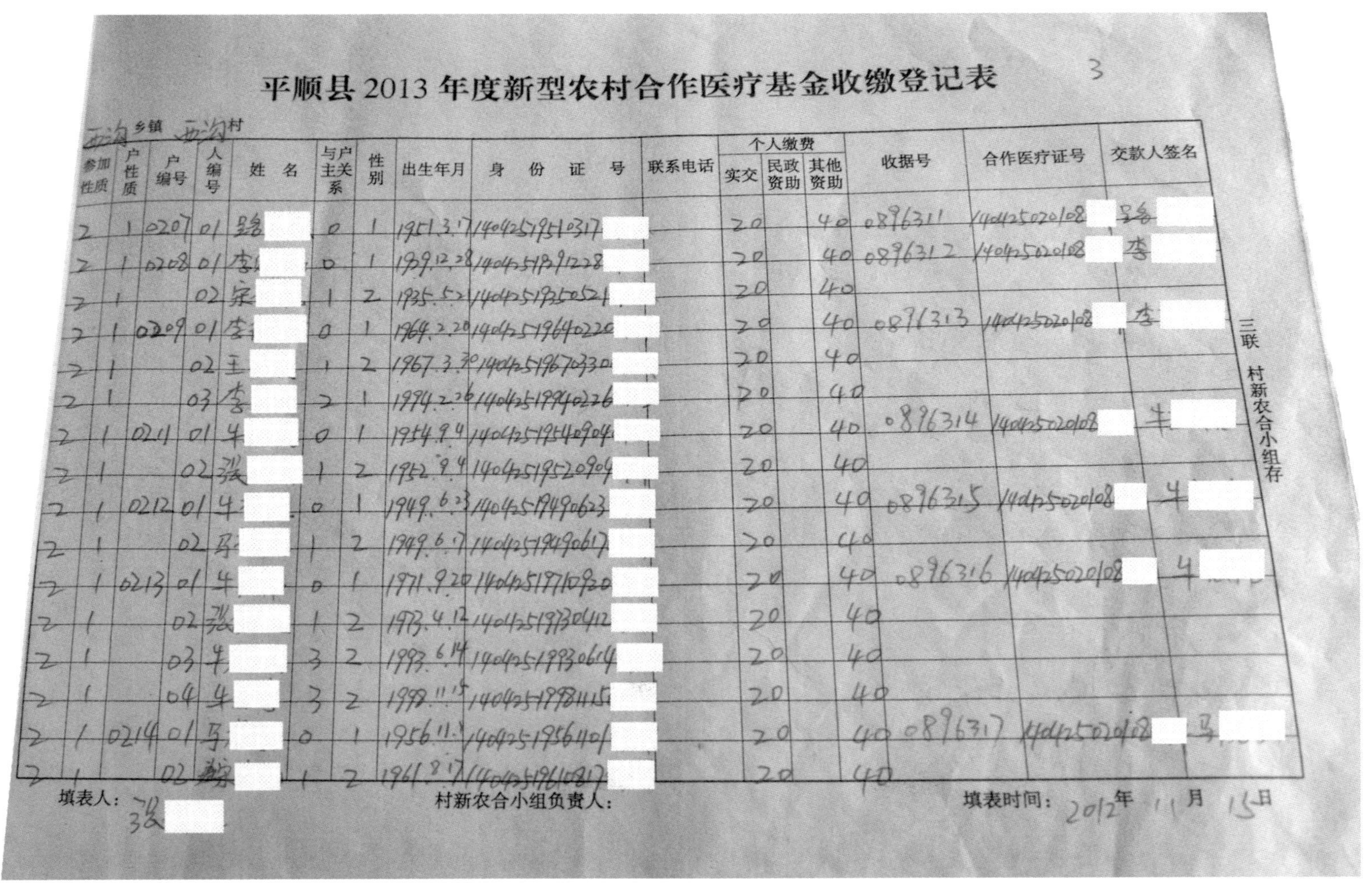

平顺县2013年度新型农村合作医疗基金收缴登记表

3

西沟 乡镇 西沟 村

参加性质	户性质	户编号	人编号	姓名	与户主关系	性别	出生年月	身份证号	联系电话	个人缴费 实交	民政资助	其他资助	收据号	合作医疗证号	交款人签名
2	1	0207	01	路	0	1	1951.3.17	14042519510317		20		40	0896311	140425020108	路
2	1	0208	01	李	0	1	1939.12.28	14042519391228		20		40	0896312	140425020108	李
2	1		02	宋	1	2	1935.5.24	14042519350524		20		40			
2	1	0209	01	李	0	1	1964.2.20	14042519640220		20		40	0896313	140425020108	李
2	1		02	王	1	2	1967.3.30	14042519670330		20		40			
2	1		03	李	2	1	1994.2.26	14042519940226		20		40			
2	1	0211	01	牛	0	1	1954.9.4	14042519540904		20		40	0896314	140425020108	牛
2	1		02	张	1	2	1952.9.4	14042519520904		20		40			
2	1	0212	01	牛	0	1	1949.6.23	14042519490623		20		40	0896315	140425020108	牛
2	1		02	马	1	2	1949.6.17	14042519490617		20		40			
2	1	0213	01	牛	0	1	1971.9.20	14042519710920		20		40	0896316	140425020108	牛
2	1		02	张	1	2	1973.4.12	14042519730412		20		40			
2	1		03	牛	3	2	1993.6.14	14042519930614		20		40			
2	1		04	牛	3	2	1998.11.15	14042519981115		20		40			
2	1	0214	01	马	0	1	1956.11.1	1404251956110		20		40	0896317	140425020108	马
2	1		02	魏	1	2	1961.8.17	14042519610817		20		40			

三联 村新农合小组存

填表人：张　　村新农合小组负责人：　　填表时间：2012年11月15日

图2-4-122　平顺县西沟村2013年度新型农村合作医疗基金收缴登记表121

平顺县2013年度新型农村合作医疗基金收缴登记表

西沟乡镇西沟村　　　　8队

参加性质	户性质	户编号	人编号	姓名	与户主关系	性别	出生年月	身份证号	联系电话	个人缴费			收据号	合作医疗证号	交款人签名
										实交	民政资助	其他资助			
2	1	0569	02	孙	1	2	1970.9.7	1404251970090 7		20		40			
2	1		03	张	2	1	1996.5.4	1404251996050 4		20		40			
2	1	0570	01	张	0	1	1968.9.17	14042519680917		20		40	0896373	140425020108	张
2	1		02	张	1	2	1968.2.9	14042519680209		20		40			
2	1		03	张	3	2	1996.3.13	14042519960313		20		40			
2	1		04	张	3	2	2001.4.25	14042520010425		20		40			
2	1	0571	01	张	0	1	1956.11.7	14042519561107		20		40	0896379	140425020108	张
2	1		02	张	1	2	1956.11.15	14042519561115		20		40			
2	1	0572	01	宋	0	2	1974.4.18	14042519740418		20		40	0896367	140425020108	宋
2	1		02	武	2	1	1995.8.11	14042519950811		20		40			
2	1		03	武	3	2	1998.1.27	14042519980127		20		40			
2	1	0573	01	武	0	1	1966.2.6	14042519660206		20		40	0896358	140425020108	武
2	1		02	刘	1	2	1969.7.26	14042519690726		20		40			
2	1		03	武	3	2	2009.4.1	14042520090401		20		40			
2	1	0574	01	武	0	1	1955.4.24	14042519550424		20		40	0896382	140425020108	武
2	1		02	张	1	2	1956.12.5	14042519561205		20		40			

三联　村新农合小组存

填表人：张　　　村新农合小组负责人：　　　填表时间：2012年11月15日

3

图2-4-123　平顺县西沟村2013年度新型农村合作医疗基金收缴登记表122

平顺县2013年度新型农村合作医疗基金收缴登记表

西沟乡镇 西沟村

参加性质	户性质	户编号	人编号	姓名	与户主关系	性别	出生年月	身份证号	联系电话	个人缴费			收据号	合作医疗证号	交款人签名
										实交	民政资助	其他资助			
2	1		05	袁	4	2	01.5.20	14042520010520		20		40			
2	1	0492	01	侯	0	2	44.7.21	1404251944072		20		40	0896618	140425020108	侯
2	1	0493	01	周	0	1	67.9.27	14042519670927		20		40	0896619	140425020108	周
2	1		02	陈	1	2	68.2.23	14042519680223		20		40			
2	1		03	周	2	1	93.4.15	14042519930415		20		40			
2	1	0494	01	周	0	1	78.1.8	14042519780108		20		40	0896620	140425020108	周
2	1		02	张	6	2	47.7.17	14042519470717		20		40			
2	1	0495	01	张	0	2	48.9.24	14042519480924		20		40	0896621	140425020108	张
2	1	0496	01	周	0	1	71.1.26	14042519710126		20		40	0896622	140425020108	周
2	1		02	栗	1	2	70.4.1	14042519700401		20		40			
2	1		03	周	2	1	92.7.28	14042519920728		20		40			
2	1		04	周	2	1	98.2.3	14042519980203		20		40			
2	1	0497	01	周	0	1	72.8.12	14042519720812		20		40	0896623	140425020108	周
2	1		02	李	1	2	72.3.8	14042519720308		20		40			
2	1		03	周	2	1	96.2.22	14042519960222		20		40			
2	1		04	周	3	2	98.3.6	14042519980306		20		40			

三联 村新农合小组存

填表人：周　　村新农合小组负责人：　　填表时间：2012年11月15日

图2-4-124　平顺县西沟村2013年度新型农村合作医疗基金收缴登记表123

平顺县2013年度新型农村合作医疗基金收缴登记表

4

乡镇　　村

参加性质	户性质	户编号	人编号	姓名	与户主关系	性别	出生年月	身份证号	联系电话	个人缴费			收据号	合作医疗证号	交款人签名
										实交	民政资助	其他资助			
2	1	0139	01	張	0	1	68.07.26	14042519680726		20		40	0896939	140425020108	
2	1		02	李	1	2	69.10.20	14042519691020		20		40			
2	1		03	張	3	2	97.03.17	14042519970311		20		40			
2	1		04	張	3	2	94.04.20	14042519940420		20		40			
2	1	0140	01	郭	0	1	64.02.22	14042519640222		20		40	0896940	140425020108	
2	1		02	赵	1	2	66.11.20	14042519661120		20		40			
2	1		03	郭	3	2	91.01.06	14042519910106		20		40			
2	1		04	郭	2	1	96.02.14	14042519960214		20		40			
2	1	0141	01	張	0	1	64.06.23	14042519640623		20		40	0896918	140425020108	
2	1		02	張	1	2	65.12.30	14042519651230		20		40			
2	1		03	張	3	2	93.06.04	14042519930604		20		40			
2	1		04	張	2	1	99.01.19	14042519990119		20		40			
2	1	0142	01	張	0	1	65.03.08	14042519650308		20		40	0896941	140425020108	
2	1		02	張	1	2	68.05.19	14042519680519		20		40			
2	1		03	張	2	1	90.06.15	14042519900615		20		40			
2	1		04	張	3	2	94.01.20	14042519940120		20		40			

三联　村新农合小组存

填表人：　　村新农合小组负责人：　　填表时间：2012 年 11 月 15 日

图2-4-125　平顺县西沟村2013年度新型农村合作医疗基金收缴登记表124

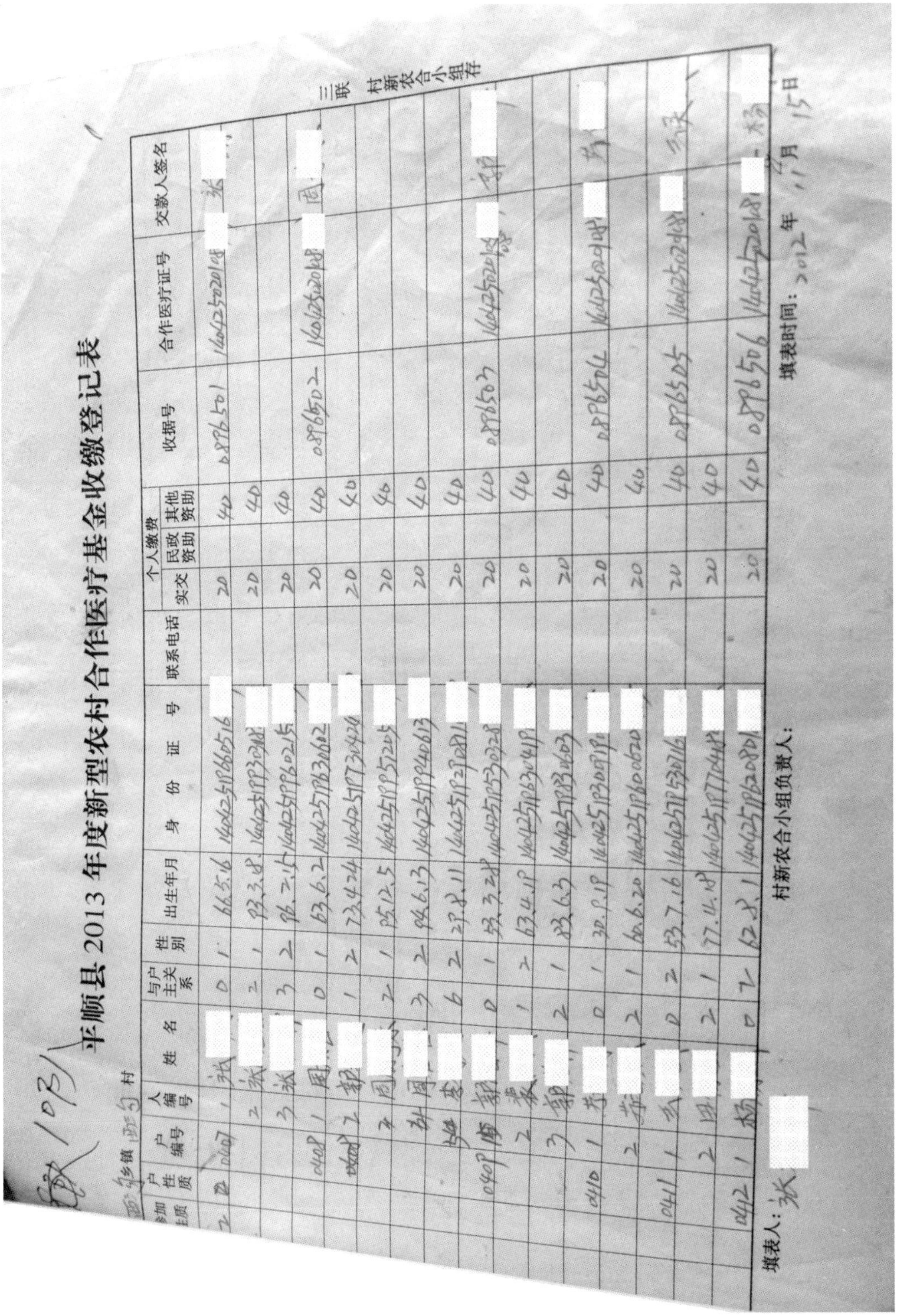

图2-4-126　平顺县西沟村2013年度新型农村合作医疗基金收缴登记表125

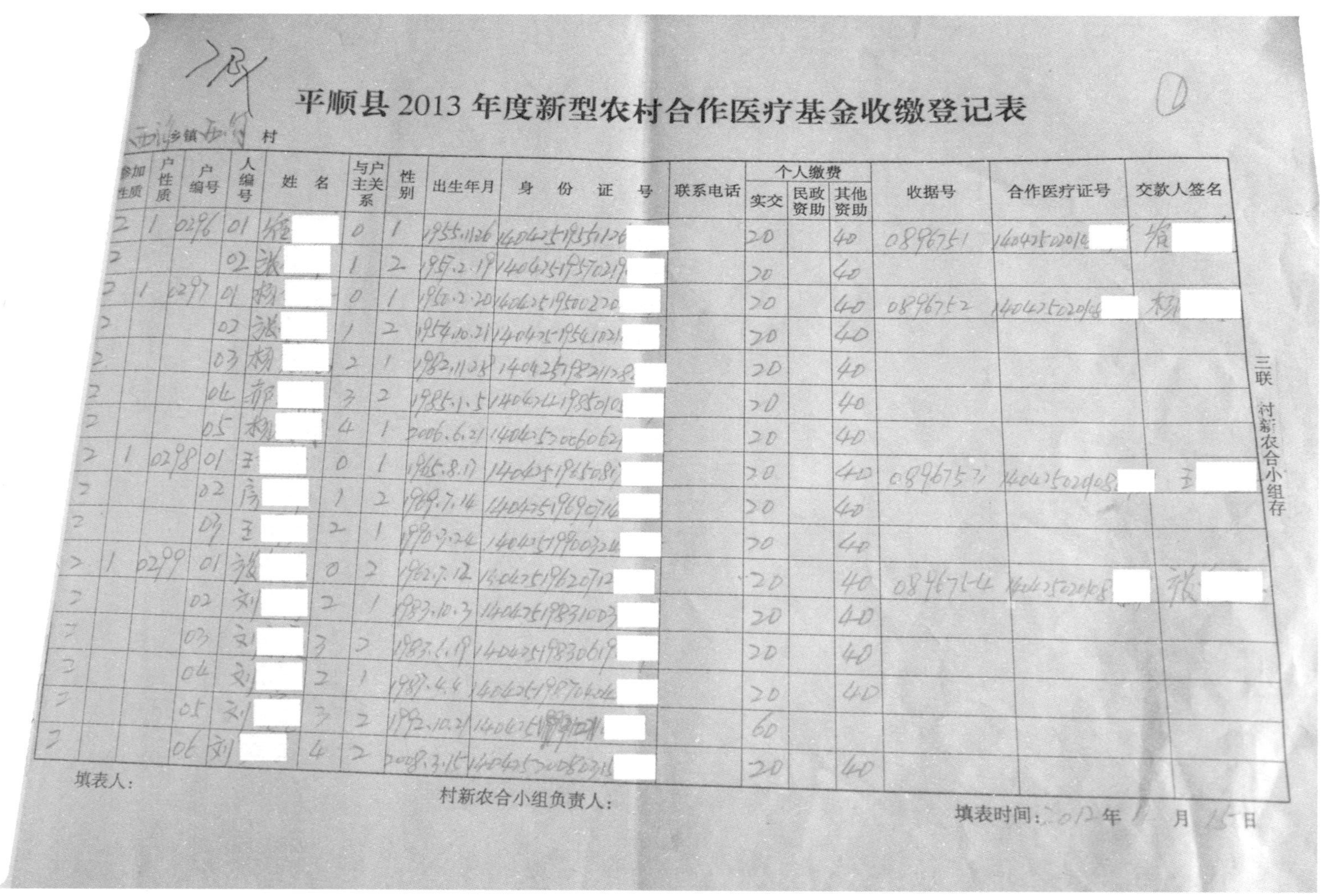

平顺县 2013 年度新型农村合作医疗基金收缴登记表

西沟乡镇 西沟 村

参加性质	户性质	户编号	人编号	姓名	与户主关系	性别	出生年月	身份证号	联系电话	个人缴费 实交	民政资助	其他资助	收据号	合作医疗证号	交款人签名
2	1	0296	01	翟	0	1	1955.11.26	14042519551126		20		40	0896751	140425020l4	翟
2			02	张	1	2	1957.2.19	1404251957021		20		40			
2	1	0297	01	杨	0	1	1950.2.20	14042519500220		20		40	0896752	1404250201	杨
2			02	张	1	2	1954.10.21	14042519541021		20		40			
2			03	杨	2	1	1982.11.28	14042519821128		20		40			
2			04	郝	3	2	1985.1.5	1404241985010		20		40			
2			05	杨	4	1	2006.6.21	1404252006062		20		40			
2	1	0298	01	王	0	1	1965.8.17	1404251965081		20		40	0896753	140425020l08	王
2			02	房	1	2	1969.7.16	14042519690716		20		40			
2			03	王	2	1	1990.3.24	14042519900324		20		40			
2	1	0299	01	张	0	2	1962.7.12	14042519620712		20		40	0896754	140425020l08	张
2			02	刘	2	1	1983.10.3	14042519831003		20		40			
2			03	刘	3	2	1983.6.19	14042519830619		20		40			
2			04	刘	2	1	1987.4.4	14042519870404		20		40			
2			05	刘	3	2	1992.10.21	140425[illegible]		60					
2			06	刘	4	2	2008.3.15	14042520080315		20		40			

三联 村新农合小组存

填表人：

村新农合小组负责人：

填表时间：2012 年 11 月 15 日

图2-4-127 平顺县西沟村2013年度新型农村合作医疗基金收缴登记表126